吴 忠 / 主编

深圳市民文化大讲堂
2010年讲座精选

上册

The Selections of
Shenzhen Civil Lecture on Culture
(2010)

社会科学文献出版社
SOCIAL SCIENCES ACADEMIC PRESS (CHINA)

【目 录】Contents

上册

一 历史文化

3 ◎孙立群 秦始皇的秘密

16 ◎郑晓江 清明节与生命文化

31 ◎崔 波 《周易》的智慧

44 ◎杨治国 讲典籍，论孝道

58 ◎董京泉 老子"和"的思想与和谐社会建设

70 ◎叶广芩 解析白居易《长恨歌》

84 ◎白燕升 审美从戏曲开始

97 ◎刘洪一 创造力与文化——犹太民族的启示

112 ◎李工真 东西方历史比较：人口问题与现代化

二 民生文化

127 ◎王 博 传统哲学与中国式心灵

136 ◎孙葆丽 科学运动与长寿

150 ◎张其成 传统文化与养生

162 ◎鄂栋臣　让共和国的五星红旗在极地上空飘扬——中国极地人在地球南北极留下奋斗的足迹

173 ◎徐永光　玉树地震与慈善行动
　　沈小平
　　房　涛

181 ◎钱为家　创富与行善

195 ◎范志红　话说食疗

208 ◎王　夔　食物成分与化学防癌

219 ◎张劲翀　气血的解析

230 ◎张　湄　情绪管理与心灵减压

243 ◎赵之心　运动让生命更精彩

251 ◎张力及　非药物经典养生

264 ◎张力及　学会身心养生

三　民俗文化

275 ◎沈建东　中国传统节日的民俗特色与文化启示

306 ◎马鼎盛　战争文学为民族补钙

317 ◎高有鹏　中国古代神话传说与民族记忆

329 ◎杨宏海　客家民俗的历史变迁

341 ◎杨　华　中国传统的过年礼俗

353 ◎陈可石　民俗与新田园城市

361 ◎王　博　周易——天人之际

369 ◎高丙中　民俗文化与民俗生活

下　册

四　纪念深圳特区成立 30 周年

381　◎陈锡添　忆小平"南巡"，话当年东风

388　◎陈禹山　深圳经济特区的排头兵——蛇口

394　◎陆天明　如果要写《命运》的下部

402　◎苏东斌　中国经济特区的时代使命

412　◎刘申宁　深圳改革 30 年的思考

441　◎王富海　深圳城市规划 30 年

454　◎王　石　低碳生活与绿色深圳

467　◎马蔚华　招商银行成长：战略、管理与文化

五　励志教育

483　◎吕志超　阳光心态与敬业成功

496　◎陈一筠　天涯何处觅知音——当代青年男女的恋爱与择偶

513　◎陈一筠　解读青春密码，维护孩子身心健康——关于中年父母与青春期子女的沟通

535　◎陈　宇　青年人的职业选择与职业能力提高

545　◎钟　年　善用优势，经营快乐人生

557　◎任剑涛　都市新生代的财富观与人生价值

六　文学艺术

571　◎张国勇　歌剧的魅力

580 ◎王晓鹰　话剧艺术之美

591 ◎张　良　电影艺术与生活艺术
　　　王静珠

603 ◎康　震　唐诗中的人生境界

613 ◎李敬一　美哉宋词

627 ◎马　啸　汉魏风骨：中国文人书法传统的源起

639 ◎朱安群　《红楼梦》的精气神与新版电视剧《红楼梦》的
　　　　　　得与失

650 ◎薄智跃　谈谈学习之道

662 ◎董　群　佛教与当代人的精神生活

675 ◎吕元礼　新加坡制度解密

七　生态文化

689 ◎王立新　自然生态与心灵生态

702 ◎王景福　沿着低碳之路走向生态文明

716 ◎何　平　低碳生活与公众参与

727 ◎徐世球　自然灾害与环境保护

741 ◎范小青　作家视野下的生态宜居文化

752 ◎毛丹平　生态建设与心态建设

765 ◎贾　峰　节能减排与国家竞争力

779 ◎白岩松　世界、中国和我们自己

790 **后　记**

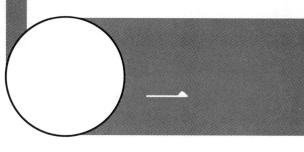

一

历史文化

秦始皇的秘密

孙立群

孙立群

南开大学历史学院教授，现任历史系中国古代史教研室副主任，中国社会史学会理事。曾参与编写教材及专著十多部，发表论文20余篇。

秦始皇不仅仅是暴君

我们读古往今来关于秦始皇的书籍、文章，大家会发现，一个"暴"字给他一种带有结论性的评价。"暴君"之说，从谁开始？其实离秦始皇不远的时候，西汉在反思"秦为什么亡、汉为什么兴"的时候，有一批人——都是现在大家很熟悉的思想家、政论家，如贾谊、陆贾，他们最早提出"秦亡于暴"。"秦亡于暴"，秦始皇责任最大，他统治秦朝几十年，所以这个"暴"字代表了秦始皇的形象。

但是，今天我们说秦始皇，不能简单地用一个"暴"字或"不是暴君是英雄"等观点来作结论。先从中国古代国君的类别分析起，中国古代的国君大概有以下四种形象。

第一种是明君，明君有德有才。大家马上想到，很少有真正让我们比较佩服的，确实称之为明君的不多，排在第一位的肯定是唐太宗，还有康熙、汉武帝等等。第二种是昏君，昏君无德无才。他们根本不是做皇帝的材料，治国治不了，连自己都管不了，形象极差。第三种是庸君，庸君有德无才。他想治国，但是没有才能，庸庸碌碌、无所作为，就这样也当了十几年、几十年皇帝，这种人很多。第四种就是暴君。

按照我们的传统标准，对国君的界定就是四种人。按照秦始皇的形象，只能是暴君。但这是不准确的，如果按照"德才"的概念，无德无才算昏君，有德无才算庸君，暴君算什么？是有才无德。所以，暴君不见得是一无是处，"暴"就是指他有的时候做事超过了主观能动性，超出了人民的承受度，所以人民感觉实在接受不了。

秦始皇很多时候做的事不是不应该做——从巩固政权到发展经济，但是他在这么短的时间内做这么多的事，如修长城、修驰道、竖墓陵——这对国家虽有好处，但是做得太急了，有些就是滥用民力，如修骊山墓、阿房宫，把这些加在一块儿，老百姓受得了吗！可是，正当这些事有的做完了，有的正在做时，秦朝就灭亡了。后来历朝历代又接着做这些事。所以，虽然他"暴"，但对后世还是有一定的积极影响。

暴君不见得一无是处，隋炀帝也属于暴君，他奢侈腐化、滥用民力、攻打高丽，但是隋炀帝做了一件事——开凿大运河，这项工程虽然劳民伤财，但却造福后代、惠泽千秋。

所以，对"暴"要作全面历史的分析。可以这样认为，秦始皇操之过急，老百姓被他压迫得过于强烈，老百姓承受不了，所以老百姓起义的时候——是"天下苦秦久矣"。这显然不是只说就那一两年，而是老百姓实在承受不了这么长时间的压迫。中国的农民最有忍耐力，只要有一线希望绝对不会起义、揭竿而起、铤而走险，自己都有家人，都有自己的小家庭，怎么会把家庭抛开去起义？那一定是到了实在无法忍受的时候。在这一点上，秦始皇有责任，给社会造成了这种状况。

如果我们再进行分析会发现，秦始皇这个形象确实不能用一个"暴"字来评价，应该怎样评价？如果还原到秦始皇那个时代，正是由于秦始皇的出现结束了 260 多年的战国战乱的局面，建立了统一的国家。我们说，历史永远会记住，这是巨大的无可比拟的功劳，实际上我们今天还在感受着统一国家给我们带来的种种好处。我们可以思考，为什么战国打了 200 多年，不打到国家统一不算完？就这种战争，谁都知道，倒霉的是老百姓，可是还要打，还要争这个天下。有人说，不打不行吗？当时你们坐下来成立一个邦联制，像今天的欧洲共同体似的，可是为什么不行呢？不是大家不协商，有的时候打着打着就不打了。比如，当时有一些国家打了一段时间都疲惫了，咱们别打了，咱们互相称王，有一个故事"徐州相王"就是如此。可是，互相称王后没过多长时间又打起来了。所以，历史上的中国——打打停停、停停打打，不打得天翻地覆、天下一统不算完，到了 1949 年才算告一段落。试想，从 1911 年到 1949 年，这30 多年有过平息吗？也曾平息过，搞过和谈、盟约，但是过几年准再打仗。

中国人的脑海里信奉"三个一"：一个祖先、一个政权、一个核心。自古以来就是这样的，"天无二日、地无二王"。这是由中国特殊的国情决定的，和世界其他国家不能比，况且历史如果简单地比较，或者简单地假设都是不科学的。

如果我们承认上述这些，会发现秦始皇的功劳就明显了，因为社会发展到战国的时候，没有一个人能早一点结束战争，实现统一，中国还将继续战乱，这个社会老百姓将处在水深火热之中。大家回想，战国的战争最后打到什么程度？孟子说，你们这些国君带领军队杀人盈城、杀人盈野。确实如此，一场战争死伤十几万、几十万人。公元前260年，秦国攻打赵国的长平之战中，赵国40万人投降，且全部被坑杀。那场决战40万人被杀后，赵国基本上没有多少像样的男人了。战国时期全国共有2000万人口，这2000万人口如果七个大国分，一个国家才分多少人？刨去一半妇女，再刨去老人、小孩，所剩男人寥寥无几，这样一个国家基本上就完了。所以，这种战争对社会生产力和人民的迫害多么残酷，能不结束吗？从这个意义上讲，秦始皇的功绩是伟大的。

亡 国 之 因

但是，问题马上暴露出来了，这么伟大的秦始皇建立了这么一个统一集权的大中华帝国，可是为什么15年后又灭亡了呢？这就是我们说的"秘密"。秦国的强国之路走了120～130年，这100多年秦国不断强大。大家如果有地图概念就会产生疑问，地处偏远的秦国和东方的六个大国从力量上、文化上都无法抗衡，它要打败六国需要付出多大的代价？但是它实现了，用了10年把六国灭掉，这也是个秘密。

如果这么强大的秦帝国真的把国家治理好了，它绝对不会15年就灭亡，所以，今天我们面临着一个深刻的反思——就是秦的兴亡究竟给我们多少启示。这个问题很沉重，因为历史上亡国的经验教训值得我们汲取。我们前不久看到温家宝总理答记者问，大家都看到现场直播或者文字材料中有句话让我们确实很难平静，他说：通货膨胀加贪污腐败会威胁到我们政权的生存。你看，哪个总理敢这样说，这说明确实是不说不行了。所以，唐太宗说"以史为鉴，可以知兴替"。秦朝的灭亡确实让我们感觉到有必要研究秦始皇，研究秦朝灭亡究竟是什么原因。

单单说"秦亡于暴"是表象，那么秦亡于什么呢？秦亡的根本原因在于，它在公元前 221 年统一中国以后，没有改变它的工作重心，仍把打仗时的治国方略照搬到治理秦朝统一时候的工作上。用今天的话说，就是它没有进行工作转型。这里有很强烈的一个对比，就是秦为什么强？它强于军事，强于它用最简单的方法治理国家。简单到什么程度？简单到把人们的思想掏空，就是告诉人们，你脑子里面就这两件事，你想第三件事就是犯法的，哪两件事？一个是种地，一个是打仗。这是我不成熟的看法。

秦国变法的时候颁布的政策、推行的各种法令，总结一下，就是耕和战。好好种地，国家奖励。还想富吗？打仗去，上战场杀敌人，杀一个就有一份奖励。你如果除了干这两样再想干点别的，比如去经商、讲学，这是犯法，就这么简单，不用多说。法家治国方法最简单，以战去战，以刑去刑，法家愚民，这一套东西现在来讲就是愚民。法家告诉人们，对老百姓，第一要禁其事。不许你干事，不让你干的你就不能干。第二要禁其言。不许说话。大家看，凡是在专制制度下一定不让老百姓说话，无论中国还是外国，搞专制统治一定不让老百姓说话。第三要禁其心。不能想，想就是要犯法的，不想犯法你的脑子就简单了，那就只有两件事——打仗、种地。所以，把这两件事推向最高境界，别的都是犯法的，从商鞅到韩非，再到李斯，他们的言论大多都是这个。

秦国人的语言都简单，脑子里面没有别的事。丈夫出门去办事或者工作，妻子送丈夫到门口。按照今天正常的告别，一般说："早点回来，买点菜，有便宜的多买点。"秦国的时候说什么？丈夫出门，妻子送出去，说："失法离令，若死我死。"你看，到这个时候还告诉丈夫，到了外边可不要犯法，你犯了法，若你死了我也活不了——连坐，这很厉害。人们头脑简单，但身体却很壮，为什么？种地、打仗。所以，秦国人要么好好种地，要么就打仗。在秦国，一听说要打仗，举国欢腾，奔走相告，大摆酒宴。酒宴上说什么？要打仗了，吃啊、喝啊，准备上战场。这种战斗力哪里能找？他们感觉这是很荣耀的。这是什么经济？这是战时经济，用今天的话说就是武装到牙齿。

如果大家到陕西看秦兵马俑，那里的兵马俑有 6000～7000 个，比现代人都要高大，平均高度是 1.8～2.0 米，是当年秦国咸阳京师军的克隆。你看那个战阵，战士的表情，非常自信，有的是面带微笑，一个个雄赳赳的。大家注意，所有的战士、所有的战马面向东方，就好像要准备出征一样。东方国家的人不用看真的，看到这些就吓死了。当时谈及秦国军队的时候有人说："你们齐国的军队打仗的时候，头上戴着盔，身上穿着甲，蒙着头，拿着兵器在那里打。看人家秦国的军队，上战场龙腾虎跃，赤膊上阵，跳着高就去打，跟你们打仗就好像拿着大锤子击碎你们一样。"这种力量使得秦国打仗确实是势如破竹、秋风扫落叶。

如果大家看地图就会发现，偏远的秦把六国一个一个地消灭是何等不容易，我们有材料证明。东方看不起西方，你如果看《战国策》《史记》，东方国家一说秦，就是虎狼之国，不讲信义、不懂伦理。可是，东方一个儒学大师去了秦国——东方的思想家荀子。有学问的人都不去，因为觉得那里没有文化，去那里干什么！荀子，战国后期的思想家，他的思想是中国后来统治思想的典范，就是儒法合流。他去了秦国，他回来以后发表观感，跟人家讲他在秦国看到什么了。大家有兴趣可以去看那一段，他一口气用了四个"古"，什么"古"？古代的"古"。就是说，你们都想象不到秦国的人有多规矩，朝廷非常安静，这是"古之朝廷"；秦国的官吏出其家门、入其宫门，就是出了门到衙门上班，下了班又回到自己家，"无有私事也"，这是"古之吏也"；秦国的读书人也是规规矩矩，没有那么多事、那么多话，这是"古之士大夫"，读书人也是很安静的；老百姓也是规规矩矩，这是"古之民也"。这是四个古，总之就是很古朴、很规矩。

为什么规矩？只有这样才不犯法，你干别的都犯法，所以，这个国家管得老百姓服服帖帖的，但是打起仗来无人可挡。而且他们又用了反间计，远交近攻，收买对方的权臣，贿赂当时掌权的人，从内部给它们挖空，让它们没有战斗力，决策上不敢跟秦国硬拼，最后越打越顺利。打到最后一个国家，论说这个国家最不好打，最能和秦国决战死拼的，那就是东方的齐国。当秦国打到齐国的时候，齐国看到，那五个国家都没了，而且秦国给齐国发了一封信告诉齐王，你不要打了，你不打，我还给你一块土地，还让你继续享受王的待遇，打没有什么好处，到最后就不打了，就这样统一了。所以，在这个过程中，大家看到了智慧，看到了谋略，更看到了它那种高度集权的军事化手段。战时经济在特殊形势下会起作用。

但是，问题马上就暴露出来了，天下统一后战时经济还能继续推行吗？大家会发现，秦始皇犯的错误就从这里开始，天下统一，没有敌人了，可是他那种战时的经济、战时的措施还要继续沿用，没有及时转变工作重心——这是我们今天套用比较时尚的话。所以，他怎么办？只能找敌人。秦统一中国以后，六国没有了，又发动两次大战（当然这两次战争对中国统一也有好处）：第一次是打匈奴、修长城，公元前215年，蒙恬把匈奴占的一些地方抢过来了；第二次是发动对南粤的战争。这场战争相当艰苦，50万大军由屠睢率领，屠睢都在战争中死去，最后还是打败了。

秦到了这个时候，天下真的没有敌人了，再看秦始皇还在那里马不停蹄地干点事，他上哪儿去干呢？当了11年皇帝的秦始皇五次出门，一次是从咸阳去陕北，后四次到过东方、山东、河北、大海岸边。

秦始皇的晚年有大海情结，除了他对大海非常神往的一面，在海边还容易看到海市蜃楼，便问那边究竟是干什么的？这个时候有人出来跟他讲：皇帝，大海那边有三座仙山，蓬莱、方丈、瀛洲，三座仙山上有仙药；你给点钱，我帮你去采，你吃了以后长生不老。这几句话把秦始皇弄得走火入魔，他后来倒霉、吃亏以至于过早去世都跟这有关系。

他从此就念念不忘，谁能给他找来真正的仙药？哪会有人，有的人拿完钱走了，一去不复返；有的人抓住了秦始皇这个心理，一次不行，再来一次，这个人叫徐福。最后一次他还带着种子，带着三千童男童女一去不复返。

秦始皇晚年就陷入一个怪圈。他13岁继承了王位就开始修墓，这可能是历代帝王的通例，他们知道自己早晚都得死，就不断地修。同时，他又不愿意死，想长生。人在这个时候最容易上当，后来就被一些人骗了。

被骗得最严重的时候是什么情况？有两个人，一个候生，一个卢生，告诉他：你为什么见不到真人，得不到仙药？你身边有饿鬼，饿鬼替真人至。秦始皇就信了，我们看《秦始皇本纪》会看到，他出行的时候两边都隔离，修甬道，不见任何人，但也得有人在，就只有几个最亲近的人。所以，秦始皇晚年就陷入一个怪圈，自我封闭，最后大臣都不知道他在哪儿，甚至他死了以后，大臣都不知道他死了。因为没见到真人，好几年就没有见过大臣，这是极其可悲的。

千 古 之 谜

秦始皇的性格是很复杂的，他的一生历经坎坷，个人的、家庭的、制度的因素都在他身上体现了出来，对他的人生造成种种悲剧。

秦始皇生于公元前259年，正月出生，而且生在赵国，所以他叫赵政，后来来到秦国。他从降生到大约9岁的时候是在赵国，这段时间跟着谁呢？跟着他妈妈赵姬，他妈妈是绝色美女。他这几年怎么过的？东躲西藏，非常狼狈。

他的父亲是谁？这现在都说不清。按说应该是异人，是后来的秦庄襄王，但是吕不韦又在当中，我们弄不清谁是真的，所以秦始皇的秘密之一就是他的"生父之谜"。

秦始皇从出生到9岁懂事后没跟他生父见过面，因为异人和吕不韦这两个人在公元前257年就离开了，也就是秦始皇两岁的时候他们就来到了秦国，干什么去？要让他当太子，回去搞政治运作了。在这个期间他们走得急，没带着赵姬跟小小的秦始皇。那几年他们在赵国生活得非常紧张，颠沛流离。

秦始皇9岁后来到秦国，13岁的时候，秦王政即位了。这里面有很多怪事，秘密太多了。首先，在秦王政继位以前有三个人。

第一个人是他的祖爷爷，就是秦昭王。大家可以查一查，他从公元前306年就当王，当了56年，到公元前251年才死，真是"老不死"。这50多年是什么时代？是秦国开始进入最强盛的时代，秦国的战争应该说到秦昭王的时候基本上就结束了，秦和东方六国的力量对比已经明显呈现出它的强盛局面。

56年的国王——大家注意，虽然秦昭王很有本事，但是毕竟当得太长了，长到什么程度？连准备继位的太子都按捺不住，他的儿子是谁？就是安国君。最后秦昭王终于死了，当时安国君已经53岁了，安国君开始继位。这个时候神秘的事情出现了，秦昭王死了，安国君继位，可是安国君三天后又死了。他是中国历史上最短的国王，老国王没埋葬，新国王又死了，两件丧事几乎同时办，这倒省事了。怎么这么巧，谁知道！大家说，这里有没有人为因素，谁是可疑分子，谁希望安国君死得这么快？这些问题我们现在真不能回答，没有证据，不能乱怀疑人。

第二个人是异人——就是安国君的儿子，秦始皇的生父（有争议）。因为异人和吕不韦在赵国的时候，吕不韦曾经说：我要把你运送回去，让你当太子、当国王。异人当时跪在地上向吕不韦起誓：如果你的计谋成功了，秦国的天下你我共享。这是多大的诱惑，就是可以得到秦国最大的权力。现在成功了，所以他的爸爸（安国君）当上国君三天后死了，异人当了国王。异人当了三年，最后也死了。

第三个吕不韦，嬴政继位时才13岁，由于年龄小，吕不韦辅政。我们现在不敢肯定说吕不韦就是他的父亲，但是他们确实关系不一般，所以，他们之间就出了一个特有名词"仲父"。

嬴政年轻的时候，他的身边一直有两个人。一是他的妈妈，幼小的心灵留下印象最深的就是他的妈妈，而这个时候，他的妈妈行为极不检点，我们后来已经看到这一点对他的不利影响。二是吕不韦，嬴政13岁以后当了国王但不能亲政，吕不韦9年内一直帮助嬴政。所以秦始皇在22岁以前实际上是被两个人控制。

　　秦始皇22岁之后亲政，应该说可以大展宏图了。这个时候又有个人出现了，不能说这个人对秦始皇起了什么不好的作用，至少他帮助秦始皇完成了统一大业，制定了国家的大政方针，可以说是全面辅佐秦始皇，这个人就是李斯。22岁以后，秦始皇有李斯的帮助得以施展雄才大略、大展宏图，在公元前221年他38岁的时候统一了中国。

　　统一了中国以后——大家注意，秦始皇真是英雄，在这个阶段他真正展现出中国千古一帝的风姿。我们认为，不能说英雄人物推动历史、创造历史，但是他能够加速历史的进程。因为有了李斯的帮助，他这个时候用人、用计、制定政策一路顺风——这就是我刚才说的，他把秦国战时的经济政策推行到全国。所以，从公元前221年到公元前214年是秦始皇最辉煌的时候，这个时期按我的想法说，他绝对不是暴君，他胸怀宽广，用人唯贤。

　　由于到了战国后期，秦国强盛，当时各国有才能的人都奔向秦国，以至于人才太多，秦国人一看，咱们的朝廷上都是外国人（东方人）了，这还行吗？所以，当时秦国下了一道逐客令。

　　李斯也是东方人，是从楚国来的，也被赶走。在离开秦国的路上，李斯写了《谏逐客书》。这是中国散文里面的经典。这篇文章后来传到秦国，秦王嬴政一看，写得真好，人才不能流失，于是收回逐客令，把人才重新召回去，使秦国强盛的局面没有受到影响。这就是秦始皇，你能说他是暴君吗？绝对是思贤如渴、任人唯贤。

　　然后东方有一些纵横家、政治家到了秦国，有人留下了，有人不愿意在这里干。有一个人叫尉缭，他跟秦始皇聊，聊完以后感觉不行。尉缭说："秦王为人，蜂准，长目，挚鸟膺，豺声。"他说，这种人，我不跟他在一起共事，说完就走了。

　　当时秦始皇得到这种消息，他并没有生气，因为他发现尉缭这个人是个人才，于是派人把他追回来，任用他为秦国的尉，等于把国家的军事首领的职位给他。秦始皇为了实现统一大业，胸怀宽广。对李斯委以重任，大家读《史记》会发现，中国的制度都有李斯的功劳，设立皇帝制度、官僚制度、郡县制度。在这个过程中，秦始皇成功了，千古一帝。

公元前214年秦始皇达到了战争胜利的高峰，匈奴打跑了，南粤统一了，皇帝的地位已经至高无上。但是，秦始皇的悲剧实际上是从他一生当中最后的三年开始的，公元前213年，秦朝就发生了一件大事，就是焚书，转年公元前212年坑儒。从"焚书坑儒"这件事以后，秦朝开始走下坡路，公元前210年秦始皇又猝然死去。仅仅三年，秦朝亡于秦始皇死后的第四年，也就是秦二世上台后。

这里就涉及秦始皇对秦的功与过怎么评价。我说，他的"功"是第一位的，他有"过"，但是他的"过"没有导致把全国引向绝路。应该说，秦二世、赵高这个集团把整个秦朝迅速弄衰败了，跟他们的暴政有直接的关系。如果读《史记》，你往后读会发现，秦始皇只是到了"焚书坑儒"之后，才自我封闭，导致大臣见不到他，是他个人的性格出了问题。

我觉得有秦始皇个人的问题，是家庭的种种不幸造成的，然后又有制度问题。中国的皇帝制度本身孕育着很多悲剧，因为这个制度造成了中国社会的人治色彩太浓。有了人治，他被高高地捧在国家、人民之上，国家哪有法治？我们读《史记》，事无小大，皆决于上，这就是人治。你的法令怎么办？你的制度怎么办？没有用，都是他一个人说了算。

所以，我们看历史上的昏君、暴君，真的是什么事都能做得出来。而所谓有限的皇权是什么意思？就是皇帝个人能够按照古代圣贤的标准要求自己，能够听别人的意见，在有限的环境里面尽可能做得好一点，这个国家才能够维持稳定。比如李世民，李世民也是封建皇帝，他为什么做得好？就是他能够听别人的批评。古代皇帝有这一条就够了，你想用制度来限制他？没有制度能限制他。中国的制度可以对所有人管用，唯独对皇帝不管用。

秦始皇后期之所以国家问题越来越严重，就是因为制度对他没有用，所以才焚书坑儒、自我封闭。后来，他的死又使得社会问题和政治问题进一步突出。这里不得不说秦始皇的最大遗憾，就是他生前没有较早地把太子立下来。大家如果对中国历史有兴趣会发现，中国的很多乱（朝廷之乱、社会之乱）有时候跟太子的问题相关联，太子不立，天下不稳，这种事情太多了。秦始皇就是这样，到了临死的时候突然想到：我死了之后谁接班？其实我倒感觉，他对扶苏一直很看重，只是扶苏在他"坑儒"以后批评了他几句。这就是他没有把握住自己，如果他接受批评就好了。扶苏说什么？他说：你杀的这些人都是述孔子之法的、读孔子之书的，你杀了他们，人家以后都不来了。他说的这是实话，"坑儒"的这些人有儒生、方术，什么人都有。所以，秦始皇急了，让扶苏离开咸阳，去北面跟蒙恬赴边。

可是到了秦始皇临死的时候，突然感觉还是要扶苏。大家知道，他下的遗诏就是要扶苏赶快回咸阳主持丧事，后来只是诏书落到赵高手里，赵高改了诏书，说扶苏不孝，赐死，要立秦二世，就是胡亥。如果按照今天的话说，这是秦始皇很遗憾的事。

秦始皇还有什么遗憾的事？大家也会发现，中国历代皇帝中，唯独秦始皇不立皇后，立皇后是这个王朝皇帝自己登基、显示皇权、天下稳定的标志。皇帝有了，谁是皇后？秦始皇没有立皇后。为什么？现在大家看到越来越明显了，他妈妈这种不检点的行为极大地刺痛了秦始皇，以至于在秦始皇的心里对女人有一种很敌视的态度，他身边的女人一个都没有被重视过，到了他的晚年，谁是皇后，一直不知道。

总之，秦始皇的性格有个人的原因、家庭的原因、制度的原因。50岁的秦始皇开始第五次巡游，他从咸阳出发，想去东海岸边。但是他往南走，绕了一个大圈，到了浙江，那里有会稽山，他又让李斯刻了一块石头，写上字。大家读《秦始皇本纪》就能找到，他在这里面提到作为男女一定要有贞节、检点。男的不检点，随便跑到女人家里去，母亲不规矩，作为子女可以不认他们。您读了之后就可以看出来，50岁的人不是年轻人了，可是他还在说男女要检点。说的是谁呢？我们现在没有一个确定的目标，但是我认为，他家庭的事一直困扰着他，因此不立太后（皇后）。所以，这些都使他的性格发生问题。

秦始皇个人的不幸与制度也有直接的关系。明朝有一个思想家李贽认为，如果立扶苏，秦朝三帝、四帝、五帝没问题。我同意他的看法，如果早立扶苏，秦可以延续。因为从秦的国家统治来讲，如果真立了扶苏（我们从扶苏的思想倾向会发现，他比较喜欢儒学），改变工作重心，不搞军事，发展经济、稳定社会，以秦国这么强大的国家力量稳住局势没问题，但是由于偶然的原因造成了秦的速亡。所以我认为，历史的必然是由许多偶然来影响的，正是这些事造成了我们今天看秦有许许多多不解之谜。

我认为，这个问题还要继续探讨下去，最终的目的是我们要研读中国最正宗的史书，同时关注中国最新的考古发现，使我们对中国历史有一个清晰的、理性的理解。通过这种学习、这种理解来关照我们今天的社会，使我们今天的社会更好，同时也使我们大家的生活更加丰富多彩，使我们的精神更加愉悦。

清明节与生命文化

郑晓江

郑晓江

江西师范大学教授，兼任武汉
大学传统文化研究中心兼职研
究员、中国哲学史学会理事。
享受国务院政府特殊津贴专家。
主要作品：《思想考古方法与中
国哲学史研究》《中华民族精
神之源》《中国死亡智慧》。

清明节与中华民族生命文化的精神

清明节至今已经有 2500 多年的历史，我认为清明节就是中华民
族生命文化集中体现的日子。清明节祭祀的功能包括：减轻人类的恐
惧与痛苦；让生者与逝者有一种心灵的沟通，就是让生者获得一种心
灵的慰藉和人伦道德的涵养。

清明节所表现的中华民族生命文化的精神究竟是什么？"清明时

节雨纷纷，路上行人欲断魂。借问酒家何处有，牧童遥指杏花村。"为什么行人如此"欲断魂"？为什么还要借酒消愁？因为行人在外清明节赶不回去，没有办法在先人的墓前烧上几张纸、点上几炷香，所以乡愁很深。我觉得千百年来孕育出清明节的内在精神，也是中华民族生命文化的内涵之一。就是"慎终追远，民德归厚"。所谓"慎终"是什么意思？慎终就是要求人们重视对去世亲人的丧葬之事。追远是要求人们始终不渝地念着去世亲人的德行。追远是慎终的一个结果。我觉得慎终也好追远也好，实际上都是在丧葬和祭祀的过程当中缅怀先人的德行。追忆先人之德的结果是什么呢？是涵育自己的道德素养和人伦品格，增强家庭与家族的凝聚力，以更好地面对自我的人生之路。所以，我们祭祀的时候，并不完全是为了追忆过去的人，也是为了涵养自己的德行。

在一个缺乏制度性宗教与信仰情怀的社会里，个人是难以从容面对死亡问题的。理性与科学对人们如何生活的指导作用非常大，但是对如何面对亲人逝世后留下的精神断裂问题则力不从心。所以，对于大多数的中国人来说，父母就是宗教。孝就是基本的宗教信仰的表达方式，父母去世，就是精神断奶、灵魂倾覆，怎么办？就是靠祭祀。在先辈墓前的虔诚祭祀，实际上就是我们和先人在心灵上获得一种沟通。

我的一个好友杨雪驰教授，他父亲去世以后，第一次去上坟，他写了一段话："色苍茫，寒烟四起，我揣着未完的倾诉，拖着沉甸甸的步履离去。我能感受到，在我的身后，父亲的墓正被潮水般的黑夜和寂寞吞没。从此，清明节有了重量，成了我生命中的一部分，它是一份牵念，一份哀痛。有时，我会在墓前坐上长长的一段时间，追思父亲给我的一切，包括生命、快乐、关爱；追忆父亲生前的音容笑貌——慈祥、严厉。我也把心中的烦恼向父亲诉说，希望父亲能像以前那样给我指点，给我勇气。想起自己过去对不起父亲的往事，请求父亲的原谅；说起近来自己的作为，希望得到父亲的赞许。这里，成为我的一个精神的园地。"

中国人在面对先人的时候，他与先人对话，才可以构造出一种超越性。我们所有的人都在滚滚红尘之中，往往皆关注眼前的事情，为了眼前的利益，忙得不亦乐乎，很难有一种超越性的建构，使其生命难以安顿。大多数中国人这种超越性到哪里建构呢？那就是墓地。一般来说，当我们在墓前虔诚地倾诉的时候，墓地就成了生者与逝者对话的平台，在这种对话的过程中，我们就可以得到规划人生的资源，特别是构造人生的超越性。

清明节应该成为中国的感恩节。新浪网有一个调查显示，61.43%的网民认为，清明节应该成为中国的感恩节。感恩是生命的灿烂阳光，它可以让我们的内心充实，让我们的人格完善，让世界更加美好。

为什么我们的很多同志对清明的祭祀很不理解，欲除之而后快？因为他们不理解中华民族生命文化的特点，中华民族有一个最重大的特点是什么呢？在农村，人们不仅祭祀他们的祖先，还祭祀"天地君亲师"。为什么祭祀"天地君亲师"呢？因为每个人的生命叫做"小我"的生命，要把我们的生命和我们的先人的生命沟通起来，我们先人的生命又是什么？是血缘生命。然后我们还要和君（这个君就是我们的社会生命）、师（师就是文化、精神生命）、宇宙（就是宇宙生命，叫天地）相互联系。当我们每个人仅仅局限在个人的小生命的时候，我们没有超越性，我们只有在祭祀"天地君亲师"的过程中，才能从一个"小我"变成一个"大我"。只有在"大我"的情况下，我们才能超越生死，因为"小我"是无法超越的，每一个个体的肉体都是要死亡的，但是你把自己的精神和"天地君亲师"沟通以后，你就获得一个"大我"的存在。所以，祭祀看起来好像是迷信活动，但恰恰就是我们中华民族建构自己"大我"生命的一种方式和途径。

著名的学者葛兆光先生讲：一个传统的中国人看到自己的祖先、自己和自己的子孙的血脉在流动，就有生命之流永恒不息之感。他一想到自己是这个生命之流中的一环，就不再是孤独的，是有"家"的，他就感觉到自己的生命在扩展、生命的意义在扩展，扩展到整个宇宙。而墓葬、宗庙、祠堂和祭祀就是加强这种生命意义感的场所。

如果正确地认识到清明节的重要性，认识到中华民族生命文化的特征，我们就能够很好地强化清明节的意义。但是我们一定要贯彻"民德归厚"的主旨，不能够用一种低俗的祭祀形式把民德不是"归厚"，而是"归薄"，所以，在这里面就需要管理和引导。明确什么叫做清明节的精神，大家带着这种精神去祭祀自己的先人，就能获得一种面对自我人生自由的资源。

但是，因为清明节中断了很长时间，要想真正使清明节恢复成感恩节、道德涵养节、中国人的生命文化盛宴，还差很远。比如说，古代清明节有十二项活动，分为五大板块：祭祀纪念、除旧迎新、踏青旅游、娱乐文化、农事蚕桑。我们现在要达到这些还差很远。七天的清明节在唐代就开始了，而我们现在只不过有三天假期而已。

中国社会缺乏正确的生死教育

清明节所蕴含的生命文化意义如此深厚，让我们从清明节的生命文化意义中更加深入地去思考现代中国人的生死问题。几千年的历史为什么会产生这个问题呢？为什么这个问题还愈演愈烈呢？怎么过一个有意义、有价值的清明节呢？这里面所隐藏的问题就是，在现代社会崇尚年轻、崇尚活力、崇尚健康、崇尚享乐的时代，整个社会的核心是什么？生命的死亡方面往往有意和无意间被我们忽略掉或者根本不在我们面前谈这个问题。可是大家想一想，当你的家庭出现一个人员死亡的时候，这个问题立即成为全家人关注的中心，可是我们从来就没有受到一种关于生死问题的教育和引导，我们究竟怎么来处理这个问题？所以经常束手无策，更不用说将对死亡问题的处理转变为人生发展的基础了。所以，要从清明节的生命文化中去更加深入地思考现代中国人的生死问题究竟有哪些，以及在这个基础上，我们怎么建构合理的生死观，怎样酝酿成一种高妙的生死智慧，让我们的生命更加辉煌，社会更加和谐。

生死问题是普遍性最广的问题，这其中的一方面是所有的人都要面对死亡。一个大体的计算，2008 年我们国家公布的死亡人口是 935 万人，相当于欧洲一个国家的人口，如果每一个逝者有 6 个直系亲属，我认为就有 5610 万人涉及生死哀伤的问题；如果以每个人有 10 个左右的次亲和朋友来计算，就有 9350 万人有生死之痛的问题；如果说我们再加上清明祭祀、参加追悼会的人，那么中国人至少有一半的人口会碰到生死问题，但是我们却没有基本的这方面教育。

按照死亡对人们产生的冲击，可以把死亡分为三个类型来理解。第一个叫做自然而死，第二个叫做突然亡故，第三个叫做预期而死。自然而死就是活到了自然的寿命尽头；因为体质不行，患了恶病或者突然遭遇到水火、刀兵、地震而死，这个叫做突然死亡；因为有了医学科学，现在可以预测死亡，比如说得了癌症，医生告诉你可能只能活半年，这叫预期死亡。这三种死亡方式实际上造成的痛苦是不一样的，比如说自然而死的人他自己的死亡痛苦比较小，家人也比较小，因为他活足了他的自然寿命；突然死亡，虽然自身是没有痛苦的，几秒钟就走了，但是它引起家属的痛苦是特别巨大的；预期死亡，患者本人是很痛苦的，因为就像判了死刑了，而且家属也非常痛苦。

"9·11" 事件后，美国人就在原址建立纪念馆来悼念他们的亲人，舒缓他们的哀伤情绪。从科学上来讲，这无非就是一个安全带的残骸，但是在丧亲者看来，这还蕴含着亲人的生命内在意义，这就是祭祀文化带给人们的一种心理的抚慰。

我们讲的生死观都是为活着的人，总体来看，我们中国有如此庞大的需要处理正常及不正常死亡问题的人群，我们确实需要生死的智慧，而最高的生死智慧就是达到超越死亡之境。超越死亡其实就是为我们的人生确定方向和原则，使我们的人生之路走得更好，这才是最重要的一点。

佛教讲，人的一生有四大课题——生、老、病、死，我们对生有教育、对老有教育、对病有教育，唯独对死亡的教育太少了。要学习生死，就是对生死问题来进行认识，然后在学习生死的基础上学会生死，学会生死就是在学习生死的基础上建构人生智慧和死亡智慧。当面对复杂的生死问题时，学会来解决人生问题，超越死亡。

根据一个问卷调查发现，有97.5%的学生从来没有在家庭里面进行过生死观点的交流。还有一个调查，对高校1100多名大学生进行问卷调查，发现有69.3%的大学生认为，人死了，生命就结束了，不会再活过来；有25.1%的大学生认为，死亡是人在这个世界上消失，去了另一个世界；还有5.6%的大学生认为，人能够死而复生。

我认为这三种看法都是错的，这就是造成我们现在困境的一个根本原因。人死了绝不是生命意义就结束了，而人的生命意义可以在死后存在，并不是说去了另一个世界，也不是能够死而复生，关键在于我们原有的生死教育没有让我们形成对生死的正确态度。

我们受过的生死教育，通过详细资料的检索，可以归结为三点。第一点，"人固有一死，或重如泰山，或轻如鸿毛"。这出自1944年的《为人民服务》。第二点，"生的伟大，死的光荣"。这是1947年提出的。第三点，"一不怕苦，二不怕死"。这是1962年中印战争后张国华将军从前线回到北京，和毛泽东说我们前线指战员喊出的一个口号，毛主席非常高兴，拿起笔来写下："我赞成这个口号'一不怕苦，二不怕死'。"

"不怕死"的生死观，从生死哲学这个专业来讲，恰恰是属于生死抉择观，我认为在战争年代是非常重要的。我小时候读《红岩》，对这首诗印象尤其深刻，"死亡也无法叫我开口，对着死亡我放声大笑，魔鬼的宫殿在笑声中动摇"。面对死亡还能放声大笑，当时年轻人都是热血沸腾，我就是这种生死观培养出来的人。

但是在和平时期，在一般情况下，我们普通人的生死观是生死抉择观代替不了的。所以，趋利避害是我们的人生本性，求生惧死是我们的人性本能。孔子讲："暴虎冯河，死而无悔者，吾不与也。"什么意思？暴虎就是赤手空拳和老虎搏斗，冯河就是打着赤脚过深河，孔子说这种人你千万不要和他打交道。大家都是有工作单位的，在公司也好，在学校也好，想想你的背后坐着两个不怕死的人，你的背脊上会发麻，一个人连死都不怕了，他什么不敢干啊？老子的《道德经》中有一句非常著名的话："民不畏死，奈何以死惧之？"

所以，我认为，在和平时期，在一般情况下，这种不怕死的生死观是非常不成熟的观念。

第一点，它遮蔽了我们对生死问题的深思。我们很多老年人不敢和孩子们谈死亡，我们没有办法去思考死亡的问题，遮蔽了死亡的问题，可是最终我们每个人都要碰上死亡问题，所以我们就更痛苦。

第二点，我们不能珍惜生命的时光，很多人浪费时间。为什么他没有死亡观呢？他不知道人生是有限的，他没有思考死亡问题，才会不珍惜时间。

第三点，有一些是思想意识有问题，又特别孤僻，行为特别怪异者，具有不怕死的观念。你看这个人杀了 12 个人，伤了 10 个人，这个人是典型的不怕死。不珍惜自己的生命就一定不珍惜别人的生命，当一个人连死都不怕的时候，恰恰就是对自己生命的不尊重，所以就会干出对别人生命不尊重的事情来。

从根本上来讲，生死抉择观确实是很正确的生死观，也是我们青少年需要的一种生死观教育，但是在进行这种教育的时候一定要有两个前提。第一，特定的时代背景。战争时期两军对垒，为了人民的解放事业，确实要英勇杀敌，甚至献身。第二，特定的状态。在千钧一发之际，我们确实要不怕牺牲挽救他人的生命。可是我们的教育不论何时都是不怕死的生死教育，很多青少年自觉不自觉地把这种不怕死的观念泛化，在任何事情上都不怕死，轻贱生死，对死亡毫不在乎，对死亡毫无根据地不怕，所以，这种凶杀、自杀、对他人生命毫不尊重的现象就会大量发生。但愿上述悲剧不会重演。

中国传统的生死智慧和当今社会影响较大的两种生死观

基于前面分析的一些理由，我认为必须重构现代中国人生死观的核心价值，我们以前并不是没有生死观教育，只是是一种错位的教育，"错位"的"错"不是"错误"的"错"，而是"错开"了，因为它是用生死抉择观替代生命价值论，这给我们造成了严重的生死问题，所以，有必要让生命价值论成为现代中国人生死观构成的主要要素。生命价值论的根本意义就在于让我们懂得生命的神圣性和最为宝贵性，培养高尚的人文精神和道德人格，去珍爱自己的生命。这种教育一定首先是珍爱自己的生命，然后尊重别人的生命，承担自我的公民责任、家庭责任和社会责任，这就是生命价值论的教育。我们缺的就是生命价值论教育。

中央电视台曾经有一个调查，死亡教育是不是应该有呢？有65.42%的人赞成，反对的占27.08%。死亡教育肯定是需要的，但是有一个更重要的问题，我们究竟用什么样的生死观来教育孩子、教育我们的公民？如果还是以前那种不怕死的生死观，这种教育造成的后果是非常严重的，所以，我们首先要了解现代的中国人，尤其是我们普通人有什么样的生死问题。我认为至少有五个方面的生死问题。

第一个，我们可能在上班的途中、可能在教育的过程中碰到一个送葬的队伍，这个时候我们对生死问题感触不深，顶多心里有一些惆怅，发现人还是要死的。

第二个是丧亲之痛。每一个人都有正常的寿命，必然会碰上亲人去世，和自己越亲的亲人去世，产生的痛苦就越大，离自己比较远一点的亲人去世，产生的痛苦就要小一点。

第三个就是自我之死。无论你是什么皮肤，也无论你的地位是怎样的，你总有一天要面对死亡，这个问题是我们所有人必然遇到的问题，可是我们很少去思考，也没有得到面对自我之死的教育。

第四个问题就是死后世界和死后生命的问题。我认为死后世界和死后生命的问题绝不仅仅是宗教的问题，因为我们中国人大多数都是相信科学的，都是受唯物主义教育，我们很难建构死后生命，其实死后生命完全可以建构，而且一定要建构。

第五个，我们还可能遇到诸如死刑问题、堕胎问题以及器官移植、克隆、自然灾害、核战争、安乐死等问题，这些是生命伦理学的问题，比如说安乐死的问题，正在讨论，也是生死的问题。

普通人碰上的无非就是这五类生死问题，作为普通人，我们怎么去解决？我们的教育有没有告诉我们答案？差不多是没有的。怎么面对亲人之死？怎么面对自我之死？怎么面对生命伦理学的问题？没有哪个人来教我们，那么我们中国人能不能求之于传统的生死智慧？大家想一想传统的生死智慧是什么？根据我的研究，中国传统的生死智慧大概有五种类型，但是影响最大的是四种：第一种叫做"立德立功立言"的三不朽，第二种叫做"生死齐一"的生死智慧，第三种就是佛家的"往生"，第四种就是民间的阴间和阳间。

我觉得生死智慧在我们中国的传统文化里面有非常深厚的基础。因为儒家是理性主义者，很早就发现人的肉体能够永生是不可能的。那么人们要想永生怎么办？通过崇高的品德修养可以让人世世代代传颂，建功立业可以让民众长久受益，精辟的言论具有永恒的价值。所以，这三者叫做"立德立功立言"，三者都是一种精神超越。为什么"人生自古谁无死，留取丹心照汗青"？"汗青"就是历史书，用一种崇高的品格载入史书他就永恒了，所以，文天祥勇敢地走向刑场。这就是儒家的超越生死的智慧。

佛教中"往生"的生死智慧，大家注意，佛教讲，生是本有，临终的时候是死有，死后叫做中有，回复到出生是生有，所以，死不是人的全部毁灭，是"往生"。对于普通人来讲是六道轮回，对于佛教的人来讲是往生西方极乐，所以死不叫死，是叫"往生"。"往生"这个概念非常重要。

道家是自然主义者，认为生和死是一个自然过程，对这个必然的过程，我们叫做"知其不可奈何而安之若命，德之至也"。生死就是一个命，我们没法回避。大家都知道庄子妻死，庄子"鼓盆而歌"的故事。庄子的妻子死了，庄子的好朋友惠子就去吊唁，一进门，发现庄子坐在地上盘着腿在那敲锣打鼓唱着歌，惠子说，你这个人真是够呛，妻子跟你一辈子是一种恩遇，现在她死了，你不哭也就算了，你还敲锣打鼓唱歌，这是不是太过分了？庄子讲，我一开始心里也很痛苦，可是我仔细想一想，我的妻子没有出生的时候是什么？是一团气，气之前是无，现在我妻子死了是什么？妻子死了又恢复到无，从无中来到无中去，就像春夏秋冬一样，我们不会为春天变成夏天而号啕大哭，我们为什么要为人死而号啕大哭呢？这是一种高妙的生死智慧。

影响最大的就是民间的阴间和阳间，如此多的人去上坟，其实背后的观念支撑就是阳间和阴间的理论。中国人认为，人有魂魄，人死了以后，魄就是尸身，魂可以脱壳而出。

千百年来，阴间和阳间的观念、灵魂的观念让我们中国人意识到死亡并不是毁灭。我们为什么要烧纸？"纸"是指"纸钱"，让去世的人在阴间里有钱用。

我认为，传统的生死智慧高、中、低三种境界齐全，千百年来它为中国人提供了面对生死的智慧选择。一个文化素养不高的人，可以选择阴间和阳间，一个有极高道德境界的人可以选择立德立功立言，一个有高超人生艺术者可以选择道家的"生死一体"，一个有宗教情操的可以从佛家了生死。高、中、低齐全，为各种人提供面对生死的关键性资产。

这种传统的生死智慧，我认为1840年鸦片战争时，受到了武器的批判，1919年受到了思想文化的批判，1949年以后又受到了破四旧、破封建迷信的实务操作层面的批判；何况还有十年"文化大革命"，从文化观念到实际操作的全面抛弃。所以，为什么现在的中国人过不好清明节？因为我们的血脉都中断了，我们不知道清明节的历史和内涵，这些全部被破坏掉了，血脉被斩断了。现代人更加"个我化"了，什么叫"个我化"呢？个人缩入个体的坚壳，认为生命是个我的、生活是个我的、人生也是个我的。这种个我化的人生观唯个人之利是求，唯个人之欲是求，完全凸显个人的人生观。虽然这种人生观能关注当下的生活或者说有了现实享受，但是在面对死亡的时候，越个我化的生命，越是一无依傍的生命，他的死越成了无可挽回的死，个体生命的丧失就没有办法成为人类生命延续中的死，最个我化的生活与最个我化的人生就导致了最个我化的死亡，最个我化的死亡引发的生死恐惧就是最大的。

一个传统的中国人，在一个地方失败的时候，他想以后自己就在这里占一个牌位。在这个地方占一个牌位意味着什么？就是和传统的祖宗接续了血脉，我的死亡成为家族延续中的死亡，叫做内我化的死亡。而现在的人往往是个我化的死亡，他不能成为家庭、家族以及人类延续中的死亡，所以他的痛苦就是最大的。

从生活的品质、生活的快乐来讲，我们现代的人要远远高于传统的人，但是从死亡的平台来讲，现在的中国人要低于传统的人。一个人如果你一生都很幸福、很快乐、很顺利，但是当你面对死亡的时候，怕得要命、恐惧得要命，那么你把你的一生幸福都一笔勾销了。所以，一个人的幸福和快乐不只是当下存在的，一直到你面对死亡的时候才能最终下定论你是不是幸福，你能不能把你一生的幸福一笔勾销。这就是生死问题的重要性。

因为我们没有有关生死观的资源，也没有正常的生死教育，因此就产生了两种影响深远的生死观。

第一种叫做"人死如灯灭"。"人死如灯灭"是什么意思？再过几十年，我们来相会，送到火葬场，全部烧成灰，你一堆我一堆，谁也不认识谁，全部送到农村作化肥。这种生死观是非常糟糕的，这种生死观告诉我们死有什么可怕？人死了一了百了，什么都没有了，什么都不知道了，有什么可怕？一死烧之，一烧洒之，如此而已。这种死亡观导致的人生模式是什么？它可能导致两种结果。一种就是产生死后的虚无——让人生也完全虚无的观念。他们的想法是什么呢？反正都是要死的，死了什么都没有，还有什么不能干呢？老子干了又怎么样？沉迷肉欲、无所顾忌、胡作非为。第二种结果就是导致心如死灰，因为人死了什么都没有了，我为什么要奋斗啊？两种结果都是非常糟糕的，这种死亡观在现在的中国人里占很大的比例。为什么中国的经济如此发展，社会的道德水准却下滑？社会的不安全感越来越严重，为什么？

另外一种生死观认为，"20 年后又是一条好汉"，人的肉体生命是可以轮回的。因此产生了一种消极入世的思想，消解了遵循社会规范的必要性和自觉性，终至滑向无恶不作的任意性。我曾经问刑警队长即将被枪毙的人有什么表现，他说有两种情况：一种就是屁滚尿流，就是大小便失禁；另外一种就是，昂首挺胸，走向刑场，老子死了 20 年后又是一条好汉，脑袋掉了无非是碗口大的疤。这件事情确实令人心痛，因为我们中国那些重刑犯的想法都是"我杀人的刀没有好好保存起来被你们找到了"，"我贪污的巨款没有好好保存起来被你们查到了"。我们那些重刑犯从来就没有忏悔，正因为如此，所以才昂首挺胸走向刑场。

今天中国的经济发展水平是五千年以来最高的。比如，深圳一年比一年繁荣。全国都一样，我最近到内蒙古，发现我们对内蒙古的理解全错了，鄂尔多斯人均产值比深圳还高，到处都是豪华轿车。可是，虽然我们的经济水平如此之高，但我们道德的总体水平不尽如人意，贪污腐败现象越来越多，社会上总有一些年纪轻轻的亡命之徒。大家想一想亡命之徒的产生原因，除了很多社会的原因、家庭的原因、教育的原因、个人的原因，原因很复杂，但是我认为"人死如灯灭""20 年后又是一条好汉"的生死观广为流行，也是其中重要的原因。

建构健康合理的生死观

要树立健康的生死观，合理和健康的生死观主要表现为三点。

第一点，人死不会如灯灭。这是一个很关键的问题，"人死如灯灭"是造成我们生死困扰最大的根源性的问题。人死不会如灯灭是什么意思呢？就是说人的生命和动物的生命是不同的，动物死了就是如灯灭，但是人的生命除了我们的实体性生理生命之外，还有三重生命。第一重叫做血缘性亲缘生命。血缘性亲缘生命是什么意思呢？我们从哪里来？我们是从父母那里来的。父母哪里来？父母是从父母的父母那里来的。其实我们从父母那里秉承血缘的同时，我们就秉承了亲缘关系，亲缘关系是千百年来的人类文化和文明凝聚而成的。第二重叫做人际性社会生命，就是说每个人必然在社会中生活。我们知道，印度有一个狼孩的故事，狼叼走一个孩子，这只狼死掉了狼崽子，这个孩子又恰好碰上了狼的乳房，狼就把这个婴儿当成小狼崽子来养，结果过了七八年把他弄回来，他是人的生理结构，可是他确实像狼。什么意思？他没有在社会中生活，他没有建构社会人际关系生命。第三重叫做超越性精神生命。超越性精神生命我们好理解，我们有思想、观念、思维，但是精神生命为什么有超越性？因为我们可以"思"，可以追溯过去，比如秦始皇是多久以前的，还可以预测以后的事情，这就叫超越性。所以精神生命是可以超越时空的，这是它的特点。

第二点，健康的生死观是什么呢？我们当然要有物质享受，否则我们的感情生活就了无生趣，但是我们更要努力去创造世间之情。世间之情的酿造是更加重要的，所以我们在生活中、在与人相处的过程中，不要斤斤计较，不要执著不放，名利心淡泊一点，生命从容一点，交往纯洁一点，生活也要简单一点。这个时候当人死了之后，可以把血缘的、人际的、社会的生命留在世上，也就是说把情留在世上、把思想留在世上，就是把精神产品留在世上。有了这样的建构，我们就把死亡变成了规划人生的资源。那我们的人生怎么整合资源？寻找到了生的动力和内容，寻找到了生死的意义和价值。人要由死观生，人由死观生的结果是什么呢？最大的价值是创造亲情、友情、人情和爱情。因为任何物质的东西都是会朽坏的，都是会丧失的。死亡的路上没有行李包，什么意思？你不能带着行李去死，物质的东西是会损坏的，我们留下来的就是情。所以一个人的一生固然要物质生活，但是更要去获取情，这个情是亲情、友情、人情、爱情。

我们不仅要追求生活中的物质性所获，更应该追求生命中的精神与关系性所获，这就是一个健康、合理的生死观。实事求是来讲，人生在世，不能不去赚钱，不能不去享受，也不能不去获得权力，这是我们人生活中的重要所求和重要所获。但是关键在哪里？不是说感情的生活不要，如果只有感情生活就出问题了。人生中最最重要的东西不在金钱、享受和权力，因为在生活中的所求所获外，我们要从生活走向生命。生命在于创造，在于你为这个丰富的世界增添了什么。我们为这个社会和民众造了多少福，这是第一点。第二点，你拥有多少亲情、友情、人情和爱情，这些东西叫做生命之事，前面叫做生活之事，我们既要有感情生活之求，更要有生命之求，这才是合理的生死观。但是一个人要真正建构生命之求的重要性，必须要通过死亡观才能建构，这就叫做由死观生。

第三点，我们必须区分生死抉择观与生命价值论。生死抉择观就是人面对生死选择的时候，按照什么样的价值标准来选择。生命的价值论是讲人的生命是本、是体，其余的一切都是末，都是用。首先，因为人的实体生命是会死的，是不可让渡的、不可重复的；其次，关于人的生命在中国古代有一个非常重要的思想，现在被我们都抛弃了，认为人的生命是万物之灵，是天地之心，是宇宙的精华，所以它是神圣的。所以这两点揭示出我们人类的生命是弥足珍贵的，在任何外物面前，生命的价值最高最大，在任何情况下保护人的生命都是第一位的，所以我们一定要区别生死抉择和生命价值。

据一位陆教授统计，2009 年有 40 余名大学生不怕牺牲，见义勇为，其中有 10 多名献出了生命。长江大学的三位大学生去世了，是为救人去世的：救两个孩子，死了三个大学生。我们在这些舍己救人的大学生、英雄面前感动，我们崇敬，我们也应牢记他们的英雄事迹，但是我们活着的人要反思，我们这些大学生有没有救人的能力？他们手拉手去救人说明肯定就不会游泳，这种救人方法一定要身上捆着绳子，这个水一冲，你拉得住吗？拉不住。所以我们一定要反省，我们是不是有救人的本领？从生命价值论的角度来看，不能盲目地提倡青少年奋不顾身去救人，如果有这种救人的能力就去，如果没有这种救人的能力就不应该去，要叫消防队员来施救。

我曾经和部队的官兵讨论过这个问题，部队官兵要有生死抉择观，要是打仗的话一定要冲锋陷阵，但是建立这种生死抉择观的目的是什么？董存瑞为什么要炸碉堡？黄继光为什么要堵枪眼？是为了他的战友少牺牲，是为了人民群众不受战火的蹂躏，还是为了生命价值论？所以生死抉择观是在生命价值论之内的一个范畴，不能够脱离出来，变成一个独立的范畴，并且高于生命价值观。其实我们在和平时期，救人都是为了救别人的生命，在救不了别人生命的情况下你还牺牲自己的生命，这是不对的。就像恐怖主义袭击和恐怖犯罪，它们有一个重大的性质上的区别，恐怖主义袭击是有明确的政治目的，而恐怖犯罪是为了泄私愤、报复社会。

保护人民生命安全是社会和政府的第一要务，呵护自我生命的健康成长应该是我们每个人最优先考虑的事情，尤其要建构一个合理的生死价值观：第一，在任何情况下都不能走放弃生命的自绝之路；第二，在灾难降临时，我们要尽可能地保全自己的宝贵生命；第三，既要意识到我们自己的生命是宝贵的，也要看到别人的生命也是弥足珍贵的，对任何他人的残杀行为都是不能允许的。

《周易》的智慧

崔 波

崔 波

郑州大学教授、郑州大学图书馆馆长、郑州大学《周易》与古代文献研究所所长。主要作品：《周易解说》《甲骨占卜源流探索》《周易注译》等。曾荣获"河南省优秀青年科技专家""河南省优秀青年社科专家""河南省高校科技创新人才"等称号。

《周 易》概 述

对《周易》的认识，我把它界定为一种文化。河南是《周易》的故乡，有太昊陵、羑里城。安阳的羑里城，是"文王拘而演周易"的地方，《周易》在那里有很多的文化印记。至于说《周易》在演变发展过程中所体现的内容和精神，则是一个不断深化的过程。

大家可能对《周易》有这样的印象，街头摆摊算卦的也研究《周易》，那到底是不是研究《周易》呢？不然。《周易》有四大功能：以言者尚其辞，以动者尚其变，以制器者尚其象，以卜筮者尚其占。《周易》的算卦功能在它的整个文化中只占了1/4的份额，只是后来无限放大了它的算卦功能，所以一说《周易》就以为是算卦的、看风水的，实际上算卦本身与《周易》没有直接的关系。但是《周易》的阴爻和阳爻符号是一个空套子，算命的、看相的包括算卦的都能把他们的内容装在这个空套子中。所以，看风水的只能说跟《周易》是非常非常远的"亲戚"。

在当代，《周易》有着浓厚的神秘色彩，人们对《周易》的困惑也非常多。20世纪20年代，郭沫若先生说，《周易》散发着神秘的幽光。在21世纪的今天，我的认识是：它仍然具有神秘性。我试图通过我的讲解来揭开它神秘的面纱。

关于《周易》的作用，《礼记·经解》上说，《周易》的教化功能在于"洁净精微"。同时，《礼记·经解》上也说："《易》之失，贼。"意思是人掌握了这些知识以后，做好事会带来无限好处，做坏事的话，危害也很大。

平时我们生活中说到的成语，如居安思危、自强不息、三阳开泰、求同存异等等都源自《周易》。同时在《周易》中有革卦、鼎卦，革故鼎新、否极泰来等等这些成语在我们生活中经常用到。

关于三阳开泰，在《周易》的泰卦中是下边三个阳爻，上边三个阴爻。这三个阴爻在三个阳爻上，正月是泰卦主持，三个阳气上升的过程中，新的一年就开始了。

泰卦下边三个阳爻，上边三个阴爻。有些人说，坤卦是地，乾卦是天，地在天上，为什么叫"泰"呢？这就是地的阳气上升，坤的阴气下降，形成一种交融状态就通泰了。泰卦在《周易》中是很吉祥的卦，它叫喜吉三元，如果你占卦占住泰卦的话，你遇到的好事会一个接一个。

另外，《周易》这本书说它是蓍占之书、占卜之书，尤其是"数字卦”发现之后，它确实也证明了具有这个功能。同时，它是古人留下的生存智慧，为我们在飞速发展阶段应该怎样处理身边的事，当我们遇到困难、困苦、逆境的时候该怎样化险为夷提供了很多微言大义。

《周易》的内容

（一）《周易》文本渊源

关于《周易》中的“周”字主要有三种解说：一说周代，二说周普，三说周转。“易”字：一说蜥蜴；二说日月，象征阴阳变化；三说日出。

我的看法是，“周”作为周代比较合适，《周易》的“易”就是变易，解释为以日月为代表的阴阳交替变化较妥。《周易》同时有狭义和广义之分，狭义的就是指《周易古经》，广义的是指《周易古经》《周易大传》。

《周易》的产生时代和作者，我们记住八个字就可以了——“人更三圣，世历三古”。“更三圣”就是《周易》的产生经历了漫长的岁月，在这个过程中，首先是伏羲创造八卦，文王拘羑里城演变为六十四卦，孔子为《周易》做了大传。“世历三古”就是上古、中古和下古。

（二）《易经》

《易经》包括六十四卦的卦符、卦名、卦辞和386条爻辞，总共5000多字。卦符是六十四卦的符号，卦名由八卦相互交叉出现六十四卦。这六十四卦有的是两个字，有的是一个字。所以，学习《周易》必须记住卦名，这是最基础的。

八卦，《周易》上说，“古者包牺氏之王天下也，仰则观象于天，俯则观法于地”，近于人世，随后形成了八卦。也就是在人和自然结合、人和自然交往过程中认识了八卦、创造了八卦。

八卦中最基本的符号是阴爻和阳爻。上面是阴爻，下面是阳爻，就这"阴阳"两个符号组成了千变万化的六十四卦。这个变化就是在我们生活中讲的简易、变易、不易、和易，也就是讲和谐之易，它要求我们随时达到一种和谐的状态。

另外，八个卦对应的自然物是乾天、坤地、震雷、巽风、坎水、离火、艮山、兑泽。这几个基本符号能够把自然物和卦型的符号结合起来，把生活的基本数形结合起来。我们遇到什么卦，也就知道目前所处的状态和将来要发展的可能。

八卦是以通神明之德，以类万物之情。八个卦，乾卦是乾三连，坤卦是坤六断，震卦是震仰盂，艮卦是艮覆碗，离卦是离中虚，坎卦是坎中满，兑卦是兑上缺，巽卦是巽下断。

卦辞，是解说六十四卦的文辞，包括自然现象、人事物、行为得失、吉凶断语。

爻辞，每一爻有爻辞，是说明爻义的文辞。每一爻有先列爻题，就是上九、初九、九六。

爻位。我们占卦每一卦有六爻，相当于不同的阶段和不同的进程。

卦爻辞内容的主要特色。

第一，与《周易》早期的占筮功用相一致，即用"吉""凶""利贞""悔亡""无咎"这些术语。有人说《周易》是算卦书，正是从这里来的。

第二，它是"假象喻义"，即借用人们生活中习见常闻的现象来分析所遇到的事情的状态和发展走向。

（三）《易传》

《象传》：《象传》是继续对《周易》卦辞进行分析，开篇有一句话就是："乾道变化，各正性命，保合大和，乃利贞。首出庶物，万国咸宁。"目前我们所提到的和谐社会的思想渊源在乾卦中介绍得很充分。

《象传》：《周易》就是望象生义，通过卦象来分析事物，如《乾·象传》是"天行健，君子以自强不息"；《坤·象传》是"地势坤，君子以厚德载物"。卦的"大象传"就是要求我们能够在外围事务上努力去打拼，去克服困难，在"内围"上包容万物，能够做好对这种刚健的接应，才能取得成功。

《文言传》是针对乾卦和坤卦。《文言传》中，我比较欣赏坤卦的《文言传》，它说："积善之家必有余庆，积不善之家必有余殃。臣弑其君，子弑其父，非一朝一夕之故，其所由来者渐矣。由辩之不早辩也。"所以，《易传》上说："履霜坚冰至，盖言顺也。"也就是说，我们生活中善事积得越多越好，恶事你最好不要积。我们在有些事情上即使善行做不了，但是必须要存有善念。

《系辞上》，是《周易》中两篇比较长的哲学论文，实际上就是《周易》的概论。大家读《周易》之前，最好是先读《系辞上》。

《说卦传》，是讲先天、后天，讲《周易》的方位、实践。在其内容中谈到："立天之道，曰阴与阳；立地之道，曰柔与刚；立人之道，曰仁与义。"也就是人处于天地之间要讲仁、讲义、讲道德。

《序卦传》是讲六十四卦顺序的。

《杂卦传》是把六十四卦的结构打乱，打乱之后两两进行组合。但是，"乾刚坤柔，比乐师忧"。它一个字就把它的基本属性介绍出来，占到比卦，有快乐的事情发生，占到师卦，就有忧虑的事情发生。

读《周易》，需要先读后半部——《易传》，再去读前半部——《易经》，这样才能读出味道来。另外，《周易》的著占、占卜功能是我们必须要了解的，不占卦深层次的东西就学不下去。

（四）先天和后天的卦位

这是伏羲的"先天八卦方位"（见图1）：乾一、兑二、离三、震四、巽五、坎六、艮七、坤八。内围是：乾天、坤地。大家不要小看这个先天的卦数，这个卦数在我们生活中可以随意用。比如，今天是4月11号，我就可以用先天卦数起一卦，给在座的各位送上一卦：

四，就是《周易》中的震卦（震四）；十一，超过八之后，十一就是除以八，余三，那就是离卦。上卦是震，下卦是离，这就是雷火丰卦。丰叫丰收、丰达，古镜重明。也就是说很古老、很珍贵的镜，风一吹把它吹出来了，能够照亮大家。

我们还讲变卦。今天的变卦是什么卦？就是四加上十一，再除以六，十五除以六，余三。余

图 1　伏羲的"先天八卦方位"

三，就是三爻发生变卦，三爻发生变卦之后为离火卦，这三爻——阳爻变成阴爻，又成了震，外震内震，也就是"震为雷卦"。震为雷卦是金钟夜撞。也就是说，如果你占了这个卦，又是这个爻发生变化，你要是问官的话，官马上就成了，马上就到位。

了解先天的卦数对我们把握《周易》非常有帮助。另外，先天八卦发展的过程是"太极生两仪，两仪生四象，四象生八卦，八卦成，利相则其冲，则天下之事定矣"。这是《易传》上的原话，是说八卦成了之后，天下的万物类象都能从中找到它的位置。

这是后天的八卦（见图2），它是用先天的卦数和后天的方位使我们在使用《周易》中游刃有余。后天的八卦方位：乾卦在西北方向，坤卦在西南方向，坎卦正北，离卦正南。后天的八卦方位，与我们生活中遇到的事情比较接近。

另外，文王八卦把它纳入生

图 2　后天的八卦方位

活家庭之中，乾卦象征父亲，坤卦象征母亲，同时有长子、长女、中女、少女。纳入家庭中之后，一个家庭的秩序就完全体现出来了。

（五）河图洛书

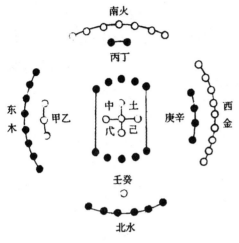

图3 河图

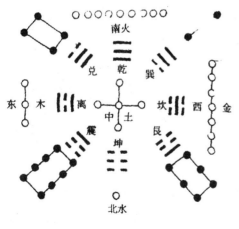

图4 洛书配八卦

河图是五十个点（见图3），这五十个点在《周易》上是天一、地二、天三、地四、天五、地六、天七、地八、天九、地十。天数二十有五，地数三十，凡天地之数五十有五。这五十五个点包含了丰富的内容，这个点在宋代出现之后用于兴兵打仗、高级预测、风水选择等方面比较广泛。我在使用这个图的过程中，发现它主要是很贴近我们的生活，在楼层选择尤其是在风水选择方面帮助比较大。

洛书（见图4）。洛书是九个点，"戴九履一，左三右七，二四为肩，六八为足，五居中央"，这九个点横的、竖的、斜的相加之后都是十五，形成了一个非常稳定的系统。这个系统经常用在生活中，后来数学的方程式包括遗传密码的方程式都用这个图解释。

《周易》的智慧

（一）影响人生的六个关键因素

人生智慧：一命、二运、三风水、四积德、五读书。大家可以有自己的理解，在我看来，有六方面是我们离不开的。

第一是我们所处的时代。目前深圳发展这么快——这就是我们处于一个好时代，深圳市对文化建设有这么大的投入，尤其内地城市是难以望其项背的，确实是独领风骚。这么好的时代使我们能够有精力、有空闲来品味文化，或者丰富我们的精神生活。

第二是社会。不同的社会会给人生打上不同的时代烙印、社会烙印。"文化大革命"期间的人和现在的人差别太大了。美国的社会制度、朝鲜的社会制度和中国的社会制度不同，在不同制度下，人的成长轨迹是不一样的。

第三是命。现在郑州很多人找我，生孩子非要选一个合适的日子、合适的时辰，为了有一个好命。对不对呢？这也没什么不对，求一种心理上的吉祥。但是，人的出生是你自己没法把握的，是由医生和父母把握的。

第四是风水。风水有阴德风水、阳德风水。我们所处的办公环境、家庭所处的环境对我们是有影响的。有人会问：阴宅有没有影响？阴宅对人心理上的影响非常大，现在清明节都成为国家法定忌日，所以我们说祭祖、孝祖是没有任何过错的。在一个好的地方，别人说是风水宝地，你也认为是风水宝地，时间久了给你带来非常吉祥的信息；别人认为不好，你也认为不好，出现一点差错你就会觉得是风水带来的。这对我们每个人的人生是有影响的。

第五是名字。名字在我们的生活中虽然是一个符号，但是这个符号跟着你之后随时随地地伴随着你，别人在呼叫你，你知道这个符号是你，如果你这个符号非常吉祥，给你带来的是吉祥的信息。现在郑州还有60多岁退休的人让我给改名字，为什么改名字？他说：我这一生都不顺，都说是我的名字给我带来的不顺，我要把名字改了，让它顺一点。后来有些人说：是不是有点过分？后来我发现有几例一点都不过分，他名字改了之后过得愉快了，他过得比以前好。

第六是人生的际遇和努力。每个人是否能组成好的家庭，遇到好的父母，遇到好的朋友，这都是很重要的。这在人生的际遇上就是命运。在人生道路上，遇到关键时期有人扶你一把，你可能就飞黄腾达。所以有些人说，这个人命好，有福气。实际上，命和运是相关联的，一个人命好，运也好，他会一生比较平安；如果命很好，运不好，光走背运，有些人总是遇到机会擦肩而过，他就是运不好，到他这里事办不成；命不好，运好也能改变人生，如果命有破缺，但是忽然有些大运降临了、好运来了，遇到一两次好运也能改变人生；最差的是命不好，运也不好，干什么事都遇到麻烦。

（二）《周易》智慧的特点和具体表现

西方的罗素写了一本《西方的智慧》。作为东方文明古国，现在书店里有很多介绍智慧的书，这些书中比较多是《周易》《论语》《老子》和《孙子兵法》，有理论有实践，尤其是《孙子兵法》应用非常广泛。所有这些中，真正能代表东方智慧的，我觉得是《周易》，它的阴阳之道、正邪观念、崇尚理性和实践等都是最具代表性的。

另外，《周易》在内容方面是见仁见智。百姓日用，一阴一阳之谓道；百姓日用而不知，仁者见之谓之仁，智者见之为智。一千个人读《周易》，将有一千种《周易》的解读。不同的人读，带来的自我感触是不一样的。所以，历史上留下很多有关《周易》的著作，包括我自己现在40多岁也写了四五本有关《周易》的书，算是滥竽充数。

《周易》的价值方面，以北京故宫的三大殿——太和殿、中和殿、保和殿最能说明问题。"太和"是最高的和谐，"中和"是需要作微调才能够和谐，"保和"就是需要大刀阔斧进行整治才能和谐。这跟我们处理一个单位的事情一样，在"太和"阶段，你要洁身自好，使这个好的局面维持得时间更长一点；在"中和"阶段，你少走一步，棋子少动一动可能有好的结果；在"保和"阶段可能就要进行大的人事制度改革。

西方国家这几百年来靠什么解除思想困惑？它们有心理咨询师。

我们国家自古以来，说文雅一点是"周易"先生，说通俗一点是算卦先生、算命先生，来解决人们心理上所存在的问题。这就是"人谋鬼谋，百姓与能"。"人谋"的事我们找领导、找朋友解决，"鬼谋"的事占卜来解决，给你提供更多的想法和思路。

《周易》在人生智慧方面讲对立统一、阴阳之道、一阴一阳之谓道，这些内容都是讲对立和统一。我们在对立过程中寻求统一，在差异中寻求一致。

我们不要以为把自己的势力打造得越强越好，没有反对面就最好。实际上不然，有时候稍微有一点杂音对你是一种帮助。一个单位、一个家庭"不是冤家不聚头"，越是这样，你才能够稳定地向前进步。如果纯粹是千人一面，缺乏差异性，往往是很快失败，所以要刚柔相济，有刚有柔，有激流有缓冲。生活中不要怕有杂音，不要怕有小毛病，有点小毛病有时是一种福气，通过调理可以使你从不和谐的状态走向和谐，这是天地自然之图。

周敦颐说："双双瓦雀行书案，点点杨花入砚池。闲坐小窗读周易，不知春去几多时。"也就是说，读《周易》要读出心境。2010年两会上，温家宝提出要让百姓过有尊严的生活，如何有尊严呢？有尊严就是我们想花钱的时候有钱花，我们想学习的时候有书读，我们想听报告的时候有人来作报告、有人来交流。就如孔子所说："六十而耳顺，七十而从心所欲，不逾矩"。所以说，读《周易》要读出味道，它确实能帮助我们化险为夷，排除生活中的困扰。

另外，有些人说《周易》是实用的哲学。易学思维是切合人生的思维。世界充满矛盾，置身于当今之世界，我们不可避免地徘徊于变幻莫测的对立与平衡的夹缝之中。这就是《周易》在实用过程中，有些人会说在那个地方抽个签、算个卦挺准的缘故。在《周易》中，我特意研究了京房八宫卦，这个卦一出来，是官和鬼结合着、妻和财结合着。有父母、兄弟、妻财、子孙，所以你占卜什么有什么。妻跟财是结合的，如果财路很广、钱很多，往往跟妻是相关联的。钱多了多找几个妻，但是妻太多了要损伤财，所以它们的相互关联中始终应达到一种阴阳平衡、五行和谐状态，它不和谐就要出麻烦。

所以，在社会的复杂变化中，我们怎样能够使自己一直处于不败之地，或者精神处于平和、舒适的境地，需要每个人在运作过程中妥善把握。

变动和应变。《周易》是讲究变化的，日月变化，我们生活中随时面临变化。所以有些事情上，你早不来晚不来，偏偏这个时候来，如果领导心情一好，大笔一挥就签了，事就成了；如果心情不好，等等吧，一等就等忘了。所以，我们把握的时机非常重要，一方面是自己跟上形势的变化，另一方面是以不变应万变。

"蓍之德圆而神，卦之德方以知。"占蓍的方法是圆润而神妙的，而卦是讲方、讲直的，也就是方圆。你看我们住的楼层，一、三、五、七、九，这是天，天是圆的；二、四、六、八、十，这是地，地是方的。什么意思呢？我们选择房子的时候，你如果选择一层，本身属性上是圆的，你家里的设备、家具多弄点方的。如果选择二层，本身它的属性是方的，你家里的餐桌、设施多弄点圆的，这样方圆、圆方能达到一种和谐，圆以方用，方以圆用。

另外，你的空间大了，设施用丰满一点的；如果空间小了，设施要用细小、精致一些的。所以，我特别反对一个人，尤其是女同志们减肥，男同志更不能减肥，减肥对不起国家这么好的制度。胖瘦是老祖宗的五行已经决定的，就是"木瘦金方水主肥，土形敦厚背如龟，上尖下阔名为火，五样人形仔细推"。是说比较苗条的是木型人，比较肥胖的是水型人。我这个型号就是金型人，方方正正的，处事也是方方正正的。每一个人找好你的位置之后，你就不该瘦下来，瘦下来身体要出毛病的。

生活中需要有圆而神的智慧。也就是说，既要认真研究、精确把握，不苟且、不疏忽，又要巧妙圆通，适应变化，不拘泥、不僵滞，把握《周易》智慧的源泉。再一点是忧患与安乐，《周易》是一部忧患之书，这个我们都比较好理解。我们要想走向"安乐"，必须正确处理"忧患"，坐怀不乱。忧患，国家会遇到，每一个人也会遇到，遇到之后我们的态度非常重要。

吉凶与无咎。"无咎"是无过失，"吉"是大家都追求的，"凶"是大家都不愿面临的。但是，如果你逢凶化吉那绝对是高水平的。我们不怕生活中出现不好，出现不好之后我们能够把它化解，这要看我们的水平。

既济与未济。它实际上就是我们生活中的境况："未济终焉心缥缈，百事翻从阙陷好。吟到夕阳山外山，古今谁免余情绕？"也就是说，我们生活中有时候有点缺陷是不错的。我们一般祝愿别人十全十美，有时候稍微有点欠缺会使生活更加丰富。这是"未济"卦。火是未济。这就是"既济"之道在于防，"未济"之道贵于慎。在成功的时候要防止差错出现，在事情发展过程中贵在谨慎，慎终如始。

君子与小人。《周易》是为君子谋、不为小人谋的一种学问。另外，《周易》中的生活智慧概括为一个"变"字，要"变通趋时""屈伸随时"。也就是在不同的环境下，我们伸缩有余，永远处于不败之地。我们强调工作是一种态度，生活也是一种态度，你整天快快乐乐的，是别人所说的幸福指数比较高；整天忧愤、苦闷像愤青，难受的首先是自己，同时也给周围带来不愉快；所以我们生活中一定要能拿得起、放得下，把不愉快的都消解掉，留下快乐和幸福。

洛克菲勒给儿子的信中曾提到，天堂和地狱都是自己建造的，如果你视工作为一种乐趣、视生活为一种乐趣，人生就是天堂；如果你视工作、生活是一种义务，人生就是地狱。生活确实是这样的。

管理智慧。学《周易》，要把握《周易》的阴阳之道。我们在生活中不管处在什么位置（在家庭中处于什么位置都是一种管理），都要管理外界，管理我们自身。我们讲和谐，《周易》中最重要的就是我们要管理好自身的和谐智慧：人与社会的和谐、人与自然的和谐、人与人的和谐，首要的是自身的和谐。所以，我们要把握好中道，把握好自己的和谐，在每一个群体中都能够贡献我们的力量，发出我们的热。系统和谐与否，领导者承担着更多的责任，也就是单位干得好不好，与领导直接相关。

易学的管理思想有整体论——太极、阴阳、思想、八卦，也有一个过程论。把握事物的发展过程，每个环节都要既顾大局又注意小节。关系论，我们生活中往往要强调一种持续的生活、强调一种关系的重要性。实际上每一个人生活中都要靠这种良好的人脉。有些人说：人脉就是钱脉，关系就是生产力。这种说法没有错，但是你不要把它泛化，不要把它庸俗化。管理决策也就是预测，《周易》能够帮助我们进行预测，预测正确我们才能决策准确。"革故鼎新"中有"革"卦和"故"卦，是说遇到问题不要怕，把问题处理好就是我们的能力。变通趋势，"日新之谓盛德，生生之谓易"，每日都处于变化之中，每天都是新的人。有的人爱用减法，我常常是用加法，也就是说，我过了一天是又多活了一天，不是又少了一天。用了加法之后，生活中充满美妙的感觉。

如何学习《周易》？这是一个大问题，《周易》讲究"圣人以通天下之志，以定天下之业，以断天下之疑"。因为它有这些功能，我们就需要了解它、学习它。每一个人都可以结合自己的需要学《周易》，现在有一个休闲易学派，就是说等我们退休了，可以从中找到我们的兴趣点，不断学习，肯定有收获，肯定充实。

讲典籍，论孝道

杨治国

杨治国

笔名漳夫，现任山西和顺县委
常委、常务副县长，兼任晋中
市作家协会常务副主席，晋中
市诗歌学会副会长。主要作品：
《春雪》《小人物点评〈孟子〉》
《荷香斋诗草》等。

中国几千年以来是"以孝治天下"，但是我们今天已经进入民主
社会，进入正在建设的和谐社会，仍然要以孝治天下已经不是很合
适，我的观点——以孝利天下。

虽然现在的社会发展很快，但实事求是地讲，目前社会、家庭等
很多方面已经显示出与社会不和谐的问题。这些问题已经到了不解决
会影响社会发展的程度。比如，自然生态环境严重恶化的问题，社会
生态环境畸形发展的问题（包括乱砍滥伐），涉及人性、人道、诚信

的问题，假种子、假农药、假化肥坑农害农的一些问题，以及现在媒体上常常出现的毒食品、毒大米、毒蔬菜等问题。造成这些问题的根本原因到底是什么？

有些专家提出，出现这些问题，是社会发展到今天不可避免的，是有必然性的。我的观点是，社会发展到今天应该是更文明、人的素质更高了，对社会的管理应该是更规范了，而不应该出现这么多让人类生存发展受到这么多危害的情况。人类社会发展的历史告诉我们，趋利避害、趋吉避凶、理性选择是人类从蛮荒走向文明的一个根本趋向。

大禹治水是众所周知的一个历史故事。大禹的父亲鲧用了9年时间去治水，他采取的是堵的办法，反而使天下洪水更加泛滥。在这种情况下，舜让鲧的儿子禹治水，禹总结了他父亲治水的经验教训，然后采取开凿河道、疏通水路的办法。

儒家经典里有一句话："功，有一时之功，有万世之功。大禹治水者，万世之功也。"为什么后人给了他这么高的评价、这么高的荣誉？孟子说："昔者禹抑洪水而天下平。""禹之治水，水之道也。"就是说，大禹治水是按照治水之道来治理的，所以实现了"天下平"。

大禹治水并没有认为洪水危害有必然性，而是设法避凶趋吉、趋利避害。现在社会出现了很多问题，并不是说面对这些问题我们就没有办法，而是要选择如何去趋利避害、趋吉避凶。今天我们反思大禹，我个人认为还应该作这样的分析。

其一，大禹是顺应家道的大孝之人。《孟子》中说："尧舜之道，孝悌而已矣。"《诗经》中说："永言孝思，孝思维则。"由此可见，在尧舜的时代，"孝"是选人、用人的首要因素。从奴隶社会一直到封建时代都是奉行"以孝治天下"，在封建时代举孝廉，"孝"是孝顺，"廉"是廉洁。

我们一直说"六亿神州敬舜尧"。关于舜这个人，《五章本经》里有一句话：父顽、母嚚，弟象傲，皆欲杀舜。就是说，他的父亲冥顽不化，母亲很嚣张，兄弟象非常傲慢，父母和他的兄弟都想杀掉舜，但是"舜顺适不失子道，兄弟孝慈……舜年二十以孝闻"。舜是在这样的家庭环境中成长起来接替尧的，禹接替舜，如果禹不孝顺，不可能被舜选定作为接班人，说明他是一个大孝之人。

《论语》中讲："父在，观其志；父没，观其行，三年无改于父之道，可谓孝矣。"禹的父亲鲧是因治水不利而被杀掉，他在父亲被杀之后完全可以选择一个不去治水的职业，但是他选择了继承父亲的遗愿、遗志，继续治水，没有改父道，行父道而行。虽然他们父子两个在治水的方法上有"堵"和"疏"的区别，但是在治水目标上是高度一致的。

《盐铁论·忧也》中有一句话："为人臣者尽忠以顺职，为人子者致孝以承业。"大禹作为人子者致孝以承业，所以他在沧海横流、猛兽横行的艰苦条件下，以坚韧的毅力完成了父业，可以说他是孝绩天下。这是对大禹的第一方面分析。

其二，大禹是顺应天道的大智之人。大禹所处的时代是蛮荒时代，科技和生产力都极不发达，治理洪水猛兽是为老百姓做事，为天下人做好事，没有大志、不是大贤无法办到。大禹的治水过程和治水结果给我们提供了哪些启示？我认为至少有三条。

第一，大禹治水使天下由沧海横流、人无居所变成了水患革除、人可居住，使天下人可安居乐业。这就是有德有功。

第二，大禹治水实行"疏通天下河道"的办法，事半功倍，节省了大量的人力、物力、财力，以最小的代价换来了最大的成功。

第三，大禹治水改变了他父亲"堵水逆天"的错误做法，不仅顺应了自然规律，而且给天下人提供了一个如何顺应自然、适应自然的思想大本源。后来，我们的很多思想同大禹治水和他倡导的思路使人类走向新文明的关系非常大。

从此，人们更加懂得了人类的繁衍、生存、发展无论任何时候都不能逆天而行，必须顺时应势、趋吉避凶、趋利避害，化害为利、化危为机。这个启示对于我们今天的现实意义依然非常大，今天的人比大禹聪明得多，今天的生产力比他所处的时代发达多了，应该做得比他更好。其实不然，我们今天有很多事是逆天道而行的，很多事是违背自然规律、违背社会规律的。

其三，大禹是个顺应人道的大仁之人。大禹所处的时代，社会环境、自然环境比我们今天恶劣很多，但是他和老百姓齐心协力、深入实际、认真考察，不是他自己拍脑瓜决策——不像今天有的官员看人家那里盖了一栋楼，我回来也盖一片房；他那里挖了一个湖，我回去造一个园——而是和老百姓商量，实地考察，能够根据规律、根据实际去办事。

《论语·泰伯》中有一句孔子的话，"子曰：'禹，吾无间然矣'"，也就是说，对于大禹，我（孔子）实在没有什么可挑剔的。孔子是儒家的鼻祖，他对历史人物有过很多评价。《春秋》是孔子著述的，他说过：我立于《春秋》，毁于《春秋》。《春秋》就是明大义、明天下的大是大非、大理，他的大义就是是非标准。按照他的标准，他生活的年代距大禹很近，比今天近很多，但是他也说，对于大禹，我没有什么可挑剔的。

我之所以以大禹开场，就是以古鉴今、以圣贤比今。老子有一句话："执古之道，以御今之有。"这句话充满智慧光环，是一句哲言，我们以古之为鉴今。"读史使人明智"，研究历史使我们更聪明，使我们懂得什么是经验、什么是教训，然后我们可以把以后的事做得更妥善一点、更好一点、更完美一点。

西方有一句名言，"维系正常的社会运转需要四大支柱：法律、道德、媒体、宗教"。大禹的仁、智、孝实际上就包含在这四大支柱中的道德里面。"仁、义、礼、智、信"虽然各有各的定位，从总体上讲，又都统属于道德层面。因为总体的要求都需要符合人的道德规范，都需要符合儒家的道德标准。大禹这三方面都符合支撑社会正常运转的主要标准。

老子也认为"孝"很重要。"六亲不和，有孝慈。"对这句话有很多种理解，我的理解是，"六亲不和"更显示出孝慈的意义。《孝敬著疏》中有一句话："凡圣无有不孝也。"大禹孝，是大孝之人。古圣贤是大孝之人。

任何一种文明、一种文化，必然同时根植于三种生态环境中，即自然生态、社会生态、人文生态。从本质意义上讲，三种生态是互相关联着的统一体，一种生态的恶化，必然会形成对另两种生态的危害；当发展到一定阶段时，起决定作用的往往是人文生态，人文生态决定社会生态，社会生态决定自然生态。因此，当今中国，拯救自然生态，首先当从改善人文生态进而改良社会生态开始。

当今的社会问题，我概括了三大方面。

第一，违背天道，自然生态环境不断恶化。我们今天尤其是进入21世纪之后，全球各国都形成共识，共同关注、讨论最激烈的问题就是自然环境恶化。它的根源是什么？从天道的角度讲，就是我们不能像大禹那样去顺应自然、适应自然、珍惜自然、爱护自然。

举个例子。我刚参加工作时是一名林业工人，那时候我们从育苗开始，然后让它木质化，再让它长四五年，30年后再种植。这期间是一个漫长的过程。但是现在有的官员、地方政府想的就是马上出政绩。中国人一直讲一句话，"十年树木，百年树人"。但是现在有些地方不这样做，十年后我就不知道到哪去了，就希望很快让它绿起来，让上级看得见、摸得着，让媒体拍张照片，上网、上报纸、上电视，让大家一看：某某官员真能干。

这些树从哪里来？是在林区、山上挖的。在北方，几十年才长成16、17公分的油松，这些人为了"一夜成绿""一夜成名"，不惜代价到山上挖树。而且由于气候、失水、土壤土质等因素，栽上去能够成活的比率不高。而且为了统一标准，就到好好的山上东找一棵，西挖一棵。不符合要求，丢掉，再去挖一车，拿回来符合标准了再种上去。今年的树死了，马上再去挖，再往上补。我把这样的行为称作：城市"一夜暴绿"，林区"一夜暴死"。

什么是森林？搞林业的都知道，森林不是指树，树是森林的主体，森林的科学解释是，树木、草、乔灌，包括其他的植物、药材，微生物、飞禽、走兽都属于森林的概念。为什么野生动物出了问题是由林业部分管？正是因为野生动物是属于森林的范畴。现在很多城市都到林区挖树，挖一车一车的树，甚至为了一棵树把周围其他的树砍掉。坑挖了、水土流失了、植被破坏了、动物不能生存了、微生物环境破坏了。

这种城市绿化，不是造绿，而是造孽。有些官员就为一己私利，违背天道，违背自然，他的道德水准、官德、政绩观是非常龌龊、可悲的。国家对于这样的官员也无可奈何，因为老百姓不可以去偷砍乱伐，但是官员挖树是有手续的，他可以挖，这就有点"州官放火无语，百姓点灯不行"。

前几天我看了中央电视台的报道，是关于一个外国人的事情。我们西双版纳的热带雨林被毁坏了一些，他带着他的妻子在那里经过十几年的研究，突破了一个又一个热带雨林再造的科学难题、技术难题，终于成功实现了雨林的再造。不久前，他就去世在他所建造的热带雨林，他的坟墓就建在那里。这个节目播出的时候，我感觉节目做得很好，但让人看了以后也很沉痛，一个外国人为了中国西双版纳的雨林再造把生命都献出去了，而我们的官员却是在挖树、砍树，这样制造政绩，可取吗？

破坏自然、违背天道已经给我们当今的生存环境带来了严重的危害，历史允许人犯错，但是我们不能不断地犯历史性的错误。这几年，党中央提出落实科学发展观，我认为这是对历史的清算。太行山是深山区、林区，"文化大革命"期间有一句口号，"腰必一把斧，一天七块五"。腰里每天有一把斧，每天可以挣七块五，那时候最好的工每天才挣九分钱、一毛钱。所以，现在很多东西确实应该清算。

我在北京一所学校讲课的时候，有一个"两地走"的研究生（他在国内学一段时间，再到国外学一段时间），他跟我说，我们中国的先贤古圣不懂环保，没有环保的理念。我说：你说错了，我们中国古代最大的哲学观是天人合一，首先是天，其次是人。孔夫子判断一个人是仁还是智，一句话："仁者乐山，智者乐水。"中国的先贤古圣评价一个人，把是否热爱山水作为一个是非标准。

在新中国成立以前，从官到民几乎家家都有一个牌位——"天地君亲师"。天地是第一位的，敬天地、敬畏自然是中国境界很高的一个理念，也是很先进的信念。《道德经》讲："人法地，地法天，天法道，道法自然。"人是最小的，天地对人是有制约的，人要敬重天地，法天地、法道、法自然。这一敬、一畏、一法意义非常深刻，它的核心就是尊天道。

《孝经》里有一句话是这样讲的："曾子曰：'树木以时伐焉，禽兽以时杀焉。'夫子曰：'断一树，杀一兽，不以其时，非孝也。'"《孝经》并没有首先考虑人，并没有先敬人、敬亲、敬长，而首先考虑的是人和自然、人和天地的关系。因为人是自然之子、天地之子。这是中国《孝经》和古代先贤圣哲的基本看法或者一致看法。如果你砍一棵树、杀一个兽，是在它成长的时候，你就是不孝之子、你的行为就是不孝之举。中国的先贤古圣在对待自然、对待天地、对待环境的问题上，是放到孝道的高度来对待的。也许有人会说，我随便挖了一棵树、砍了一棵树就是不肖子孙，怎么可能？我今天讲孝道，自己也没有深刻认识到我如果砍树就是不肖之举，所以我就很"不肖"，我自己承认我也是不肖子孙之一，我也做了很多违背天道、违背孝道的事情。

孟子说："数罟不入洿池，鱼鳖不可胜食也；斧斤以时入山林，材木不可胜用也。""数罟不入洿池"就是说细密的网不要放到水里，否则鱼鳖就会被吃光。山林树木的生长是有规律的，它生长的时候，你不要去砍伐它，这样木材才能有序利用。《森林法》立法的根本思想就是实现有序利用，和现在我们提的可持续发展实际上是一个道理。

孔子曰："启蛰不杀，则顺人道；放长不折，则恕仁也。""亲亲而仁民，仁民而爱物。"大体的意思是，动物也好，植物也好，它正在生长的时候，你千万不要砍伐它、杀它，这是顺人道的。我们知道，孔孟之道，忠顺而已，"仁"是它的核心，把爱物、把树木的生杀砍伐都放到你是不是尽人道的高度来理解。

我当时问这个学生："我讲的这些，和外国的先贤圣者比较，中国人怎么样？"他说："我无言以对，确实不知道这些。"我说："这不怪你，希望你走出国门以后，去宣扬、宣传我们这些先贤古圣，他们是如何对待自然，对待环境，对待树木、植物、众人的。"他说："我再走出去会理直气壮。"

我们今天的思想教育、工作理念、执政理念、民生法则，说到底官也好、民也好，最根本的是丧失了孝天地、法治人，违背了天道。如果民众、官员、学生都懂得了和天地自然如何相处，把这个最大的"孝道"确立好，社会的发展就不会是现在这个样子。现在社会最缺失的是"孝天之德，顺地之义"。这就是我们现在普遍缺乏的一种理念、一种道德。

孟子说："君子之泽，五世而斩。"是说君子的功名事业，如果是后代不孝的话，不超过五世、三世，很快就会完蛋。历史上所有短命的王朝，没有一个是讲儒家思想治国的，没有一个是讲仁义道德的，更没有一个是讲孝道的。秦始皇"焚书坑儒"，他是不讲孝道的。我在网上看到一位老师讲到秦始皇，讲得很好。秦始皇和他母亲的关系、家庭的关系与他后来的残暴有很大关系，这里面的核心就是缺乏一个字——"孝"。

第二，违背人道，社会问题愈益凸显。近些年，经常出现被国外、被媒体抨击的一些事情，如蔬菜农药超标、毒大米、毒水果、毒鸡蛋、毒酒等，山西的假酒还能毒死人，还有拐卖妇女儿童，2009年、2010年的毒奶粉事件等。类似的事情很多，这些问题到底是什么原因造成的？我从孝文化的角度来思考。

中央电视台报道，有一个女教师非常爱美，她的衣服每天必须要用电熨斗熨得整整齐齐。但是，让大家想不到的是，她的熨衣架竟是她的学生。她挑了一个和她身材差不多的女学生，让学生穿她的衣服，她在学生身上熨，最后把这个学生熨伤了。这个女教师很爱美，但心灵很肮脏，很恶毒。我们看过电影《黑太阳七三一》，日本人在我国东北平房搞活体实验，把中国人、白俄罗斯人、朝鲜人抓起来搞活体实验，给他们起了一个名字叫"马路大"，就是原木。这位女教师太恶毒，她怎么能把自己的学生当作"马路大"对待？可悲！

关于毒奶粉，原来我以为只是个别企业生产，后来才发现不断有媒体曝出，很多奶粉、牛奶都有问题，好多饼干、糕点有问题，包括我们吃的肯德基、麦当劳也有问题。我们一直说，企业发展要有企业的灵魂。企业提供给社会的精神产品与物质产品比较起来，更重要的是企业的灵魂——精神产品。你这个品牌是货真价实的，然后才是物质产品。

"立人之道，曰仁与义。"这是《易经》里的一句话。做人一要讲仁、二要讲义。对照我刚才说的两个例子，做那种事的人既不讲仁，又不讲义，他们算人吗？这样的企业有仁道、有灵魂吗？有灵魂也是肮脏的灵魂。这些人、这些企业是"心无孝道，行无孝迹，事无孝果，丧失人伦，为所欲为"。他们的心里没有孝道，更不可能有孝的行为，哪有孝的结果呢？！所以，他们是丧失人伦的人（企业），为所欲为，没有什么不敢干的事情。

孟子曰："汤一征，自葛始。"汤是成汤，是古代的圣贤。他最初的征讨是从葛伯开始的，葛伯和汤是邻国，葛伯不祭祀，不做善事，很多事情让人们怨声载道。成汤的心很仁慈，派人问他，你为什么不祭祀？他回答说："我没有祭祀的牲畜。"成汤就把牛羊给他送过去了。他就把牛羊杀了，吃了，还是不祭祀。成汤又派人问他，你为什么还不祭祀呢？他说："我不会种地，没有粮食吃。"成汤就派老百姓给他种地，让老弱病残、小孩给种地的人送饭。葛伯把送饭的人手的饭抢过来吃了，还有一个小孩由于不给他饭，他把小孩给杀死了。这一下不得了，天下共怒、人神共怒、百姓愤怒，要求成汤征讨葛伯。

在古代杀一个儿童，就是不人道，天下人要求成汤去征讨他。今天，这么多人在残害我们的儿童，我们采取什么措施了？基本上是"有措施，很软弱；有效果，不明显"。我们和古人比，在对待这个问题上态度大不一样。我认为："兽秉人性知义，所以羊羔知跪乳；人秉兽性则凶，故有杀人恶魔头。"

云南大学的马加爵，2004年3月13日~15日，用铁锤把4个同学一一杀死，然后把他们装到四个大衣柜里，自己逃跑了。最可悲的是他落网以后仍不知悔改。他的辩护律师后来在网上说："这个人冷漠得太可怕了，他没有一句向被害者道歉的话，他很坦然，很无所谓。"

出现这样的问题，我们不能不反思我们的教育。《周礼》中说："以三德教国子：一曰至德，以为道本；二曰敏德，以为行本；三曰孝德，以知逆恶。"至德，你得仁义；敏德，教你如何做事。第一是如何做人，第二是如何做事。孝德，居家、办事，什么是对、什么是错，必须以孝为本。曾子说："孝有三：大孝尊亲，其次弗辱，其下能养。"马加爵上不尊亲，不仅自己受辱，也给家里带来耻辱，他最后被枪决了，他还可能养他的父母吗？三不孝，他一人全占。《礼记》中说："不辱其身，不羞其亲，可谓孝矣。"自己不辱身，不给自己的家长、父母带来羞辱，这才是孝。

孝道的教导意义对于我们今天来说太重要了。"才者，德之资也；德者，才之帅也。"我们培养青年，培养学生，如果他很有才能却无德就很可怕。

"百行德为首，百善孝为先。"这是老百姓经常说的一句话。但是我认为，"百教孝为先"。我举的毒奶粉事件、马加爵命案，一方面说明少年儿童受到身体伤害，另一方面说明少年儿童得不到道德特别是孝道方面的教育。长此以往，我们的社会环境将会是什么样子呢？我个人认为是很可怕的。

第三，违背家道，家庭问题正在成为严重的社会问题。什么是家道？"父慈子孝、兄爱弟敬、夫和妇柔、姑慈妇听。父慈而教，子孝而箴，兄爱而友，弟敬而顺，夫和而义，妻柔而正，姑慈而从，妇听而婉。"这是《左传》里的一句话，这可以说是对中国家道的一个定位。虽然我们不能完全照搬古人，但是这里面有很多东西具有合理的一面，具有积极意义。

子曰："弟子入则孝，出则悌，谨而信，泛爱众，而亲仁。行有余力，则以学文。"关于信，我们这几年一直在提倡建设诚信社会，因为我们的诚信出问题了。孔子说"民无信而不立"，实际上"人无信也不立"。还有"泛爱众"，不仅爱自己，爱家长，还要泛爱众。

在这里，我讲几个具体问题。

一是养老问题十分突出。中国过早地进入老龄化社会，虽然我们现在已经开始建设养老保险制度，尤其是农村正在推广养老保险，但是毕竟我们是不发达国家。

我们搞过一个片区的联合调查——就农村养老问题，发现很多人从农村迁到县城、县级市，县一级城市人口增长很快，但是农村的人口中，年轻人、中年人减少很快，因为他们迁走了。这些人中有相当多的人在城市打工，供子女上学。重要的问题是什么？很少有人顾及家里的老人。

占我们调查总数的比例差不多一半的一批老人，几乎一年也见不到自己的子女。他们大多70岁、80岁了，最小都60岁了，一切靠自己，病了、累了、受伤了时，基本没有人问津。有一个老人不知去世多长时间了，才被人们发现。是同村一个老人偶尔去他家找他，想到很长时间没有见他，他是不是病了？去了才发现这个老人已经去世了。

还有一位老妇人，80多岁，她在青年时期就守寡，供子女一个一个上学、就业，嫁女儿、娶媳妇，给他们看孙子、看外孙，当这些儿孙们都从农村走到城市以后，这个老人没有人管了。自己年迈无力，身体多病，几乎失明了。为什么失明？哭的。后来痴呆了，就这样默默无闻、破衣烂衫地去世，走完她悲惨的一生。像这样的事在农村不少。

还有些年轻人自己住好房子，把老人从好房子里赶出去，不管吃、不管穿。《论语》中有一句话："孝，善事父母者也"，就是应当给父母做事。《太平经》中有一句话："人生一子，父母常得其乐而不饥寒者，是孝贤之子。父母老无所依，谓之不孝。"《孝经》中说："谨身节用，以养父母，此庶人之孝也。"你自己谨身修己，想办法挣钱养活父母，这才是最基本的孝道。

二是老人住房问题十分突出。在农村，子女进城、孙子进大学（就业），好一点的房子，或者是新房，常年锁着，过节或者偶尔子女回来住一住、媳妇住一住，老人却住破房、住旧房、住祖宅。每年县里、乡里、村里干部在下大雨时，就到家里帮老人们支一支、顶一顶房子；下大雪时，看一下房子有没有问题，会不会压塌。

三是年轻的逍遥，年老的种地。60、70、80岁的人种地，子女在外面打工。这里面确实有些老人甘心情愿种地，但是老人已经年迈了，就算他们愿意去种地，子女们该让他们去种吗？他们该去享清福了。最可气的是，我们调查的时候问一个人："你有十几亩地，让你父亲、母亲、叔叔、大爷等给你种地，他们都老了，能种好吗？他说："你不知道，我要让他们老有所养，老有所乐，这是发挥余热，对社会做贡献。"这样的人真是牲畜一般。

四是啃老族、月光族、蚁族，"三族"导致老人难。在这里面20～30岁的失业人员，也就是80后、90后情有可原，就业压力不能完全怪他们，但是四五十岁了还让老人养着，良心何在？

举个例子，有一个人今年和我同龄，因为游手好闲被所在企业开除。他做了两天小买卖，没有做成就回家了。一开始在家里玩收音机，后来有了电视就看电视，有了电脑、手机就玩电脑、手机。大伙跟他说：你这么大的年龄，上有老下有小，不能老这样。他说："我上靠老，下靠小，人活一辈子不就是这样吗。"

孟子有一句话："羞恶之心，人皆有之。"无羞耻之心，非人也。这个人四五十岁了，自己又没病，还可以去找一些工作干，竟然说"上靠老，下靠小"，根本无羞耻之心。曾子说："小孝用力，中孝用劳，大孝不匮。思慈爱忘劳，可谓用力。"就是说，自己想办法去劳动、挣钱是为了爱自己的父母。"尊仁安义，可谓用劳矣；博施备物，可谓不匮矣。"就是说，你准备好老人的吃的、花的，你才算孝顺子孙。

孝道里还有一个观点："得一食，必先以食父母。"这个人不但没有这样做，反而是父母拿回来的给他吃，孩子拿回来的给他吃，都是他的。曾子说："孝，利亲也。"什么是孝？你做的事就应该是帮助父母、有利于父母、有利于长辈的。孟子有一句话："老吾老，以及人之老；幼吾幼，以及人之幼，天下可运于掌。"像这样的人，自己的老人都不养活，怎么能去帮助别的老人，自己的孩子都不关心，他可能去帮助别人的孩子吗？

蚁族是应该肯定的，虽然从孝道的角度看有一点问题，但他们是弱小的强者。

我比较反对"月光族"。他们的口号是"有钱花光，身体健康"。只顾自己，不管老人。有一个人，家里兄弟姐妹五六个，供他上学，毕业后在北京工作，是一个大公司的白领，月收入 1 万多块钱。父母有病了，姐妹们说："你在北京，找一个医院给父母看病吧。"他说："贵医院我们住不起，人家开的药我们买不起。""多少钱？"他说："2 万～3 万。"姐妹们说："我们卖房子吧。"他说："你的房子多少钱？没有我的一身衣服贵。"他家里的人听了他的一番话都潸然泪下。你自己把家里的钱都花光，自己名牌挺着、西装革履，当你的父母得病时，一点感恩、报恩都没有。

五是家庭暴力事件层出不穷。前一段央视报道，一个媳妇结婚以后由于和公婆不和睦，要求她丈夫把父母杀掉，结果真的把父母杀掉了。从电视上放的画面看，两个人一点愧疚之心、悔过之心都没有。

六是子女尽孝养体而不养志的问题，也就是缺乏精神赡养。孟子说：曾元养曾子，是养口体；曾子养曾皙，就是养志。孝，一个是孝敬，一个是孝顺，只有孝敬不行，还要有孝顺。但是，现在有人只是给父母吃的、喝的，很多家庭谈不上精神赡养。孔子讲过一句话："今之孝子者，是谓能养。至于犬马，皆能有养。不敬，何以别乎？"也就是说，如果你那就是养，犬和马都能养，如果你不敬的话，你孝敬父母和养犬马有什么区别？据专家调查，由于缺乏精神赡养，现在的老人多数是闷死的，他们不一定身体真的有病，是郁闷而死。对人来说，疾病的痛苦未必是最大的，苦闷、孤闷、烦闷才是最大的痛苦。

前面讲到孝，什么是不孝？"惰其四肢，不顾父母之养。"懒惰，不顾养活老人。"博弈好饮酒，不顾父母之养。"赌博，对弈，好饮酒，这是二不孝。"好货财，私妻子，不顾父母之养。"只管自己的孩子、老婆，这是三不孝。"从耳目之欲，以为父母戮。"给父母带来耻辱、羞耻，使父母受到伤害，四不孝。"好勇斗狠，以危父母，五不孝也。"像马加爵，就是大大的不孝子孙。

赵岐有一句话："不孝有三，无后为大。"这句话出自"于礼有不孝者三，事谓阿意曲从，陷亲不义"。就是说，家长说的，不管对不对，你都听，这不行。家长说得不对，做得不对，你必须要建议他不要这样做。古代也有谏议大夫，一个国家再混乱，有七个能给国君提建议的人，这个国家就不会灭亡。"家贫亲老，不为禄仕。"家庭贫困，就是依靠老人，不出来做事情，是二不孝。"不娶无子，绝先祖祀，三不孝也。"说到这里，总结为一句话："好一个孝字了得！"

最后我用一首诗结束我的报告。"慈母手中线，游子身上衣。临行密密缝，意恐迟迟归。谁言寸草心，报得三春晖。"希望天下多多出孝子。

老子"和"的思想与和谐社会建设

董京泉

董京泉

中国社会科学院马克思主义研究院特聘研究员，曾担任中共中央宣传部理论局副局长，全国哲学社会科学规划办公室主任、研究员。主要著作有：《中国特色社会主义简论》《毛泽东思想邓小平理论研究》《结合论》《社科研究与理论创新》《老子道德经新编》等。

老子，字"聃"。根据司马迁《史记》中关于《老子韩非列传》的介绍，老子是春秋时代的人，与孔子同时代。老子的家在楚国的苦县，就是现在河南省鹿邑县。东周的都城是在洛阳，他的职务是收藏室之师，就是国家图书馆和国家档案馆的馆长。老子是一个博古通今的大学问家，可以说是那个时代的第一号人物。孔子大约比老子小20 岁，孔子是公元前 551 年生，老子大约是公元前 571 年生，距现在已经 2500 多年了。

　　老子生前留下一本书，叫《老子》。这本书5000多字，分81章，每一章只有几十个字，字数虽然很少，但是每一句话的思想含量都非常大、非常深，以至于现在的人要依靠注释和讲解才能够明白。《老子》的第一章是这样说的："道可道也，非恒道也；名可名也，非恒名也。无名，万物之始也；有名，万物之母也。故恒无欲也，以观其眇；恒有欲也，以观其所徼。两者同出，异名同谓。玄之又玄，众眇之门。"光这一章，现代人就跟听天书一样，所以它不大容易懂。

　　5000多字算一本书吗？现在来说只是一篇中等的文章，但是在那个时代，字都是写在竹简上的，一根竹简大约写十几个字，5700字的书捆起来肯定扛不动。所以过去说学富五车，是指一个人的学问、读的书就可以拉五大车。这一本书5000多字，就构建了一个很完整的哲学思想体系，包括政治、经济、文化、军事、养生等丰富的内容。总体来说它是一本哲学著作，因为它构建了天地万物的本体、本源。老子开创了中国古代哲学的本体论，具有非常重大的意义。我们都知道孔子叫孔圣人，有许多人不知道老子是老圣人。按照司马迁《史记》上的说法他姓李名耳，实际上根据权威学者的考证，在老子那个时代，有老姓还没有李姓，"李"和"老"在古代是篆字，形状差不多，后来有人混同，实际上他就叫老聃。孔子是在鲁国，他最大的官当过司寇，就是鲁国高等法院院长，他多次向老子请教。孔子对老子非常崇拜、非常敬重，他有一次到老子那儿请教回来，对他的弟子说："我没有见过龙，但是老子就像一条龙一样。"这是对他作了一个简要的介绍。

　　《老子》这本书怎么流传下来的？当时流传书页是很困难的，一个在全国流行很多年的最普通的本子叫做王弼本。王弼是魏晋时期的人，到现在1700多年了，王弼有一个注释本，注释《老子》这本书，因上篇37章主要是讲"道"，后面的44章主要是讲"德"，所以又叫《道德经》。王弼本流传最广，也叫通行本。1973年，长沙马王堆汉墓发掘出来老子的帛书，就是说把《老子》这本书的内容写在丝绸上。有两个版本：一个是甲本、一个是乙本，是两种字体写的、不同时代写的。这本书和流传的王弼本的内容大体上是一致的，王弼本是《道经》在前，《德经》在后，马王堆汉墓出土的帛书是《德经》在前，《道经》在后，这是它们的重要区别。

1993 年，在湖北的荆门，又出土了楚墓的竹简。楚国是战国时代的。竹简本分三种性质的文字，分别叫甲本、乙本、丙本，这三本加起来只有 2000 多字，大约涉及《老子》31 章的内容，所以学者们普遍认为这是一个节选本。关于老子这个人和《老子》这本书就是这样的。

老子"和"的思想，"和"即"和谐"的意思。党中央强调和谐，作出《中共中央关于构建社会主义和谐社会若干重大问题的决定》，不断宣传和谐思想，就要追溯古代人的和谐思想。"和为贵"，以和谐为珍贵、以和谐为最重要，传说这是孔子说的，实际上这是以讹传讹、望文生义。"和为贵"是在《论语》当中出现的，但不是孔子说的，而是冉有（孔子的学生）讲的，"礼之用，和为贵。先王之道，斯为美。小大由之，有所不行。知和而和，不以礼节之，亦不可行也"。"礼之用"这个礼说的是《周礼》，是周代一套政治经济的基本制度，包括礼仪这方面思想观念的一些形式，这是它的意识形态。礼之用，以"和为贵"，这个"和"可不是和谐。注释《论语》最权威的人物就是南宋的朱熹，朱熹在《四书章句集注》这本书中对"礼之用，和为贵"的注释是这样说的："礼者，天理之节文，人事之仪则也。和者，从容不迫之意。盖礼之为体虽严，而皆出于自然之理，故其为用，必从容而不迫，乃为可贵。"大家看一下，这里面关键的一句话叫"和者，从容不迫之意"。可见冉有说的"和为贵"就没有和气、和谐的意思，它实际上是从容不迫的意思。为什么"和为贵"就变成了以和谐、和气为珍贵？这就是望文生义、以讹传讹，在这里我给大家纠正一下。

老子关于"和谐"这方面的思想非常丰富，他不但解释了"和谐"的基本原理，而且对于怎样促进人与自然的和谐、人和人之间的和谐以及每一个人的身心和谐这三方面都有非常丰富的论述。主要有三个大的问题。

第一个问题，老子认为，和谐是天地万物的常态。不和谐是暂时的，社会、人生以及人与自然关系的不和谐主要是人的不当行为造成的。从历史上看，这种现象也是暂时的，世界上存在两种状态的和谐，应当维护好、处理好。

老子说："和曰常，知常曰明。"这是帛书上的，王弼本和发掘出来的竹简本都说"知和曰常"。"知和曰常"这句话并不通。大家都认为"曰"字好像是"说"的意思，实际上这个"曰"字还当判断词"是"。书经当中讲五行的时候，就是用这个词，五行说"一曰木，二曰水，三曰土，四曰金"，解释为"五行一是木，二是水，三是土，四是金"。

"和曰常"就是说和谐是天地万物的常态，"知和曰常"就是知道"和谐是万物的常态"的话，你就是明达事理的。因此老子有一个很重要的思想就是"和谐是天地万物的常态"。这个说法已经为天体史、地球史、生物史所证明了。比如说春夏秋冬四季，在北方表现得很明显，春天比较温暖、气候适宜，温度逐渐升高；夏季很炎热，炎热到了顶点，温度逐渐降低；到了秋天，秋高气爽，人们非常舒适，然后又慢慢进入冬季，冷到极点了，天气又开始变暖，又进入春天，这是一个循环。

生物界有生物链，它在没有遭到人的破坏之前，生物链是趋向和谐的，它是一个相互制约、相互促进的系统，谁都有生存的机会。不和谐主要是人造成的。人类产生后，为了生存，就要向大自然索取，就开始破坏大自然。在原始社会，生产力不发达，人类对大自然的破坏是很有限的。譬如说射杀动物、射杀野兽，是用弓箭射杀，打一天猎可能都射杀不了一个动物。现在咱们射杀动物，你看看在边疆地区射杀羚羊、黄羊之类的，用机关枪射杀，一射杀就倒下了。随着人类社会的发展，部落和部落之间、氏族和氏族之间经常发生战争，有了战争，就有了杀戮，人类社会就开始出现不和谐。特别是进入私有制社会以后，两大对抗的阶级，包括奴隶社会的奴隶主和奴隶之间的斗争、封建社会的地主阶级和农民阶级的斗争、资本主义社会的无产阶级和资产阶级的斗争，这是导致社会不和谐的非常重要的原因。因为阶级之间的利害关系是很尖锐的矛盾，拼得你死我活的。不仅如此，人类对大自然的掠夺和破坏，造成大气污染、水污染、食物污染，导致很多自然资源的枯竭和人类疾病的产生。比如石油，据推算，根据现在每年消耗石油的数量，全世界石油的储量还能用 30 年，煤炭资源也是如此。这都造成了人和自然之间的不和谐。

为什么说"和谐"是一种常态呢？我们坚信共产主义社会一定要实现，人类不和谐主要是进入私有制社会，特别是进入阶级社会造成的，但是共产主义社会的实现尚需时日，私有制社会已经存在了几千年，因此老子说的"和曰常"还是对。在老子看来，"飘风不终朝，骤雨不终日。……天无以清将恐裂，地无以宁将恐废"。即天气好是天空的常态，宁静是大地的状态。电闪雷鸣、暴风骤雨、太阳黑子爆发、大地震、火山爆发、大海啸等都是暂时的现象，因此总体上还是和谐的。

老子说："天之道，其犹张弓与？高者抑之，下者举之；有余者损之，不足者补之。天之道，损有余而补不足，人之道则不然，损不足以奉有余，孰能有余以奉天下？唯有道者。"老子就打了一个比喻，他说：天的这个规律就像人们拉弓一样，把弓箭拉开，最后就要瞄准，弓箭抬高了就要往下低，弓箭要是太低了就再高一点。这说明什么问题呢？"天之道，损有余而补不足"，这是很显然的。"人之道则不然"，人类社会的发展规律是"损不足以奉有余"。老子这里讲的是阶级社会、私有制社会。阶级社会、私有制社会和自然界的规律是不一样的，它专门"损不足以奉有余"，所以在阶级社会出现一个普遍的现象就是两极分化、贫富悬殊。谁能够改变这种情况呢？谁能够"有余而奉天下"？只有信守大道的人。

这里老子区分了两种状态的"和"：一种是尚未分化的混沌状态，就是原始的统一的状态；另一种就是对立面经过冲突和激荡以后所实现的和谐状态。后一种状态是常见的。

老子曾经有这样一段话:"含德之厚,比于赤子,毒虫不螫,猛兽不据,攫鸟不搏,骨弱筋柔而握固,未知牝牡之合而朘作,精之至也,终日号而不嗄,和之至也。"他打了一个比方,把"含德之厚"的人比于赤子,赤子就是婴儿、小孩,婴儿不怕羞,也不知道羞,毒虫不螫他,猛兽不抓他,有大人来保护。小孩"骨弱筋柔而握固",骨头不硬、握得很紧,他们都不知道男女交合之事,但是小男孩的生殖器有时候经常勃起,什么原因呢?"精之至也",表明小男孩的精力是非常旺盛的。"终日号而不嗄,和之至也",婴儿好哭,但嗓子不哑,之所以这样是因为非常和谐的缘故。婴儿这种和谐是一种混沌状态的和谐。

再比如,一个教学班,刚刚入学的时候,大家都特别友好,在一起聊天,这个教学班很和谐,这是一种混沌状态的和谐。时间长了,同学之间有利害关系了,比如说选班干部有冲突等,经过老师做思想工作,不断克服错误倾向,然后这个教学班从不和谐又变成和谐了。这就是第二种"和谐",所以老子是想区分这样的两种"和谐"。

就我们国家来说,中央的文件也指出,在总体上是比较和谐的,但是我们国家当前也有许多不和谐的因素。比如,城乡、区域经济社会发展很不和谐;人口资源和环境的压力加大;就业问题、社会保障问题、收入分配问题、教育问题、医疗问题、住房问题、安全生产问题、社会治安问题等,关系群众切身利益的问题比较突出;体制、机制尚未完善;民主法制还不健全;一些社会成员诚信缺失、道德失范;一些领导干部的素质、能力、作风与新的形势、新的任务的要求还不适应;一些领域的腐败现象仍然比较严重,还有敌对势力的渗透破坏活动危及国家的安全和社会稳定。这些都是社会不和谐的表现,或导致社会不和谐的原因,对这些问题要正视。

第二个问题,老子深刻地揭示了天地万物及社会、人生和谐的内在机制。"和谐"是一个对立统一的概念,是矛盾双方相互关系的特殊形态,没有对立面的"冲气"与磨合,就不能实现和谐。

老子说:"道生一,一生二,二生三,三生万物。万物负阴而抱阳，冲气以为和。""万物负阴而抱阳，冲气以为和"就是说天地万物包括社会人生都包含着"阴"和"阳"两个相互依存、相互渗透的对立面。阴和阳的对立统一乃是一切事物的固有属性，有阴而无阳或者有阳而无阴，这就如同只有上而没有下，只有下而没有上，或者只有左而没有右，只有右而没有左一样，是不可能的。"冲气"并不是一种气体，而是指统一物内部对立面之间相互排斥、相互斗争、对立统一的一种机制。"冲气"不过是对这一种机制形象化的表述。"以为和"是经过相互斗争、相互排斥矛盾得到了解决，最后达到了对立面之间某种程度的协调、平衡、和谐和融合。老子认为，和谐是对立统一的概念，这是从本质上来讲的。像刚才说的赤子（婴儿）是混沌状态的"和"，很难说它是对立统一的概念，但是从本质来讲，"和谐"是一个对立统一的概念。

因此和谐不是没有矛盾，它只是矛盾双方相互关系的一种特殊形态。如果大家学过哲学都知道，任何一个事物它都是矛盾的统一体，矛盾的统一体大体上有三种形态：第一种形态就是矛盾处于尖锐对立的状态，第二种形态就是这一对矛盾处于比较缓和、比较稳定的状态，第三种形态就是矛盾双方处于融合的、和谐的状态。因此我们不能够把矛盾双方斗争比较缓和、统一体相对平衡的状态叫做和谐。当然，更不能把矛盾双方共处于统一体中叫做和谐。只有矛盾的双方不仅相对稳定地处在统一体中，而且一方的发展对另外一方的发展有利，也就是说矛盾双方是相辅相成的、共生共荣的、互利双赢的，这种状态才是哲学意义上的和谐。

再比如说夫妻关系，夫妻关系有三种情况：第一种情况是双方打得不可开交，濒临离婚的边缘；第二种情况就是两个人时常疙疙瘩瘩，但是还可以凑合着过日子，这种状态的家庭还比较稳定；第三种情况就是两个人相亲相爱，亲密无间。第一种状态叫对抗，第二种状态叫稳定，第三种状态才叫和谐。

毛主席有一篇很重要的文章叫《论十大关系》，后来江泽民同志有一篇文章叫《论十二大关系》，胡锦涛同志提出科学发展观和构建社会主义和谐社会的重大战略，这些所要解决的都是一系列的矛盾和问题，要使这样的一些矛盾和问题达到和谐，也就是说，把"负阴"而"抱阳"这样的一些矛盾和问题解决，通过"冲气"而实现"以为和"。

第三个问题，老子认为天地万物之所以和谐，就是因为"得道"，因此实现社会和谐的根本途径就是"以道莅天下""执大象"，按照自然无为的原则办事。

天地万物之所以和谐就是因为"得道"。"道"在老子那里是最高范畴，它是对立统一的观念。得了道以后就不会有不和谐，所以他认为实现人类社会和谐的根本途径在于"以道莅天下"，就是用道来"君临天下"。"执大象"，"大象"讲的是道，是一个形象的说法，就是要"执守道"，按照"道"的自然无为原则来办事。因为"道"是独立无偶的，它是唯一的，所以老子称道是一。他讲"昔之得一者"——过去得到道的是这样一些情况："天得一以清，地得一以宁，神得一以灵，谷得一以盈。"天如果得了道就会变得天气好，地如果得了道大地就是宁静的，神得了道就是灵验的，山谷、河流得了道水量是充沛的，万物得到道之后就生气勃勃。"侯王得一以为天下贞"，当时诸侯国的国王叫侯王，侯王得了道之后就有可能统一全中国，变成帝王。如果不得"道"的话，那就是天崩地裂，所以为了实现社会的和谐，就要高举"道"的旗帜。

老子讲的"道"，神乎其神，但是揭开神秘的面纱，道实际上是矛盾法则或对立统一规律。因而所谓"法道"，就是依"道"而行，也就是按照辩证法办事。不过稍有不同的是，老子特别强调"道"所体现的自然无为的原则是人类必须遵循的。"自然"就是自然而然的意思，"无为"不是无所作为，老子要求要按照事物的特性、规律以及事物变化发展的趋势，顺应这个趋势来做事情。"无为"的一个特点就是似无而似有，如城市里面看到立交桥，上面的汽车像流水一样，但在立交桥上一个警察都没有，成千上万辆的汽车也不打架、也不发生车祸；立交桥就是似无而似有，虽然没人在那里指挥，实际上它发挥了几十个警察都发挥不了的作用，这就是"无为"。

而对于社会而言，老子强调要为民众创造良好的社会政治环境，要提供充分的自由发展的空间，这显然有利于社会的和谐。

老子警告说："夫天下，神器也。不可为也，不可执也。为者败之，执者失之。"这是说：天下人（老百姓）是神圣的，对他们不可强行所为，也不能硬性控制，强行所为的必定失败，硬性控制的必将失去。是把人民看成"神器"，一切顺应民心民意而为，还是视百姓如草芥，对其强力宰制，颐指气使，为所欲为，这是治国者的根本立场和态度问题。显然，前者有利于促进社会和谐，后者只能勉强维持社会暂时的稳定。

老子说："天之道，损有余而补不足。人之道则不然，损不足以奉有余。孰能有余以奉天下？唯有道者。"老子把希望寄托在"道"上，按道办事的人，用"道"来消除这个社会的两极分化和贫富悬殊，所以要促进社会和谐就必须在保证经济效益的同时，在制度层面建立"损有余而补不足"这种公正合理的利益分配机制，将整个社会成员导向"为而不争"的生存境界，确保普通民众的生存权和发展权，缓解两极分化，促进社会和谐。

毛主席认为社会存在两类不同性质的矛盾：第一种是帝王矛盾，第二种是人民内部矛盾。对于人民内部矛盾，他强调要从团结的愿望出发，经过批评和自我批评，在新的基础上达到新的团结，也叫"惩前毖后，治病救人"。在新的基础上达到新的团结就是和谐，所以和谐是以矛盾得到正确处理和解决为前提的，矛盾得到正确处理和解决就会出现和谐的局面，就会达到新的团结。

因此我的结论是：和谐能够出凝聚力，和谐能够出生产力，和谐能够出战斗力。和谐是非常重要的。

经验证明，处理内部矛盾还要多做自我批评，这是一种很好的办法。比如说，同学和同学之间，两个人闹矛盾了，矛盾比较尖锐，可俗话说"一个巴掌拍不响"，可能有的人占理多一点，有的人占理少一点，如果相互之间都在抨击对方，那矛盾势必越来越尖锐。如果各自多做自我批评，一方说："闹的矛盾主要不怨我，但是多少也有我的份"；另一方也主动向对方做自我批评，"这个事也怨我，我做得不对"。这样往往会感动对方，双方由于各自都做自我批评，往往使矛盾得到很好解决。

这是讲人和人的关系。如果说人和人的关系，包括群体之间的和谐，是和谐社会大厦的主体的话，那么每一个社会成员身心的和谐则是这个大厦的砖瓦和基础。没有社会个体的身心和谐，和谐社会只能是海市蜃楼、空中楼阁。所以老子就怎么达到身心和谐，免除追名逐利、心为物役、身心分裂这种情况反问："名与身孰亲？身与货孰多？得与亡孰病？"意思是人得到的名和权位与生命相比的话，哪个更为可爱？是生命更可爱还是你得到的名和权位更可爱？生命与财货相比哪个更加重要？得到名利与丧失生命哪个更令人担忧？老子怎么回答的呢？老子说："是故甚爱必大费，多藏必厚亡。知足不辱，知止不殆，可以长久。"他说：如果过分追求名利，必将付出重大的代价，过多地储存钱财，必定遭到惨重的损失。""心为物役，追名逐利"，可以说"古已有之，于今为烈"。现在追名逐利、争权夺利这种情况比原来还要严重。比如说官员，特别是高级官员，经常"因嫌纱帽小，致使锁枷扛"，这是《红楼梦》里讲的，现在实际上也是这样。

所以老子说："罪莫大于甚欲，咎莫憯于欲德，祸莫大于不知足，故知足之为足，常足矣！"这句话意思是说，罪孽没有比穷奢极欲更大的，教训没有比贪得无厌更为惨痛的，祸患没有比永不知足的恶果更严重的。因此，只有保持知足，才算能长久满足，不要贪得无厌，不要争权夺利，把生命都耗进去了，这是很不值得的。当然，如果为了人民的利益、为了国家的利益、为了民族的利益而无私奉献，不怕流血牺牲，一不怕苦，二不怕死，老子也是非常提倡的。老子的中心思想就是要把名利看得淡一点，特别是不要采取非法的手段，不择手段地去捞取个人的名利。

在这里我给大家读陈毅元帅的一首诗——《手莫伸》，就是不要非法去捞取个人的名利。"手莫伸，伸手必被捉。党与人民在监督，万目睽睽难逃脱。汝言惧捉手不伸，他道不伸能自觉，其实想伸不敢伸，人民咫尺手自缩（其实有一些人本来想伸手，他不敢去伸手，为什么呢？他看到人民就在旁边监督他）。岂不爱权位，权位高高耸山岳。岂不爱粉黛，爱河饮尽犹饥渴。岂不爱推戴，颂歌盈耳神仙乐。第一想到不忘本，来自人民莫作恶。第二想到党培养，无党岂能有所作（没有党的话你能够有所作为吗）？第三想到衣食住，若无人民岂能活？第四想到虽有功，岂无过失应惭怍（虽然你建立了很大的功劳，但是你的一生当中有没有过失啊？你有了过失、错误应该感到惭愧）。吁嗟乎，九牛一毫莫自夸，骄傲自满必翻车。历览古今多少事，成由谦逊败由奢。"我觉得这首诗讲得道理非常通俗，也非常符合实际。

大家都知道居里夫人，如果没有居里夫人的创造发明，原子弹、导弹、核弹现在都不可能有。居里夫人是诺贝尔奖获得者，天下闻名，她的一生当中获得了各种奖金 10 次、各种奖章 16 枚、各种名誉头衔 107 个，但是居里夫人全不在意。有一天她的一位朋友来她家做客，突然看见居里夫人的小女儿在那玩一个东西，这个东西是什么呢？是英国皇家学会刚刚颁发给居里夫人的金质奖章。客人就非常惊讶，就对居里夫人说，得到一枚英国皇家学会的金质奖章是极高的荣誉，你怎么能把它给孩子玩呢？居里夫人笑了笑说："我是想让孩子从小就知道，荣誉只是玩具，只能玩玩而已，绝不能看得太重，否则将一事无成。"可见，居里夫人这样的名人把名誉看得很淡，这与老子讲的身心和谐如出一辙。

毛主席在 20 世纪 60 年代曾说："人站起来以后看不见蚂蚁，蹲下来以后发现满地净蚂蚁。"这句话说得很通俗，但是很深刻。大家想一想，为了一点小事，搞得精神痛苦，成天想得天昏地暗，甚至于想自杀；但是如果站得高一些，看得远一些，胸怀宽广一些，其实也没什么大不了。所以大家要淡泊名利，这有利于身心和谐。

老子还论述了人与自然和谐这方面的内容。人与自然的和谐应该说是人类社会和谐的物质依据、外部环境，也是社会和谐的生命线。因为没有人与自然的和谐，人类就会失去生存的根基。人类现在是自掘坟墓，大家想一想，目前人们生存的环境中，水污染严重，大气污染也严重，食物的污染也严重，资源也在枯竭。老子认为大自然就是人类生存的环境，人和天地万物之间是密切的、统一的整体，不是像西方那样向大自然开战，把大自然当成敌对的东西，无限地掠夺大自然，不知道保护大自然。

老子关于保护大自然的论述："人法地，地法天，天法道，道法自然。"这句话就是说，人与天地万物之间是同一个整体、是不可分割的。老子还把生物看成是有生命的东西，所以老子说："常善救人，故无弃人，常善救物，故无弃物。"就是说人应该总是善于去救别人，使这个世界上没有被遗弃的人，并且人要总是去挽救自然界的生命和生物，去爱护它们，使这个世界上没有被遗弃的东西。他这样的思想，是一种普度众生的思想。按照老子这种思想去做，我们就会和大自然和谐共处，就会相亲相爱，就会和谐。我们现在就是对大自然太不爱护了，大自然被破坏以后，也就是我们人类自掘坟墓。像攀枝花，因为重工业污染非常厉害，攀枝花下的雨是酸雨，下了雨以后铁器马上就生锈。深圳要好一些，因为是海滨城市。北京的汽车现在是400多万辆，光汽车尾气就不得了。水质的污染也很严重，像长江、黄河、珠江、黑龙江这些大江大河。人们喝的水、吃的饭、呼吸的空气都受到严重污染，所以说生态平衡非常重要。

老子在2500多年前就讲到了天地万物是同根同源，同来于道。我们应该把生物和非生物都看成是人类的朋友，保护它，爱护它，这样人类才能够天长地久、万古长青。

解析白居易《长恨歌》

叶广芩

叶广芩

国家一级作家，现任陕西作协副主席、西安文联副主席。曾荣获陕西省"德艺双馨"称号，被评为国务院有突出贡献专家。主要作品：《注意熊出没》《没有日记的罗敷河》《采桑子》等。

杨贵妃漂流到日本？

谈《长恨歌》必须先从杨贵妃入手。最近一个很有意思的话题流传很广，说杨贵妃当时并没有死，到了日本了，到了日本向津具半岛油谷町村这么一个地方。我于是就找了一个机会到了油谷町村。油谷町村是一个很小的渔村。我到的那天，正好赶上这个村的秋祭（就是秋天的一个节日），老百姓们在村公所前面，摆出了自己做的各种各样的东西，你卖给我，我卖给你，里边有很多以杨贵妃命名的东西，如杨贵妃酒、杨贵妃酱、杨贵妃盐、杨贵妃寿司、杨贵妃窑烧出来的花瓶。

在这个村子里有一个庙叫二尊院，立着一个杨贵妃的像，它和我们今天杨贵妃墓马嵬坡的石像是完全一样的——陕西美学主席设计的。但是这个像到日本以后，日本人不认可，认为太胖了，就改成了一个这么瘦的杨贵妃像。

在杨贵妃墓前曾经有中国驻日本参赞长章金树先生写的一首诗："长生殿内情意长，天长地久两难忘。长安一别何处去？油谷町里望故乡。"杨贵妃到日本了，有什么证据啊？庙里的住持田立志昭当时接待了我，他拿出他们五十五世长老记载的杨贵妃到那里的一些记录："高力士将贵妃从寝室中叫出，引至佛堂前，缢杀，将尸体横陈车上，置于驿站院中。令六军总领陈玄礼等人见之。大军既发，唐玄宗往蜀地而去。陈玄礼见贵妃气息有所缓和，念及皇帝悲切，着人救之。后命下建造空舻舟，置数月粮食于舟内，放逐海中，任其漂流。天宝十五载七月，唐玄宗爱妃杨玉环乘空舻舟于久津唐渡口登岸，登岸后不久死去，里人相寄，葬于本寺庙内，凭吊者不绝。"

杨贵妃的墓——在日本像这样的墓是很多见的，又叫五重塔。它面向着大海，面向着中国方向。下面有很多小的五重塔，这据说是陪同杨贵妃过来的那些侍女们的墓葬。

杨贵妃一下就能到日本？鉴真和尚登了六七次都没登上去，最后眼睛都瞎了才登上去。传说是不是准确？油谷町人说：我们这个地方有一股海流，每年在一定的季节有海流从中国大陆流过来，随同这股海流过来的不只是杨贵妃，还有很多中国的、韩国的垃圾。日本是一个很干净的地方，这些垃圾到这里来以后，引得很多人来拣垃圾。我在这些垃圾里面也看到了很多中国的东西，其中有海飞丝洗发露的瓶子、有农夫山泉的瓶子等，这就是这股海流存在的证据。

在久津附近有一个博物馆，叫土井浜博物馆。我们在博物馆玻璃板地上走的时候，脚下就是海滩，在海滩上挖掘出来了大概 300 具

2000 年前的遗骨。这些遗骨的丧葬方式是中国传统的丧葬方式，他们的头颅全部面向了大海，面向了中国方向，有人说这是中国最早的移民到日本来了。2000 多年前大概是在我们的汉武帝时代，那个时代渡海能力是有限的，如果没有这儿股海流，这些人是不可能到这儿来的。

山口大学一位教授说：武则天迫害唐朝李氏宗室，这些唐朝的贵族就借助这股海流漂到了久津，这个地方叫唐渡口，很多唐朝贵族当年是从这儿上岸的，据说杨贵妃就是从这儿上岸的。我在渡口的岸边看到一条小路，就沿着曲曲弯弯的小路向村里面走去。我就想，这条小路如果当年存在的话，那么杨贵妃就是踏着这条小路登上了日本的土地。

漂流学说还有一个证据：因骆宾王反对武则天，当时就把骆宾王关起来了。放出来以后，骆宾王就到了南通，他就在南通等待一股海流，他想借助这股海流到朝鲜半岛去起兵反对武则天，但是海流还没等来，他自己得病先去世了，就埋在了南通。这些历史现象为杨贵妃在久津登陆提供了历史材料。

当时杨贵妃在这儿有什么东西留下来？周至有一个寺庙叫涌泉寺，它是仙游寺的一个下院，涌泉寺的长老对我说，听说日本有泉涌寺。日语里面动词在后边，如饭吃（日语语法），汉语是动词在前面，如吃饭。有涌泉寺就会有泉涌寺，这位长老拜托我到日本去找一找。我就到了日本，和泉涌寺的长老联系，那个长老还很牛，不愿意接见，我说了很多好话，才答应让我见他半个小时。为什么这个长老这么牛气呢？他说："我们这个泉涌寺，它的前身是仙游寺，收藏了历代日本天皇的骨灰。"后来我就和他说："我们周至的仙游寺也是有佛舍利的，也是皇家的寺院，在周至仙游寺的法皇塔地宫出土物中发现，皇帝把他供奉的佛舍利放在里面。这边是隋文帝刻的碑文，碑文的另一面是唐朝开启地宫的时候，唐代皇帝带领嫔妃刻的碑文。"他说：我们有一个国宝叫杨贵妃菩萨。我说：我们的仙游寺是《长恨歌》的诞生地。于是这个长老觉得这里很有文化内涵，也不再那么傲慢了。

后来他就说，杨贵妃菩萨像是一位曾见过杨贵妃本人的工匠雕刻的，现在是日本国宝级的文物，不是谁都能轻易看的。我说："那让我看一看行不行？"他就让他下面的人打开了供奉着杨贵妃菩萨像的殿。我见了杨贵妃菩萨像以后，很吃惊。菩萨的装扮无外乎两种：一种是藏传佛教的菩萨，头上戴冠，那个冠都是圆圆的，上面有点尖；或者就像观音菩萨一样，披一块布，梳发髻。但是这个杨贵妃菩萨像头上戴的是金步摇，璎珞都垂下来。我在我们蒲城的博物馆又见到了另外一个金步摇，这是金仙公主墓出土的金步摇的照片，它周围有很多的凤，这个凤嘴里叼着很多的璎珞，现在这种璎珞已经看不到了。泉涌寺这个贵妃菩萨像非常贴近唐朝的实际。

傥骆道与老县城

以上这些文化遗留让我们联想到杨贵妃是怎么到日本的。马嵬坡在陕西的内陆，不可能有像记载的空舻舟，因为没水啊，只有那么一条生命的通道，这条道叫傥骆道。从长安到成都的蜀道一共有七条，最近、最便捷的就是傥骆道。"傥"是一条河流的名字"傥水"，"骆"是蜀道的北口，就是骆峪口村。有的人说杨贵妃就是沿着这条路到了汉中，从汉中沿汉江而下到了长江，到了长江以后就到海边上，造了空舻舟，这样就到了日本。俞平国先生在谈到《长恨歌》的时候，他也提出了杨玉环沿蜀道至汉中，至江南到日本的说法。

今天的傥骆道还存在，别的道是沿着河谷蜿蜒前行，只有傥骆道遇山翻山，遇水过河，所以它最险。这条道路曾经有过很多历史遗迹：三国的时候姜维伐魏、曹爽攻汉中，唐朝唐德宗、唐僖宗两个皇帝奔四川逃命，红军25军北上抗日，走的都是这条傥骆道。李白、白居易、杜甫、岑森、元稹等在这条道路上也留下过很多诗篇。杜甫曾经作过一首诗："二十一家同入蜀，惟残一人出骆谷。自说二女啮臂时，回头却向秦云哭。"就是说21家人到了四川，回来的时候出骆谷往长安走的只有他一个人。这条道路的艰辛是可想而知的。

傥骆道上的风光非常凄美、凄凉。唐德宗的女儿叫唐安，她当年21 岁，跟着她的父亲在天寒地冻的 12 月走这条蜀道，这个公主得病了，一直忍着不和她父亲说，走到城固这个地方终于坚持不住，死了，埋葬在城固，有一个庙，还留下一个大冢，叫"安冢"。

在傥骆道的中间有一个都督门，旁边有一个大泉，三眼泉水喷涌着，叫四郎泉，旁边有一个美丽的草坪叫"太真坪"。这个太真坪和杨贵妃有没有关系呢？没有考证。

在这附近八里地的地方有一个驿站叫"老县城"，是佛坪县的老县城，老县城今天还存在，只有九户人家。因为太偏远了，在 1925年，两个县太爷在交接工作时被土匪杀害了。后来的县太爷就不敢来了，把真正的佛坪县城丢在深山老林里了，老百姓也跟着县长跑了，留下来的只有九户人家，人口有 30 多口。老县城是道光二十五年建的，从它建立到灭亡一共是 100 年的时间。老县城为什么灭亡呢？就是因为闹土匪。因为此地种鸦片，秦岭山里面的鸦片种得很多，乡亲们靠种鸦片来维持生计，鸦片卖得多了，有钱了就造房子、建美宅。在老县城里面有一个房子叫"荣聚站"，这个荣聚站是老县城的祸害，它既是客栈又是赌局，那些赌徒们挣了钱就到这儿来赌，输了就落草为寇，就要祸害一方，就把县长杀了，使得这座城在这个地区就消失了。

老县城的九户人家都是老猎手，很朴实。现在那里是大熊猫自然保护区。大熊猫曾经晃晃悠悠地从老县城南门进入，到农民的猪圈里，和猪一起去吃食。老县城的大熊猫和四川的大熊猫是不一样的，真正搞动物学的人一看就能看出来：四川的熊猫嘴比较长，鼻子往前凸；陕西的大熊猫脸是圆的，更近乎于玩具，很可爱。大熊猫在我们那儿有几百只，在深山里面是一种自然的生长状态。当地的大熊猫也不怕人。

老县城人对大自然的理解非常深刻，他们追求的是一种和谐的状态。比如说，有位农民在秋天的时候打栗子，他看见树上有一个穿黑棉袄的人在晃栗子，他就说："老哥，你在上面摇，我在下面拣，咱们俩一人一半。"这一喊，上面的"人"掉下来了，一看，哪是"老哥"啊？是一个黑熊，这个黑熊见了人一下就跑了。这个农民就把晃下来的栗子拣走一半，留一半给狗熊吃，毕竟是人家晃下来的。还有山里面的柿子，农民们从来都不把它摘完，留给鸟吃、留给其他的动物吃。"天地君亲师"的牌位到今天还在这些人家里面供奉着。

我写过一本书叫《老县城》，随着《老县城》这本书的出版，很多人认识了这个地方，于是去的人就非常多。马上五一节就到了，我还要到老县城去，去阻止人们穿越傥骆道，阻止人们进入老县城的核心保护区，因为5月份是大熊猫的交配季节，这么多人进到山里面去肯定是一种破坏。老县城被人们认识了之后，人们办了农家乐，来拍电视剧。因为这个地方没有被破坏，连电线都没有，电话也打不成，手机也没有信号，如果你有什么事得走23公里的路到镇政府把话捎到那儿去。这样的好地方也被很多影视剧组看上了，中央电视台剧组的人来过两次了，拍了两部戏了。每天都有收入，所以农民们的观念也有了很大的改变，小孩原来见我不知道什么叫作家，现在他们知道作家是编故事的，摄影家是拍照片的，美术家是画画的。

前几天我到老县城看到两个孩子骑在石头上在写生——农民的孩子已经知道写生了，很多记者拿着摄像机就对着孩子照，孩子自己画自己的，连抬头看都不看。其中有一电视台采访孩子，问他上学的情况，这个孩子对着镜头侃侃而谈，我说这比我都有水平。大家如果能到陕西去，希望能到老县城去看一看，在我们的土地上还有一片如此纯净美丽的山地。

杨贵妃的生死之谜

天宝十四载，安禄山起兵造反，在攻进长安之前，唐玄宗在6月13日天刚刚亮就带着皇子皇孙、嫔妃以及杨贵妃姐妹、亲近的宦官、杨国忠等人悄悄出了长安，往西跑了。据记载，逃难的队伍里面还有20名吐蕃的官员，还有一批日本遣唐史。第二天上午到了马嵬驿

（马嵬坡），开始以没饭吃为理由，士兵闹起来了，实际上是太子在操纵着，想篡权，先是杀死了杨国忠，接着陈玄礼这个军队的总代表要求处死杨贵妃，因为杨贵妃对官兵来说是一种潜在的威胁。杨贵妃究竟是在哪处死的？在兴平有一个说法，并不是在今天的马嵬坡，在兴平有皇三宫这么一个地方，在国道旁边往左的几里地，有一个佛殿，这个佛殿是一个窑洞，外面有一棵梨树，这个殿前就有人在烧香，烧香的人告诉我说杨贵妃就是在这棵梨树下被杀死的。当时我想这棵梨树太小了，不是唐朝的。但是皇三宫一进门有一棵很大很大的槐树，说是唐玄宗手植槐树。这棵槐树叫卧龙摆，它是盘旋在地上的，不往高了长，这个可能是真的，因为是很粗壮的一棵大树。

日本人分析杨贵妃没死的理由是：陈玄礼逼迫皇帝杀死贵妃已经有损于皇帝的尊严了，再去认真扒拉验看娘娘的尸体，亵渎之罪大矣。在这方面，咱们的史书记载也很明白，四军将士闻杨贵妃死讯，即欢呼，陈玄礼是"免甲胄而拜"，甲胄一脱，给皇帝请罪。这说明他不敢去仔细验看杨贵妃的遗体，由此杨贵妃的死生问题就成了一个谜团。

日本人分析杨贵妃不死的理由有这么几点。第一，杨贵妃待人很宽厚。缢死杨贵妃的执行者是内侍，在逃亡的过程中不可能找到专门缢杀人的专家，而缢死一个人通常不是一勒就死了，往往是气绝而未毙命，内侍们手下稍稍有意甚至是无意都可能"缢而不死"。

第二个理由就是杨贵妃的前夫李瑁的帮助。李瑁是唐玄宗的第九个儿子，在逃难的过程中专门调解唐玄宗的有关事宜，出了这样的事，他岂有不帮他的前妻一把之理？

第三个理由就是心腹高力士的操作。这个跟了皇帝30多年的老太监，不但是唐玄宗的心腹，也是杨贵妃的心腹，杨贵妃和高力士的关系也是非常深厚的。

第四个理由就是杨贵妃的侄子杨暄的帮助。杨暄是杨国忠的儿子，是万春公主的丈夫，所以杨暄就没有被杀，杨暄在当时是鸿胪寺卿，鸿胪寺就是外交部。我前面谈到了，随行逃难的队伍里面有一批日本的遣唐史，外交部长和这些遣唐史的关系那是自不必说了，遇到这种危难救助自己的姑姑也是人之常情。这是日本人的分析。

《长恨歌》的故事

《长恨歌》是白居易在元和元年十二月创作于周至的仙游寺。当时白居易是周至县的县尉，写《长恨歌》的时候，距"马嵬坡事变"不过50年，不少当事者还活着，在当时已经有人传说杨贵妃没死，所以白居易写《长恨歌》的时候，后面就有大段很虚无、很神话的描述。白居易当了县尉，和周至文人王质夫、进士陈鸿是好朋友，三个人经常在一起喝酒、聊天。有一天他们一块游仙游寺，王质夫谈到了唐玄宗、杨贵妃这个事情有感："夫希代之事，非遇出世之才润色之，则与时消没，不闻于世。"意思是，这样的一个事情，必须遇到稀世之才，润色之，否则的话就不闻于世，就"与时俱灭"了。"乐天深于诗，多于情者也，试为歌之，何如？"你是稀世之才，写一首诗怎么样？白居易慨然允之。

白居易当时正在和一个姓杨的姑娘谈恋爱，并且和杨家的弟兄们打得火热。有一首诗叫《宿杨家》："杨氏弟兄俱醉卧，披衣独起下高斋。"在爱情中浸润的白居易写起《长恨歌》来自然很动情。白居易诗中隐讳的结局，通过临邛道士"上穷碧落下黄泉"，结果是"两处茫茫皆不见"。"碧落"是苍天、天上，"黄泉"是地府、地底下。既不在天上，也不在地底下，只有在人间了。最后就"忽闻海上有仙山，山在虚无缥缈间。山中绰约多仙子，其中一人字太真"，太真是杨贵妃道士的称号。陈鸿的《长恨歌传》详细记载了当时的情况：道士求四虚上下（六个方位都找遍了），东及大海，山上多楼阁，西厢下有洞户东向（在西厢下有一个门朝东开着），阖其门，额署曰"玉妃太真院"，敲开门了，迎出来了；揖方士（作揖，给方士行礼），问皇帝安否，次问天宝十四载以还事（太真先问皇帝好不好，后又问天宝十四年以后有些什么事情），除了带给皇帝的信物以外，方士要求提供证据，以证明这个信物不虚。当时太真说什么呢？"天宝十载，侍辇避暑于骊山宫。秋七月，牵牛织女相见之夕，秦人风俗，是夜张锦绣，陈饮食，树瓜华，焚香于庭，号为乞巧。夜殆半，休侍卫于东西厢（让侍卫到东西厢休息去了），独侍上（我一个人侍奉皇上）。上凭肩而立，因仰天感牛女事，密相誓心，愿世世为夫妇。言毕，执手各呜咽。此独君王知之耳（这个事情只有皇上知道）。""太上皇亦不久人间，幸惟自安，无自苦耳。使者还奏太上皇，皇心震悼，日日不豫。其年夏四月，南宫晏驾。"杨贵妃说，太上皇也活不了多长时间了，让他好自为之，不要自己苦自己。使者把这话说给太上皇了，太上皇心里面既难过又很震惊，于是当年的四月在南宫去世了。

在我们中国，当时杨贵妃的的确确是死了。公元755年11月，仓皇不已的唐玄宗带着杨贵妃跑到了马嵬坡，发生了马嵬坡兵变，处死了杨贵妃，当时我们的记载是："君王掩面救不得"，"宛转蛾眉马前死"。那确实是一种生死离别，是一种无可奈何的"无奈何"。

李隆基在处死杨贵妃以后，沿着褒斜道往西南跑，走的是金牛道，他走了很长时间，十几天淋雨，就是"秋霖"——秋天那种绵绵的雨。他在栈道上听到铃铛响，悼念杨贵妃，采其声为曲，以寄恨，命名《雨霖铃》。《雨霖铃》是一个曲牌，填上词是可以唱的。最有名的是后来柳永写的"寒蝉凄切，对长亭晚"，和相爱的女士相离别的"自古多情伤离别"的感觉。"此去经年，应是良辰好景虚设。便纵有千种风情，更与何人说！"大家知道唱《四世同堂》主题曲《千里刀光影》的骆玉笙先生，又名小彩舞，他唱的《雨霖铃》是很有名的。

第二年唐玄宗从成都又回到西安，路过马嵬坡的时候，"天旋地转回龙驭，至此踌躇不能去。马嵬坡下泥土中，不见玉颜空死处"。唐玄宗这个时候已经当了太上皇了，他就偷偷命令他的下属，给她改迁一下。书上记载：在启开杨贵妃墓改葬的时候，发现没有尸体了，唯有胸前香囊犹存，把这个香囊给太上皇看，太上皇悲哀，一抔黄

土，埋葬了 11 年的恩爱、11 年的春梦。我在"文化大革命"的时候
到马嵬坡去过，当时马嵬坡只有一个荒荒的黄土堆，碑是斜的，躺在
地里面。周围都是老玉米地，雨打在老玉米的叶子上，在这种情境
下，我觉得那种感情是能够沟通的。今天的马嵬坡已经是这么热闹
了，成了一个旅游胜地。

文化的魅力

白居易的《长恨歌》毕竟是文学作品，不是史实，是用现实与
浪漫的手法合作而成。中国的传统习惯往往把一个悲剧推到一个非政
治的女人身上。比如，褒姒、妲己都是这样的角色，巨大的政治包袱
就背到了杨贵妃身上，一背就是千年。展示世俗的真相又解脱不了，
这就是悲剧的震撼之美。唐玄宗和杨贵妃的爱情是正直的，也是人性
的，是失败的，也是让人心碎的。人们同情弱者，却往往改变不了现
实，大家都喜欢团圆的那种世俗之美。世俗之美能够让人赏心悦目，
能够让人愉快、有幸福感，杨贵妃不死的结局足以弥补历史的遗憾和
缺陷，安慰后人。杨贵妃的美没有照片留下来，我们每个人的心里都
有一个美人，都有一个杨贵妃的形象，杨贵妃如果真的有照片传下来
了，恐怕她绝对不能承担四大美女之一的美名，这就是艺术的魅力、
文字的魅力，

唐玄宗是很英明的一代皇帝，尽管后来有些荒唐，但是他的整个
人生是值得肯定的，生前轰轰烈烈，死后却冷冷清清。这与他的先祖
唐太宗是不能相比的，唐太宗的陪葬大概是 160 人，热热闹闹的。唐
玄宗的陪葬只有一个——高力士。高力士在唐玄宗死前被流放到巫
州，77 岁时听到唐玄宗的死讯后，绝食而死。唐玄宗的武将、文臣
何止千百？他的儿子有 30 个，女儿有 29 个，独独只命令高力士陪葬
泰陵，这说明唐玄宗经过了开元盛世，经过了安史之乱，他已经看透
了人间冷暖。前几年我们挖掘出了高力士的墓，墓志铭记载了高力士
是广东一个世家子弟，不像我们所想象的是一个很猥琐的太监。

我们所处的土地是一片历史文化非常丰厚的土地。纵观我们的历史，我们为我们的祖先感到震撼而骄傲。可是我们往往又身在其中，相互相望而不觉，所以我们要学会品味文化的韵味。这个体会是需要时间、需要精力、需要琢磨的，我们的历史文化是密致的、内敛的，把它拿在手里不是火山灰、不是泡沫塑料，它是有分量的"物质"。

我到唐玄宗的泰陵去，就看到陪葬在泰陵旁边歪歪斜斜的墓碑，那些碑是公主们的墓碑，都没人管，在麦地里斜着。土冢无数，你细细读这些碑的时候，会有另外一番感受。一块碑是大唐代国长公主碑，碑额是唐玄宗的手书，碑文是驸马写的，碑的书法是公主的儿子写的，三个男人为一个女子装点了这一块碑。有块碑记载的是武则天时代的一次宫廷宴会，武则天为了取悦大臣，就令她的子女们来给大臣演节目，其中长公主女扮男装演奏乐器。

一块碑是金仙公主的，金仙公主出家当了尼姑，她的碑记载的是公主做了一个梦，梦见一串珠线突然断了，急忙用手去挽，"一颗不可得，此梦视为不祥也"。记载着这样的事情，它不是歌功颂德。

一块是郧国长公主墓碑。当我看到这块墓碑的时候，天已经快黑了，夕阳西下，荒草萋萋，一片荒凉，人就感到别有一番滋味：就仿佛看到唐玄宗在夕阳西下时，领着他的一群姐妹从夕阳里面向你走过来。我们觉得似乎进入了唐朝的细节，进入到了历史的皱褶、细部，在这一刻我们的心灵和历史沟通了。在我们的周围，无时不渗透着祖先留给我们的气息，我们要让自己的思想细腻一点、让我们的心宽展一点、文化感觉敏锐一点，这样你的人生才更有味道、才更精彩。

在中国召开奥运会的时候，我当了陕西的火炬手，在大唐芙蓉园里面跑。我就想，有史以来在我们长安生活过的文人们，像李白、杜甫、白居易这些人，我真是无法攀比，就在大唐芙蓉园这块土地上，他们也都存在过；但是换了时空，我这个名不见经传的小文人在这里居然举起了奥运会的火炬，这是他们不能和我比的。所以我觉得挺骄傲、挺自豪，在火炬点起来的那一刻，一种自豪感油然而生，我在这儿跑，奔跑的绝不是我一个人，我的后面还有李白、还有杜甫、还有白居易、还有鲁迅等等，感觉非常好。

2000～2009年我在周至当了九年县委副书记，不能和白居易比，他当过县尉。但是我觉得在为官的链条上，如果一环一环地捋上去，我会和白居易相撞。白居易生活在县衙里，我也生活在周至县委的大院里，周至县委自从周至建县以来就没搬过家，县委就是过去的县衙。当晚上官员们都回去了，办公室就我一个人，推开窗户，月光照进来，我看到南墙根下的藤蔓穿来绕去，我就想起了白居易。白居易曾经挖了一丛蔷薇种在南墙根下，他还写过一首诗："移根易地莫憔悴，野外庭前种一春；少府无妻春寂寞，花开将尔当夫人。"此时此刻、此情此景，我在白居易的视野下读到了这首诗，我就感到了别有一番滋味，白居易将他的气息留在了这里，留给了我们。

大家可能去过乾陵武则天墓，在乾陵的旁边一个陪葬墓叫永泰公主墓。这位公主在17岁时死了，还有驸马，同一天死的，就埋葬在墓里，怎么可能驸马和公主同一天死呢？墓志铭写的是公主因怀孕而死，那驸马并没有怀孕啊！于是我就作了一些考察，同一天死亡的还有章怀太子，因为他们三个在背后议论武则天的私生活，议论武则天的面首，武则天生气了，所以就都埋了。

公主死的时候才17岁，她和她的父亲唐中宗有15年的时间生活在湖北房县。唐中宗刚登基不久，就要把他的老丈人封为宰相，把奶妈的儿子封为五品官。这个做法引起了朝堂的议论，当时唐中宗说：我把江山给老丈人都行。这话传到武则天耳朵里去了，于是武则天就把唐中宗给废了，发配房州。从陕西到房州的路是非常难走的，要穿越神农架，这么艰难的道路上，唐中宗领着他的家眷往前走，在路上韦皇后还生了一个女儿，当时生下来以后没东西包裹，把衣服脱下来一裹，名就叫裹儿。裹儿和她的母亲韦皇后与唐中宗同生死共患难了15年。当唐中宗回到长安以后，就被母女俩为了想当武则天那样的女皇，用一个毒馅饼给毒死了。我到唐中宗生活的房州去，问唐中宗曾到你们这儿住在哪儿，没有人知道，甚至没有人知道唐中宗。他们说我们这儿有庐陵王，庐陵王就是唐中宗，贬到房州后改封王了。我找到庐陵王的住处，那个村叫化龙堰，下午三点钟，我到了那儿以后恰巧一片大雨瓢泼，大家都说："泪飞顿作倾盆雨"，长安来人了，来看你来了。

在庐陵王曾经生活的地方，遗址还在。在唐中宗原有房子的基础上，农民重新盖起来的房子，这个房子现在是农民住着的。农民说：这个院落还依稀可见，下面这个台阶都是雕花的。屋里面是砖地，大家可能到华清池看过，唐朝的宫殿地幔砖就是这种小方砖。农民告诉我：我1958年结婚的时候，有人说这院子里面有皇帝留下来的井。于是他和他老婆就挖，挖了好几年，终于在地下一米深的地方挖出了一口井。唐中宗走的时候，用石板把这个井盖得严严实实的。他说现在他们还用这口井。唐中宗到房州带去了做酒的方法。房州的酒像日本的清酒，清亮亮的，但是比清酒甜，那个酒劲儿比清酒大多了。

后来我对房县的同志说："唐中宗在你们这儿生活了15年，现在埋葬在陕西的定陵，你们有机会应该去祭奠一下这位皇帝。"于是那年五一节的时候，房县人开着车就到陕西来了，到了定陵，唐中宗陵前的石头狮子已经被土掩埋了，房县的这些人在中宗的陵前洒酒祭奠，嘴里还念念有词。我心想，至少他们为他们的房县找到了文化的根。定陵的狮子是代表唐朝那个时代的狮子，它的身体整个是向后的，腿向前伸，那种气魄是我们今天所见的狮子无法相比的。包括故宫博物院的那些狮子都没法和唐朝的狮子相比，因为它们已经变成了宠物，而不是像这种表现一个王朝不可侵犯的、非常凛然的气势。汉朝的石刻又是一种风格，虽然是非常简约的，但是又有一个王朝蒸蒸日上的气势。当我们的封建王朝到了清朝时，艺术发展到了极致——玲珑剔透的狮子，当它走向极致的时候离它的灭亡也就不远了。

真正的宝贝是非常含蓄的、是经得住筛选的。大家到故宫去，看到珍宝馆的猫眼石、绿松石、钻石等各种各样的宝石，你会觉得不过如此，好像都不太亮。如果给你这么一个宝石，让你戴在头上恐怕你也不愿意戴，真正的宝贝几乎都是没有光彩的。戏台上演戏的演员的玻璃水钻灯光一照一闪一闪的，光芒四射。搞收藏的同志都忌讳

"贼光"这个词，真正的宝贝都是很内敛的。当我们看电视剧的时候，一演盗墓的镜头，把棺材板一揭开，整个盗墓者的脸都被照亮了，这是不可能的。我们的宝贝沾染了泥土，那才是真宝贝。

在周至县政府工作的时候，我看到院里面立了一块碑，是明英宗正统十三年的一块碑，上面写：尔俸尔禄，民膏民脂；下民易虐，上苍难欺。后来我对他们说，不要去掉这个碑，尽管是封建县太爷留下来的石碑，但是它给我们为官的留下一个非常深刻的真讯。它是我们的一个座右铭，所以这一块碑到今天还在县委的大院里面站立着。这就是我们的文化。我们的经济今天无论发展速度多么迅捷、多么发达，我们都要把我们的经济衔接在历史的文脉上、衔接在文化的基石上，这是任何腾飞的城市都必需的。我们要学会欣赏文化的深沉，不是浮光掠影的逛庙，我们要真正把好财富藏到我们心里，化为敬畏、化为感恩，增加我们的人格魅力、提高我们的生命质量。

审美从戏曲开始

白燕升

白燕升

CCTV-11 戏曲频道主持人、制片人。曾担任"CCTV 春节戏曲晚会"总导演。出版作品:《冷门里,有戏》《那些角儿》等。曾荣获"金话筒"金奖。

审美是对人和事物的看法和感受。人的感受、感觉丰富了,才是审美的开始。那么如何保持审美?如何保持感觉、感受的丰富?一年工作结束时,我们总爱写总结,但是情感上的总结好像很少有人写。这一年当中你感动过没有?流没流过泪?如果不被自己感动、不被家人感动、不被周围的人感动,那么走进剧场去看戏剧呢?当然是包括戏曲——所有的舞台剧。

说到艺术的美,在美学理论上,我们试图用科学的方法来区分好与不好是很难做到的。因为我们每当接触艺术美的本质的时候,所有的理论都是无法解释的，我们对于美的认知导致不可知论。

比如，东晋书圣王羲之的字，到底是怎么个好法？很难说清楚。后来乾隆皇帝形容王羲之的字是"龙跳天门，虎卧凤阁"。但是我们觉得还是很抽象。所以今天我从戏剧的角度切入，给大家讲述艺术审美，大家一定能感受到艺术美的本质到底是什么。

今天，表面上看是我给大家传播戏曲、传播审美艺术，其实我知道，每一个人的内心都有很多的心窗没有被打开，一旦被打开，至少有利于我们的成长，因为现在我们讲得更多的是素质教育和综合素质教育。

作为中国人，文化素养的提高主要应该吃"中药"，而非"西药"，这一点是毫无疑问的。"五四运动"以来，中国人接受了太多的西洋文化，现在的年轻人过得更多的是圣诞节和情人节。反观近代中国文化对西方的影响几乎等于零，这是现实。许多年轻人对于传统的戏曲不是"敬而远之"就是"不屑一顾"，所以就只能去接受流行文化、通俗唱法了。

之所以从戏剧开始，是因为戏曲它包含了文学、音乐、舞蹈、美术、杂技等艺术元素，它是几百年前就已经形成的相对完整的艺术样式。我觉得作为中国人，首先从心里应该尊重它，因为它太"中国"了。以京剧为代表的戏曲艺术是我们纯粹的国货，我们当然有理由了解它，如果可能的话，喜欢上它更好。

当然我说这些，不是说我从小只知道戏曲，我和所有的年轻人一样，我最喜欢的是流行歌，我喜欢邓丽君的歌。邓丽君的歌是完整的，无论从发声还是到情感的运用。但是现在我们有些一线的大牌歌手，一开始是有控制的，唱着唱着就与歌曲无关了，炫技、翻高，如果老百姓觉得这个歌手好，这就是审美不正常。唱是分境界的。比如七分是吟，八分是唱，所以"吟唱"的境界是最高的。邓丽君的歌曲就是在"吟唱"。如果说现在还有这么一位歌手的话，我觉得王菲比较像。这就是审美。

很多时候我们喜欢一个人，或者说受到一个人的影响，往往只在乎一刹那间的感动。比如说，我们喜欢的一个演员，你往往只盯住这个人在舞台上演得怎么样、唱得怎么样，其实离开这个所谓的舞台，外面的世界很多的言行值得我们参照。

比如说，唐国强的艺术蜕变之路。20世纪80年代唐国强戴上了"奶油小生"这样一顶桂冠。其实"奶油小生"不是个贬义词，它最多就算个中性词，但是在当时中国大地上流行的最受少男少女追捧的对象是高仓健，唐国强的形象就显得不合时宜了。于是唐国强就要自我蜕变。他主动请缨演了《高山下的花环》里的赵蒙生，他演得很努力，但是"奶油小生"的称号还是没有摘掉。他不断修身养性，又主动请缨塑造了《三国演义》里的诸葛亮，诸葛亮的大获成功可以说确立了唐国强在中国影视界实力派的地位。但是唐国强还不满足，近十年来唐国强又不断地修行，练毛体，为我们塑造了形神兼备的毛泽东的形象。真的是一个自觉的、有意识的艺术家对自己艺术之路的一种蜕变，很值得人们尊敬。

濮存昕，1996年以前演的舞台剧、影视剧我觉得都有一点类型化、同质化的倾向。1996年濮存昕演了一部电视连续剧叫《英雄无悔》，演的是公安局局长高天，濮存昕同样完成了一次艺术上的蜕变。他演得非常成功。从那以后，大家看看濮存昕还做了些什么事？公益、慈善、环保，甚至把患艾滋病的孤儿领回家同吃同住。有人说这是作秀，当然是作秀，如果更多的明星和艺术家都来作秀，我们的社会风气会变得更好。当濮存昕做了那么多的善事以后，你再观察濮存昕的眼神和表情，多了很多的仁爱。我再看他的戏，我绝对不会只盯着他的演技去品味他，他首先是个好人，大家就愿意接受他演的戏。所以审美表面上看是舞台上的事，其实也是做人和生活当中的事。

再给大家介绍著名的指挥家胡炳旭，胡炳旭被誉为是"京剧交响第一人"，其实我更感动于他的为人。我们是忘年交，所以胡老师和我讲过他的初恋。20世纪60年代初，他在中央音乐学院学习，爱上了一个钢琴女孩，他不敢表达自己的心迹，就约这个钢琴女孩去琴房里弹琴，临走的时候这个女孩说："我喜欢你。"于是两颗年轻的心就这么靠近了。"天有不测风云。"这个女孩被查出得了"红斑狼疮"，肌肉萎缩无力。胡炳旭当时已经分到了中央乐团，上午上班，中午回来帮女友翻身、擦洗身子、做饭，下午再去上班，当时工资也不高，背着她四处求医问药。当时医生让他放弃，但是胡炳旭一直就这么坚持着，直到这个女孩离去，他整整照顾了她五年零两个月。这是一个关乎情爱、关乎人性、更关乎承诺和责任的故事。我曾经问他："嫂子知道这事吗？"他说知道，我和她讲过，听后她也哭了。

我相信爱是可以传递的。日本有一个大科学家叫江本胜，他用了十年的时间做了一个科学实验。这个实验是在零下五度的情况下，对一滴水施爱，他把所有的意念都传递给这滴水，说这滴水是最纯洁的、最美好的、最干净的，这滴水呈现的结晶的变化就是有规则的、像雪花般美丽的图案。同样的一滴水，如果你对它施恶，说这滴水是最肮脏的、最浑浊的、最不干净的、最邪恶的，这滴水的结晶变化是没有规则的，甚至是丑陋的图案。这个实验告诉我们，水能感知善恶。世间万物莫不如是。

中国的净空大法师曾经说过这样一句话："如果人类发出的只有怨恨、不满或者悲哀的时候，人类最终会堕落到灭亡的地步。"这绝对不是危言耸听。净空大法师的《和谐拯救危机》非常之精彩。什么叫和谐啊？刚刚故去的国学大师季羡林先生对"和谐"有过这样的注释：和谐，首先是人与自然的和谐，其次是人与人的和谐，最重要的是人与心的和谐。

无独有偶，梁漱溟老人很早就说过：人活着应该解决几层关系，这几层关系的顺序不能颠倒，首先是人和物的关系，人活着吃喝拉撒需要物质，有物质才能提高品质；第二个关系是人与人的关系，为人妻、为人子、为人上级、为人下级，我们要处理好人与人的关系；最后一个关系，也是最最重要的，是人心关系，就是每个人如果都能和自己的内心和谐了，家庭就和谐了、社会就和谐了，也就不会有那么多的天灾人祸。这不是迷信。我相信爱的传递，所以我也希望大家能够记住，一定要对所有的人施爱。

戏剧伴随了我们这一代人的成长，甚至说戏曲伴随着我们整个民族成长都不过分。大家都知道乡音乡情，最好的乡音就是我们的家乡话和地方戏，那就是我们家乡的主旋律，无论你喜不喜欢它。中国的老百姓了解历史更多的是从戏文了解的，是从戏牌子上了解的，尽管它并不都是真正的历史。

有人说：戏曲在今天的衰落是中国社会现代化进程当中所必须付出的代价，我觉得这似乎是一个皮相之论。在我们的邻国日本，这个受惠于中国文化最多的国度，他们在社会的各个方面都完成了现代化的转型，但是他们对于他们的传统艺术，如歌舞伎，保持得非常好。

歌舞伎在日本也是小众的小众艺术，但是得到了发扬光大。日本人提到歌舞伎，那真的是顶礼膜拜，心里充满了尊重。他们的票价折合人民币大概一张是4000块钱，而且不是有钱就可以看的，你还要有身份。我有幸采访过两位日本的顶级歌舞伎大师，坂田藤十郎和坂东玉三郎。坂田藤十郎已经80岁高龄了，神态安详，背不驼，腰不弯，精神矍铄，目光炯炯，这就是一种尊贵。坂东玉三郎快60岁了，这两年在中国非常火暴。他演中国的昆曲《牡丹亭》，扮演杜丽娘。他在北京演出时我去看了，他一下子就把我震住了，坂东玉三郎从头到脚、从内到外透射出来的那种纯粹和干净是我很少见到的。演出结束以后，我找到翻译，找到主办单位的领导，我说我一定要见一见坂东玉三郎，跟他表达我的谢意。我说："首先谢谢你对中国昆曲艺术的喜爱，我没有见过梅兰芳大师的昆曲《牡丹亭》，但是我从你身上仿佛找到了梅大师的影子。"他特别感动，说："我从小就崇拜梅兰芳。"坂东玉三郎到现在也是只身一人，把所有的身心精力都投入到了歌舞伎上，所以我觉得艺术可能就需要人的一份纯粹和干净来成就。但是在我们这里很难做到，我们的很多传统艺术家还在为生计奔波，他们很难静下心来去潜心投入自己喜爱的艺术，这可能就是悲哀所在。

科学和艺术没有泾渭分明的楚河汉界，在更高的层次上是相通的。所以我们很多的大科学家都是全才。比如说达·芬奇，既是画家又是作家，同时也是科学家和发明家。我想达·芬奇可能正是由于有了合理的知识架构，一方面给我们设计出了自行车、直升机、救生艇，另一方面给我们描绘出了蒙娜丽莎的微笑。

所以对于这样一个艺术审美的讲座，我觉得适宜所有的人，每一个人的心里都需要文学艺术的滋养，因为文学艺术说到底是"柔软"我们的心灵的。

京剧大师郝寿臣的学生袁世海，小的时候去拜郝寿臣为师，他说："老师，我要跟你学戏。"老师就说："小袁，你跟我学戏，是把我揉碎了成你还是把你揉碎了成我啊？"袁世海特别紧张，说："老师，我跟您学戏，当然是把我揉碎了成您啊。"老师说："那就错了，你跟我学戏一定要记住，是把我揉碎了成你。"这句话就是兼收并蓄、融会贯通，把老师的精华艺术为我所用的一句最好的诠释。

越剧皇帝尹桂芳，女小生，在 20 世纪 30 年代，她也是借鉴、融合了很多京昆小生艺术的东西，才形成了自己越剧皇帝的美称。我相信尹桂芳先生如果九泉之下有知的话，她一定感到非常欣慰，因为如今尹派三分天下。

这三位杰出的弟子现在看来都不那么像尹派了，这就是继承与发展。浙江的茅威涛、上海的赵志刚、福建的王君安三人，茅威涛的影响力最大，她是一个改革派，尽管毁誉参半，但是我永远支持这样的改革派。上海的越剧王子赵志刚，也已经形成了自己独特的表演和演唱风格。这里面最具人气的就是王君安，老师最喜欢王君安，也最希望王君安能够继承尹派艺术，但是王君安在她如日中天的时候去了美国学金融专业，辜负了老师的期望，后来老师离开了，王君安突然回来了。王君安为什么回来？人活着是一定要有理想的，她真的是为了老师的遗愿、夙愿而回来的。

前辈导演郭宝昌也是我的忘年交，他最著名的作品就是《大宅门》了，这部电视剧非常成功，创造了中央电视台电视剧的收视率新高。《大宅门》里所有的音乐都是京剧音乐，但是你不觉得突兀、你不觉得不和谐，你觉得用得是那么妥帖、和谐和巧妙。因为郭宝昌先生本人就是一个大京剧迷，他最喜欢的是程砚秋——四大名旦之一。当年程砚秋先生去世的时候，郭宝昌先生在家里守灵戴孝三天，不吃不喝。我想，一个人对一个艺术家追随到了这个地步，他本身也值得我们尊敬。他曾经说过，现代的戏曲影视剧的创作，话剧念白加唱等于糟蹋戏曲。

我给大家介绍这样一个人物——裴艳玲。曹禺看了裴艳玲的演出以后，惊呼"国宝"。关于她我最早是从著名作家蒋子龙的报告文学《长发男儿》了解的。《长发男儿》写的就是裴艳玲，后来裴艳玲演了一出戏《钟馗嫁妹》，非常精彩。这部报告文学和这出戏被上海的著名女导演黄蜀芹看到了，就根据裴艳玲的经历，拍了电影《人鬼情》。到目前为止，《人鬼情》这部电影都是中国最具女性意识的一部电影。裴艳玲作为一个女性，借助了男儿身，完成了一种身份认同和性别的补充，这是非常了不起的事。作为一个女人演男人，演得让大家无懈可击。

我和她的交往最早是在 1996 年。我去采访她，我去的时候裴艳玲就把腿放在墙上练功，她根本不在意我，或者说她谁都不在意，她只在意自己心里的艺术——无法沟通、无法交流。我只能像小学生一样循循善诱地发问。我说："裴老师，您从什么时候开始唱戏的？"她一听这么小儿科的问题更不愿意理我了。"5 岁。"我说："唱得好吗？""当然好。"我说："谁说的？""我自己觉得，别人也这么觉得"——飞扬跋扈、不可一世。我接下来又问："裴老师，你演了那么多的男性形象，包括武松、林冲、哪吒，甚至包括凶神恶煞的钟馗，您觉得美吗？""美。"我说："为什么？""不知道。"她如果知道她就不是裴艳玲了，因为裴艳玲只上过五年小学，但是艺术大家的天性和悟性是极高的，这是个天才。

然后我说："裴老师，您演了那么多的男性形象，您心里有障碍吗？""没有，一个女人从我面前经过，我不会注意她，一个男人从我面前经过，他的言谈举止，行走坐卧我一抓便准，我塑造的是我心目当中最理想的男性形象，我比男人还男人。"我说："裴老师，您演《钟馗嫁妹》是调动了生活当中和谁的情感去塑造钟馗的？""不知道，我也许和你一样，在底下看我自己。"我相信每一个人都有一个灵魂在高处看着自己演戏。我说："裴老师，恕我直言，我看你的舞台剧，只有'过'的时候，没有'不及'的时候，您怎么看？"这是对艺术家的一种否定，好像裴艳玲在台上都是很过分的表演。裴艳玲很认真地回答："有，但是我不知道，也许我把生活当中的酸甜苦辣都给了舞台上我的人物了。"她说得多好啊！一个作家曾经说过："我小说里的所有的主人公加起来就是我自己。"有一个演员也说过："我塑造的所有角色加起来就是我自己。"后来我问她："裴老师，您获得了几乎戏剧界的所有奖项，包括美国的终身成就奖，有什么感受吗？"她无语，支支吾吾地不说话。最后我追问了一句，我笑着说："您不会觉得受之有愧吧？""有，看和谁比，和梅兰芳、程砚秋比，我是受之有愧。这些前辈、大家唱了一辈子戏，得什么奖了？当然了，我和现在的歌星、影星比，我比他们强多了。"在1996年作为一个艺术家能够说出如此坦荡、如此真诚的话来，是很令人惊讶的。说实话、说人话，是每一个时代、每一个时刻我们都呼唤的。

这就是裴艳玲带给我的感动，这位艺术家至今还活跃在舞台上。她应该说是我们国家为数不多的获得过梅花大奖的艺术家，目前来说只有三位：一位是她，一位是茅威涛，还有一位是尚长荣。

有个女孩，她叫王佩瑜，30岁左右，她感动我的是她说了这样一句话："我每天都在寻找和梅兰芳的差距。"梅兰芳就是中正平和的化身，梅兰芳在生活当中从不与人发脾气，更不会与人吵架，就是因为有了这样一种人格的魅力，所以梅兰芳在舞台上塑造的都是中正的、平和的、美好的形象。所以我一直强调舞台上的气质是生活当中养成的，一个年轻的演员每天都在寻找和梅兰芳的差距，这是一种很高的境界。王佩瑜在当今的青年戏曲演员当中应该是不多见的有想法、爱思考、能够自觉发展自己意识的一个青年演员。在前不久陈凯歌导演的电影《梅兰芳》里，章子怡扮演孟小冬的唱曲就是由王佩瑜来配音的。

王佩瑜录这一段音时，她告诉我，进录音棚唱一遍就通过了。她确实是一位难得的女老生演员。在《梅兰芳》里的这个录音片断，应该说是梅兰芳艺术上的一个转折点，或者他心动的转折点，在这之前，他和福芝芳的婚姻已经很风平浪静了，所以梅兰芳潜心揣摩艺术。戏里的邱如白就是生活里的齐如山，说了这么一句话："你的时代到了。"但是孟小冬的出现，使梅兰芳的心不安静了。邱如白这个时候气愤地找到了章子怡扮演的孟小冬，说："他的所有一切都是从这份孤单中出来的，谁要毁了他的孤单，谁就毁了梅兰芳。"所以我说，人是需要孤单的，孤单是一种品格、一种修养，是成功的奠基石，"古来圣贤多寂寞"。搞艺术一定要守住这份孤单。

梅兰芳如果没有圈外的这些大家，像齐如山、像大银行家冯耿光，梅兰芳成就不了梅兰芳。这也是我一直以来的观点。任何的艺术样式，文学、诗歌、戏剧、小说等，一定要让外行对它感兴趣，这门艺术才有可能兴盛。比如，我们一说戏曲观众就是中老年，不是这样的，不要这么轻易地贴标签。任何一门艺术在所有的人群、所有的年龄段一定都有观众，只是大家没有把这扇心里的窗打开罢了。

王瑶卿教了四个学生：梅兰芳、程砚秋、荀慧生、尚小云。一个老师教的四大名旦，呈现了不同的艺术风格和风范。这不就是继承与发展吗？王瑶卿给他的四个学生做了"一字评"：梅的"相"，梅兰芳长相也好，扮相也好；程的"唱"；尚的"棒"，尚小云先生的身段、武功非常好；荀的"浪"，荀先生演的角色大都是妩媚风情一类的。一个老师教出了四个不同风格的学生，这才是继承与发展最好的写照。所以我说传统和创新是一个动态词，50年前或者100年前的创新就是今天的传说，同样，今天的创新也会成为50年后的传统。

当然继承与创新不是空中楼阁，离不开最初的临摹、模仿，但是我们一定要有所突破。对于艺术我向来有一个观点，不要轻易谈超越，把前辈的东西继承下来，创造属于当代的、有个性的艺术就可以了。大师的东西是一座高峰，艺术创造要学会绕着走，谁也复制不了谁，谁也超越不了谁，别较劲。自然科学可以超越，自然科学当然有超越、有进步，但是艺术不要轻易谈超越，继承是必需的。

王羲之的儿子王献之，有一天写了一幅字给爸爸看，王羲之一看，说："不错，但好像少了一个点。"于是拿起笔来，把这个点给加上了，孩子特别高兴，就拿给他妈妈看，撒谎说是爸爸写的，他妈妈看完以后说："只有这个点像你爸爸写的。"这个故事告诉我们什么啊？这个点有力量、有重量、有情感、有速度、有人的真性情，这是无法复制的。

王羲之后来的《兰亭序》，他自己酒醒了以后，怎么写都写不好，自己都无法复制自己，别人如何复制？所以艺术不要谈超越。

我想简单解析一下戏曲生态。其实戏曲人的聚散离合、爱恨情愁，反映的都是社会生态。因为戏曲它就是社会的一个部分，我选取了一个比较流行的剧种黄梅戏。我想告诉大家的是，作为媒体人首先要做一个理想主义者，并且要有改变周围的人甚至是改变社会的冲动和激情。

采访和马兰同时代的五朵金花之一杨俊时，她带给了我很多的感动，让我认识到，人性比功成名就更重要。困惑、挣扎、超越以及成长过程中流露出的人的品性更加动人，也就更加有魅力。

2006年我采访杨俊时，从服饰、发型到装扮，到神情，那个时候她都有困惑。2009年我找杨俊访谈时，精神面貌就不一样了。这就是媒体人的骄傲，可以改变人的精神状态。2006年我对杨俊的访谈的切入点是从她1981年到香港演出黄梅戏，被香港的大导演李翰祥看上了。

这个访谈还是很有意思的，杨俊把自己那段不堪回首的往事用这样一种方式很轻松地告诉了大家，我想观众在看这期节目的时候一定是被杨俊的真诚所打动。

马兰，无疑是黄梅戏在海内外知名度最高的一位艺术家。马兰因为种种原因离开了安徽的黄梅戏舞台，我觉得是一个剧种的损失。马兰的影响力可能和1987年主演的电视连续剧《严凤英》有关。恕我直言，严凤英38岁离开舞台，马兰也是38岁离开。其实细细想来，她们面临的是一个东西，不去讲了。因为这种压抑的情绪是互相可以传递的。但是马兰她讲得非常好，她的语言非常有质感，能够看得出来一个艺术家的孤独、坚守、寂寞和无奈。

喜欢黄梅戏的观众都知道，五朵金花——当年的同班同学、好姐妹，由于种种原因天各一方。确实，五位光彩照人的演员在一个院团，确实很难做到平衡，谁主演？谁配演？所以我觉得是时代的原因。我有一个心愿，想把她们聚到一起，但是难度非常大。其实五个姐妹的心里或多或少都有疙瘩，人带着疙瘩、带着心结去生活是不愉快的。我就极力想完成一台这样的节目，使五朵金花大聚首，但很难运作。正好吴琼跟我讲，她说："我想搞一台个人演唱会。"和我的想法不谋而合。最后有了黄梅戏发展史上浓墨重彩的一笔，五朵金花相遇了。所以我说作为媒体人，一定要有改变人和改变社会的冲动。

理想与现实的问题也是老生常谈的问题。反映理想与现实最典型的一句话，就是我非常喜欢的一个谚语："头可以在云朵里，脚一定要站在地上。"

给大家出一道题：一个木桶，最短的一块木板决定了容量，在不改变那块短板的情况下，有什么办法让木桶装更多的水？所有人的答案估计都是把木桶斜一点。其实这道题是没有答案的。所以我们在一个团队当中，都争取不去做那块最短的木板。我觉得活在这个世界上的使命就是要让自己坚强起来，既然决定活着就要活得好，不仅自己活得好，还要给周围的人带去好，给更远的人带去好。

每个人其实都在体制当中，都是戴着镣铐跳舞，在当今的社会中，其实人面临的最大的障碍不是困难，而是形形色色的诱惑。我也一直觉得戏曲最终灭亡甚至走进博物馆都不可怕，可怕的是我们把什么样的品质留给后人。

"尊与敬"在今天的时代也是需要呼唤的。我们在处理和对待自己的传统文化和戏曲艺术上的力度和尊重远远不够。真正的艺术家是很脆弱的，是需要被保护的，纯粹的艺术是能养心的，夹杂着火气、功利、不安的艺术只会身心俱损。

电影表演艺术家，享誉海内外、骨子里很贵气的孙道临老师，于2007年12月28日，走了。他的夫人，是著名的越剧表演艺术家王文娟，就是演越剧《红楼梦》里林黛玉的艺术家。有一次我和孙道临老师聊起了艺术评奖当中的潜规则，一个经历过风风雨雨、经历过这么多世面的大艺术家，带着不解和疑惑的眼神问我："怎么会这样？"他问了几次"怎么会这样",似乎是问我,也似乎是在问自己。那一刻让我感受到了一个大艺术家的纯粹和干净,带给我很强烈的震撼。后来王文娟老师告诉我,她经历了太多这样那样的尴尬。比如说,有一年她跟电影演员、电影艺术家秦怡、张桂芳被邀请到外地参加一个庆典活动,一开始是被安排在一个包间里,过了一会儿工作人员说让她们赶紧腾地,到大厅里休息,因为赵薇和刘德华来了。这就是现实。接待方哪怕不懂得艺术也不要紧,尊老爱幼起码应该有吧!有时候连这些都没有。所以我说,"尊与敬"在今天的社会也是必须要呼唤的。

说到王文娟老师主演的《红楼梦》,我有幸到上海采访当时演《红楼梦》的大艺术家们,她们都 80、90 岁高龄了。当时的采访整整进行了十个小时。事实上,我们的播出只有一个小时。她们在我面前,我就不忍心打断,我只有倾听,我觉得她们讲的每一段故事、每一个细节都是财富。

说到小说《红楼梦》,在我看来从头至尾都贯穿着一个"痴"字。"痴"是什么意思?智力有障碍、精神不正常?"痴情"呢?所有的逻辑理论无法解释的时候,你对一个人、一个事喜欢到无以复加的时候,就叫痴情。所以这样看来,"痴"是一个中性词,我一直觉得,"痴"和我们平常说的"唱戏的是疯子""看戏的是傻子"有异曲同工之妙。当今的从业者,在我看来"痴""傻""疯"都不够,所以才使得戏曲有点半死不活,这其中是有原因的。

周杰伦,我非常喜欢他的歌,与其说喜欢他的歌,不如说喜欢方文山的词。他的词里讲究的不是语法,因为他说比语法更重要的是用法,很多很怪异,形容词用作动词,但是你就是觉得美。宋代的大散文家王安石的"春风又绿江南岸",一开始是"春风又到江南岸",不好,"春风又过江南岸,"也不好,最后"春风又绿",形容词用作动词,意境全出,生机盎然,于是流传千古。方文山虽然是平民出身,但是他很长时间浸润在唐诗宋词里,所以他的词从唐诗宋词里汲取了很多的营养。这同样不也是传统的创新吗?方文山也好,周杰伦也好,对于中国风、对于中国传统文化的继承和传播作出了贡献,从这个意义上讲，我喜欢周杰伦。

青年艺术家张火丁，在 2007 年的 1 月 3 日在北京的人民大会堂举办了史无前例的个人演唱会，票房收入 140 万元。作为一个戏曲演员，这是从未有过的高票房。她演唱的部分曲目有的只有 8 分钟。因为是交响乐伴奏，没有更多的曲目了。我替她出了一个主意——拍卖，拍卖你的服装。拍卖师是我，那天晚上人民大会堂沸腾了，这个拍卖让我围着人民大会堂的一楼来回跑，整整半个小时，最后拍卖到 38 万元成交。同时期最火的人物一个是刘翔、一个是周杰伦，刘翔那双跑鞋王小丫给拍了 20 万元。周杰伦那王子服很华贵，其实也就几万块钱。但是一个京剧艺术家的 1200 块钱的服装，拍卖到 38 万元。第二天的媒体鲜有报道。我平常老开玩笑说："人病了去医院，医院病了该找谁呢？"其实媒体是有病的，追着一个港台歌手、港台明星的逸闻趣事不惜笔墨、不惜篇幅图文并茂地报道，而对于传统艺术家如此辉煌和有尊严的事情不加关注，这就是事实。

我说这个世界从来不缺少多元，而缺乏纯粹；这个世界也从来不缺少喧嚣，而缺乏孤单。张火丁的内心一定是寂寞的，她没有什么人际关系，甚至也没有什么朋友，但是她就是那么寂寞、纯粹地坚守在自己的艺术世界里，所以才有那么独特的光芒。

在最后，我愿意和大家分享一则民间故事，说的还是东晋的书圣王羲之。有一个穷苦的老太太在桥上卖扇子，这个扇子说什么也卖不出去，王羲之路过这里，说："老太太，我来帮你吧！"老太太说："你怎么帮我？"说着，王羲之就拿起笔在扇子上题诗写字，老太太大骂王羲之说："你把我雪白的扇子都弄脏了。"不一会儿，路过的人们看到了王羲之的字，纷纷把扇子买走了，就在老太太纳闷的时候，王羲之笑了笑，扬长而去。这是一则民间传说，未必真实，但是却带给了我很多的启发和感动。书圣王羲之能够帮助一个素不相识、大字不识的老太太赚取救命的生计钱，我觉得书圣的"圣"字有了它的意义所在。这种做人的境界虽不能至，我们的心要向往，希望大家在以后的工作和生活当中都要学会爱。

创造力与文化

——犹太民族的启示

刘洪一

刘洪一

博士，教授，教育部高等学校
文化素质教育指导委员会委员，
享受国务院特殊津贴专家，深
圳市优秀专家，原任深圳大学
副校长，现任深圳职业技术学
院院长。长期从事犹太文化、
比较文学与文化以及高等教育
方面的教学、研究及相关管理
工作。出版了《犹太文化要
义》《走向文化诗学》《犹太精神》等专著多部。主持国家
及省部级课题多项，曾获全国及省部级奖励多项。

从中央到地方，在全国范围，甚至在世界范围，当前非常热的
一个术语就是"创新"。国家要建设创新型国家，地方政府提出建
设创新型城市，我们学校也提出建设一所创新型的学校，要培养创
新型的人才。创新的本质就是创造力的问题。在世界范围内，无论
是政治战略家、企业家还是学者，都越来越深刻地认识到一个国家、

一个民族的核心竞争力在于它的文化、在于它的创造力。所以对于"创新"，我想以犹太民族为例，和大家一起讨论一下创造力的根源在哪里。

犹太人有 3000 多年的文明记载历史。在公元 66 年因为发生了犹太战争，从公元 66 年前后开始，犹太民族就在将近 2000 年中一直无家可归，逃离到全世界。全世界的犹太人总数最高峰的时期也就是 1500 万左右，是一个典型的小民族。以诺贝尔奖为标志，诺贝尔奖设立以来，犹太人占了全部获奖者的 20%，到目前为止，犹太人有 160 多人获得了诺贝尔奖。所以如果想象，全世界的犹太人也就是 1000 多万，占世界总人口的比例不到 0.3%，但是在诺贝尔奖这个奖项中获奖者有 160 多人，这是非常了不起的。而在战后的美国诺贝尔奖获得者中，美国人获奖的有 125 人，其中有一半是犹太人。犹太人有非常强的创造力。创造力的问题引起了全世界的高度关注，被认为是一个国家的核心竞争力。对一个国家、民族来讲，创造力是一个国家、一个民族文化的生命力。所以国外的很多高校都开设了一门课叫"创造学"，是专门研究创造发明和创新的方法、规律的学科。在我们国家也有若干高校开设"创造学"这门课。创造学的问题、创造力的问题是我们应该思考的问题。

犹太民族深刻影响了世界历史进程

在西方学界，有一个概念叫"犹太创造现象"。在学术界有一个说法，叫"没有犹太人，世界的历史将会重写"。这句话是不是言过其实呢？我想和大家一起来看看，有哪些"犹太创造现象"值得我们注意。

第一，在思想领域，如菲洛，是生活在亚历山大的一个犹太人，他的思想综合完善了希腊和希伯来的基督教学说，对基督教发展起到了至关重要的作用，被称为基督教之父；斯宾诺莎，被称为近代无神论的先驱，他是生活在荷兰的犹太人哲学家，他的现实职业是一个磨制眼镜的师傅，海涅对他是这样评价的，"我们今天所有的哲学家，往往自己并不自觉，却都是透过斯宾诺莎磨制的眼镜在观看世界"，可见他对后世哲学的影响是相当巨大的；卡尔·马克思，可以说我们在座的每一位无不受到马克思的影响；弗洛伊德，被称为无意识之父、精神分析学派的领袖。还有众多的思想家，如胡塞尔、马尔库塞、维特根斯坦、卡西尔、卡尔·波普尔等，他们对19世纪、20世纪以来，西方最主要的学说思潮产生了决定性的影响。所以20世纪、21世纪整个世界范围内的思想学说可以说被犹太人所主导，犹太人因此被称为是"哲学的民族"。

第二，在文学领域，古代的希伯来犹太文学奠定了西方文学的基石。研究文学的都知道有一个圣经传统，《圣经》里面有文化、有先知，它和希腊的《荷马史诗》被认为是西方文学的基石。到了现代，普鲁斯特是艺术流的先驱者；茨威格是传记文学心理描写大师；表现主义大师卡夫卡，他的《变形记》《城堡》都是经典名著；还有斯坦因、雷马克、荒诞派领袖贝克特、诺曼梅勒、约瑟夫·海勒、金斯堡等。这些人都是20世纪带有开创性和开先河意义的文学家。获得诺贝尔文学奖的犹太人早在1910年就有保罗·海泽，后面还有艾·巴·辛格等十几位获得诺贝尔文学奖的人，所以在文学界，犹太人也被称为是"天生的文学民族"。

第三，在音乐领域，打开《圣经》，它的很多东西都是有声调的。比如说，百合花、远方无声鸽等等。我在看到这些诗歌的时候，自然想到了中国古代的唐诗宋词，它有一些格律、词牌，每一个相应的词曲适合表达一种情绪、一种情景，另外，还有我们的元曲，北曲十二宫、黄钟等。这使我联想到，中外艺术在古代没有交往，但是它们在艺术审美和艺术形式上还是相通的。音乐领域涌现了一大批世界大师级的人物，我们现在也有音乐表演专家，像梅耶贝尔、海飞茨、梅纽因等，有一大批的小提琴家、钢琴家等。犹太人近2000年没有自己的家园，流离失所，他们的情绪往往通过音乐表达出来，所以犹太人也被称为是"音乐的民族"。

第四，在艺术领域，原本认为犹太人最不擅长的就是绘画，因为在犹太人的《圣经》里面摩西十诫有一条就是不可雕刻偶像，犹太人反对偶像崇拜，这也限制了它的艺术形式的表现。但是在现当代，在艺术领域出现了一批叛逆性、革命性的艺术家，改变了世界艺术的走向。这里简单罗列几名犹太人艺术家，一个是毕沙罗，另一个是毕加索，还有马克·夏加尔。在此之前，我们看到的西方绘画大多是写实主义的。这几位艺术家对西方的绘画进行了革命性的创造，如夏加尔的代表作《生日》、毕加索的代表作《亚威农少女》。这些作品导引了整个世界20世纪艺术的走向，以至于我们中国今天也出现了表现主义荒诞、抽象的一些艺术形式。

第五，在自然科学领域，爱因斯坦是现代物理学之父，是一个非常著名的犹太人。现代以色列，1948年建国的时候，犹太人曾经推举他到以色列担任第一任总统，爱因斯坦当时回了一封信："我以自己是一个犹太人而感到骄傲，但是我个人的兴趣在于科学研究。"他婉谢了让他回国担任以色列总统的邀请。在今天，我们每个人都离不开计算机，而电子计算机的发明者冯·诺依曼，电磁波的先驱赫兹，原子物理学和量子力学方面的专家波尔，原子弹之父奥本·海默，测量计算的创始人莱维·奇诺塔等，他们都是犹太人。犹太人在诺贝尔获奖者中一般是占20%到22%，所以犹太人又被称为是"科学的民族"。

第六，在经济领域，比利时布鲁塞尔银行是由奥本·海默创立的，瑞士巴塞尔商业银行是由德莱福斯创立的。直到今天，瑞士和比利时的这些银行，还都是世界上享有盛誉的银行，信誉度很好。圣彼得堡银行是冈茨伯格家族创立的，波兰的华沙银行由M.爱泼斯坦创立。一谈到西方的经济，必定要谈到创造了金融神话的罗德柴尔德家族，这个家族曾经买下了埃及苏伊士运河的使用权，是一个非常显赫的家族。石油巨头洛克菲勒，是美孚石油公司的创始人，钻石大王亨利·彼得森，还有我们今天特别熟悉的股神巴菲特都是犹太人。在经济学理论领域，有大卫·李嘉图、瓦西里·里昂惕夫、米尔顿·弗里德曼、保罗·萨缪尔森等经济学家。犹太人被认为是最会赚钱的民族、最会经商的民族，西方有句谚语说："犹太人能从稻草堆里找出金子。"这说明犹太人确实有非常独特的地方。今天的以色列国更是创造了世界的经济奇迹。在发达国家当中，它的 GDP 增长率是最高的。世界各国在纳斯达克上市的企业，以色列有 63 个，仅次于美国，排在第二位。这是一个经济奇迹，因为以色列是一个自然资源极度贫乏的国家。

第七，在政治领域，摩西，古代以色列民族的英雄，以色列人古代到了埃及定居，后来埃及的法老制定了一个法令，凡是犹太人生下的男孩子都要放在水里淹死，摩西就是带领以色列民族冲出埃及的民族英雄；另外，大卫的雕像，大卫是古代以色列国的缔造者；所罗门，他是智慧之王，有很多关于他的智慧传说；迪斯累利，英国的首相，西方人是反"犹"的，所以一个犹太人能够做到欧洲国家的首相是很不容易的；还有布吕姆，法国的总理，也是犹太人；在俄国共产主义运动史上像拉拉·萨尔、卢森堡、托洛茨基这些红色革命家都是犹太人，对整个共产主义运动也作出了巨大的贡献。在当代，赫茨尔是犹太富国主义运动的创始人，本·古里安是现代以色列国的建国之父，还有梅厄夫人是以色列第一位女总理，中东铁娘子。以色列被认为是最会打仗的国家，因为它在 4 次中东战争中以少敌多；排在第二位的国家是中国，中国的朝鲜战争、越南战争打得非常漂亮，所以在世界网评，以色列被认为是最会打仗的国家，中国排在第二位。

在其他各个领域，也涌现出非常多具有世界影响力的犹太人和犹太故事。保罗路透（我们今天讲的路透社），被称为通信之王；普利策，报界的君王；萨尔诺夫，世界无线电广播与电视事业的奠基人；索罗斯，令世界震撼的金融投机家；尤伯罗斯，首创奥运会的私营模式。马克思、弗洛伊德和爱因斯坦，这三个人都是犹太人，被称作影响现代世界的三大预言家。从这个角度来讲，犹太人是深刻影响了世界历史进程的民族。

犹太民族创造力的文化根源

这样一些事实列举下来，不仅让人会问：这样一个小民族，人口加起来最多的时候也就是 1000 多万，到底是什么原因使这个民族对人类文明产生这么巨大的影响？有两个经常被人提起的答案，一个说这是源于上帝，犹太人自称为"上帝的选民"；另一个，有人提出是天赋的问题，认为犹太人天生聪明。这些观点都过于片面，事实上犹太人本身也反对用种族的观点来解释这些现象。那到底是什么原因使得犹太人如此优秀？

犹太人有一种特殊的历史方程式，就是迁徙

犹太人到处迁徙。他们的先祖亚伯拉罕带领着一队犹太人，越过了幼发拉底河和底格里斯河，从乌珥到了迦南。他们在迦南待了一段时间之后，又来到了埃及。摩西带领以色列人走出埃及，重返迦南，建立了古代以色列王国，这也是古代以色列最辉煌的时期。再往后，以色列王国内部产生分裂，周边的巴比伦帝国、波斯帝国、希腊帝国都曾经或短或长时期侵入了今天的巴勒斯坦、以色列地区。罗马帝国强盛以后，和犹太人打了两次大仗，都是以犹太人的失败而告终。从此之后，犹太人进入流散时期，直到 1948 年，现代以色列国建立。犹太人迄今有 4000 年左右的文明史记载，但 2000 多年到处迁徙流散的历史，决定了犹太民族一种特定的文化结构，并产生了特殊的文化效应。

犹太文化的结构，呈现出流散的形态

犹太文化，它的存在方式是散存于异质文化的夹缝中间。世界犹太人口总数大约在 1400 万，全世界生活着 1000 人以上犹太人的国家和地区有 65 个，几乎在世界各国都生活着犹太人。犹太人最多的国家是美国，有 560 万，以色列第二，有 485 万。这样一种散存、流散的文化结构，导致犹太人无时无刻不和其他文化发生接触，出现一种重要的关系状态，叫"文化接触"。

中国也是生活了很多犹太人的一个国家。古代开封，犹太人的生活是当时一个很重要的现象。在开封博物馆里还存有几块石碑，石碑记载了犹太人怎样到开封，中国的皇帝如何赐他们姓。这些人绝大部分都改姓赵，还有一部分改姓李、石。到了现代，上海犹太人是一个很重要的现象。从第一次世界大战到第二次世界大战，西方灭绝式的屠杀迫使犹太人在全世界四处逃散。很多国家拒绝犹太人登陆，犹太人乘坐的大船在港口外面徘徊，没有办法继续前行。当时中国的上海是世界上的一个自由港，接纳了很多逃难的犹太人。孙中山先生还曾经给上海地方当局写过书信，要他们好好照顾犹太人，第二次世界大战期间又接纳了很多犹太人。所以后来很多小时候跟着父母到上海的犹太人，后来在美国、以色列成为重要人物后，对中国特别是上海的感情很深。

犹太人是在文化夹缝当中生存，都有一个客民身份，这种四海为家的家园意识，和中国文化中的家园意识是完全不一样的。中国人强调的家，类似"家"的象形文字，上面有一个小棚，底下有一个猪，盖了一个能够生活的居所。家是和房子分不开的，所以我们一定要买了自己的房子心里才踏实，才觉得是安了家。犹太人和我们完全不一样，他们不太搞基础农业，因为庄稼还没有长熟，就被人家赶跑了，所以他们的生存方式，主要是做中介人，他们的商业发达和这种历史境遇是有关系的。

文化冲突导致了文化传统的保持

犹太文化和其他文化直接接触，其文化效应就是导致文化冲突，在文化冲突当中，"排犹主义"是一个集中的表现。从埃及、巴比伦、罗马到中世纪都有"排犹主义"。中世纪有著名的异端裁判所，当时主要是针对犹太人的，凡是不信仰基督教的，就把这些人抓起来送到绞架上，底下放火把他们烧死，所以中世纪的罗马人是非常残忍的。到了第二次世界大战的时候，排犹主义形形色色，从未间断。排犹主义最极端的表现就是希特勒纳粹排犹，希特勒最重要的目标就是把全世界的犹太人灭绝。根据这样一个历史事实，大量的电影作品（如《辛德勒的名单》）和大量的电视剧、文学作品都有描写，很多获得奥斯卡奖的电影都是以这个为素材的。

当时德军把大量的犹太妇女扒光了衣服进行枪杀，欧洲最著名的集中营（奥斯维辛集中营），他们把男女分开，把头发一律剃掉，把头发送给一些加工商编织地毯，所以欧洲很多富人家里的地毯都是犹太女人的头发编织的，据说这种地毯非常保温。然后把他们送到地下室，地下室可以一次关押4000人，然后用剧毒的毒气往地下室里灌，一次最多可以杀死4000个犹太人。杀死之后，当时欧洲的报纸登了很多的广告，有的用焚尸作肥料，甚至有的制造商用尸体去炼油，去做肥皂。所以欧洲现在很多大屠杀的纪念馆里面，有人油做的肥皂。

德军还把犹太人的牙齿全部卸下来，为什么？因为犹太人四处逃离，挣一点钱就把它变成金子，金子往哪里藏呢？就镶嵌作牙齿了，所以德国人知道犹太人的牙齿里有金子。当时在欧洲判断犹太人怎么判断？希特勒制作了一把尺子，犹太人的样子大概有一个比例，人过来拿尺子一量就杀，所以也误杀了很多人。

这种"排犹"的结果，就是对犹太人的唤醒，令他们认为成功是犹太人必需的义务。即使是在和平时期，犹太人进入欧洲也要缴很高的人头税，一般的公民不用缴人头税。要是住在伦敦、巴黎的郊外，当地人一看是犹太人，虽然可以让他们住，但是必须要缴人头税。所以犹太人会挣钱不是天生的，而是被逼出来的，如果不挣钱就没有命了，必须省吃俭用。犹太人确实吝啬，但如果不吝啬就没有钱，更没有立足之地。所以卡夫卡写的小说《城堡》中，主人公就是要走进欧洲社会，当你往前走一步，这个城堡又往后退一步，永远都无法接近。就像今天的华人在欧洲国家，想进入那个社会是很难的，华人学者在英国最高的职位也就是在大学做一个系主任，再往上是很难的。

从这一点上看，我们中国人和犹太人在第二次世界大战当中有很多共同的经历，但是德国人对第二次世界大战的反思要远远好于日本人对"二战"的反思。德国的总理在"二战"犹太人的墓碑前下跪，引起全世界的震动，在世界上被认为"这是一个伟大国家的领导者，他的一次下跪代表了这个伟大国家的站起"。德国能够面对这个历史，而日本人今天对"二战"期间侵略中国的历史，还没有一个非常客观的认识。"南京大屠杀"杀了30万人，我本人在南京待得时间长，每年都会纪念遇难同胞。

这种文化冲突导致了对文化传统的固守，对民族意识的强化。犹太人特别看重两样东西。一个是犹太性。犹太人都有一种犹太性，就是犹太人的共同感觉。犹太人由于散居全世界，如生活在非洲的犹太人，现在长得和非洲人差不多了，生活在南美洲的犹太人和当地人的肤色差不多，生活在亚洲的犹太人长得和我们也很接近了。所谓一方水土养一方人。但是犹太人有犹太性，连接犹太人的精神纽带叫"犹太教"，它的英文原词是"Jesishness"。它并不是一个狭隘的宗教，而是一个民族文化的共同纽带，靠着这样一个纽带建立了精神价值。犹太人散居在全世界，几千年来还能把民族传统保持到今天是非常不容易的，当然也有一些犹太人被同化了。我想这种文化冲突是必然，要把自己民族文化的根保存下来。

这里我们还要提到一个事实，文化冲突导致了文化传统的保持；相反，文化宽容就出现了一种悖论，导致了文化的同化。例如，开封的犹太人后来都被汉化了，主要是两种情况导致了这种同化。一个是犹太人和汉族人的通婚，有一些犹太人到了开封和当地的青年通婚，这样他的血液就被冲淡，生孩子就变成了二分之一，再生孩子就变成四分之一，几代下来这个血脉就淡了。还有一个是科举考试，犹太人到了中国就学习中国文化，中国文化很宽容，还有犹太人考了状元，名利双收，日子就过得越来越舒适，这样的结果反而导致犹太人的犹太性越来越淡化了。

当时在开封有犹太会堂，当时中国人把他们称作回族人，但是他们戴的帽子和回族不一样，回族人戴的帽子是白色的，他们戴的帽子是蓝色的，所以把他们叫"蓝帽回回"。开封犹太会堂是一个典型的中国建筑，说明他们已经被汉化了。这里就出现了一个悖论，中国人民是对犹太民族最友好的民族，但是国文化的宽容导致开封犹太人的汉化，中国做了西方排犹主义者想做但没有做成的事情。西方人就是想把犹太人消灭，但是他们靠武力和枪杀没有做成。中国人对犹太人非常友好、宽厚，但是最后的结果是把犹太人同化了。中国人对犹太人的感情是非常好的，但是谈到这件事我心里就会有一种说不出的感觉。

到现在还有一些美国的犹太社团、以色列的犹太社团到中国来访问，希望把开封犹太人后代的民族性再强化起来，变成中国的一个少数民族，叫"犹太族"。但是这个事情涉及国家政策和民族政策，开封犹太人有一部分人也有这样的想法，国民党时期有一部分人填自己身份的时候就是犹太族。新中国成立10周年观礼的时候，政府还邀请了他们的代表去北京参加天安门的观礼。后来我们国家界定了56个民族，但是没有犹太族，在办理户口本登记的时候，都统一把他们写成了汉族，现在有一些海外的犹太人希望恢复自己的犹太身份，但是他们的语言已经没有了，生活习俗已经改变有很多，基本上都是吃猪肉了。现在有学者进行发掘，发现唯一留下一点痕迹的，就是有些开封犹太家庭过年过节的时候杀一只鸡，在自家的门框上涂一点鸡血辟邪。这个可以在《圣经》中找到，当时埃及人欺压犹太人，上帝要帮助当时的犹太人，就在晚上通知，第二天上帝要杀埃及人。为了能区别清楚，犹太人都在自家的门上涂一点羊血，上帝看到这个标记就逾越过去，如果没有就把他们杀了，犹太人有逾越节，现在在开封也还有这个习俗。

文化采借形成本民族独特的文化

阿瑞提是美国一个重要的创造学家，研究创造力的。他说："接受不同的甚至对立的文化刺激尤其适用于犹太人……对于无论来自多数人还是少数人的不同意见都予容纳，这一直是犹太人当中所流行的态度。"古斯塔夫·雅努斯在《卡夫卡对我说》中说："犹太人像种子那样分散到了各地。就像种子吸收周围的养料，储存起来，促进自己的生长那样，犹太民族命中注定的任务是吸收人类各种各样的力量，加以净化，加以提高。"

　　这个民族是最善于借鉴和采纳的，所到之处凡是有用的他们都采纳。古代犹太人对两河文化、埃及文化就有大量的吸收。犹太人有一个重要的节日叫"安息日"。《圣经》里面写上帝创造世界，第一天上帝说要有光，就创造了光，第二天又创造了白天和黑夜，又创造了水，又创造了土地，创造了小动物，到了第六天才创造了人。所以犹太人总结出很多典故，让人在上帝面前要虔诚、谦虚，不能骄傲。当你骄傲的时候你要想一想，连跳蚤都生得比你早。所以正统的犹太人戴一个小帽子，小帽子的意思是人的头不能和天直接接起来，表达对上帝的敬仰。安息日是上帝说第七天要休息，什么都不能干，所以这就流传到现在成为全世界的节日。七天一个工作周就是来源于安息日，安息日是借鉴古代中东地区的习俗。

　　还有一个习俗是"割礼"。犹太男人都要割礼，人类学家认为可能是出于卫生的习惯。现在小男孩长大了为了健康，要把包皮割掉。但是犹太民族把它视为和上帝定约的标志，每一个犹太男人生下来就要做一个"割礼"，因为这个人慢慢会变成少年和青年，他身上的印记和其他民族的印记不一样，他可以时刻记住我是犹太人，我和上帝定了约，定约的标志就是我和其他的人不一样。

　　还有一个是"契约"。这个契约本来是中东地区的商贸形式：我给你一头骆驼你给我三只羊，或者是我给你羊你给我多少大麦、小麦或者种子等，但是后来犹太人把它演化成犹太民族和上帝的定约。这样上帝对犹太人有很多的要求和戒规，这些都是和人的行为有关的，他一想到这个约定就会规范自己的行为。上帝也给他们很多的许诺，如让这个种族繁衍、给他们很多的土地，等等。希伯来圣经成为人类的文化百科全书，成为西方文化的基石，如果西方文化没有这块基石是很难想象的。在流散时期，犹太人既被称作流浪汉，又被称作博采主义者。在当代，犹太人被称为世界主义者，有世界文化。所以它主要是吸纳异质文化中的优质要素，演化为本民族的独特的新质。

　　我们今天搞改革开放，要借鉴这些优质的文化，要和自己本民族的文化结合在一起，但不能丧失了民族之根，尤其是在改革开放以经济建设为中心、发展为第一要务的今天。所以省社科联搞这样一个讲座，在广东地区是非常非常重要的。我们的传统文化香港保持了很多，台湾也保持了很多，甚至日本、韩国也保持了很多，所以作为文化的发源地更应该把我们的文化保存下来，但是要采借并进行融合，形成本民族独特的文化。

崇智主义：独特的智慧观和现世行为

这里有一个很重要的特点，犹太人把智慧看成是上帝神性的表现。《圣经·箴言》里面讲，"耶和华以智慧立地，以聪明定天"。富有智慧的言辞会让你走在世界的前列，叫花子也要研读，犹太人的钱装在脑袋里。犹太民族在中世纪就消灭了文盲，因为他们从小生下来就要开始研读《圣经》，对文化非常重视。比如，在今天很多世界著名大学中，犹太人出身的教师将近30%，以色列的教育经费一直占国民生产总值的8%，有时候甚至更高。我们国家最近推出了《国家中长期教育改革和发展规划纲要》，奋斗的目标是要把教育经费的投入达到GDP总量的4%，经过很多年的努力现在还没有达到。但是以色列最低也在8%，对教育非常重视。以色列拥有的科学家、医生、作家、剧院、出版社等各个指标，在全世界都是排在最前面的，所以这个国家的科学是非常发达的。以色列还有一个独特之处，在全世界在校大学生当中，学习人文社会科学的学生远远超过了学习自然科学的学生，它对文化和传统是格外重视的。

崇智主义重要的特点就是，一方面它有神圣化倾向，把知识看成是上帝的一部分；另一方面它又有功利化的倾向，把这两者结合就形成了独特的智慧观和现世行为。所以我们更应该强调，"科技是第一生产力"，强调知识、强调教育强国。中国人也是重视教育的，父母省吃俭用供孩子上学，但是我们没有一以贯之。比如秦代的时候焚书坑儒，到"文化大革命"的时候把知识分子当成是"臭老九"，对知识的崇拜没有一以贯之，这其中有很多的问题需要我们研究。

向权威挑战：保持反思和反叛精神

这是犹太人反传统的传统。犹太人对上帝非常虔诚，但同时又有一种反思和反叛精神。熟悉《圣经》的朋友就可以看出，《圣经》里面犹太人的先祖总是和上帝吵架。犹太人虽然是宗教民族，但又是有理性和世俗色彩的民族。所以说"自从出娘胎以来，便被称为是悖逆的"。第二次世界大战的时候杀了很多犹太人，很多犹太人在反思：到底上帝是什么？上帝不是要来拯救我们的吗？对上帝产生了怀疑，所以第二次世界大战后出现了一大批文学作品，写的都是犹太人怎么反叛上帝。《圣经》里面写犹太人不能和异族通婚，第二次世界大战以后有很多人和异族通婚；《圣经》里面写犹太人不能吃猪肉，但是很多犹太人到餐馆就吃猪肉，这就是犹太人要反叛传统，这种反叛是表征的现象，更重要的是去想哪些是合理的、哪些是不合理的。向权威挑战，他们表现了一种永恒的自我反思和永不休止的变革。

我们今天提出改革开放，"开放"是什么？开放就是指原来是蒙蔽、禁闭，现在需要把我们的眼光放远。解放思想是说原来被捆住了，要把绳索解开，要不断地变。二三十年前正确的，今天不一定是正确的，甚至变成了阻碍发展的东西，所以要不停地自我反思，一成不变是不行的。

语言天赋：认知世界的多维方式

犹太人都是语言专家，在很早就表现出语言意识。《圣经》里有巴别塔的故事，很多人要建一个通天塔去找上帝，这个行为上帝是不高兴的，然后上帝就改变了这些人的语言，原来他们说的是同一种语言，改变了之后这帮人说话那帮人听不懂，这是最早的《圣经》记载的人们的语言意识。所以通天塔是在很多中东地区的传说，如果这种塔可以建得很高就可以达到天堂。这样一种潜意识是不是今天还有一些人表现出来？例如，迪拜塔是全世界最高的塔（800多米），比广州的新电视塔高得多。所以看到这个我就想到他们的潜意识里又在建通天塔。

犹太人都是双重的语言专家，为什么？因为犹太人不断地迁徙。在欧洲，他们出生在波兰，读小学跑到法国，读中学到了英国，读大学可能又到了美国，最后可能又到了意大利，他们在家里说希伯来语，到外地又说别的语言。所以我们中国人学了几十年外语还是学不好，你让犹太人讲几种外语都是非常正常的，每一个犹太人都能讲很多种语言，所以他们是天生的语言专家。

有一个著名的犹太人柴门霍夫，他尝试创造了一种全世界共同的语言。我在想：他为什么又在搞全世界的语言？是不是像当年建通天塔一样？把这种世界语在世界推行，但是没有成功。语言不仅仅是一种交流的工具，语言的要害在于它是一种思维方式。中文有中文的语法结构（主、动、宾），但越南语可能就把副词放在前面或者是后面，广东话里面也有一些把副词放在后面的，比如"你走先"，其实正常的说法是"你先走"。语言是一种思维方式，多一种语言就意味着多了一种认识世界的角度。像我们从某一个角度看大象，你说一个大象是一个扇子，他说是一个柱子，不能把事物的本原认清楚。如果多一个角度、多一个思维方式就可以把这个事物认识清楚。

犹太民族创造力对中华民族的启示

迁徙不定的历史——特殊的文化效应，散存的文化结构——充分的文化接触，文化冲突——民族精神的固守，文化采借——吸纳异质文化的优质要素，崇智——与功利相结合的观念和行为，向权威挑战——永恒的自我反省和变革，语言天赋——认知世界的多维方式，这里有很多重要的文化根源。所以在这样一个民族的身上集合导致它必须成功，它能够成功，它强烈的忧患意识和置之死地而后生的意识，它总是生存在异质文化的夹缝当中，总是一个外来人和异己者。

有时候我们讲，私生子都很聪明，不是因为他是私生子，而是他的这种特殊身份导致了强烈的忧患意识。犹太人的成功有很多很多原因，不是因为种族，也不是因为上帝，而是几千年来文化的积淀。这种文化传统、生活方式和我们中国文化有些方面不一样，有些方面一样。但是在相同与相异当中我们可以提升一些富有启发的思想：怎样不禁锢自己？怎样固守自己的文化要素？怎样采借他人的文化要素，更新、变革，等等。这些我认为是非常重要的。

我经常和犹太人一起谈，他们认为他们成功的秘诀还在于勤奋，就是在别人睡觉的时候犹太人还在快步向前。犹太人确实是非常勤奋的，这一点和广东人非常像。潮州人被称为中国的犹太人，我们到内地去，晚上回到哪里都可以睡一个好觉，非常安静。我昨天晚上在广州发现马路上还有很多汽车，都没法睡觉，大家还在拼命工作，在香港也是一样。

还有很多问题值得我们发掘，有说不尽的犹太之谜。比如，犹太人为什么会挣钱？希特勒为什么会屠杀犹太人？犹太人和中国人的渊源到底在哪里？《圣经》里面几千年前就写了秦国，有人认为是中国。老子《道德经》里面的"夷、希、微"三字是否就是希伯来文耶和华的发音？犹太人和日本人有什么关系？犹太人以色列有十族"丢失"了，西方有学者讲一部分到了中国、一部分到了日本。我去日本访问时有一些感触，觉得日本人有一些气质，包括索尼公司的经营，还有片假名的写法，总感觉和希伯来文有关联。现在很多人说世界已经被犹太化了，有极端的两种观念：一种说世界上根本没有犹太人，一种观点说世界上人人都是犹太人。世界也没有被犹太化。《圣经》当中还有大量的预言，有些确实实现了，其他的能够实现吗？

值得我们思考的是，如何借鉴犹太人的创造经验提高我们的创造力。中国的核心竞争力在于有没有创造力，而我们创造力的核心在于我们的文化软实力。博大精深的中国文化，从老庄到孔孟，我们的儒家思想影响到整个世界。这么好的文化宝库，怎样把它传承下来成为我们中国人的使命，而不是大家都去"往钱"看。大家钱多了，但是未必你的生活幸福，未必你活得踏实，钱再多都有一个局限，官做得再大也有一个局限。但是我们这样一种核心价值和核心追求，是我们个人和我们的国家、民族屹立于世界所必须坚持的。

东西方历史比较：
人口问题与现代化

李工真

李工真

武汉大学历史学院教授，博士生导师。曾留学德意志联邦共和国特里尔大学，师从德国著名历史学家库尔特·迪威尔（Kurt Düwell）教授，专攻德国现代化问题。曾多次获得国家及湖北省人文社会科学优秀成果奖。

首先我们来谈一谈什么叫人口问题。我认为人口问题的关键就在于人口和国家的版图、人均资源的占有量以及其比例关系问题，如果这个比例关系超过了世界的平均值，就说明此国家存在人口问题。

举个例子来讲，我们中国是世界上最大的人口超级大国，但是我们中国并不是世界上人口密度最高的国家，世界上人口密度最高的国家是哪一个呢？是韩国，每平方公里是 493 人。排在第二名的是欧洲的荷兰，每平方公里是 438 人。第三位是以色列，每平方公里是 412

人。第四名是日本，每平方公里是 338 人。第五名是比利时，每平方公里是 337 人。德国每平方公里是 231 人，而我们中国每平方公里只有 131 人。所以我们中国并不是一个人口密度最高的国家。

但是为什么我们中国人会感觉到自己最为拥挤呢？别国的人跑到中国来也觉得中国最为拥挤。那是因为我们虽然有 960 万平方公里的土地，但是我们 13 亿人口中的 10 亿以上是挤在只有总面积三分之一的狭长地带。二级、三级阶梯在西方的标准看来是不适合人生存的。汶川大地震、玉树地震中能丧生那么多人，智利的地震却没死多少人，人家的级数比汶川地震、玉树地震的震级还高，为什么？我们不该住人的地方在大量住人，这是中国的问题。

我们下面就谈历史上中国人口减少的机制是什么，就是农民战争和外族入侵。西方是瘟疫和世界大战。中国人常说，"富不过三代"，这是一句老话。"富不过三代"一句话和土地所有权的流失、财产的分散紧密相关，而这个问题和一妻多妾制紧密相关，为什么？传统社会最主要的财富是土地，一代开国功臣凭借开国之功能够占据高位、有权有势，占据了大量的良田，自然就有钱讨一房间大小老婆，这些大小老婆噼里啪啦到处开花，生了很多的儿女出来；然后这些人长大成人以后要自立门户，祖宗留下来的规矩，有多少孩子就要分多少份，这样一分就导致财产分散，到了第二代以后又要仿效祖辈，他们的生活方式要学那一套，不管有没有经济能力，都要这样干，所以到了第三代的时候，特别是那些不善于经营、只会花天酒地的纨绔子弟，就很快坠入普通老百姓的水平。

我们来看西方，西方和我们中国不一样，它是长子继承制，无论什么家庭里面，只有家族年长的男性有继承权，当然如果家里一个男性也没有，那只有女性来继承，总而言之是长子，首先照顾的是男性，是长子继承权。老二、老三是不能够留在大哥身旁的，父亲死了以后，老二、老三必须要走。干什么？从军、经商、学习、做官僚、去修道院，总而言之你要离开。这有一个什么样的好处呢？承担着父亲角色的大哥，他有义务对兄弟姐妹的嫁妆、路费、聘礼这些东西负责，它保证了一点，父亲留下来的最主要财产（帝产）没有发生分割，这就保障了西方社会的贵族家族没有那样集中地发生两极分化，这对于维护西方社会的稳定起到非常重要的作用。还有一个好处是大块的土地一直保留下来，到了近代以后，当机械化普及的时候，西方的农业机械化就在过去的庄园里面广泛地开展。这一点中国做不到，中国的张家湾、刘家湾、李家湾，说起来都是一个老祖宗，结果因这界限分明不得了，这是我家的门槛，你家里这棵树是我的，分得非常清楚。拖拉机多开两步就开到人家家里去了，所以中国现在的农业机械化也就只有维持目前这样的低水平，原因和这有关。

西方的封建时代、中世纪的时代，在传统的社会里，社会是相对稳定的，没有发生农民揭竿而起、改朝换代的事情。（不像中国有25代王朝，变了25代）。西方的王国格局几千年没有发生变化。当然这并不是说西方没有战争，西方有战争，不过这种战争是两类：一类是王国之间的战争，而不是王国内部的战争；另一类是反对异教徒的战争，比如说十字军远征。所以我们谈第一点，西方的王国之间的战争和什么有关？和一夫一妻制有关，为什么呢？大家觉得很奇怪。其实一点都不奇怪，西方人也是讲门当户对的，国王要配公主，所以弄来弄去弄得全欧洲的王室都是一家人，久而久之就变成了近亲。因为他的选择范围就是那么几家，选来选去就搞成了近亲了，搞成近亲以后又是一夫一妻，不能离婚又不能改嫁，这个女人不生孩子，或者是生个傻子出来了，全家人都眼睁睁地没办法。你看中国人多聪明，再讨个老婆不就完了？但西方人不能动，最后就发生了王位继承的问题。所以每个欧洲的王国，几乎都有5～6次王位继承的战争。

中外差异还有很多，包括我们中国人内家、外家分得格外清楚，外公外婆那是远不如爷爷奶奶那么亲的，姑姑是比姨妈要亲的，我和你一个姓，我为你说话，姨妈总是觉得你是娘家的人。中国人分得很清楚。我们在座的很多同志都是学英语的，大家知道英语很怪，姨妈和姑妈是一个词，叔叔、伯伯、舅舅又是同一个词，太有意思了，这样以来就搞不清楚了。你说你有继承权，我也有啊，这样就打起来了。欧洲的战争就是这种战争，打起来怎么办呢？两边就都派使者到罗马教皇那里去，罗马教皇是管这个事的，战争时间的长短往往以信使骑马的速度来决定，最后罗马教廷说应该判给他，大家就偃旗息鼓握手言和，欧洲王室的历史真是难搞清楚。

西方真正对人口造成损失的是瘟疫。欧洲的瘟疫很厉害，凡是染上它的人，那是100%的死。斯堪的纳维亚死了60%的人口，英国死了50%，500万死了250万，法国当年有2000万人口，死得只剩下1000万，意大利害病的地方反而还死得少，是30%～35%的死亡率，有一点像当年的SARS病毒。

这一场瘟疫下来，它造成的结果和中国不一样，中国的战争、外族入侵结果是人财两空，瘟疫是人没了，东西留下来了。这样一来，剩下来的财富和剩下来的人口就达成了人与物质新的比例上的分配，这就为西欧社会结构的大调整准备了非常重要的物质前提。还有就是瘟疫也毁灭了农奴制。瘟疫的攻击不分贫富，结果搞得有的大贵族家里人全部死了，很多贵族都是这样灭门的。瘟疫使劳动力急剧减少，劳动力的价格必然提高了，你要让农民种地，你就得提高劳动力的价格。这些农民突然间就获得了很多的金钱，大片的良田没有人种，而且是无数的土地，等他们有了钱的时候干什么？他们就买土地，这样他们就从农奴的身份变成了自由民，欧洲的农奴制就是这样被消灭掉了，真是妙。

瘟疫就直接导致了欧洲的文艺复兴和宗教改革，我们前面讲到了，欧洲人原来认为人得病是因为遭了天谴，现在这个理论站不住了：你们红衣主教也在死，你们罗马教皇也在死，你们这些神圣的、了不得的上帝派到人间的代表，你们自己说你们是代表了上帝的意思，你们不得病，你们今天怎么也得病，也死了呢？任何一个理论不怕得不到认识，最怕伪证，谁都知道这是假事，所以说教会的威望急剧下降。

我们中国的文化是一种大陆文化，这种大陆文化对海外世界缺乏了解。我们谈到"五湖四海"或者"四海之内"这样的提法，这个

"四海"并不是指地球上的北冰洋、大西洋、太平洋和印度洋，而是指中国沿海的渤海、黄海、东海和南海。中国人不知道地球是圆的，但中国人还在坚守那一套天圆地方的观念，不过中国人有非常强的方向感，所谓"四面八方"，中国人这一招是最准的。所以指南针最早出现在中国，也绝非偶然。于是中国就有了"东洋"和"西洋"的概念。"东洋"是什么呢？"东洋"就是今天的日本海。"西洋"是什么呢？"西洋"就是今天的印度洋。所以说郑和下西洋那是非常了不起的一件事情，他们第一次走进他们不知道的世界，同时也开启了人类15世纪世界航海探险的序幕。

结果换回来的是什么东西呢？换回来的都是能够供宫廷观赏的夜明珠、鸵鸟、斑马、长颈鹿，而不是能够引入市场当中产生利润的商品，所以我们说郑和下西洋是完全没有商品经济意识的，非常可惜。郑和下西洋每一次有270支船，去了七次，众大臣反对是完全有理由的，这样下去国家是要国库空虚、民穷财尽的，所以郑和遭到了众大臣的反对。久而久之，七下西洋以后，皇帝肯定也觉得那人估计找不到了，肯定是死了，他放心了，所以干脆不要出海了，于是明朝就宣布禁海。中国人就是这样，从一个极端走向另一个极端，连船只都不准造，把郑和的航海图都烧掉，所以中国人放弃了海洋，也就放弃了世界，成了真正的"井底之蛙"。夜郎自大的中国人当再度睁眼看世界的时候，那已经是1840年鸦片战争了，整整400年就这样过去了。

我们看看西班牙、葡萄牙为代表的西欧航海家们，他们出海完全是以经济为目的。

亚当·斯密讲了一句话，他说这是人类自有历史记载以来最伟大、最重要的事件，就是发现新大陆和新航道的开辟。它使世界上原来彼此互不相知、彼此隔绝的世界的各个部分，从分散走向了整体，开始了真正的世界历史的进程，从此世界是紧密相关的，越来越紧密相关。这件事情的意义只有1969年7月20号那一天人类登上月球能与之相媲美。而我们要说，这两个重大事件的主角都不是中国人，而是欧罗巴人。

我们说东西方的政治、经济、文化制度之间的差别，在海外探险的问题上所导致的结果是令人啼笑皆非的。郑和的船队装备世界最先进、出海出得那么早，比哥伦布早87年，居然什么经济目的都没有达到，弄得国库空虚、民穷财尽。哥伦布三艘三桅杆的小船就发现了新大陆，而特别令人遗憾的就是，郑和下西洋这件事情停下来以后，到哥伦布发现美洲，世界的海洋还平静了59年，那个时候中国人如果打回头都还来得及，偏偏就让这59年如此安静地过去了。从此以后，欧洲就开始了对新大陆的殖民开发，欧洲开始了一场金融革命，欧洲开始建立了世界全球体系。在剩下的几百年里面，就是欧洲列强围绕着制海权的战争，最后的胜利者是谁？盎格鲁—撒克逊人（现今英格兰人的祖先），这就是为什么我们今天中国人人都得学英语的原因。

这件事情和我们的人口问题有什么关系呢？关系太大了。正当我们中国人还在窝里生、窝里斗的时候，欧洲人已经把他们多余的人口、不好治理的人口、犯罪的人口都一一疏散出去，这对于那些刚刚跨进现代化门槛的国家，维护自己内部社会的稳定起了极大的作用，殖民主义就是这样帮这些国家发展经济。

还有一个更可怕的结果，这个结果是什么呢？从此部分欧洲人的子孙后代繁衍生息在地球更加辽阔的土地上、更加肥沃的土地上。我们说今天北美洲的5亿人口、南美洲的3.6亿人口、澳洲的0.24亿人口虽然不算什么，我们中国的母亲一年生育一个澳大利亚的人口不成问题，再加上今天欧洲的7.3亿，欧洲人从来没有搞过节制生育，他们现在的人口总数是多少？是16亿。而这16亿欧罗巴人，他们是生活在6600多万平方公里平坦的、富饶的、肥沃的、广阔的土地上，6600多万平方公里，接近于中国960万平方公里的七倍，那更不要说960万平方公里的土地只有三分之一是真正适合人居住的，这是一个让人目瞪口呆的事实。我们要谈这段历史，我们的遗憾就在这里，中国人当年是有最好的机会，居然中国人自己没有抓住，错过了这次千载难逢的良机，这也就命中注定了我们今天中国人口的拥挤，同时也命中注定了我们今天中国每一个人，特别是下一代的中国人，要拿出他们一生当中最宝贵的年华来干一件事——学英语。

接下来我们再来看看东西方生育限制革命的比较——迟来的计划生育和适时的人口控制。正当西方列强把它们的注意力集中在美澳新大陆的殖民开发，它们的侵略矛头还来不及对准我们中华民族的时候，清王朝却迎来了中国历史上前所未有的太平盛世，这就是长达178年的康熙、雍正、乾隆、嘉庆、外加道光的前17年，一共178年，既无大的内忧，也无大的外患。那个时候的中国人真以为这是"为万世开太平"，这句话就是那个时候出来的，以为天地乾坤可以永远延续下去。他们不知道，那是人家"柿子拣软的捏"，先往那些土著居民那里去，然后再来围剿你这个有着几千年文化的国家。到了这里的时候，时间是1840年，那一次东西方的碰撞是迟早要发生的，但是中国人那个时候还在做着春秋大梦。

1949年新中国成立，中国的新《婚姻法》是中华人民共和国颁布的第一部法律，严格规定实行一夫一妻制，中国这个时候才开始有一夫一妻制，这个时候才开始强调自由恋爱。所以与我们相去并不远，只有60年，再往前走几千年都是一妻多妾，情况就是如此。所以那个时候新中国也像历代王朝一样，积极鼓励生育，肯定是这样的路数，结果导致了中国人口的急剧膨胀，速度很快。曾任北京大学校长的马寅初先生，根据他的调查，发现南方各省的人口飙升速度已经达到了每年20%的水平，他认为这是很严重的事情了，所以他在1957年第二届全国人民代表大会第四次会议上提出了他的《新人口论》一文。这篇文章指出，制止我国人口的快速增长刻不容缓，只有人口被限制住了，它与环境、资源、经济、社会的矛盾才能得以缓解，社会主义制度的优越性才能真正体现出来。所以他也提出了解决中国人口问题的三条基本途径：第一是要发展生产，第二是要提高人口质量，第三是要限制人口数量。限制人口数量他也提出来，既然你们说经济可以计划，生育为什么不能计划呢？所以他提出了计划生育，他认为计划生育的关键手段是要采取先进的避孕措施。

中国 1979 年新的《婚姻法》出台，一夜之间就改变了中国的社会，男 22 岁，女 20 岁，结婚年龄这样规定下来了。然后就是一对夫妻只生一个孩子，这样一来就导致了几个结果出来。一个结果是导致到今天出现了 1 亿多的独生子女，这是任何一个国家都没有碰到的问题。这是一个特殊的人群，简单来说，独生子女是一群潜在的病人，他们以自我为中心、娇生惯养，这是两个逃不掉的缺点。再一点是他们没有施爱的对象，没有弟弟妹妹，一个人要懂得爱，别人爱你，你把别人爱你的方法在另外一个人的身上去实现，我们都经历过这个过程。母亲爱我们，我们就会爱弟弟妹妹，你就有施爱的对象，现在这些孩子们，你爱他，他不觉得你在爱他，为什么？他没有爱过别人，这是很糟糕的，独生子女非常危险。"文化大革命"的时候，我们班的同学里面，两个人发了疯，全部都是独生子女，爸爸妈妈挨了整，全部都挨整，别人都活得好好的，那两个就不行，经不起考验。我们现在很多的独生子女没有出问题，那是因为我们没有碰到极端的时代，碰到极端的时代，独生子女就要比有兄弟姐妹的人脆弱得多，这是没办法的一件事情，所以我说他们是一群潜在的病人，要非常小心，将来他们的离婚率一定很高。

另外一个结果，一夜之间《婚姻法》变了以后，有一批女孩子被牺牲掉了，本来按照这个路子，女 26 岁，男 28 岁，大家都排队。一夜之间变了，男人马上调过头来，就要找年龄更小的，本来是找差不多的，突然间就往下插一杠子，就把中间这一批女的甩出来了。这批女的没事干，干什么？读大学，她有时间啊！考了个学士，胃口、眼界高了，大学读完了以后还没找到合适的人，没办法，再读硕士，水涨船高，眼光越来越高，最后弄成了女博士，那就完了。所以说现在中国有三种人：男人、女人、女博士。

西方的搞法和中国不一样，西方的人口控制既有政府部门意识的转变，也有妇女解放运动的推动作用，有科学技术的抑制功能，也有人们追求享受的作用在里面，这四者都有。

我们现在看看欧洲，第二次世界大战后欧洲明显出现了一个人口缓慢增长、停滞、最后负增长的过程。为什么？因为两次世界大战都在欧洲打，第一次世界大战中死了1000万男子汉，第二次世界大战干掉了5000万男子汉，那都是繁殖力最强的男子汉，俄罗斯死掉2000万男子汉。美国"一战""二战"当中死了30万人，死得人很少。所以美国大兵复员的时候很吓人，你看纽约街头，认都不认识就把人家强吻了，还拍了一张照片，最后人家还专门做个雕像放在那个地方，两个人都老了的时候，两个人还一块去看那个雕像，很有人情味。那个时候美国产生了1000万个家庭，生出来6400万个婴儿，这在社会学当中是一个非常典型的案例，叫做"战后婴儿潮"。这把美国政府吓坏了，如果允许每一对美国的夫妻生三个以上的孩子，那么到2020年，美国的人口将会接近40亿，不能这样干。所以绝对不能对此置若罔闻，否则我们将被人海淹没，要保证美国人民最高的世界生活水平，那就必须要抑制人口的增长。但是美国政府抑制人口的增长是靠投资，投资投向什么？投向避孕产业，这就是口服避孕药的问世。欧洲很有意思，欧洲一打仗，避孕工具就向前推进一步。为什么？男人在前方打仗，女人在后方没有男人，经常发生那种红杏出墙、暗结珠胎的事情，为了防止出丑，就研究避孕手段。第一次世界大战打完了以后，西方的避孕工具就前进了一步，第二次世界大战完了以后又前进一步，现在又轮到第三轮，弄出个口服避孕药出来，口服避孕药对妇女的解放是非常重要的。为什么？既文明，又有效，而且可逆转，不像我们中国的结扎，把人家像弄牲口一样掐了，掐了以后就接不上了。口服避孕药是可以逆转的，这是很科学的。它之所以能够卖得那么火暴，就是由于20世纪60年代以后西方出现了第二次妇女解放运动。这次解放运动争取的不是政治平等权，也不是经济平等权，因为这些权利都已经有了，而是要性平等权。女权主义者——就是第二次妇女解放运动的领袖，她们提出了一个观点，妇女之所以处于被支配的地位，是要归因于人类生物学上某些永恒的事实，妇女的生育机制是妇女受压迫的根源，只有彻底改变这种生育机制，才可能达到妇女解放，那就要求助于单性繁殖之类的克隆技术才有可能，妇女要想永远获得解放，除非这玩意儿出来。也告诉大家，今天西方国家生命科学领域的主攻方向就是它，怎样能够不通过这样的方式把人生产出来？西方的医学、生命科学就是沿着这个方向在走。

当然，在现在没有办法把它研究出来以前，只有求助于更高级的避孕手段，来阻止过多的孩子问世。

当然，口服避孕药的产生，也使得西方的年轻妇女们终于可以实现结婚绝不是为了生孩子的夙愿，这一点和中国是完全不一样的。我们中国人结婚，说老实话就是传宗接代，爸爸妈妈着什么急啊？不就是传宗接代吗？你要让我看到我的孙孙，就是关心这个事。西方人不一样，结婚绝不是为了生孩子，为什么？他们发现那些没孩子的年轻夫妇比那些有孩子的年轻夫妇有更高的薪金、更高的社会地位、更高的学历、更高的待遇，所以他们宁愿选择那种无子女的自由自在生活，把孩子视为麻烦、累赘、trouble。

欧洲人口开始出现锐减，丁克家庭都不生孩子了，现在这个问题很严重。有一幅漫画，说全世界的人民都在动物园里面，一个动物园的笼子里面有一对男女，都是老态龙钟，全身不穿衣服，抱在钢管子上面，旁边立了一个牌子写了一句话："这是世界上最后一对日尔曼夫妇。"就是说你们现在不生孩子，将来德意志民族就是这副德性了，就是这样的。西欧发达国家普遍都是人口负增长，所以它们经济上追求零增长，零增长就是增长，因为它们的人口是负增长。只有美国、加拿大、澳大利亚、新西兰这几个国家是人口正增长的，为什么？它们是移民国家，哪里来的人？亚洲人、中国人，所以美国人也不生孩子，生得热火朝天的就是中国人、亚裔。所以这个浪潮很厉害，由于这样的原因，中国的人口就有这样的特点。

最后还有一个对比，就是中国和西方福利制度的对比：贫穷产生人口，富裕减少人口。中国的人口问题不仅是一个数量问题，更为严重的是质量的问题。我们不要因为中国今天有这么快的发展速度而忽略了我们劳动力素质提高的问题，实际上现在已经很清楚，我们中国经济发展的高速度是靠廉价劳动力换来的，一个只能出售廉价产品的国家是不可能成为真正的大国的。

所以在中国这个问题很严重，一个民族只有能够自主研发新产品，能够有创新性的劳动力，能够有高级的文化资源，这样的发展才是可持续的。要提高人口的质量，关键一个环节就是教育。

城里人现在还有一个问题，究竟是"养儿防老"还是"养老防儿"的问题。现在的啃老族，说句老实话，养老要防儿，真的是这么一回事，你养了个儿子，死得还快一些。农村的人他不怕，为什么他不怕惩罚呢？因为他已经是这个社会最可怜的人了，你没有办法再惩罚他。城里人说你不听我的话，我把你拉去劳改，你就乖了。他已经在劳改了，他说我天天在劳改，所以他不怕，就是这个原因。而且农民在这个问题上个个都是彻底的唯物主义者，农民之所以要生个儿子，就是为了生保险，至少他认为生个儿子能保险，生女儿肯定不保险。把这个女儿辛辛苦苦养大，嫁到人家家里，增加人家的劳动力，而且还帮人家再生个劳动力来和我竞争，一对孤寡老人，老了还是没人照顾。所以中国政府也是考虑到农民这样一种强烈的愿望，所以允许农民多生一个孩子，这个政策是比较宽松的。具体来讲，真正的独生子女政策没有在中国农村执行，不过这样就导致了另外一个结果，我们国家的土地资源那么紧张，人均占地那么少，人口越多，每个人能分到的田就越少，这是肯定的。土地资源越紧张压力就越大，乡间的经济发展就越缓慢，你就越不可能在农村建立起保险制度。农民可没有城市里面"女儿是妈妈的小棉袄"的感觉，他们是绝对没有的，在没有建立养老保险体制、福利体制的前提下，他们只相信自己的儿子，而生儿子的事情，在他们看来不需要太多的成本，农民说，不就是增加一双筷子吗？你看他是这样来理解这个问题的。通过自己的性活动就能够产生的产品，在他们看来很简单，所以这样一来，就导致了土地资源更加紧张，经济发展更加缓慢，最后养老保险更难建立，没有国家出手，农民是建立不起来保险体制的，这就是越生越穷、越穷越生的道理。

西方国家倒过来，尤其是那些高度发达的国家，像德国、瑞典、瑞士、挪威、芬兰，这五个国家是世界上福利水平最高的国家，福利到了什么地步呢？一个人从摇篮到坟墓，生老病死每个环节全部被国家包了，法律保护。德国 GDP 的 34% 都是拿来办福利的，德国的总理说我们可以不要国防军，但是我们不能没有福利制度，那真是了不得。教育全面免费，现在已经把这一套用到人口的问题上来，鼓励生育，无论什么家庭的人，你可以为你的老大领取 50 欧元（过去是 50 马克）的生产补贴费，老二 100 欧元，老三 250 欧元，老四 500 欧元，老五 1000 欧元，但是老六、老七差不多是 5000 欧元了，就这么厉害。这样做以后，很多中国的留学生都要飞到德国去生孩子。要生产的时候，坐上飞机往德国飞，就生在飞机上面，从生产的痛苦当中苏醒过来，问的第一句话就是："到了德国的领空了吗？"现在我们中国很多妇女由于没有办法到德国那么远的地方去，她们就绕了个道，到香港，这是很有名的事，香港那边已经服务一条龙了，专门接待内地的孕妇，制止归制止，还有绿色通道可以去。为什么可以去？一旦你的孩子落地香港，他就是香港居民，香港是有英国式的福利的，那种种的好处都来了。在德国，孩子是属于国家的，父母和孩子是什么关系？不是什么父母关系，而是国家委托这个孩子的天然代管人，我们中国人听都听不懂，这就是法律关系，很有意思。

总而言之，我们可以看到，越发达越富裕的社会对劳动力质量的要求越高。它的市场竞争越激烈，下班以后就越是追求轻松自在的业余生活，就越是要降低机会成本，所以他越不愿意养孩子，这就是越富裕的社会一定是人口要减少的原因。

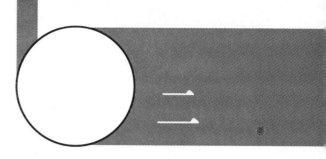

二

民生文化

传统哲学与中国式心灵

王 博

王 博

北京大学哲学系主任、教授、
博士生导师，国家新世纪优秀
人才。1999～2001 年两次成为
哈佛燕京访问学者。主要研究
古代中国哲学，主要作品：《老
子思想的史官特色》《简帛思
想文献论集》《易传通论》《庄
子哲学》。

"春有百花秋有月，夏有凉风冬有雪。"当四季与中国传统文化
思想相遇，会生发出怎样的奇思妙想？

四季中的中国传统哲学

"中国式心灵"，不知道各位看到这个题目后会有什么样的想法。
在我看来，哲学可以称得上是一种关于心灵的学问。

我希望把哲学的"哲"字改一下，把"口"变成"心"。这个字现在已经不用了，但在古代典籍里会发现这个字——上面是"折"，下面是"心"，与"哲"字相通。我希望把"哲"字改成上"折"下"心"，这样非常能反映出哲学的特点——它就是关于心灵的学问。

有一个从天上走下来的人——庄子，曾经被称为"古今第一才子"。现在的任何才子——我不知道谁是才子，如果跟他比的话，简直没法比。还有一个天才，叫惠子。庄子和惠子之间的辩论，经常让我想到哲学完全是没有对错或者是非可言的。

相信各位都知道他俩的那场对话。差不多这个季节，在春天，在河南，因为两个人都是河南人，太阳暖洋洋的，他们去春游，经过一条小河。那个河不是现在经过污染的河，很清澈，有鱼在水里游。庄子看到鱼在水里游泳，就觉得鱼真是很自在也很快乐。他说："鲦鱼出游从容，是鱼之乐也。"这时候他的朋友惠子跟他叫板："子非鱼，安知鱼之乐？"庄子回答说："子非我，安知我不知鱼之乐？"

两个天才之间的对话，使用了同样的逻辑、同样的辩论工具，谁是对的，谁是错的？没有谁对谁错。这就是他们两个与众不同的心理，是他们对于生活和世界不同的理解。可以说，这就是他们两个人的选择。在哲学家看来，生活很大程度上就是选择，心灵的选择。很多时候我们并不能简单地用是否、对错、善恶、美丑等去衡量生活，它应该是很多元的，同时也是很开放的。

因此，我想为各位呈现一个比较多元的、也比较开放的中国人的心灵世界。今天我只能讲小小的一部分，因为这是一个非常大的题目，如果拍电视剧的话可以拍成九九八十一回。

第一回讲什么？当然不能从"盘古开天辟地"开始，从那之后吧，让我们穿越时空回到2200多年以前。那是一个很激动人心的时代——春秋战国时代，也可以说是中国人心灵奠基的时代。"百花齐放、百家争鸣"，可以用这八个字来形容春秋战国时期思想界的盛况，这种盛况在中国历史上几乎再没有出现过。当时出现了太多的学派，我只列出四家：儒家、墨家、道家、法家。

我很愿意把这四家放到一个道具里，这个道具是四季。"春有百花秋有月，夏有凉风冬有雪。"每个季节有每个季节的美。当把儒家、墨家、道家和法家放在这四个季节的时候，我发现和春天秋天相对应的，正好是对整个中国人心灵影响最深刻的两个学派——儒家和道家，另外两个学派影响较小一些，是属于夏天的墨家和属于冬天的法家。请原谅我没有提到佛教，因为2000多年以前，佛教还没有传到中国。

各位一定很好奇：你是根据什么把这四个学派归属于这四个季节的？根据我感受到的这几个学派所拥有的心灵的温度。和每个鲜活的生命一样，古代圣贤们也有或热或冷的心肠。儒家和墨家是比较热的，道家和法家是比较冷的。

春　儒家仁爱如沐春风

想到春天，第一个感觉是"温暖"，第二个感觉是"发生"，还有一个是"爱情"。春天属于儒家，属于孔子和孟子。

跟孔子有关的一部书是《论语》，这本书当然不是孔子写的，是他的弟子和弟子的弟子们编辑的，是他们与老师对话的记录。古人曾经说过这样一句话："《论语》气温。"说读到《论语》有一种如沐春风的感觉。《论语》为什么是温的？因为儒者的心灵是温暖的。如果要画孔子的形象，不管怎么画，这个形象一定是"温"的。应该是温文尔雅的、应该是"温良恭俭让"的、应该是"色思温"的——这些都是《论语》里的字句，一定不能把他画成很酷的形象。因为我们要看的不光是一个形体，还要有一种气象，一种精神气质，从心灵里面外放出来的东西。

这种心灵的温度，来自于一个字，就是"爱"。儒家的哲学就是"爱"的哲学。不过这个"爱"不是狭义的男女之间的爱情，是对于全世界的爱。

儒家用来表达爱的观念，就是"仁"。很简单，就是两个人。但不要只理解成两个人，因为这里的"两个人"指的是全世界。

　　这里面含有两方面的意思。什么叫两个人？不只"我"是人，"你"也是人，这就是两个人。各位可能会觉得太简单了，但是如果仔细地品味一下，就会发现这是一个很大的问题。比如说，我们有没有把我们之外的人当作人？我们有没有把尊敬的领导同志看作是人？生命是否经常被名分化了？当说领导就是领导的时候，我们就忽略了人跟人的观念。再比如，我们有没有把我们爱的老公或老婆当作是人？各位会想：老公就是老公。因此在老公那里可以享受很多权利，对他有很多限制。可是你有没有想过，你的老公除了是你的老公，他也还是一个人？这就是我说的"两个人"中所含的第一方面的意思。

　　第二方面的意思，指这个世界上所有的关系，最后都可以简化为两个人的关系。儒家非常有智慧，这种智慧就在于它对世界的理解和对人的理解已经渗透到中国人的骨髓里面。我们生活中的基本观念，都是来自儒家，如所谓的"五伦"，是指父子、君臣、夫妇、兄弟和朋友这五种最基本的关系。这五种关系基本上可以涵盖这个世界上人和人之间最主要的关系，都可以纳入"两个人"的关系里面。

　　在儒家看来，我们该怎样处理"五伦"呢？很简单，就是"爱"。但要特别说明，儒家的爱并不是平均分配的——这是儒家的核心主张——根据与我们关系的远近，爱有轻重、厚薄的不同。这种远近经常是用"内"和"外"来表示的。五伦中，父子和兄弟明显是属于"内"的，因为他们有血缘关系；君臣和朋友明显是属于"外"的，没有血缘关系。夫妇关系是非常奇怪的，它既是"内"的也是"外"的，很难进行简单归类。它不可能是"内"的，夫妻之间不可能有血缘关系，但是他们共同制造出一种血缘关系，这样的关系非常复杂、非常尴尬。因此，也是非常难处的关系，不"内"不"外"。

　　因为关系的不同，在儒家看来，爱的表现就不一样。简单地说，"内"的关系通过一个"情"字来表现，父子和兄弟之间不讲道理，讲的是感情；"外"的关系则通过一个"理"字来表现，君臣和朋友之间是要讲道理的。对于夫妇来说，有情有理，感情好的时候讲感情，感情不好的时候讲道理，这是我们生活中的经验。

要特别跟各位说，这个"爱"是指向你之外的外部世界，不是爱自己，是爱别人，爱这个世界。儒家的爱是没有边界的，但是它有一个秩序。这个秩序是"亲亲、仁民、爱物"。"亲亲"就是爱你的家人，不要在你的家人还没有安顿的时候就去安顿别人。第二是"仁民"，要爱百姓、你的邻居、所有的人，哪怕是你不认识的人。最后一个是"爱物"，人还没爱过来，你就去爱狗，这不符合儒家的精神。最后达成的理想结果，即整个世界是一个大家庭，"爱"把所有的人和物连接为一个整体，这就叫"万物一体"。这是儒家理解的爱的最高境界。

儒家对于爱的理解，给我印象非常深刻的有这样几句话。一是"己欲立而立人，己欲达而达人"。还有一句话是"己所不欲，勿施于人"。这就是儒家的爱的方式。孔子曾经说过一句非常朴实的话，有一个学生问他："老师，你的志向是什么？"他说："老者安之，朋友信之，少者怀之。"很简单的十二个字，这就是爱。我们读儒家经典的时候，就觉得进入了爱的世界。正是因为有爱，让儒家有了温度，让人感觉很温暖。

夏　墨家兼爱炽烈灼人

如果儒家的温暖碰到了墨家，那一下子就要打折扣了。在墨家看来，儒家这个温度算什么？温吞吞的，完全不过瘾。墨子是一个非常奇怪的人，没有人知道他姓什么，有人说他就姓墨，有人说他不姓墨，只知道这个人比较黑，但是他的心是红的，像火一样热。

墨子原本是学儒家的，但是正像荀子说的，"青出于蓝而胜于蓝"，墨子把爱的温度不断加热。他认为爱是没错的，但是有区别的爱就是错的。各位知道，生活中的很多矛盾就是因为有区别的爱。因此，墨家最重要的主张是无差别的爱。墨家把这个理念称为"兼爱"，既是指普遍的爱，更主要的是指无差别的爱。

墨子曾经说过一些话，如"视人之国若己之国（把别人的国家当成自己的国家）；视人之父若己之父（把别人的爹看成是自己的爹）"。这种精神是什么精神？我后来想了半天，想到一句话：这种精神就是永远不拿自己当外人的精神。他到一个地方去，马上就是勾肩搭背，就是兄弟，就是姐妹。但是这个世界"内"和"外"的分别太根深蒂固了。一个不拿自己当外人的人，他的结果就是里外不是人。所以墨家具有一种空想或者说理想的色彩，昙花一现，从汉代以后就夭折了。因为它太"热"了，人们不喜欢，人们喜欢躲到一个比较凉快的地方去。

秋　道家无为大爱不爱

道家是属于秋天的学派。提到秋天，想到的第一个是"月亮"。月亮是很无奈的，月有阴晴圆缺，月亮还是一个很大但很冷的地方。秋天还容易让人想到"酒"。酒是非常矛盾的东西，它有水的形体，火的灵魂。人们常说喝酒伤身，不喝酒伤心，其实说的是身和心的矛盾。如果你去看医生，他会告诉你不要喝酒，因为喝酒伤身。如果你遇到哲学家，他会说：想喝就喝。因为哲学家最关心的是心灵，心情郁闷带来的伤害要远远超过酒精的伤害。

还会想到一些生命，首先是老子和庄子的生命。他们两个人是古代的河南人。如果说读《论语》会感觉到温暖，读《老子》和《庄子》则会有一种"清冷"的感觉。读《老子》根本读不到任何的喜怒哀乐，这跟读《论语》《孟子》是完全不一样的。不仅如此，老子还告诉你最好的相处方式是"不爱"。"圣人不仁，以百姓为刍狗"，当儒家拼命歌颂"仁爱"的时候，老子却跟我们说出这样的话。读《庄子》更是如此，庄子的世界从某个角度来看就是冰清玉洁的世界，冰和玉是很冷的。这来自于庄子对这个世界的感觉，来自于秋天的感觉。

请各位注意，秋天的心灵可以变成一个字——愁。上面是秋，下面是心。这个愁就是道家对世界的感觉，所以道家深深地感到这个世界的矛盾和无奈。想要的和不想要的总是相伴而来。你觉得做了一件好事情，这件好事情瞬间就变成一件坏事情；你觉得得到一个好消息，而这个好消息其实包含着坏消息的潜在可能性。这是一个多么矛盾的世界。

有人说秋天是收获的季节，但你有没有想到收获意味着什么？死亡。也因此就会想到关于秋天的很多词——"秋风肃杀""秋风秋雨愁煞人"。所以庄子和老子经常用"无可奈何""不得已"这样的词，非常矛盾的感觉。即便你成功了，还是面临着矛盾，因为成功的背后是无奈。所以我说秋天是成功和无奈"同在"的季节，正是这样的"同在"，才会聚成"愁"的心情。

"愁"是一种五味杂陈的感觉，年轻人是不懂得愁的，"少年不识愁滋味，爱上层楼。爱上层楼，为赋新词强说愁"。"爱上层楼"，就是装深沉。一个人如果真深沉了是什么样子？"而今识尽愁滋味，欲说还休。欲说还休，却道天凉好个秋。"这就是真正的愁了。

这样纠结的矛盾，反映了道家对于儒家的理解。举一个例子，就是儒家最看中的那个"仁爱"。爱到底是什么？有一个寓言，有一只海鸟飞到了鲁国的都城，鲁国的君主特别高兴，给它安排房子，安排酒席，安排很多人陪，结果三天之后，这只鸟死了。它为什么死了？难道是因为鲁国君主不爱它吗？不是不爱，是因为鲁国君主爱的方式。庄子给我们区分了这两种爱的方式：第一种叫"以己养养鸟"，第二种叫"以鸟养养鸟"。"以己养养鸟"就是以自以为是的方式来养鸟，比如说自己喜欢喝酒，就以为所有人都喜欢喝酒，自己喜欢不醉不归，就要所有人都不醉不归，丝毫不考虑别人的感受。"以鸟养养鸟"就是以鸟的生活方式来养鸟。请各位留意一下儒家的话，"己欲立而立人，己欲达而达人""己所不欲，勿施于人"，第一个字都是"己"，最后一个字都是"人"，推己及人，是儒家的方式。

生活中的爱，在很多的时候，就是以自己的想法去要求对方的行为。我爱你，所以你要听我的；我爱你，你不能抽烟；我爱你，你不能喝酒；我爱你，你要穿我买的衣服；我爱你，你就应该如何如何，给出各种各样的限制。这是爱吗？没有错，这是爱。因此爱的最大特征，是从自我出发。也正因为如此，有时爱很有可能变成一种控制，甚至于变成一种"屠杀"，可称之为"爱的暴政"。很多悲剧就是这样出现的。

当然，不仅是人与人的关系，政治也是如此。对老子来说，他更多思考的是一些与政治有关的东西。君主爱百姓好还是不爱百姓好？老子的观点是君主最好不要爱百姓，因为爱百姓有时候就等于残害百姓，爱就是折腾，"不折腾"用老子的话说就是"不爱"。"天地不仁"，"圣人不仁"。庄子也有非常著名的一句话："相濡以沫，不如相忘于江湖。"相忘于江湖就是给予彼此更多的空间。这不仅仅适用于爱情，也适用于各种关系，包括君主和百姓的关系。

冬　法家功利冷峻无情

如果真要说到寒冷的话，当然就是法家了。为什么把法家定为"冬天"，因为他冷酷的心。当心灵完全被功利占据的时候，生命就只是一个"冷"字。法家偏偏是这样的。法家理解的世界不可能像儒家理解的情感的世界、爱的世界；更不可能是墨家的"兼爱"的世界，很炽热的心灵；同时也没有道家对于世界中矛盾的一种体会。它有的，就是对各种各样关系中功利一面的放大。他拿着放大镜，上面写着"功利"两个字，来看待这个世界。

父子关系被儒家视为爱的最后的任务，但是在韩非看来，父子关系是要重新理解的。他问：同样是父母身上掉下的肉，为什么父母对男孩和女孩的态度是不一样的？因为根据《诗经》的记载，以前男孩出生的时候，放在床上，边上放一块玉，所以叫"弄璋之喜"；生了女孩就放在地上，边上放上一块瓦，叫"弄瓦之喜"。韩非说的情况更悲哀：产男孩的话，就对他很好，如果生了女孩，就把她溺死。韩非说这理由很简单，是因为"虑其后便，计之长利也"，说的是将来的利益。

韩非说君臣之间也完完全全是一种功利的买卖关系。君主卖的是爵位和俸禄，臣子卖的是身家性命。

夫妇关系是什么关系？那更是功利关系，完全是相互之间钩心斗角。所以韩非有一篇文章专门讲怎么防备太太的，叫《备内》。这个世界上最危险的人是谁？是身边的那个人。如果你这样想的话，就会毛骨悚然。兄弟和朋友就更不足道了。韩非还举了另外的例子。他说：比如卖棺材的人都希望人家死，卖轿子的人都希望人家富，其实两个人是一样的，考虑的都是功利，人死了以后棺材才卖得出去，人富了以后轿子才卖得出去。

这是法家对这个世界的理解，里面没有任何的情感，有的是严刑峻法，是赏罚分明。你听我的，跟着我走，我就赏你；你不听我的，不跟我走，我就罚你。此时人已经变成了动物、变成了机器。所以法家让人感到的是非常冷酷的心灵。

冷酷的心灵会带来什么呢？看看法家几个主要代表人物的命运，商鞅被车裂，吴起被乱箭射死，李斯被腰斩。这是偶然的吗？也许是偶然，也许是必然。一个人有什么样的心灵，就会塑造出什么样的世界，养育出什么样的生命。一个太冷的生命，一定是被自己的温度给冻死的。就像商鞅，在秦国经营多年，最后要找个地方躲一下秦王追杀，没有任何人敢收留他，因为他曾制定了一个"连坐之法"，他被自己制定的残酷法令杀死了。

科学运动与长寿

孙葆丽

孙葆丽

北京体育大学教授、博导。现
任国家体育总局干部培训中心
副主任。作品有：《中国奥运之
路》《奥林匹克运动百科丛书》
《奥林匹克运动与中国》《世界
体育史》等。曾荣获国家体育
总局体育社会科学一等奖，全
国体育院校优秀教材一等奖。

　　科学健身已经成为当今健康的生活方式中非常重要的组成部分，
全世界都把健身活动作为人的健康幸福生活的一部分。如果按照体育
人口的普遍标准判断，每次中等强度以上锻炼30分钟、每周锻炼三
次以上的人可以称为体育人口。一些发达国家的体育人口已经占了总
人口的60%以上，如美国、德国、意大利等，日本的体育人口也占
到60%，就连韩国的体育人口总数都达到38%。我们国家是31.4%，
深圳可能稍稍高于这个比重。从这可以看出，健身活动已经成为世界

人们生活中追逐的潮流。

大型赛事与全民健身、群众体育活动都有非常大的关系。北京举办奥运会，中国拿了非常多的金牌，但是大型赛事包括奥林匹克运动会、深圳举办的大学生运动会，它最重要的价值不仅仅是让一些精英运动员去挑战人类身体和体能各个方面的极限，更重要的是通过这些精英运动员精彩绝伦的比赛带动更多老百姓参与体育活动，所以很多体育比赛特别提倡"重在参与"。

"重在参与"有个出处，在1908年伦敦奥运会的马拉松赛场上，一个小个子的意大利运动员第一个跑进体育场，由于体力不济、神志有点不清楚，这个运动员跑反了方向。在大会工作人员的提醒下，他调转头向正确的方向跑。由于体力耗尽，这个运动员没跑几步就摔倒了，在全场观众的鼓励下，又顽强地爬起来，但没跑几步又摔倒了，如此反复多次。但遗憾的是，在离终点线还有3～5米的地方，这个运动员再次摔倒，并且很长时间也爬不起来。

正在这个时候，跑在第二的运动员进场了，而且越跑越快。在场的观众都希望第一个进场的意大利运动员能顺利到达终点，大声呼喊，但是无论人们怎么喊，这个运动员依然没有知觉。这时，一个工作人员和一个记者冲上前去就把这个运动员架到了终点。但是在第二天的颁奖仪式中，他不仅不能登上领奖台，而且在那一届奥运会的运动员成绩记录中也没有他，就是他的成绩是无效的，因为体育比赛不能靠外人的帮助完成。

在正式颁奖仪式结束之后，英国王室专门为这个运动员举行了一场特别隆重的颁奖仪式。在这个颁奖仪式上，英国女王伊丽莎白把一个纯金制的刻着这个运动员名字的金杯颁给这个运动员，表彰他顽强拼搏的精神。这就成了奥林匹克运动会中虽然不是正式的但却是最隆重、最有教育价值的颁奖典礼。

在现场的一个英国大主教有感于此，他在教育年轻人的时候说了这样一句话："在昨天的奥林匹克运动会上发生了这样一件事情，它充分证明了在奥运会上参与比取胜更重要。"法国国际体育活动家、现代奥林匹克运动的发起人顾拜旦对他的话特别赞赏，把它引申开来：在奥林匹克赛场上，比取胜更重要的是参与，就像在人生的征途中，重要的不是去征服，而是要拼搏。"重在参与"就变成脍炙人口的运动宣言。它鼓励所有的人，无论健康状况、运动能力如何，都要在参与的过程当中追求更快、更高、更强。这就是奥林匹克运动如此具有魅力的真谛所在。

随着社会经济的迅速发展，人们的生活水平确实有了非常大的提高，交通工具、家电的普及取代了人大量的体力劳动。可是不知道从什么时候开始，我们的精神越来越差，在工作或者学习的时候精力显得不足；我们的皮肤问题，如老年斑、皱纹也变得越来越多，越来越多的人开始出现精神、生理方面的不良状态。于是，很多人来寻求解决这些问题的良方，有美容、吸脂、吃减肥药等等，但收效甚微。什么样的方式才是我们应该采取的正确健身方式呢？其实，打开健康之门的钥匙在每一位自己的手上，这就是要进行科学的健身。

运动的误区

首先，健康是需要我们呵护的。对于怎样呵护自己的健康，存在很多的误区。有人认为，清晨跑步好处多。但是经过科学的研究证明，清晨是心脏病发病的高峰时间，特别是老年人。早晨起来做一些强度高的运动，人体的激素分泌量比午后和傍晚都要高，而且高出 $2 \sim 4$ 倍。所以，我建议大家选择傍晚或者是下午跑步比较好。如果只有早上才有时间锻炼的同志也应该选择动作比较舒缓的，如散步、慢跑、太极拳、太极剑、健身操等舒缓的运动。

很多人认为，进行了剧烈的运动以后应该立即坐下来休息，这个显然是不对的。剧烈活动之后人体会产生大量的代谢物质——乳酸，这个时候如果马上坐下来休息，乳酸就会在肌肉当中堆积，时间久了，会出现肌肉酸痛、肌肉无力、关节僵硬这些症状。剧烈运动后，人体过渡到比较平缓的状态需要调整期，让整个心肺的功能慢慢地趋于平稳状态，千万不要骤然停下来，这样对身体的内脏器官非常不好。

运动后大量饮水。剧烈运动以后，人体不仅丢失了水分，还丢失了大量的电解质，如果这时候大量喝水或者大量饮用饮料，导致体内水和电解质的失衡，就会感到头晕、疲劳、食欲下降，甚至发生肌肉痉挛，有时候会有更严重的情况。因此，运动以后，尤其是剧烈运动以后应该休息一会儿，逐步补充水分和盐分，不能一次饮用大量水，要慢慢地、逐渐地补充。

多出汗就能减肥。有很多人觉得运动太苦、太累，所以他们选择蒸桑拿或者裹紧身体。但是，光靠出汗减肥的方法是非常不科学的。出汗的确能够消耗能量，但只能消耗很少的热量，特别是短时间内大量出汗会出现失水的状况，这时候你减少的是体内的水分，并没有耗掉身体内多余的脂肪。所以，身体超重或者是肥胖的人在选择减肥方式时，千万不要只选择多出汗这样一种方式。科学的健身是最好的减肥办法。

还有一种观点认为，运动扭伤之后应该立即热敷或按摩。在刚扭伤的时候，毛细血管是在出血状态，这个时候如果按摩或者是热敷，会加速血管渗出的体液和血液，受伤的部位就会肿得非常大，感到疼、不舒服，延长身体恢复的时间。第一时间我们应该加冰块冷敷，24 小时以后可以进行热敷、理疗、贴膏药、按摩等处理。

还有人认为，女性在月经期绝对要休息，不可以锻炼。其实大量医学研究证明，身体健康并且月经正常的女性，月经期间参加舒缓的体育活动，不但对健康无害，反而有很多益处。适当的体育活动可以改善骨盆的血液循环，有助于减轻女性在经期的一些不舒适感觉。同时，痛经的女性还可以减缓疼痛。

科学的健身、幸福的生活来源于哪几个方面？这和生活方式的关系非常大。一些专家的研究表明，人类 45% 的疾病和 60% 的死因和生活方式有关。在我国已经公布的前三位致死因素心血管疾病、脑血管疾病、恶性肿瘤当中，2/3 的人是和不良的生活方式有关。

首先，由于工作压力非常大，尤其像深圳这样的城市，人们睡得特别晚，早晨起来时间非常紧张，有的人连早饭都不吃就急匆匆地上班，在电脑前一坐就是几个小时。中午，工作繁忙，在工作餐当中甚至都在谈工作。下午又回到紧张的工作当中，整个白天的生活节奏非常快。晚上又有应酬，喝酒，摄入一些高热量、高脂肪的饮食。吃饭之后大家要去放松一下，就去酒吧或者蒸桑拿。大多数人都是在熬夜的状态下，后半夜才休息，有的还通宵上网、长时间看电视。尤其是年轻人当中，这种生活方式非常多。

常见的不良生活方式有以下几种。第一，缺乏运动。缺乏运动已经成为危害现代人健康的特别大的问题，长期缺乏运动会导致各种疾病的产生。现在我们的饮食经常是大量大鱼大肉、高脂肪、高蛋白，再加上缺乏锻炼，吃进去的东西和消耗的东西不平衡，必定会堆积在身体内部造成身体的负担，然后糖尿病、高血压、冠心病、腰腿痛、肥胖症等一系列症状就会产生。

第二，大量饮酒。在中国北方很多城市，晚上人们聚会的时候，以喝酒的多少标志朋友之间亲密的程度，很多人碍于情面只要敬酒就喝。所以，很多人因为大量饮酒会使肝细胞坏死，有的转氨酶急剧升高、酒精肝，甚至引起肝硬化，等等。这种不良生活方式的危害相当大，大家应该远离。

第三，吸烟。每年因吸烟死亡者高达 250 万，烟是人类非常大的杀手。与不吸烟的人相比，一个每天吸 15～20 支香烟的人，患肺癌和口腔癌的几率大 14 倍，患食道癌致死的几率大 4 倍，患膀胱癌的几率大两倍，死于心脏病的几率大两倍。吸烟是慢性支气管和肺气肿产生的主要原因。吸烟的危害非常大。

第四，经常熬夜。现在越来越多的人熬夜，熬夜对人的身体危害非常大，尤其是为生活拼搏刚刚工作的年轻人，由于工作压力非常大，好多工作不得不推到晚上挤时间完成。还有很多中小学生课业负担太重，需要熬夜完成，这些应该尽量避免。正常的生物钟被打乱以后，在白天应该精力非常旺盛、效率高的时候却处在一个特别疲劳、没有精力的状态，而晚上该睡觉的时候又异常清醒，这样得不偿失。

第五，不好的饮食习惯。一边看电视一边吃饭，或者不吃早饭、暴饮暴食、偏食、不喜欢吃青菜，还有人长时间坐在电脑前上网、玩游戏，顾不上吃饭，等等。这些都是非常不好的生活习惯。

科学的运动

世界卫生组织对健康的定义是：健康不仅是指没有疾病，或者躯体正常，还包括生理、心理和社会适应能力等方面比较完美的状况。具体标准是：

第一，精力充沛，从容不迫地应付日常生活和工作；

第二，态度积极、乐于承担责任、心胸开阔；

第三，善于休息，睡眠良好，精神饱满，情绪稳定；

第四，能适应外界环境的各种变化，应变能力非常好；

第五，能抵抗一般的感冒和传染病；

第六，体重适当，身材匀称；

第七，反应敏锐，眼睛发亮，这是健康人的标准；

第八，牙齿清洁，无孔洞、无痛感、无出血现象；

第九，头发有光泽、无头屑等。

世界卫生组织的健康标准当中，我们认为科学健身、平衡的膳食和良好的生活习惯是最重要的，需要我们大家一起努力。如何科学健身呢？

第一，结合自身的健康状况选择合适的锻炼方式。锻炼是帮助你恢复健康的，锻炼千万不要给身体添新的麻烦，所以我们要对自己的身体健康状况、年龄状况有一个基本了解，根据你的身体状况选择锻炼方式。有些锻炼针对局部，有些锻炼针对全身。尤其是脑血管疾病的康复期病人，他们往往患侧不大方便，所以针对的是患侧的健身，我们不能让这样的病人进行全身活动。

第二，要选择适合自己的运动项目。锻炼是强身健体的，要根据自身的身体状况量力而行，千万不要造成伤害。比如攀岩运动，没有良好的训练我不建议大家选择；剧烈的自行车运动，尤其是职业自行车运动，我也建议大家不要选择。

第三，根据年龄来选择锻炼方式。按照一般的标准划分，6 岁以前是童年，7～17 岁是少年，18～40 岁是青年，41～65 岁是中年，66 岁以上为老年。不同年龄的人，精力、体力、肌肉状况都会不一样，对于运动的耐受力与反应也不一样，所以我们一定要根据自己的年龄状况选择。

在 18～40 岁，其实这个跨度也非常长，40 岁和 18 岁的体能不一样。精力旺盛、充满生气时，可以选择强度较高的项目，如田径、球类项目；进入 41～65 岁，身体各个器官开始逐渐退化，这个时候选择中等强度以下的体育活动，既可以增强体质，又能强化肌肉，如跑步、自行车、比较舒缓的登山、游泳、保龄球、羽毛球、台球等体育运动都可以选择；到了 66 岁以后，人的身体进入急剧衰退期，出现肌肉萎缩、速度减慢、骨质疏松等现象，运动可以有效地延缓衰老。老年人适当参加一些动作舒缓、轻柔的有氧运动，如慢走、慢骑自行车、太极拳、太极剑、太极扇、扭秧歌、交谊舞、国标舞，这些都对老年人的身心非常好。

对于久坐办公室的人来说，由于活动不足，心肺功能衰退，血液循环不畅，需要增加他们的心肺功能，应该选择步行、慢跑、游泳、健美操等运动。还有一些商业营业员等长期站立的职业人，需要促进下肢的血液循环，也可以选择跑步、适当蹲曲、弓步、蹲起等活动帮助下肢血液循环，练习下肢的肌肉力量。公交驾驶员等环境嘈杂的职业人，神经一天处于紧绷的状态，会引起头痛、失眠、烦躁、神经性高血压等这些疾病，这样的人群为缓解神经压力，可以选择太极拳、慢速保健操、慢跑、气功、球类、爬山、游泳等。我们可以看到，很多不同的年龄阶段、不同的职业都选择游泳，游泳的时候环境也非常湿润，对人的肺、呼吸道也非常好。压力比较大的年轻人也可以选择去攀岩。

还有一个特别重要的问题，就是选择合适的运动场所和环境。我们经常看到有些人在马路边健身，在路面不平的地方健身，容易导致骨折、扭伤，在路面过硬的地方，会导致下肢疲劳、损伤；还有，如果在环境不好的地方锻炼，会使人非常烦躁。建议大家选择正规的体育场、公园、健身房等场所锻炼。

另外，选择合适的运动服和运动鞋也是必要的。也要选择合适的锻炼时间、选择合适的天气，避开大雾、沙尘暴、冰雹、暴雨、大雪等这些不良的天气。选择合适的运动强度。

对于运动强度的掌握，从体育理论角度来说，有很多公式。普通的老百姓怎么算呢？下面我给大家推荐两种方式，大家不一定要算得这么仔细，我只是告诉大家什么是合适的运动强度。

第一个方法，用最大心率的百分比来确定运动强度。"最大的心率 =（220 - 年龄）×100%"。一个 50 岁的人最大心率是多少？170%。在这个界限内是安全的心率。谁能达到最大心率呢？刘翔。刘翔是 198%［（220 - 22）×100%］，他的最大心率可以达到接近 200%，甚至更高，但我们坚决不能像他这样做。

达到最大心率的 55%～77% 是什么样的一种状态呢？举一个例子，一位 50 岁的人进行有氧运动所应该达到的心率是（220 - 50）×100% =170%，在 94～131 次。也就是说，一个 50 岁的人进行有氧运动时，所达到的心率范围应该控制在一分钟 94～113 次。怎么知道跳了多少次？体育科研中有一种遥控心率，贴上电极，就知道你心跳多少次了。我们没有这样的条件，我们现在有一些小的记步器、腕表，它可以记录下你的心跳，虽然不是很准，但是给你一个大概的数字。还有一个办法，当你跑完慢慢缓一缓的时候赶紧测一下，自己摸着数一分钟有多少，不能跑完后就直接量，这时候也不对，你应该慢慢缓下来以后再测量，量好之后再稍微加上几次就是当时的活动量。不要超过 130 次，那就不是有氧运动的有效范围，开始逐渐向"无氧"过渡了。

第二个测算方法，用最大心率储备百分比来确定运动强度。"最大心率储备＝最大心率－安静时心率"，在实际应用的时候，用储备心率和安静时心率同时来确定运动时的心率，称为靶心率计算公式。这太复杂了，我们知道这个方法就行了。

举个例子，也是50岁的人进行有氧运动达到的靶心率，最大心率＝（220－50）×100％＝170％。50岁的人安静时心率是80次左右，算下来50岁的人进行有氧运动的时候，应该达到的心率范围控制在一分钟118～142次。这两个差不多，刚才是94～131次，这个是118～142次。大家注意，取110～120次的心率控制范围，这就是你的强度，你如果超过了这个范围，肯定运动量大，这时候对身体就不好。比这个范围低是什么效果？无效，没有适度的心率刺激，效果不大。

运动前一定要进行充分的准备活动。做好准备活动可以使肌体逐步过渡到运动状况，提高神经系统的兴奋性，增加关节的活动性、肌肉的柔韧性，防止运动损伤，科学的健身必须是在预热的状态下。深圳不太冷，要是在北京天气特别冷的时候，发动汽车时要让它先热一会儿，有没有人一开车就是120迈就开出去了？这对发动机不好，这样运动对心脏同样不好。

合适的运动有哪些？一般情况下，人的运动量是十几分钟到二十分钟合适。并且，准备活动结束后稍稍有一个过渡期跑。可不可以准备活动歇半小时后再进行正常的活动？没用了，歇半小时后身体凉了，要重新做准备活动，休息不要时间过长。

有哪些准备活动呢？可以伸展一下胳膊、扭一扭腰和脖子，再做一般的准备活动，有的人喜欢高抬腿，有的人就压腿。一般来说是有顺序的，从上往下进行活动，头部转动活动后，开始慢走、慢跑，适当慢跑以后可增加速度。还有人做专门准备活动，什么样的人专门做准备活动？年轻人打比赛，打篮球比赛一定要做好专门的准备活动，要拿着篮球适应，不要上去就剧烈地冲撞。这是运动前的准备，接着就开始正常运动。

运动后，是不是就回家了？很多人是这样的吧？从现在开始，我们要做一个科学的、有文化的健身者，运动后一定要做整理活动，健身以后身体内部要积攒很多乳酸，肌肉有一定的酸痛，怎么来加速消除呢？我们可以在锻炼后进行必要的整理活动，不仅使你的体力逐渐过渡到一个平稳的状态，还可以防止一些非常严重的事故发生。我们曾经发生这样的事，体育课上，玩命地跑，跑了400米特别累，跑到终点以后急刹车就停下来，很快这个人就倒地了，怎么了？心脏猝死。因为特别剧烈的运动之后让他突然停下来不好。所以我们做完了以后要慢跑几分钟，根据自己的状况让心脏逐渐平复，让肌肉紧张的状况逐渐平复，而且慢跑可以加速消除乳酸。再进行一些肌肉的牵拉活动，牵拉的重点部位是背部、臀部、大腿前后肌群和小腿后肌群。

养成正确的饮食习惯。在饮食方面，有人专门做过很多研究。一个人要健康长寿，如果光靠运动，没有合理的饮食也是做不到的，它们两个是需要平衡的。

正确的饮食习惯是"早餐吃好，午餐吃饱，晚餐吃少"。早晨应该吃的是质量高的饭。脑力劳动者七天早餐的搭配要有不同的变化。当然，这只是建议设定早餐食谱，没有必要非得按这样去做，只要知道早晨要摄入必要的热量、蛋白质、碳水化合物即可。可以每天都有牛奶，不同年龄层的人都要补充钙、蛋白质，每天要有五谷杂粮。体力劳动者一周的食谱，要增加更多硬菜，什么是硬菜？就是肉类，其他的量稍微放大一些。

科学的健身应该从哪些方面开始？力量、柔韧性和耐力，这是非常重要的。力量训练，很多人认为力量训练就是练大块肌肉，实际上不是，很简单的一些器械就可以练力量，如哑铃、单杠、推胸器。徒手也可以练各种力量，如仰卧起坐、俯卧撑，锻炼俯肌、上臂肌肉、胸大肌。老年人拿不动杠铃怎么练？跑步同样练力量，甚至最简单的方法——静蹲也可以：两脚分开，往下屈膝，压低身子，腿弯曲以后就是静蹲，练你的腿部力量，蹲到一定程度，不要蹲太低，大小腿的夹角135度就可以了。练得较好了以后就可以练提踵的静蹲，就是把脚后跟提起来，保持身体平衡，练腿的肌肉力量，还对膝关节非常好。

柔韧性，很多人不重视，实际上柔韧性非常有用，良好的柔韧性不仅能说明你的身体健康状况——是不是年纪大了，锻炼柔韧性和防止关节疾病有关系，很多人到了50岁、60岁的时候肩关节会有一个特别痛苦的过程，如肩周炎。从现在开始，每天一定要把肩关节活动开，让肩部的力量得到加强，同时让整个关节的润滑程度增加，避免得肩周炎。压肩，增加柔韧性，在家里就可以做，扶着桌子、窗台、高的椅子背都可以做这样的压肩；双人做，你和你老伴互相压肩都可以；面对墙，贴着墙可以做压肩。

耐力，就是锻炼有氧能力，如步行、游泳、太极拳等。一天有氧运动持续的时间30多分钟，一天累计30多分钟也可以。心脏是非常需要锻炼的器官，加强心脏的功能就是有氧耐力训练、有氧练习。长期锻炼的人心脏会比正常的增大，不是说疾病的增加，而是脉搏的输出量变得非常多，因为它的力量非常大，脉搏输出量大的好处有什么？就是使你安静时的心跳速度非常慢。通过有氧锻炼就可以使心脏的脉搏输出量增加，心容量增加，心脏壁增厚，让心脏变得特别强壮。心脏的力量强大同时还可以改善整个供血系统，如血液黏稠度、血脂、胆固醇、弹性都可以改善。还可以做心脏的徒手保健操，选择最有效的心脏锻炼时间段——下午3～9点。

肺是人体特别重要的器官，由于各种各样的污染，如大气污染、装修居室的污染给我们的肺带来特别大的伤害，实际上肺是一个特别娇嫩的器官，它需要我们认真地呵护。保护肺也有一些简单的锻炼方法，除了到外面空气清新的地方跑步以外，也有各种各样的健身方法，甚至你在家里每天做一些扩胸操，对肺有一定的牵拉，也能帮助肺变得比较强健。

一个年轻人的肌肉和他到了老年时的肌肉对比差别非常大。肌肉减少的直接作用就是你的力量下降，大大地下降。我们怎样有针对性地进行锻炼、减缓肌肉衰弱呢？年轻人可用一些专门的器械进行胸大肌的训练。三角肌如果非常发达的话，男青年显得非常漂亮。女性到了一定年纪赘肉就出来了，要有目的地去练习。如果没有器械，在家里两个人就可以锻炼，让他架住你的胳膊根，你往上抬，都可以锻炼肌肉，不一定非要用器械。老年人可选择慢跑。跑的作用非常非常大，可以增加肌肉力量、肺活量、心脏的力量。还有一种办法是退步走，也可以增加力量，人都是往前走，后背的肌肉薄弱，所以我们容易腰酸背痛，退步走可以帮助我们解决。退步的时候一定要注意安全，不能快，要循序渐进地练。

老年人的科学健身可以选择特别幽静的环境、舒缓的方式锻炼。我们现在可以看到，70 岁、80 岁的老年人通过正常的锻炼都有一个非常良好的状态。随着生理状况开始逐渐下降，老年人锻炼的时候要注意不做屏气运动。如果感到呼吸急促，一定要慢慢地停下来，及时调整呼吸，不要硬撑。

做头部运动的时候一定要小心，老年人做低头、仰头、左回头、右回头、旋转的头部运动一定要舒缓，轻缓地低头，非常慢地仰头，左看看、右看看。因为旋转的时候，整个颈椎都是松的，这个时候容易扭伤。

有氧运动一定要注意选择舒缓的运动方式，掌握适宜的强度。什么是适宜的强度？运动以后精神愉快，没有明显的气喘；食欲稍稍有所增加，睡眠有所改善；第二天早晨起来，血压和脉搏还是稳定的状态，就是恢复正常了。

告诉大家一个特别简单的测心率的办法，运动后心率 = 170 － 年龄。比如 60 岁的人，锻炼后每分钟心率保持在 110 次左右是比较合适的。这个锻炼后指的是什么时间？就是锻炼后逐渐过渡到平静状态。

把握适宜频率。一周练几次好呢？一次 30 分钟，一周练 8 次、10 次都挺好的。只是量不要太大，可以一次少量，一次稍微大一点，第三次又是少量，第四次稍微大一点。

在办公室有一些简单易行的锻炼方式，这些都不算是体育锻炼，但是也可以帮助你活动。比如梳头，把头发梳到后面，然后再像括号一样拉到前面来，可提高大脑的有效供血次量；轻轻地弹一弹头，也可以两个手碰到一块弹，可以帮助血液循环；伸懒腰，把手朝上，先向左侧，停一会儿，回来再向右侧，停一会儿；腰部的伸展，身体往后，坐着都可以做，头慢慢地向后，年纪越大越要慢慢向后，也可往前；揉肚子，顺时针揉36周，逆时针揉36周，帮助消化，防止脂肪堆积。

女性的科学健身。女性有非常多的健身办法。北京奥运会的志愿者姿态特别漂亮，怎么练出来的？躺在床上蹬自行车，不用器材，就两条腿来回蹬就行了。还可以做提踵、下蹲——翘着脚尖。女性怎么练胸部，让胸部更健美？中年女性可以拿着球左晃晃转过来，右晃晃再转过来，都可以健身。

常见病与健身

高血压。散步对高血压病人是一个非常好的办法。是不是患有高血压的人不敢动？要有规律地动，每天都要动，对血压保持回缩有很好的效果。太极拳、慢跑，海边慢跑更好，一定要慢，高血压锻炼的时候注意自己的感觉，如果感觉不适坚决不做，不能憋气。

糖尿病。其实糖尿病和运动不足有特别大的关系。得了糖尿病以后非常麻烦，糖尿病人也要科学健身。但是糖尿病人要注意，在刚刚注射药和刚吃完饭之后不要急着去练，一定要循序渐进。

肥胖。肥胖与不健康的生活方式有关。肥胖的人怎么练？首先饮食要合理。在家里也可以做减肥操。当然，如果你真是过度肥胖，一定要参加合适的训练。北京有一个人，以前是运动员，后来不运动就长胖了，胖到腿的血管崩破了流血，医生都说没有办法治。这个人就开始健身，一开始，他在跑步机上连走都走不了两分钟，然后慢走、慢跑，一年内降了160斤。现在55岁了，完全是30岁人的身材，什么都可以做。

颈椎病。颈椎病要枕好枕头，避免做颈部过度曲张的运动，大家要注意，尽量别抬着头做大量的擦玻璃等活动。

简单的健身方法，可以不出去，在家里全身拍，这种方法让你全身的肌肉、皮肤加速血液循环。我们坐在这里就可以拍，不要让自己歇下来，但是注意千万不要使劲打自己的头部、胸部、背部、四肢。

人生最宝贵的就是生命，生命最宝贵的就是健康，而健康的钥匙就在我们每个人的手心里。现代这种大型赛事活动的进一步开展，都会带动全民健身。北京奥运会以后，北京的大众健身特别兴盛，深圳即将举办大运会，深圳大学生运动会一定会带动深圳的全民健身。

中国的传统体育和西方的竞技体育都给群众健身活动提供了非常好的基础，这是西方体育的典型代表，也是东方体育的典型代表。一百多年前，当这种体育项目进入中国的时候，中国传统东方体育瞧不起他们，觉得那些人穿很少的衣服或者不穿衣服在运动场中狂奔，中国人在原始社会就会了，那种体育项目是一种没有进化到正常的高级人的状态。但是，经过一百多年的发展，中国人民对这种体育项目都接受了，它可以强身健体。所以，无论东方体育还是西方体育都成为我们参加群众体育、大众健身非常有力的手段。希望深圳的老百姓通过科学健身增强体质，希望我们通过科学健身健康长寿。

传统文化与养生

张其成

张其成

北京中医药大学管理学院院长、教授、博士生导师，北京中易国学院院长。中国第一位研究《黄帝内经》的博士后，我国"中医文化学"学科带头人。主要作品有：《易学大辞典》《易经应用大百科》《中医哲学基础》《中医传统文化》。曾荣获省部级以上科研成果奖励 4 项。

如何学习国学

中华传统文化博大精深，悠悠五千年，乃至七千年。从 21 世纪初开始，掀起了一场国学热，我指的是社会层面，这场国学热的掀起准确地说是从 2004 年开始的，到目前为止这一热潮是有增无减。现在国学的培训已经成为最贵的培训，听国学课已经变成一种时尚，好多老板告诉我：张老师，现在只要是国学课，我都听，只要不是国学课我都不听。我说："为什么？"他说："这东西太迷人了。"我说："怎么迷人呢？"他说："这太有趣了。"我说："你现在科学的东西、管理的东西不听行吗？"他说："我都听过了，现在我到网上下载来听。"我就问他："你听了国学之后有什么感觉？"他告诉我4个字——一头雾水。我说："你听了半天（有的听了两三年），怎么一头雾水呢？"他说："你看，国学里面有诸子百家，现在讲国学的人也是诸子百家，现在的诸子百家讲过去的诸子百家，你不一头雾水才怪。"

我听了觉得有道理，我就琢磨，怎么学国学？学了之后不仅不会一头雾水，而且能够在我们的现实生活当中得以运用，加以弘扬。后来我就琢磨出三句话，按照这三句话学国学，我保证你不会一头雾水。第一句话是"一个中心"，第二句话是"三个代表"，第三句话是"两个基本点"。

"一个中心"是什么意思？我刚才讲了，国学博大精深，但是它有一个主干，有一个中心，你要抓住这个中心。别说是非国学专门研究人士，就是我们这些所谓的专门研究国学的人，你要想全面了解国学，那也是几乎不可能的，所以必须抓"一个中心"。那这"一个中心"是什么呢？一个字——"易"，周易的"易"。如果按照传统的说法，传统文化按照典籍的类型分为4类：经、史、子、集。经、史、子、集里面，"经"是"一个中心"，"史、子、集"是"三个代表"。这句话谁说的？这句话当然是我说的，但是我没有那么高的智慧，这是谁悟出来的？那是真正的国学大师马一浮先生。他说："国学者，六艺之学也。"我们的传统文化就是"六艺"。"六艺"是什么呢？就是六经，哪六经？"易、书、诗、礼、乐、春秋"。

我们现在一提起国学马上想到了老子、庄子，这倒不错，但是别忘了，在他们之前还有六经（六艺）。这是马一浮先生说的——当代真正的国学大师，于1967年去世，周恩来称他为当代的理学宗师。

那么，"六经"的第一经是什么呢？就是《易经》，所以"易"被称为群经之首。为什么我把"易"当成一个中心呢？两个原因：

第一，易是出现最早的，是国学之源；第二，它是国学之魂。

2010年2月去青海西宁给移动公司讲课，我突然有一个发现，当时我特兴奋。有什么发现呢？经过玉树地震之后，我们明白了玉树是三江之源（长江、黄河、澜沧江），那是源头。我们的中华文化，我们的国学也是一源三流。一个源是什么？就是"易"，准确地说是以"易"为代表的六经（六艺）。它是个源头，然后流出来三条江，那就是"三个代表"，即儒、释、道（儒家、佛家、道家）。这个要慎重，为什么？佛教毕竟是从印度产生的，释迦牟尼生于公元前565年四月初八，生在古印度的迦毗罗卫国。你不能说是从我们历史上出来的，那就不妥当了。但是佛教从两汉引入到中国之后，反而在中国生根、开花、结果，形成了中国化的佛教。所以"三个代表"就是儒、道，还有中国化的佛教。中国化的佛教在隋唐时期形成了8个宗派，其中最有中国特色的是禅宗。都说深圳市民文化大讲堂的听众水平非常高，我一看，是各路神仙、各路菩萨都有，都很厉害。中国文化"一源三流"，那你刚才说了，不是还有诸子百家吗？那个"诸子百家"是春秋战国时期的，从汉代开始，准确地说是从东汉开始，基本上就是这三家。三个代表，三足鼎立，"儒、道、佛"或者是"儒、释、道"，"释"就是佛（释迦牟尼）。这"一源三流"的发现，让我当时特兴奋。

后来我还有一个发现，我就更兴奋了。人身上也有三条"河流"，也是"一源三流"。人身上有三条大脉，七经八脉里面有三条大脉（任脉、督脉、冲脉），它们同样是一个来源，都源于少腹（女子的子宫、男子的精室）。走出来是三条路线。任脉，从前面走到承浆穴；督脉也是来源于少腹，往后走，过百会穴，走到兑端穴。还有一条冲脉，冲脉是走过头，走到脚，其中有一段沿着肾经走；然后上入乳房，所以女子二七十四岁的时候，第二性征出现，乳房隆起；然后往上走绕嘴一周，所以男子二八十六岁的时候第二性征出现，开始长胡子。这是三条大脉。任脉是阴之海，七经八脉好比是大海，而十二正经好比是河流。任脉是阴气之海，督脉是阳气之海，冲脉是血之海，是十二经脉之海。我突然发现人身上也是一源三流，你就为你是中国人而骄傲吧！中国一个这么重要的地理现象跟我们的文化现象，以及跟人体的生命现象如此之吻合。

按照古书的记载，如《汉书·艺文志》说《周易》这本书的形成是"人更三圣，世历三古"，就是它的完成经历了三个圣人。哪三个圣人呢？伏羲氏、周文王、孔夫子。"世历三古"是什么意思呢？就是时间上经过了三个古。哪三古？上古、中古、下古。上古的伏羲氏、中古的周文王、下古的孔夫子，经过了这么漫长的时间才写成。再看《周易》，《周易·系辞传》是这么说的，"古者伏羲氏之王天下也，仰则观象于天，俯则观法于地，观鸟兽之文与地之宜，近取诸身，远取诸物，于是始作八卦"。《史记》上是这么说的，"伏羲至纯厚，作《易》八卦"。那伏羲氏距我们今天多少年了？六千多年、七千多年、八千多年？我们就取一个中间数，七千年左右。所以说中华文明七千年就是从伏羲算起。说中国文化五千年，那是从黄帝算起的，因为司马迁写《史记》一共 130 篇，第一篇就是《五帝本纪》。第一帝就是黄帝，"黄帝、颛顼、帝喾、尧、舜"。

历史书上、古代人都说是伏羲氏做了八卦，而实际上我们现在出土的最早的八卦是多少年前呢？4500 年前。2006 年 5 月份在河南淮阳农村平粮台发现了一个黑陶纺锤，那个黑陶上清晰地刻了一个卦，就是八卦当中的离卦（离代表火）。我的师叔李学勤先生是夏商周断代工程首席科学家，他认为这就是最早的八卦，当然现在学术界还没有公认。那么 7000 年以前的伏羲氏做八卦这件事有还是没有？

可以有。为什么？因为说不定哪天会从我们深圳地下挖出一个陶片是 7000 年前的。所以对古圣先贤这些说法我们都要有敬畏之心。孔子说了，君子有三畏，第一畏天命、第二畏大人、第三畏圣人之言。现在可怕的是对什么都没有敬畏之心了，有一句话叫做"我是流氓我怕谁"，这就是民族最大的危机。所以我们对古人说的这些，相信是有的。这就毫无疑问了，伏羲氏当然是中华文化第一人文始祖，伏羲做的八卦就是中华文化的第一套基因符号。按照我的说法，自从伏羲做了八卦，于是就有了中华文化。

然后经过周文王，周文王距今多少年？3000多年。应该说文王演周易基本上是真实不虚的，现在大量的出土文献证明，古人说的是有道理的。再经过孔夫子有了《易传》。这里要强调的是，伏羲做的这个八卦，就是最早的。

我们作个比喻，假设把我们的中华文化比喻成一棵参天大树，那这棵树的树根是什么？伏羲八卦。然后这棵树有一个树干，这个树干就是"易"。我为什么一直没有说是《易经》，还是《易传》，还是《易学》？我只说是一个"易"，我说的是"易道"。这个"易"字怎么写？"易"字有两种写法，一种写法是上面是"日"，下面是"月"，这叫"日月为易"，那是什么意思？一棵树的树干上都是有年轮的，年轮长得什么样子呢？就是太极图。我们所看到的太极图99.999%都是错的。这棵树的树干，它是由太极图构成的。大家展开想象，这个树干上长了三个分支，一支是儒家，一支是道家，还有一支是中国化的佛家。

第二点理由，"易"是国学之魂。怎么说是国学之魂呢？易是讲阴阳的，《周易》的原话叫"一阴一阳之谓道"，这个道就是易道，就是讲阴阳。所以易道就是阴阳大道，也就是说，我们中华文化就是阴阳之道。这个阴阳之道用一张图来说就是那个太极图：中间有一个S曲线，有白的、有黑的，你简单地把它看成两条鱼，叫做白鱼和黑鱼。大家不仅要喜欢，更要深深地爱上它。

中国人现在一提太极八卦，就说是封建迷信，现在这个八卦又多了一个罪名，叫"八卦新闻"。我们的邻国韩国将太极八卦图当作它的国旗，一个国家的国旗是这个国家精神的最高象征，你要对这个国家进行抗议，非常简单，把他们的国旗给烧了。而我们中国人，却把它当成批判、嘲弄的对象，这难道不是信仰危机？

这张图里面就有儒家、道家、中国化的佛家。除此之外还有什么？还有礼仪。我们每一个人，我们的身体状况在这个图的什么位置，我们的人生境界达到了这个图的什么位置，我们的事业处在什么位置，都在这一张图中。所以我把它称为"中华第一图"。不仅是中华第一图，还是东方第一图，将来一定会成为世界第一图。为什么？因为这代表了中国人的思维方式，按照这种思维方式就可以给世界带来和谐与安宁，这张图充分体现了中华文化的精神。如果用4个字概括中华文化、国学的基本精神，是什么？阴阳中和。

儒家在这张图的什么地方？这张图就包括了儒、道、禅，儒家就代表了阳，白的就是阳，黑的就是阴，那道家就是黑的。儒家是白的，为什么？很简单，儒家崇阳，道家崇阴。但是这两个绝对不是中间一刀两断的，我们是儒、释、道三家合一，非常和谐。那儒家的创始人孔子、道家的创始人老子，他们的坐骑是什么？孔子驾马车，老子骑青牛。这是什么意思呢？这是一个文化的符号。骑牛代表什么？驾马车又代表什么？学了《周易》就明白。《周易》里说：乾为马、坤为牛。倒过来说，马为乾卦，牛为坤卦。乾卦是纯阳之卦，坤卦是纯阴之卦。所以儒家代表的就是阳刚的精神，"自强不息，刚健坚毅""士不可以不弘毅，任重而道远"是一种积极的进取精神。而道家是一种柔弱的虚静、无为不争的精神。这两个，一儒一道、一阴一阳、一刚一柔，从我们这个太极图就反映出来了。

儒家的孔子是积极的，道家的老子是消极的；儒家是入世的，道家是出世的。大家听过这种说法吧，这是十分错误的。说儒家积极没有错，说道家消极是大错而特错，老子是最大的积极者。我认为老子是一个伟大的"阴谋家。"什么意思呢？从阴性入手，实际上是达到了最高峰。老子的书是给帝王看的，叫"帝王南面之术"，那绝对不是消极的。这是出世吗？这是最大的入世，是给帝王看的，给一把手看的。所以老子不是消极的，但他是从阴性入手，特别了不起。

中国化的佛家在哪里？在中间的S型曲线、两个点和外面的那个圈。从外面的一圈，看出了佛家的空性，佛家讲"空"，佛家用4个字来说就是：性空缘起。"色不异空，空不异色，色即是空，空即是色，受想行识，亦复如是。"那个"色"是什么意思？不是色情，是有形的物质叫色。全是空的，怎么能是空的呢？这叫"因缘而起"。

中间的 S 曲线，还有两个点，看出了佛家的中性。佛家讲"中"。大乘佛教分两派，一派叫中观派，一派叫瑜伽行派。中观派是龙树菩萨创立的，对我们中国的佛教影响极大。《心经》有 6 个"不"："不生不灭，不增不减，不垢不净"。那就是在守中，就是中道。但是一定要注意，这个"中"不仅仅是佛家的，儒家也讲"中"。儒家怎么讲"中"？子曰："君子中庸，小人反中庸。""中庸之为德也，其至矣乎。"什么叫中庸？"喜怒哀乐之未发，谓之中；发而皆中节，谓之和。中也者，天下之大本也；和也者，天下之达道也。致中和，天地位焉，万物育焉。"道家讲不讲中？老子讲不讲中？老子也讲中。老子《道德经》第四十二章："道生一，一生二，二生三，三生万物。万物负阴而抱阳，中气（马王堆帛书版本里不是"冲气"，而是"中气"）以为和。"老子还说，"多言数穷，不如守中"，这就是中道。

佛家讲"中"，道家讲"中"，儒家也讲"中"，所以我们叫"中国"，所以中华文化的基本精神就是 4 个字：阴阳中和。儒家崇阳，道家崇阴。为什么中华文化能成为世界四大文明古国、六种古文明形态中唯一能走到今天的文明？就是因为有一阴一阳、一道一儒的精神。试想，如果中华文化只有儒家，没有道家早灭了，所以五四运动是有意义的。为什么有意义？打倒孔家店。因为儒家太过了，所以要把它打倒。现在又提倡国学，那就更有意义了。为什么有意义？因为儒家快没了。所以中国人太了不起了，有一阴一阳、一道一儒。当然，如果光有道家没有儒家也走不到今天。所以中华文化了不起的是儒、道、佛互补，补在了"易"上。这就是一个中心、三个代表。

所谓两个基本点就是国学有什么用。在当代社会的两大基本用途，第一是修心，第二是开智。修心可以养生，开智可以管理，修心达到内盛，开智可以外旺。我们人生的很多问题不是光靠科学就能解决的，学国学你能找到你的心，"安身立命"这才是最重要的。

其实这个树干上不止这三个枝，还有一枝，还是绿的，是什么呢？中医。尤其是到了隋唐时期的中医，其实在魏晋时期，比如说陶弘景，他已经把儒家、道家、佛家三家汇流了。这个关系就清楚了，

《周易》的"易"是源头，后来的三条河是儒、道、禅。"医"是什么呢？"医"是把这三个流合起来，后来的中医把儒、道、佛三家合在一起，然后用在我们的生命上。除了儒、道、佛之外，"易"是源，"医"是汇总。

传统文化与养生

养生实际上很简单。作为一个当了8年大学图书馆馆长的人，我建议，书千万不要多看，要看就要看经典，至少5部经典你必须看，《易经》《道德经》《论语》《黄帝内经》《六祖坛经》。这5部经刚好就代表这5家。《易经》是群经之首，《道德经》是道家的第一经，《论语》是儒家的第一经，《黄帝内经》是医家的第一经，《六祖坛经》是禅宗（中国化佛教）的第一经，也是唯一一部叫经的。你要是学国学，读完这5本书足矣。

养生有三个目的：第一个是健康，第二个是快乐，第三个是智慧。传统文化的养生有4个流派：儒家的养生、道家的养生、佛家的养生和医家的养生。它们各有什么特点呢？三家各有侧重，道家是偏重于从生理角度来讲养生，儒家是偏重于从伦理角度来讲养生，而佛家就偏重于从心理角度来讲养生。

老子说，域中有四大：人大、地大、天大、道亦大。所以"人法地，地法天，天法道，道法自然"。在道家那里人是最渺小的，所以道家讲的是"阴"，气往下走。老子最崇尚的自然界的事物是水。"上善若水，水善利万物而不争，处众人之所恶，故几于道。""天下之至柔，驰骋天下之至坚。"水是往低处流的，它是最伟大的。

老子最崇尚的人是婴儿。老子发现婴儿有四大谜。第一，"毒虫不螫，猛兽不据，攫鸟不抟"。凶猛野兽不伤害婴儿。道家的养生在哪里？柔，崇阴柔。野兽为什么不伤害婴儿？看到凶猛的野兽来了，人会逃跑，或者拿个武器跟它搏斗。婴儿呢？他会笑。这一笑有多大的"杀伤力"，这就表示一定要"和"，所以"笑一笑十年少"。

　　第二大秘密叫做"骨弱筋柔而握固"。婴儿的筋骨是最柔弱的，可是他握住的拳头是最坚固的；大人握拳是把大拇指放在外面的，这样把大拇指掰开就可以了。这告诉我们什么道理？5个指头，大拇指是最另类的，它告诉你，不要把你的才华展现出来，不要太另类了，要收在里面，要内敛。同时，把手打开，拇指别打开，会发现拇指压在了无名指和小拇指下面的一个穴位上，这个穴位叫少府穴，这是心经的穴位。心是主神明的，心经和心有着内外密切的联系。握拳表示含有神气，所以养生最重要的就是神气养生。

　　第三大秘密叫做"未知牝牡之合而朘作"。牝牡就是男女，朘是指男婴的小生殖器，俗称"小鸡鸡"。婴儿不知道男女性，"小鸡鸡"老翘起来了，为什么？老子说了，这叫"精之至也"，精气充足了，是一种自然勃起。所以男同胞们阳痿，你光吃"伟哥"有什么用，要养精，这才是最重要的，精气足了自然勃起，这是第三大秘密。

　　第四大秘密是"终日号而不嗄"。什么意思？就是整天哭，但是嗓子不哑。这是一个真实的故事，世界歌王帕瓦罗蒂有一天觉得自己的嗓子太高了，总有一天会哑掉。突然听到隔壁一个婴儿在哭，连续哭了好几个小时，声音照样嘹亮。他就去观察这个婴儿是怎么哭的，观察之后，他就从婴儿的发音方法上找到了一种"帕氏发音法"，所以帕瓦罗蒂一直到死嗓子都没哑过。婴儿哭的时候是怎么发音的？他不仅是嘴巴在动，下丹田在动，中丹田也在动。中丹田就是膻中穴，下丹田在肚脐下三寸，四指并拢就是三寸，三指是两寸，两指是一寸半。还有哪里动？上丹田（印堂穴）在动，百会穴也在动。动的路线全是真气运行的路线，任督二脉上的穴位。老子发现了这个秘密，说是"和之至也"，和谐达到了极点。这几个穴一起动，一起达到了和谐。所以道家养生最大的特点就是阴柔、虚静、无为、不争。

　　那么儒家的养生呢？儒家是偏阳刚的，孔子有很多养生的言论，如关于饮食他专门提到了"十不食"（十种情况下不能吃），同时孔子还有两句名言，最后变成了成语，叫做"食不厌精，脍不厌细"，孔子还是一个美食家。儒家在养生方面，除了讲饮食之外，主要讲养德，所以儒家偏重于从伦理角度来讲养生。孟子就说了，"吾善养吾浩然之气"。"浩然之气"是一种刚健之气，是一种正气。这个气就有一点伦理道德的意思，品德上的极高者。所以他说要有"仁义之仁"，才有浩然之气。

佛家就偏重于从心的角度来讲养生，佛家讲心。我一般把心分为三个层面，第一个层面是心理，第二个层面是心智，第三个层面是心灵。佛家当然讲的是觉悟的心，觉悟的心即是虚空的，"尽虚空遍法界"，是一颗平常的心。佛法是要平平常常，叫"佛法在世间，不离世间觉；离世觅菩提，恰如求兔角"。佛就在我们心中，只要"明心见性"即可成佛。

人身上有三件宝：精、气、神，叫"天有三宝日月星，地有三宝水火风，人有三宝精气神"。儒家是偏重于讲气，从"气"入手，所以有"浩然之气"，而道家偏重于从"精"入手，特别注重保"精"；佛家偏重于从"神"这里入手，神就是心。按照中医的说法叫"心藏神，心主神明"。中医是把这三家汇集起来讲精、气、神。当然，道家也讲精、气、神，佛家也讲精、气、神，只是各自的出发点有所侧重而已，只要按照我们儒家、道家、佛家的说法来修炼我们的精、气、神，那就是绝对的养生。

那怎么来修精、气、神呢？中医有具体的说法，"精"是生命的基础，"气"是生命的能量，"神"是生命的主宰。我们还是回到太极图，"精"是在太极图上黑的位置，"阴精"，它的形状基本上是液体的；"神"在白的位置，"阳神"；"气"在中间，狭义的气在中间，是"精"和"神"的中介、桥梁，广义的气到处都有，精里面有气，叫精气，神里面有气，叫神气。人如果没有气，就断气了，人活一口气。

如何养精？精分先天的"精"和后天的"精"。先天的精就是指肾精。中医上讲：肾藏精。这个精主管人生命中的生育、发育、生殖，它是生命的基础，是物质基础。所以，广义的精包括了血、精液、水谷精微。什么叫水谷精微？就是吃下去的粮食、喝下去的水的营养成分，是人体需要的营养成分。所以先天的"精"就指精气，后天的精就指水谷精微。养精就从这两个方面入手。养先天的精这是生命的基础，人老肾先衰老，所以保肾就成为养生的第一要务，保肾有三条途径。第一是节欲保精。无论是儒家，还是道家，还是佛家，还是医家，都讲节制欲望。尤其是饮酒一定要注意，喝微量的红酒是有好处的，喝多了再去行房事，那就是最大限度地耗散你的精。第二条是饮食调理。按照中医的说法，所有的食物按照颜色分为5类，青、赤、黄、白、黑；按照味道分为5类，酸、苦、甘、辛、咸；按照属性分为5类，寒、热、温、凉、平。为什么要分5类？是按照五行来分的。从颜色上说，黑色有助于补肾精，如黑米、黑豆、黑芝麻、黑木耳、核桃、地黄等，地黄不是一种食物，而是药。为什么我要提一下呢？因为很多人说要补肾，肾虚就吃六味地黄丸。一定要注意，你要是肾阴虚，吃六味地黄丸是对症的，如果是肾阳虚，吃六味地黄丸是不对症的，不对症反而有害处，那要吃八味地黄丸，里面要加附子、肉桂。养生是要"求己"，但是有病了必须去"求医"。第三是穴位按摩。这个要经常做，要养肾经，经常进行穴位按摩。其中有两个穴位最重要，第一个是关元，关元就是下丹田，在脐下三寸。肚脐眼这个穴位叫神阙，肚脐眼很重要，千万不要随便露出来，对养生不利。另外一个穴位是命门，神阙穴（肚脐眼）正对的后方就是命门穴。这两个穴位怎么按摩呢？用两只手的手掌心劳宫穴来按摩。练的时候一定是精、气、神三个一起：左手在前，右手在后。左为阳，右为阴；任脉为阴，督脉为阳，所以要阴阳中合，养生就是阴阳中合，养生就是对中国文化基本精神的一种具体应用。中国风水学里一个基本的观点就是坐北朝南，所以左边的狮子肯定是公狮子，右边的狮子肯定是母狮子。

左手劳宫穴对准关元竖着放，右手的劳宫穴对准命门横着放，横放的时候，两边膀胱经上有两个穴位，这个穴位叫肾枢。竖着放的时候，前面几个穴位基本上都盖住了，包括前面的神阙穴基本上也都能盖住，后面把两边的肾枢都压住了。怎么做呢？闭着眼睛，全神贯注，前面顺时针，后面跟前面一样就可以了，也是顺时针，做几次之后逆时针。"顺为补，逆为泄"，补、泄都要做，光补不行，光泄也不行。当然，用力的大小都是有讲究的。那要做几次呢？6的倍数。为什么是6的倍数？6这个数是有讲究的，是一个术数，代表水。6就是补水，肾是主水的。就这么做，做6个倍数，60、120下，到后来就不用再数数，集中注意力后就不必要数了，用意念让心肾相交，直到微微发热。为什么？因为肾为水，水最怕的是什么？水怎么才不流动？结冰的时候，所以水最怕的是冷。随着年龄的增长，一般都是肾阳虚，年轻人多是肾阴虚，所以一定要保暖，这是养精的三条。

养气就简单说一下。气也分先天之气，后天之气。先天之气是肾精的元气；后天的气有几种说法，其中一种是中气（呼吸之气）。中气是可以练的，怎么练？深呼吸。深呼吸，这个太简单了，实际上呼吸有两种，一种是顺呼吸，一种是逆呼吸。真正的顺呼吸是吸气的时候腹部隆起，呼气的时候腹部凹下去，这是顺呼吸；呼的时候，肚子也呼，吸气的时候肚子也吸，这叫逆呼吸。按照道教的说法："顺为人，逆为仙，只在其中颠倒颠"。但是，自己练的时候最好不要练逆呼吸，这样练了之后，中气就足了。

最后一个字是"神"，怎么来养神、练神？很简单，就是要修心，儒家叫正心，道家叫静心，佛家叫明心，医家叫调心。饮食、起居、运动，这些所有的有形的东西都必须要灌注一个"神"在里面。中国人养生最大的特点是"形与神聚"，讲究"阴阳中和"。

让共和国的五星红旗在极地上空飘扬

—— 中国极地人在地球南北极留下奋斗的足迹

鄂栋臣

鄂栋臣

武汉大学教授、博士生导师，
国际欧亚科学院院士，中国南
极测绘研究中心主任，极地测
绘科学国家测绘局重点实验室
主任。先后 7 次远征南极，4
次赴北极考察。主持了 26 年南
北极测绘科考研究项目，系中
国第一幅南极地图测定者、中
国第一个南极地名的命名者。

"让五星红旗在极地上空飘扬——中国极地人在南北两极留下奋
斗的足迹"。为什么说是奋斗的足迹？因为地球两极是非常特殊的区
域。我们国家科技工作者从 20 世纪 80 年代开始，为了把五星红旗插
上南北极，为国家在国际上占得一席之位付出了艰辛的努力。

南北极概况

地球南北极确实是一个特殊的区域，是我们居住的星球上特殊的

区域。南极大陆有 1400 万平方公里的土地，最高的山峰海拔 5000 多米。地球的北端不是一块大陆，是凹下去的一片海洋，就是北冰洋。北冰洋的形状和南极洲差不多，北冰洋的面积是 1400 万平方公里，最深处是 4000～5000 米。南极、北极——地球两端这两个特殊的区域是对称的，但是这个对称是正负对称，一正一反。南极是凸出去 1400 万平方公里的陆地，地球北极是凹下去 1400 万平方公里的北冰洋。

在一亿八千万年前，地球的南极极点上没有陆地，也是海洋，当年南北美洲、非洲、大洋洲包括南极整块大陆是连体的，叫冈瓦纳古陆。冈瓦纳古陆到一亿八千万年前开始慢慢裂开，裂开以后，大面积的陆地慢慢漂移。到了九千万年前，它的极点开始慢慢漂移，到了三千万年前才漂移到这样一个状态，就是现在的南极。所以，地球南极的大陆是大陆漂移的结果，是一块大陆漂移到那个地方形成这一块孤立的大陆，所以它和北极一正一反是冈瓦纳古陆漂移的结果。

地球南北两极是很特殊的地理位置，尤其是极点。如果有一天你到极点上面，你会感受到时间观念和空间观念发生变化。什么叫时间观念和空间观念？时间，极点以外的地方是一天 24 小时，一个白天、一个黑夜，一年 365 天。在极点上，一年是一个白天和一个黑天，365 天变成一天一夜，没有春夏秋冬之分；"东南西北"方向观念不存在，你所看到的太阳整天是在地平线上转大圈的。

当有一天真正到达这个极点，你一定会很激动。我是 1996 年 4 月 4 日下午 3 点 25 分到极点的，当时是跟着香港考察团去的。我的任务是把北极点找出来，北极点是一个几何点，茫茫的北冰洋哪个地方是北极点，没有鼓出来一个端点让你看到。茫茫的北冰洋是一个几何位置，卫星定位找出了 90 度 0 分 0 秒，正是地球自转不动的北极点，当时我们很激动，狠狠地在地球的端点——一辈子有这一次机会——跳起来踢了它一脚。我们一共 10 个人花了十分钟，抓住千载难逢的机会，围着地球跑了好几圈。地理老师讲过驻地日行 8 万里，我们是围绕地球跑一圈。

在极点上，因为地理位置特殊，还可以看到很奇特的物理现象和奇观，那就是极光。极光是只有地球两极才可以发出的奇特光芒，我曾有机会见到，也是在1996年4月。当时北极点测出来了，晚上老外把我们拉到一个空旷的野外去看这个天象奇观，当时我惊呆了：整个天空出现了虚无缥缈的、五彩缤纷的、像无数丝绸彩带在空中飘扬一样的现象，那就是极光。极光是一种特殊的自然现象，非常漂亮。

人们都想去像地球两极这样一个五彩缤纷而奇妙的世界，但是想去并不容易。因为那里地理位置特殊，自然环境非常恶劣，尤其是南极，南极被称为地球上的寒极、风极、白色的沙漠。

南极最低的温度达到零下89.3℃，人为制造的温度也没有这么低，迄今为止人类居住的星球的最低温度是南极零下89.3℃。零下89.3℃是什么概念？就是一块钢板往空中一抛，打在地上就像一块"玻璃"，眼睫毛都结冰了，呵气成冰；南极又是风最大的地方，风速达每秒一百米，12级大风的速度才每秒30米，被这种风吹，人就像片树叶子一样被吹跑了，风可以把人杀死；南极的石头，脚指头、脚指甲形状的都有，这是自然的巧夺天工，是风把石头吹成这样的，风吹石烂，所以南极被称为地球上的"风极"；南极是白色沙漠，南极是冰天雪地，90%是常年不化的冰盖。冰平均厚度是2000米，最厚的是4800米，其冰储存量可以算一下：1400万平方公里×2000米，储存量基本上接近3000万立方公里。如果这3000万立方公里的冰全部融化成水，可以使全球四大洋海平面升高60米。升高60米是什么概念？升高60米非同小可。随着全球气温的变化，海平面一下子涨高60米，整个地球绝大部分成为汪洋大海，中国淹到三峡了。现在为什么这么关注全球的环境？哥本哈根会议讨论的低碳排放量，都是来源于南北极，按目前状况，最终发展的趋势非常危险。

现在，南北极的积雪融化速度触目惊心。南北极的变化像放大镜，对全球环境变化具有指示器的作用。南极的冰雪在融化，夏天到南极去都是光秃秃的，只有沿海或是冰盖。1984年，我初次到南极的时候，看到还有一些古冰川、冰溶洞，现在什么都找不到了。大规模的冰山倒塌，冰雪在融化，目前这个发展趋势对人类生存造成很大的威胁。

北极的问题同样严重。从 1979 年到现在 20 多年的时间，整个北冰洋差不多都化掉了。一旦融化，欧洲的船经过北冰洋，很快就可以从马六甲海峡通过，就不用从大西洋绕地球半圈，给交通带来巨大的便利。如果再过几年，科学家预测，夏天的北冰洋要是全部融化了。它的融化将给人类带来巨大的经济效应，以后北极通航，大西洋到太平洋几天就可以过来，穿过北冰洋再也不要破冰船。同时，冰雪化了之后这个地方的资源开发利用很方便。单单北冰洋的天然气和石油就占现在人类的天然气、石油总量的 1/4，储存量非常大，这个资源对人类未来的诱惑也非常大。

在 2007 年，俄罗斯首先发现这个能带来经济效益的目标。俄罗斯像"神经病"一样，跑到北极点 4000 多米深的水下搞一个机器人，插上俄罗斯的一面国旗。这面国旗插下去，给将来考古的人一个证据，为什么？这非同小可，表明俄罗斯的大陆架从西伯利亚可以延长到北极点，整个北冰洋的资源环境主权属于俄罗斯，俄罗斯有这么长远的战略眼光。当然，俄罗斯这一行为，马上把北冰洋沿岸国家惊动起来，美国就把占地司令部直接设在阿拉斯加，加拿大的总理马上到北冰洋视察，挑起这些事端都是为追求经济效益。

南极的资源也非常丰富，世界上最大的煤田在南极，最大的铁矿石在南极，南极的铁矿可以供全世界开采两百年。南极还有各种稀有金属，那些东西都是以原生态保存在那里。南极有地热，有火山口就有地热。

南极不仅有丰富的矿产资源，海洋资源也很丰富。南极有鲸鱼、海豹、企鹅。企鹅也是资源。鲸鱼是庞大的海洋生物，储存量非常丰富，海上航行最壮观的就是看鲸鱼的表演，非常壮观。还有一种资源值得一提，是磷虾。这种虾个头不大，但是虾除了壳，身上的肉含蛋白质是海洋生物资源中最高的一种，比对虾含蛋白质还高。这种虾的储存量大得惊人，用一个数字对比来表示，南极磷虾的储存量，把全球人口体重的总和加起来，还不到磷虾储存量的一半。南极的磷虾将成为地球上人类取之不尽、用之不竭的蛋白源仓库。除了磷虾以外，还有几种资源，海豹、海狗。南极的海豹是成堆的，到处都可以看到，尤其是那种小海豹、海狗。海豹全身都是宝，肉可以吃，皮可以用，重的海豹有两三吨。除了海豹还有企鹅，企鹅的储存量也非常大，漫山遍野，看不到尽头，非常壮观。企鹅有个特点，繁衍后代是雌企鹅下蛋、雄企鹅孵蛋。雌企鹅下两个蛋后交给雄企鹅，雄企鹅非常谨慎，两个月站在狂风暴雪中，不吃不喝等着两个企鹅蛋孵出两个小企鹅来。雌企鹅下了企鹅蛋之后到海里面去揽食，雄企鹅两个月孵化出小企鹅来，雌企鹅才回到陆上。

极地考察的目的和意义

全世界为什么都到南北极去？因为那里有很多的矿产资源。我们的目的首先是科学研究；其次，我们到南极去是为了国家的权益。大家知道什么是权益，这里矿产资源这么丰富，中国人应该有一份，各个国家都想分一杯羹，前提是要进行科学考察。要想利用它的资源，必须要解决一个前提条件，就是领土权归谁所有。南极1400万平方公里的领土权归全人类所有，为人类所有了之后有一个条件，就是哪一个国家在南极有考察活动，才能占有南极的一份权益。

首先，科学研究的价值。南极这个地方科学研究价值很大，尽管我们的"神舟六号"上天，通过宇宙飞船了解太空，但是我们对自己居住的星球上南极的很多神秘的科学问题还没有完全解开。比如，南极臭氧层是怎么形成的？为什么南极上空有，北极上空没有？臭氧洞对人类生存威胁很大，它会不会不断扩展？如果整个大气层把臭氧层破坏掉，人类怎么生存？这些都值得研究。

除了臭氧洞以外，南极还有冰下湖，听起来像奇闻一样。南极下面有很多淡水湖，其中最大的一个淡水湖在原来的苏联站底下，1万平方公里，像西伯利亚贝加尔湖一样大的湖。这个湖水深有4000米，300米的沉积物就埋在4000多米冰的底下。这个湖有沉积物，底下有淤泥，说明它可能有生命存在。这个生命存在是什么样的形式？这个湖下面与大气、阳光隔绝了100万年，4000多米的冰把它原样密封在那个地方。湖底下一旦打开，取出一滴水和污泥，对科学研究都将是无价之宝、价值连城。因为那是一百万年前原汁原味的淡水有机物，非常宝贵。

神秘的矿藏资源后面带来的肯定是权益问题。什么叫权益？权益就是这个土地归谁所有，这牵涉到领土权的问题。南极这1400万平方公里现在没有划分给哪个国家。20世纪70年代、80年代有7个国家提出要瓜分南极。它们有理由，说它们跟南极过去有什么关系，如澳大利亚、新西兰、法国、阿根廷、智利。美国人不和你争，美国人是凭他们的实力，科学精确考察到哪个地方有利，就把车开到哪个地方，站建到哪个地方。美国最远的一个站建到南极极点上，叫做阿蒙森—斯科特站，就像一个城镇一样，现代化的设备齐全。

除了美国以外还有苏联，它不是到处要求领土，苏联的战略眼光很远，它围绕南极一圈很均匀地布设了八个苏联站，将来分领土的时候，哪一个地方都少不了它。这样一来，牵涉的就是未来领土权的问题。另外，一些小的国家想了很土的办法，动员新婚夫妇去那里住，繁衍后代。生个小孩，什么意思？那个小孩生下来意义很大，国际条约规定，不管是哪一个人，你只要是在那片土地上降生的，你始终在那个地方获得生存权。填籍贯那一栏，世界上有7～8个国家的七八个小孩是在南极大地上降生的，这就是阿根廷和智利的小孩，只有这七八个小孩的户籍可以理直气壮地写上"南极"两个字。这为它们将来的领土舆论做好准备。这就是冰冷的大地与火热的领土欲望。

还有第三个超级大国——中国，但在1984年前中国没有人到过南极，在南极偌大的土地上看不到中华人民共和国的国旗。正因如此，1983年开第12届国际南极条约会议的时候，中国人没有发言权，被赶出会场。南极是这么平等、公平的地方，不管国家大小，谁有本事插上国家的一面国旗在那里，建了科学考察站，别的国家就承认你有发言权，国家大也没有用。这让很多中国人感到无奈和耻辱。

但是从十一届三中全会召开以来，实施改革开放政策，我们国家慢慢苏醒。从 20 世纪 80 年代开始，中国人决心也要到南极去，不能因为南极这个问题，我们在国际上这么受气。所以，1984 年 6 月 25 号中华人民共和国政府向全世界宣布，中国人在 1984 年底派出第一支南极考察队远征南极。南极，这块 1400 万平方公里的土地应该有中华民族炎黄子孙的立足之地，南极这么丰富的矿产资源应该有中国人的一份。

大家看，外国搞得这么早，智利在南极的乔治王岛，把南极省的省会设到这里，不要小看这几幢红房子，是为智利的南极省会设的，三个集装箱有邮局、小卖部，还有一个银行，这个银行有 4 个国家的货币可以兑换，不要小看它，功能齐全。智利南极省的省会就屁股大的地方，它为了配套这个东西，有居民点，有小学，13 个小孩，2 个小学老师在那里上课。这个地方设备很齐全，居民点、教堂这一套都享受公平的待遇，因为它作为南极省的省会，是为表示领土权的欲望，一切都按智利的待遇。

我们的考察站离它很近，可以沾沾光，打电话回来很便宜，就像从智利打回来一样，否则在长城站打国内的电话，用卫星电话，很贵。那个地方 20 多块钱人民币就可以打一分钟，手机也可以用。中国人当然要到南极去，我们为什么不能去？在智利上学的小孩跑到那里上学干什么？这都是为了权利，为了利益。

极地科考需要具备的素质

去南极，国家要有实力。除了实力以外，你要真正把五星红旗插上南极大地，必须要具备两种精神，就是顽强拼搏、勇于献身。用毛主席的话讲就是一不怕苦，二不怕死。中华民族炎黄子孙应该具备这两种精神，这是中华民族的美德。首次南极考察在 1984 年，出征的时候，当时大家争着为第一面五星红旗插上南极大地去立功、做奉献。出发的时候，每一个人都要跟国家签一个协议，这个协议内容就是去南极是自己自愿的。船上带着一些装死人的塑料袋，告诉大家，谁遇到危险死了，就用大塑料袋装着，冻在冰冻底下，把他带回来，但是大家争前恐后地去。

在南极考察，我经历过长城站、中山站首次建站。建长城站遇到12级的大风，狂风巨浪，万吨巨轮就像一条小帆船一样，头栽到水里面去，一下子就要刮断，全船覆没。听船长指挥，我们向国内发了电报，我们的船在南极时刻有撞川覆没的危险，但谁也救不了它。建中山站的时候遭遇更大的危险，当时我们的船在登陆20公里的地方，开了20多天开不进去，因为冰层无法破除，后来从一条冰缝里面挤进去。要登陆的时候，突然十几个平方公里的冰块从南极大陆一下子滑下来，这是多大的能量！像原子弹爆炸一样，以迅雷不及掩耳之势朝着船打下来。好在船启动得快，要不然这个船就像鸡蛋碰卵石一样全船覆没。后来，冰慢慢融化了，我们出来了。外国人说，不要说一年，就算5年，中国这条船也别想开出去。但我们开出去了。

除了不怕死，还要不怕苦。到南极去很苦，沿途都很苦，不是吃饭苦，问题是怎么到南极去？坐万吨巨轮漂洋过海。那是什么滋味？平常诗人描写大海，蓝色的波涛，白色的海鸥，站在万吨巨轮上非常有诗意。实际上，坐万吨巨轮到南极，去把这面五星红旗插上去，把科考站建起来非常艰难。首先是晕船，晕船的时候，有些人把黄胆水都吐出来了。我第一次出东海就遇到台风，船大幅度颠簸摇晃，坐立不安，当时60%的人都要晕船，那个晕船不是和晕汽车一样，几个小时、一天两天。海上来回三个月，晕得你什么都不能吃，水一喝下去就会吐。晕船的人消耗体力很大，不晕船消耗体力也很大，在船上大幅度颠簸摇晃，坐也坐不稳，躺在床上前翻后滚，有的人被甩下来，把胳膊腿摔断。所以，你们想减肥、苗条，坐万吨巨轮效果最好。

我记得1984年12月26号，我们第一次到达南极海域的时候，当时非常激动，看到南极就跳起来，说中国人来了。但是登陆的时候发现，我们原来打算建科考站的海滩被外国人先占领了。南极这个地方谁先占住就是谁的。外国人怎么抢的？外国人把一个科学考察站建好以后，在野外考察的时候发现有一块海滩，比较平坦，夏天冰雪融化掉，容易登陆。他们回去汇报，迅速造了一个木头屋，甚至一个集装箱，用直升机吊到那个地方一放，竖一面国旗，竖起来就是国家的主权，谁也不敢动这面国旗。如果你拿掉，这会侵犯别国的主权，谁也不敢动你。

当时我们要建站的海滩被一个小国家乌拉圭抢在前面，在那里建了几栋小房子，国旗飘在那个地方。当时乌拉圭对大部分海滩还没有占住，我们的指挥部说，我们还是要朝乌拉圭的海滩登陆，选好站。乌拉圭是一位空军中校带队，一共有 12 名考察队员。我们上去以后，说要跟你们做邻居了，挨着乌拉圭建一个中华人民共和国考察站。当时乌拉圭不敢阻挡中华人民共和国，他说欢迎。乌拉圭空军中校的一个队长问我们首次南极考察来了多少人，我当时告诉他，两条万吨巨轮，600 名考察队员。我当时看到这个空军中校两个眼球要跳出来，发呆了。因为在南极考察史上，能够一下子来 600 名考察队员是从来没有过的。其实，真正的南极洲登陆队只有 54 个人，其他是海军官兵、船员，还有海洋科学考察队。

后来指挥部说，我们建一个独门独户的站，12 月 29 号选站址选在现在建长城站的这个地方，这个地点很难选。这个海滩很大，两块海滩连在一块，夏天冰雪都融化了，海滩、丘陵露出来。当时很高兴，指挥部说赶快建在这个地方，画了一张地图——我画的时候写上"长城海湾"，这个海湾的名字就叫"长城海湾"。"长城海湾"写上以后，新闻媒体一报道，国外媒体很多记者也报道，说中国南极长城站建在长城海湾旁边。"长城海湾"是中国在南极第一个命名的地名，它的草图保存在湖南省历史博物馆。

12 月 30 号，我们登陆的时候又碰到一个问题，又有两面国旗竖起来了。那两面国旗空荡荡地插在这个海滩上，一面是智利的，一面是西德的。当时，我们非常气愤，外国人要跟我们抢地盘。当时我们组织了一个七人谈判小组，跟他们谈判才予以解决。在南极每次建站，都碰到领土权益之争的问题，不要看它是在冰凉的土地上，为了国家权益，也要抢占好地盘。

现在我们国家在南极建的站有长城站、中山站，北极有黄河站，整个地球框架布局建起来了。长城站是 1984 年建的；中山站是 1989 年建的，这个站对着南极大陆，在南纬 69°，进了南极圈。第三个科学考察站昆仑站是 2009 年 1 月份建的，我重点介绍一下昆仑站，昆仑站真的很了不起，是中国人在极地的重大成果。

我们国家原来都是在海边建站，昆仑站将五星红旗插到南极内陆。昆仑站这个地方非常特殊。南极 1400 万平方公里的陆地，有几十个国家在那里建立科学考察站，但大部分是在沿海，其中有四个地理特征点科学研究价值最高。

第一，南极点。南极点正好是地球自转不动的那一点，南极点被美国人占了。第二，南磁极点。南磁极点不在中间，在南极大陆边缘，南磁极点是不断移动的，现在这个南磁极点被法国人占领了。第三，冷极点。地球上最冷的一个点是冷极，不是北极，也不是南极点，在苏联的东方站，最冷时零下 89.3℃。第四，冰盖最高点（Dome A）。之前从来没有人去过，不敢去也不容易去，现在中国人把它占领了。

当时我们计划 2005 年把最后一个地理特征点占住，后来得到情报，欧洲人准备派考察队占领最高点，我们赶快提前，所以 2005 年元月份，我们派了 13 名勇士挺进 Dome A。当时第一步是要把它找出来，从中山站到那个地方有 1400 公里，这 1400 公里异常难走。南极考察最害怕的是冰裂缝，南极大陆 2000 多米高的冰，很多地方裂开，很多冰裂缝纵横交错。由于厚厚的雪层把它遮住，冰裂缝从上面是看不到的，进去的时候一碰到，无论人、汽车都掉下去，万丈深渊，谁都救不了，需要用遥感技术把冰裂缝先测出来，避开冰裂缝，这也是行程中最艰难的。排除万难，最后把最高点给测出来，唯一的最高点是在南纬 80 度 22 分，东经 77 度 21 分，高度是 4093 米。2005 年 1 月份我们找出来以后，就插上一面五星红旗，直到 2009 年元月份才去建这个站，五星红旗插上南极冰盖最高点。

除了南极，北极考察的重点区域，一个是北冰洋，一个是斯瓦尔巴特群岛。北冰洋完全是海洋，1999 年开始海洋考察，我参加了首次北极考察。北冰洋周围有 8 个国家，北极圈以内的领土人家都有主权，我们没有地方建陆地基础站。1999 年北冰洋考察后，外交部去查文件意外发现，当时挪威管辖的斯瓦尔巴特群岛，在第一次世界大战之后是一个有争议的地方，有 6 万平方公里。为了解决斯瓦尔巴特群岛的争端问题，1925 年在巴黎召开了国际条约会议，当时中国政府（北洋政府）也参加了。条约中有一条规定，凡是 1925 年参加会议签了条约的国家，今后在这个岛上有权开矿、捕鱼、建立科学考察站。于是，利用这个条约，2004 年我们在斯瓦尔巴特群岛上建立科学考察站——黄河站。

随着我国经济的发展和极地科学考察事业的发展，国家有钱了，现在有破冰船。我们"雪龙"号破冰船走南闯北，这个破冰船从上海出发，经过新西兰基督城，再到长城站；从长城站出发，考察、卸货之后到中山站；到中山站之后从大西洋绕过去，再回来从澳大利亚西边、马六甲海峡一带经过台湾海峡，回到上海。现在北冰洋化了，我们经过日本海峡、斯卡格拉克海峡，经过柏林海，进入北冰洋，可以到大西洋、斯瓦尔巴特群岛的黄河站。国务院已经批准，花十几亿、二十几亿造中国自己的破冰船，以前的破冰船都是买欧洲的，中国的破冰船 3 年以后就要下水，我们极地科学考察走南闯北的支撑力量将变得更强大。

南极是一块白色大陆，一尘不染，非常干净，是地球上唯一没有受到污染的一块圣土，空气非常干净，那个地方对环境保护要求非常严格。每个国家都会把垃圾拉回本国来处理，这是文明的表现，世界上各个国家都是这样。南极是人类共同的财富，需要大家共同维护和保护。

最后，我要告诉大家，每一个炎黄子孙一定要立志神州、报效祖国，不管走在地球的哪个天涯海角，都有一个共同的家，这个家的名字就叫"大中国"。成长在太平盛世"大中国"的青年，要立志成才，刻苦学习，将来能够为报效祖国贡献你们的聪明和才智。我们现在插上地球南北两极的五星红旗，靠你们在座的年轻一代将来为它增光添彩！

玉树地震与慈善行动

徐永光　沈小平　房 涛

徐永光

法学硕士，南都公益基金会副
理事长兼秘书长，中国青少年
发展基金会副理事长，第九、
第十届全国政协委员。1989
年，徐永光在任中国青少年发
展基金会秘书长时创建希望工
程。2007年，徐永光转任南都
公益基金会副理事长兼秘书长，
开始打造自己的第二个希望工
程——旨在改善农民工子女成
长环境的新公民计划。

沈小平

江苏通鼎集团有限公司董事长，
多年来共为慈善和社会公益事
业捐款近8000万元。江苏省首
届慈善之星，2010年4月被国

家民政部授予"中华慈善奖·最具爱心捐赠个人"。

房涛

深圳市慈善会秘书长，职业慈善工作者。

快速 理性 专业 合作
慈善行动中的民间力量

徐永光：4月14日晨，玉树发生7.1级地震，当天上午我就接到两个电话：一个来自国际美慈组织，他们已经正往灾区赶；另一个电话来自四川的"5·12"救助办公室，他们也已经组织救援队伍出发。"5·12"救助办公室负责人说了一句让我非常感动的话：今天是"5·12"救援"4·14"。

中央电视台报道，最早赶到玉树灾区的救援队伍来自四川。我当时想，最早赶到的救援队到底是政府还是民间组织？我想，政府行动是很快的，力度很大，但是政府也有一个决策的程序，通过决策程序决定以后再组织救援队伍，时间还是会稍微延后一点。民间组织可以立即做决定，马上出发，所以虽然中央电视台没有说来自四川的救援队是政府的还是民间的，但我判断很有可能是民间的。

我今天主要讲的是这些民间组织的慈善行动，包括一些基金会、民间的公益服务机构，或者叫草根组织的行动。简单概括一下，这次民间组织参与玉树地震救援的特点表现在四个方面：第一是快速，第二是理性，第三是专业，第四是合作。

所谓快速，这次和汶川地震一样，行动非常快。汶川地震的第二天，我们就联络了50多家基金会，发表联合声明，同时马上采取行动。这次玉树地震之后，除了四川的这些非政府组织（NGO）马上行动以外，在当天就开始行动的还有国际美慈组织、儿童基金会、壹基金等等。第二天我得到的名单表明，已经有20多家基金会开始行动并到达灾区。行动非常快的有大的机构，像中国青少年基金会4月17日就在玉树建立了第一所希望小学，叫做"孤儿希望小学"；还有本土的NGO，当时反应最快的是青海的格桑花西部助学网，他们在灾难发生后41分钟就马上组织队伍出发到灾区去救援。格桑花西部助学网和深圳有密切联系，深圳市罗湖区的义工联马上和格桑花西部助学网联系，问他们需要什么帮助。还有青海一个名为"民和残障人士医疗康复保健中心"的机构，他们在第一时间向全国发出灾区求助信息，并提出，如果民间组织到青海参加救援，他们会提供各种帮助。

再讲秩序和理性。这次玉树地震发生后，没有志愿者盲目行动的情况，志愿者到灾区都是跟随民间组织去的。民和残障人士医疗康复保健中心，一方面协助民间组织向外界发出求助的申请，如他们代表格桑花西部助学网向南都公益基金会申请资助，我们在4月15日马上把资助送到格桑花西部助学网；另一方面，民和残障人士医疗康复保健中心还就玉树NGO救灾列出了25个问题，包括如何处理好民间组织和政府的关系，如何建立信息平台，基金会如何和草根组织合作，外来的志愿者如何注意高原反应，等等，非常理性。如此的秩序和理性出现在这样一个草根组织，不能不让人刮目相看。

还有就是专业。这次我们发现在玉树地震灾区有一支非常专业的队伍，叫做"长期照护全国联盟"，70多名专业护理员在几天之内就赶到了西宁，对受伤灾民进行专业护理。别人处理不好的事情，这些专业护理员去了就做得非常好。一个小个子女护理员可以把一个大个子病人搬动，本来是两三个人都觉得没法抬动的，但是她有专业技能，就能搬动病人。这次救援中表现非常明显的就是有一批专业队伍来到玉树。

还有个特点就是合作。这次玉树救援中的民间组织，不管是大的还是小的，是有官方背景的还是草根的，都合作得非常好。当时在玉树开了会，成立了民间组织的协调组织，大家互通信息、协调资源。对于草根组织的资助，除了友诚基金会、南都公益基金会外，还有一些基金会也要拿出资金来支持青海的草根组织，据说要拿出 1000 万元。青海的草根组织数量不少，但这些机构过去主要都依赖外援。我提出：这次玉树地震，我们要争取用本土的资源来支持它们参与紧急救援和灾后重建。

只有起点　没有终点
慈善是企业家的第二事业

沈小平：做慈善有个理念，即如果在温饱问题都解决不了的情况下，做慈善是很辛苦的，最好是从发达地区开始做。从发达地区开始做慈善，就会引起反响，起一个带头作用。深圳的经济发达，苏州也是经济发达的地区。

我们公司是做通信光纤光缆行业的，此次玉树地震后的第二天，玉树方面就打电话来订购光纤光缆，要了 300 多千米的 30 芯光缆。事情来得很突然，从苏州到青海行程一般要花 4 天时间。这次我们用了一个加急包车，几个驾驶员用两天两夜就把货物送到，我们组织了人力和物力把光缆以最快速度送到灾区。

做企业当然要关注企业的发展。企业发展到一定程度，就要走向慈善事业。我们从办厂那年起，每年拿出利润的 5% 到 10% 捐给社会做慈善事业。当然，做慈善事业也不能不顾企业发展，比如每年拿50% 的利润来做慈善，这也不太好，因为这就不能发展再生产了。要养活那么多职工，又要办企业、贷款，所以每年拿出利润的 5% 到10% 是合适的，有 1 个亿的利润，就拿出 500 万元到 1000 万元，每一年都要拿出来。企业做大做强的同时，企业家一定要把慈善当作第二份事业来做。如果要做大慈善就要把自己的企业做大做强，这样才能为社会多作一点贡献。

我讲一下做慈善会产生什么经济效益。经常做慈善的人每当做一件好事就会感觉心里很舒服，因为做好事以后，就感到踏实。我的企业这几年的快速成长，也跟我做慈善非常有关系。通过做慈善，企业能迅速积累人脉，无形中提升销售业绩。

慈善只有起点，永远没有终点。它跟生命不一样，人的生命是有限的，但是慈善是无限的。我认为，你如果想要有完美的人生，就必须奉献于社会。

先进理念　长效机制
制度慈善才是可持续之道

房涛：4 月 20 日中央电视台的慈善晚会显示，深圳市 16 家机构的捐助名列前茅。汶川地震的时候，深圳慈善会的捐助资金也是全国慈善会的第一名。我作为一名基层的慈善工作者，在第一线时时被感动着。我想，深圳这座城市，怎么能在 2008、2010 年两次捐赠中都能有这么突出的成绩？首先我想到的是这个城市独特的人文关怀。深圳是一座移民城市，每次在灾难发生的时候，我听到最多的是："我感同身受"。玉树地震的第一天，就有人拿了几千块钱来捐助，他说他是从那个地方来的，现在在深圳过得很好，但是家在那里。还有一个企业，玉树和汶川地震的时候，第一个大额捐赠的就是比亚迪。深圳是一座创造"首富"的城市，连续创造了三位国内的"首富"，同时，它也是一个具有独特人文关怀和包容精神的城市。深圳是改革开放 30 年的先锋城市，它有了经济基础，才会表现出这样的慈善力量。这是这个城市的内在需求，无论是机构还是企业，无论是在这块土地上成长、发达的企业家，还是爱心市民，他们在这个城市生活，有房有车了，或者说有一份好工作了，对未来充满希望，所以要回报社会。深圳这座城市营造了全民慈善的氛围，慈善是一种重要的生活方式。

我想讲一下如何建立慈善公益长效机制。深圳这座城市，每次大灾来临时，捐赠额都在全国名列前茅，但在常态捐赠这一方面，上海做得更好。上海现在每年常态捐赠都有4亿多元，有了这样的数量以后，才有能力去让更多的慈善项目浮出水面，孵化它、培育它，项目会做得更细，每个社区针对不同人群都会有不同的精耕细作的慈善项目。

美国的慈善捐赠80%都来自个人，而我国不是。中国的传统文化是多做好事就有好报。在西方是什么呢？在国外，有些国家的遗产税达到了55%，甚至达到了90%。比如说你有1000万元的遗产，你要交550万元的税。这种制度的设定是推动个人做慈善事业很大的力量。

再说企业捐赠。在国外，慈善是随着企业的发展一直做下去的，企业存在100年，就应该承担相应的社会责任，包括做慈善100年，慈善对企业来说不是战略问题，而是理念问题。但是在我国，更多企业捐赠是发自老板的良心。那如何保证它的长期发展？据调查，国外33%的企业对3年、5年以后的规划是清晰的，而我国只有12%的企业能预测自己5年以后能做什么。中国慈善事业发展在这一方面存在特别大的压力和挑战，也有特别多的事情需要做。

建立慈善公益事业的长效机制和先进理念，才是构筑中国慈善事业常态化、规范化发展的基础，也是企业可持续发展和企业生命之树常青的保证。我希望深圳作为一个改革开放的前沿城市，在传播慈善理念、弘扬慈善文化的同时，更多地探索先进的理念和方法，探索中国慈善公益的长效机制，这非常有意义、非常有示范性。哪怕有一些坎坷、有一些风险，我们这个城市也应该承担，在这方面的探索是值得的。

深圳率先提出建立普惠型社会，建设民生幸福城市，这为慈善事业的发展提供了更多的空间。我们需要反思慈善工作的理念，还有慈善事业的专业化、职业化运作，以及慈善效率、慈善资源整合能力等问题。其实做任何项目，如果你是一个风险投资公司，你找一个高科技项目的时候，总要考虑它的前景，考虑它是什么样的团队，考虑它的运作流程，它的成本控制、风险反馈、效果分析、财务。这些事情考虑好了以后，才可能投这个高科技项目。慈善难道不是这样吗？仅凭一颗好心、只要有爱心就可以做吗？不是这样的。今天来的很多专业工作者，你在做一个慈善项目时一样要考虑它的社会需求在哪里，派什么样的团队来做，或者是什么样的小组，应该联合社会的哪些资源来做这样的项目才能达到更好的效果，应该怎么去劝募，这个项目应该有怎样的科学便捷的流程，它应该有什么样的价值评估。其实做慈善，并不因为它不是做企业就来得单纯、简单，做慈善一样是要历尽艰苦和磨砺。

幸福不是必然的，难道慈善就一定是必然的吗？慈善需要整个社会的推动、呵护，需要所有人努力，包括慈善工作者的努力。

现 场 互 动

听众：徐先生，对"被慈善"这个词，我们怎么去理解？

徐永光：慈善，或者我们说的最通俗的就是捐款，一定不是由一种外界压力而引起的，而是完全出自你的内心，这样捐款才是快乐的。大家经常听到有些企业"默而不捐"，"默而不捐"就是举了捐款数额的牌子，之后又不捐了。有记者问我，现在这些企业为什么这么不诚信？我说与其说不诚信，不如说不情愿。其实他承诺捐款时内心是不情愿的，是出于某种压力。前不久陕西有一个县，政府4套班子出动，把这个县的企业界人士叫过来，让他们当场认捐，一顿饭捐款12亿多元，全部进入财政。你说这叫慈善捐款吗？这叫政府越权。政府是要依法收税，企业依法纳税。政府出面，让企业捐了将近13亿元全部用于教育卫生事业，这叫"被捐赠"，是对慈善事业的破坏。做慈善，无论是捐款还是参与志愿服务，都应该遵从内心的选择，一定是完全发自内心、是自愿的、是快乐的。任何不出于内心需要的行为，"被慈善""被捐款""被志愿"这些都违背了慈善文化的本质。

听众：我们联合全国一些有识之士建立了一个扶贫计划，主要针对农村一些最底层需要帮助的农民，为他们提供一个贷款信息平台，通过向城市中的个体募集资金来帮助这些农户。您觉得这是否算一种慈善行为？

徐永光：你也许走的是孟加拉乡村银行的道路，这个案例很具创新性，乡村银行的发展体现在资金怎么用是最有效的。其实关于慈善资金怎么用最有效，120年前美国卡耐基在《财富的福音》里就提出来了——富人应该把他们的钱拿出来，通过慈善组织改变穷人的生活能力，而不是去布施。他说如果那样去撒钱，还不如把95％的钱扔进大海。这是120年前美国"慈善圣经"里说的。乡村银行是一个慈善资金用于社会创新最经典的案例。20世纪70年代，穆罕默德·尤努斯在孟加拉做乡村调查，他得到了福特基金会1.2万美元的资助，他在调查过程中发现，有一些穷人特别是一些乞丐，给他们一点点钱，给每个穷人25美元，他们就可以做一点小买卖，结果做得都很好。慢慢地，他们就改变了自己的生活，不再去乞讨。所以福特基金会又给了他80万美元的资助，渐渐地发展成为乡村银行。这个乡村银行现在已经帮助400万孟加拉穷人改变了生计，而且在这个过程中，又有一个非常重要的创新，他的贷款只贷给穷人家的主妇，不贷给男人。这是因为男人把钱拿走后可能就去喝酒，妇女不会这样，她一定会很好地利用这个钱。就是这样一个举动，实际上改变了孟加拉妇女的社会地位，因为她们做得很好，还款率达到了98％。所以这个乡村银行现在已经在全世界70多个国家复制，包括我国。希望你能开拓这样的道路，当然也希望能够专业化地来运作。

创富与行善

钱为家

钱为家 ✎

灵思传播机构副总裁。

创富与行善的关系

"创富和行善"，意思是说人要先创造足够多的财富，才能够去执行一些做善事的行为。很多企业家会有这样的观念，企业能够生存，有余力的时候才能够去行善，去捐款，去帮助更需要帮助的人。然而，在社会上有更多默默行善的人，他们不一定生活很好或有很多的财富，但是都在力所能及的范围内去做善事。

前段时间《新闻周刊》全球百大影响人物评选，票选过去一年来在政治、经济、社会、文化、艺术等领域，对全球影响最大的百位人士。结果，这一百个人当中，华人有8人，在中国大陆、台湾有6个人。大陆包括韩寒，重庆的薄熙来；台湾宏基的总裁王振堂，因为个人电脑事业，特别是上网本的销售突破金融海啸的逆境，从他接掌总裁时的台湾第五跳到全球第二名，甚至在2010年第一季度超越惠普，成为第一季度全球笔记本电脑销量第一名企业，这是他成为百大影响人物的原因；李连杰——创办了壹基金；百度的李彦宏；台湾还有一个小人物，也入选了百大影响力人士，她叫陈树菊。陈树菊为什么能入选百大影响力人物？

她是台东市场的一个菜贩，台湾叫"欧巴桑"，一个卖菜的59岁的妇人。菜贩都是一毛一分赚钱的，但是她几十年来一直奉行"金钱最主要的意义是给予最需要的人以帮助"。她将几十年累积的钱分别分批次捐赠给需要帮助的人，包括孤儿院、母校图书馆、相关急难救助等。几十年下来，累积捐款高达1000万台币，差不多有200多万人民币。国际知名导演李安帮她在"百大影响力人物"的网页上写了一些关键的推荐说明语，他说：陈树菊这个人留给世人的——影响力的典范，不在于她钱捐得多或者捐得少，而在于她行善表现出来的自然，而且是理所当然地保持那种俭朴的特质，应该可以给更多的市井小民以启示——你不需要累积大量的财富，但是你也可以通过平常的积累逐渐地默默行善。

这个小故事说明，在舆论、媒体、一般市井百姓的心目中，一个人不一定要累积大量的财富之后才能去行善，只要有心，也可以为社区、学校或者需要帮助的穷人做这方面的工作。这不是"行善"和"创富"谁先谁后的问题，我今天要谈的一个主题应该是：我们不仅要去创富行善，我们更应该去行大善、创大富。也就是说，"善不应因小而不为"，这是传统的老话。我们认为，在未来，特别是在资源越来越紧张的情况之下，行善也会有相关的机会成本问题，也会有相关的资源运用效率问题。假如我们有更专业、更有效的行善概念和工具，我们就可以把有限的资源运用到能够创造更好成效的行善领域，能够创造更好的社会效应。

何 谓 行 善

第一，从过去的相关阅读和思考中，我感受到，一般人不一定会认同，就是慈善不等于公益。传统的观念可能会认为，慈善跟公益基本上是一体两面的事情，但是事实上从国内外的案例看来，慈善不一定就是公益。

2008 年，因为美国的次贷风波衍生的金融海啸，造成很多企业倒闭，造成很多相关员工的下岗；2008 年，还有另一个案例——雷曼兄弟公司破产，也是金融风暴的案例。不论是雷曼兄弟公司，还是美国两家房地产贷款机构——房地美和房利美，都是年捐款数以千万美金的大型企业，它们也会捐一批善款给相关的艺术、美术等公益团体；但是它们在捐款之余却忽略掉企业应该切实履行的公司治理和内部监控职责，造成企业运营不善，导致相关财务出现多米诺骨牌效应的不利影响，甚至造成更多企业的倒闭和员工下岗，而且造成全球很多大投资人血本无归。虽然它们做了一大堆所谓的企业捐款，但是它们却导致更多的社会成本。

美国有一家非常有名的公司叫高盛投资银行，它非常强调现代慈善公益事业，做了很多协助女性成长、教育、发展的工作，也是企业承担社会责任方面投资银行界的一个重要推手，甚至它也做了一些有关企业社会责任和上市公司股价之间关联性的研究。但是，高盛投资银行也因为金融海啸，出现一些衍生性金融商品的人为操作不当情况，而被美国的相关机构告上法庭。所以说慈善和公益，或者所谓企业社会责任，它们之间有很多的断层，二者并不等同。

第二，做慈善也有方法和专业要求，否则会出现很大的问题。中国的医疗消费非常高，如果有慈善家捐款盖医院去满足一般市民的医疗公益需求，它应该是一件好事。但是，有这样一个新闻，欧洲某些国家因为罪犯太多，监狱人满为患，就把一些轻罪的囚犯给放了。有人建议应该多盖一些监狱来收容或者处置这些囚犯。这是慈善工作吗？不是。为什么呢？

监狱是一个收容越过国家法律底线的人的机构，实际上等于一个国家的伦理道德教育、学校教育失灵之后一个最后的手段，把潜在的罪犯隔离到与社会大众生活无关的领域。犯罪太多也表示一个国家的相关学校教育和社会教育出了很大问题，比较好的方式不在于盖更多的监狱，而是应该从根源上寻找犯罪产生的缘由，尽量采取预防犯罪或是采取教育方式降低犯罪率。所以，捐赠修建监狱是一个治标不治本而且非常肤浅可笑的行动。同样的道理，如果我们把这样的观念转化到慈善公益中，很多慈善公益也充满了治标不治本的行动。

现在盲人太多了，假如有人建议捐赠修建一个盲人院、盲人收容中心，大家会捐赠吗？如果回答会，那就太冲动了。经过调研发现，全球4000万位盲人中有70%可以重见光明，不需要去盲人院。因为大部分盲人是因为白内障引起水晶体浑浊，光线透不进去，才看不清楚。像目前全球的医疗水平，只要30分钟的时间、200元左右的人工水晶体成本，就可以让一个失明的中年人重见光明，而且他们有工作能力，不会成为拖累，可以重新回到职场去赚钱养活家人。所以，修建盲人院的做法并不一定是最好的，也不是最能解决问题的做法。

进一步思考，什么是最能解决问题的做法呢？宣传引导很重要，就是预防失明，是白内障手术之外另一种积极的做法。这里就有一个问题，哪一类失明宣传引导最好、最有效？我在台湾做过一个调研，了解台湾几万失明人口导致失明的原因，结果很吃惊。造成失明的主要原因不是各位会经常接触到的白内障，或者青光眼，而是眼球外伤。眼球外伤是怎么来的？比如：工作的时候没有戴护目镜，碎屑就喷溅到眼球，造成眼球的损害，甚至整个眼球的视神经或者整个组织破裂；打高尔夫球的时候，一不小心整个眼球被球砸得爆裂；小孩子随着爸妈开车兜风，有时候开着天窗，或者是把车窗摇下来，高速行驶的时候，路旁的石头或者是其他飞行异物进入眼球，受伤了。

眼球外伤可以预防，但是现在因为没有多少人知道，所以这可以通过宣传引导来预防。按照世界卫生组织的方法查了一下，整个台湾因为失明造成的社会成本增加和社会生产力损失差不多29亿台币，而当局只花了500万台币用于做失明和预防的调查。所以，很多重要的防治措施没有人去"答理"，大部分人可能集中在看得见的或者是悲惨的、令人动容的相关事件，但是忽略了其中的逻辑脉络关系和解决问题的系统方案，造成很多问题仍没有办法解决，也造成很多不必要的社会事件不断重复发生。

假如有更好的专业技能和方法，可以把平常社会大众所做的一般慈善性工作和比较讲究战略和方法分析的慈善作一个区分，我们把后者界定为一个比较接近大慈善、大公益的概念，我们希望透过这样一种行动，追求的不光是个人的精神报酬与满足，更能促进社会效益。就像失明，失明的问题不光是解决失明者看不见、需要别人扶持的痛苦，我们更可以让一些可以重见光明的人能重新创造社会生产力，能够重新抚养家庭、报效社会和国家。

哥伦比亚的一个经济学者调查证明，全球的失明以及近视者——他甚至把人群扩大到近视眼——全球失明者有4000多万，加上高度近视所引起的自主行动能力下降的人口，差不多1.5亿。这些近视人口所造成的社会生产力损失有1200亿～2400亿美金。他认为，假如有平价而且质优的眼镜提供给这些付不起钱的贫穷人口，就可以协助这些人为社区、国家创造更多的社会生产力。这些就是传统慈善事业忽略掉、现在的公益事业可以去创造的社会效益。

如 何 行 善

第一，慈善要有社会效益。

我们进一步希望把慈善公益的规划层次作一些切割。救济、济贫可能是最基本的慈善形式。我看到贫穷的人、急难的人，心有不忍，希望能够通过捐款来解决他们的问题，但是那可能只是一个短期的行动。台湾曾经有一个案例，有一个"流莺"（流动妓女）被警察抓了，媒体采访问她为什么做"流莺"，她说家里有两个刚出生的孩子，需要买奶粉钱，因为孩子的爸爸早已不知道跑到哪里去了，自己还有很多疾病。此案例经媒体报道，大家觉得她太可怜了，所以大笔的捐款就涌向那个"流莺"。她非常感谢这么多善心人士，还说会好好教育这两个小孩，会好好做人。结果，半年之后又抓到这个"流莺"，还是重操旧业，虽然她已经有几百万的捐款。所以，就单纯的基于善心所施、没有经过调研的慈善来讲，这种短期的慈善行为通常不太容易经得起考验。这也是很多人会把慈善事业用中长期的视野去规划和思考的原因，越来越多的人希望把更多的资源用在教育或者用在治病上，而不是救急救穷。

更多的人认为，与其帮助一个人，不如帮助一群人，而且被帮助的人越多越好，社会效益会越来越高。所以碰到天灾赈灾时，捐款就非常踊跃，远比单一个案更具有魅力，因为它更符合社会效益最大化的目标。现在全球的趋势是，慈善公益行动最好不要光做短期效益的，应该要有中长期的规划，而且不要集中在单一个案，最好是有整体的社会效益。中国现在也在谈社会企业家，鼓励大家不只要做公益，最好把公益事项做成一个有社会理念的企业，可持续地发展，捐款者也会更乐于提供相关的资源，去协助社会理念的落实。

更多的人会思考，与其只是 MPO 公益组织去做社会企业家，不如鼓励更多的企业去承担社会责任，中长期的行为可能会越有效果。为什么呢？我们平常做慈善公益，除了个人的心理满足之外，更重要的是我们可以协助解决社会问题。假如慈善只是为了个人的心理满足，没有任何解决社会问题的能力，那样的慈善只能叫"宠物项目"，就像你买一只小狗、小猫一样的道理，只是满足个人的喜好和需求。

假如我们需要解决社会问题，就要思考社会问题从何而来，社会问题是谁造成的。企业是经济成长的动力，越大的社会问题或许是创造财富越多的单位所造成的。很多企业家一不留神，可能就会是社会万亿成本的来源，包含污染、环保、强迫劳动、破坏和谐的劳动关系、夸大不实的广告、产品质量、食品安全等问题。

假如我们的慈善公益最主要的目的是解决社会问题，创造社会价值，鼓励的不是个人，而是帮助广大的企业家们树立更好的诠释社会公民、企业公民的理念，能够自觉地采用社会责任管理，去监视供应链，从生产原材料进厂，到产品出厂，后续的营销服务跟废品回收的整个作业环节，以及生产运营、人力资源、财务研发整个环节，要有更具社会责任感的战略管理做法。这样能快速降低可能的社会成本，而且还可以提供相关的公益企业运营资源，对接不同的社会发展议题，与不同的公益服务组织合作，共同来解决社会问题，提供更有意义的社会价值。这也是国际上要把慈善公益往中长期、更大社会效益推进的重点之一。

另一个重点，除了企业之外，越来越多的国内外公益组织也开始导入"企业社会"这个概念。以往的公益组织最多是捐款捐物的整合，但是未来公益组织的竞争也会更激烈，越来越多的公益组织要凸显自己的能见度和可能的贡献。它也必须提醒更多的企业和社会大众，它做的是什么样的工作，主要想解决哪方面的问题，而且要把这个问题的严重程度讲清楚，就像前面讲的关于失明问题的调查一样做得非常好，就越能够开发不同系列的企业变成盟友，共同做公益。

我以前在台湾处理防治性工作的时候，不仅和一般药厂有合作关系，还会和女性化妆品公司合作。协助它们了解女性失明问题在台湾甚至全球有很快的发展趋势，它们必须采取行动来作引导。我们甚至也和一些儿童商品去做相关链接，因为我们发现，眼球外伤中很多是儿童。有了这些调研，公益组织就越能够去提醒其潜在合作伙伴的发展重点，或是防治的关键在哪里，可以结为盟友，从事更多的社会服务。

所以，在整个大公益的发展概念之下，战略性公益就成为一个非常重要的概念。比如，国内有很多公募基金会，它们在做医疗工作。医疗工作最传统的做法就是捐款，针对个人，它是比较短期的个案、寄住式的工作。但是如果从战略公益的角度看，应该从个案扩大到整个社会，而且要从技术医治扩大到整个预防防治。国内有很多重大疾病的协助工作做得很好，仍然有需求，但是从战略的角度看，我们有更多重大疾病的筛选防治工作，或者是重大疾病的社区、工会的协助方案需要做。

国内更明显的赞助主题就是教育。赞助教育传统上就是捐资助学，或者是成立奖学金。我们想一想，与其捐助那么多个人做捐助奖学金，有没有可能让他们的爸妈，或者让他个人有更强的能力去支付学费？假如能够针对这些贫穷家庭的脱贫和创富有更好的社区经济发展方法，我们就能协助更多的家庭脱贫，获取上学费用。

还有更高一层的做法，就是越来越多的国内外企业或慈善家会有新的观念，叫社会投资或者社会创投，他们一方面会把钱投在可以赚钱、可持续发展的项目上；另一方面，那个项目又可以协助弱势的社区家庭脱贫，掌握更多的经济来源，这也就更吻合我们刚才所讲的。

我在康师傅股份有限公司的时候曾经接触过一个相关的个案，我们老板说，他要在5年之内资助500位大学生到国外去留学，可能要花几亿人民币去执行此项国外留学计划。假如我们考虑一下所谓的奖学金的概念，它是非常重视理论学习和象牙塔内教育工作的。我接下这样的工作之后，做了相关调查，发现2006年新华网有一个相关的报道，国内有关的奖学金特别是用于留学方面的资金已经够多了。当时我们想，假如一笔奖励资金能够不仅仅是鼓励学生念好书，而且能够鼓励他们运用所学知识去解决商业运营的问题，去做更多创业活动，理论上会比单纯的奖学金更有意义，因为它会鼓励学生学以致用，这是一种可能性。

另外一种可能性是，越来越多的学生、家长或者意见领袖会担心，这些得到资助、成绩非常好的学子如果将来没有良好的品德修养、较强的公益责任，很可能会成为贪官，或者很容易成为为富不仁的奸商，这样的教育投资有什么意义呢？所以，越来越多的意见领袖和学校教学机构不光是提供奖学金，而且还要鼓励学生有社会关怀的胸怀和视野。越来越多的组织提倡公益服务，让学生从小去做公益服务，让他们有民胞物与的胸襟和协助解决社会问题的概念。就像现在深圳慈善会也在做大学生的公益实习，同样的道理，也就是希望他们有更好的公益服务概念，从小培养这样的习惯。

但是，更多先进的学者或者 MPO 集团会进一步思考，是不是能够把学以致用的能力和社会关怀这两个特质结合起来，让这些学生能够更好地将理论和知识运用在解决社会问题或服务弱势群体上。这样两个重点战略结合起来就会形成一个新的教育公益领域——大学生的社会公益创业竞赛。2008 年，康师傅股份有限公司办了一个针对如何保护中国大陆水资源的水创意公益节约竞赛。这个竞赛的预算资金需 200 万 ~ 300 万元，包括活动的宣传引导，邀请高校和公益组织共同来体验，针对社区的水污染或水资源缺乏的问题提出可行的公益执行方案。两个月之内，我们就征集到差不多 1300 件概念书，一件概念书差不多有 3 页，对于几个优秀作品，分别给予 15 万 ~ 25 万的基金，鼓励他们去实践，去解决社会问题。

其中，获得第一名的就是"淮河卫士"，它结合了高校学生设计的一个癌症村水污染生物净化方式。我们觉得那个方案非常棒，它不仅仅是把水资源污染的现况很清楚地凸显出来，还很清楚地揭示了水污染所造成的当地公共卫生和癌症盛行的严重情况；更重要的是，他们提出了很好的解决方案，可以降低当地重金属所引起的水污染问题，有效地降低当地的癌症发生率。它很清楚地分析、界定问题，也很明确地体现出资源运用的社会效益。

同样的道理，慈善会也在做类似的工作。比如，皮革创意设计竞赛或者建筑业的公益设计竞赛，都是强调学以致用的应用能力和社会关怀这两个特质的战略规划方案。我们可以捐奖学金，我们可以做创业挑战杯的赞助，我们可以做与学生的公益服务相关的赞助，我们更可以做学生社会公益体验竞赛赞助，我们要选哪一种？哪一种都可以，但是如果我们把整个挑选的标准放在培养未来的青年社会领袖和培养未来的组织精英方面，要选哪一种，各位都应该很清楚，要让他们更好地学以致用，而且要让他们有更好的民胞物与、社会关怀和解决问题的训练。这就是我们用教育慈善公益去做教育规划的不同层次的例证。

还有一个例子，教育工作不一定只是鼓励学生去做，我们更可以用企业管理的红海战略和蓝海战略导入讨论。学生的教育工作有很多人在做，假如我们能够把蓝海战略运用到解决公益问题上，将有新的领域可以开拓，那就是企业经理人的公益教育。

为什么呢？回到我们刚才所讲的水污染问题上，主要问题是谁造成的？企业可能是大批量、不小心、有意或无意地排放工业废水，造成农田或稻田的污染，或者造成水产的污染，透过生物链都回到消费者的层面。因此，如果能够针对不同行业的企业进行社会责任的推广教育，就可以大批量地促成更多企业采取自发的社会责任管理的做法，降低万亿的社会成本，而且也可以让它们有更好的企业公民意识，愿意提供更多的资源去对接不同的公益组织和公益议题，协助解决社会问题。让我们很高兴的是，深圳的慈善会也开始了相关的公益培训——特别是针对企业社会责任这方面的整合，这样一个教育慈善公益行动，远比针对校园学生的教育慈善行动来得更具有正面的社会效应。这也是另外一种不同的教育公益的战略思考。

刚才举的这几个例子其实说明一点，要行大善、创大富一定要有好的公益方法和专业技能，才能够系统思考，针对问题提出解决方案，而且才能有明确效益的预估和实践。

综合起来，归纳几方面重点。行善不光是自我感觉良好而已，一定要有具体的解决社会问题的意识和预期的效益，而且不应该只是追求个人或者亲友的福报而已。如果有这样的前提，就要寻找社会问题的症结在哪里，问题和问题之间的逻辑关系是什么，有哪些更系统的解决方案。这是要解决的第一方面问题。

第二，慈善要有可持续性。

　　前面强调，要执行一个比较好的社会慈善行动，社会效益的概念非常重要。但是，要让慈善公益行动有可持续性，不光是便利店式的行善和急性冲动式的行善，个人或企业的效益也必须同步考量。如果只考量社会效益是不现实的，而且对于个人或企业来讲，也都没有可持续的原则。前面提了一个概念是所谓的"宠物项目"。"宠物项目"是指没有任何社会效益，或者思考个人、企业效益，很急地去做慈善工作，就像买一只宠物小猫或小狗一样。如果只是强调个人或企业效益，那不叫慈善，只能算是广告和个人宣传的项目而已；如果只强调社会效益，而不强调企业的可持续运营效益，那就是纯粹的慈善行为，企业可能会偶尔为之，让它中长期去做会很困难，因为它有股东的、经营的报酬和压力。在国外，慈善行为没有向股东报告并取得他们同意，很容易吃上背信的官司，比较好的战略慈善行动是整合社会效益和企业或个人效益。

　　如果没有方法或者不专业行善就会恶化所要解决的问题的症结。这句话讲得比较严重。例如，在街上碰到流浪的儿童或孤儿会给钱吗？大部分可能不会，因为觉得这可能是骗局，或者可能是拐卖人口的一个幌子。但是我在想，为什么没有人去通知公安查一下他们到底是"何方人物"。有些人还是会给钱，不管他是不是骗子。大家有没有想过，给得越多，等于是直接或间接鼓励人口贩子拐卖儿童，造成更多的街头儿童乞讨事件。这是一个问题。

　　再比如，大家去买一些动物去放生这种习惯多吗？多。放生动物追求未来图报，这可能是中国人（华人）会有的习惯。但是这方面有很多调研，很多放生的动物是被大批饲养等待出售的动物，它们已经丧失了野外求生的能力，放生之后会造成大量的死亡。这也是表面行善实际上助长问题恶化。

　　更重要的是，传统慈善力求悲惨、引人动容急性行善的模式，会涉及经济学上弹性疲乏的问题和边际效应递减的问题。就像喝水一样，非常渴的时候，喝第一杯感觉非常甘美，喝第二杯时感觉有点撑了，喝第三杯时会觉得有点反胃。30 年前，台湾曾经发生过连续三次大型的矿灾，导致数十人、上百名矿工罹难死亡。第一次矿灾发生后，整个台湾动员大量人力、物力，捐钱、出力，大家积极响应。半年之后发生第二次矿灾时，整个捐款额度就下降了一半以上，第三次可能不到第一次捐助额的十分之一。这就是人性。

还有更多得了罕见疾病的例子。媒体报道一些儿童患先天性心脏病生活很痛苦的事例，报道之后大量捐款蜂拥而来。但报道完之后，台湾其他的几千位患先天性心脏病儿童的家庭就会说，为什么只有一个人独得那么多的捐款资源，其他人就享受不到。千万需要拯救、需要帮助的家庭却没有一样的待遇，所以就有"一家撑死，万家死撑"的分配不公平状况。

"5·12"或者玉树大地震之后，大量的捐款就集中在特定重大的议题议事上，但是其他议题的公益组织就面临着捐款排挤的问题，更重要的或者相对重要、一样重要的社会发展议题就没有人理会，可能会面临关键的发展问题。我们认为，慈善除了有爱心之外，还需要有系统思考的规划和专业分配的做法。这样整个慈善的总体效应会有更好的投资报酬率。

第三，引入战略公益概念。

慈善事业存在机会成本问题，也会存在杠杆原理问题。也就是说，做得好，慈善的资源就会像财务投资一样，会有杠杆效率出来。举个例子，美国奥巴马政府2010年在白宫成立一个社会创新办公室，由联邦政府主动规划5000万美金，赞助相关公益组织去执行青少年教育、经济发展和健康生活的几方面工作重点。但是它有附带条件，赞助的这些组织必须要撬动其他私人捐款者、公益组织、企业的对等或者倍数的捐款来共同执行相关工作。它预期通过5000万美金的社会创新基金在5年之内带动10亿的社会投资、民间资源。所以，有好的方法，一笔资金就不是一块对一块地运用，可以是一块对倍数的效率运用。

假如有了战略公益的概念，就可能把传统慈善和现代公益两个概念整合在一起，也没有谁先谁后、谁优谁劣的问题。但是传统慈善比较强调济弱扶贫、个人导向、捐款捐物、不求回报这几个特质，假如能更好地专业规划公益，就能获得更好的社会报酬，我们可能要把济弱扶贫、个人导向转化成针对重要社会发展问题，去做相关的系统研究，而且提出解决方案，整个资源动作不光是捐钱捐物，同时也要号召更多的专业人士，特别是企业界人士协助 MPO、公益组织，用思想协助他们做更好的发展规划。而且，还应该要求准确掌握好资源投入前后期的社会效益预估。

我们认为有四个方面的要求可以协助整合战略公益的成效。

第一，要有更好的、更专业的社会议题的分析能力。社会议题的分析能力分两个面向，我们能否有更好的社会效益分析工具，帮助我们界定公益服务的议题和解决方案是不是更具有成本效率。

举个例子，联合国曾经做过一个调查，投入一块钱用在社区公共卫生、马桶的建设上，就可以有 9 块钱的社区健康成本下降或社区经济生产力提升。第二个例子，美国的疾病管制局也开始强调所谓的预防医学的重要性。就像我刚才所谈的，只是捐款去医治重大疾病，不如投资建立社区公共卫生系统，或者疾病预防的筛减工作。他们也会强调很多慢性病，如高血压、心脏病、心血管疾病透过饮食、运动、戒烟三项可以使 60% 的慢性疾病发生率降下来。他们也做过相关的研究，一块钱的医学投资可以带来 5～6 倍的慢性疾病医疗成本下降。这些都是我们所讲的社会议题严重程度分析的做法。

第二，强调把相关的赞助成效从个人提升到企业和地方政府上。原理很简单，因为个人能够产生的效应远远比不上企业或者一个地方政府主导的慈善和公益所能产生的规模效应和贡献。所以专业的公益慈善应该从个人的层次提升到企业和组织的社会组织管理层次，它可以大量降低企业外延的社会成本，促进更好的社会成效的产生。

第三，战略公益要做好，要提倡社会创新。社会创新也是国内 NGO 和企业家从事慈善公益、履行企业社会责任一个非常重要的工具，可以带动更多的公益创新模式。

　　第四，好的、专业的公益领域要讲求专业。专业有两个含义：一是专业的战略公益能够带动传播、营销和社会效应的最大化；二是无论是 MPO 公益组织或者是一个企业，参与相关战略公益行动时都必须要有资讯透明和择细习惯和行为，才能够有可持续的公益行动。

　　好的战略公益必须要有个人、组织和整个国家社会总体功效的考量。也就是说，一个好的公益计划不能光是为了社会好，也必须要同步思考对于捐款者个人、捐款企业可持续竞争优势的提升、协助效果，才有可持续的可能。

　　另外，好的战略公益有比较强的政府、学界、企业界、公益组织、社会合办结盟的合作模式，这样彼此的优势互补功效才能展现出来，才能有更好的资源运用成果。

话说食疗

范志红

范志红

中国农业大学食品科学与营养工程学院副教授，食品科学博士，中国营养学会理事，营养科普工作委员会委员。作品有：《减肥与体重控制》《营养圣经》《点食成金》《健康从原生态开始》《给孩子最好的食物》等。

健康生活的四大基石

健康生活究竟应该怎样才能做到呢？按照《维多利亚宣言》的基本理念，健康生活有四大基石：①合理膳食；②适量运动；③戒烟限酒；④心理平衡。如果身体健康出了问题，首先从这四方面找原因。哪一方面最重要？健康不是由一个因素构成的，在经济学上有一个木桶原理，健康也一样。如果饮食方面做得非常好，运动方面做得很差，那么运动对你就很重要；如果饮食和运动方面都挺好，就是一个劲儿抽烟，一天抽三包，那么戒烟对你是最重要的；如果什么毛病都没有，但一天到晚跟林黛玉似的痛苦，那么心理平衡就是最重要的。所以，缺什么就补什么，哪一方面做得不好，把它改善了，健康就会切实得到改善。

在这里强调一下心情。不好的心情对健康的影响有的时候真的比一些污染物带来的危害还要严重，来得还要快。坏的心情就好比是吃慢性毒药，因为坏的心情会妨碍我们的消化吸收。一天到晚动脑子不行，一天到晚忧愁更不行，它会让消化液分泌减少，消化吸收功能、免疫功能大大下降，对各种感染性疾病、肿瘤的抵抗力下降。如果心情一直不好，这个功能无法正常发挥，癌细胞就会逃脱监视，最后的结果将不堪设想。我有两个朋友，一个38岁，一个46岁，都得了肝癌。他们有两个最大的共性：第一喜欢熬夜；第二脾气都很坏，特别倔犟。这就容易使人处于一种不良的心情状态，对于身体的解毒功能、免疫功能全都有不良的影响。中医会说，情绪不好会造成肝瘀，肝瘀又会引起排毒、解毒功能差等。说法不一样，但是道理是一样的。所以，大家心情一定要好。

怎样才能改善心情？"改变你所能够改变的，接受你所不能改变的。"生活中有种种不如意是非常正常的事情，这些事情中那些能改变的，就勇于去改变，不能改变的，为此感到痛苦也没有用；而且人最大的明智就在于，知道哪些该改，哪些改不了，而且要选择去改或者不改。

比如，很多人谈恋爱的时候说"爱并痛苦着"，跟男朋友或者老公一天到晚吵架、生闷气、斗来斗去。你说她痛苦吗？她也痛苦。你可能会说，你既然痛苦，就跟他掰了吧！但是她一想，这么多年感情，真舍不得断，于是就这样继续着。这种人就两条路，要不然长痛不如短痛，干脆掰了；要不然就接受他所有的毛病。如果能够做到这一点，接受你所不能改变的，也可以跟他过一辈子，想接受还是不想接受这件事情在于每个人自己的想法。但是无论如何不能既不肯断掉，还要痛苦，还要跟对方吵，两个人一辈子没有幸福，这是最愚蠢的事情。既然当初他有毛病就能爱上他，为什么不能接受他？假如有这个觉悟，可以幸福地过一辈子。

在工作单位也一样，如果讨厌老板，要么炒了他，要么就好好在这里工作，不要一天到晚埋怨、骂人，让自己生病、痛苦，还不肯辞职。所以，每个人都要明白，自己到底想要什么，自己的能力有多大。选择一个好的环境，有一个好的家庭都是让我们健康长寿的因素，尤其是对于营养和疾病来讲，好的家庭、好的人际关系特别重要。

再举个例子。有的老师家庭非常幸福，老公体贴，经常会关心她：哪不舒服，哪里有些异常，包括一些癌症都是老公先帮她想到——"你这个地方好像有个肿瘤"或者"你的身体不太舒服，可能是什么问题"。于是就劝太太赶紧做检查。最后一看是癌症早期，这时候还来得及，癌症早期一般来讲有90%以上的生存率，这样就可以再幸福生活20年。但如果家里人对她漠不关心，自己因为没有人爱，也不知道珍惜自己，往往都是癌症晚期才会发现，生存机会就非常小，就算做放化疗也无济于事。所以，幸福的生活、幸福的家庭才是长寿的根源。

吃饭方面也是一样。世界各国的调查结果都是离婚的人寿命最短，因为他们的营养是最差的。单身的人营养不如结婚的人好，结婚的人的营养又不如家里有孩子的好，家里有孩子的人又不如家里三代同堂的好。我们调查过大家买东西时的想法，结果发现，单身时买东西选口味好不好就完了，爱吃就吃，不爱吃就不吃；但是如果给孩子买东西、给老人买东西时就想，这东西健康不健康？有没有污染？会不会对孩子成长发育不利？哪些东西营养丰富就给孩子买什么。所以，买的东西质量自然就提高了。人们有这种爱惜亲人的心情，家里面买的东西质量就提高。同时也会想，自己饿一顿没有关系，总不能让孩子饿着，这个时候就会认认真真按时吃三顿饭，而且不可能太凑合，为了孩子的健康，爸爸妈妈的饮食质量也就跟着提高了。所以说，幸福的生活就是这样的生活，它对人是全面的滋养，而不仅仅是三个人心情好一点那么简单。幸福不能用家里有多少钱、有多高的社会地位来衡量，幸福是一种感觉，有好的饮食习惯、有好的心情本身就是生命质量和幸福的一部分。

均 衡 营 养

说到饮食和健康，通常可以划分成两个大方面的问题：第一方面是食品安全，第二方面是食品营养。安全和营养有什么不同？安全是别人给我们带来的，这个危险有没有、多大多小我们不知道。比如，环境污染可能带来铅、砷、汞、铬，它会从水里进入土壤，从土壤和水又进入各种蔬菜、水果、粮食以及我们吃的肉、蛋、奶，这里面都可能有安全问题，躲都躲不开，但是这个事情往往被人们所忽视。这是一方面。

第二个方面来自农业生产，生产过程中施了过多的化肥、施了国家禁止的或者超标的农药，除草剂可能有残留等问题，能不能彻底解决呢？非常难，因为中国的耕地越来越少，大量的地拿来盖楼房、修公路、建高尔夫球场，等等。有限的土地必须更加高产，要不然怎么养活这么庞大的人口？

第三个方面是食品生产加工，用添加剂之类的。国家不允许使用的坚决不能用，像三聚氰胺、苏丹红、吊白块都是国家坚决不允许用的东西，也就是根本不能吃的东西。食品添加剂能吃，但是量不能太大，国家都有严格的限量。

举个例子，现在很多方便面都宣称"本品不含防腐剂"。方便面是油炸过的，炸得很干，干到这种程度，微生物就长不了，方便面没有必要加防腐剂，就像面粉、糖、盐一样，它没有水，就不会生长细菌，盐放在那里 100 年也不会变质。这就是蒙老百姓。

那么，方便面里面有没有添加剂？多了，抗氧化剂是必须添的，如果不放抗氧化剂，油炸的东西都会变味，必须要加，所以该加的还是要加，但是不能乱加，不能超标使用。食品加工这一环节也不能完全管住，唯一能管的是烹调，烹调本身也会制造大量的污染，一个典型的例子就是烤羊肉串。可能很多人都爱吃，但是烤羊肉串会产生大量的致癌物，尤其是烤的时候掉下一滴油落到炭火上，吱啦冒出一股青烟，在这个烟里面含有大量的苯并芘等多环芳烃类致癌物，它的致癌性比三聚氰胺毒很多倍。

还有地沟油。谁都讨厌地沟油，地沟油坏在哪儿？从地沟捞出来不是最坏的，扔掉之前就很可怕，扔之前已经加热了很久，黏稠得不能用，产生大量致癌物，很多餐馆里吃的油就是临近要被扔掉的程度。

总体而言，这种不安全是别人带给我们的，自己无法控制，但是营养不均衡是自己选择的，选什么菜，用什么烹调方式，加多少油、多少盐都是自己决定的，责任也在自己。

可能有些人说，营养问题能有什么问题，现在吃的东西这么好，物质都极大丰富，菜市场的东西都吃不完，我们都"营养过剩"了，怎么还能说营养不良呢？我要给大家解释一下，"营养过剩"是一个错误概念，到底什么东西过剩？人体需要的营养素一共有40多种，单维生素就需要13种，到底哪种维生素过剩了，听说过剩了吗？没有，所以很多东西不是过剩，是不够。历年的全国营养与健康调查都发现，我们缺的营养素挺多的，而且中国最尴尬的是双重负担。过去我们只有穷人存在营养问题，现在富人的营养问题也出来了，是穷人病、富贵病一块得，这个事情就很麻烦。最糟糕的还不在于两部分人有问题，而是一个人身上有两类问题。比如，既肥胖又贫血，既有糖尿病又缺乏多种维生素，这种人比比皆是。中国人最容易缺的是哪几种营养素？

（1）钙。我们现在的钙摄入量，如果自己不注意补充，基本上也就是推荐量的一半。

（2）维生素A。如果缺乏，眼睛不好，晚上看不清楚东西，尤其是北方，皮肤很差，抵抗力下降，小孩子容易得肺炎、麻疹、百日咳、腹泻等病。天天用电脑的人也容易缺维生素A。

（3）维生素 B_2。缺乏维生素 B_2，眼睛里面就会有红丝，容易见光流泪，眼角旁边容易疼、发干，嘴角疼、烂嘴角、上火、嘴唇裂口子，舌头疼。

还有一些营养素是部分人容易缺乏的。

（1）缺铁性贫血。这在妇女和儿童当中相当多见，铁是唯一一种女人需要量比男人多的营养素。女人每个月都失血，所以中医经常讲，女人需要补血，男人需要补气。铁能制造血红素，没有铁就没有红细胞的正常功能，就运输不了氧气，没有氧气身体就没力气。这样，女性出现的症状就是脸色特别苍白，严重的时候蜡黄，皮肤枯干。尤其要注意更年期的女士，激素紊乱，还要防止子宫肌瘤，所以女性一定要注意补铁。人的体质基本上是三岁之前形成的，小朋友要养成一个正常饮食的习惯，在母体内及三岁前如果没有养好，这一辈子的体质基本上很难改，所以"孩子输在起跑线上"是在这个时候。

（2）锌。小孩易缺锌，尤其是男孩，男孩的锌如果不够，生长发育会推迟，性成熟受影响。小朋友如果有消化吸收不良、胃肠功能不好，或者寄生虫病的情况，或者是吃的不得当，就有可能缺锌。

（3）叶酸。尤其是没有生孩子的年轻人以及中老年人都特别要注意补充一种营养素——叶酸。叶酸是预防畸形儿最重要的一种维生素，在 DNA 合成复制的时候需要这种营养素。尤其是怀孕前三个星期，如果胚胎在开头缺叶酸，容易出现出生畸形。但很多人怀孕前三个星期都不知道，所以优生优育应从孕前开始。我个人建议，没有生宝宝的男女应该提前半年开始准备，男的戒烟限酒，女的原来节食、减肥、乱吃减肥药的，趁早停下来，原来有贫血的赶紧补一补，脾胃不好的赶紧调一调，如果你的血一个人都不够用，两个人能够用吗？孩子能长得好吗？贫瘠的土地长不出苗壮的苗，要把自己身体先搞好，无论男女都是一样。

对于中老年人来讲，一定要把叶酸吃足，如果吃不足，第一，患癌症的危险增加；第二，患心脏病的危险增大；第三，患老年痴呆症的危险也会增加。叶酸确实和很多慢性疾病、癌症都有关系。叶酸是从哪儿来的？是叶子里面的，当年是从菠菜里分离提纯出来的，多吃绿叶蔬菜肯定没错。

（4）维生素 B_1。维生素 B_1 和体能、思维能力有关，肌肉要想有力气就需要它，大脑要想工作效率高也需要它，一旦缺乏会得一种多发性神经炎，也叫脚气病。粗粮、豆类和薯类中维生素 B_1 含量比较多。

（5）维生素 D。维生素 D 不仅与钙、骨骼有关，而且与很多重要的疾病有关，可以大大降低患癌症的概率。另外，它还和心脏病、抑郁症有关，大家发现没有，那些抑郁的人都是基本上不太见太阳的人，一天到晚在太阳底下流汗工作的人很少得抑郁症。

（6）维生素 K。维生素 K 和骨骼特别有关，以前以为只是维生素 D 和钙对骨骼很重要，现在发现维生素 K 和维生素 D 一样有用，如果缺乏维生素 K，虽然钙也吃进来，也吸收，但就是不往骨头上去。而且维生素 K 和叶酸一样，在绿菜叶里面特别多。

这些营养素最好一种都不缺，但是现在一种都不缺的人少。现代人精神压力大，睡眠不够，经常脾胃不合，本来营养摄入就少，吸收率再降低就更糟糕了。所以中医讲，"肾为先天之本、脾为后天之本"，务必要把自己的脾胃养好。抽烟喝酒一样消耗营养，也是营养素缺乏的原因。

所谓的"营养过剩"是什么过剩？主要是油吃多了，脂肪过多，一部分人蛋白质过多，还有一些年轻人和小朋友糖吃得过多，其他没有什么过多了。油吃得过多是引起肥胖的重要因素，人们吃的油和身上的皮下肥肉是一种东西，无论是中医还是西医都认为这种说法是对的。有些人说，蛋白质有什么不好？但关键是蛋白质能不能用上。如果蛋白质吃得过多，吃进来用不上，就需要排毒。因为蛋白质用上了就留在内脏或者各种肌肉里面，但是如果用不上，它就要分解，一半是含氮物质变成尿素，从尿里面排出去。把蛋白质变成尿素的器官是肝脏，这样肝脏就很辛苦，然后再把它送到肾脏，用尿把它冲出去，肾脏也很辛苦。所以，蛋白质吃多了对肝肾有损害。另外，吃多了吸收率就低，有一些没被吸收的蛋白质在大肠里发酵，蛋白质如果被细菌发酵了，会产生致癌物质。吲哚、粪臭素之类的，有些厌氧细菌会产生致癌物，这就是所谓需要排毒养颜的原因。但这不是主要的排毒途径，主要的排毒途径是从肾脏里排出去的，但是大肠如果产生致癌物，也有可能被人再吸收，这就是所谓的自体中毒。所以，蛋白质过多不是什么好事，要想甩掉多余的蛋白质，那就通过健身来长肌肉。

吃得不合理会产生问题，尤其是脂肪，对血脂影响非常大。现在一些最新的研究发现，患糖尿病的人不但要控制碳水化合物，还要控制好脂肪，脂肪控制不好，血糖就无法控制好。反过来，控血脂的人也不能只吃精白米、精白面、糖之类的，因为这些东西吃多了对血脂上升的影响比直接吃油影响还大。所以，想控制糖尿病，一定要两方面一起控制。

现在，我们国家的慢性疾病已经成为最主要的死亡原因，而且也是造成现在家庭经济负担的一个主要原因。最糟糕的是，中年人如果没把自己的健康经营好，对全家都是一个极大的危害。所以，要想吃出健康就一定要平衡营养，要以预防为主，没病的时候就开始预防，这才叫"营养"。"营"是经营，要用心去做，要用智慧，要努力；"养"是把身体养好，不是病了去治，而是一直保持很好的状态。"营养"要从每天的三餐开始做起，要吃合适的食物，要有合理的比例，而不是吃吃营养保健品就可以搞定，或者病了直接吃药。预防疾病和控制疾病、治疗疾病也不是一个概念，让人不得病，才是真正的"营养"。

科 学 食 疗

怎样吃才能有效预防疾病呢？每一个健康的人应该怎么吃？这就是接下来要讲的内容，就是《中国居民膳食指南》，健康成年人都可以按照这个套路来吃。膳食指南一共有十条，这十条每一条都应该记得。

（1）食物多样，谷类为主，粗细搭配。食物多样就是食物的类别尽量多，粮食、豆子、蔬菜、水果、肉、蛋、奶都要吃，种类越多越好。我们希望每天吃 20 种以上的食物，但不能说早上吃猪肉肠、中午吃熘肉片、晚上吃炒肉块，那些都是猪肉。我们所说的 20 种，不算葱、姜、蒜、油、盐、糖。日本要求吃 30 种，吃的种类越多，跑偏的可能性越小，得病的可能性也就越小。

饮食以谷类为主，和《黄帝内经》说的"五谷为养"是一样的。一天当中吃的比例要协调，不能肉吃得比饭还多。主食可以吃各种粮食，大米、面、小米、玉米、燕麦、大黄米、薏米、莲子等。凡是带淀粉的都算主食，如红豆、绿豆、豌豆、蚕豆、土豆、红薯、芋头、山药等。

粗细搭配。古人的"五谷"是把豆子算在内，经常吃一些八宝粥之类的，既有粗粮又有豆子，这种搭配是最健康的，是饮食标准化的好方法。建议大家每天吃三分之一的粗粮，如果有糖尿病和高血脂，建议吃三分之二，除非肾脏已经坏了。

如果能够把精米白面改成粗粮豆类，所得的维生素 B_1、维生素 B_2 会增加四倍以上；如果把精米白面换成淀粉一样多的土豆，将得到十倍的钾。今天吃土豆就不吃饭了，明天可能改吃山药，下一顿改吃玉米、小米、燕麦，这样营养就有几倍甚至十几倍的增加。

（2）要多吃水果、蔬菜和薯类。"多吃"这两个字意味深长，不怕吃得多，就怕吃得太少。我们现在是一天吃一斤菜，大家觉得一斤菜很多，其实也没有多少。假如连这一点量都没有吃到，那么饮食质量比较低。而且，这一斤菜里面得有一半的绿叶菜，叶酸、维生素 K、维生素 B_2、胡萝卜素在绿叶菜里特别丰富。

要多吃水果。一般建议大家吃 4~8 两的量，这个量是去皮、去核的量。女士没有问题，吃一个木瓜就差不多半斤。关键是男人不吃，尤其是抽烟喝酒的人，如果抽烟还不吃水果，得肺癌的危险更大，蔬菜水果务必要吃够，这有补维生素片起不到的效果。

经常吃薯类。薯类要当粮食吃，它比粮食多一个优点，这里面维生素 C 很多，土豆里的维生素 C 含量是苹果的 10 倍，大概和白萝卜、番茄的含量差不多。如果吃土豆，维生素 C、钾、淀粉、B 族维生素等都能得到补充。但是要注意吃法，不要吃油炸的，与米饭不要重复吃。

颜色越深的蔬菜、水果，保健效果越好。大自然的特点就是这样，它教育我们，吃蔬菜水果一定要"好色"，颜色要鲜艳，越红、越绿、越橙色、越黄越好。

（3）每天吃奶类、大豆及其制品。奶类可以喝牛奶、酸奶或者吃奶酪，鼓励直接喝原味的奶或者酸奶，不鼓励大家吃一些类似于奶的东西，要仔细看标签，很多如"乳饮料"，大家一定要注意"饮料"两字，一加"饮料"就没价值了，说明它不如奶好，吃什么东西都要吃纯品最好。酸奶也是纯品的好。

为什么要吃奶类？因为可以补钙。不吃奶类制品可以吃豆制品。豆腐里面的钙非常多，尤其是石膏点的豆腐和盐卤水点的豆腐特别好，对心脏、血压也特别好。那些得慢性病的人，如高血脂、高血压患者，可以多吃。豆腐干里大量的钾、镁还能控制和降低血压，能对抗钠的升压作用。豆腐是可以替代肉的。

（4）要常吃适量的鱼禽蛋和瘦肉。"常吃"的言下之意就是不必每天吃，"适量"的意思就是吃得太多也不太好，过犹不及。多少叫做"适量"？瘦肉一两到一两半，一两到一两半大概相当于红烧牛肉的三块肉。

水产品虽然好，一两到二两即可，如果上来一条清蒸鱼，三个人都吃完了，这个量有点过了，偶尔吃一次没有关系。

鸡蛋的量是一天一个或半个，这是分人的，假如胆固醇高了，一天半个就差不多了，假如不高，吃一个没有问题，假如你是素食主义者，鱼肉都不吃，吃两个也没有问题。胆固醇也一样，不单单是鸡蛋里有，肉里面也有，鱼里也有，要把这些份额让出来，不必同时把什么都吃一遍。建议少吃肉、吃好肉，吃的次数少一点，量少一点，但是精一点，选有机的，最好的品种，不要怕贵。

（5）减少烹调油用量，吃清淡少盐的膳食。这一条对于广东人来说是最让人高兴的，广东摄盐量全国最低，平均一天只有 8 克，全国平均 12 克以上，北京是 13 克，北方的高血压患者非常多。

要记住一个原则，菜调味越淡，原料质量就越高。如果吃回锅肉之类的菜，油大、味重，辣椒放一大堆，臭味都吃不出来，就不放太好的原料，因此应少吃此类的菜。

（6）食不过量，天天运动，保持健康体重。其实无非就是"管住嘴"，同时还要"迈开腿"。每餐吃七八成饱就可以了，每天走至少 6000 步的路，大概是 4 公里。按照 10 分钟走一公里，大概 40 分钟的时间，6000 步是最低标准。日本的建议是每天 1 万步，日本从十几年前流行计数器，戴在腰上，腰一扭动，就动一个格，走一个数，60、70 岁的人，提着好几十公斤重的包还健步如飞。而且，人的功能是用进废退，人不能太宠着自己，如果我们努力，可以和 20 岁的体能相差无几，只是我们的潜力不如过去，但是可以努力。只要努力，青春的尾巴是有弹力的，只要拉一拉，它就会更长，尤其对于女性，一定要相信，"今年 20，明年 18"是做不到的，但是"今年 40，明年 38"一定能做到。

我们保持健康的体重最重要的是管住腰，而不是管住体重器上面的数字。腰为什么很重要？不是因为沙漏型的身材很性感，而是因为腰围和臀围的比值代表了你的内脏脂肪的多少，而内脏脂肪的多少很大程度上代表衰老的程度和慢性病的危险。如果身体其他部位都没有胖，就腰那一块胖了，那离糖尿病、心脏病就不太远了。如果是男士，意味着雄性激素大大下降，雌性激素上升，各方面能力都不行了。所以一定要注意腰，尤其是男人。因为女人在绝经之前无论如何还是有点线条的，她的雌激素是让脂肪全身分布，而男人一胖就胖在肚子上，男人胖起来对衰老和慢性病影响更大。腰和臀的比例，男性如果是 0.9 以上叫高危人群，女性 0.8 是高危。如果减肥的结果和运动的结果没让你体重下降，但是腰细了，你就可以欢呼了，因为你已经变年轻了。

运动和颈部一样重要，甚至比颈部还重要，它可以帮助预防骨质疏松、癌症、抑郁症。胃肠不好的，轻松运动也会有改善，特别是因为工作压力大容易得胃溃疡。经常在太阳底下或自然环境中去走一走，跑一跑，对消化吸收功能有改善。

（7）三餐要合理，零食要适当。这是说，早餐一定要吃好，晚餐要多吃菜，多吃粗粮、杂粮、豆类，多吃一些高纤维、高水分的食品，少吃那些高蛋白、高脂肪的食品，这才是真正的吃少，少的是能量，不是少体积和重量。

零食要选天然食品，水果、坚果都可以吃。坚果每天吃一小碗，大概半两的样子，吃这个量要细水长流，坚持吃坚果、杏仁、核桃，这些东西都有利于美容和抗衰老，对于预防心脏病发作也有很大好处。

（8）每天足量饮水，合理选择饮料。怎么做到足量呢？如果不出汗，屋子里也不是特别干，每天喝6杯水。一杯200毫升，6杯水就是1200毫升。夏天如果出汗就要多补水，像冬天，北方的暖气很干，也要把量补足，这因人而异。6杯水怎么喝？要喝无糖、无脂肪的，甜味饮料、咖啡伴侣、奶茶等要戒掉。

（9）如饮酒，应限量，如不饮，是最好了。一般推荐的量是白酒半两，最多不要超过一两，一般是40克以内。红酒有益于心脏，要求是半高脚杯，最多是三分之二高脚杯，老外说的是100毫升以下最好，一星期最少喝五次，每次喝半杯，这是最好的效果。

（10）吃新鲜、卫生、不变质的食物。

总体而言，《中国居民膳食指南》的十条可以用宝塔来表示，可以在网上查《中国居民膳食指南》和《中国居民膳食宝塔》。这个宝塔规定，粮食一天大概吃5～8两，蔬菜吃6两到一斤，水果吃4～8两，肉类1～1.5两，水产类1～2两，鸡蛋半个到1个，奶每天喝半斤多一点，等等。如果跟这个框架要求离得相当远，饮食就没有什么合理平衡可言了。

在这个框架的基础上，如果特别重视预防慢性病，应该减少一些红肉，可以适当地改吃鱼；吃一些豆制品和坚果，替代一些鱼肉类；多吃蔬菜水果，如果有糖尿病、高血脂、高血压，这个量可以在一斤以上；严重的要控制盐、味精和浓味调味品，一勺鸡精等于半勺盐，钠的含量是盐的一半，一勺味精等于 1/6 勺盐，务必都要限量；酱油、酱豆腐统统都要控制；多做有氧运动，把腰围降下来，各种病和各种指标统统都能改善。

我把健康饮食的框架总结为以下几句话。每天一餐粗；每天一把豆，应该是 30～50 克；每天一斤菜，其中有半斤绿叶菜；半斤以上的水果；每天一两肉，如果是青春期或者年轻男人可以多吃点，如果是中老年或者已经有高血压、高血脂的人，一定不要超过这个量；一个蛋；一杯米；一勺坚果仁；每天 6000 步；做菜少油、少盐、少糖。这些都做到，饮食就相当好。在这个基础上可以考虑听一些中医的劝告。总之，希望大家在健康饮食的大框架下，经常倾听自己身体的声音，找到自己健康饮食、快乐养生的方法。

食物成分与化学防癌

王　夔

王　夔

中国科学院院士、生物无机化学
及无机药物化学家、化学教育家，
我国生物无机化学研究的倡导者
和先行者之一。曾担任北京医科
大学教授、药学院院长，第七、
八、九届全国政协委员，国家自
然科学基金委员会化学部主任，
中国科学院学部主席团成员。

　　首先说明两点。第一，我不是医生，更不是中医，我是根据有关
这方面的科学研究结果来分析关于肿瘤预防的问题，特别是能否和如
何用可食植物的成分作为肿瘤化学预防的手段的问题。第二，我所介
绍的肿瘤预防是指有针对性、分阶段干预肿瘤发生发展的过程，与传
统医学中的"治未病"以及通常说的"食疗"没有关系。

癌 症 趋 势

　　2008 年统计全球新发的肿瘤病例是 1270 万例，我们国家有 282

208

万例。统计结果显示，到 2020 年，新发的病例将增加 34%，我们国家将增加 38%，情况不容乐观。2008 年，全球癌症死亡病例是 760 万例，我们国家 196 万例。预计全球的死亡人数到 2020 年将有 1020 万，增加 34%，而且我们国家死亡率要增加 41%。所以对肿瘤的威胁不能掉以轻心。我国不同疾病死亡人数的变化趋势不同。1973 年癌症不到 10%，然后越来越多，而传染病减少了很多，其他的病，如慢性阻塞性肺病也是越来越少，而肿瘤和心血管病越来越多。但从全世界的统计来说，心脏病每年越来越少，中风（脑血管的问题）也是越来越少，但是肿瘤还在轻微地增长。据世界统计，预计未来癌症导致的死亡会超过心脏病。从我们国家来说，2009 年官方的统计，排在前十位的死亡率：第一位是癌症，其次是心脏病，再次是脑血管病。

为什么经过长期努力癌症还是居高不下？为对抗恶性肿瘤，人类在过去将近一个世纪里做了很多的工作，其中有成功也有失败。最典型的是美国总统尼克松，受到美国正式登月成功（1969 年）的鼓舞，意气风发，在 1971 年签署了一个国家抗癌法案，他誓言要在 5 年之内消灭癌症。当时，科学家们认为癌症是可以治愈的，要知道在医学上所谓的"治愈"是指彻底治好了，不是缓解，也不是延长寿命。他们靠什么？依靠当时迅速发展的三个武器：手术、放疗、化疗。于是在这之后，美国政府投入了大量的资金，从 1971 年以来，投在肿瘤上的科研经费超过两千亿美元，但是就在五年以后，1976 年，就开始有人评论说这个对抗癌症的战争正在失败（是正在进行式，还没说一定失败）。到 10 年以后，对癌症的战争，美联社说美国看起来要失败了。30 年以后，2004 年，美国《财富》杂志又发表了一篇影响很大的文章，即为什么我们在对付肿瘤的这场战争上打了败仗。后来，2008 年美国《新闻周刊》说，"抗击癌症，癌症赢了，我们输了"；2009 年《纽约时报》说，"尼克松的誓言落空了，治愈癌症遥不可及"。

之后人们反思这段历史，认为美国对抗癌症在战略上犯了两个错误。首先，知己知彼不够。"彼"就是肿瘤，肿瘤的病理过程、它的特性，为什么会产生肿瘤等，认识不够。知己也不够，"己"就是三个武器。对这三个武器也认识不够。其次，目标设定得不当，把彻底消灭作为手段，以治愈为目标。实际上我们回顾医学历史，如肺结核的减少很大程度上是靠预防。

后来经仔细分析，认真总结经验，认为过去近40年对抗恶性肿瘤的努力并非全都失败。其中，一个明显的变化是美国人肺癌的死亡率在下降。美国肺癌的死亡率为什么下降？很关键的一点就是控制吸烟的效果。美国人均消费烟的数量曾经迅速增加过，到1980年以后就开始逐渐减少，随着香烟消费的减少，男性肺癌死亡率也下降了。所以人们总结，在美国肿瘤死亡率里下降得最快的是肺癌，而肺癌之所以能够下降，不是因为化疗、放疗或者是手术，而是因为香烟的消费减少了和环境改善了。所以从这方面来看，预防很重要。此外，很多胃癌病例与慢性胃炎有关，而慢性胃炎的重要原因之一就是幽门螺旋杆菌造成的持续炎症刺激。现在基本上有了早期发现幽门螺旋杆菌感染的诊断方法，也有了一定效果的清除幽门螺旋杆菌的办法。如果早期清除的话，那么就可以减少发生溃疡、胃炎、慢性胃炎到胃癌的可能性。胃癌也因此趋于下降。前列腺癌和结肠直肠癌都因为有了比较可行的早期诊断方法，为其后的手术治疗打下基础，所以也有下降趋势。

所以总结起来，要想降低肿瘤死亡率，做到早诊、早防、早治是重要的，也是可能的。于是2004年，美国国立癌研究所发布了关于全国在消灭癌症引起的病痛和死亡方面的雄心勃勃的战略计划。但是他们知道需要有一个新的思维方法对付肿瘤。什么样的思维？过去是以肃清癌细胞为抗癌策略，所谓肃清就是彻底消灭。现在就改变思维，就是干预。什么叫干预？所谓干预就是影响肿瘤的发生发展过程。大家都知道肿瘤发生发展有个分阶段的过程，有早期、中期、晚期。所谓干预是想办法阻止它的发生发展，或是减慢它的发展速度。甚至于在细胞发生变化的时候，把它逆转回来。换句话说，不能肃清它于成势以后，而是干预它在成势之前。

关于我国对抗肿瘤的现状可能有不同估计，但是一般来说，不容乐观。2008年《财经》杂志发表了一篇《败战癌症》的文章，提出不是我们把癌症打败了，是我们被打败了。《财经》杂志自然是更多从经济的角度来看问题。要是从总体的统计来看，中国人的癌症死亡率过去30年增长了80%，癌症高发和高死亡率这种情况还要持续多年，因为因肿瘤而消耗的医疗费用一年达几千亿，占医疗总费用的20%以上，这还没算上一个人得了癌症，全家乃至单位等方面的经济负担。世界卫生组织前几年宣布，三分之一到二分之一的癌症是可以预防的，而且预防所消耗的成本要远远小于治疗。还有人说过，解决预防问题比解决治疗问题要早到来，我们可以预期。比如，几十年或者多少年就可以把预防做好，未必在这之前能有办法把肿瘤消灭。有鉴于此，国家卫生部制定了《中国癌症预防和控制规划纲要》。

客观地说，在对抗癌症中我们有失败之处，也有成功之处。随着时间的推移，食管癌高发区的死亡率在明显减少。在食管癌这方面，我们做得还不错。但是肺癌方面就做得不足。2009年肺癌高居十大死亡的疾病榜首，从全世界来看，烟草消费跟肺癌死亡是平行的两条线，吸烟越多，肺癌死亡人数越多，这是一个明显的关系。但是我国的香烟消耗量占全世界总量的三分之一，而且还在上升，因吸烟得肺癌的概率是不抽烟的22倍，当然自身不抽烟还有抽二手烟的问题。戒烟，减少因吸烟造成的呼吸道影响是一个重要的问题。这仅仅是一个方面。还有一些问题可能不容易解决。2004年发布的《中国癌症预防和控制规划纲要》中指出，到2010年，还有很多问题不好解决，于是补充一个"传递希望——中国癌症防治科普宣传促进计划"。这是一个正确的措施，因为不去普及科学知识，很难做好预防。2006年的《中长期科学和技术发展规划纲要》也提出，疾病的防治中心要前移，坚持预防为主，促进健康和防治疾病相结合。这是我们的原则，也是我今天来这里跟大家交流的目的。

肿 瘤 预 防

恶性肿瘤的发生、发展是分阶段的。我们可以根据癌细胞病变的过程，抓住关键环节，有针对性、分阶段地进行预防。

癌症发展得非常慢，应该说有时间、来得及制止它。比如，大肠癌从启动到变成腺癌一般要 5～20 年的时间，再之后，变成恶性癌变还有 5～15 年。例如，吸烟 4～10 年的时候，口腔可能出现白斑，这时候还来得及逆转回去，但是 6～8 年就可能变成恶性。再如前列腺癌，可能经过 20 年前列腺的内皮下才会出现癌前病变，再有10 年或者更多年才发展成癌。所以一般情况下我们完全有时间来制止。在癌前病变刚刚发生前是可逆的，但是后来是不可逆转的，即使不可逆转也不是没办法推迟它的发展。对于前一段，可以逆转阶段的预防叫做一级预防，主要是阻止正常细胞转变成癌细胞，或使已经转变的细胞逆转。到癌前病变阶段的预防就是二级预防。这时阻止癌细胞增殖，阻止癌细胞脱落迁移，阻止它转移。三级预防，那就是已经形成癌组织了，这时的预防与治疗就不可分了。临床上的抗癌药也包含抑制肿瘤细胞增殖、阻止肿瘤转移的药物。总体来说，我们说的肿瘤预防是有针对性地采取一级或者二级预防措施，在肿瘤扩散之前想办法预防。

我们现在的观点和期望就是抓住每一个时机，"先发制癌"，癌是可以预防的。

肿瘤的发生和发展能够导致 DNA 损害。我们的细胞传递了我们上一代的基因，细胞分裂之后还有这个基因，这个基因如果稳定（我们从父母、前辈传递下来的基因是没有癌的基因），如果我们没有接触促使肿瘤生成的因子，就不大可能出现癌症，而且一直把健康的基因传递下去。

基因不稳定是造成肿瘤的元凶。如果你上一代传下来的基因不稳定，于是患癌的危险性增加。不过，如果你上一辈传给你的基因是稳定的，你也可以把它搞成不稳定。例如，接触致癌物质，损伤了 DNA，有可能造成基因的不稳定，这个基因就有可能传给下一代。是什么改变了健康基因？就是这些刺激物，而这些刺激物就是我们所说的致癌物，有的不是物质，是放射性等。

怎样减弱刺激生长的信号？这是重要的，也即是减小致癌的物质和能量造成的对细胞的影响。有一个世界肿瘤预防组织基金会，2007年建议一级预防措施包括：控制体脂（体内脂肪）、每天活动、限制促进体重增加的饮食、多吃蔬菜、少吃红肉、不吃做熟了的加工成品肉、限制饮酒（不是不喝酒）、限盐、避免吃霉变的东西、母乳喂养，当然还有戒烟、食品卫生的问题。癌症是一个多因素在长时间内进行的很复杂的相互作用。吸烟、饮酒、高血压、血脂、糖尿病等都是造成癌症的原因，它们之间可以相互作用推进癌的发生发展。为什么糖尿病病人容易得癌症，那是因为糖尿病要降糖，胰岛素受体不敏感，所以要注射胰岛素，可是胰岛素是刺激细胞增长的，也会刺激癌细胞增长。慢性胃炎可以变成胃癌，慢性肝炎可以变成肝癌，这是因为有炎症因子促进癌的发生和发展。把炎症和肿瘤之间的关系切断，抑制慢性炎症变成恶性肿瘤，这也很重要。

刺激物怎么使细胞变成了癌细胞？怎样干预它？

环境里有毒或致癌的物质，到体内之后，第一步要依靠特殊的过程把它转化、解毒，再经过尿、汗、粪便等排除掉。但是，这是理想的情况。由于这套机制不是"尽善尽美"的，人所遇到的物质、能量等五花八门，而且越来越多，所以它会遇到处理不了的情况。另外，有的致癌物，经过加工以后不但不能解毒，反而变成了更有致癌作用的代谢物。不过到这一步，细胞还有第二道防线，就是抗氧化酶，这些酶叫做"II相酶"，这些酶把致癌物分解，有可能再把致癌代谢物处理掉，以消除其致癌作用。

所以，要想干预癌发生的第一阶段（癌的启动环节），我们就应该在上述两步上下功夫，这是预防的最佳时机。

如何预防？预防的手段有几方面要求：安全，了解有效成分，明白预防的药理作用，而且作为预防手段，它应该可以长期应用，容易接受的、可食植物的成分就是满足这些条件的一种选择。

可 食 植 物

可食植物中第一类是谷物、瓜果、蔬菜；第二类是调料葱、姜、蒜；第三类是一些有两面性的可食植物，它有防癌的作用，也可能有致癌的危险。第一类的安全性最大。我们要认真了解哪些成分有防癌作用，针对什么癌症，针对什么人，针对什么阶段，等等。现代预防医药学中利用可食植物预防肿瘤的观点与传统医学中的药食兼用、食疗、保健品根本不同。我们强调的是以可食植物成分针对肿瘤发生发展的各个阶段的关键环节进行干预的原则。目前世界上都比较公认的防癌食物有姜黄、葡萄、生姜、大蒜、西红柿，这些都是可食植物，具有比较有效的防癌效果。

姜黄是中药，姜黄的主要有效成分是姜黄素。有报告指出，姜黄素能抑制前列腺癌的发展，前列腺癌对于男性威胁似乎很大，发生的年龄段在45~50岁，所以这个时候要考虑怎么预防。我们要抓住时机，在40、50岁的时候，如果PSA等指标增高或者感觉不适，这时候姜黄素是一个适用的选择，它能抑制雄激素、抑制增殖、抑制细胞生成、促进癌细胞凋亡，等等。怎样使用姜黄素也有讲究。因为姜黄素很难吸收，而且吃进去很快被分解排出，如果你吃了12克的姜黄素，在一毫升血清里只有51纳克，因为它被肠里一些酶给分解了。但是有人发现加黑胡椒可以把生物利用度增加20倍。大豆异黄酮，还有槲皮素这些都能够抑制肠道酶，阻止姜黄素分解。所以几种食物合用是在大家做菜时可以考虑的。烹饪方法也要合适，姜黄素是油溶性的，所以加油或再制成乳剂才好。可以想象，用加油的含姜黄素的汤汁，里面有油又可能是已经乳化的油，再加点胡椒，姜黄素的吸收和效果会有所增加。还有一点要注意，什么东西都可能有正反两方面的作用，都有合理使用的问题，姜黄素也如此。因为姜黄素可以减少某些化疗的效果，所以化疗前后几天不宜吃姜黄素；而且要有限量，尤其是纯姜黄素，多吃也是有副作用的。从研究结果看，姜黄素可以在预防几种肿瘤中起作用，不只是前列腺癌。中药店的姜黄、食品店的咖喱粉都含有姜黄素，一般来说可以代替姜黄素，但是咖喱粉是混合物。

第二个值得一提的就是花椰菜（绿菜花）。其实绿菜花、白花菜、圆白菜和我国的大白菜都属于十字花科植物，成分大部分是相同的，从化学上讲主要的活性成分属于异硫氰化物。绿菜花、白菜花、大白菜含的异硫氰化物比较多，所以不能说绿菜花就一定比大白菜好，这些都可以考虑。

得过胃病的人可能吃过叫做"胃仙 U"的药，所含成分就是所谓的"维生素 U"。1945 年切尼（Cheney）发表了一篇论文，他提出用新鲜的圆白菜汁可以治疗溃疡病，《时代周刊》在 1945 年 1 月 1 号的报纸上说这是大发现。于是维生素 U 成为临床用药。它是什么化合物以及它为什么能够治疗溃疡病始终不清楚。后来，马歇尔（Warren Marshall）发现了幽门螺旋杆菌是造成胃溃疡、胃炎的元凶。他们用抗生素来治疗获得成功，并且因此获得诺贝尔奖。因为圆白菜里面的成分能杀伤幽门螺旋杆菌，引起大家的兴趣。结果就发现有效成分是异硫氰化物，主要是硫洛芬（sulfphoraphan）。2002 年，美国有人就发现，绿菜花、白菜花里的异硫氰化物能够清除幽门螺旋杆菌，而且能够预防胃癌，于是就对圆白菜的作用有了一个新的解释，而且提出一个新观点，就是阻断慢性炎症与癌的关系。

如果高温烤肉，就产生致癌物。这些致癌物能够让 DNA 改变，变成癌细胞。异硫氰化物可以在两方面起作用，一是异硫氰化物可以阻止致癌物损害 DNA 或者说减少它的损伤；二是它还可以把癌细胞的细胞周期阻挡在一个点上，使其不能进一步增殖。虽然细胞还是癌细胞，但是不再滋生更多的癌细胞了。它的作用还是与人体的两道防线有关系。致癌物第一步要经过代谢，可能被解毒，也可能变成致癌物，于是有第二道防线，就是抗氧化酶在抵制它，在这种情况下，异硫氰化物一方面能够使得致癌物的代谢物下降，又让抗氧化酶增强；另一方面，还能够阻断胃炎和肿瘤细胞之间的关系，所以异硫氰化物在干预消化道肿瘤方面有一定的作用。

有意思的是，虽然我们知道绿菜花的有效成分是硫洛芬，但是研究表明绿菜花等十字花科植物里头含的硫洛芬却非常少。实际上绿菜花里含的是硫洛芬的前体化合物，在咀嚼的时候或加工的时候，有一种酶把硫洛芬前体水解变成硫洛芬。所以，吃生菜花能够得到多少硫洛芬就靠你的咀嚼能力。但是如果让花椰菜的种子发芽变成菜苗，这时候硫洛芬含量可以大大增加。现在有绿菜花苗的冻干粉产品。绿菜花苗用于肿瘤的预防曾经在江苏启东做过实验，江苏启东离上海差不多 200 公里，但是启东这块地方的肝癌发病率是上海的 25 倍，所以在这个地方做过实验，绿菜花苗有一定的预防效果。绿菜花主要的作用是提高抗氧化酶（II 相酶），同时还有阻止癌细胞变成癌的可能性，II 相酶还可以抑制体内产生的一些制突变的东西。

2006 年，有人发表论文，提出姜黄素加苯乙异硫氰化物（大白菜里面的成分）对前列腺癌的抑制作用大于单独食用姜黄素和苯乙异硫氰化物，所以是不是我们该怎么想办法吃"咖喱大白菜"，这个可能不好吃，但是有作用。

番茄里有番茄红素、胡萝卜素、叶黄素，这三种成分都有预防肿瘤的作用。不同品种的番茄和不同番茄加工品的番茄红素的含量大不相同。生番茄里的番茄红素很少，做熟的番茄汤里就增加很多。番茄红素需要有油加热才能溶出来，所以吃熟番茄比吃生的好。其实番石榴、西瓜等都含有番茄红素。番茄红素也是通过促进 II 相酶然后抗氧化、阻止细胞突变、抑制细胞增殖甚至让癌细胞死亡而产生作用，据说对前列腺癌作用较为明显。番茄红素有两类异构体，分子相同，结构不同，一类叫全反式的，一类叫顺式的。生番茄里面的番茄红素大部分是全反式的，全反式的番茄红素很难起作用，生番茄压制的番茄酱所含的番茄红素 70% 是全反式的。所以我们要采用合适的加工方法保证顺式番茄红素含量较高。可以采取加油加热的方法促进番茄红素的溶出，提高顺式番茄红素的比例。市场上出售富含顺式番茄红素的药品。

　　蒜和蒜科植物，有韭菜、蒜、洋葱。蒜科主要以预防心血管病为主，抗癌是次要的，蒜在这里也有如何吃的问题。平常的蒜里含有蒜氨酸和蒜酶，它们俩在细胞里是分开在两个地方，当我们把蒜捣碎的时候就碰头了，一碰头就变化了，蒜酶就把蒜氨酸分解了，变成了大蒜辣素。如果捣碎了以后再放到空气里，又氧化了，一部分大蒜辣素就变成阿霍烯等。如果我们直接蒸馏出大蒜油，里头含有三硫化二丙烯等等，这些成分对肿瘤都有一定的预防作用，但主要作用方式不同。按照抗菌作用来说，三硫化二丙烯是最弱的，阿霍烯是其次，大蒜辣素最强。但是预防肿瘤的功能要看针对什么病理过程。因为大蒜辣素杀菌所以预防胃癌的可能性最大，而预防白血病可能是阿霍烯主要的功能。加工方法决定成分和功能。新挖的蒜和储存蒜的大蒜辣素含量都不多，捣碎了以后大蒜辣素含量增加，水蒸气蒸馏出来的含有大蒜辣素和三硫化二丙烯。大蒜捣碎并在稀酒精里陈化的大蒜提取物是一种研究很多次的产品，也是以大蒜辣素、阿霍烯等为主。油磨的大蒜的阿霍烯含量高但是不能保存，容易长细菌；醋泡蒜是最不好的，因为蒜里的成分全靠蒜酶来水解蒜氨酸，而醋一泡蒜酶就失去活力了，所以醋泡蒜后，蒜里头所有的有益成分都没有了；捣碎了或切开之后放15分钟去吃，阿霍烯和大蒜辣素是最多的。据统计，如果把大蒜蒜瓣放在植物油里14天，这时候阿霍烯最高，当然这个不现实，切开放15分钟的时候吃也可以。

　　当然蒜有毒副作用。咱们喜欢把大蒜放锅里炒黄了，炒黄了蒜味才出来，其实这个过程叫棕化，这时候就产生丙烯酰胺，它是Maillard反应的产物。因为大蒜含有糖、蛋白，糖和蛋白在高温处理的时候或者脂肪氧化的时候，就会产生Maillard反应，产生丙烯酰胺等。炸土豆条、烤的烧饼甚至红烧肉里的糖色都有这个问题，为什么呢？因为它发生了这个反应。糖和蛋白在高温下就产生丙烯酰胺，所以要注意。

可食植物含有的成分，为什么会对人有益？是因为这些可食植物必须有一个抵御外来的侵入物的能力，这叫"次生代谢物"。植物要抵御虫害、冷冻、低温等就要产生一些物质。这些物质就有可能帮助人来防止被伤害。

我不是这方面的专家，限于我的知识和认识水平，说得非常肤浅，甚至有错误。不过希望传递这样的观点：就是用食物成分有可能预防肿瘤的发生发展。引起大家的注意。或许大家炒菜时想到我所说的：把番茄加油炒烂了，加上切碎了的洋葱或蒜，再把西红柿一起加热，最后放一点姜黄粉，浇在早已煮熟的菜花上，做出这么一个菜。吃完再喝一杯绿茶，绿茶也是防癌的。希望大家健康！

本稿经北京大学药学院预防药物实验室余四旺副教授的修改，特此致谢。

气血的解析

张劲翀

张劲翀

中国保健协会保健品应用推广工作委员会专家组成员、著名保健专家、国际营养师。擅长沟通和嫁接中医与西医的"营养学"，在海内外教授中医和营养学课程。主要作品：《气血的解析》。

　　子午流注是十二条经脉的气血流注，其中就包括大肠经。中医"子午流注"的概念其实就是最早的生物钟的概念。也就是说，生物钟这个概念在中国出现得非常早，几乎是和中医的经络理论同时出现的，并且中国的生物钟概念显然比西方的生物钟概念流传得广得多。生物钟是一个时间轴、是一个坐标系、是一个参考系。不仅仅把它当生物钟看，甚至知道在任何时间段我们在做什么，我们的身体在做什么，身体里面的各个脏腑、各条经脉都在做什么。生物钟本身是西方的一个观点，认为生物钟和人大脑里面松果体分泌的褪黑素有关系，电视广告上的脑白金就是褪黑素。褪黑素不用额外补充，如果阴阳平衡，松果体就会分泌。

举个例子，中国的时间要比法国早 6 个小时，如果在中国出发的时候是子时，也就是半夜 12 点，法国应该是下午 6 点，到法国去以后刚好是在法国 6 点的时间段。中国的半夜 12 点是胆经在工作，而法国的时间段是肾经在工作，从肾经到胆经跨越了三条经脉，这时会出现气血逆乱。按照现在的思维方式就是时差，出现了倒时差的问题。

身体里面经络的工作是分时间段的。工作三班倒，短期内可以，还有一个修复阶段，过一段时间又倒回来了。但是如果长期倒班，等于生活在地球的另一端，这样的话气血是按照中国这边走，生物钟又按照法国那边走，早晚会出问题。这和阴阳有关系，这就是经常讲的阴阳失调。

经常听到有些人阳虚，有些人阴虚，有些人可能是上盛下虚，等等。遇到这种倒时差的时候应该如何去处理？有一种很好的办法就是练功打坐，通过一种强制的、主动的方式，把气血调到正常状态。但更多的人是希望身体"无为而治"。"无为而治"的最好办法就是睡觉，基本上睡几天觉就好了，身体越棒的人倒时差越快、越容易倒，身体弱、身体差、元气低的人，倒时差都比较费劲，这就证明身体处理问题的能力下降了。

有概念叫"当令"和"排毒"，"当令"其实就是值班，即这个时间段，这条经脉应该在值班。值班有哪些工作呢？第一就是完成本职工作，每一条经脉都有它自己的本职工作。比如，肺经，它的本职工作是宣发；膀胱经的本职工作是气化。第二叫做"领工资"。"工资"就是气血，这个工资是由肺经来发，肺经相当于身体里面的财务经理，它可以计算出任何一条经脉需要多少气血，需要哪种气，需要哪种血。肺经的这个功能就叫宣发。肺经是通过脾经把工资发给各个经脉的，脾经相当于身体里面的出纳，这个工作叫"运化"。除了完成本职工作之外，还有一个工作就是排毒，也就是说，在这条经脉当令的时间段，刚好是它排毒的时候。

古代把一天划分成 12 个时辰，一个时辰等于两个小时，时辰在中国古代叫大时，一个大时等于两个小时。古代是这样定义时辰的，按照天干地支起名字，子、丑、寅、卯，这样去算。不同的时间段是不同的经脉在当令，按照中国古人的说法，是起于肺经，终于肝经，如环无端。如果认为子时应该是一天的起始，刚好是胆经当令的时间段。

胆经，小名叫胆经，大名叫足少阳胆经。首先要明确的是脏和腑。欧洲所有国家的语言里面都没有"腑"这个概念。腑就是空腔，身体里面十二经脉的主导内脏里面凡是空腔的都叫做腑，实的都叫做脏。凡是容纳、提炼的都叫腑，化生的就叫脏。胆经的主导内脏是胆囊，胆囊是腑，但它很奇怪，我们把它叫做奇恒之腑。所谓奇恒之腑就是它既有脏的功能，又有腑的功能。脏腑与阴阳相对，脏对阴，腑对阳；肝胆是互为表里的，胆应该是表还是里呢？挨打的时候，所有人的动作都是抱起头、把身体蜷起来，让对方攻击的都是后背，这叫表，保护的是里、是内脏，因内脏在前面。前面的是里、是阴，后面的是表、是阳。

所以，胆囊应该是腑，是属表的，但是它又有脏的功能，所以又有里的概念。它既有阴的概念，又有阳的概念，既有表又有里，就是不阴不阳，不表不里，这就是胆。为什么在这个时间段有这样一条经脉在工作呢？古代叫"胆者中正之官"，"中正之官"就是法官，既不向着原告，也不向着被告，跟胆是一样的，所以它是中正之官。

胆囊为什么有这样的功能？它工作的时间段是子时，子时是一天阴气最盛的时候，当阴气达到顶峰的时候，阳气开始出现了，所以子时刚好是阴阳交接的阶段，它和午时相对。"敲胆经"风靡大江南北，因为胆经当令的这个时间段刚好是阴极的时候——一阳生，敲胆经是帮助它生发阳气。显然，阳虚的人才适合敲胆经，敲胆经建议从上往下敲，生发阳气，以阴养阳。胆经当令的这个时间段是应该睡觉的，也就是说每天晚上 11 点之前应该睡觉，如果这个时间段不睡觉，一旦熬到 12 点，阳气生发了，就不容易睡着觉了。

中医里面讲，胆经是负责人的微循环的。如果一个人胆虚——胆虚属阳虚，阳虚包括很多种虚，胃虚、大肠经虚、胆经虚，都属于阳虚。胆虚，微循环就差，到冬天就手脚冰凉。这类人可以吃银杏、人参这一类东西，扩充微循环，对于胆经的生发有帮助。

接下来到达肝经。肝经主导内脏——肝脏。肝经和肝脏不是一回事，肝经是一个经络系统，包括眼睛、肝脏、生殖系统等，而肝脏只是这个系统当中一个最重要的内脏，一定要区别开。

"肝者，将军之官，谋虑出焉。"肝脏是出谋略的，像诸葛亮的角色。通常说肝主怒，一个人肝不好，他会容易怒。肝脏是人体最大的"化工厂"，人体需要的上万种化合物都是肝脏生产出来的，这上万种化合物里面，有很多种都是要送到大脑里面维持大脑思维的。这就说明，如果一个人肝功能下降，很多化合物合成就会出问题，或者量很少，或者质量下降。当这些化合物质量下降的时候，大脑就会反应迟钝。肝脏在五行里面属于木，心经指的是大脑，而不是心脏，心脏的经络是心包经，心经应该属于火，其实肝脏提供的大量化合物给大脑用这个过程就叫木生火。

肝脏的功能特别多，肝经当令的时间段应该是夜里 1～3 点（11～1 点是胆经），应该是熟睡的阶段。这个时间段，肝脏要合成大量的气血出来，相当于给眼睛、生殖系统等发工资。如果不能熟睡就会出现肝火旺。

短期内肝火旺证明肝的功能还不错，如果长期肝火旺，就开始向虚的方向发展，那就叫肝血虚，这时就会出问题，如酒精肝、脂肪肝等。所以肝火旺和肝血虚其实是同样一种生活方式不同程度的累积，在一开始是旺，旺到一定程度就是虚。除了熬夜之外，喝酒、抽烟、吃一些垃圾食物等都会导致肝火旺，最终都会导致肝火虚。因此，这个阶段最好就是熟睡。

接下来就是肺经。肺经在人体里面是老大，它当令的时间段是凌晨 3～5 点，它的主导内脏是肺脏。《黄帝内经》讲"肺，司呼吸""主气"。"司呼吸"就是呼吸，交换二氧化碳。"主气"就是上面讲的发工资，主气的"气"就是气血（工资），肺经系统里面还包括甲状腺和甲状旁腺帮助肺经来发工资。全身任何一个细胞的代谢如果出了问题，都和甲状腺有关系。

"肺者，相傅之官。"相傅之官即丞相。刚刚讲胆经虚要加气血，加多少是肺经说了算，肺经的功能是宣发，肝经生发出大量的化合物，这些化合物肝经交给肺经，肺经就把这些化合物送到各个经脉去了，其中有一部分是给它自己进行修补和排毒。

肺主皮毛。"皮"是皮肤，"毛"是汗毛孔，不是毛发。肾经主毛发，二者不同。皮毛都是排毒的，所以咳嗽一般是从凌晨四五点开始，当一个人排毒的时候，肺经获得了能量。如果连咳嗽都没有，说明寒气很重，那就更危险了，证明排毒的能力都没有了。

肺经当令的时间段是肝经以阴养阳的延续，所以也应该熟睡。如果睡不好觉有一个办法，在手臂回弯的这个位置，到大拇指，这一条是肺经，有一个穴位叫止咳穴，往上推这个穴位，使劲往上推，这是帮助泄肺气，肺气太盛的时候帮忙泄一下，后半夜可以睡得好一些。

肺经还有一个功能叫肃降，一会儿我们再讲。

然后是大肠经，大肠经的主导内脏是大肠。

"大肠者，传导之官"。这个容易理解，食物糟粕的传递过程，是由大肠经负责的。大肠还有一个功能叫"津"，就是吸收，这个吸收是第二次吸收。第一次吸收在小肠里面，吸收的是一些食物的营养成分；第二次吸收就是大肠经负担，吸收的是一些水分和水溶性的物质，如 B 族维生素、维生素 K 等。大肠里面的大便如果停留时间过长，会把毒素也吸回去。二次吸收时吸收的不仅仅是营养，也有可能是毒素，所以最好是一天一便。

大肠经，又叫手阳明大肠经，当令时间段是上午 5～7 点。阳明经的特点是多气多血，也就是说它当令的时间段是阳气最旺盛的时候，当一个人阳气特别充足时，自然就该起床了。如果早晨想起起不来，那也是阳虚了。

起床做的第一件事应该是什么？伸懒腰，伸懒腰是在生发阳气，是在舒展胆经，是在抒发阳气，之后是喝水。因为经过了一宿的时间，人的血液黏稠度会增加，血液循环得慢，血液循环慢的时候容易出现血栓，早上起来之后喝点水，降低血液的黏稠度。然后上洗手间，阳气充盈之后就是晨便，一天当中有几个时间段，大肠的平滑肌缓慢地蠕动，是波浪式的运动，平滑肌是不受人的意识控制的，它受荷尔蒙的控制。大肠经在这个时间段合成出来的荷尔蒙特别多，也就是所谓的气，这种气特别足地传到大肠经了，所以大肠经的波动就特别剧烈，这个时间段就应该晨便。

这样我们可以形成一种认识，大肠经是负责进出口的，它和上呼吸道有关系，也如鼻炎或者咽喉炎，这个属于进口的问题。然后就是大便的问题，比如说便秘、痔疮等这些是出口的问题。不管是上呼吸道还是胃，不管是小肠还是大肠，都叫黏膜组织，黏膜组织的功能下降都和一种营养素——类胡萝卜素有关。类胡萝卜素在自然界当中分布相当广泛，人类已知的有600多种。类胡萝卜素是一种天然的染料，从淡黄色一直到橘红色，黄色食物里类胡萝卜素含量比较高，如胡萝卜、木瓜、南瓜。中医经常讲脾和黄色食物有关系，黄色食物入脾，其实讲的是胡萝卜素入脾，它对脾胃的黏膜组织有帮助。

到上午7~9点，就是胃经了。胃经属黏膜组织。胃经主导的内脏就是胃，胃同样是黏膜组织，和胡萝卜素有关系。目前人们常用的是β-胡萝卜素、α胡萝卜素，是帮助它增强提升功能的。

古代认为，假设把这看成是打敌人的话，脾就是指挥员，胃是战斗员，胃是冲在前线的。古代讲"脾胃者，仓廪之官"。仓廪之官就是古代负责农业收成的官员，也就是说脾胃负责搬运。它的大名叫足阳明胃经，同样是阳明经，胃经这个阶段就应该把外面的东西搬进来，可以把大肠经和胃经当令的这个阶段理解成广义的先泄后补，把体内的毒素泄掉，把营养补进来，"先泄"就是大肠经干的事，"后补"就是胃经干的事。到了胃经这个阶段，就应该吃早餐了。早餐之后，到了阳明经，是阳气最足的时候，阳足就能化阴。阴就是食物，阳具有消化吸收的功能，把这些食物里面的营养提炼出来的这个过程就叫做以阳化阴。

对女性来讲，胃经和乳腺有关系，很多胃经虚的人有一个毛病就是乳腺增生。胃经刚好是从乳中穴经过，从乳中穴下行。如果胃经堵塞的话，就容易出现乳腺增生、乳腺小叶增生。男性生气伤肝，女性生气一般都会伤胃经，然后就会导致乳腺出问题。所以乳腺问题一般和情致有关系，郁闷、生气，尤其是生闷气，都会导致乳腺出问题。

教大家一个治疗乳腺增生的方法。首先把右手伸出来，然后握紧拳头，之后把中指留下，把其他的指头搬开，中指留下之后的地方叫劳宫穴。劳宫穴就是火穴，是心包经。通常是水克火，但是如果水火平衡最好；肾属水，肾经的一个分支是沿着喉咙上来之后分两个岔，通到两个耳朵眼，这个地方就是走肾水的地方。把劳宫穴对着耳朵眼，手指向后，把胳膊展开，与身体是一个平面，再把左手伸出来，捏胸大肌，从上捏到下，从下捏到上，捏五分钟。如果感觉到很疼，多半有乳腺增生的问题。这个动作做完了之后，把胳膊转到前面来，和身体呈90度，再把左手伸出来掐后面的斜方肌，从上掐到下，从下掐到上，感觉到疼，说明乳腺增生比较严重了。很多人掐不到，掐不到更好，这个时候可以让老公帮忙，也可促进夫妻感情。

掐完之后，做第三个动作，把胳膊展开与身体成45度角，掐腋下，使劲捏腋下，有一个小包，叫极泉穴。掐这个地方也会疼，掐五分钟，这侧掐完了换另一侧，再掐五分钟，每天这样掐一遍，坚持两个月之后，乳腺增生的问题就可以解决。

还有膝关节。胃经是通过膝关节下行下去的。一般老年朋友这方面问题多一些。《黄帝内经》里面有一句话："女子五七（五七三十五），男子五八（五八四十）"，女子五七、男子五八的时候阳明脉衰，就是气血开始下降。阳明脉衰，胃经的气血一下降，膝盖就容易出现气血弱，然后就不通，膝盖就疼。

脾经是上午9～11点当令。早餐最好在8点以前吃，留一个小时去消化，然后就送到脾经去运化。脾经的主导内脏是脾，其实在中医里面还有一个胰，所以中医里面指的脏腑和西医里指的脏腑是不一样的。脾经在中医里面又叫"谏议之官"，就像魏徵一样，比较正直。

脾经当令这个时间段是运化物质和水分的，如果脾经虚，免疫力会下降，容易得糖尿病。

再看一下心经。心经当令的时间段是 11~13 点，和晚上的胆经是相对应的，胆经是子时，阴极一阳生，到了心经，是阳极一阴生。心经的主导内脏应该是大脑，主心智、主神明。心经主导的内脏不仅仅是大脑，还包括松果体和垂体。

中国古代对大脑的论述叫奇恒之腑，心经也很奇特，和胆经很相像，半阴半阳，半表半里，阳极一阴生，所以这个阶段又是阴阳交接的。心经当令这个时间段应该午休，午睡主要是修补大脑和神经系统，一天当中有一段午睡其实是很好的习惯。午睡时间不要过长，最好是 20 分钟到半个小时，睡得过长，会越睡越困，越睡越累。

13~15 点的时间段就是小肠经当令。小肠经的主导内脏是小肠，小肠经主导的内脏不仅仅是小肠，还包括静脉系统的肠系膜静脉。小肠的功能就是"泌别清浊"，也就是把食物里面有用的东西提炼出来，没用的东西推到大肠那儿去。

古代形容小肠为"受盛之官"。受盛之官是收税的，把食物当中的有效成分提炼出来，然后把糟粕排走。小肠经叫太阳经，功能是以阳化阴。很多人肩酸，肩酸背痛一般都会想到是肾有问题，但有些人肩酸是小肠经的问题，小肠里有点炎症。如果肩部的气血不通，整个小肠经气血不通，反过来也会影响到小肠功能下降，也会出现炎症，它们是互相影响的，这和肩酸也有一定的关系。

进入 15~17 点，这个阶段是膀胱经当令。膀胱经的主导内脏严格来讲应该是肾，膀胱只不过是一个容器，肾的很多功能是主导膀胱的。肾有条通水道，功能是气化、过滤和回收。

膀胱经的小名，古代叫"州都之官"。州都之官就相当于一个地方的长官，县长、市长之类，主管水利。膀胱经有问题，应该注意多喝水。一天当中有三个应该喝水的高峰期：第一个是早上起床的时候；第二个是脾经当令的阶段，9~11 点；第三个是膀胱经当令的时间段，15~17点。

在中国古代，膀胱经和人的骨骼有关系，膀胱经出问题80%是骨骼问题，20%才是泌尿系统的问题。一个人得风湿性关节炎，一般都是膀胱经有问题。胃经、膀胱经、脾经有问题的人，一般容易得风湿性关节炎。

关于排毒，膀胱经在后背，膀胱经和其他经脉的不同点在于：其他经脉左右对称各一条，但是膀胱经是左右两条，如果把经脉想象成公路的话，本来公路上有一条车道，现在变成了两条车道，为什么？用于排毒。所有的经脉都有排毒的功能，但是膀胱经的排毒功能最强。进入下午和晚上的收敛阶段，收敛之前要把脏东西全部清理出去，不然会影响下一道工序。

膀胱经的排毒一般是后背双向，其中有走气血的，也有排毒的，因为毒素增加了，所以它变成两条车道了，既有气血，也有毒素在里面走。排毒有中医总结的方式，如刮痧，络脉一般是刮痧排，经脉有一些定点排毒的，就是拔火罐、艾灸等。把里面的毛细血管弄破，把毒素从血管里面排出来，然后通过皮肤把它搬运掉，这是排毒的过程。

再看一下肾经，前面都是在讲养生，到了这一步开始养收了。肾经的主导器官是肾脏，肾上腺和生殖系统是给肾经用的。肾经在古代叫"肾者，作强之官，伎巧出焉"。所谓"作强之官"，就是指肾强壮，整个身体才能强壮。"伎巧出焉"就是从无到有，和生殖系统有关系。

肾经，肾主骨，就是说一个人肾虚和他的骨骼的矿物质吸收出现问题有关系。换句话说，一般人的肾虚，尤其是现在中国人的肾虚都是由于缺钙导致的，解决此问题补钙就可以。肾脏也有排毒的问题，这个不用特别强调。

教大家一个健肾的小窍门，非常实用，简便易行。就是走路，走的过程中脚用脚趾使劲抓地。一定要记住走路的时候脚趾落下前是脚后跟先落，然后抬起来之前脚趾抓一下地。如果走的时候能把两个手放在肾腧穴，然后来回地用脚趾抓地。一天走半个小时，坚持一段时间后肾肯定不会虚。

心包经的主导内脏就是心脏，在中国古代把心包经叫做"护卫之官"，这个时间段是19～21点，是心包经的气血高发期，这个时间段也是修补心包经最好的时刻。这个阶段非常危险，利用得好，就可以保护心脏，如果利用不好就是伤害心脏。所以中国古代将这个时间段叫"喜乐出焉"，就是放松，这个阶段应该听听音乐、看看书，陶冶心情，做到这个是最好的，看看电视、听听音乐都可以。

21～23点，这是子午流注十二经脉里面的最后一条，就是三焦经。古代讲身体分上、中、下三焦，横膈以上是上焦；中焦是横膈以下，是脾胃；然后是下焦，就是肝和肾。三焦，其实是微循环，它和血液、淋巴液、组织液整体的微循环有关，指的是广义的微循环。三焦经和胆经同时虚弱的人，微循环肯定特别差，记忆力不好、白头发等问题就出来了。

三焦在中国古代叫"决渎之官"，比喻国家的水利部门。三焦经和心包是互为表里的，因为心脏是提供动力的，三焦是提供通路的。这是三焦经的概念。

以上就是子午流注，再强调几个重要的经脉。

自然界当中，水是如何循环的呢？水被太阳晒后，变成水蒸气升到天空，到了天空变成云之后再通过下雨回到地面。这个过程就是自然界的水循环。水循环起来才能被利用，如果不循环就是一潭死水，是不能被利用的。人身体里的循环也一样。

肾里面的精华物质是属水的，膀胱经的功能特别强、膀胱经的气血特别足的时候，通过膀胱经把肾经调上来，到了"空中"就到达了肺这个位置；肺是主宣发的，肺还有一个功能叫主肃降，肺的肃降功能就是把它从气化状态变回到肾经属水的状态，这是人体里面肾经的循环。肺经生肾水就是通过肃降功能完成的，这叫金生水。现在它还有一个通道，这些东西在自然界还直接通过空气就上去了，在人体里是通过什么上去的呢？通过三焦经的通道，也就是刚才讲到的血液循环、淋巴循环和组织循环，通过这些循环把它带上去，再降下来。一个人如果身体特别健康，肾经、肺经、三焦经、膀胱经特别健康，如果这几条经脉出了问题，这个人的身体肯定不好。

回过头来再看一下，一天当中几个重要的时间段：第一个时间段是以阴养阳，胆经开始以阴养阳，真正的重点是肝经，这个时间段是以阴养阳，以阴养阳的特点是睡觉，是从 23 点到 3 点，养出这些物质应该由肺经去送，肺经发工资的这个功能叫宣化。然后到了大肠经和胃经当令的时间段，叫做以阳化阴，因为这个时候已经养出很多阳，阳可以化阴，就是化食物去了，在上午的时间段是以阳化阴，到了脾经就运化，就是说把工资送到各个人的手中。到了膀胱经这个阶段，是因为马上要打包入库了，白天采购了很多食物里的营养素，要把它们收起来了，但是这些营养素里面有很多是垃圾，要排掉，膀胱经负责排。然后到了肾经就是收藏了，收起来之后到了心包经，就可以"喜乐出焉"，你可以去看电视、可以去听音乐了。到了胆经这个阶段，又把这些东西提出库。肾经负责入库，胆经把它提出库，又开始以阴养阳了，这就是一天的一个轮回。

情绪管理与心灵减压

张 湄

张 湄

心理学家，美国 NGH 催眠治疗师，《健康娃娃》杂志专栏撰稿人。曾担任中国著名品牌《为了孩子》杂志执行主编。作品有《看生命开花——年轻妈妈的幸福密码》一书。

人的情绪跟生命是息息相关的。如果一个人长期情绪不良，产生负面的影响，人就会生病；长期的积极的情绪会为生命加分，会为幸福加分。情绪的力量是非常强大的，情绪有积极的力量，同时也有消极的力量。积极的力量创造生命的动力。如果在企业里，情绪就是生产力，因为正面、积极、乐观的情绪会创造更好的业绩。如果情绪是消极的，情绪会失控，从而引发犯罪，造成悲剧。

学习有没有压力？有。家庭主妇有没有压力？有。在职场上有没有压力？也有。有压力，在现代社会是正常的，如何把压力控制在正常范围内，就是我们所要讲的情绪管理。

我的情绪我负责

首先，自己要对情绪负完全的责任，这样才能对人生负完全的责任。重要的不是外界发生了什么，而在于内在世界想了什么，想法决定了行为，而行为决定了结果，一连串的结果就是命运。命运掌握在谁的手里？跟个人情绪太有关联了。

所以说"我的情绪我负责，我的需求我满足；我的人生我负责，我对自己的人生负完全的责任"。尤其是一些女性，老公在外面应酬，很晚还不回家，她脑子里就开始编"长篇电视连续剧"，他今天为什么到现在还没回家？她会担心很多，可能担心老公的车跟别人撞了。还有今天有没有喝酒，喝了酒以后到底到哪里去了？是到 K 房去了，还是到哪里了。老公这时候回家，她的脸色不会好看，这时候有可能会发生冲突，是因为她自己编了很多的故事。

有些太太很有趣，她自己希望住豪宅，偏偏碰到老公是一个愿意做公务员的，出行就是坐公共汽车，然后很自在，也很快乐，他希望一辈子就这样安安稳稳地过日子。希望能够住豪宅的太太把自己的需求放在谁身上？放在老公身上。从心理学的角度，称为"托付心态"。凡是有托付心态的人，最后一定是失望的。当需求没有得到满足的时候，就开始对老公抱怨、指责、攻击，家里就战火连天了。当然，现在有好多女性自己已经做到了，她自己开公司，经营非常成功，也住上了豪宅，需求得到了满足，她还会把自己的需求放到别人的身上吗？不会。这样她就不会抱怨、指责、攻击，所以自己要对自己的行为负完全的责任。

听说日本人发明了一种机器，这种机器可以测试能量指数，当人处于积极想法的状态时，说自己一定能达成目标，机器的能量指数是上升的，这就是正面积极的想法会让全身细胞的能量提升。当处于消极情绪时，这个机器测试的能量值就下降。所以大脑里有什么样的想法，已经决定了情绪状态，也决定了你的能量状态。所以，"我的情绪我负责，我的需求我满足；我的人生我负责，我对自己的人生负完全的责任"。这几句话反复念，会感觉能量有提升。它的潜台词就告诉自己，我是自己的主人。这样我们就不抱怨了，接受不可以改变的，改变可以改变的，并且拥有区分这两者的智慧。这样的人生才会快乐一点、自在一点。学习这一切都是为了爱自己，提升我们在现代社会的抗压指数。如何提升呢？下面来探讨。

如何管理情绪

情绪是什么？情绪是一种思维惯性和行为方式的惯性产物，它产生于从小被教育的方式和生活环境。简单地说，情绪就是身体对思维的反应。而在一个企业里，情绪就是生产力。作为企业的老总和中高层的管理人员，让员工保持积极乐观的状态，这样会比较快地达成目标。曾经有这样一个老板，他的情绪高低是起伏不定的，像股票的涨跌一样。每次开会大家就根据他的脸色行事，他兴高采烈，每个人都会兴高采烈；他心情特别不好，所有人都灰头土脸。一个团队的领导、管理人员的情绪会对整个团队产生极大的影响。如何达成目标、如何提升业绩？情绪是一个很重要的指标。仅仅有技巧的提升是不够的，如果情绪跟技巧同时提升，达成目标的速度就快一点，而且最重要的是让员工乐在工作。

家庭也是一个团队，爸爸妈妈，是团队的领导，他们的情绪会影响到所有的人。尤其是男士，回家之前，如果先清空负面的情绪，然后回归丈夫、爸爸的角色，这对家庭的幸福指数是有提升的。假如没有清空，带着情绪垃圾回家，同样的事情，效果是完全不一样的，对家庭幸福感有负面效应。

很多成年人都会有内心矛盾的时候，内在冲突，能量被耗尽，就觉得活得很累。但是如果一直保持80%、90%正面、积极的情绪，即便做一大堆事情，精力照样充沛。所以，人所处的状态很重要。里根总统跟他的夫人南希两个人关系非常好。作为一个总统，一定会碰到高压力事件。里根总统遇到的压力最大的事件就是枪击事件，他被枪击了以后，躺在地上，他太太赶到，里根总统的第一句话是说："亲爱的，我忘了躲开了。"里根总统跟他的太太约定，如果今天有负面情绪，回来第一件事情是泡澡，也就是说不要跟对方交流，一定要先把压力释放掉，把那个情绪垃圾清理掉，这时候心情已经由 5 分升到 8 分了，那时候再交流，就会很好，不至于降低原来的幸福指数。

人们有很多情绪，如喜、怒、哀、乐、惧等等。最近看到一些新闻，如惠州有一个司机，上级要他加班他不愿意，心情不好，火气很大，结果连撞 28 辆车，造成 4 人死亡，11 人受伤。这就是司机发生了情绪失控造成的。还有"南平血案"，这个医生只用了 55 秒结束了 8 个人的生命，这个人长期处在高压力状态，被称为"反社会人格"。他们将自己的一堆坏情绪发泄、报复在别人身上。深圳一知名公司里有个员工，曾经参加湖南卫视的《快乐男声》节目，他从招待所 6 楼跳下来，这是 2010 年发生的第 8 起跳楼事件。这个人情绪长期处在被追杀的恐惧状态。从心理学角度说这可能是一个幻觉，如果有人跟他交谈，提供一些支援，悲剧也是可以避免的。他认为这时候没有选择了，但事实上人生有很多选择。所以跟我念一句话："凡事有三种以上的解决方案"。思维具有发散性和创造力，只是需要开启而已。如果凡事有三种以上的解决方案，现在有一种方案，找第二、第三种，思维已经被开启，第四、第五、第六种很容易就会找出来。这时候焦点已经不在问题的本身，而在解决问题的方案上，成功者和失败者的区别也就在这一念之间。

《情绪的力量》的作者说："你可以运用你的创造力、正面情绪把握你的命运。同样，你感受任何一种情绪会吸引跟他感应的人、事物。"台湾有一位女士，患了先天性的脑性麻痹，说话流口水，身体很奇怪，但是这个人乐观、积极。她的父亲是一个牧师，他相信这个孩子之所以降临在他们家庭，是因为他们信神。所以这个爸爸将他的爱给了她，这个孩子现在是美国南加州大学的艺术博士。

有一次她在做演讲，有一个学员提问：王女士，你从小长成这样，你会认为老天不公平吗？在人生的旅途上，你有没有怨恨？她的答案是这样的：第一，我很可爱；第二，我的腿很美很美；第三，我的爸爸妈妈很爱我；第四，上帝会公平地对待每一个人；第五，我会画画，还会写稿子（她还出书），还有很多事情让我热爱。最后，她说了一句话："我只看我所有的，我不看我所没有的。"很好的答案。这样一个充满乐观积极的生命，取得成功，也就顺理成章了。所以每个人的身上都拥有无限的创造力，问题是你如何运用，如何开启它，让它发挥到极致。

如何应用正面情绪赢利

情绪是"生命的钱币"。正面的情绪就是收入，负面的情绪就是支出，长期的负面情绪就会破产。第一个幸福密码就是如何应用正面情绪赢利。

正面的情绪有很多，如宁静、开心、喜悦、快乐、愉悦、爱、感恩等等。想象一个孩子在妈妈的怀抱里是什么心情？被爱，非常愉悦的心情。有时候被爸爸冤枉了，然后一个人在角落里哭，那时候他的心情是委屈的。还有一些公司的新员工，是研究生毕业，到了一个企业工作了，他上级的学历可能没有他高，叫他复印一个文件，这个新员工产生了负面情绪，很委屈："我是堂堂的研究生，学历比你高，今天我过来你叫我做那么简单的事情。"这是 A 的想法。而 B 也是研究生，老板也叫他做这件事，B 会想："太好了，老板今天让我复印企划案，我正好不清楚企划案是怎么做的，我还要跑复印、财务，这几个地方走一圈，可以建立我的人际关系，让我升职可以快一点。"只是一个念头而已，情绪不一样，10 年、20 年以后 A 和 B 的命运在这个企业里结果也是不一样的。所以命运是掌握在自己手里，第一步要觉察自己的情绪，这是基本功。

学会了观察自己的情绪，人生也开始改变。当小孩很不听话的时候，怎么办？打。打能解决问题吗？可以暂时解决问题，后面会产生更大的问题，所以我们重要的是看结果。我相信每个父母都希望孩子有幸福、快乐的人生，如果打能够让他快乐的话，我也不反对。但是如果没有达成这个目标，这个做法是需要调整的。我们家小孩刷牙，他就爱拖拖拉拉，然后玩自己的东西，不愿意睡觉。那时候我就开始"天气预报"了，我说我的负面情绪已经85度，他的爸爸说"我已经火冒二丈了"。火冒三丈就会打人了，他知道这个结果肯定不好。等到我慢慢数到98的时候，他就去刷牙了，动作非常快，因为他知道数到100就没好事。我在提醒自己，同时在提醒他，这是我们共同的事情。所以要关注我们的呼吸、关注我们自己的情绪，让情绪在安全范围，否则会做出不理性的事情，而这个结果不是我们想要的。

你已经看清楚自己，这就变得很有意思。很多新闻里，肇事者们处在无意识状态，他们是在无意识状态下犯罪，造成恶性事件发生，而我们现在就可以学习变得有意识。观察自己每一步在怎么做，就知道什么时候要"停止"，什么时候要离开。情绪的背后是什么？想法是因，情绪是果，在"果"上做文章，是没有效果的。

越是不想要的东西，大脑越是在负强化。所以，不要做负强化的事情，要做正强化的事情。想法是因，情绪是果。今天老板把你骂了一通，而且骂错了，这时候你的想法是什么？委屈，还有抱怨。有些人会认为：今天老板有可能心情不好，他把我骂了一顿，但是事实上是委屈了我，我要换一个时间跟他沟通。有这样想法的人就不会愤怒、抱怨。当然，还有人会认为：今天老板已经骂了我好几次了，看来老板还是器重我的，因为老板花了时间、精力在我身上，注意到我这点，希望我这个地方能改进，而我还没有改进，所以老板会骂我，看看这个地方如何做更大的改进。这也是一种走向成功的可能性。如果保持这样的想法，人也没有坏情绪。所以提醒大家，当认同自己的负面想法的时候，情绪就是负面的，当保持自己正面的想法的时候，情绪就是正面的。有一句话说：积极的人像太阳，照到哪里哪里亮；

消极的人像月亮，初一十五都不一样。

如何去改变我们的想法呢？在于你如何选择，好比手里有一个遥控器，你可以选择正面的，还可以选择负面的，就在一念之间。任何生命中的考验，背后都有礼物，一切都是最好的安排，一切都是为了成就最好的你。很多年以前我在职场上遇到一个老板否定我，当时很痛苦，后来发现他就是我生命中的贵人，因为他，让我发现我还有潜能没有发挥出来，后来我就改变我的职业生涯。今天能出现在这里，跟这个老板有很大的关联，所以我要感谢他。

从心理学角度分析，不是所有的人都是积极乐观，面对挫折勇往直前的。人群中5%是这样的，他们曾经经历了无数磨难，但是他们的抗压指数特别强，任何的挑战都过了，然后达成了目标。而我们是属于那95%一类的，遇到挑战以后要退一格，前进两格又退一格，或者停一停，要付出很多努力，战胜自己再前进两格，再退一格。很多人需要训练之后才变得乐观积极，人群中有少数人是天生就是乐观思维的。乐观思维、积极思维的那些人最快到达成功的彼岸。所以，第二个幸福密码就是"想法改变，情绪就改变"。

我的一个学员遇到一个劫持犯，劫持犯劫持了他的嫂子，用刀架在她的脖子上。她跟警察说："我是心理咨询师，让我跟他沟通一下。"警察已经把枪架了很久，他们高度紧张，眼睛都红了。因为男对男，一直在对抗，压力是提升的。而且围观的人越来越多，这个劫持犯的压力指数也在增高。警察让她进入警戒线，她进去对那个人说："你看着我的眼睛。"因为他那时候是看着那些枪的，很紧张。他看着她的眼睛，她就开始跟他沟通、交流，问他有什么需求。那个人高度紧张地说："他们都要杀了我。"她说："他们怎么会杀你？要杀你，那么多枪早就把你杀了。为什么你现在还存在？说明他们不想杀你。"也就是说一定要让他知道，还有第三、第四、第五种选择。那个人紧张到极度的时候拿刀捅自己的腿，他的情绪已经完全失控。那个时候她就跟他交流，问他有什么需求。他说要一辆车，马上就提供一辆车，他们在沟通的时候，后面的便衣警察当场就把他制服了。其实她并不是心理咨询师，她并不是专业人士，但是却救了两个人的命。所以他们有时候情绪失控，处在高压力的状态，要给他们多一点选择，需要给他们一个谈心的空间，所以"想法改变，情绪就改变。"

人类的大脑很有意思，它会主观分析。"他踩我一脚，他是故意的"，如果这样想保证你很痛苦。如果你认为他是不小心的，就没什么痛苦。所以大脑会主观分析，会加工、扭曲、删减。人类的大脑还会编故事。大脑认为它是对的，它就一定是对的，这样才会造成一些后果。而一念之转，学会打开你的思维，就可以看到不一样的天空。所以要对思维保持警觉。

男人的大脑和女人的大脑一样吗？男人进了超市，买好他想要的东西会马上撤离。所以男人的大脑就像一块块的方块一样，这叫目标，达成目标就撤离。而女人的大脑就像一条条的柳树枝，她进了超市会这里看看，那里看看，然后买一大堆东西，开心得不得了，回到家发现有1/3是不需要的。男人、女人的大脑结构不一样，所以他们的想法有冲突是很正常的，而如何达到双赢是需要修炼的。

很多人遇到两性关系的挑战，不知道如何处理。但没有这些挑战，人生就没有那么精彩。男人碰到情绪压力，沉默是金，一般是闭门修炼，喝酒也好，关在屋子里也好，或者去打球也好（打球是一个很健康的方式），可以把坏情绪释放掉。女人要知道这个特质，不要盯着他问到底发生了什么，这样男人会觉得很烦。

女人呢？女人有压力会选择倾诉。这时候男人要学会聆听，男人、女人都要学会聆听。了解到女人有这样的需求，当她的压力指数很高时，回到家一定会对老公讲个不停，在一吐为快的时候，压力指数就会有所下降。但是老公有几种反应，第一种反应就是看报纸、看社会新闻、看股票，这些比太太重要100倍，那时候太太会很沮丧，感觉不被重视。所以男人要学会在这时候给她一定的时间和空间，让她释放压力，释放完了该做什么就做什么。这些事情很多人都知道，关键是要做到，知道的仅仅是知识，做到的才叫智慧。在知识通往智慧的道路上，需要大量的实践和体验，所以男人、女人要一起成长。

有一个大学生，毕业的时候，他的爸爸妈妈给他写了一封信，标题是"家不是讲理的地方，是讲爱的地方"。这是非常有智慧的爸爸妈妈，他们把自己的幸福密码传递给自己的孩子。所以人生要掌握一些幸福密码。有些太太很会讲理，我曾经也很会讲理，我觉得讲了以后，对方不爱听，我就到外面讲，一不小心就变成讲师，因此，一定要把自己的所长发挥好。资源放对地方就是财富，资源放错地方是垃圾。我们在家里面要打开心，才能看见爱，如果没有打开心，只是打开脑袋，很多的评判、分析、指责都会跑出来，幸福也就无从谈起了。

情绪管理的方法

情绪管理的方法有很多。第一种方法就是深呼吸。在紧张不安的时候，深吸一口气并对自己说："我吸进了宇宙中的光和爱"，吐气的时候就是吐出所有的紧张、压力和不安。假如这个太太今天在公司里非常不高兴，但是家里有一个2岁的小孩，她在小区里转一圈，让自己坐几分钟，做五个到十个深呼吸，把自己的坏情绪释放掉，这样回到家里还是一个好妈妈。

第二种方法叫"暂离现场"。这就要了解6秒钟策略。人们有一个情绪脑，还有一个理性脑，左脑是分析理性的，而右脑是比较感性的。当一个事件发生的时候，情绪脑马上作出反应，它比理性脑的速度快8万倍，所以情绪容易失控。当这件事情发生的时候，6秒钟内情绪脑和理性脑没有连接上，6秒钟以后理性才会进来，理性会分析这样发展造成的结果。当理性进来的时候，作出的决策也许是对的，没有理性，作出的决策有可能造成极大的危害。

第三种情绪管理的方法叫"重新选择情绪"。唐朝有名的谏臣魏徵，每次上朝的时候提意见，唐太宗的脸色就会不好看，所以唐太宗每次下朝之后都去散步。之所以去散步，是因为他怕错杀了魏徵。为了治理好这个国家，他一定要把自己的心胸打开。所以唐太宗为什么把国家管理得比较好，跟他的内在格局有关，一个人的内在格局，决定了他的外在格局。

第四种方法是"一念之转。"即如何转变自己的念头，可以向专业人士求助。

第五种叫"暂时抽离法"。比如公司开会，有人提出激烈的批评，让你怒火万丈，这时候不可以跟他发脾气，你可以做的就是暂时抽离出自己，让这个会继续开完，然后再找一个合适的时间解决问题。

第六种方法是"情绪释放和回归当下"。举个例子，爸爸带一个3岁不到的小孩子在马路上，宝宝说了一句话，爸爸听不懂，就一直问他，宝宝被问得烦了就开始哭。哭的时候，爸爸说要不要抱，宝宝说不要抱。不要抱说明他已经有情绪了，他已经很愤怒了、很生气了。爸爸问他还要哭多久，他说："我要哭好久。"宝宝在那里哭，哭好了以后走过来，说："我好了。"爸爸问他："你现在要不要我抱？"他说："要你抱。"这个孩子就是"活在当下"，他先把坏情绪合理地释放，然后再回归到当下，该做什么就做什么。这是一种很好的方式，每个人都可以找到适合自己的方式。

第七种方法就是观赏自己，成为自己的观察者。观察你的情绪时，你会发现你的愤怒在降低，你不去理他，你的愤怒会上升，这是一个很重要的方法。

我有一个朋友，27岁的时候遇到了危机，一夜之间变成了张海迪，两条腿不能走路，她是依靠心理训练的力量战胜了自己。她第一个想法就是"我一定会好起来"。第二个做法，就是所有来看她的，凡是哭的，凡是安慰她的人，统统被赶出去，她不允许有任何负面的情绪影响她。并且她每天在病床上做一件事——观赏。那个女孩子现在恢复得跟所有正常人一模一样。前不久结婚了，现在已经怀孕，还有几个月就要生了，很幸福。这个幸福是她自己创造的。

释放负面情绪也有很多的方法，负面情绪来临的时候，压抑不好，把别人打一顿也不好，要选择合理的方法释放。有些运动，让身体动起来，也是负面情绪的释放。比如，打球就是很好的方法。有些女孩子喜欢写心情日记，遇到郁闷的事情写20遍，然后心情就释放了。第四种选择是回归自然，在自然的环境中，人就放松了，负面的情绪得到了释放。

第五种选择是倾诉。倾诉一定要选对时间、人、地点，不能随便倾诉。还有，建议每个人都要搜集一些自己喜爱的音乐，尤其是有关心灵的音乐，有些人信佛，就听佛教的音乐，不管哪一种，你喜欢的就可以提升你的心情激素。

平时一定要建立自己的情感支持网络。写一个你的情感支持网络，至少要写3到5个人。当你有一天情绪处在低落的状态时，你要知道打电话给谁。就好比你在马路上摔断了腿，你第一时间要打电话给谁是一样的。所以在生命的过程中，爱自己的人一定要为自己做好情感支持网络；事业方面要做好事业支持的网络；人际关系方面要做好人际关系的支持网络。这样生命才会变得更有安全感。

还有一个叫"快乐清单"，即哪些事情做了以后心情指数会有所提升。举个例子，有一个老师非常有趣，他特别喜欢紫砂茶壶，只要摸着这个，心情就完全放松，这对他来说就是快乐清单中的一条。如果喜欢经络操，每天做一做也不错，你的快乐清单又多了一项。如果可以写出7项让心情指数提升，幸福指数也就提升了，学会拯救坏心情，让自己处在8分、9分的状态，这样的话，幸福就没有离开你。

心 灵 减 压

最后讲一下心灵减压。第一种方法叫静心。现在做一个音乐静心的体验，大家闭上眼睛，也许只有3到5分钟，把手放到心脏的位置，深深地呼吸，观赏阳光充满这个空间，进入身体，深深的吸气，把阳光吸进来，充满全身；深深的吐气，把不安、烦恼全部吐出去，请用嘴巴吐气。每一次呼吸，你都会进入更深的心灵的深处。

慢慢放下手，完全跟音乐融为一体，仿佛生命就是一段音乐，每一次呼吸把你带到更深的心灵更深处，仿佛你真的不见了，回到你的心灵家园。所有人的心都连接在一起，成了一个很大的心。每一次呼吸，把你带到心灵的更深处。喜悦就在你的里面，爱就在你的里面，让呼吸带你回家。回来，回到现在的时空，回到当下，我会从 1 数到 3，你会越来越清醒。1、2、3，完全回到当下，睁开你的眼睛，揉揉脸，撮撮你的耳朵。跟你的左右邻居握一下手，说："常回家看看。"

当你静心的时候，感觉头脑里充满了思想与宁静，你超越了头脑，这是你要了解的。

第二种方法叫观呼吸。睡眠不好怎么办，有一个很简单的方法，睡觉之前做 10 分钟观呼吸。只看着眼前那一小块地方，眼帘垂下，观察自己的吸气、吐气，慢慢地吸、慢慢地吐。你会发现，吐气会变得更长一点，说明你就变得越来越宁静了。在你吐气的时候还可以数数，刚开始做的时候数 1、2、3，越数到后面心越宁静，做完了以后再睡觉，睡眠质量就会更好。

睡觉之前还可以跟自己说：明天醒过来我会精力充沛、充满活力，这叫自我暗示。睡觉之前观呼吸，最后跟自己说的告别语言是"明天我醒来的时候会精力充沛、充满活力"。第二天起来会心想事成。经常练习，会变得专注力更高，学习效率、工作效率更高，睡眠也会更好。

第三种方法是冥想。第一个可冥想的是在你最喜欢的环境，有人喜欢海边，有人喜欢森林里的小木屋，可以闭上眼睛冥想自己在那里，心情就放松了。做 10 到 20 分钟的冥想，压力会被释放很多，这就是帮自己净化心灵。

第四种方法是心理写作。美国心理学会的专家非常推崇这种方法。曾经有一个这样的实验，有一些白领失业了，把他们分成 A、B、C 三组，要求 A 组写 10 篇失业之后失落的、不好的情绪，写负面的东西。B 组专门做规划，失业了要做什么事情，做很多计划。C 组什么也没写。大家猜猜看，哪一组最先找到工作？同意 B 组的人先举手。（台下举手）

很多人认为是 B 组。实验的结果是 A 组最先找到工作。过去发生的事件，有很多负面的能量，我们的大脑已经忘记了，只有潜意识里记得。A 组不断写他的经历、痛苦，写到第 10 天，这些痛苦就不在了，被放掉了。失落的情绪得到处理以后，这个背包被释放掉了，他会很轻松，所以最先找到工作的是 A 组。因此，要学会清空大脑的垃圾，清空负面情绪的垃圾。

最后想跟大家分享的幸福密码是超越你的自我认同。走向我们真正的心灵家园的过程中要穿越 3 个障碍，第一个是身份认同。举个例子，在"文化大革命"的时候，曾经有 3 个人被投到单人牢房，第一个是老干部，他原来是局长，所以他不接受囚犯的身份，产生抗拒，他的抗拒就是天天骂人，在监狱里非常愤怒。结果两个礼拜以后割腕自杀。这叫高度的身份认同。第二个被投进去的是一个老知识分子，他进去了以后，一直在想，到底犯了什么错，想了两个礼拜后自杀。这叫思想的认同。第三个人被投到单人牢房，据说是一个老和尚，三个月以后被放出来，居然脸色红润，依然如故。记者去采访他，问他是如何做到的，他回答的一句话很有智慧，他说："心宽天地宽，一床的位置就足够了。"所以，不管人生遇到怎样的挑战，如何让自己变得更自在、更快乐，这是我们自己的责任，所以真正爱自己的人，要管理好我们的情绪，让自己的心灵放松、自由、自在。

你的人生由你负责。生命出现任何的挑战和危机的时候，我们要记得，原则是不伤害自己，也不伤害别人。所以最后一个幸福密码是"保持正面积极的信念，你就是幸福的"。

运动让生命更精彩

赵之心

赵之心

北京市科学健身专家讲师团秘
书长，国家级社会体育指导员。
近年来以"全民健身""体质
与健康"等为题，在全国各地
做科普巡回讲演近 2000 场，并
在中央电视台、北京电视台做
科学健身类节目，录制有《全
民健身、抗击非典》《强身健
骨操》等节目。在《人民日

报》等报刊发表论文近 600 篇，代表作有《来自北京人身
体上的红色警告》《想对健身者说》《强身健骨操》《有氧
健身走》《骨骼健康》《女性体质与健康》等。曾获得国家
科学进步二等奖和体育科学进步一等奖。

出汗是排毒，男人不晒太阳是要长毛（发霉）的，女人不晒太
阳更危险，老人必须得晒太阳，因为它是补充维生素 D 最简单、有

效的方法。人出汗就是在排毒，因此这样肤色会非常好。教大家一个方法来判断是否该出汗，或者说你是不是有健康问题。把手背拿起来，放在脑袋这里，然后看你脑门的颜色和你手背的皮肤的颜色，凡是手背是白的，脑门的皮肤和手背的颜色是一致的，你的身体状态就非常好；如果手的皮肤是黑的，脑门是黑的，就是你爹妈遗传的黑，没招了；凡是脑门是黑的，手是白的，不管是男是女，保肝保胆保肾刻不容缓。

谁手脚冰凉？不用说话，我看一眼就能知道。凡是天气热，手脚还冰凉，叫做"形寒"，"形寒"会伤肺。瘦人多为手脚冰凉的人，手脚冰凉的人我第一个建议就是去外面跑步。因为跑步之后，出了大汗之后你的手脚就不会再冰凉了。这种运动方式的作用第一是排毒，第二是远离癌症。胖人要去减肥，瘦人也要运动。不管你胖瘦，只要你身上总是发凉，这种低体温维持得足够，使你什么问题都可能产生，第一个问题就是恶性肿瘤。因此出汗的时候就是在排毒，穿雨衣跑步是抗癌最好的方法，而且你去跑步的时候还可以锻炼心脏，运动真的是使我们生命很精彩。

百练不如一走，在走的过程当中，从头练到脚。很多人肚子很大，不管是男是女，只要今天你的腰围鼓起来，一定有问题，这个问题就是脂肪肝，瘦人脂肪肝更危险。这让我想起一个人，2009 年感动中国的十大人物，叫陈玉蓉，湖北荆州地区的一个乡镇企业会计，56 岁。她儿子生出来的时候肝不好，到 30 岁的时候肝坏死，她们家没有钱，怎么办？这个母亲要把自己的肝割下来一半给自己的儿子，到医院检查配型成功，配型成功就没问题了，可是最后做肝穿的时候，医生说了一个问题，说你有重度脂肪肝，不可能完成手术。母亲马上眼泪就下来了，哭了，医生想了半天，说了一句话："要不你先试试减减肥！"这位母亲眼前一亮，她每顿饭只吃半个拳头大的饭团、清水煮菜，每天暴走十公里。整整 211 天，每天暴走十公里，每顿饭吃半个拳头大的饭团、清水煮菜。211 天后，医生给她做完检查之后对她说，你创造了医学的奇迹，你的肝脏完全成功减肥，最后这位母亲割肝配型成功。

无独有偶，辽宁鞍山有一位母亲，46岁，她的女儿肾坏死，她要把自己的肾割下来给女儿，结果一检查也是脂肪肝。这位可爱的母亲节食，每天暴走五公里，半年以后肝脏奇迹复原，最后割肾成功。

第一个话题是关于内脏的话题。有一个更可怕的现象，很多老年人在家里刚一坐在椅子上就犯困，电视一结束他又醒了，一集电视剧只看了头和尾。凡是坐在椅子上犯困的，一定是糖尿病。过去男人能吃叫健康，女的能睡觉叫身体好，现在倒过来了，凡是男的能吃一定是和糖尿病划等号，凡是能睡觉的，将来一定是老年痴呆症的患者。

深圳是一座非常年轻的城市，我发现深圳年轻的朋友很清楚健康的概念，在挣钱的时候不忘健康问题的人是最聪明的。现在咱们国家是老龄化的社会，未来深圳逐渐会变成一个老龄化的城市，男人的嘴角一耷拉，目光呆滞，不爱说话，一定得老年痴呆症了，知识分子得老年痴呆症的最多。华人当中有一个人获得了诺贝尔奖，高锟，76岁获奖。73岁的时候打麻将，把八万说成八条，别人说你说错了，人家说你是不是老年痴呆症，结果到医院一检查，小脑、大脑萎缩。防止老年痴呆症从年轻时开始做起，从脚下开始做起，走进锻炼的队伍。三五人成群一起走，连说带笑加锻炼，这是抑制老年痴呆症最简单的方法。大家千万别"独"，一"独"就非常不好。

凡是说有颈椎病的，在座的各位我考他们一个问题，然后就知道你是有颈椎病还是没颈椎病。身体往前伸，左右对称，能做起来的颈椎非常好，凡是颈椎不好的，就是缺乏锻炼。教给大家一个练颈椎的办法，叫10点10分走，即两只手侧举，比平举稍微高一点点，每天200步，10天包好。

有很多人手还不好。手有两个功能——伸和握，如果一直不伸可能就伸不直。我告诉大家有一个健身操非常不错，把手张开，手指头向后绷，每天做到这样看电视5分钟。再给你出一个招，大家晚上走路的时候，一定要在走路的时候加上手的动作，就是一步张开，下一步合上，张开，合上，这样就把你的手锻炼得非常好。

讲完脑袋、讲完脖子，讲完手，开始讲胸。医学是这么统计的，10个老年人得了病，得了各种病，送进医院，最后你猜怎么样？有8～9个没有死在疾病上，这些人共同死在一个疾病上，就是肺部功能的感染和肺部功能的衰竭。我们国家两弹一星的科学家钱学森，97岁的时候，思路非常敏捷，眼睛闪闪发光，说话逻辑性超强，身体超好，大家觉得，钱老一定能活过110岁，可是谁也没想到，98岁的时候仅仅因为感冒引起了肺部感染逝世。因此，锻炼肺刻不容缓。怎么锻炼肺？

肺靠什么运动？靠我们肋骨和肋骨之间的肌肉收缩，把胸腔拉大，肺泡拉得非常大，肺泡的弹性非常好，动脉和静脉的血管有弹性，空气透过的能力就会提高，能有效地增强肺部免疫力。每天做一下深呼吸，把胸锻炼厚，感觉自己一点点把肺吸满，这就叫做锻炼肺。在有水、有树的地方，每天去做，这就叫做"洗肺"。这个方法不错。再教一个方法，就是时常到海边走走路、跑跑步。走路的时候怎么锻炼肺？走四步，前三步是吸，第四步吐出去。

身体有一个器官要多自私有多自私，那就是心脏，肺和心挨着，肺吸进来的新鲜空气心脏第一个用。人就一个心脏。有些人说人有两个心脏，人的脚是第二心脏，为什么？心脏把血送下去，血怎么回来？是靠肌肉挤压，在做肌肉挤压的时候，会把血源源不断地送回心脏，因此脚是人的第二心脏。教大家一个健心操，脚尖朝前，十个脚指头抓着地，脚后跟离地。如果赤着脚去走路非常好，赤着脚到海滩上去跑一跑非常好，或者在公园鹅卵石路上这样走也非常好。

人的心脏每天要跳7万次到10万次，这样非常辛苦。我告诉你一个方法，在走路的过程中，会有效地让全身的肌肉活动起来，在座的各位，这种走法就是我要教给大家的锻炼心脏的最佳走路方案。走路的时候心里唱着一首歌："雄赳赳、气昂昂，跨过鸭绿江"，每天坚持10分钟到20分钟，心脏会得到很好的锻炼。

胸讲完了，该讲肚子了。人身体中的气需要排放，现在有多少人吃完晚饭，气都从上面出来了，一个人气都从上面出来，肠道一定有问题，严格来讲，气要从底下出去。大家可以试试这个方法，双脚合并，脚尖与脚后跟一抬一落做原地跑步，每天做十分钟，来两个响的神清气爽，对我们非常好。

经常坐着会得一种疾病，这种疾病非常要命。直肠和结肠是挨着的，老坐着的人，高发直肠癌和结肠癌。坐着，便秘，还吃肉，更易发直肠癌和结肠癌。这种人我建议大家晚上回去看电视一定要"扭着"，最好放弃一切交通工具走路上班。走就能远离直肠癌，怎么走？放开步子走，这样能让胃受到刺激，再拿出 10 分钟扭着走（像国际竞走比赛）。还要多吃青菜、纤维素高的东西，吃苹果防止便秘，每天晚上扭着走，你会发现第二天早上起来上厕所跑着上。上厕所一定要早晨上，因为这是老天爷安排给人最正确的排便时间。如果是两天没有上厕所，一定要小心直肠癌和结肠癌。

接下来讲腰，现在腰疼的非常多，半个屁股痛、坐骨神经痛、大腿外侧麻、脚指头痛都是腰的问题。教大家一招，特别好使，双手叉腰，左腿向前迈一步，后面脚尖点地，眼睛向前看，脚尖抬起来，膝关节绷直，后面脚向后抬起、放下，做 100 下，换腿，岁数大的可以扶着椅子。坚持做，保证腰不会再出问题。还有一个腰部健康最有效的方式，学老虎形。

再说说髋关节。髋关节有一个非常大的问题，叫做老年性髋关节骨折。现在德国号召全国人民只要站着的时候就要单腿站。第一能提高你的支撑能力；第二能提高你的肌肉控制能力；还有就是对你的髋关节健康很有好处，保持髋关节健康主要是防止髋关节的股骨头坏死以及股骨头骨折。生活就在于大家创造乐趣，在刷牙、洗衣服、切菜的时候大家都可以有意识地去做这些，效果非常好。

下面讲腿，摸摸你的大腿，有肉吗？腿太粗了，非常危险，如果你的腿细了，更危险。不管是男是女，只要腿细了，糖尿病是跑不掉的。人身体当中，有 50% 的肌肉、骨头、神经、血管的血液（只要你不是躺着）都在下半身，人体有 12 条经络，也就是说 50% 在两条腿上，肝、胆、脾、胃、膀胱、肾六条经络在腿上，人活就活在两条腿上。

最近有一个著名的企业家，59 岁，早上起来钓鱼的时候死在钓鱼的场子里，大家知道是谁吗？王江民，杀毒界著名的企业家。可是这位企业家为什么在钓鱼的时候因心脏病去世了呢？原因是这个人生下来就是小儿麻痹症，他的一条腿生下来就是坏的，那么 50% 的肌肉、50% 的骨骼、50% 的神经、50% 的血液都会功能降低，降低的结果怎么样？只要下肢残疾的人，很难活长。因此记住一个概念，叫没事一定要欺负两条腿，什么叫欺负两条腿？不是捶、不是打，能走的坚决不骑车，能爬楼的坚决不上电梯，能跑步的坚决不走，在座的各位能骑车的坚决不开车。

我今天带给大家欺负腿的走路方法，叫平地爬山、平地爬楼，每走一步的时候先把步子迈出去，迈出去的时候不是往下迈第二步，慢慢地起来再走一步，然后走第二步，慢慢地把腿弯下去，然后再起来、然后再走。凡是发现脂肪肝、糖尿病的人，一定要这么走，锻炼加快糖代谢，把血糖降低。

再说脚，各位女同胞有多少脚趾骨的内侧长出大骨头来的？这叫拇外翻，还有脚掌这个地方长一个大脚茧。这个比例相当高，好多明星看到漂亮鞋不能买，为什么？买来都不能穿，原因就是拇外翻和脚茧。我母亲 40 多岁的时候，长脚茧，我说你怎么还长这个东西呢？不是都长在手上吗？脚怎么还会长茧呢？她说我怎么知道，可能是鞋不好。后来经过我研究发现，根本不是磨的，是不会走路造成的。今天教给大家一个方法，记住，从今天开始一定要这么走路，哪怕上洗手间也得这么去走，就是这样弹着走，尽量抬高了走，身体要直。

告诉大家，只要这么去走，心情会非常好，只要晚上一走，你自觉不自觉地笑了，这叫格格步、贵妃步。这个贵妃步真的是非常好，只要七八个人一起走，笑声一片，走了 10 分钟之后你就知道效果有多好。

各位男士，看看你们脚上的一双皮鞋。皮鞋是什么时候穿的？请记住，一定是在正规场合上穿，也就是说你去应试、去谈判时穿，在正当的办公环境需要穿西装和皮鞋。但是我要说的就是很多人把皮鞋当成自己的便鞋穿，这是最大的错误。男人穿皮鞋穿的次数太多了，整天脚上就穿皮鞋，这是最大的错误。皮鞋是正规的场合穿的，平常的时候不要穿皮鞋，因为穿皮鞋会给你带来很多的麻烦。老穿皮鞋的人，如果发现鞋上有这样的问题——鞋后跟外侧被磨偏，与高血压、糖尿病、心梗、脑梗有关系。这与不良的走路方式分不开。

现在男人通常都是八字脚走路，这样走鞋后跟外侧着地，这个地方自然会被磨偏。八字脚走路有百害而无一利。各位男士应该怎么走呢？像刘翔那么去走，知道刘翔怎么走吗？有些人说刘翔每走一步都跨栏，但那是在田径场上，平常，刘翔弹着走。男人只要走路，尤其是晚上走路，一定要弹起来走，这样弹起来走路对你身体的锻炼价值超高。人要是没有弹性，就完了，人的弹性就是在点滴的生活当中保持的。1996 年的时候，我们家搬到北京的一个高校小区，我就是院子里面第一个跑步的人，但是我发现我们院子里有一个人，又瘦又高的人，每天晚上九点钟准时下楼，你猜他怎么走？就这么走，一走一个小时。我当时还在研究，他为什么这么走呢？这个人是什么人物呢？若干年之后我才知道，这是咱们国家非常著名的医学院士巴德年，老头又瘦又高，将近 80 岁，身体没有任何的毛病，就是每天走路弹着走，有一天我又发现一个人也是这么走，一打听，是他儿子。因此，各位男同胞，出了门就要这么去走。

大家记住，大树不倒根要好，人的根是哪？就是你的十个脚趾，因此我希望大家走路的时候一定要弹起来。

有一次我们参加糖尿病咨询活动，大老远走过来一个人，走过来之后，我一看，说他糖龄 11 年了，两个脚腕是黑的，不会说错吧？他当着我的面把袜子脱下来，所有人看到那双脚两个脚腕都是紫的。我说就你这两只脚，两年之后统统锯掉。我告诉他从今天开始，就这么弹着走，半年之后他给我打了一个电话，脚腕子从紫色变成红色，从暴皮变成皮肤光滑。抑制糖尿病没有特效药，但是有特效的方法，就是弹着走，这是治疗糖尿病最简单的方法。

上面从头练到脚了，还有一个地方必须练，那就是一个人的心。我说一件事情，今天中午我看电视的时候，很多学校门口设置了武装警察，带枪的，好多幼儿园门口都有警车。大家知道什么叫恶性事件，就是那些人将手伸向了小学、幼儿园的孩子。为什么这些人不选择到军队去伤害那些战士，为什么不选择伤害成年人？因为他们不敢，这些人全是变态的人。现在变态的人非常多，心理变态，你猜怎么着？他就知道找弱者，因此向女人下手、向孩子下手、向老人下手，甚至在国外还有向乞丐下手的。这都是心态出现了问题。

说到心态我给大家讲两个人的故事。第一个人是名人崔永元。小崔同志非常优秀，中央电视台脱口秀大腕，2005年的时候，小崔离开了这个节目，由谁来接替？何晶，为什么？小崔得了抑郁症。第二个人，你猜第二个是谁？是我。有没有得过抑郁症的？当你情绪一低落，感觉到天也不是蓝的，地上的花如此难看，周边每一个人都是坏人的时候，你就感觉到有人在欺负你，对社会有一种惧怕感，对现实有一种惧怕感，这就是抑郁症。中国人说自己没有抑郁症的人真是太多了。其实我告诉大家，心理健康的人也要看心理医生。

当人的情绪非常低落的时候，可以用运动的方法把体内的一样物质给调动出来，因为你参加体育运动的时候，人身体里分泌出多巴胺，让你的心情愉悦，这叫人体吗啡。因此当你运动完之后，人体的吗啡产生足够的量，结果是什么呢？你就会发现天是蓝的，花是漂亮的，周围的人对自己非常好，自己有阳光的心态。运动能让你有阳光的心态，为什么运动让生命更精彩？其实原因特别简单，运动不光可以防病、不光可以治病，还可以让你有一个阳光的心态。

最后有一句话送给大家：每一种药只能治一种疾病，没有一种药治百病，运动绝不是药，但是运动对生命影响的全面性是所有的药物不能代替的。这句话不是我说的，是世界卫生组织总干事说的。

非药物经典养生

张力及

张力及 ✎

中颐经典健康科学研究院院长，
"经典养生大讲堂"专家委员
会副主任。"和谐生活方式"
的创始人，中国候鸟式养生养
老发起创办人。从事饮食疗法
与自然养生研究近 30 年。主要
倡导非药物自然养生法，研究
预防与康复相结合的健康生活
方式。

西方医学时代留给人类最宝贵的财富有三个：第一是对疾病的可诊断性，现在很先进，有 CT、核磁共振、B 超等各种各样的检测设备；第二是抗生素的发明，对传染病的防治起到了决定性的作用；第三就是抗生素的广泛运用，使得复杂的手术成为可能。

随着环境的日益恶化、社会竞争的加剧，包括人际关系的复杂，个人生活习惯的不健康，如熬夜、抽烟、喝酒、暴饮暴食等等，各种我们可以称之为生活方式导致的生活方式病，如糖尿病、心血管疾病、肿瘤、精神病（抑郁症、狂躁症、精神分裂症），这些慢性病被称为"慢性非传染病"，我们把它们叫做"生活方式疾病"。什么是"养生"？养生就是养护生命。

中华养生文化之渊源

中华养生文化流传了五千年，从《神农本草经》到《黄帝内经》、《易经》、《道德经》、张仲景的《伤寒论》，再到道家养生、儒家养生、医家养生，都是我们宝贵的财富。

《黄帝内经》中，当时黄帝问岐伯："余闻上古之人，春秋皆度百岁，而动作不衰。今时之人，年半百而动作皆衰者，时世异也，人将失之耶？"我们的古人都能活到 100 岁以上，而且"动作不衰"，为什么我们现在只活 50 岁就衰了呢，究竟是人心变化了，还是时代变了？岐伯说："上古之人，其知道者，法于阴阳，和于术数，食饮有节，起居有常，不妄作劳，故能形与神俱，而尽终其天年，度百岁乃去。"上古的人都明白什么是道，所以他们法于阴阳，守住阴阳的平衡，迎合四季和一天二十四时辰的变化，符合自然规律，吃饭、喝东西都有节制，起居有规律，而且做不到的或者不能做的事不去做，所以都能活到一百岁以上。

再看看岐伯说的，"今时之人不然也"，现在的人不是这样了；"以酒为浆"，好喝酒，"以妄为常"，不该做的也要做，而且还认为很正常；"醉以入房"，喝醉了夫妻还要同房，"以欲竭其精"，把自己的精气耗完了，"以耗散其真"，最后把自己的元气也耗散完了；这个人是"不知持满，不识御神，务快其心"，不知道节制，不知道迎合规律，只求自己一时的快乐，"逆于生乐，起居无节"，熬夜，"故半百而衰也"，所以活到 50 岁就不行了。

可见，2500 年来人生病的原因基本没变过，因为我们的生活习性而离我们的本性越来越远，所以叫"习性造病"。什么才是最正规的保健、最正常的养生？我们应该怎么做？《黄帝内经》说："夫上古圣人之教下也，皆谓之：虚邪贼风，避之有时；恬淡虚无，真气从之；精神内守，病安从来？"古人认为，生病有六个因素——风、寒、湿、暑、热、火，叫"六淫"，风为首。

"恬淡虚无，真气从之"，恬就是愉快、开心、欢喜。淡就是淡泊，淡泊不是不作为，是让你有所为还能淡然处之。"精神内守，病安从来"，世界上最大的敌人不是别人而是我们自己，最难战胜的还是自己。只要自足而乐、知足常乐，不"比上不足、比下有余"就是知足，不跟别人比。

"是以志闲而少欲"，不能有太多的欲望，"心安而不惧"，心只要安静下来，就没有恐惧。"形劳而不倦"，虽然形体劳累，但是你不要感到厌倦，这样你身上的气就顺了。

中华的养生大法还有伟大的《易经》《庄子》《伤寒论》，中华养生文化自古以来总结起来推崇的就是"身心合一"，心理与生理健康。

我用"中华养生文化"的概念，而不是中西医这个词。为什么21世纪是中华养生的时代呢？中华养生文化必将为全世界、为整个人类作出巨大的贡献，这不是我的预言，这是我坚定的信念。我们的养生文化传统对付心脑血管疾病、恶性肿瘤、糖尿病、精神病等等现在这些慢性非传染疾病——这些以生活方式为主的病，是最管用、最活用、最有效的。因为生活方式病是由不健康的生活方式导致的，无法只靠药片解决，而必须也只能靠建立健康的生活方式去解决。

对于现今的主流疾病"生活方式病"只有一种方法治疗——自古华山一条路，这条路就是靠建立健康的生活方式来解决。借用星云法师的几句话来总结，就是"给人信心，给人欢喜，给人希望，给人方便"。用我自己的话来总结，就是"经络是养生之根，气血是养生之本，精、气、神是养生之道，天、地、人合一是养生之路"。最后4个字连起来就叫"根本道路"。我认为这四句话合起来就是养生的根本道路。

"给人信心，给人欢喜，给人希望，给人方便"

什么叫"给人信心"？我们的细胞是有使命的，我们的细胞会受思想指挥，植物细胞也是。心想事成，你真的去想就会成，因为我们的思想会指挥全身的细胞去完成这个使命。

"给人信心"是中华养生文化培养的对生命的热爱和生活的勇气，建立的是一种天地大丈夫精神，教人树立的是战胜疾病的勇气和信心，而不是吓唬你。"我命在我，不在天"，这是中国龙的精神，龙的传人、龙的精神。

健康的根本问题首先是我们个人对宇宙、对生命、对人生价值观的根本态度，我在研究非药物养生的时候许下了三个愿望：第一个愿望是愿天下人不生病，第二个愿望是就算生病就生点小病，第三个愿望是就算生病也能治好。我坚信生命的价值和生活的意义本身就是健康、平安、快乐的，人是不应该生病的，就像大自然的所有动物很少生病一样，它们都能活到自己应该活的年龄，而唯独人就不行。我们的生命不出意外，生命的状态就应该是快快乐乐的，所以我认为人生的本质就只有六个字"健康、平安、快乐"。

在医学上，人的衰老分为程序性衰老和非程序性衰老，程序性衰老就是我们的基因可以按照程序衰老，在座的每一个人都能活到120岁、130岁，但问题是，我们的程序性衰老被打破，现在的人基本上能活70、80岁，为什么相差几十年？就是非程序性衰老。由于环境、营养以及个体差异、生活方式差异等原因，人体的老化速度就会加快，提前进入衰老期。

信念养生，如果你自己的精神都没有给自己的细胞发出信号和指令，你就是一个很蹩脚的指挥官。你的气血理所当然就没有使命感，活一天算一天，你的细胞就说：兄弟们，咱们玩去吧，主人说了，活一天算一天。如果你说，我非得活到120岁，你身上的细胞就会接到这个指令：兄弟们，我们的主人说了，他要活到120岁，我们得使劲干活。如果你没有使命、没有信念怎么会不生病呢？

小时候老师、家长会说，你要树立远大的理想和抱负。请问，我们为我们的生命树立了健康、平安、快乐的信念吗？拥有健康信念，才能促进健康。这就是病由心生的道理。只要建立起健康的生活方式，人活100岁很轻松。确实养生从心开始。

人一辈子在追求什么？我们生下来两只手紧紧地攥着拳头来到世界，他捏着手上的肝经，肝主魂魄，所以他捏住自己的魂魄让自己不要魂飞魄散。孩子生出来的第一声一定是哭不是笑。为什么攥着拳头而来？这是告诉我们，人生要自己把握自己的命运，自己要去努力，才能赢得你自己的人生。

死的时候两手一撒，"撒手人寰"。这是告诉所有人一个道理：你看，我什么都没有拿，什么都没有！来的时候我们要把握人生，走的时候我们什么都没有，如此而已，生命就是这样无限循环。所以，佛陀说："拿得起，放得下，皆为佛。"

"给人欢喜"是中华养生文化追求的，就是愉悦的心理，中医治病就是注重愉悦的境界。什么是健康心理，什么是心理平衡？我们怎么才能做得到？身心养生怎么做？一听就懂，一懂就能用，一用就灵，这就是健康教育，否则这个健康教育就是不成功的。我们可以用音波来做，"音波疗法""音波养生"，用音乐去陶冶我们，我们可以用笑，傻乎乎地笑都行，每天笑，我们可以通过静坐、冥想这些方式修得身心合一，而且这些方法非常有趣。

"给人希望"，为什么给人希望？高血压、糖尿病、高血脂、心脏病、肥胖都是生活方式病，真的没什么大不了，完全可以预防、完全可以控制，通过整体改变你的生活方式就完全可以做到。

什么叫"给人方便"？这一切很难吗？不难，为什么？因为你自己就可以做。你可以自己去学习，也可以亲自去体会。

非药物经典养生

非药物经典养生就是彻底调动人体自身的潜力，充分利用外界的有利因素，使人体达到身心合一的养生方法，这个方法讲究内外兼修、身心合一，所以它是双修之道。因为这种养生方法不局限于医学治疗范畴，而是着眼于建立科学的健康生活方式，所以我们用"非药物"这个词来突出它的特点。同时也由于这种养生体系本身就是中华五千年文化的精髓和经典，所以我们称之为"经典养生"，这是中华五千年历史留下的东西，它本身就是经典，实践已经检验过。

非药物经典养生有四大类技术和方法。

第一，经络养生。经络是我们之所以生病、病之所以去的核心要素，所以经络是养生之根。

第二，饮食养生。饮食养生可以增加我们的气血，所以气血是养生之本，饮食对我们来说是养生的最根本的"本"。

第三，身心养生是精、气、神合一。一个人精、气、神合一，才是养生之道，才是真正得道。

第四，环境养生主要是讲天、地、人的和谐统一，天、地、人合一才是养生之路，这是一条根本道路。必须要这样走，不这样走走不通，连起来叫"根本道路"。

（一）身心养生

道家的身心养生怎么修炼呢？性命双修，道家的性命双修加起来就那么几个字，叫做"炼精化气，炼气化神，炼神还虚"。儒家的养生方法就是修身养性，"大学之道，在明明德，在亲民，在止于至善"。

医家方面是什么呢？讲究身心合一，所以医家讲"恬淡虚无，真气从之；精神内守，病安从来"。非药物经典养生讲究内外兼顾、身心同养，身和心同养，怎么养？我们更注重方法，就是积极的人生态度，快乐、豁达、乐观、开朗，让大脑处于 a 波的状态，让我们的体内分泌内啡肽这种快乐素。

我们要让自己能够处在随时都很快乐的境地，这样你的身体免疫功能和抵抗能力是非常强大、非常了不起的，这就叫非药物经典养生的方法。怎么做？我教大家，大家可以跟我学，学会之后真的十分快乐，非常有意思，而且对身体的改善很快。

第一，笑吧。怎么笑？有一个"笑疗俱乐部"，现在成员有1000万，是一个印度癌症病人发起的，因为他是癌症晚期不能做手术，被宣判只有3个月的寿命。于是他一想，只有3个月了，我就好好活吧，就回家买搞笑的光碟，天天从早到晚看，看着哈哈笑，笑了3个月，怎么还不死呢？最后继续笑，笑了6个月还不死，怎么回事？他到医院检查，癌细胞没有了。

大家早上起来第一件事可能是去上卫生间，或者洗脸，我不是。我起床的第一件事是眼睛睁开再闭上，闭上后，我告诉自己，幸福美好的一天又开始了。然后再起床，起床之后就把枕头往屁股下一放，双腿一盘，打坐，在一种美好的氛围里打坐，你会感到人生真的不一样。打坐之后再去洗脸、刷牙，吃早餐。

大家如果笑不起来，不要紧，叫上三五好友，围到一块站个圈，你看我，我看你，盯着看，看3秒钟你就笑了。我家里的镜子上全部贴着一个"笑"字，早上洗脸的时候看着这个"笑"我就笑，刷牙也笑，随时随地笑，只要一笑世界会改变，运气会改变，身体会改变，这已经是无数人证明的。

第二，抖吧，颤抖。怎么抖？中国从古到今的《易筋经》《八段锦》最讲究这个。现在科学研究发现，人体的循环系统是靠共振原理，血液是靠振动原理传输的。我教大家怎么振，两只脚双向弯曲，以自己的频率，一天不要抖太久，15分钟就足够，抖完之后再睁开眼睛，会发现眼前很亮，疲劳、酸楚、忧伤都会在这一抖之中灰飞烟灭。

第三，走吧。走路，走低碳之路，别开车，别坐车，三四站地下来走一走，怎么走？耳朵塞上MP3，不要听悲伤的音乐，也不要听打击乐，要听高山流水一般的音乐，让它去净化你的心灵，在这个过程中，迈开双腿沉浸在音乐之中大步前行。世界上的万法都是法，法无定法，什么方法都可以，但是万法得归宗，不管什么法都要归到一个宗，空灵就是宗，做不到空灵可以做到心念专一，人只要觉悟没有做不到的。我们吃饭的时候不吃饭，没有想到吃饭，在想别的，干嘛不放下去吃饭呢？多香的饭！

人任何时候都可以修炼，只要心念专一就是修炼，并非一定要找个名山大川，非要把自己关起来才是修炼。在生活中无处不可以修炼，心念专一大步走。

第四，坐吧。光走不坐不行，怎么坐？每天晚上给自己30分钟，让自己独处一会儿，安静下来，盘着腿也行，不盘也行，要求很简单：肩要平，面要正，身子要放松，腰要挺起来，稍稍下巴微低，含胸，不能挺着，坐直，腰要挺，屁股要翘，让腰成S型，安安静静地坐着，什么都不要想。如果实在做不到，就想最开心的事，我经常想，我120岁是什么样子，一定是眉毛很长、胡子很长，白白的，仙风道骨。

早晨早一点起来打坐，如果晚上不想睡觉，既然睡不着干嘛要睡，起来穿上衣服，梳妆打扮，坐在那儿什么都不想，这也是在睡、在休息。

（二）经络养生

经络是人身上的大要，经络养生是中华养生的瑰宝。如果说西方医学是建立在解剖学基础上，中国的中医学就是建立在经络学的基础上。《黄帝内经》说：经络能决生死，处百病，调虚实，不可不通。古往今来，通经的方法非常多，如导引、刮痧、拔罐、针灸、推拿、拍打、按摩都是。我教大家几个方法。

第一，梳吧。梳头，用木梳子或者用手，只能从前到后梳，一个方向，每天早上梳300下，白头发变黑头发。

第二，揉吧。揉耳朵，因为它最简单、最小，它又是个全息胚，我们人身所有的穴位它都有，从上往下将，将到耳垂拉一拉，10分钟左右足够了。一边将耳朵一边叩齿，可以到80岁、90岁牙齿都不掉，叩之后的唾液要把它咽下去。

第三，拍吧。人身上有 12 条正经，手上阴经有 3 条，从上往下拍，反过来手背有 3 条阳经，从外面往内拍，走到哪都拍，特别是早和晚。

第四，按吧。祝总骧教授研究了一个"312"方法，告诉我们按合谷、内关、足三里就可以调节身体。这些穴位在哪儿？去买一张经络图就可以找到这三个穴位。如果你的胃不舒服就找胃经，顺着胃经挨着找，找到哪儿最痛，把那个痛点揉开，一揉开胃就不痛了。

现在南方湿气比较重、热气比较重，咳嗽比较多。可以准备一些艾草做的艾条，如果咳嗽就把它点燃在身上温灸，不要烧出疤。耳朵后面有两个坑，叫翳风穴，男人喉咙有一个喉结，在喉结的正中间有一个穴位叫廉泉，先灸翳风穴这两个穴位，让别人帮你灸，使劲烤，把一根艾条烧完，慢慢烤，烤得这里红红的、烫烫的，只要能够承受，不要烤破皮，烤了耳朵后面烤喉结，烤完之后咳嗽就会基本上消失。

孩子经常生病，家长都会很着急，如果孩子流口水，可以找针灸医生扎穴位，一个是"地仓"，在嘴角边的 0.4 寸处，还有一根针扎在承浆，是鼻子和嘴唇中间的窝那里。3 根针扎 15 分钟，再把针一拔，小孩子就再也不流口水。

很多人流鼻血，一流鼻血大家都习惯用凉水去浸，有一个方法可以很快止住，把左胳膊拿出来，左胳膊中间有一条心包经，马上在上面刮痧，使劲刮痧，把这个痧一刮，鼻子的血马上就会止住。如果没有刮痧就用自己的手使劲打，要用阴掌不能用阳掌，阴掌就是手心，结结实实打在上面，把这里打出痧，一打出来，鼻血就停了。

感冒之后会发烧，怎么退烧？还是艾草，用艾条灸身上的两个地方，在背后，这个穴位叫风门穴，位于第二胸椎的脊突下正中线，再旁开 1.5 寸。找到风门穴就灸，灸到那个地方发红、发烫，灸了之后发烧就会减轻。我家里的孩子经常会发烧，我每次这样做，很快就好。

为什么女性痛经越来越多？因为空调、冰箱、冰激凌、冷饮这些东西在改变着我们的体质，使这些病越来越多。怎么让它不痛呢？在脚的内侧踝骨上面三寸有一个穴位叫三阴交，是脚上三条阴经通过的地方。按两边的三阴交，每一个三阴交按3分钟，按下去3~5秒钟，松1~5秒钟，按完了之后就用艾条灸中极，中极在肚脐眼下4寸的地方，用艾条慢慢烤烤它，第二个月会好很多。

腹泻。回家依然用艾条灸自己的中脘，中脘在肚脐上面4寸，中极在下4寸，中脘在上4寸。在中脘穴用艾条使劲灸，一般要灸两根艾条，一条艾条灸着慢慢烧完后再拿一条慢慢灸，一两根艾条之后腹泻就会止住。

另外，现在办公室病特别多，空调病、腰椎病、颈椎病，有一个方法可以让你远离它，怎么做？站好之后，两脚跟肩一样宽，十指交叉，把手往上面提，提到最上面使劲，用两个手臂夹住耳朵。诀窍在于你要坚持20年，大家看我的侧面，屁股是翘着的，腰是上顶着的，这样20秒，结束之后再把手放下来，就会感到非常舒服。

第二个动作是往前面伸，你要用你的想象力：前面有一堵墙，要把这堵墙推倒，但是人要往后面靠，手要往前面拉，这个动作也是20秒。

第三个动作比较难一点，在后面十指交叉，翻过来往上抬，也是20秒。

第四个动作是用左手托住右手的胳膊肘，右手使劲往耳后拉，一边拉一边摆头，然后用右手试图去摸左耳。这样坚持20年，手放在肘部拉，这是治肩和颈的，每次只要坚持20秒就可以。反过来是左手，同样的道理，也是坚持20秒。我坚持了20多年，从来都不会有肩、腰的痛。

牙痛不是病，痛起来要人命。一般的牙痛只要按照这个方法做就不痛了，当你牙痛的时候就在耳垂上找，它会非常痛，找到这个痛点使劲揉，揉10分钟之后，请别人帮忙按你的肩井穴。它是在从乳头中间捻上来的肩部，有一个坑，在大椎穴与肩峰连线的中点。在经络图上很容易找到。按完了之后马上按合谷穴，合谷比较好找，我们把大拇指的横纹对照这个棱，自然大拇指弯下来，大拇指尖指的位置就是合谷，使劲掐，两边掐，掐完之后牙就不会痛了。

（三）饮食养生

饮食养生非常厉害，它有一个原则，《黄帝内经》说"五谷为养"，多吃主食；"五果为助"，两餐之间吃一点时令水果；"五畜为益"，肉是好东西，多吃点，如果胆固醇高、血脂高，少吃肥肉，少吃胆固醇含量高的，吃胆固醇含量低的，肉是蛋白质，而且里面有人体必需的维生素B类，可以补血，这是蔬菜不能替代的；"五菜为充"，吃蔬菜一定要充足，一定要多，"气味和而服之，以补益精气"，要按照气味吃。什么是气？温、热、寒、凉就是气，如苦瓜性寒，它是寒的、凉的，冬瓜也是偏凉，胡萝卜性平，荔枝就是热的，龙眼是偏热，辣椒是温热，花椒是热的，吃这些要根据自己的体质而定。比如咳嗽痰清，如何让咳嗽消失？可以用很简单的食物，褐色梨，切几片梨，放几片银耳，放到碗里加上水，放两颗冰糖，同时在药店买或者树上采两片枇杷叶，把枇杷叶的毛刷掉，捣碎放到碗里蒸，蒸完了之后就叫"枇杷梨子银耳露"，喝下去马上就不咳嗽了。

怎么吃是合理的，三句话：第一，早上吃好一点，像王子一样；第二，中午吃饱一点，要像皇帝一样；第三，下午吃少一点，要像平民一样。所以叫做王子式的早餐，皇帝式的中餐，平民式的晚餐。我基本上是这么吃，早上一般吃个鸡蛋，那是蛋白质，在体内的消化吸收慢一些，饿得慢一些；要么喝豆浆，鸡蛋和豆浆不要同时吃，因为这两种蛋白在人体内不太兼容、不太容易吸收；粥一份，杂粮粥（五色粥），有5个颜色，有红豆、黑豆、绿豆、紫米、薏仁，我每天都会熬这样的杂粮粥，隔一段时间会换一下；两片全麦面包或全麦馒头，我基本上是自己买全麦面粉，然后自己在家里发面蒸馒头，很好吃，咬到嘴里是熟悉的麦香味；吃一份坚果，通常我会吃核桃或者杏仁，大概50克；喝一杯蔬菜汁，材料是胡萝卜、苹果、青菜、仙人掌（食用），有时我会换成西红柿、橙子、包菜，再加一点芦荟，可以美容；

还吃很大一盆生菜。什么时候喝这些汁？这些汁比较凉，夏天无所谓，可以饭前喝，到了冬天一定要吃饱后喝，这样不会凉到胃。

中午，一份主食，米饭、面条、馒头都可以；一份肉，牛肉、羊肉、鸡肉、鱼肉都可以，但是尽量吃瘦肉，如果吃肉，我建议大家不妨去生吃鱼片或者生吃牛肉，真的挺好吃，但是消毒工作要做好，我比较喜欢吃生牛肉；两份蔬菜，量要大；一份汤。

下午，一份小小的主食，肥胖的人不要吃主食。吃什么主食？杂粮，如玉米、红薯、荞麦等等，吃一小碗；更重要的是一大盆蔬菜，这盆蔬菜最好是生吃一部分，做熟一部分，生吃能补充体内的活性酶，如果温度超过60度，活性酶的活性就会丧失，炒菜的时候温度肯定超过60度，就不会有活性酶，所以便秘的人越来越多，女性长斑，青春痘越来越多；喝一份素菜汤。

南方多湿，容易长脚气。大蒜中间不能发芽，把大蒜剥开切成片，切出来的大蒜是圆的，一定要切得非常薄，切薄了以后把它放在瓷器、玻璃上，不要把水分吸掉。把脚洗干净，哪里有脚气就往哪儿贴，贴15分钟之后就把它取掉。不到15分钟效果比较差，超过15分钟，效果也差，就15分钟刚刚好。大家可以试试，这也不耽误治疗，没有毒害。

（四）环境养生

环境养生就是中医讲的"上医医国"，强调环境，强调人要适应自然环境和人文环境，身边的人和事要处理好。如果想养生，恢复自己的生机，在必要的时候一定要换换环境，优美的大自然、新鲜的空气、绿绿的草地、鸟语花香，可以带给我们非常轻松的心情，让我们回归到大自然的怀抱。与几个知己好友游山玩水，打打牌、喝喝茶、钓钓鱼，这确实是人生的享受。人生是有尽头的，我们时而停下脚步回过头看一看、歇一歇，可能使人在未来走得更快、走得更好，丝毫不会影响我们的进程。不要以为你今天休息了，天就塌了，天塌不下来。

中华养生时代已经到来，信念养生就是人一定要树立一个信念，现在是一个信念危机时代，大家要建立一个信念，你就可以健康，可以把任何事都做好，可以活到120岁。一定要有这个信念，因为有这个信念，你就能够完成它，这叫心想事成。我希望我们的中华养生文化如同西方的临床医学一样走向全世界，我们炎黄子孙真的应该站起来，积极让中华养生文化和技术走向全世界。

学会身心养生

张力及

张力及

中颐经典健康科学研究院院长，
"经典养生大讲堂"专家委员
会副主任。"和谐生活方式"
的创始人，中国候鸟式养生养
老发起创办人。从事饮食疗法
与自然养生研究近 30 年。主要
倡导非药物自然养生法，研究
预防与康复相结合的健康生活
方式。

让人生得以圆满，最重要的因素就是心态。一个人的心态决定了
他的一生。什么是心态？我认为就是心灵和肉体的状态。古人说最大
的养生之道在于精、气、神合一，其实心态就是我们古人所说的精、
气、神。大家都听说过一个词，叫做"病由心生"，还有一个词叫
"病从口入"。"病由心生"说得对不对呢？现在的生命科学已经证明
了它的致病机理，这个致病机理就是紧张荷尔蒙分泌异常导致我们得

各种疾病，临床慢性疾病百分之百跟心态有关。

什么是"紧张荷尔蒙"，究竟有哪些荷尔蒙影响着我们的情绪？科学家研究发现，如果人处于积极的心态，日本人叫"利导思维"，大脑里产生的荷尔蒙是不一样的，这种荷尔蒙一般是以内啡肽的形式存在，当然最好的一种荷尔蒙是贝塔—内啡肽，所以积极的心态能够让我们产生快乐荷尔蒙，而消极的心态产生的就是紧张荷尔蒙。研究发现，快乐荷尔蒙能够极大地提高人的免疫功能，而且它的镇痛作用是自然界的 10 倍。特别是信念和信仰，能够产生强大的快乐荷尔蒙，一个非常有信念和信仰的人，是打不垮的，你越折磨他，他的信念越强，他大脑中的快乐荷尔蒙就会分泌得越旺盛。快乐荷尔蒙对人体的健康是十分有益的，特别是对心脑血管疾病、抑郁症等。

为什么讲身心养生呢？大概半个月前我在北京看到一份报纸有一个统计，统计我们中国的成年人（就是 18 岁以上的），17.5% 有精神障碍，17.5% 就是 1 亿多人，这个数字是十分吓人的。因此，调动快乐荷尔蒙就是身心养生的一种好方式。

下面有一组实验，很有意思。日本有一个博士研究水，研究了大概 15 年。他把江河湖海里的水取来装到容器里分组，一组水是对照，什么都不干；另外的两组水，对其中的一组水说好听的话，如"我爱你"；对另外一组水说"我恨死你"，或者说"我宰了你"。对一组水说好听的话、积极的语言，另外一组水就说消极的话，或者是用文字也可以。然后把水冻到零下 40 度，拿出来放到冰箱里，对这些冰进行特殊的影像处理，通过影像处理就得到了水分子结晶。这些水分子结晶显示，说积极语言的那组水，水分子结晶特别漂亮、很规则；说不好听话的那组水，水分子结晶就显得很凌乱。由此证明，水也能对积极和消极的东西有不同的反应。

人体的营养成分有很多，其中最主要的成分就是水，婴儿出生的时候水占了体重的85%，到了青年时期大概是 70%，到了 60 岁之后只占 60% 到 65%。所以老了之后皮肤会长皱纹、会显得苍老，跟水分丧失是有关的。既然人身上 60% 以上都是水，那么我现在表扬你，对着你说好话："小姐，你好漂亮"，"这位先生，你好帅"，你的内心会感到舒服。如果别人过来指着你的鼻子骂你，你会感到很紧张，或者心跳加快、愤怒，你会反击，会感到不舒服。从上面水的研究，我们似乎可以找到一点道理。水都能听得懂人说话，所以我们走到哪里还是要多说一点积极的语言，不要太消极，特别是对小孩子的教育，因为他80%都是水。

我们再从另外一个角度来看养心。古人说精、气、神合一是养生之道，精、气、神合一才是真正的养生，养生最核心的就是养心。那么什么叫精、气、神？古人说的"精"有先天之精，还有后天之精，不管是先天之精还是后天之精，都是在说人是由物质构成的，所以"精"就是指人体所需的营养物质。"气"就是我们身上的血液循环、内循环，它是营养物质的运输系统，古人说"气推血行，血随气走"。"神"应该就是神经系统，就是所有的心脑神经系统。神经系统是什么呢？它指挥着我们的营养物质和运化系统。精和气是谁指挥的？物质系统和运化系统是指我们的身体，而"神"指的是心理，所以是身心双修、身心合一。

《黄帝内经》里面是这样说的，"心者，君主之官（它是个"皇帝"），神明出焉（它指挥着我们身上所有的系统，神就是从这里面出来的，指挥系统就是从这里面出来的）"。所以精与气受心的主宰，心指挥着我们的精与气和在体内运作。所以，如果心情不好，我们的营养物质和气就有问题。《黄帝内经》就认为七情会影响五脏六腑，一个人经常发脾气，就容易伤到肝脏，我们说这个人的肝火大；大喜就会伤心，所以不能大喜大悲；恐就会伤肾，思就伤脾，悲就伤肺。《黄帝内经》的描述以现代的医学证明，它依然没有错。所以我们身心是互动的。

从《黄帝内经》再讲到佛学，佛学也讲修炼——明心见性。为什么叫明心见性呢？最后一定要开悟，悟到人的本性。其实它说的就是身心合一的修炼方式。释迦牟尼在成佛的时候就说了一句话，把它翻译成汉语就是：奇怪，奇怪，奇怪，世人皆有如来德行（就是世界上的每个人都跟我一样，都有如来德行，都是佛），为何不能正得（为什么大家不能像我这样突然觉悟呢）？他最后总结了4个字，皆因"妄想执著"，因为有太多的妄念和执著，所以人局限在自我的经验、自我的思维、自我的逻辑之中，无法突破。如何唤发本性呢？佛学告诉我们一个方法，叫做方便法门，就是你要觉悟，世上相"皆属虚妄"（一切相都没有），无我相、无人相、无众生相、无寿者相"。

儒家讲要虚心，"虚其心，实其腹"，只有虚心、只有谦虚，才能长学问、才能学到东西。我们觉得自己还需要学习，觉得自己不够，这就是一种空。我们再去学东西，这就是在"空"的基础上的一种"有"。所以佛学到了中国就变了，变成了禅文化，我们叫禅修，或者坐禅。修禅的人说，世界上所有的方法都是方法，就是你要去开悟，你要觉悟什么方法都可以，所以叫做"万法皆是法，法无定法"。但是"万法归一"，不管什么方法，最后都得归宗，归到一上面，归到空灵之中。用禅的话说叫做"一心一意即为禅"。

可是我们做不到，因为我们有太多的妄念，有太多的执著，所以注定了要吃无数的苦。孔子说，人怎么才能觉悟呢？可以通过三个方法，第一种叫"生而知之"，那叫天才，就是他一生下来就明白，这种人很少。第二种叫"学而知之"，就是我不懂，我不是天才，我可以学习，在学习中不断改变自己。我认为这种是最明智的，成本最低。还有一种方法叫"困而知之"，你不觉悟、你死不悔改，生活来惩罚你，让你生一场大病，或者让你突然失职，或者突然把你打到牛棚，等等。总之，生活会给你一个打击。所以我们经常说：困难是菩萨，疾病也是菩萨，困难就是机会。所以禅的最高境界就是一心一意，"一心一意即为禅"，你只要一心一意干任何事情，都能把自己的身心修炼得合为一体。

我们再看看道学的道理。道学的修炼方法就是性命双修，性命双修和佛家的明心见性实际上是一回事。道家认为要"练精化气、练气化神、练神还虚"，最后把精、气、神还到一种虚空之中、一种虚灵之中。只有在这个过程中才能唤发人的原神，我们叫做潜意识，能把自己的这种潜意识或者原神调动出来，这才能达到最高的境界。这就是佛所说的本性。

身心双修最高的境界就是如何把自我的本性唤发出来。人的本性是不生病的，人生病是意外情况，人不生病才是正常情况，我们现在把这个正常的看成异常的，把异常的看成正常的。所以张三丰修炼到100多岁的时候发出感慨，他说："畜生倒有千年寿，为人反不悟长生。"

再来看看医家。医家讲"上医医国，中医医人，下医医病"。什么叫"上医医国"呢？我的理解是，高明的医生可以让整个地球与自然达成和谐，人与人达成和谐，这叫"上医医国"。所以他讲的是治理好整个大环境，"上医医国"是一种大情怀，整个社会、整个人类的大情怀，所以真正高明的医生能够治这个，能够把自然环境、人文环境调适到一流，让大家不生病。什么叫"中医医人"呢？医的是你的心，佛说，"佛不度无缘之人"，就是我的法力很大，但是没有缘我也不度你。什么叫做缘呢？你首先要想改变自己，你又遇到了能改变你的人，这就叫做缘分。下医才医病，治病是小意思，雕虫小技，很容易，这其实也是讲我们人的身心合一。

我们再看看现在的脑科学。现在的科学研究，确实有很大的进步，特别是对大脑和大脑神经的研究，达到了相当高的水平。人这个动物具有爬虫类的原始脑，又具备哺乳动物的猫狗脑，同时人还具备这两类动物没有的脑，所以才叫人，就是新皮质层。人还长了一个大脑，大脑分为左右两个半球，各自的功能还不一样，左脑和右脑中间有脑桥，有1亿根以上的脑桥在连接左右脑，左脑和右脑的分工完全不一样。左脑叫"今生脑"，就是你这辈子活到多少岁，就有多少年的经验。它是知性的，所以它储藏着知识，它有理性推理能力，有思考能力，有判断能力，还有逻辑推理能力。同时它还主管语言、五感，嗅觉、触觉、味觉、视觉、听觉。右脑叫"祖先脑"，人类的历史大约有500万年，我们的右脑就储存着500万年的信息。所以右脑无所不知、无所不晓，它主管我们的潜意识，同时它还跟宇宙有一种共振共鸣的机能，演算功能非常强。

这里面有一个很奇怪的现象。当左脑活动的时候，因为它太强大了，中间的脑桥就关闭，它不跟右脑连通，所以一般的人做事就是靠左脑。左脑开始运动、思考，右脑就停顿。只有当深度睡眠时，左脑完全不思考的时候，我们的右脑才可能活动一下。问题是现在深度睡眠的人没几个，所以右脑基本上是没有机会活动的。

如何开发右脑呢？其中有一个方法，就是让自己时刻处在快乐、积极的情绪中。我们在快乐的情绪中，同时又忘记所有的概念，然后又没有所谓的逻辑思想，安安静静地坐着，右脑就开始活动。左脑抑制得越久，右脑的活动机会就越大。美国的一个神经学家在研究人的神经回路的时候，发现了人的大脑有一个现象，就是人在冥想的时候，大脑右边的注意力联合区会通过视丘刺激海马体，在右脑形成一个神经回路，形成这个神经回路之后就阻绝感官和认知系统的神经信息。所以我们眼睛看到的、耳朵听到的，完全忘记了，也看不到了。渐渐地不流向辨向联合区，然后当沉静和兴奋系统同时处于激化状态时，下视丘的强烈神经电流会迅速通过边缘系统，传向注意力联合区，使该区产生高速作用。于是，通向辨向联合区的神经信息瞬间被阻滞了。一旦右脑的辨向联合区没有信息传入时，人们会失去辨识方位的能力，这时候你就没有方向感了。这里有科学的解释。当这个感觉被剥夺之后，它唯一的选择就是变成没有空间感的状态，这个时候就是心灵进入没有时间和空间的空无境界。这就是佛修中的空，这就是道家修炼要达到的最高境界——虚无。这时右脑才会活动。当真正让你的左脑在无为的状态时，你的右脑将无所不为，什么都做得到。

从现在的科学，到佛学、道学，再看我们医家，其实它们讲的是一个道理，就是身体和心灵的不可分割性。

马斯洛也有一个理论，叫"人类需求五层次"，说我们人最高的需求层次是自我实现的需要。从佛家的修炼、道家的修炼、儒家的修炼，我们会发现一个道理，其实马斯洛说的自我实现的需要，我的理解是人要唤发出本性的需要，我们每个人的本性都是那么完美，都是那么无所不能，但我们就是唤发不出来。如果把它唤发出来，就能够完全把本我找到，把那个冥冥之中的元神找到，这时候我们的心灵可能才会更为安定。

现在大家都生活在非常紧张的节奏里，我们已经忘记了很多很宝贵、最根本的自己需要的东西，我们现在活得都比较累。哪儿累？是心累。因为我们不能够了解自己。比如说我大学刚毕业，就想明天有一幢别墅，还有一部奔驰车，还要有漂亮的老婆，然后儿女成群。你才二十几岁，刚踏入社会，什么都不知道，你能承载起这一切吗？

人生的舞台是有限的，别说人生的舞台，就是地球也是有限的，容不得一个人不转弯，一个劲地向前跑，你总有一天会跑得没有路。画家有那一天，音乐家有那一天，任何科技界都有这一天，人有无法超越的时候，那时候我们就到达了顶峰。所以《易经》开篇说："天尊地卑，乾坤定矣。卑高以陈，贵贱位矣"，最后说，"方以类聚，物以群分，吉凶生矣"。它在讲世上的万事万物，不管是人还是动物，还是植物，还是一块石头，首先每一个物体、每一个人都要准确地找到自己的位置，这叫定位。找到了自己的位置，你才能谈下面的事情，"卑高以陈，贵贱位矣"，你找到了自己的位置，跟你相同的人，相同的气场，你把他们聚到一块儿，这样就会大吉大利。所以什么样的人最幸福？最幸福的人就是在很小的时候，就很明确地知道自己的定位的人。

人永远是选择比努力重要。如果你选择错了，你怎么努力都是一个负的力量；如果你选择对了，你再努力，它才是一个正面的力量。心态也是一种选择，有消极的心态也有积极的心态，你是选消极的还是积极的呢？所以我们说养生养什么？养心。心怎么养？觉悟。怎么觉悟？尽量发现自己的本性，要是实在做不到，我们就用积极的心态面对人生，面对每一天。我们怎么才能得到幸福？太容易了，享受它，享受就是幸福。享受幸福，活在当下。

我们从对水的研究，到佛、道、儒，到我们做的游戏，再到马斯洛所说的五个需求层次，我们所有的这些最后的指向，终点都是一个，叫做身心双修、身心合一。所以我说精、气、神合一才是真正的养生之道。

最后再跟大家讲一个细胞使命学说。这是我们的植物学家在研究植物的时候发现的。研究树的时候，给树拍照，发现一个现象，就是所有的树在冒芽的时候，它外面都有一个光晕。科学家想，它为什么会有一个光晕呢？这代表着什么呢？然后进行研究，研究发现所有的植物细胞在生长的时候，这个细胞一旦生长出来就有一个明确的目标。科学家把这种明确的目标叫做细胞的靶向性。当树叶长满了光晕的时候，把这个光晕填满了，这个树叶就再也不长了，然后这个树叶就会慢慢地衰老，到后来枯萎，最后凋谢、死亡。所以科学家就把这种现象叫做"细胞使命"，就是所有的细胞在它出来的时候都是有使命的。

人类目前所不了解的事物实在太多，人的眼睛所能看到的可见光只有2%，还有98%的光人眼看不到，X光看不到，红外线、伽马光、伽马射线也看不到。人所能看到的空间只是三维空间。对于这个地球，人所不知道的就更多了。你说宇宙有多大？宇宙有没有边？宇宙有顶吗？外星有人吗？外星有生命吗？天上有多少颗星星？地震的时候，地球发生了什么？所有的这些问题，我们似乎都回答不上。人往往就喜欢自以为是，这种自以为是用佛的话说就是妄想、执著，盲人摸象，各个还言之凿凿。所以细胞使命学说说：我们心里想的是什么，它会指挥着我们的行为。所以中国有一个说法叫"心想事成"，你只要真的想，事就可能成。

我们在面对这个世界的时候，相同的世界有不同的人生。今天下雨了，有人开心，有人不开心，明天下雪了，有人高兴，有人忧伤。总之，很多人在跟自己过不去，有的人在跟自己过不去，所以为什么我们有的人生这种病，有的人生那种病。我们不禁要问：冥冥之中，茫茫大地，什么东西在决定和主宰着这一切？我们问天问地，问问自己，我们的心在哪里，问问我们的心理，问问我们的精、气、神。同样，养心养生，总结起来，就是哭着过也是一天，笑着过也是一天，不如笑着过一天。当我们面对困难的时候，你想想，它只是人家起的那个名字，它其实叫机会，它其实叫菩萨，它在成全你。遇到再大的打击，其实都是对你的修炼。所以人的得失不要以外在的物质影响我们的内心，特别是在现代这个社会，我们真的应该安静下来，静静地享受生命，活在当下。

再一次告诉大家，身心是一体的，我们的细胞是有使命的，潜意识是可以调动的。如果你关爱自己，你也关爱他人，那么从现在起，我们就要用积极的心态、积极的语言去对待自己。如果你爱护自己，就不要忧伤、不要愤怒、不要抑郁，每天阳光一些、开朗一些，疾病就会离我们很远。

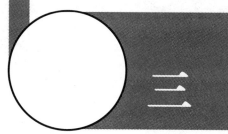

三

民俗文化

中国传统节日的民俗特色
与文化启示

沈建东

沈建东

研究员、中国民俗学会理事、
中国民俗文学学会会员。长期
从事民俗文化、吴文化研究，
民俗田野调查和非物质文化保
护研究工作。主要作品有《苏
南民俗研究》《话说媒人》《丝
线上的风雅》等。目前在江苏
省苏州博物馆工作。

主持人：深圳市民文化大讲堂 2010 年第 453 场现在开始，同时
今天的讲座也是我们学校人文素质大讲堂的第 22 讲，今天我们相当
荣幸地邀请到江苏省苏州博物馆民俗专家沈建东女士，我们首先对她
的光临表示欢迎！

沈建东老师是研究员、中国民俗学会会员、中国民俗文学学会会
员、吴文化研究会理事、中国吴歌学会会员，也是苏州电视台的特聘
专家，现在苏州博物馆民俗部工作。沈老师长期从事民俗文化研究和
非物质文化遗产保护研究工作，特别是在江浙一带的吴文化、长三角

一代的民俗文化发掘、调查、研究方面有诸多贡献，多次受到文化部、江苏省苏州市政府的表彰，也担任当地各种园林改造、年画、文化项目的顾问，是苏州市政府挂名的文化顾问，出版过《苏南民俗研究》等专著，发表专业论文30多篇。据我所知，沈老师在最近几年致力于非物质文化的宣传与保护，在各地经常演讲、作报告、作访谈，曾经和于丹、易中天等人在上海或者苏州做过访谈，也在江浙一带的高校做过很多的演讲，在大型企业和文化系统经常作演讲，经常在一些大型节目上以专家的身份出现在屏幕上、演出现场。

今天她讲的主题是"中国传统节日的民俗特色与文化启示"，重点讲中国六大传统节日的有趣民俗和文化仪式，另外会切入非物质文化遗产保护的现状以及思考，接下来我们用热烈的掌声欢迎沈老师给我们讲学！

沈建东：首先感谢深圳市委宣传部，感谢深圳职业技术学院的领导给我这个机会到这里与大家交流我多年研究传统民俗和非物质文化的体会，说不上是很深入的交流，但是从我大学毕业到现在25年的时间专门搞这些研究，我说一下自己的体会和实际工作中碰到的东西，或者是我目前研究的一些状况，能给在座的各位年轻朋友一些借鉴、学习和参考。在座的各位可能将来有人会考这方面的研究生，或者在业余时间从事这方面的研究，我曾经碰到过苏州大学的一些学生，他们虽然不是学这个专业，但是他们对民俗、民间文学、山歌非常感兴趣，他们经常来找我，说我招研究生的话他们会考我这方面的研究生，但是博物馆不招研究生，我只有业余时间给他们指导，他们如果需要某一个老师，我可以帮助他们介绍、牵线。我能够做这一点工作觉得很荣幸，因为年轻人越来越多地开始意识到传统文化是不可多得的文化遗产，而且现在大家也意识到，越是民族的东西越是世界的，在世界变得越来越"大同"的时候，我们现在分外珍惜的就是自己民族所拥有的一些传统文化。

从2008年开始，经过多年的努力，有六大节日进入中国的非物质文化遗产。今天因为讲演的时间有限，有很多东西不可能讲得很详细，如果详细讲光说一个东西就可以说几个钟头。我曾经在苏州博物馆讲过"苏州人怎么过春节"，就讲了三个钟头，光一个春节就可以讲很长时间，今天只给我两个小时的时间，我只能给大家讲一个大概的概念，如果将来有哪些同学对这方面感兴趣，或者需要我的帮助和引领，可以通过杨部长找到我。

在座的各位都是年轻的朋友，说到民俗，大家的印象里有一个很清晰的想法，就是封建的、落后的甚至是"民俗"的东西。我碰到很多朋友跟我说，沈老师你怎么研究这个东西，我觉得这个东西又落后、又迷信，没有什么好研究的，以你的气质来说，应该研究唐诗宋词。其实，我觉得他们可能对这个东西不理解或者有误解，这不能怪他们，应该怪我们，因为我们搞文化研究就是一天到晚坐在"象牙塔"里，没有更好地跟大家交流，今天能够有这个交流的机会我觉得很开心。

什么是民俗？民俗跟我们有没有关系？民俗简单来说，就是一种公共文化，每一个人都会涉及，它用来传递共同的文化价值，建立和维护社会关系。说到这里我有两个例子，通过这两个例子说明，无论工作还是生活，其实民俗和我们是息息相关的。

我们那里有一个笑话，是苏州本地发生的真实事情。有一个外地小伙子找了一个苏州女孩，听说丈母娘生病了，他就要去看望丈母娘，就去水果店里买了很多水果。买完水果之后，他看到刚刚上市的芒果，因为苏州是不产芒果的，这个芒果可能是台湾、海南或者是广州那边运过去的大芒果，他就想，我买两个时鲜的水果过去，那就能更好地表示我的心意。结果他把芒果拎到丈母娘家的时候，丈母娘一看到这个芒果勃然大怒，连芒果带人就把他推出了门外。这个小伙子百思不得其解：我是很好心到这边来，怎么会连门都没让进就被推出来了。后来他找到我以后问了这个问题，我就跟他说，苏州人有许多习惯，这就是民俗，因为苏州的方言里面，芒果跟"亡故"是谐音。丈母娘就说，我生了一点病，你竟然送了两个芒果让我"亡故"。丈母娘就很愤怒，这门亲事就不了了之，没有做成，他就很后悔，说如果早一点认识你，早一点知道苏州的民俗，就会知道更多的避讳。

在苏州，去看病人的时候不能送苹果，因为苹果和苏州吴方言的"病故"是谐音，也就是病故的意思。所以，如果你不知道这一民俗，去看丈母娘或者她的亲人，如果你拎了一袋苹果去，结果就不会很好。广东这边的方言里面可能也有谐音，因为中国的民俗很讲究吉祥如意，尤其是生病的时候非常讲究，所以民俗和我们是息息相关的。

民俗还和我们的工作息息相关。我认识一个搞国际贸易的人，他和法国人做贸易，他到法国人家里去做客时就遇到民俗的事情。刚开始的时候他不懂应该送什么礼物，他就问了一个研究法国民俗的人，就问他送什么东西最好。我的朋友说，按照我们中国人的习惯，可以送花。我送红玫瑰怎么样？那个人说，你不能送红玫瑰，如果你送红玫瑰，就说明你和这家的女主人有爱情关系。他说，我送黄玫瑰可以吗？黄玫瑰也不能送，黄玫瑰依法国人的风俗是暗示这个女主人和别的人有暧昧关系。他说："那怎么办，我送一瓶红酒？"现在中国人有这个习惯，买一瓶很好的红酒到别人家做客。但是你也不能送，因为法国是出产葡萄酒的，你送红葡萄酒，说明主人家里没有好的葡萄酒招待你，酒也不能送。他就听从那个人的建议，买了一盒比较好的巧克力到人家里去。如果你送错了东西，将来的贸易、工作可能就不能再进行下去了。

这是在法国，如果在阿拉伯的伊斯兰教国家，这种禁忌就更多，甚至某一个花纹的图案——你送一双鞋子，那个鞋子上面的图案是他们国家禁忌的，你的洋相就出大了，可能就要引起一些宗教矛盾。所以，民俗是非常重要的。

古人曾经说过，"入境而问俗，入门而问讳"。我们现在忌讳比较少，俗还是要问，无论你在广东人的家里，或者到上海人、江南人、东北人、山东人的家里，你到人家里之前肯定要问一下，那里有没有什么禁忌，父母亲有什么禁忌。大家都读过《红楼梦》，《红楼梦》里面林黛玉读到"敏"（min）的时候就读（mi），不读（min）。为什么？

因为她的母亲叫贾敏（min），为了避讳。所以，你到人家里的时候，先要问一下他的父母之讳是什么，我能不能读这个字，能不能直接说出来。所以"入境而问俗，入门而问讳"是我们中国传统的一种文化，对别人是一种尊重，对自己也是一种尊重，而且还可以避免很多不必要的麻烦。

民俗非常重要。不管是年轻人还是年纪大的人，不管走到哪里，无论干什么，多了解一点民俗肯定没错，对你的生活、工作，对你的感情都是有好处的。年轻人谈恋爱时，去见丈母娘或者亲友，这个时候你要了解相关的民俗，他是哪里人，每个地方的礼仪和方式是不一样的，都有一些不同。所以，我们说，民俗是集体审美和伦理思想的一个载体。这个话题展开之后包含很多内容。"集体审美"就是我们过春节的时候，大家一定要穿得比较喜气，如果你穿一身白色的衣服到人家里，肯定是不受欢迎的，因为这违反了集体审美。大家都要穿得很喜气，你穿白色衣服是不受欢迎的，因为在中国办丧事的时候才会穿白的，这就是集体审美，你不能违反这个集体审美，大家约定成俗的集体审美。

还有伦理思想，就是我们所有的节日习俗都和伦理有关系，与长幼尊卑都有关系。这边的盘子里是《百子闹春图》，这个东西也是民俗。"百子闹春"就是求子，祈求子孙绵绵。另一张图是皇帝过生日的时候，请来了很多玩杂耍的人到宫廷里表演，这也是民俗。不管是什么人，都不可能跳出这个氛围。我儿子曾经说过，过年很烦，去东家吃、去西家吃，我能不能不过年？我说，你不过年，就跟你不可能被揪着头发离开地球一样，你是中国人就必须过年。春运期间为什么火车会这么挤，哪怕大家挤得晕倒了也会挤回去，这就是一种力量，一种理念，一种集体审美和伦理思想的力量，一种团圆，一种心理定式，过年的时候一定要回家团圆。所以，民俗是非常重要的。

今天早上我在这边吃的点心和我们那边就不一样。地理环境的不同可以使民俗呈现出多姿多彩的地方特色，有的地方水多，它的民俗可能就是以水为主。我们江南地区是稻作文化、水文化非常发达的地方，我们吃鱼吃虾比较多。我们的稻作文化需要水，过去行走靠船，所以古代有首诗歌写道："胡马依北风，越鸟巢南枝。"如果我是北方人，我无论到什么地方肯定有北方人的烙印。我有一个同事是泰安人，他就嫌苏州菜太淡，没有味道，他喜欢吃重辣的东西，他在这里待了很多年，但他还是不习惯这里的口味。就像我是苏州人，我在四川、湖北、江西都待过，但是我还是不习惯，我到现在还不喜欢吃辣的。就是说，你是哪里的人，就多多少少带着哪里的印记。地理环境不同，所有的民俗现象都不一样。可能过年初一这边是放爆仗，那边就不是放爆仗；这边是吃汤圆，那边可能是吃面条。

我今天重点讲的是节日习俗，节日习俗是民俗的重要组成部分。节日是什么样子？节日习俗有个定义，大家感兴趣可以仔细看一下。节日习俗有两点大家应该明白：第一，中国的节日习俗是中国农业社会的产物，跟我们的农耕文明有非常深厚的关系，我们很多节日习俗和它有关系；第二，我们的节日习俗和历史有关系，和中国五千多年历史的发展传承有关系。这是节日习俗两个最主要的特点和来源。

中国节日的发展和特点，我总结了简单的几点。①传承性。我们有五千多年的历史，是从古到今传承下来，每个时代有每个时代不同的特点。比如吃年夜饭，过去吃年夜饭肯定是在家合家团圆，现在可以在饭店订一桌。这就是时代性，不一样了。②变异性。就是说广东人吃的东西到了江南其他地方就不会吃，因为地理环境不一样，它的习俗就不一样。③地方性。这就更多了，中国这么大的地方，各个地区有不同的饮食、着装、语言习惯，它们是千变万化的，肯定是不一样的。四川人讲话和江西人、河南人都不一样，有的时候同一句话，在这个地方是这个意思，在那个地方是那个意思，甚至会闹笑话，甚至会产生矛盾。这就是它的地方性特色。

明清以来，我们的商品经济发展迅速，特别是像广东这边开埠很早，江浙一带是资本主义萌芽最早的地方，它的许多风俗带有市民文化的特色，游乐性非常强，叫重节好游。在座的各位很多人去过苏州，那个地方有很多私家园林，这就体现出苏州人对生活的一种讲究，重节好游成风，成为一种讲究。到了清朝末年和民国初期的时候，这个风气的变化就比较大，"西风东渐"以后，特别是广东这一代开放得比较早，中西混合，许多民俗里面既有西方的文化，又有东方的文化，包括我们的建筑，广东的建筑、上海的建筑都有东西方文化的一些特色。

我说这么多内容和我们有什么关系呢？现在有一个非常重要的概念叫"非物质文化遗产"，按照中国非物质文化遗产组委会主任乌丙安教授的说法，什么是非物质文化遗产？简单地说，它不是一个具体的东西。比如，这个东西可以说是文物，但是不是非物质文化遗产？非物质文化遗产是什么？非物质文化遗产其实就是一种技艺的传承。比如，刺绣的时候，用的是针法，刺绣的过程当中师徒是怎么传承的，过去刺绣的绣娘要去拜见绣祖庙，这些东西都属于非物质文化遗产，技艺传承中有许多相关的东西。至于她绣好之后的东西就不能称为非物质文化遗产，而称为一种物品或者称为文物。

非物质文化遗产最重要的是技艺，它是通过人来传承的。比如，你的爷爷是专门做漆雕的，你爸爸传承他的技艺也做漆雕，你也传承爸爸的技艺做漆雕，都是通过人来传承，人就显得非常重要，如果这个人逝世了，有可能他的技艺就失传了。同样，我们的民间文学、山歌也是通过口耳相传的。深圳这边也有山歌，它在传承的过程中因为传承人突然去世，他没有传承给别人，这个山歌就戛然而止了。"艺以人传"是通过人来传承的，我们要保护非物质文化遗产就要保护这个传承人，这个人如果没有了，他的技艺可能就消失了，这就是非物质文化遗产。

我们现在六大传统节日也作为非物质文化遗产的一部分。这六大传统节日是国家级的非物质文化遗产，在座的各位可能还没有意识到，我们每年在过这个节日的时候，其实我们在有意或者无意之中在传承、在保护中华民族的文化、保护我们的非物质文化遗产。

除了六大传承节日以外还有很多节日，如二月初二春龙节，又叫龙抬头、青龙节，这和古代的原始崇拜有关系；二月十二的花朝节，百花之日，和植物崇拜有关系；还有历史名人的生日、忌日演变成的节日，如释迦牟尼诞辰日四月初八要吃乌米饭。大家如果感兴趣可以在书上或者网上查到一些，网上有一些东西不是太准确，中华书局、古籍出版社出版的书籍可以放心参考。

节日民俗里面处处都体现出一种民俗文化的氛围。我们这六大节日，其实在唐诗宋词里都有体现。这说明不管是谁，就算古代的诗人、词人对节日也感同身受，因为他们本身就生活在其中，这种生活方式和诗歌创作有很密切的关系，所以以春节为题材的诗歌很多，元宵也有，清明就更多了，端午、七夕、中秋、重阳都有。在许多诗歌里都有，大家可以去找。有人专门出过关于中国民俗节日诗词的书，是苏州大学的教授写的。从 2008 年开始，我国把重要传统节日确定为法定假日。清明节我们会放假，端午节我们也会放假，这都是经过很多年的努力、呼吁的结果，让大家放下手头的工作去感受、品味古老的传统节日，品味亲人团圆及其中的伦理、道德——集体审美的感觉。

我们知道，二十四节气是中国古老的文化现象。二十四节气在周代已经出现，在汉朝的时候已经形成完整的二十四节气。我们现在一年四季以春、夏、秋、冬排序。春天在殷墟的《卜辞》里已经有这个说法："贞，来春，不其受年？"就是春已经成为一个专有名词，"春者何，岁之始也"。"野芳发而幽香"为"春"，这是古人对春天的定义。春天有哪些节日？最重要的就是春节，就是我们每年为了回家团圆挤火车、挤汽车回去过的春节。还有元宵、百花生日、清明寒食、游春、立夏等组成春天的节日。为什么叫节日？也就是说，我们一年四季有 12 个月，我们不可能一年四季只工作不休息，这些节日实际上就是我们一年 12 个月工作中的调节。在 12 个月份里面，每一个节日发生在什么时候？大家如果仔细去看，会发现节日是对我们生活的一种调节，而且和我们的生存方式有关系。如我们丰收了以后要感谢天感谢地，感谢所有帮助过我们的神灵，感谢祖先，我们就需要有一个节日调节一下、休息一下、欢乐一下。而且中国的节日还有一个很有趣的现象，如三月三、六月六、七月七、九月九、五月五，为什么这个时候会有这个节日？它有很深的中国传统文化内涵，和我们的生活方式有密切的关系。

（1）春节。因为春节的习俗很多，我只列出最主要的几点。春节期间最主要的习俗除了送灶以外，还有一个节日叫腊八。按照中国人的习惯，农历十二月入腊以后就开始节日的准备工作，因为过去的春节所有东西全部自己做，不像现在可以去超市里买现成的东西。入腊以后大家都非常忙碌，要准备过年的很多东西。腊八就是腊月过春节之前一个很重要的节日。关于腊八有很多传说故事，一个是佛教故事，还有一个是纯中国的故事。

佛教的故事是：释迦牟尼出家修行的时候是苦修，苦修的时候走在路上晕倒了，被一个牧羊女救了，牧羊女就把谷、果、米、饭这些东西和着汤汤水水煮了之后给他吃。他吃了以后就在菩提树下静修，静思之后突然觉得悟道，之后就成佛了。后来佛教徒为了纪念释迦牟尼在这一天突然悟道成佛，在每年腊月初八的时候会有佛粥相赠，全国各地所有的佛寺在腊月初八都有一种仪式，你可以拿着自己的容器到佛寺去排队领一碗佛粥吃。为什么有很多信众排队去领呢？我不知道广东是什么情况，苏州有西元寺、寒山寺，在那几天非常热闹，很多市民都会自己拿锅、碗去那里排队，要闹几天，就是为了吃一碗佛粥。而且一定要在中午之前吃，全家人每人吃一点，就是求一个健康、平安。所以，腊八粥这个习俗到现在还在流传。

其实这是佛教传入中国以后，借助了中国的传统文化，在佛教没有传入之前，我们腊八这一天是要祭祀祖先的，佛教传入以后它正好渗入了这个节日。佛教有一大特点，其实佛教是讲究报恩的，它跟中国文化结合得很紧密。中国文化讲究伦理道德，这两个东西是不会冲突的，基本点是相同的，所以腊八文化加入佛教故事也为中国文化所接受，因为它是一个伦理道德方面的节日。

还有一个人物和中国的传统文化有关系，就是朱元璋。传说朱元璋小时候非常贫穷，经常挨饿，没东西吃的时候要想办法找点东西吃。有一天，他在野外发现了一个老鼠的粮仓，老鼠的粮仓里什么东西都有，都是老鼠偷来的东西，米、果之类的，他就把这些东西统统抠出来，在野外煮了一顿类似八宝粥那样的东西吃。

中国人有一句俗话，"慌不择路，贫不择妻，饥不择食"，饥饿的时候吃什么东西都是好的。西太后西逃的时候，她的手下找了两个窝窝头给她，她就觉得特别好吃。后来回到宫里面，她好想吃那个窝窝头，宫里面的御厨就给她做了小窝窝头，现在在北京还能吃到和宫廷里类似的西太后吃的小窝窝头，但是这个品种可能跟外面的不一样，非常细腻。

朱元璋成了皇帝以后，突然在腊八那一天想到这个事情，小时候吃的这个东西特别美味，他就让御厨去做，做完之后他自己一个人吃还不行，把所有的腊八粥赏赐给所有的大臣，表示他的皇恩浩荡。大臣吃了这些粥以后，第二年的时候形成这个习惯，慢慢从宫廷里传到民间。当然这是一个民间传说故事，这说明从上到下也可以形成民俗，就是上行下效，上面提倡什么东西，下面也会仿效。

比如，大家现在知道玉雕作品很贵，和田玉非常贵，其实从清朝以来都是这样，清朝的乾隆皇帝非常喜欢这个东西。你到北京去看故宫，故宫博物院里面有很多玉雕，非常精美，都是乾隆工的。乾隆工的玉雕都是苏州人雕的，所谓的乾隆工就是苏州工。这就是上行下效，皇帝喜欢的东西民间肯定喜欢，所以苏州那时候的玉雕是全国之最，说起来就是"良玉虽集京师，工巧则推吴中"，所谓吴中就是今天的苏州。就是说最巧的工匠全部集中在这个地方。

除了吃腊八粥以外还有"送灶"。送灶这个习俗可能大多数人都不知道了，都消失掉了。我到农村去做过一些调查，一些老太太都说，我们请不到灶神，有个灶龛，但是没有灶神，这个祭灶就没有办法完成。

祭灶起源于对火的崇拜，延续到明清。宋朝的时候祭灶是荤祭，范成大的诗里面说到过："猪头烂熟双鱼鲜，豆沙甘松粉饵圆。"这个"猪头烂熟双鱼鲜，豆沙甘松粉饵圆"是荤祭，要用荤菜祭祀。

到了明清以后就没有了，因为道教把灶神纳入它的谱系，它就不再这么做，就是用祭灶的糖元宝，用清水、茶这种很简单的方式祭祀灶神。祭灶神，就是把旧的灶神拿下来，到街上买一个类似于竹编的小轿，把灶神放到轿里，然后放上很多草料，点燃以后让他上去，"上天言好事，下界保平安"。

过去灶神的形象每家都贴在灶台上，过去很多香烛店里会卖这种东西，在腊八前后有家的都会去买。我们祭灶是什么时候呢？祭灶在明朝以后有一个说法，就是"官三，民四，蛋家五"。明朝的皇帝规定得非常严格，一般北方祭灶都是腊月二十三，南方是腊月二十四，还有一些水上的渔民、乞丐等社会底层的人只能二十五祭灶。苏州那时候有一句话，"七颠八倒，廿五送灶"。就是说，你如果二十四没送灶，到二十五送灶就属于七颠八倒，就不对了。说到送灶，各地的灶神都是不一样的，河南朱仙镇灶王爷的版画，灶王画除了灶王爷以外，还给他配了一个灶王奶奶——按照人间的情形，因为人间是夫妻配，给他配了一个灶王奶奶；还有河北剪纸的灶王爷形象。

祭灶有两种方式：江南是稻作文化，有一个照田蚕的习俗。前年我们在周庄帮他们搞了一个活动，复原了过去照田蚕的习俗，就是大家拿着火把，点燃了很多稻草堆，在稻田里奔跑，一边奔跑一边说，说自己的田里会丰收，别人家的田里没有自己家的好，等等。这一天是小孩子的节日，腊月二十五，小孩子最喜欢，拿着这个东西满田里跑。腊月二十五有一个祈丰年的节日，周庄搞了一个复原式的活动，是我们帮忙搞的，中央电视台还做了采访。

除了照田蚕以外，按照中国的习俗，灶王上天以后，在家就可以杀鸡杀鸭了。因为灶王爷上天了就没有人监督你，利用这两天比较空闲的时间，开始杀鸡杀鸭，准备年货。

还有一个习俗，就是二十五左右可以打扫卫生，我们叫——"掸檐尘"，就是屋檐上的尘土全部要打扫干净。掸檐尘有一个民间传统故事。为什么这个时候掸檐尘？它又叫除残日。就是玉皇大帝派了一个三尸神下凡来监督民间，看有谁说玉皇大帝的坏话。如果有人说玉皇大帝不好，他就要去汇报。如果有人讲了玉皇大帝的坏话，玉皇大帝就很气愤，说既然有那么多人讲我坏话，你把讲我坏话的每家每户门口做上记号，弄个蜘蛛网在门口做个记号，我要派人把这些人都抓走，惩罚他们。灶王爷知道这件事以后，就悄悄跟老百姓说，你们在我上天以后，每家每户都要打扫卫生，把门前门后所有的蜘蛛网全部打扫干净。玉皇大帝派天兵来的时候找不到记号，所有的门口都没有记号，天兵上天报告玉皇大帝，一个记号都没有，玉皇大帝很愤怒，以为三尸神说谎，反而把三尸神惩罚了一顿。按照我们现在的说法就是在除旧迎新的时候，为了迎接新年一定要把家里打扫干净，当新年到来时，全家人有一个新的气象，包括要穿新衣服。

在这些卫生工作都做好以后，我们要准备年夜饭，这是很忙碌的事情，尤其是家里的父母亲更忙碌。在吃年夜饭之前，还有一个祭祖的仪式，在祭祖的时候，很多地方在祭祖之后，肉和饭是要分给别人家的，各家各户都要分一点，这叫"分岁"。湖北人叫"团年"，苏州叫分岁，不知道广东叫什么名字。有的是分肉，就是祭过祖先的东西，所有的子孙都要尝一点，希望能够得到祖先的福音，得到祖先的保佑。在祭完祖之后，就要吃年夜饭，这个年夜饭就叫"合家欢"，回来或者没有回来的人都要准备一副碗筷放在那里，因为是团圆饭，所以非常重要。

年夜饭的菜肴都是非常丰富的，所有的菜肴都有讲究。广东这边也是这样，是非常讲究的，不是每一个菜很随便就上桌。北方的年夜饭主要是以饺子为主，好吃不过饺子。南方各个地方都不一样，广东和江苏不一样，但是有些东西是一样的，无非都是希望大家有一个好的彩头。广东人的年夜饭讲究意头，一定要有一个"鸡"寓意"全家福"，一定要有一个"鱼"寓意"年年有余"，一定要有"发菜"，代表"利市、发财"。还有的地方要吃芹菜，表示新的一年勤勤恳恳，还要吃青菜，青菜是长梗的青菜，表示延年益寿。我们那边还要吃黄豆芽，黄豆芽像一个如意的形状，家里面的人不论大小都要尝一口，哪怕不吃的都要尝，就是希望在新的一年里能够如意。广州的全家福是一只整鸡，苏州人的全家福是大火锅，紫铜火锅，里面放上各种各样的荤菜，有蛋饺、肉圆、咸肉，品种非常多，号称"全家福"。

年夜饭是一顿非常讲究的饭，也是中国人非常在意的一顿饭。所以不管乘坐火车还是汽车在年三十之前是非常拥挤的，因为大家一定要在年三十晚上之前回到家里吃这顿年夜饭，这就是一种民俗。这种民俗在我们心里从小到大已经根深蒂固，它有一个心理的定式，到了这个时候如果不回家，心里面好像少了什么，一定要回去见见自己的父母，吃一顿团圆饭，这个民俗的传承意义就在于我们从古到今一直是祈求团圆美满的。

我们现在吃完年夜饭没有事可做，就是等着看"春晚"，这是现在的春节观念。但是过去不是，过去我们有很多的工作要做。比如，江南有非常多的井，人们会在年夜饭吃完了之后，把家里面能装水的东西全部装满水，然后举行一个祭井的仪式。把各种各样的水果、干果、酒放在井边上，因为井也为人们劳动了一年。这个时候要进行一个祭井的仪式，把井口封紧，年初三的时候会开，这几天所有的用水都不能到井里去提，家里面所有装水的容器要装满水。

祭完井以后，在子夜时分还有一个风俗叫贴春联、易门神。这个习俗起源非常久远。贴春联，源于《山海经》里的传说，有两个神叫神荼、郁垒，我们的门神最早传说是这两个人，他们是守着万鬼之门，有哪一个鬼如果不乖，就会被他们拿苇索绑了以后喂老虎，他们手里面拿着一根桃木棒。所以，民间就传说桃、桃木、桃枝都可以驱邪。江南人养蚕的时候，蚕茧洗干净、晒干以后，在拿进屋子之前要用桃枝在上面打，目的就是驱邪。现在也是这样，人们用桃木做成两个板子挂在门口，年三十晚上的时候挂在门口叫桃符。"总把新桃换旧符"说的就是这样一个古老的习俗。

后来有一个皇帝，叫孟昶。有一天他突发奇想，对大臣说，我们在这个上面写两句诗，大家都写。结果所有的大臣写完了以后，他看了都不满意，他就自己在上面题一副，叫"新年纳余庆，佳节号长春"，这被大家说成是中国的第一副春联。中国的第一幅春联就是这么诞生的，从此以后中国人有了贴春联的习惯，而且愈演愈盛。

到了明朝的时候，朱元璋做了皇帝，定都南京。他为了附庸风雅，在每年春节之前就下令，各家各户一定要贴春联，之后他还微服私访到每家每户去看，他曾经到过一户人家，说他们家怎么没有贴春联，竟敢抗旨。这家人吓得半死，就对他说，我们的笔和纸都准备好了，但是没有人肯给我们写，我们没有办法。为什么没有办法呢？他说，我们家比较特殊，我们是腌猪的，人家不肯给我们写春联。朱元璋说既然没有人给你们写，我就给你们写。皇帝亲自给他们写了一副对联，叫"双手劈开生死路，一刀斩断是非根"。这副春联写完了之后，第二天朱元璋去看自己写的春联挂出来没有，到那边一看，还是没有挂出来。他就很愤怒，但那一家人说，我们已经供在那里，还点了香，因为是皇帝写的。也就是说，经过朱元璋提倡以后，民间普及了贴春联的习俗，现在尽管大家都住了新房，但写春联、贴春联的习俗还是非常兴盛。

包括门神，这几年我看到很多地方也开始贴门神。关于门神有很多种，钟馗也是门神。有的地方还贴一个大公鸡，传说鸡是阳鸟，它有五德，可以驱除很多的害虫，它到黎明的时候才鸣叫，有的地方的年画就画只大公鸡，人家里面贴上这个东西也是为了辟邪。民间信奉的门神除了神荼、郁垒以外，还有很多人物，如秦叔宝、尉迟恭等。

秦叔宝和尉迟恭为什么成为门神呢？也有一个民间传说故事。传说唐太宗晚上睡不好觉，一直觉得屋顶上有鬼怪在那里飞沙走石。秦叔宝和尉迟恭听说了以后就说，主公您放心，我们就站在您的门口。两个人就全副武装站在他的门口，那几天晚上唐太宗睡得非常好。但是，也不能让他们总站着，这也不是个事，当时吴道子画画非常好，有"吴带当风"之说，唐太宗就让吴道子帮他把秦叔宝和尉迟恭画下来，贴在门上起同样的效果。其实现在民间挂得最多的是秦叔宝和尉迟恭。其他的门神比较少，都是地方性的，有的地方是赵云、马超、萧何、焦赞，但最普遍的还是秦叔宝和尉迟恭。

　　除了他们以外还有赵公明和燃灯道人。赵公明属于财神里面的一种。中国的民间信仰有一个特点，就是非常庞杂，门神也体现了中国民间信仰的混乱。赵公明既是门神，同时也是财神。尉迟恭和秦叔宝是两个全副武装的大将的形象。

　　关于年画的花样就更多，四川绵竹的年画，就体现了四川绵竹的特点，四川人特有的特征，就是非常轻盈，很有意思。我曾在四川待过，四川的山水特别好，四川是一个出美女的地方。我们那个时候在部队里经常发现，四川的女人会纳鞋垫寄给男朋友（爱人），鞋垫非常漂亮。四川人是非常聪明的。

　　山东年画的特点和四川不一样，它绝对是北方民间文化的特点，非常鲜艳，非常活泼，也非常喜庆。中国四大年画之一就是桃花坞木刻年画。桃花坞木刻年画的特点是非常明快、细腻，但是它的颜色搭配非常素雅。苏州的苏绣就是精细雅绝，在很多艺术品上都能体现出苏州艺术的特点。天津杨柳青的年画，体现了北方文化的特点，很活泼、调皮，它的颜色反差非常大。

　　在年三十晚上还有一个大家听都没有听说过的习俗，这个习俗已经消失殆尽了。江西过去非常相信这个民俗，就是在年三十的晚上，吃过年夜饭以后有一个非常重要的活动，人们怀揣古镜，悄悄到灶神面前去默默地颂七遍祈祷词，在锅里面放水，拿着勺子在水里面一转，然后人们就按照勺子指的方向出门走，碰到的第一个人说的第一句话就是你一年的征兆。

　　有一个民间故事说，有一个江西人叫李总千，他做了举人，想考中状元。晚上出去的时候，他在一条小溪边看到一个渔翁在捕鱼，这个渔翁捕了很大的一条鱼，他就说了"鱼大有"。他就说这句话是他出门以后碰到的最好的一个征兆，他就把自己的名字改为李大有。第二年开春以后，杏花春雨的时候进京赶考，就中了状元。这就是说，每一年用这个仪式来验取一年的好彩头，这就是"镜听"，用镜子来聆听来年的好运。这个习俗现在已经没有什么人知道，也基本上消失了。

吃完年夜饭以后肯定要守岁，现在就是看"春晚"。过去守岁可以玩很多游戏。小孩子收了压岁钱以后可以点钱，今天买一块糖，明天买其他的，都很快乐。古代有很多游戏，如双陆、围棋、纸牌、状元筹、升官图、麻将、骨牌等，小孩子可以骑竹马、玩陀螺、放鞭炮、点花灯等，所以古代的守岁和现在有一点不一样，它有很欢乐、很祥和的活动和氛围。

除了这个以外，一定要到晚上 12 点以后大家才开始睡觉。江南那边有一种习俗，家庭主妇在 12 点以前一定要把年初一的早饭准备好。南方年初一早上要吃圆子。苏州有著名的黄天源糕团，切成一块一块的准备好，大年初一就吃这个，取"高兴团圆"之意，年初一吃什么东西是很讲究的。我估计广东这边年初一也不是随便吃的，肯定有一个好的意头。

过去我们年初一喝屠苏酒、吃五辛盘。这两种习俗表示什么？我们所有的习俗都是敬老，我们在入席的时候，一定要长辈先坐下来，第一个先动筷子，我们才可以动筷子。但是大年初一饮屠苏酒的时候是从家里面年纪最小的人开始吃，依次吃到年纪最大的长辈。这表示什么意思？就是祝贺少年得岁，老人失岁，年纪大的人过了一年失去了一岁，年小的人过了一年就成长了一岁，为了祝贺少年得岁，饮屠苏酒是从最小辈开始饮，一直到最大的长辈。

关于屠苏还有一个传说。屠苏原来是一个草庵的名字，这个草庵里住着一个中医，他在每年年三十的时候会把一副中草药送给附近的乡亲，让他们放到井里面，人们在饮酒的时候就把带中药的井水掺在酒里，喝了以后避免生疾病、瘟疫。中国那时候医药学不是很发达，人们很怕得瘟疫，吃了这种酒以后不会得瘟疫。久而久之，大家都把这种用井水酿的酒叫屠苏酒。王安石有一句诗叫"春风送暖入屠苏"，指的就是屠苏酒。

什么是"五辛盘"呢？"五辛盘"是小孩敬给老人的。把葱、蒜、姜等五种辛辣的东西，放在盘子里面捣碎以后敬给老人吃，希望老人能够在新的一年平安健康。在年初一的时候正好是阳气生发的时候，因为春天来了，这些辛辣的东西有助于阳气生发，避免疾病，所以"五辛"是敬老的，"屠苏酒"是敬少的。年初一有敬少的习俗，也有敬老的习俗，这是中国传统文化注重伦理的表现。

年初二女儿归宁，吃年节酒。年初一的时候我们有很多禁忌，不扫地、不习水、不点火，甚至不出远门，坐在家里面。因为年初一这一天是一年的开始，非常非常重要，如果有什么不好的事情发生，这一年心里就不太舒服。所以，年初一大家尽量不要出门，都在家里把这一年的第一天平平安安地度过。过了第一天以后，第二天女儿在婆家过年之后年初二可以回娘家，所以叫"归宁"。大家开始吃年节酒，亲戚朋友可以互相来往，都是从年初二开始的，现在很多地方也是这样的。

民间有一个传说，年初三的时候要早早哄孩子睡觉，因为老鼠要嫁女，要把小鞋子给藏起来，如果不把小鞋子给藏起来，可能老鼠就把孩子的小鞋子作为轿子用去嫁女了。因为年三十晚上、年初一都闹得比较晚，小孩子可能比较疲倦，到年初三的时候一定要把他们早早哄上床。就是这样一个传说——年初三老鼠嫁女。

桃花坞木刻年画《老鼠嫁女》非常有意思。楚南滩镇的《老鼠嫁女》边上有一只猫，说明一定要先把猫贿赂好，如果没把猫贿赂好，可能它会来捣乱。这是中国传统文化的一个特点。

过了年初三、年初四，除了走亲戚以外，年初五是一个很重要的日子，年初五要敬财神。中国民间的财神非常多，有文财神、武财神，还有其他财神。这些财神有很多传说，这些财神故事说起来很多，大家知道，如比干、范蠡，《史记》里面有。范蠡是助越灭吴的一个能干的人，后来到了山东发财致富，称为"陶朱公"。赵公明作为一个门神，其实赵公明最主要的还是作为一个财神，关公作为财神最早是从山西开始的，因为关公很讲义气，山西商会里面都供着关公，后来演变成一个全国性的信仰，很多的商铺里面供的都是关公。

北方一般来说是年初二祭财神，南方一般是年初五祭财神。在过去，光是北京一个地方就有二十多座财神庙，庙里面会有很多纸元宝，人们祭完财神之后，会从庙里带几个纸元宝回来，希望新年以后发财。南方一般是年初五祭财神，又叫"破五"，祭完财神以后所有的店铺都会放爆仗，开始开张营业。

年初五祭财神之后还有年初七，年初七就是"人胜节"，就是人本身的生日。民间有一个说法，就是从年初一到年初十，每一天都是某种生物的生日，如年初一是鸡生日，年初二是狗生日，年初三是羊生日，年初四是马生日，一直到年初七。年初七是人生日，年初八是谷生日，年初九是天生日，年初十是地生日。年初七的人生日就叫"人胜节"，过去妇女都会用金箔剪成"人"的形状戴在头上或者挂在蚊帐上面。

正月十三是祭猛将的日子，祭猛将是江南稻作文化一个特有的现象，传说猛将是稻谷的保护神，他有两种形象：左边黄杨木雕是一个官员的形象，传说他是抗金名将，死后被封为猛将，就是保护庄稼不被蝗虫吃掉；还有一种猛将形象在江浙一带非常流行，他是一个小孩子的形象，传说他被后娘虐待以后，驱蝗而死。老百姓都非常怀念他，在一些庙里至今还有他的形象，就是一个扎着头发的小孩形象。

正月十五是春节最后一个高潮部分，有许多节日习俗。大家都知道的是看灯会，这一习俗在唐朝的时候就很兴盛，在宋朝以后，又加了一个猜灯谜的习俗。商业非常发达的地方，许多商店门口都会挂很多灯，灯下有很多谜语，这些谜语如果你猜到了，商店会给你奖励，给你一把扇子或者其他小玩意儿。所以，古书上记载，在元宵节是"夜夜汗漫"，挤得大家出汗，这说明看灯会猜谜语在经济发达的地方非常兴盛。

除此以外，元宵节还有吃元宵、走三桥的习俗。走三桥主要是妇女的习俗，因为元宵节是新年里的第一个月圆之夜，妇女平时不出门，在这个月圆之夜里可以看花灯、走三桥，祈求自己能够健康平安。还有一个暗含的意思，月圆之夜，月圆之时，有很多新婚没有怀孕的妇女在这个夜晚会挑名字吉利的桥，如贵子桥、麒麟桥，到那个桥上走一下，希望自己能够早生贵子，多生贵子，"走三桥"暗含这个意思。

元宵节晚上还有一个习俗，叫"迎紫姑"。传说紫姑是一个小妾，被正室虐待，在正月十五的晚上激愤而死，老百姓就把她奉为蚕神，有许多妇女在元宵节的晚上会去祈求她，保佑自己能够蚕桑丰收。特别是在江浙一带，种桑养蚕的人家迎紫姑的习俗非常兴盛。

平时有很多大家闺秀、小家碧玉是不出门的，在元宵节的夜晚可以出去，许多喜剧和悲剧都是在元宵节夜晚发生的。大家有没有看过越剧《王老虎抢亲》？《王老虎抢亲》其实就是发生在元宵之夜，只有在元宵之夜才能抢亲，因为很多女孩子都出来观灯，所以祝枝山为周文宾出了一个计策，让他男扮女装，王老虎一定会来抢他，抢了以后一定会放到王老虎妹妹的房间里，这样他和王老虎妹妹的亲事就成了。

古代有很多诗歌都会写到元宵夜，如"去年元夜时，花市灯如昼。月上柳梢头，人约黄昏后。今年元夜时，月与灯依旧。不见去年人，泪湿春衫袖"。在辛弃疾的诗歌里面也写道："众里寻他千百度，蓦然回首，那人却在灯火阑珊处。"写的也是元宵之夜意中人会合的情景。

另外，还有很多传统的灯彩。在传统灯彩方面，南宋以来苏灯为最，"苏灯天下最"。苏州的灯彩做得最好，它是用丝绸做的，就像所有苏式的东西一样，非常细腻，色彩非常和谐。苏灯的制作也非常有名。现代的灯彩不同于古代的手工制作，有很多声光电的东西用在里面，是非常大型的，像苏州灯会就非常有名。北京、上海、南京夫子庙都有灯彩。元宵夜迎紫姑这个习俗在鼻烟壶里都反映出来。紫姑既是厕神也是蚕神，是妇女祈求蚕桑丰收的时候一定要敬奉的一个神灵。元宵节走三桥，在吴有为的《点石斋画报》里面有很多反映。

（2）清明节。大家都知道，其实清明节是中国流传至今最古老的一个节日。有很多人问我同样的问题，春节是团圆节，是中国人最讲究的。为什么清明节流传不衰？因为清明节跟我们的忠孝文化、伦理有关系，清明节主要的习俗就是墓祭、踏青、戴柳、看会、放断鹞。这是最主要的几项活动。

清明节成为一个节日是在汉末以后。在汉朝之前，清明还是一个节气，为什么是节气？就是"斗指乙，则清明风至"。"万物生长此时，皆清洁而明净，故谓之清明。"这是一个节气，不管是清明节还是寒食节，在清明之前有一个寒食，清明和寒食只差几天，清明和寒食都是以冬至开始计算，冬至后第 105 天就是寒食，第 108 天就是清明，所以清明和寒食相隔非常近，后来清明和寒食就融汇到了一起。现在大多数人知道的只是清明，寒食节的习俗已经淡化了。但是有一点大家必须清楚，所有关于清明节的习俗全部是从寒食节来的，如墓祭、放断鹞、荡秋千、踏青、扫墓，这些习俗以前都是寒食节的习俗。清明和寒食合并以后就变成了一个清明节，就由一个节气变成了一个节日。

清明最主要的活动就是祭祖。这是中国传统文化里面最重要的部分，一是对祖先的祭祀，一是传承道德思想，伦理道德在节日习俗里面体现得非常充分。清明还有一个重要的习俗是现在没有的，清明节有主的坟有后代祭祀，没有主的坟在清明节怎么办？没有人祭祀就会成为厉鬼，由谁来管这件事情呢？就由各个地方的城隍管。城隍在这一天一定要出巡到每一个郡的厉坛祭祀，城隍一路吹吹打打，就像官员出行一样，前面是肃静、回避，后面是各种各样的官员，每一个城的太守都要聚在这里，所有的队伍都要出行。

老百姓最喜欢看的是什么？因为在城隍出行的队伍里面，后面有一个文艺表演队，如《西游记》《白蛇传》的表演。老百姓挤在一起就是看后面的精彩文艺表演。因为过去的文艺节目非常少，要想看到好的文艺节目只有在城隍出巡的时候才能看到。城隍出巡是为安慰那些没有人管的亡灵、孤魂野鬼。

清明时节其实是一个踏青的好时节。清明时节有游春赏景的习俗，可以去看桃花、踏青、扫墓，这在唐朝的时候就有。"哭罢，不归也，趋芳树，择园圃，列坐尽醉。"意思是把墓祭完了之后，找一个芳草萋萋的地方，全家人围坐在一起，"列坐尽醉"。广东可能也有这种习俗，如"正月鹞，二月鹞，三月放个断线鹞"。意思是清明时的风是扶摇直上的，在清明节前后放风筝非常适合。到了清明节的后期有一个习俗，如果风筝不想放了，在剪断风筝线之前把烦恼之事、病灾之由都写在纸上，把它挂在鹞上，然后把风筝线剪断，让它随风而去，可能不好的事情、烦恼的事情都会随风飘逝。在《红楼梦》第七十回里面，林黛玉也有这个习俗，因为林黛玉是江南人，她把自己不好的事情都写上去，叫"放放晦气"。所以有"三月三放断鹞"的习俗。

除此之外，清明节还有其他的习俗，如荡秋千、戴柳、斗鸡、拔河等。"戴柳"的习俗现在已经没有了，这和许多民间的传说故事有关。民间有一个说法，"清明不戴柳，红颜成皓首"。就是借助于柳条青青，希望自己青春常驻，因此有戴柳的习俗。

（3）端午节。端午节是进入夏至后最主要的节日。天气开始炎热，百虫开始生长，所以端午节最重要的活动是为防病、治病，安然度夏。端午的许多习俗不是本身就有的，它包括很多夏至的习俗，如吃粽子的习俗就是夏至开始有的，后来夏至的许多习俗都移到了端午。

苏州特有的习俗，是四月十四轧神仙，轧的是吕洞宾。人们希望能够轧到神仙，自己有一个好运气。在轧神仙的时候所有的东西都有神仙气，喝一杯茶就是神仙茶，买一枝花就是神仙花，买衣服就是神仙衣服。也就是说，它是一个市民的狂欢节，在三天的庙会期间大家非常开心，有人人即仙、各个即仙的说法。

端午的习俗有很多，可以分成两种：一种是体育活动，如现在的划龙舟，广东、湖北这边都有；一种就是保健康、避灾的习俗，就是喝雄黄酒、挂菖蒲、饮菖蒲酒，小孩子穿五毒衣，挂钟馗像。这些习俗的目的就是为保持身体健康，预防疾病，因为五月份所有蛇虫都已出洞。其实纪念屈原和伍子胥是后来加入的。据闻一多先生考证，刚开始只是吴越民族祭祀龙图腾的节日，后来因为屈原和伍子胥正好都是端午节这天被害的（伍子胥被吴王夫差杀掉，屈原自沉于江），正好在这个时间，于是人们把纪念屈原和伍子胥就加了进去，所以端午节就有了纪念伍子胥、屈原的习俗。

端午还有一个重要的习俗就是现在比较流行的吃粽子、包粽子。江南人还有一个习俗，就是每家每户都做丝线的粽子，是用一根一根的丝线缠出来的，叫丝线粽。每家每户当作一种工艺品挂在家里，作为节日的节物。龙舟竞渡，很多地方都有。五毒图，每家会挂在墙上、门上，希望五样毒虫不要来危害自己。古墓里曾出土刺绣，就叫"艾虎五毒纹"，因为虎是灵虫之长，由虎镇住它们，虫害就不会发生了。

苏州 2006 年的时候专门举行过一个祭奠伍子胥的仪式。从时间上来说，伍子胥比屈原早 200 年，伍子胥是春秋时期的人，屈原是战国时期的人。苏州的端午节、龙舟竞渡是以纪念伍子胥为主，其他的地方，如湖北、湖南主要是和屈原有关系。端午还有吃"五黄"的习俗，就是五样黄色的东西，如黄鳝、黄豆芽、咸鸭蛋黄、黄鱼等。在端午时吃这些，也是为了去病消灾。端午节的时候，有很多地方要挂钟馗像，钟馗捉鬼的故事家喻户晓，从端午节开始一直到 5 月低，要挂一个月的钟馗像，也是为了避鬼。因为 5 月份被称为"毒月"，有很多虫子都会出来，为了避免它们出来伤害人，在端午这一天可以采百草来驱虫。我们那里有一个习俗，就是抓很多蟾蜍，它们会吐泡泡，收集它们身上的蟾酥来合药。这也是在端午这一天。

我去看端午节划龙舟比赛的时候，看到一个小孩穿了五毒衣，这个小孩子可能自己不知道进入了传统文化里，穿了一套五毒衣，大人希望他能够健康平安地长大。许多地方现在也开始卖这种衣服。

（4）七夕节。中国人现在过得很少，其实七夕在中国古代是很重要的节日，它是从星辰崇拜开始的。牛郎织女是天上的两个星辰，织女星就是所谓的天琴座，牛郎星是天鹰座。这两个星座，牛郎星在织女星的东面，牛郎星正好是三颗星，中间的星比较亮，叫牛郎星，旁边有两个比较暗的，所以被古人想象成牛郎在天上追织女的时候挑着一根扁担，扁担两头两个筐子里是一对儿女，这是古人非常丰富的想象。牛郎织女的故事也演化成很多戏曲、文学作品。

女孩子比较喜欢的是，在七夕的时候可以用凤仙花拌上明矾染红指甲，它很长时间都不会褪色，比指甲油管用，在七夕这一天，女孩子有染指甲的习俗。还有一种习俗，过去在农村，七夕的时候女孩子躲在瓜棚下，可以听到牛郎织女的悄悄话，接到牛郎织女落下的眼泪。当然这只是一个传说故事。宋朝秦观的《鹊桥仙》就是讲的七夕故事。

（5）中秋节。中秋节是最重要的传统节日。秋天一般来说是比较悲伤的季节。在刘禹锡的诗里面却是不同凡响，他说："自古逢秋悲寂寥，我言秋日胜春朝。"他跟别人不一样，有不一样的情怀，秋天其实是一个收获的季节。秋天最主要的节日就是中秋节，因为在七、八、九三个月中八月是在中间，中秋也称为"仲秋"，是中间的节日。它最主要的一个仪式是祭月，江南叫"烧斗香"，还有一个重要的习俗是吃月饼。

中秋节有吃芋艿的习俗。这源自一个民间传说故事。传说刘秀在昆阳大战的时候被围困，没有东西吃，他的部下在水池里摸到很多黑糊糊的东西，把它们弄上来煮熟以后吃觉得很香甜，就报告刘秀，这种东西可以作为军粮，刘秀就大大奖励了他们，后来部队因为有芋艿做粮食，昆阳大捷反败为胜。后来他做了皇帝以后，想到这是助他成功的很重要的食物，他帮它取了一个名字叫"遇难"，后来慢慢说成是芋艿。这是民间传说有关芋艿的故事。

关于中秋节还有许多传说故事。关于张士诚、朱元璋有两种版本。传说朱元璋起义的时候是以月饼为号，以月饼传播信息，在八月十五的时候起义抗元。当然，这是一个民间传说故事，但至少说明一点，明朝的时候月饼已经成为中秋节代表性的食品。在明朝之前，宋朝的许多典籍里面，如《武林旧事》里面提到的月饼是作为一种普通的食品。现在的苏式月饼、潮式月饼、广式月饼，它们都代表地方的特色，味道和制作的方式都不一样。

关于中秋节的民间故事也有很多，如嫦娥奔月、吴刚伐桂、玉兔捣药等。最有名的是八月十五唐明皇游月宫。传说唐明皇在八月十五的时候，得到一个道士法术的帮助到了月宫，听到了一首仙乐叫"霓裳羽衣曲"。因为唐明皇自己就是一个作曲家，是梨园领袖，他在天上听了这首曲子就把它记录下来，回到民间传给了杨玉环。唐明皇游月宫的故事在民间流传非常广泛。

我们在前两年复原了一个祭月仪式，我们邀请了台湾同胞一起参加，他们非常虔诚，每个人都跪下来祭拜，所有的贡品都和秋天这个时令有关，有藕、芋艿、栗子、秋梨、红菱等等，这些东西都是中秋节正好有的时鲜食品。

制作精良的斗香，下面是一个月宫的形状，两边插小旗，用线香编成斗形。斗香点燃了以后在月下焚烧，女孩子都去祭拜月亮，希望自己能像圆月一样美满。江南一些地方在中秋节还有看小摆设的习俗，所谓的小摆设就是把原来做工精细的东西按照比例缩小，缩小之后摆在那边，所有的私家园林在中秋节会开放，开放之后你可以进去看他家里面珍藏的东西。这就是中秋节看小摆设的习俗。

北京中秋节的习俗最主要的就是玩兔儿爷。人们会堆兔儿山，有各种形状的兔子。因为有个兔子捣药的民间传说，所以有关于兔子捣药的形状。

（6）九月九望乡台的重阳节。重阳节现在变成老年人的节日，现在年轻人不过了，这是不对的。过去重阳节是每个人都要过的，因为九九重阳，九是最大的一个数字，古人对这个数字很惶恐，不知道在这个日子里会发生什么事情。因为古代有一个传说故事，有一个人叫桓景，他跟费长房学仙的时候，费长房就跟他说，这一天你家里面会遇难，要想避难全家人都要登高、吃菊花酒、佩戴茱萸。他就按照师傅的话把全家人带出去，他晚上回来的时候，家里面所有的牛、羊全死掉了。他师傅说，这是它们代替你们死掉的。重阳节的传说虽然是一种民间的故事，但这也说明，中国人对时间非常敏感，对九月九日这一天非常敏感，在这一天有许多习俗都是为避免自己遭到什么灾难。

重阳节后进入秋天，是一个登高观枫的好时节，在秋天里，有许多人会登高观枫。在民间，秋天的时候有人斗蟋蟀叫"秋兴"。不知道广东这边有没有这个习惯，江浙一带非常流行这个习俗，近代也有。

冬天是一个万物休眠的季节，是万物休养生息的时候。我们那儿有一种说法，叫"冬至大如年"，这一天有些地方可能不会过节，江浙这一代会过节，冬至节像过年一样，送冬至盘，大家都要穿上新衣服向长辈拜冬。江南还有《冬九九歌》，描述了冬天是怎样一步一步寒冷的，到三九、四九是最寒冷的，经过四九寒天以后，天气慢慢就转暖和。在东北，冬天还有冰嬉，因为它的冰层结得非常厚，清朝满族有一个习俗，有许多部队都在冰上练兵。说到这里又说回来了，冬至以后不久又要过年。

这六大节日说起来比较肤浅，有很多东西没有办法和大家讲，单一个节日就可以讲一两个钟头。说到六个节日，我们的传统节日文化有很深的内涵，我总结了几点。

第一，它的人文情怀、集体审美、伦理道德，重视长幼有序、对天地的祭祀，寄托对祖先的情怀。

第二，精神寄托。每一个节日，除了有休息的功能以外，我们在每一个节日进行交流、举行仪式，对祖先的祭祀、和亲朋的交往都是一种精神的寄托，希望来年有更美好的日子和更幸福的生活，把人的精神向往寄托在节日里面体现得很充分。

第三，历史意识。中国人的所有节日，如果往上推断，没有几百年，也有上千年，甚至两千五百年，甚至五千年，它的历史追溯上去非常久远，所以中华民族是一个非常有历史意识的民族。所有的民间习俗、歌谣、非物质文化遗产都带着强烈的历史意识，这一点是中国文化的最大特点。

第四，文明的传承。从古到今，几乎世界上所有的文化都有断层，都中断过，许多国家的文明都没有了，如古希腊、古罗马等许多东西到现在已经中断了。但中华文明五千年以来没有中断过。

顾继刚曾经讲过一句话，为春秋之物两千五百年没有迁过的城市只有苏州一个，这显得尤其珍贵。许多城市都有迁来迁去的痕迹，但是苏州没有动过。我们的文明传承，无论从城市建设还是传统习俗来看都是很久远的，如果从民间文学里面找，民间文学里有很多神话传说故事，说出来都有五千年的历史。上次我们开玩笑说，苏州人吃青团子一吃就是四千多年，吃青团子的人听说会吓一跳，这个东西有四千多年的历史，和大禹治水有关系。文明传承就是这个样子。

人类的非物质文化遗产，以前我们并不知道，从 21 世纪以来，联合国教科文组织关于保护物质文化遗产和非物质文化遗产的公约，规定了很多详细的内容。我今天所提到的有关内容，无论是口头传说、表演艺术、社会风俗、自然宇宙知识、传统手工技艺等，其实都与非物质文化遗产有关，它们都是需要保护的。广东的粤剧等很多东西都是非物质文化遗产，粤剧、昆曲、评弹都是国家级的非物质文化遗产。

每年 6 月的第二个星期六定为"文化遗产日"，文化遗产日作为一个标记，其实也体现了中国传统文化，有圆有方，天圆地方，古代人都是这么认为的。

最后，我应该给大家提供一些参考书，如果大家感兴趣可以读一读。我这里有很多，我给大家推荐写得非常好的几本书，一本是常建华的《岁时节日里的中国》。这本书介绍得非常详细，有些东西考证得很准确，文风也非常活泼，我建议大家去看一下这本书。如果大家对苏州江南一代的东西感兴趣，可以去看一下顾禄的《清嘉录》、袁景澜的《吴郡岁华纪丽》，这两本书对苏州的记录非常详细，里面有大量的诗歌，还是比较好看的。

如果大家对《红楼梦》感兴趣，邓云乡的《红楼风俗谈》一定要看，这本书很好看。

以上是今天的内容，希望大家学习进步、健康平安。谢谢！

主持人：我们一起谢谢沈老师的精彩演讲。刚才是她一个人讲，接下来部分是互动时间，留给大家一些时间进行提问，大家可以向沈老师提一些问题。

提问：沈老师您好，我是来自人文学院的，我的问题是，如何分辨传统节日中的精华和封建迷信的东西？谢谢！

沈建东：这位同学提的问题非常好，因为我当时搞民俗研究的时候，很多人都认为我做的都是糟粕一类的东西。其实我研究了25年，很多东西不是糟粕的东西，而是精华的东西，其实很多的雅文化最初是从底层开始慢慢上升的，如果没有民间文化的基础，许多东西都不可能飞得这么高、走得这么远。举个例子，昆曲最初是一个地方小戏曲，慢慢才成长起来变成一种雅文化，当然有很多文人在其中创作成长起来。

关于什么是精华、什么是糟粕的问题，我们有一个标准。我研究民间宗教、民间信仰，我个人认为：第一，它不危害社会；第二，它不危害他人。这两点非常重要，如果个人有这种行为，不应该过多地干涉。因为这既不危害他人，也不危害国家利益、社会利益。这种行为，大多出现在家里面，不应该加以更多的干涉。节日习俗里面有很多东西是有点迷信，但是它的出发点和最终点是什么样子，你要考虑它的出发点和最终点，如果它的出发点是良好的愿望，只不过它的方式不同。就像我刚才说的镜听，现在说起来有一点迷信的味道，怀揣着一个古镜，按照某一个方向走去，听到的第一句话就代表了一年的好征兆。每个人都可以去做，它不危害别人、不危害社会，只是过年时的一种娱乐活动。

提问：沈老师您好，我有一个问题，现在感觉过年年味越来越淡，您对这个现象怎么看？您觉得应该怎么保护非物质文化遗产？谢谢！

沈建东：其实很多来采访我的记者都问到这个问题，为什么现在年味越来越淡？这是我们的民俗发展的特点。传承性、变异性、时代性。就是每一个朝代的习俗，随着时间的发展会发生变化，它不会在古代是这样的，现代也是这样的。

还有一个特点是，中国所有的节日习俗都和农耕文明有关系，都是农业文明的产物。我们现在进入工业时代，按照分类上来说，进入了一个后工业时代，许多以农耕文明为主的习俗肯定会淡化，甚至会消失。比如，我们过去在春天、秋天的时候要过"社日"，现在就完全消失了，因为它完全是农耕文明的产物。就像"七夕"，"七夕"有很多习俗都和农耕文明有关系，现在慢慢淡化了。我们现在说"七夕"是中国式的"情人节"，其实中国人不讲究"情人节"，情人节在文化层面包含的贬义比较多，大家现在觉得"七夕"成为中国的情人节，是从西方的情人节里借鉴过来的。

这些都是我们需要思考的问题，每当参加各种各样的学术会议，就有很多专家在讨论这个问题。什么是非物质文化遗产？前一段时间我去山东参加一个会议，中国民俗学会会长讲了一个问题，对我启发很大。他做了一个表格，原来的东西是一个圆形的，通过一个圆形在传承，如我们的春节习俗，后来这个圆里面有一个小的方块，在传承的时候，这个圆慢慢变小，但是方块仍然在里面，它主要的内容没有变，虽然我们的春节习俗和农耕文化有关的内容在变化，但是春节主要的内涵没有变，我们要团圆，这是主题。和谐、团圆，我们对人、对自然的交流和谐，这个团圆的主题没有变，现在还在传承。所以每年过春节的时候大家都赶回去，这是中国人重伦理、重团圆的表现，要不然我们乘火车不会这么挤，乘坐汽车也不会这么挤。我看到去年有一个小女孩被挤昏过去，大家把她从头顶上抬过去，这个场景非常感人，交通挤成这个样子，大家还要回家团圆。这个主题还没有变，无论是年轻人还是年老的，大家注重的还是伦理、团圆、亲情，春节的习俗尽管有些变化，但是基本内涵还没有变。

但是，并不是说基本内涵没有变，我们就不需要传承或者不需要保护，我们的传统节日是本土文化最有特色的东西，我希望在座的各位年轻人多关注这方面的东西，多读一些这方面的书，多一些了解，传承的重任将来需要你们来承担。

提问：沈老师您好，我是来自化生学院的，您在调查和整理非物质文化遗产的过程中，想必您应该遇到或者是听到一些小故事，您能给我们大家分享一下吗？谢谢！

沈建东：我说一个亲身经历的故事。我们那里有一个著名的歌谣叫吴歌，现在已经申报为国家级非物质文化遗产，它所有的申报书，拍摄的申报片全是我主持的。做这件事情确实是非常艰难，因为我自己身体不是太好，在做的时候，开始文化部也没有很准确的文本给你，需要不断地修改，我们也每天加班加点地修改。我到乡下去的时候正好是7月份，最高温38℃，我和苏州电视台的记者一起去拍素材，当时又是晕车又是中暑，但我还是坚持去拍素材。

我为什么感动？我们到乡下田间去的时候，当时一些情景让我很感动。记者说，沈老师你可以不去的，我们去拍就行了，你写了一个剧本很辛苦了，你的身体又不好。我说："不行，我一定要去；我如果不去不放心，这个任务是由我来完成的。"在乡下的时候，我们碰到三个日本人在专门研究江浙一带的吴歌，他们也冒着38℃的高温在田野上走，带领他们的是中山大学的一位教授，我认识这个教授。那时我非常非常惊讶，我们中国的学者除了拍片子之外，没有第二个人会在38℃的高温下去稻田里采访那些歌手，但是日本人做到了，日本的学者冒着38℃的高温在田间采访，非常敬业，带着相机、录像机去采访。他们后来跟我们做了互动和交流，我们还即兴采访了他们，在那个片子里面也有反映。

从他们那里我得到了一种精神的力量，属于我们中国人自己的东西为什么自己不花力气很好地研究和保护？我们如果将来都靠其他国家的学者研究吴歌和民间文化，我们自己拿不出来成绩，要到日本去看人家研究的有关吴歌的东西，这是非常惭愧、对不起子孙的事情。所以我从那个时候坚持下来。所有的项目做完上交到文化部以后，我瘦了10斤。许多人认为我在有意识地减肥，实际上我是为研究吴歌减了10斤。最重要的是，我从日本人的身上看到了一种力量，中国人可以做得比他们更好。

提问：沈老师您好！您知道目前除了有关中秋、春节、端午、元宵的纪念币，您觉得中国还有哪些民俗节日会以它们作为主题来发行纪念币？如果发行了这些纪念币，您会去购买吗？谢谢！

沈建东：保护文化遗产是从各个方面来进行的，我们只是做了其中那么一点点贡献。现在很多时候有人采访我，甚至中小学请我去上课，我都是无报酬地去做。我觉得，有人听我讲传统文化是件很让人高兴的事情，我做了这么多年研究，很多东西都无人问津，我们传统文化的传承和保护都是一句空话，教育要从娃娃抓起，传统文化的教育也要从娃娃抓起。

纪念币就是很好的传承传统文化的方式。有很多人买这个东西，买回家以后会去想，为什么它的图案是这样的？它代表什么意思？你会去查考，这也是一种学习的过程、传承的过程。可能将来你会跟你的孩子说，这上面是一个月亮，月亮上面有一只兔子，一个吴刚，吴刚伐桂是怎么回事，玉兔捣药是怎么回事，嫦娥奔月又是怎么回事，关于嫦娥奔月有些什么诗歌，古代有什么东西，等等。这种教育就是一种传承，你无意中做的事情就是传承，我希望发行更多纪念币，不单单是六大节日，中国还有其他许多节日，如二月十二的花朝节、四月初八释迦牟尼的诞生日，甚至少数民族的节日如藏历新年等。我们有56个民族，也可以挑一些少数民族最主要、最有特色的节日作为纪念币发行。

主持人：谢谢！我们都知道，非物质文化遗产主要是靠语言来传播的，上海话也源于苏州话，沈老师负责申报过吴歌这种非物质文化遗产，我们最后几分钟让沈老师说几句吴方言，演唱几句吴歌。

沈建东：杨老师给我出了一个难题，我什么都知道一点，但是什么都不精。说到吴方言，我给大家说一首苏州人的儿歌，这首儿歌是每一个成长在苏州的小孩子都会的，这首儿歌很有特色。在座的有没有苏州人？可能没有，我用苏州话给大家说几句："康铃康铃马来哉，隔壁大姐转来哉。啥个小菜？茭白炒虾，田鸡踏杀老鹰。"大家有听得懂的吗？

吴歌我不知道唱哪些好，我就唱一段沪剧，沪剧也属于吴方言。"为你打开一扇窗，请你看一看，请你望一望，那被人遗忘的角落里，忏悔的泪水盈满眶。昨夜情，今朝思，千古恨，痛断肠。"谢谢！

主持人：谢谢沈老师，广东话我听不太懂，吴方言更难听懂，我们有机会可以到苏州走一走，苏州是一个天堂，到了苏州别忘了去苏州博物馆，苏州博物馆就在狮子林附近，大家可以去找沈老师交流，是免费开放的。

今天的讲座比较精彩，沈老师讲了，也唱了、也说了，她重点讲了关于春节的一些习俗，然后是其他传统节日，内容相当丰富，也讲得很精彩。今天的讲座到此结束，下面我们以热烈的掌声感谢沈老师的讲座。谢谢！

战争文学为民族补钙

马鼎盛

马鼎盛

凤凰卫视《军情观察室》节目主编、评论员及主持人,中山大学人文历史系客座研究员、台湾研究所顾问、广东省台办台湾研究中心顾问。

　　文学到底和战争有什么关系呢?四大名著中,至少三大名著和战争有关系。比如,《三国演义》里脍炙人口的故事——三英战吕布。"三英"就是指刘备、关羽、张飞。这个我们小时候看走马灯很过瘾,但是到最近这两年我才看出一点名堂来。通过"三英战吕布"的故事罗贯中到底想说什么?这个故事比较简单。首先是吕布("人中吕布,马中赤兔")把十八路诸侯打得一败涂地,出来一个打一个,骑着赤兔马,拿着一支方天画戟,英勇无比。董卓这个大坏蛋,

306

不把他的干儿子搞掉，这个虎牢关就进不去，但是大将都没有怎么办？没关系，小兵出来。当时，关羽是马弓手，张飞是步弓手，都是无名小卒。关羽一出马，就打赢了华雄；然后张飞一出马，跟吕布大战一百回合。我想按照《三国演义》里的排名，吕布绝对是独一份，虽然张飞的武艺比他们欠缺一点，但是张飞爱玩命，光脚哪还害怕穿鞋的？吕布的身份娇贵，哪能跟他一块死呢？所以吕布即使比他强一点，但也一时很难把他拿下，打了一百回合，张飞是慢慢不行了。关羽上去了，关羽拿青龙偃月刀又打了八十回合，三个人就这么打。最后刘备看出时机来了，哥俩基本上跟他打都是平手，我生力军一上去，吕布就顶不住了。

大家看《三国演义》的时候可能忽略了一个小问题。吕布拿方天画戟，张飞拿丈八蛇矛，关羽拿青龙偃月刀，那刘备拿什么呢？双股剑，真正打仗耍双剑是没有用的。刘备六尺七寸五分骑在马上，那个剑最长三四尺，再长就耍不动了，这么短的剑你刺得着吕布吗？为什么吕布怕他呢？关键是刘备有一个绝招，大家可能忽略了刘备会射箭，刘备在打黄巾军的时候，就弯弓射箭把敌将射到马下了，赢了这一仗，这是他牛刀小试。但是还有一次真露脸的时候，就是在皇帝面前许田射猎。刘备拿着弓和箭"唰"一下射到一只兔子，兔子多小啊，跑得多快啊，一箭能够射到兔子说明刘备弓马娴熟。大家提起刘备的时候都会想，他不就是一个打草鞋卖草席的吗？不就是一个落魄王孙嘛！但是他一起兵就会骑马射箭，这说明这小子有贵族身份，小时候真学过孔夫子的"六艺"，否则他一个农家小子怎么可能会骑马！

吕布的武艺非常高强。武艺高强的人有一个特点，就是眼光特别锐利，一瞄就知道这个家伙会不会武功，内功外功怎么样，长兵器、短兵器、暗器用得怎么样。他知道刘备有些阴，拿着两把剑在那里忽悠，指不定什么时候我和关羽、张飞打得正火热的时候给我来一个冷箭，所以方天画戟往脸上一晃，吓得那哥俩赶紧到后头去了，跑了，不打了。"三英战吕布"就是这么给赢了。我从20世纪50年代开始看《三国演义》，看到现在品出一点味儿来了，有时候半夜三更看到拍案叫绝，就心里问，罗贯中老先生你是不是这么想的？然后替他回答，八成是，不然的话吕布绝对不会怕一个使双股剑的刘备。

《水浒传》也描写了很多打仗情节，如"智取生辰纲"，可能大家也忽略了一些很小的仗，就是晁盖刚刚劫了生辰纲，被官府发现要抓他的时候，他要逃了，公孙胜、刘唐等跟着"阮氏三雄"落荒而逃，七八个人居然能在石碣村把500个官兵和200个差役打得大败。这就给咱们一个启示，就是像游击战这样打，"天时不如地利，地利不如人和"。晁盖那一帮虽然加起来也就十来个人，但是占着"地利"，对芦苇荡很熟悉，诱敌深入，把官兵引到里面火攻，芦苇一碰火就着，下面是水，不是淹死，就是烧死。所以在很小的故事里我们看到了很高的智慧——战争的智慧。

《西游记》里有一个故事，也蕴藏着高深的智慧。话说孙悟空保唐僧取经走到盘丝洞。孙悟空碰到七个蜘蛛精，怎么办呢？他没有打，就是看着那七个蜘蛛精在那里洗澡，他变成一只老鹰"唰"一下子把女妖精的衣服抓跑了，回去就跟唐僧说：师傅咱们走吧，安全了。猪八戒说：你从哪里来？你是从当铺来吗？怎么一下子就抓一大把的衣服呢？孙悟空说：如此这般。猪八戒说：那怎么行呢？你这猴哥见到妖精不打。孙悟空说：打什么呀？孙悟空有一句名言——逢打三分逼。这就是《孙子兵法》的最高智慧。孙悟空的责任不是打妖精，而是保唐僧上西天，杀敌不是战争的目的，制伏敌人、降伏敌人、逼迫敌人按照我的意志办事，这才是战争。猪八戒一听觉得有便宜捡了，这七个小姐在那里光着洗呢，等我去。孙悟空说：你去干吗？他说：你不能留下后患啊，咱们上西天取经，还要回来经过这里。猪八戒也有名言——宁少路边钱，莫少路边拳。孙悟空说：如果是你的话怎么办？猪八戒说：看我的，老猪把她们收拾干净。孙悟空说：那好，你去。这样猪八戒就去了，去了以后，被打得鼻青脸肿，便宜没讨着就回来了。像这样的细节就包含了《孙子兵法》的智慧。

或许有人会说，那《红楼梦》没有战争吧？我说，恐怕你又看走眼了。贾家祖宗是干什么的？凭什么封侯封公的？就是打仗。所以

《红楼梦》的背景也少不了军事和战争。贾宝玉的小侄子贾兰才六七岁还射箭呢，人家问：你在干什么呢？他说：我在练习骑射。

《从战争中走来——两代军人的对话》

今天介绍三本非常有意思的战争文学书。首先是《从战争中走来——两代军人的对话》。我喜欢这本书，并不是因为这本书的作者是张胜，也不是因为他送给我这本书。张胜是一个将军，曾任总参谋部作战部战役局局长。他父亲张爱萍曾任国防部部长，是老红军。这一本书好就好在求真务实。张爱萍老将军是一个非常爱讲真话的人。毛泽东给他的评价是——张爱萍你好犯上。张爱萍"不唯上，不唯书，只唯实"。

张爱萍不简单，他是"两弹一星"的元勋、总指挥。第一颗原子弹爆炸的时候，是他在现场指挥的。第一个打一万公里以上的洲际导弹的时候也是他在现场指挥的，然后向胡耀邦报告，这个导弹试射完全成功，胡耀邦高兴得当场和他紧紧拥抱，也不管旁边的华国锋主席、邓小平在场。

张爱萍有这么大的功劳，但因为得罪了"文革派"，"文革派"一直告到毛泽东那儿，毛泽东批示，支持造反派，结果张爱萍不服输说："我没有错误。"别人说："你怎么没有错呢？"李先念说："看见没有？毛主席批示了。"张爱萍语出惊人，说："毛主席批示算什么？"这就是张爱萍。在国内，能看到这样真实的中央内部情况我觉得很振奋，这是一个突破，就是敢于说真话。张爱萍当年敢说真话，我们今天能够有幸看到这些真话。

说起张爱萍和这本书，还有一些故事。其实这本书就是张爱萍口述历史，也可以说是他们父子俩的对谈。话说抗日战争时期，张爱萍打了败仗犯了错误，本来是红军师长的职位，却一下子落到抗日军政大学当学员。结果张爱萍还不大服气，有些人讽刺他说："你现在怎么样呢？以前是带几千兵，现在是警卫员都没有一个。"而他却说：

"胜败乃兵家常事。"这句话后来报到毛泽东那儿，毛泽东不高兴了，说："你小子这么狂，打胜仗也狂，打败仗也狂。"所以把他叫到窑洞里："这句话是你说的吗？"张爱萍说："是啊，这句话有错吗？"毛泽东说："这句话没有错，你说就错了，你怎么打了败仗还这么牛啊。"

张爱萍不谋私利，不争官，而且让官。他在延安被毛泽东派到华东去开展抗日敌后伏击区活动，一个人带着一支枪和党的政策就去了，居然没多久就发展成一支几千人的抗日部队、十几万人的抗日根据地，然后他向中央报告："我现在开了局面了，请你给我派一个党委书记。"

张爱萍气度大。这本书写了关于新四军的一次败仗。新四军里有一个主力部队第五师，师长是彭雪枫。彭雪枫当时已打出一片江山，在河南的东面和安徽西北面的一片根据地。但是碰到了一次败仗，损失特别大，且战且退，不但把新开辟的十几个县的根据地丢得干干净净，还损失了一万多人，把彭雪枫原来的根据地弄没了。结果彭雪枫只好跑到安徽张爱萍的地盘，他们俩都是很厉害的战将，平时大家也有一点心结，你不服我，我不服你。这下彭雪枫就对张爱萍说："老兄，这一回我可是打败仗了，我来投奔你了。"张爱萍说："你说这话就不对了，什么你的我的，我这里哪一块根据地好你就住进去，你要是想要粮食我这里有，你要是想要新兵我这里有，不分彼此，咱们这是亲兄弟一般。"患难见真知。张爱萍这种风度、道德、品质极好。就因为他不谋私、不谋官，也不居功，所以到他晚年退休的时候，共和国颁发给他军事上最高档次的勋章。

别人要是领了勋章那是供起来，他看了一下说："这个东西有什么用？"让他孙子拿去玩，他对这个东西不感兴趣。这本书还描写了一个小故事，张爱萍的夫人也是老革命，项英、叶挺、陈毅做军事计划报告会议时她是速记员。到新中国成立后评军衔发勋章的时候，她觉得她这个资历应该有啊。结果张爱萍就不高兴了，说："你争这个干什么？把我这个给你，好玩吗？"张爱萍就是一个这样的耿耿汉子。

张爱萍曾经以副总参谋长的身份作为一江山岛战役的总指挥，他在指挥这一场战役的时候也表现出军人的最优秀品质——敢负责。当时国防部部长是彭德怀，但对战役还是有所顾虑。首先，没有经验。因为金门渡海战役打败了以后，对渡海战役大家没有什么把握。其次，从苏联买回来的飞机、舰船，虽然演习过，但是也没有实施过，心里面打鼓。最重要的一点就是美国什么态度，美国第七舰队近在咫尺，如果他们一盖过来就不行了。当时粟裕大将军就问张爱萍："中央现在是有这个意图了，部队也调齐了，人马、炮头、武器装备、海空军都有了，你也练够了，你看能不能保证打赢？"张爱萍说："打是肯定能打赢的。"粟裕就说："你有绝对把握吗？"张爱萍说："你这是什么话，打仗哪有绝对把握的。但是你要是让我来决定，我决定打。"结果下令打，兵马都已经动了，登陆部队都已经上船了，粟裕和北京的总参谋部又来了一个电报说："缓行。"张爱萍一看说："这个电报，我没有看懂。将在外军令有所不受。这兵都已经上船了，你还要往回调。打，我负责。"敢于负责而不居功，这一点非常难得。

所以书里有很多精彩的内容都是我们平时不知道的，或者是在网上了解未经证实的，这本出版的书可是经过证实的。两代军人的对话是把整个解放军几十年的历史写出来，而且还写出了很重要的思考，还估计我们将来的敌人是谁，应该怎么打，是一本好书。

《亮剑》

第二本书是《亮剑》，也被拍成电视连续剧，当然我们千万不要把电视情节当真。就像军事科学院的一个老朋友说的："你怎么批评《亮剑》啊？这个是文学作品。"这哪能当真啊，要是一个独立团真的能把日寇的一个冈崎大队拿下来，咱们抗日战争还用打八年吗？

我 2009 年去彭德怀的纪念馆时，还看到了模拟当时一场战争的场面，那里有一个模拟雕塑，就是彭德怀亲自指挥这个战役，其实就是《亮剑》里的故事。咱们看过电视剧《亮剑》中的镜头，手榴弹扔过去，一个人拿着一个机枪一扫，一下就突破过去了，其实真正的战场不是那样的。

关于《亮剑》这个故事，其实就是发生在抗日战争时太行山上的一场血战。话说日军冈崎大队，有500人左右，突袭了八路军太行山的总部，把太行山总部的兵工厂给毁了，这个兵工厂是彭德怀的命根子，当时抗日战争咱们缺什么呢？真是缺枪、缺炮、缺子弹，虽然《游击队之歌》里面唱得很好：没有枪、没有炮，敌人给我们造。但是他们造了，我们要去取，是要付出鲜血和生命的代价，而且不一定每仗都能取回来，所以八路军的兵工厂在物质条件非常艰难的情况下，连发电机、机床都没有，能造子弹、手榴弹就不错了，而且手榴弹比日本的质量差太远了。

但是这个兵工厂如果要被端了呢，就真是断了粮草，所以彭德怀大怒，马上下令把兵工厂警卫连的连长枪毙了，然后下令129师要不惜一切代价把冈崎大队消灭了。当时129师的主力五六个团包围日军一个大队，夜袭失败了，强攻不行。日军虽然是一个大队，只有500人，但是前线第一线的步兵，三八大盖（三八式步枪）打得非常准，200米以内弹无虚发，三八大盖后面是掷弹筒，100米到500米就是一道火墙，日军的掷弹筒也是指哪儿打哪儿。再往后就是重机枪、步兵炮，整个火网之下，八路军129师伤亡非常惨重。从30号凌晨突袭，到31号打一整天，然后到1号，敌人的增援来了，整场仗还是没有打下来。陈赓向彭德怀说："现在伤亡太大，这样打就不好了，能不能用《孙子兵法》的围师必阙？你不能把他困起来，他没有路可以走了，那他不就跟你玩命了？你帮助他置之死地而后生了。干脆放他一条出路，他跑的时候咱们打伏击。"这是个好办法，彭德怀也懂，但是彭德怀犯了认死理，他说："我不能让一个鬼子跑出去，一个也不能跑，一定要全部歼灭。"再打牺牲大，陈赓手下有两个团，成员都是知识分子，很不容易，当时八路军里能有一个小学毕业的就已经是知识分子了，中学毕业的那就不得了了，很多老红军当上了团长还不认识字呢，所以知识分子参加八路军是宝贝。但是他们在日军的炮火上这么冲，一排一排的死，陈赓就说很可惜。但是彭德怀说："不行，打。"再打下去，刘伯承也忍不住给彭德怀打电话说，"彭老总，咱们这么打不行，咱们死不起，牺牲太大了。这样如果以后有反攻，一个战士就可以当一个班长、一个排长，你现在这样把他们当作消耗品，咱们消耗不起。"彭德怀说："不行，我就要打下来，这是死命令，如果你不执行命令，我就撤，我把 129 师的番号给撤掉。"这当然是说气话，彭德怀虽然是八路军副总指挥，是副总司令，但是他也没有权力把 129 师的番号撤掉。邓小平就打圆场说："彭老总，我们想办法。"彭德怀说："我不管你想什么办法，反正就是马上把它攻下来。"因为敌军的援兵已经分成两路，来增援了，两个团都快顶不住了。刘伯承通过挖地道，才拿下了第二阵地，第一阵地还没有拿下来呢。最后没有办法，飞机飞过来轰炸，敌军已经逼得很近了，如果再不撤的话，129 师就要被日军反包围了，所以只好忍痛撤退。冈崎大队事实上是没有被全部消灭的，八路军付出的是成倍的代价。

历史后来怎么评价这一仗，我个人认为彭德怀是犯了牛劲，因为毛泽东讲得很清楚，在相持阶段我军主要打游击战或者是占便宜的战斗打下来就走，因为你的武器装备比别人差太远了，你的训练比日军差很远，你的体制比日军差很远。我们看到日军回忆录，包括这些到中国来磕头认罪的前日军，他们说起这个事都说："八路军体制不行，拼刺刀我一个拼三个没有问题。"所以打硬仗不理智，打消耗战我们打不起。

从爱国主义、壮我军威这个角度去看《亮剑》是一本好书，电视剧《亮剑》是收视率非常高的王牌，从历史的角度、从真正军事史的角度，未来面对强敌，中国应该采取什么态度，我们可以得到某些启发。

《我的团长我的团》

《我的团长我的团》这本书有两个方面值得我们读。一方面，比较贴近实战，就是战争的残酷性，那个团长在怒江边上狠狠地打了一仗，最后还是几乎全军覆没，只剩下二十多个青兵跑回来了。还有值得肯定的一点，它还原了中国抗战的历史。国民党军队在正面战场也有可歌可泣的一面，最浓重的一笔可能就是远征军，就是中国派到缅甸与英军和英印联军一起打日本。这其实是一个战略行动，也是战略进攻的唯一行动。整个抗战八年期间，不要说最后，"8·15"最后那几天，基本上都是日军采取战略主动，我军包括国民党军队都是战略防御的，大反攻是很局部的，但是唯一发起战略进攻的就是中缅远征军。这个远征军为什么那么重要？为什么美国人投入了几个正规师的武器装备弹药，来装备国民党军队呢？就是因为中国的正规战争在1941年以后已经打不下去了。1941年香港沦陷、广州湾沦陷，整个10000多公里的沿海都被日本占领，即使外国来支援也没有办法从海路进入中国内地支援抗战。陆路也不行，唯一的一条公路也被日本切断了，缅甸让日本人占领了，日本鬼子就是想掐死中国，中国没有武器弹药，没有来源了。

唯一的就是陈纳德的飞虎队，从印度起飞的重型运输机越过了喜马拉雅山峰，向重庆运送有限的物资，这个确实是有限的物资，而且非常昂贵，那些枪炮弹药都是用飞机运，而且是杯水车薪。所以中国要坚持抗战，必须打通一条战略国际通道，要打通这一条通道就是通过缅甸这一仗。《我的团长我的团》就是讲这一战，其艺术成分很高很高。

我找到一本真正的战史——《松山战役》，我们看的电影电视剧其实是文学作品，其实历史没有这么简单。这一段历史我们要牢记，为什么？要知道如果敌军像日寇那么凶悍，凭着有利的地势，去防守的话，会让进攻的中国军队付出很高昂的代价。当时国民党军队已经是美式装备了，参加松山战役的有两个军、四个师，至少是五六万人的军力，轮番进攻，打了九九八十一天，最后伤亡惨重，超过一万人捐躯。据说，现在在云南边境国民党官兵的坟场还可以数出几千个有名有姓的坟墓。而日军的守军只有一个步兵大队加上一个炮兵中队，这个步兵大队还不是满员的，步兵大队有一个中队调走了，所以，日本鬼子满打满算参加战役的只有四五百人。中国是五六万人参战，死了一万多人，这还没有包括受伤的。我们从中可以看到抗日战争是多么艰难，日寇的战斗力多么强，也看到了地形的重要性。

《我的团长我的团》把它形象化了，勾画出来了，而且这些主角都有血有肉，这在中国的文化艺术影视圈很重要。人物塑造千万不要高大全，英雄如果一点缺点都没有，没有七情六欲，板着脸，就不生动。

《末日之门》

《末日之门》这本书出版了大概有10年，作者是乔良。乔良和他的亲密战友王湘穗合著的一本小薄本——《超限战》，这本书使美国方面都震动了。因为"9·11"以后，他们才发现《超限战》在"9·11"之前就已经表述了一支落后、弱小的武装力量怎样去对付一个超级大国的军队，那就是恐怖袭击。因此美国人才说：中国人的先见之明怎么这么厉害。所以，乔良和王湘穗在美国的知名度比在中国高，特别是在美国军人中。

乔良的这本小说是科幻小说，我当时看了就觉得很过瘾。《末日之门》展开了两场战斗，一场是中印边境自卫反击战，还有一场是恐怖战争，恐怖战争会通过电子战的方式进行。《末日之门》描绘了一帮狂人用电脑病毒和电子侵略的手法，掌握了全世界的核武器，不让美国的核导弹发射。最后依靠一个香港驻军的上校和一个日本电脑奇才，单枪匹马把整个恐怖主义的老巢给端了。

这是不是太科幻了？不是，因为事实证明这是有可能的。话说2008年，以色列派十几架F15战机，带着制导炸弹，潜入叙利亚一两千公里一举端掉它的核设施。当时大家也很奇怪，我也很奇怪。如果说以色列拿F35或者B-2干这个活也不奇怪，因为是隐形的、看不见的，炸了也白炸，F15雷达反射面积有十几平方米，瞎子都看得见，它怎么来去无踪呢？叙利亚花了200亿美元，买了俄罗斯的

S300 导弹系统，有这么先进的防御系统，你打不着它，你还看不见它吗？怎么一点反应都没有呢？这是其一。

其二，怎么发现了呢？炸是炸了，但它是怎么飞进来的呢？原来它露了一手，临走还扔下一个副油箱，这个副油箱是扔在以色列和叙利亚的边境地区，具体说是让土耳其人捡到了。

土耳其是北约的成员，它的防空系统是北约的水平，北约水平的防空系统也发现不了 F15，这是怎么回事？后来陆陆续续的信息表明，原来以色列用了一种超高级的电子战系统。电子战至少有三代。第一代是最原始的，希特勒那时炸英国，大家都玩雷达战，雷达也是很原始的，但是怎么护送雷达呢？就是让飞机在上空撒铝箔，把铝碾得很薄很薄，薄到可以飘起来，浮在空气中，而且把它切成丝，十几公尺，很长的一条铝箔丝，在空中可以飘很长时间。雷达在照射这些铝箔的时候它的屏面就是雪花，什么也看不见，所以轰炸机、战斗机也凭着这个掩护安全通过雷达网。第二代就比较高级了，就是电子干扰，屏幕上面也是一片雪花，什么也看不见。第三代，不是什么看不见，什么看得见，而是你看见的敌机种类、数量、速度、航向、方位，统统都是假的，电脑里看到的都是假象，如果放导弹打，那就是打空气。而且它还能通过雷达扫描的电子波侵入并控制你的电脑系统。

所以《末日之门》有先见之明，乔良和王湘穗不但是军人，而且是新一代的军人，对科学、军事科技都颇有研究。

这几本书有很大的启发性。现在人们"缺钙"，其中有一点就是不太关心军事、国防，不会多问几个为什么，这是最大的"缺钙"。其实苏联红军的创始人不是斯大林也不是列宁，而是托洛茨基。托洛茨基有一句名言："你可以不管战争，但是战争一定要来找你。"虽然我们今天在和平的环境中，但是我们也生活在战争之中，但不是军事战争，而是经济战争、文化战争，这些战争一点也不轻松，而且软刀子杀人让你死得没有什么痛。

中国古代神话传说与民族记忆

高有鹏

高有鹏 🖊

河南大学教授、博士生导师，中国神话学会副会长，中国文联民间文艺山花奖评委。曾在央视《百家讲坛》主讲"过年"，央视四套主讲《民俗文化》，提出重视民族记忆的《保卫春节宣言》。主要作品：《中国民间文学史》《〈山海经〉与中国文化》《民间百神》。曾荣获中国山花奖学术著作奖。

中国的神话传说在某种程度上来说，是我们民族最古老的历史。"神话"这个概念是我们现在提出来的，但是它在几千年前就已经存在了。"神话"比较早的时候是由梁启超、蒋观云提出来的，当年我们的民族面临着巨大的灾难。1840年以来，我们的民族饱受列强的蹂躏，在这样的背景下，一群知识分子远渡重洋去寻求我们民族的生路。于是，在日本，梁启超、蒋观云就提出了人种存活问题。他们结合中国古代的文化概念和现代术语，创造性地提出了"神话"这个词。这个词是我们民族对文化的一个特殊贡献，"神话"的"神"就是我们的祖先，"话"引用了日语的"物语"。在这个意义上，我们民族对于神话的整合，以现代学术概念的方式提出，事实上在唤醒我们民族如何整合自己的记忆，走向复兴。

我们民族对历史的诉说有一个特殊的背景，那就是我们中华民族是由多民族组成的一个国家。司马迁说："昔三代之居，皆在河洛之间。"神话传说，不仅仅是对口传这种传承方式的记忆，最重要的还是依据文献。我们民族对于历史有特殊的情结，我们把许多文化内容都进行了历史化的处理，这种处理的结果就是形成了神话传说的重要内容。

中国神话是如何构成自己的体系呢？显然，这不是一朝一夕形成的，而是在历史的进程中，被不同时代的民众，经过文化整合形成的。在每一个神话故事的背后，都有特殊的文化历史背景。

今天我们说"我们是炎黄子孙"，在很大程度上是由于记忆形成的一种特殊的文化解剖方式。这种文化解剖方式，构成了我们民族最重要的记忆方式，所以我们对历史文化有着特殊的理解，一种是"国之大事，在祀与戎"，还有一种说法是"欲灭其国，先毁其史"。"戎"是强大的国法，"祀"事实上就是我们的记忆，敬天、敬地，在神庙里供奉着我们的祖先。我们的节日、仪式在很大程度上都是用一种特殊的神话传说的记忆方式来诉说自己的身份。所以，我们民族的记忆方式与神话传说有极其密切的联系。我曾经在广东、福建、广西等地考察，特别是到客家人地区，常常看到他们写的"根在河洛"，在福建看到"洛阳桥"，等等。这种记忆，事实上并不仅仅是一个符号的显示，也并不仅仅是在证明自己的家乡在中州，而是饱含着这个民族的记忆能力。就像联合国教科文组织对于非物质文化遗产保护提出的要求一样，说一个民族的记忆影响了一个民族的想象力，一个民族要使自己的想象力不断丰富和发展，保持自己的生机，就应该使自己的记忆不断地被修护、被保护。

与"国之大事，在祀与戎"相对的叫做"欲灭其国，先毁其史"。在历史的建构中，我们可以看到一个民族的记忆方式和其生存方式有着非常密切的联系，以至于到了"欲灭其国，先毁其史"的程度。要对一个民族进行整体上的破坏，首先要让它失去文化的记忆能力。世界各民族的历史都是这样，如都德的《最后一课》所描写的，民族史诗《卡列瓦拉》唤醒的是芬兰民族的记忆，让自己的民族从自己的历史、语言、文化记忆中寻找到自己的家园。一个人应该知道自己从哪里来，知道自己是谁，自己要往哪里去，为什么要做一系列的事，等等。这是人生的基本模式。

我们常常讲我们有五千年的文明史。有人说，一个民族如果过于沉醉于历史的辉煌，常常就会形成惰力，失去对生活创造的热情。但是如果一个民族忘却了自己的渊源，如果"失忆"，那就忘却了自身存在的一系列内容。神话传说对于一个民族来说是最古老的记忆，它以想象的方式，以原始思维的方式来表达自己的情感，回答了当时的一系列文化诉求。原始人看待自然界的方式及所提出的一系列疑问，所进行的表达、解释，都成为后来生动的神话传说的具体内容。我们的民族记忆，在任何时候，都没有以这种祖先为代表的英雄神话的诉说更为典型。

我们的神话传说有自己的历史进程，事实上形成了中国古典神话时代这样一个特殊的阶段。我们民族的记忆方式，不是对历史简单的诉说，而是具有强烈的想象能力的表达，其中尤为重要的就是把它历史化，历史表达和我们这个民族真正的历史有很多区别。

比如神话传说提出天地如何构成的问题，现代科学认为，宇宙经过大爆炸以后，地球变成了其中的一个星球，但是我们神话传说的解释是"盘古开天"。"盘古"这个词是后人造的，是后人对它进行诉说所形成的。我们的神话传说并不是无意识地发展，它是一种想象，包含了历史进化的内容，并不是简单地等同于历史。在社会发展过程中，当我们诉说已记不清的人事时，常常采用一种阶段性的模糊方式。

我们民族如果完全用考古学的知识，那么它的诉说将失去最动人的内容。即使到今天，我们的考古也是无法实现的，神话传说是用了一种特殊的想象表达方式，尤为准确地记述了这个特殊历史阶段，就是我们的祖先对我们世界起源的诉说。

"盘古"比较早的是出现在三国时期，吴人徐整写的两本书——《三五历记》和《五运历年纪》中。这两本书是探讨中国古代文化神学的著作。"三才五行"的概念是战国之后才慢慢丰富和完善起来的，天、地、人是"三才"，东、西、南、北、中是"五行"。"太极生两仪，两仪生四象，四象生八卦"，主体是这样。

盘古如何开天辟地？《三五历记》《五运历年纪》和《神异记》中记载，当时的天地像鸡子（鸡蛋）一样，"阳清为天、阴浊为地，盘古居于其中，如此一万八千年，时天极高，时地极低"，于是做到了天地分开。然后，盘古的呼吸变成了风雷，眼睛变成了日月，毛发变成了森林草木，身上的虱子、跳蚤变成了豺狼虎豹，身上的经脉变成了丘陵、山川、河流。人们根据自己的生存条件、生存状况诉说自己的起源，这在世界各民族中有着相同的现象，具有普遍性的意义。盘古开天辟地正表明了我们民族的天地观、日月观、自然生成观。

有了天地，人从哪里来呢？于是又进入了神话传说的第二个时代——女娲抟土造人。《周礼》《礼记》中写"仲春之月，令会男女，于是时也，奔者不禁"，意指不同的部落让青年男女在春光明媚的时候自由组合，因而有了人。仅仅这样诉说还是不够的，因为我们不禁要问，男人以前是什么？女人以前是什么？这就步入了一个新的悖论，如果说人造出了人，那人之前呢？现在有人考证说人是猿猴变的，你有什么证据？这就有一个神话传说的记忆传承方式问题，就是假设，这个假设其实就是想象，是最合理的想象。

东汉学者应劭《风俗通义》直接提到女娲抟土造人，"女娲抟土造人，剧务，力不暇供，乃引绳于垣泥中，故富贵者，黄土人也"。女娲用土捏制了人，捏得累了，捏不及了，后来拿起绳子在泥土中弹，于是弹得好的就变成了富贵的人，弹得不好的就变成了残疾人。在这之前，女娲抟土造人的说法也存在，一个是屈原在诗歌中说的："女娲有体，孰制匠之？"意即女娲也有自己的身体，那么女娲是谁制造的呢？他用疑问的方式提出了女娲抟土造人的传说。还有《山海经》写道，"地广也野，有女娲之肠，越神人"，讲女娲是一个部落的大神，从她的腹腔走出来10个人，变成了许许多多的部落。

对于神话传说，我们更多是通过记忆的方式来理解。如果我们把它等同于历史，神话传说就失去了它最真实的表达效果。

女娲抟土造了男人和女人，于是便有了阴阳组合。神话就用伏羲、女娲的结合来诉说。伏羲是农耕文明或者是渔猎文明的重要开创者。关于伏羲和女娲的神话传说，我们早期的文献中，女娲和伏羲并没有太多的联系。而唐代诗人卢仝在诗中说："女娲伏羲本是夫妇。"事实上，从某种程度上说，这是神话传说作为民族记忆所表达的结果。

《周易》曾详细诉说了伏羲的故事。《周易·系辞下》中提到："昔包羲氏（伏羲）之王天下也，仰则观象于天，俯则观法于地……远取诸物，近取诸身，于是始作八卦，以通神明之德，以类万物之情。"意思是说当年伏羲氏看到天上的行星变化，看到大地上的江河奔流、山野茫茫，看到周围的世界和自己身边的事件、事物，"于是始作八卦"。经过"盘古开天地"之后，有了天、地，然后女娲抟土造人，伏羲实际上是解决人类的可持续发展问题。伏羲设定了一个八卦。在神话传说中，"始作八卦，以通神明之德，以类万物之情"，是为了解决天地之间发展变化的规律和人们的生活规律问题，也就是说，自然规律与社会规律统一在八卦中。

有学者解释，《周易》更多的是对自然变化的总结。我们民族与《周易》的"易"有着非常密切的联系。后来的哲学著作，无论是前期儒学，还是后期儒学，尤其是宋明理学，我们都能看到《周易》对我们民族的影响。《周易》中"穷则变，变则通，通则久"的"变"，就是通过规律的显示，来形成我们最深刻的记忆。我们民族的记忆方式并不是像有的学者所说的那样，过于感性，"天人合一，天人相应"成为我们民族对神话传说的特殊理解方式与传承方式。在民族记忆的方式上，对神话传说的这种理解构成了我们这个民族早期的哲学思想的基本范式。

在这样的背景下，我们看到伏羲本来和女娲造人是互不相干的，但后来人们把他们连在一起。这是神话传说发展的重要规律。文化有自己的修复功能，我们的神话传说也一样。伏羲和女娲的结合，事实上是文化修复的结果。

有学者考察，从女娲和伏羲两个神话传说人物故事，可以看到我们民族从亲婚制到对偶制的漫长发展过程。有的学者还用云南泸沽湖的"只知其母不知其父"那种原始共产主义色彩的婚姻方式，解说这种现象。有没有道理呢？有。但是不管是民族学、人类学，还是考古学，在生活与文化面前，我们的一切解释都常常表现出无能为力。因为先民的诉说是一种记忆，是对历史的一种混沌的诉说，它并不是简单的记录，像 $1+1=2$。对于神话来说，$1+1$ 甚至可以等于 0。因为这是假设，假设是记忆的一种重要基础。但它又并不是简单的设定，而是由自己的生活、知识、经验、思维、审美等一系列文化能力，包括记忆能力的重新组合。伏羲和女娲滚磨成亲也好，他们发明了婚姻也好，便规定了后人的生活方式。传说，伏羲造了鼎，伏羲造鼎成为我们民族神话尤其重要的方式，那就是政权的确立。

这三个神话构成了我们这个民族的三个重要背景，天、地、人之间的密切关系，从某种程度上来说，盘古开天辟地，只是造了一个民族的基本活动空间，女娲用抟土的方式造就了自己的子孙，而嫁给伏羲之后，又有了更多的内容。其中一部分内容是有了自己的生活来源，伏羲，教人渔牧，制作衣裳，这些都形成了一种特殊的证据。所以这个民族的记忆并不仅仅是神话传说，而是用神话传说结合生活的记忆。所以我们在生活中经常讲，伏羲教会了人们渔猎，我们把八卦称为最早的文字诉说方式，这种诉说改变了以往结绳记事的方式。当然历史在进化，神话传说在历史的记忆中也在不断地修复自己的内容，于是就出现了伏羲和女娲的结合，使人的发展更为持久、更为生动，使神话本身具有了极大的活力，在记忆能力上也不断增强。也就是说，神话传说每一次被讲述的时候，它都构成了我们民族一代又一代的知识组成方式，构成我们民族基本的伦理内容。

我们常常讲，伦理往往意味着对人的思想、情感的桎梏。事实上我们不能简单地理解这个问题，如果没有秩序，我们的时间、空间作为单位常常就无法存在。在神话传说的基本内容这个记忆能力方面，形成了我们民族对历史的一种特殊表达的同时，也是在对自己的生存方式和文化形成方式作出的重要贡献。

经过了盘古开天、女娲造人、伏羲始作八卦，人有了自己的天地，该怎么进一步发展呢？于是又出现了神农尝百草的传说。神农就是农神，使我们获取了更多生存的资料。除了圈养动物之外，还有获取粮食。传说中，"神农尝百草，一日而遇七十毒"。神农吃了那些有毒的草之后，肠子就断了，但给我们的民族留下了许多作物，使我们获得了农耕的重要内容。我们民族在神话传说中用神农这个概念，表明我们比较早地进入了农耕时代，这是我们民族特殊的记忆形式。

在社会发展中，人们对自身的认识常常依据想象，但是那种想象又不是无端的，它有历史的影子，有历史的知识，有自己的经验。人生按照自身的经验，塑造了自身，包括神话传说等一系列的文化内容。

在经过了神农时代之后，人们又言说了燧人氏、有巢氏等一系列与人的居住生活相关的内容，于是又出现了一个新的阶段，那就是炎帝和黄帝。炎帝和黄帝其实也并不是一个密切联系的整体。有人说我们是炎黄子孙，其实中间有巨大的时间空间。后来又有人讲炎帝神农，但其实也是不相干的。炎帝作为五方之帝，居于南方。神话传说一次次的组合，表明了这个民族对文化的重新修复。在神农身上人们看到了炎帝的影子，炎帝发明了火、开荒种地，火的使用使人的生活质量不断提高，生活有了更多保障，告别了蛮荒时代。所以神农和炎帝就这样组合成了我们民族最深刻的记忆。"炎"是两个"火字"组成的，"火"作为一个记忆的特殊背景是什么呢？其实是火图腾。我们民族是由多种图腾构成的，图腾背后有一种信仰，就是用神话传说让它更加完善。

神话传说对于"火"给予了很高的礼遇，除了神农之外，我们还可以看到燧人氏钻木取火，等等。我们的神话传说是我们的祖先创造的，但并不是在同一个历史时期形成的，而是历代共同的记忆传承形成的，构成了我们灿烂辉煌、博大精深的民族文化。

炎帝和黄帝是如何组成的呢？在神话传说中，本来炎帝是属于南方的民族，他用火开创世界，同时用火规定了人们的文化行为方式，以火为图腾，这是历史巨大的进步。黄帝也是五方之帝的诉说结果，人们说黄帝是中央之帝。

我们的神州大地到处都有神话传说在传承、在流传、在记忆。这些神话传说的内容极其丰富，也极其复杂。在这种记忆能力的表现上，"黄帝说"是因为对土的使用和理解，构成了他的特殊位置。有学者考证，"黄"就是华，在语音上是一致的，"黄"就是华夏之祖，是"黄"和"华"的统一。

当然，不同的演说有自己的诉说方式。在话语构成上，我们的祖先还有自己的解释内容，《史记》对黄帝给予了特殊的言说，而对伏羲、女娲、神农、盘古等等根本不予理睬。"百家言黄帝，荐绅先生难言之，吾不敢尽信也。"司马迁作《史记》有一个了不起的贡献，他把神话传说作为历史记述的同时，显示了自己的史学态度。但是后来有许多学者也批评司马迁，把神话传说写成了历史。实际上历史具有传说和神话的内容，"仁者见仁、智者见智"。神话传说作为一种记忆是一种想象，这种想象有自己的背景，但是这个背景也不一定完全真实。

炎帝和黄帝共同构造了这个民族的生存框架，这个生存框架把人与历史紧密地联系在一起。后人的文献说："炎帝生于姜水，黄帝生于姬水"，他们是一个母亲，是兄弟。但他们是兄弟这个说法是后人的诉说，用记忆的方式把他们联系在一起，所以我们今天说我们是炎黄子孙。神话传说构成我们这个民族古老的记忆，这种记忆形成我们今天对历史的认同。

历史作为神话传说的表现方式，它的记忆能力的体现，是我们民族对于文化的创新能力和文化想象力的重要表现。黄帝时代就是文化大繁荣、文化大发展的爆炸时代。黄帝为什么能成为我们民族最重要的文化标志呢？是因为在黄帝的神话传说中，我们可以看到伟大的创造，它奠定了我们民族重要的生存基础，这个生存基础和盘古开天辟地的意义是一样的。比如，"仓颉造字"是淮南子较早提出来的——"仓颉造字天雨粟，鬼夜哭"。仓颉造字形成了一种伟大的发展转折，当年的八卦还没有文字的基本形式，仓颉造字后，告别了结绳记事的时代，从而形成了特殊的文化传统，这种文化传统就是用记忆的方式来诉说。黄帝这个时代又发明了指南车，还有应龙的故事，这些神话传说中的一系列内容，都是我们民族对生产方式的重要表述，体现了自己的记忆形式。"上古之时，人皆穴居之"，但黄帝时代出现了房子，除了这些，还有"仪狄造酒"，事实上这具有特殊的升华意义。黄帝时代出现了非常多的神话传说，成为中国神话传说的集大成。

文字也好，酒也好，都是文化转型的重要标志。黄帝时代还有制度建设。黄帝有25子，这25个儿子等于是25个部落，这里包含了对社会稳定发展的作用，尤其在黄帝的神话传说中，还有嫘祖教妇女养蚕巢丝织帛，使人的肢体有了更高的发展。黄帝访道广成子、华盖童子等等，在访道中得到了天下治国的道理。伏羲铸一鼎，黄帝这时要铸五鼎，划分天下为九州，九州为五方，五方中间居于中央。

到了黄帝的孙子的时候出现了一个特殊的人物——颛顼。《山海经》中讲："黄帝生白马，白马生罗明，罗明生颛顼，颛顼是为帝也。"颛顼是黄帝的子孙，出生时像个小猪娃，善弄琴。当年神人一体，秩序很混乱，"颛顼之为帝也，使重极上于九天，使黎穷应于下地"。颛顼把神和人分开了。

颛顼的儿子不成器，"浩浩荡荡，茫茫四野"，于是出现了神话传说中的尧、舜、禹时代。《淮南子》等书中说："逮至尧之时，十日并出。焦禾稼，杀草木。"尧的时代，十日并出，这是为了诉说后羿射日。

"尧"的繁体字是上面三个土，下面一个兀，意思是用土垒起来的很高的山。尧构建的秩序是在黄河流域，在陕西有一个尧山。尧的时代有一个大英雄——后羿，他把天上的9个太阳射下去了。除此之外，尧还发现了贤能的舜。舜的图腾是"犁山耕象"，用大象来耕山。有农业史家曾经考证过，象耕田在古代很可能是用猪进行农耕的方式。但是神话传说常常只是一种记忆的表现形式，不应该把它与历史的真实完全简单等同。

尧的时候，把天庭的秩序规定了，舜把地上的秩序巩固了。这就使我们想起了中西神话的不同。古希腊神话中，太阳神在建构秩序，而九神常常是破坏人间的秩序，正是因为九神对于人间的破坏，引致了西方艺术的产生。东方文化从一开始就形成了自己的秩序，形成了东方文化的一种秩序性内容，这就是神话时代。

黄帝以前，大家打打闹闹，到了颛顼时期又进行了神人分野，到了尧这个时代进行了秩序的整合，而进入舜的时代，舜亲民，还以孝来作为自己的重要特征。大禹神话成了中国神话传说的重要总结。尧访贤，发现舜的贤能，舜在治理灾难过程中发现了鲧的特殊能力，但是鲧治水又没有成功，洪水太猛烈了，鲧用筑堤的形式阶段性地完成了堵水的任务。但是堵水常常有很大局限性，洪水越堵越高，结果造成了人民活为鱼鳖。天帝非常愤怒，于是舜对鲧施以惩罚，"使吴刀剖之，穷极于九源"，用吴刀把他的肚子剖开，结果在鲧的肚子里出现了一条黄龙，这条黄龙在深水里游来游去，变成了禹。所以有一些专家说，大禹是条虫，这个虫不是简单的昆虫的虫，而是一个民族的文化诉说方式，是龙的一种变体。

大禹治水又形成了一系列的发展阶段，禹治水三过家门而不入。有一个学者竟说大禹治水三过家门而不入，是他的生殖能力有问题，我认为他是应该被批判的。一个民族的神话传说并不仅仅是对自己的记忆传承，而且包含了对自己民族的神圣性的文化精神的传承。这种牺牲精神表明我们民族的特殊向往，牺牲自我服务于天下，构成民族重要的精神主体。在这种意义上，神话传说对于大禹治水的重复、记忆、表现，其实都体现了我们民族的伟大文化品格，即牺牲与奉献精神、勇敢精神，这是一种高尚品质的表现，容不得对它亵渎。

同时，在禹治水中我们看到更多的是悲壮，这种悲壮还表现在涂山氏身上，涂山氏在神话传说中，有的被写成是九尾狐。涂山氏在涂山"候人兮猗，候人兮猗"（等着你啊）。大禹治水的时候要过轩辕关，在那里挖土。涂山氏给禹送饭，禹说我擂鼓你就来，不敲就别来。大禹治水的时候会变成一头巨大的黑熊，把土挖开，结果不小心土石块砸到鼓上了，鼓响了，这一响，涂山氏把饭送过去，结果一看自己的丈夫怎么是一只黑熊，"惭而去"。其实，这是后人对前人的一种叙说方式，变成熊就丑了吗？不丑。熊图腾是我们中华民族历史上一个伟大的文化视角。涂山氏发现大禹变成熊以后就跑了，大禹就撵她，说"归我子"，你还怀着我的孩子呢，不能跑。在今天的嵩山下有启母石，传说到那个地方的时候，大禹亲眼看见他的妻子变成石头，他就喊，结果石破百方而生启，大禹的儿子就从那个石头里出来了。启秉承了大禹的大业，建立了又一个政权夏王朝。大禹治水的神话，内容非常丰富，还有"禹伐三苗"。后人唱到："普天之下，皆禹之功""若无大禹，人或为鱼鳖"，如果没有大禹治水，我们都成了水中的鱼鳖。

在中国的古代神话传说中，大禹治水形成了中国神话时代的最后一个时代，也正是因为他的伟大、精彩、悲壮、生动形象，形成了我们民族神话传说的最强音。中国神话传说时代在这样的文化构成中，被一代代延续。我在广西、广东、河南，曾经看到过许多盘古庙庙会，这都显示出对我们祖先的尊重。

越南北部，即原来的交趾（汉代曾经设置为一个郡）有女娲庙。河南、甘肃、河北等许多地方，特别是太行山上也有许多女娲庙，很多地方还有很隆重的庙会，如河北涉县的娲皇宫，在悬崖峭壁上建成一个女娲殿。我到那儿考察的时候，那里的老年人说，这都是几代人用羊运的砖石建的。当年人走不到那个悬崖上，赶着成群的羊，一只羊身上挂了几块砖头，赶着羊把砖头送到上面，建起了巍峨的神殿，人们在那儿建造了女娲的神像。我们可以想象，在悬崖峭壁上建造我们祖先的神像意味着什么？高山仰止，非常虔诚。这种记忆就融为信仰。

伏羲庙也是一样，河南的淮阳有一个太昊伏羲陵，那里有画卦台，这都显示出我们民族的记忆方式，每年的二月二到三月三，很多老百姓从四面八方到那里去。我曾经在那里看到老百姓跳舞，他们叫"龙配"，传说是伏羲女娲当年交配的方式。这不能当作简单的巫术，或者用迷信来概括，它包含了我们民族非常虔诚的一种记忆表达方式。

还有如江西、台湾，许多地方有盘古庙、伏羲庙，香火非常旺盛。这些都体现了我们海内外中华民族的子孙对自己的神话传说共同的认同。还有，山西的黄帝陵、河南新郑的轩辕故里，内地许多地方的庙会迎来四面八方的乡亲。海内外，特别是海外赤子，不远万里来到内地叩头，行最神圣的礼仪，这就是我们民族最神圣的记忆。我们56个民族形成了伟大的文化认同。神话传说构成了我们民族自己的诉说方式、我们的民族认同，在今天形成了民族凝聚力与向心力。

中国神话传说与民族记忆有着非常密切的联系。中国古代神话传说的记忆和流传并不单是一种故事的流传，还包含着我们民族对自己历史的认识，对自己文化传统的总结，尤其是对自己精神品格的认同与发展。今天，我们屹立于世界民族之林，以自己的神话传说作为重要内容的传统，形成了自身的重要标志，我们见贤而思齐，我们弘扬千百年来所形成的伟大的民族精神，使今天的生活更加丰富、更加多彩，也使我们民族展现出特殊的魅力而赢得世界人民的尊重。我们作为中华民族的子孙，应该记住自己辉煌的历史，保存自己独特的记忆。

客家民俗的历史变迁

杨宏海

杨宏海

深圳市文学艺术界联合会党组成员、专职副主席，深圳大学特聘教授、硕士生导师。历任深圳市文化局调研处副处长，深圳特区文化研究中心副主任、主任。主要作品：《文化深圳》《客家诗文》《打工文学纵横谈》等。曾荣获"中国民间文艺山花奖·学术著作"优秀奖、中国作协理论创新奖等。

过去比较长的时间内，很多人对客家、客家人的概念不是很清楚，我记得 20 多年前我刚来深圳的时候，很多人问我，客家是不是少数民族？客家人实际上是来自中原汉民族的一支民系，历史上由于战乱等原因，他们不断往南方迁移，经历了 5 次大迁徙，来到当地，与当地的少数民族、原住民进行交流、融合，最后就形成了一个新的民系，这个新的民系就被称为"客家"。

客家移民来到这片土地后，面临这里原有的南粤土著居民，还有比他们更早来的潮汕、广府的族群，所以他们的身份就是客人。这边比较好的平原地区基本上被前人占领了，大部分客家人只能到山上去住，所以有一种说法叫做"无客不住山，无山不住客"，客家人基本上跟山、山区联系在一起。

客家人来自中原，受中原的正统文化特别是儒家文化的影响很深，所以客家人的文化又带有很浓重的中原文化色彩。客家人来到这片土地后，一方面他们把中原地区先进的文化理念、生产方式带到了南方，另一方面又与当地的原住民交流、融合，当然也不排除开始了冲突、抗争，然后形成了独特的客家文化、客家民俗。

客家人一般来说都是居住在山区，但也有少数客家人来到了滨海地区，如盐田、广东惠阳地区等等。所以来到这些地区的客家人既受到了内地的山地文化影响，同时又接受了滨海地区海洋文化的影响。

广东历史上有三大民系，因此也有三种语言。第一种是广府民系，他们的话是广东话之一。第二种是比较难懂的闽南语系的潮汕话。但我是广东人，我到现在为止都听不懂潮汕话，就是类似"爱拼才会赢"这种。第三种是最容易听的，与古代的方言、汉语最接近，就是客家话。

人们对广东三大民系有一些说法。第一，客家人开埠。开荒，开设商店、码头进行商业交流最早的往往是客家人。第二，广府人旺埠。以广州人为代表的广府人往往来到一个地方就能够带旺、做旺当地的商业。第三，潮汕人占埠。潮汕人最终能够把整个商业基地牢牢占住，最有商业头脑。

在广州民系中，客家、广府、潮汕三个民系各有特点，各有优点。开拓、垦殖，筚路蓝缕，这些是客家移民的特征。广府人的商业意识、经商能力很强，所以能不断地做旺商业。潮汕人的商业价值更突出，他们最终能够把整个商业基地牢牢占领。1985年我来深圳，需要调查深圳农贸市场怎样生存发展，就发现当时深圳最大的东门市场 95% 是潮汕人，客家人非常少。一大批商家都是潮汕人，最出名的就是李嘉诚。

耕读传家，崇文重教

客家人因为来自中原，受儒家文化的影响非常深，他们生活的地区是山区，所以客家人就形成了"耕读传家，崇文重教"的传统，这是客家民俗非常典型的特征。客家人，一方面要耕山，另一方面还要读书。天晴就种田，下雨就读书。而且他们中的很多人都愿意读，这表明他们有耕读传家的传统，所谓"力耕可以无饥，开篇自然有益"，传统客家人就特别重视读书，儒家文化说："万般皆下品，唯有读书高""家无读书郎，官从何处来"。所以，在客家人的观念特别是深层次文化意识里还是读书至上。潮汕人不一样，潮汕人的传统主要是注重做生意、赚大钱。

每一个城市都声称自己"崇文重教"，但是，怎样才能证明这个城市真正把崇文重教作为它的一种价值取向呢？我在研究客家文明的过程中有了自己的发现，后来我经常把这个发现给媒体、观众讲，大家都认为非常有说服力。这个发现就是两首儿歌，它们在客家地区，当我们在孩提时代就家喻户晓、耳熟能详。

一首是《蟾蜍罗》（癞蛤蟆）。我用正宗的梅州话来念一下："蟾蜍罗，哥哥哥，唔读书，么老婆。"这是在我们非常小的时候，妈妈抱着我们，在催眠的时候唱的童谣。她说：孩子，你不要整天叫得像癞蛤蟆一样，不读书只会叫，将来是找不到老婆的。

还有一首是《月光光》。全国各地都有《月光光》，北方是"月光光，夜娘娘"，"月光光，四四方"，"月光光，照四方"，广州是"月光光，照地堂"。但是客家地区特别是梅州地区的"月光光"不一样，它们是："月光光，秀才娘，骑白马，过莲塘；莲塘背，种韭菜；韭菜花，结亲家；亲家门口一口塘，放个鲤嫲八尺长。"我们很小的时候就把这些背得烂熟。月光多么美，温柔、洁白，就像一个漂亮的女孩，这个漂亮的女孩将来要嫁给谁呢？嫁给秀才。只有读书人才能娶到如此漂亮的老婆。孩子很小的时候，母亲告诉他，你一定要好好读书，将来你就可以娶到非常漂亮的老婆。这是一种价值观。这两首儿歌非常雄辩地说明，客家人的的确确把读书、尊重教育和文化作为首要的价值取向。

如果我们现在把这种读书的理念、尊重教育的理念传给深圳的下一代，这是多么好的事情。现在是市场经济，也是知识经济，如果不读书、没有文化，我们的民系、民族就没有力量，因为知识就是力量。客家地区的人经常说："我砸锅卖铁都要送子女读书"，不只是对儿子，客家人也很重视女儿的教育，客家地区比较早就有重视女子教育的理念。

客家还有一句俗语——"读书肯用功，茅寮里面出相公"。客家人喜欢把男生称作为相公，客家妇女对丈夫很好，把丈夫称为相公。前不久，广东省来了一个《客家意象》的演出团，其中有台湾的客家人特别有意思的风俗，老婆去外面干活，丈夫在家里带孩子，一边带孩子，一边读书，或者一边唱歌、一边读书。崇文重教是客家民俗当中最典型的一个民俗。这种民俗会影响到客家文化、客家人的生存方式。

妇女勤劳，俭朴坚韧

客家妇女相夫教子、持家的能力特别强。在我们很小的时候，经常看到很多客家女孩或者客家妇女早上起来就上山砍柴，回来以后马上做饭，吃完早饭以后又带着一大筐衣服到河边洗衣服。农忙的时候，她们背着三五岁的孩子，手里拿着牛鞭驱赶着牛犁田。很多学者都说，客家女性的勤劳在世界上是罕见的。客家女性很贤惠，尊重丈夫、孝顺公婆、带好孩子，而且客家历史上由于种种原因，丈夫为了前途出外打工，客家妇女就在家里默默做好一家之主，用她们柔弱的肩膀担负起所有的重担。

客家女人乐于奉献，什么活都愿意干。客家女人在农田辛苦干活，但是老公穿着比较漂亮的衣服，在家带小孩，或者外出打工、读书。当然，客家妇女的勤劳也造就了客家男人的懒惰，不过这是相对而言的。

有一件事我印象特别深，我在大学快毕业的时候，学校放假，我太太来到我在广州读书的大学，她帮我把东西收拾好，刚好满满一担，她挑起来就走，我在后面跟着她走。走到路上碰到我的同学，我的同学就很愤怒地拉着我说，怎么回事？这样的事情怎么能让你太太干呢？老婆是要男人来疼的，怎么让她挑了一个很重的担子走。她在前面走，我拿了一个包在后面跟着，这个现象在我们家乡是习以为常的，但是我的同学是北方人，他看到就觉得非常愤怒，他说，不行，必须要你来挑，她应该跟在后面。客家男人已经形成了一种意识，结果客家的女人也特别愿意，觉得这样做很自豪，我帮读书的相公挑担子。

客家妇女如此勤劳，她们对男人、家庭的贡献非常大。我上山下乡的时候看到很多客家妇女很勤劳，她们的劳动强度简直是超负荷，但是她们非常开心、非常乐意，这是客家民俗当中非常突出的特点。所以，很多地方有一个谚语——"娶个客家女，胜过发大财"。我不是为客家女人唱赞歌，因为风俗习惯决定了她们特别勤劳、贤惠。客家的很多童谣对妇女是一种制约。例如，"懒死娘，天天睡到太阳斜，米缸没点米，茶壶没点茶"，"懒死骨头，真好笑，头也不梳，地也不扫"。这些歌谣把懒惰女人的劣迹唱出来，使得客家女人不敢懒，懒了就嫁不出去。这就是深藏于民系血液里的一种文化基因。

客家人特别是客家妇女还有一个优良的品质——特别好客。客家人特别相信，"在家不会迎宾客，出门方知少主人"。所以在我印象中，尽管我们的物质生活条件非常差、家里比较穷，但是只要来了客人，我的妈妈、奶奶总是要把家里仅有的鸡蛋，甚至把母鸡宰了拿出来接待人家。

客家人的观念是"你敬我一尺，我敬你一丈"。他们受不了人家对你好，你如果投桃，我就不是报李，起码要报大西瓜、大苹果，不能是你敬了我一尺，我不回敬。这些都是客家非常淳厚、良好的风俗。

客家女人注重"家头教尾（养育子女），田头地尾（耕田种地），灶头锅尾（操持家务），针头线尾（缝补衣裳）"，还要求"出得厅堂，入得厨房"，走到大庭广众中要落落大方，在厨房又要烧得一手好菜。

聚族而居，喜欢唱山歌

客家人刚来到山区时，肯定面临着当地人的排斥，在这样的情况下，客家人必须要团结起来，聚族而居、一块生存，所以就产生了现在全国有名的客家围屋。福建有客家围屋，叫围楼；江西是四四方方的、府邸式的客家围屋；梅州围楼屋前面有风水石，后面是椭圆形的围楼屋。围屋的建构有中原文化、儒家文化的等级观念、天圆地方等文化特色和内涵。围屋里，大家很团结，同时抵御外来的侵略和冲突，所以客家围屋也有一种防御的功能，特别坚固。

客家人在山上劳作，这种劳动方式造就了男女之间通过唱歌来表达自己的情感。他们通过唱歌追求异性、娱乐，所以客家人特别喜欢唱山歌，客家的女人更会唱山歌。客家山歌这样唱："客家特出名，条条山歌有妹名，条条山歌有妹份，一条无妹唱唔成。"客家的男人也会说"一日三餐歌送饭，夜夜入睡歌贴头"。客家人觉得，即使吃饭的时候也愿意唱山歌，唱着山歌饭就吃得特别快，晚上枕着山歌入睡非常快，这也是客家人喜欢唱山歌的表现。

客家人为什么喜欢唱山歌？一方面带有中原诗经古风的风格；另一方面，他们来到当地与畲族、瑶族等少数民族交流的时候，发现少数民族也喜欢唱山歌。中原的汉人和当地少数民族交流的过程中，客家人吸纳了少数民族用唱山歌谈恋爱的风俗，山歌号子就是从这个山唱到那个山。历史上，男女谈恋爱往往一开始就是先唱山歌，引起对方的注意，对方也通过唱山歌表示感情。

我念一段客家山歌，大家感受一下男女之间用山歌谈恋爱的感觉。比如山歌《柑子跌落古井中》：

> 柑子跌落古井心，一半浮来一半沉，你爱沉来沉到底，莫来
> 浮起桔人心。

女孩和男孩谈恋爱谈了好久，但男孩就是不表态，不说什么时候结婚，女孩就很着急，但又不好意思直接问他，就唱了这首比喻性的山歌。柑子如果丢到井里，是一半浮，一半沉。山歌唱得很智慧，通过柑子表达内心的感觉，女孩觉得心里很乱，你不喜欢我就干脆说，不要一半浮，一半沉。男孩一听，觉得女孩非常有道理，最后就表态：今年你就嫁给我吧！

客家山歌里有大量的情歌，比如：

> 阿哥生病妹着急，打起灯笼静夜醒，松手掀开绫罗帐，来问
> 阿哥病重轻。

山歌非常浅白，女孩听说情郎生病了，很着急。刚刚劳动完，把河镰放下就拿起灯笼，跑了两三个山头，来到情郎的家里。情郎就睡在床上，轻轻地用双手掀开蚊帐，问：你病得重不重？情郎就回唱一首歌给女孩：

> 重不重来，轻不轻，难为妹妹有心行，床下有张矮凳子，坐
> 着慢慢讲你听。

很温馨，男孩一看心上人来了，病都好了一半，所以很高兴，说：没有那么严重，我心里很感激你，难为你那么远、那么累过来看望我。床下还有一张矮凳子，你先不要着急，先坐着我慢慢给你讲。客家山歌非常浅白地表现了男女情爱的心态和场景。

1985年我来到深圳，1986年文化部要求在全国收集民间歌曲、

民间故事和民间谚语。当时我来到盐田，与盐田的业余民间文艺工作者收集盐田的山歌。我当时想，梅州山歌最有名，深圳有什么山歌？当时我不以为然，就觉得深圳不会有什么山歌。梅州人觉得我们这里才是山歌之乡。

但是，真正深入盐田后我才大吃一惊，其实历史上盐田的山歌非常丰富，它除了情歌没有梅州丰富之外，其他的歌谣都比梅州丰富，而且种类非常多，特别是哭嫁歌。盐田的哭嫁歌非常发达，当时盐田有个老太太，一口气可以唱50多首哭嫁歌。我很惊讶。当年北京师范大学的钟敬文带的一个日本研究生中野丽子，1984年来到梅州，我陪着她收集哭嫁歌，在梅州找不到几首，但是在盐田，一个老太太就可以唱50多首，当然这里还有东江纵队的老客家人唱的歌。所以，很多民间艺术会给人意想不到的惊喜。

盐田山歌还有一种是九龙山歌，它也是客家山歌的一种，但是与梅州山歌不一样，它的气韵很高，又带有海洋的气息。"梅州的客家山歌"就被列为第一批非物质文化遗产，现在盐田的客家山歌很多也是来源于梅州地区，但是这里也有它的创造、创新。

比如，有一首经典的盐田客家情歌。旧时男女谈恋爱是父母之命、媒妁之言，很难能够自由恋爱，自由恋爱的时候必须要偷偷摸摸，受到很多环境的制约。女孩唱：

去年发誓不养狗，今年发誓不养鸡。阿哥一来狗就叫，天还没亮鸡就啼。

因为我们晚上幽会的时候，男孩来到我家，我家的狗一听到有陌生人来，就汪汪的叫，一叫就把我的情郎吓跑了。但是，狗被我赶走了，我们幽会的时候，天一下子就亮了，天一亮，鸡就叫。鸡一叫，我的情郎就说，不行，我要赶快走，不然被家长发现了。"欢娱嫌夜短，寂寞恨更长"，客家山歌表达内心的感情非常丰富，非常有诗意，非常有文化性，又非常真切。

客家还有一些陋俗，就是等郎妹、童养媳、指腹为婚。男孩还没有长大，两家就定亲，结果女孩就到男家等他，于是就出现歌谣："十八娇娇三岁郎，半夜想起痛心肠。""夜半想起心里恨，一脚把你踢下床。"因为她是18岁的大姑娘，青春热情正旺，但是丈夫只有3岁，我每天晚上还要抱着他睡觉，越想越凄凉，恨不得一脚就把他踢下床，这就是等郎妹。

爱国爱乡，追求革命

客家的民俗精神中有一种"硬颈"，就是脖子特别硬。历代的革命很多都与客家人有关。文天祥，江西的客家人，"留取丹心照汗青"，不怕死；洪秀全，太平天国的起义领袖；孙中山，民主革命的领秀；叶挺，广东惠阳的抗日名将；谢晋元，带领上海800壮士抗击日本侵略军，当时上海流行一句话叫"有了谢团长，中国不会亡"。这些都是铮铮硬骨、义薄云天的仁人志士。有研究客家人的英国学者说，"客家人乃刚柔相济"，既刚毅且仁爱。

我在研究深圳的民俗过程中发现，深圳历史上有"四个第一"都与客家人有关。

第一，大鹏客家人——水军将领赖恩爵，在九龙海战中，赖恩爵率领水师奋起还击打败了侵略者。

第二，孙中山在盐田三洲田依靠当地客家人发动了三洲田起义，又叫"庚子起义"，当时参与的主要是客家人。三洲田起义可以说是推翻清王朝的第一枪。

第三，东江纵队。抗日战争时期，以龙岗人曾生为首的东江纵队在这块土地上抗击日本帝国主义，同时进行很有影响的文化大营救，把文化人从香港营救到深圳。

第四，龙岗人袁庚在蛇口点燃改革开放的第一炮。

近代史的重大事件都表明，客家人特别热衷于革命，改革开放也是一场革命。

祖先崇拜，尊老敬贤

客家人各种神都相信，但是更多的是敬奉祖先，每逢过年过节，头等重要的大事就是祭祖，所以客家人热衷于修家谱、族谱，这也是保留民系生生不息的文化根脉的一种文化载体。客家人很喜欢弘扬祖先的功绩、业绩，如下沙，下沙不只有客家人，也有广府人，每年的祭祖都特别隆重。大鹏客家人的赖氏族谱，每年都要追思先烈，因为那个地方是海防，家族中很多都是将军、军人，后人要祭拜祖先、怀念祖先的丰功伟绩，还形成了"大鹏清醮"这种追思祖先的民俗，很隆重，现在也被列入非物质文化遗产。

对祖先的崇拜也是中华民族的优秀民风、民俗。"关筋一见骨，无骨不成筋"，没有祖先哪有后人，客家通过祭祖，让我们一代一代的人不要忘记祖先。

当然，客家除了祭祖之外，对未来、对子女也很看重。客家人的风俗基本上和中原大致相同，但也有存在差异的地方。比如，客家人特别注重元宵节，还有赏灯的风俗。如果某个家族生了男孩，元宵节这家就要做大大的灯笼，告诉祖先，这个家族又添了男丁，保佑家族更加兴旺发达，各个族人都来庆贺，所以赏灯变成了一个必不可少的礼遇。

客家美食，讲究实惠

客家的饮食民俗也有它的特点。客家人从中原迁徙过来，又受当地土著文化的影响。就拿广东的粤菜、潮菜、客家菜三种菜系来讲，客家菜最实惠。客家菜还有个特点——三个字"咸、烧、肥"。为什么咸？因为历史上客家人不断迁徙，不断奔走，很辛苦，消耗体力很大，很饿，要多吃一点盐分才能保证足够的体力。客家女性不裹脚，但是在封建的中国，不裹脚的女性嫁不出去。客家妇女为什么能干？因为缠足干活就干不动。

喜欢吃香，吃肥。适应长期的迁徙生活，客家的梅菜肉、红烧肉都很肥，酿豆腐要肥才好吃、才香，因为肥耐饥。当然，现在客家菜也在改革，太咸、太肥对身体也不好，但是历史上就是这样。酿豆腐也可以见证客家人文化、民俗的变迁，因为客家人是从中原北方来的，北方人逢年过节都要吃饺子，他们来到南方，南方不吃面食，不种麦子，为了怀念北方吃饺子的风俗，来到南方的客家人就磨豆腐，磨豆腐里放上饺子馅，就变成了酿豆腐。酿豆腐就是客家人的饺子，南方的饺子，这表达了客家人怀念在北方吃饺子的感觉，但是来到南方地区后有所创新。实际上客家人不单单酿豆腐，还酿苦瓜等。

另外，客家人很喜欢吃狗肉，认为狗肉对身体大补。客家女人坐月子要吃鸡，客家酿酒煮鸡被认为是大补，客家女人坐月子一定要吃几十只鸡、几桶酒，吃了以后，果然身体就很好。吃狗肉有一种说法——"狗肉滚三滚，神仙企唔稳"，这说明客家男人特别喜欢吃狗肉，狗肉一滚，神仙都觉得难以抗拒。

客家的菜也有一些文化元素，如番薯叶。番薯叶实际上是客家文化中非常简单、习以为常的菜，但是客家人给它取了非常美好的名字——"龙须菜"。这里有一个故事，当年乾隆微服私访下江南考察民情，走的地方很多，又饥又饿，结果大臣领着他来到了一个客家山村，客家人好客，也不知道来的人是谁，就用蒜蓉炒番薯叶招待，很香。这时乾隆已经饿得不得了，他在皇宫从来吃不到番薯叶，他觉得自己从来没有吃到这么美味的青菜，就非常惊讶，问这是什么菜。那个大臣知道这叫番薯叶，但不等客家人介绍番薯叶，因为番薯叶是给猪吃的，大臣就赶快说，这是客家人的龙须菜。因为番薯叶吃之前要把须去掉，龙是天子，所以龙吃的菜叫龙须菜。乾隆皇帝一听果然龙颜大悦，说以后你们要做这个菜给我吃。这也是客家的一种饮食风俗。

深圳民俗的包容

我在收集、整理深圳非物质文化遗产的过程中发现，深圳民俗最大的特点就是很包容。比如，我们研究发现，鱼灯舞是客家人创造的。300 年前梅县的一家吴姓家族迁徙到盐田沙栏吓村这个地方，一方面带来了客家人耕读传家的传统，继续耕田，又学会了打鱼、海上作业，于是就创造了鱼灯舞这个能够展现海滨客家人、水上疍民共同娱乐的游艺民俗。

中英街的居民在每年 3 月 23 日举行庆祝活动，纪念中华海神妈祖，纪念的时候既有渔民的"水上迎亲舞"，又有客家人的"舞麒麟"，这个水上迎亲颇具客家风情，它把水上的居民和客家人联在一起。

另一方面，深圳大鹏本来是客家人在那里生活，但是因为大鹏所在地有来自全国各地的军人，所以大鹏创造了一个有客家、有广府、又有北方语言，各种方言杂交的"大鹏军语"，而且还创造了大鹏山歌，这个山歌不完全是客家的，但又带有客家的一点风味。大鹏还有"大鹏清醮"代祭的风俗等等，包括舞麒麟、盐田山歌，既有梅州特点的客家山歌，又有九龙客家山歌。文化的多元交融使得深圳的民俗丰富多彩，具有包容性。

中国传统的过年礼俗

杨 华

杨 华

武汉大学历史学院副院长、教授、博士生导师，中国传统文化研究中心副主任。主要作品：《先秦礼乐文化》《新出简帛与礼制研究》《中国文化发展轨迹》等。承担教育部人文社会科学研究基地重大课题"出土简帛与中国古代礼制研究"等重大课题多项。2007 年入选教育部"新世纪优秀人才支持计划"。

我们每年都过春节，这还需要讨论吗？有人认为这是生活中的常识问题，其实不然。民族学家、人类学家何星亮在会上提出，我们要继承创新春节文化，弘扬复兴传统节日。他的办法是：恢复历史记忆，再造春节文化传统，整理、复原春节文化的"本真面目"；加强学校教育传承，丰富青少年的春节文化知识，让他们知道春节是什么样的；创新春节文化的内容；设立春节典型标志物；政府要积极组织春节活动；推动科技进步，发明"无公害"的烟花爆竹；组织举行盛大的祈福活动；举办春节焰火晚会。

春节的"本真面目"是怎样的？怎样恢复？我们能不能找到春节标志物？以什么作为春节的标志物？现在越来越多的青年人过洋节，过圣诞节、过情人节，如何把青少年从过洋节的热情吸引到传统节日？这是我们要探讨的问题。

从1915年到现在，接近100年，文献记载的习俗，大部分现在过年时还保留着，并没有丧失，如团年、辞年、拜年、压岁，有些习俗则已然不存在了，如祭灶、红娘子看灯、出方、七宝羹（七宝羹南方还存在着）、正月十占已经没有了。如果将宋代的习俗和民国时期的进行对比，我们会发现其中丧失的内容更多，像春幡、春胜，这些习俗在民国时已经不存在了。可见，从宋代到民国这几百年间，也有很多风俗丧失了。但宋明时期的春节活动要比汉代的时候又丰富得多。所以春节的习俗是变动的、开放的，它会随着时代的变化而变化，有一部分是核心的内容，但是很多在历朝历代会有增有减，所以我们并不必要那样悲观，说我们现在的年俗已经完全丧失了年味。

春节的由来和含义

世界上任何民族，都会把人类的长时段划分成一些段落来进行区分。整体来说，大部分是分成一个周期，一年一个周期，如尧舜的时候叫一载，夏代的时候叫一岁，商代的时候叫一祀，周代以后叫做一年，周代以后都称作年。"年"这个字和农业有关系，上面写着禾，下面是一个千，实际上甲骨文就有这个字，说明商代人就有了"求年""受年"和"年祭"（一年的祭祀），希望祈祷获得农业丰收。中国的年节习俗，是和中国古代社会的农业生产相联系的，随着农业生产的季节变化而变化。

现在谈春节不仅是"年"的问题，本来的意思是立春之节，既指年末，又指岁首，因为立春之后，一年开始了，把岁末和岁首加起来叫春节，如果从年末、从腊祭开始算，岁首就叫做元日、立春、上元。把年末度过去，以除夕为中心，叫做"过年"；以元日（正月初一）和立春节气为核心的迎春活动，叫做"春节"。今天把立春、元日合起来叫做春节，大约有一个月的时间，在这一时段里做的事情统称为春节文化。以立春为一年的岁首，是从汉武帝开始的。因为在汉代以前，究竟是以正月为一年的开始还是以十二月为一年的开始，还是以十一月为一年的开始，不同的时期有不同的办法，到汉武帝以后才完全确定下来，就是我们今天所用的时间计算方法。

但是有一种现象，立春和元日（正月初一）很有可能不重合，有时候相差很远，一般来说是在正月初一以后立春，甚至也有特殊现象，在十二月就立春了，也就是说还没有过年就立春了，2009年的冬天就是这样，2010年2月4日是立春，实际上2月14日是过年。

公元前104年，汉武帝始用了《太初历》，把元旦作为岁首，第一天就称为元旦，又称元辰、元日、元朔，有不同的称呼，有的叫三元，是一年、一月、一日的开始。历朝历代在元日和冬至这两个大节日都要放假。

辛亥革命后，农历和阳历是并行的，规定西历（阳历）作为纪年的方法，中国传统的农历称为旧历。一年的岁末岁始也变成西历一月一日，这一天叫做元旦，是用了我们古代元旦这个词，古人把第一天叫做元旦，但是我们把它转换成阳历的第一天，实际上原来是用来指阴历的第一天。民国时期，曾经规定不许过农历年，一律改过西历年，但是引起社会不满，后来政府没办法，又废除了这个规定，还是任老百姓过农历年，所以今天也是，两个年是并过的，可见中国传统春节的生命力是非常顽强的。

今天所说的春节，是一个持续约一个月的综合节日，它由腊祭至除夕、正月初一至初七、元宵节、立春几个部分组成。北方有这样的儿歌：闺女小孩你别馋，过了腊八就是年。腊八粥，过几天，紧忙就到二十三。二十三，糖瓜儿粘；二十四，扫房子；二十五，炸豆腐；二十六，炖羊肉；二十七，杀公鸡；二十八，把面发；二十九，蒸馒头；三十晚上熬一宿；大年初一满街走；见面发财全都有。这是北京的儿歌，描述了有关备年货的情形，我们今天过年前也要备年货。

腊祭到除夕的礼俗

"蜡祭"在《礼记·郊特牲》里有大量的记载，它是感谢神的节日，感谢这些神使农业丰收。有八神，包括田埂上的猫虎神、管农业的神、管粮食的神、河渠水渠的神，还有昆虫神。

此外，《礼记》还记载了另一个节日"腊祭"。腊祭是用来祭祀先祖五祀的，就是祭祀祖先，祖先是中国最大的神。五祀是五个家居的小神，路神（行神），井神，然后有灶神，有门神，然后祭中雷神，这五个家居的小神是时时刻刻要祭祀的，要季节性地祭祀、定期祭祀，当然岁末的时候更要感谢它。中国的春节是感恩的节日，感恩是感谢神的。它保佑你一年平安，然后你要请它保佑你第二年更平安。

腊祭是放到十月，因为十月是一年的岁末，周朝是以十一月为岁首的，也就是说在年底举行。

上古时期，腊祭就标志着岁末年初的转换。汉代以后，岁末就转移到腊月三十，腊日实际上就成了一年的小岁末，也就是后来的小年，停止劳动，感谢先人，要驱逐寒冷，要到各个房间去驱神、逐神，把作祟的鬼找出来，用一些巫术把它们赶走，保佑明年平安。然后专门跳一种舞叫做傩舞，是一种戴面具的舞，是装作鬼神的样子来跳的舞。

腊祭在年末的最后一个月，汉代，腊祭的具体日子是冬至之后第三个戌日，因为古代是用干支计日计月的。到南朝的时候，《荆楚岁时记》已经明确讲了，"十二月八日为腊日"，相当于今天的腊八节。腊八节还有另外的一层含义，释迦牟尼苦修的时候，身体虚弱，体力不支，有一个牧羊女从身边经过，施给他奶粥，于是他恢复体力，终于在十二月初八这天得道成佛。于是佛门弟子都感念这件事，把腊月初八叫做施粥节，现在吃的腊八粥也是这个意思。宋明以后，施腊八粥成为年终赈济穷人的一种行为。

隋唐的时候还找不到腊八粥的材料，到宋代以后，文献中就经常看到腊八粥的材料。北宋开封府腊八这一天在大寺庙作浴佛会，各家都要摆点心、摆面食、摆粥，腊八粥里面包含红枣、赤豆，因此又有"朱砂粥"之名。清朝皇帝到腊月初五就开始煮粥，煮了以后，要分送给大臣们吃。北方民间还泡腊八蒜，是为除夕吃饺子准备的。

祭五祀中，灶神就特别凸显出来。祭灶神本来是五祀中的一部分，到隋唐以后，祭灶神就从腊祭中分离出来，演变成小年的一个专祭。一定要祭灶神，腊月二十三这一天灶神要上天汇报这家人的过错，在这一天的晚上，你要在他的旁边贴对联，"上天言好事，回宫降吉祥"，你只能讲我们家的好事。人们为了防止他讲坏话，用糖饴这些有黏性的甜糖把灶神的嘴堵住，以免他上天胡说，这个叫做"媚灶"。《论语》也讲到"媚灶"，要讨好灶神。北方有谚语，"糖瓜祭灶二十三，离过年整八天"。北方是二十三祭灶神的，南方是二十四过小年，这个稍微有点差异。祭灶神的时候，妇女反而要回避，这也是古代对妇女的歧视。

祭灶之后，打扫居室，除旧布新。洗澡，洗去一年的秽气，准备迎接新年的新福新运，净身斋戒。

贴春联，贴门神年画。汉代出现了桃符，也就是桃木做的木板，在上面画符，祈求辟邪、祈福，每年"总把新桃换旧符"，随着吉祥话越写越多，桃木板已经不够写了，于是就出现了所谓的春联，装饰门楣门框。也有一种说法，春联是起源于"春书"，又叫做"春帖子"，立春的时候在家里的门上贴上"宜春"两个字，宜春两个字越写越多，发展成讲求对仗、讲求音韵协调的联句。据说最早的春联，是后蜀国君孟昶写的"新年纳余庆，佳节号长春"，这是中国最传统、最古老的一副春联了。到朱元璋的时候，他命令家家户户要贴春联，再破的地方、再穷的地方、再富贵的地方，只要有宅子，就会有春联。

门神。最著名的门神是钟馗，据说这个人长得奇丑，但是善于捉鬼，唐朝开元（唐玄宗）年间，钟馗就变成了门神。

门神画在之后一直流行，但是扩大了题材和内容，就演变成今天增添节日喜气的年画。著名的年画生产地，包括苏州的桃花坞、天津的杨柳青、河北的武强和四川的绵竹等。

在外工作或学习的人们腊月三十之前都要赶回家中，要与亲人一起团聚过年，一起吃年夜饭，也叫分岁筵、年更饭。吃年夜饭时要关起门户，家中亲人共享亲情。

除夕夜，家庭举宴，长幼咸集，多作吉利语，俗呼合家欢。年夜饭的饭菜除了做的丰盛，还有一些吉祥的名称，如什锦菜、合家欢，还要吃鱼，年年有鱼（余），要"三圆"，鱼圆、肉圆、人圆。北方的年夜饭以饺子为主，饺子是取"更岁交子"谐音，时节交替的季节到了。南方人吃年糕，寓意年年高。

两晋南北朝的时候就有"守岁"的年俗，通过《风土记》可以看到，人们通宵达旦欢庆和饮食。白居易有诗："守岁尊无酒，思乡泪满巾。"后来"守岁"就演变成为"修岁"，认为除夕夜熬的时间越长，父亲、母亲就越长寿，"守冬（冬至）爷长命，守岁娘长命"。守岁时必须围坐在火塘边，这个火称为"岁火"，烧得越旺越好。民间认为越旺越吉利，家里要用各种树枝、大木块烧，所以除夕夜叫燃灯照岁，各个房间都点亮灯，古代是火崇拜，也是用来驱邪的。

压岁，又叫做"押岁""压祟"，"压"和"厌"是同一个字，也是音转关系，是一种厌胜巫术，就是通过一些巫术，用一种专门制作的钱币——厌胜钱，属于"花钱"的一种，来镇宅、镇墓、压箱，古代很多地方都可以做花钱，不能流通，有很多这种用途的花钱。压岁钱只是厌胜钱的一种、是花钱的一种，过年给你花钱，不是让你拿去买东西的，是避除旧年的邪气。"岁"与"作祟"的"祟"谐音，就是一年的晦气，专门铸造金属的货币压岁，汉代就有这种习俗了。这种货币上面常常铸有"长命富贵""福德长寿""加官进禄""天下太平"等字样，把这个钱挂在身上，可以祈求来年吉祥。

真正用流通的货币作压岁钱是明清时开始的，将铜钱用彩线串起来，或用红纸包起来，放在家中或带在身边，辟邪，祝福新年。

上元的礼俗

上元的礼俗：腊日祭祖，杀猪宰羊，斋戒沐浴。除夕和大年初一要祭先祖。宋明以来，由于宗族观念和宗族行为的加强，一般的士大夫家中就设有家庙，原来庙不在家里面，贵族才有，现在自己家里设有家庙，上面就供着先祖的神位，在祠堂中也有本族的祖先神位，到过年的时候要祭祀。在正月初一的早上，先拜天地，再拜祖先，春节期间从正月初一到初五，每饭必祭祖，有些地方除夕的下午就把家谱摆上，把祖先的像挂上，把祖先的牌位拿出来，有的把家谱摆出来祭祖先，如果不在家中祭祀祖先，还要到墓地去给祖宗上坟、拜年。

地区祭祠堂和祖先的牌位这些习俗广东人丧失的最少，而北方的中原地区，包括我所在的长江流域，就很少了。

祭天神，正月的时候天子要祭天，当然古代社会普通老百姓没有资格。

"喜神"是现实中没有的一个神，是中国民间想象出来的一个吉祥神，他是非常抽象的，也没有固定的庙宇。但是各种礼俗，如婚礼、新年都要敬这个神，但是又不知道他的具体方位，神秘莫测，于是通过各种方法占卜，把他占出来。有一种黄历，可以通过它推算喜神在什么方位。北方人正月初一出门的时候一定要看喜神，朝喜神的方向选一块空地，烧纸、焚香、点爆竹、迎喜神。南方人正月初一的时候迎喜神，叫做"出天方"或者"出天行"，在清晨的时候迎着喜神的方向供奉茶果、燃香、焚纸，用火把照路，把喜神引到家里来。

拜年，依古代的传统，有朝贺，就是诸侯、大夫在正月的元旦早晨给皇帝拜年，朝见以后，宫中要置酒，大饮。东汉时期皇帝和皇后还要设大宴会，还要有歌舞表演。后来演变成民间的拜年。

明清的时候官场流行"望门投帖"或"具柬"，因为京城有很多大官的宅子都是豪宅，拿着名帖一家一家去拜，甚至不认识的人也去拜，书写上自己的姓名和吉祥话。贵族之间不亲自上门，但是派仆人去送"具柬"，这叫做飞帖。平民过年的时候要祭祖，家里人要互相拜，从尊长开始拜起，拜完之后出去给邻里、给近亲、给朋友拜年，拜年的次序当然是由内及外，由近及远，由老及少，一般是正月初一拜宗亲，正月初二拜姻亲、邻里。

腊月小年祭灶之后，到除夕之夜，通过铜镜来占卜，这是一种专门的占卜习俗，叫做"镜听"，又叫做"听响卜"。先找一个铜镜，用丝绸袋子把它装起来，到灶神的旁边，双手捧着镜子，不要让人家听见、不要让人家看见，然后念咒，念几遍，咒语是"并光类俪，终逢协吉"。拿着镜子出来，听人的话来定吉凶，随镜所照，碰到某人，他讲的话可以预兆当年一年的吉祥。

还有一种特殊的习俗叫"破五送穷神"，古代人相信，一年不顺利是因为有一个穷神在身边，要想办法把这个穷神赶走，通过爆竹、焚香、祭祀把它赶走，所以放爆竹有一层含义就是送穷神。

"人日"这一天，人们用纸剪成一些人形，男女老少都把它戴到头上，这个叫做"人胜"或"代胜""春胜"。人们把剪出的人的形象作为礼物互相送，这种习俗在南朝的时候就有。吐鲁番的唐墓里出土了七个人形的剪纸，这个可能就是唐代的人胜。人日要吃"上七羹"，就是七种蔬菜做的汤菜，客家人现在还保留着这一好习惯，吃了上七羹，大大小小开始做营生，就不能再游玩了，休闲的日子就结束了。

中国古代的岁时还有所谓"三元"，正月十五为上元、七月十五为中元、十月十五为下元。上元就是元宵节，在这一天要祭门神和户神，要迎紫姑，又叫做厕神、茅神，据说她是小妾，被正妻嫉妒杀死在厕所，她可以保佑桑蚕的丰收。民间有所谓的扶乩迷信，扶乩是拿着罗盘、塞盘，上面两个小孩扶着，在米上面写出来的字，扶乩迷信的神就是紫姑神。

上元节的娱乐，就是围绕火而展开的一系列活动。元宵节有观灯的习俗，"灯"和"丁"是谐音，因为正月十五是求子的节日，所以要请灯、摸门丁。

围绕立春而展开的一些活动

春节最初的时候是从立春开始的。历代皇帝都重视农业生产，因正月元日和立春很近，所以立春成为春节的一个组成部分了。在立春的前两天，皇帝要亲自耕一下地，大臣们也跟着象征性地做一做，表示今年全国农业生产的开始。这一天要行祈谷礼，这个礼叫做籍田礼。

立春有一个重要的活动。从冬季就开始了送寒气的鞭打春牛活动，因为最后一个月属于子丑寅卯的"子"，丑是丑月，丑月和牛有关系，所以要把寒气送走，叫做送牛，迎来春气。春天是青颜色，夏天是红颜色，秋天是白颜色，冬天是黑颜色，穿着青色的衣服，插上青色的旗子，用土做的雕塑，把牛雕塑在门口立着。到十二月为丑月，鞭打牛形的雕塑——土做的牛的雕塑，一直到立春的时候才打坏。南北朝的时候，官府的门口都立着土牛，到隋唐，官府举行这种礼俗的时候，在官府门口，除了土牛以外，还有耕田的农夫和农具的雕塑。在立春这一天，就用缠绕丝带的杖鞭打彩色的土牛雕塑，打碎以后，大家把打碎的土块抢回去，叫做"鞭春牛""鞭春""打春"。这是一个很有意思的活动，也是非常热闹的活动。送寒气的鞭牛仪式表示一年春天农事的开始。大人和小孩都哄抢这些打碎的土块，认为抢回去的土块很吉祥，会保佑粮食丰收，养蚕丰收，所以抢春的仪式非常热闹。把这些土块抢回来之后当作礼物赠送给大家，也有泥塑的小牛送给大家，男人们打春牛、鞭春，女人们头上戴着春胜（人形的剪纸），小孩和老人就吃些果子，叫咬春，也就是吃春卷、春饼。

新年要穿新衣，表示祭祀的时候要虔诚。还有春幡，现在一般认为幡应当是一种旗帜，汉代的时候出现了春幡，简化为一种彩色的条扎在头上。后来幡和旗就合为一体了，在唐宋的时候剪的形状有春虫、春钱等戴在头上，叫做"春幡胜"。

饮食方面，要吃"椒柏酒"，汉代就有，据说是用花椒的花与柏树叶子一起清泡，制作的一种绿色的香酒，后来演变成为"屠苏酒"。宋代的诗写道："日出高时到老夫"，喝屠苏酒一直喝到太阳老高了才轮到我喝，说明子孙很多，从曾孙开始喝起，四代同堂，最后太阳老高了才喝到他，说明家里人丁兴旺。

辟邪和禁忌

红色和桃树一样，是中国古代用来驱邪的。古代所有的地方都有朱砂，朱砂本身也是一味中药，它有驱邪的功能。

鞭炮，鞭炮是通过声响来驱邪，最初是通过竹子，把它放在火上烤，烤到一定温度的时候，把这一节竹子往地上打，它就会响。火药的发明是在宋元以后了，后来用火药做成了爆竹，然后把这些爆竹编起来、用绳子串起来，叫鞭炮。

春节期间有各种游戏，如跳丸、跳索、击鼓传花、博戏、藏钩，古代有各种娱乐表演，有说书、舞狮、口技、傀儡（木偶戏）、歌舞、杂剧等等。

春节期间的禁忌和口彩是大家特别在意的，通过谐音来讨口彩，如百事吉是柏树、柿树、桔树合在一起，广东的春节期间送桔树，这是很好的年俗，桔和吉是谐音。现在还有很多人吃荸荠，"荸荠"和"必齐"谐音，"元子"和"团圆"谐音，还有"豆腐"和"兜富"谐音，"豆干"在有的地方话里和"大官"谐音，"韭菜"和"长久"谐音。

还有各种禁忌。不能说"鞋"、不能说"穗"，"穗"和"作祟"的"祟"谐音，不能讲放炮，放炮是放完了，这都是要失财的。如果说不吉利的话，当然会说童言无忌，大吉大利。

对春节文化的思考

中国文化最核心的承载地就是中国大陆，也就是中国文化发源和发展的地方，现在却产生了对春节的危机感，越来越多的人感到过春节年味不足了，剩下的只是吃吃喝喝、看春晚、拜年这几件事。于是，学术界、舆论界就开始呼吁要想办法保护春节习俗。2006 年，在公布的第一批国家级非物质文化遗产名录中，已经包括了春节、清明、端午、七夕、中秋等中国传统节日，其中，春节被排在第一位。

从整体上来讲，我们并没有那么悲观。随着华人在世界各地活动范围的扩大，春节文化必然与其他中国文化一样，更广泛地影响世界，成为一个传统性与现代性合一、高雅与娱乐合一的华人盛事。

第一，春节是一个开放、发展的节日，不太可能用某种形式将它完全固定下来。从先秦、汉唐到宋明各代，春节文化是围绕岁末、岁首和立春而展开的一系列礼俗活动，它是逐渐形成的，而且后代与前代的春节活动也有很多不一样，既有消失的内容，又有增加的内容，把春节活动内容完全固定下来的想法固然是不错的，但是难以实现。比如，30 年前春晚不可能成为中国春节的核心内容，10 年前手机短信拜年、E－mail 拜年也很少见，现在却成了一个普遍的新年俗。所以不必要过分担心今天春节文化所谓的衰落，随着时间的推移，可能会演绎出更多的新元素，而随着时间的推移和空间的变化，各个时代、各个地区的人也会为这个年俗赋予新的内容，如广东送桔树的概念。所以各个地方的年俗有差异性，这也是必然的，我们不必为此搞统一规划。

第二，某些不适合现代社会的内容，被自然淘汰是不可避免的，但重要的是我们要尽量去挖掘传统年俗中适合现代社会的内容。中国古代是一个农业社会，与中国其他传统节日一样，春节礼俗也是以农业社会的生产、生活为基础的，与当代工业和后工业社会的背景是不一样的，这是不容回避的。因为时代不一样，有些东西会丧失，也不可能完全恢复，不要为此而悲伤。比如，旧时过春节之所以吸引人，很大程度上是由于以吃、穿为主线，吃美食和穿新衣是物质匮乏年代的美好憧憬和真实记忆。但是现在的城乡百姓，每天都是衣食无忧，这二者的吸引力必然丧失，所以春节的核心内容已发生转换，古代春节的其他内容，如酬神就意味着感恩，感谢百神尤其是先祖对我们人间的庇佑，我们今天仍然应当对祖先深怀敬畏，而不是像 30 年前一样，把敬畏祖先当作一种封建余毒。现在应该增加对祖先的敬畏，敬祖是中华民族的传统美德。而且年终岁末花一些精力去感谢生活在我们周围的师长、同僚、朋友、亲人也是非常必要的。

至于春节的娱乐功能，在现代社会生活中更是必要的。在快节奏、高效率的压力之下，人们更需要休息、休闲，现在春节放假时间一般为7天，很多人呼吁应该延长。

至于亲人团聚的功能，这是春节永恒的主题，古今都一样，今天只不过是形式发生了改变，可以乘飞机、乘火车，无论天气、距离和物质条件如何，远在万里的子孙都要回到亲人、父母身边与亲人团聚，核心的东西没有改变。

第三，说到拯救春节、加强年味，我们认为可以通过某些复原和创造来实现，来强化春节的文化形象。中国用公历纪年，不到100年的时间，农历的生活节奏在中国人尤其是广大农村的生产生活中，仍然被广泛运用，这些文化的记忆并没有中断，复苏起来并不困难。

比如，有学者提出创设春节标志物，就是一个很好的想法。具体用什么作为春节标志物呢？我们认为不妨把鞭打春牛作为其中一项。牛是中国传统社会、农业社会的要素，当然他们鞭打春牛是和春耕有关系的，但是我们今天又可以赋予其新内涵：经济（股市）当然追求牛市而不要熊市；牛的吃苦耐劳、踏实勤奋精神也值得大力提倡；鞭打春牛的习俗，非常热闹，可以以之为突破口，带动年俗其他活动的复兴，作为更大的娱乐习俗。因为我们现在找不到一个娱乐习俗把人团聚在一起，同时融进一些现代元素，形成中国特色的新元素。

再如春幡、春胜，今天也已经演变为剪纸之类的装饰品了，但是规模太小，仅仅只有剪纸，节日的气氛还不足，能不能把某些只有春节才出现的装饰加以强化，增添它的气氛呢？

总之，我们并不担心春节的消亡，相反，随着中华经济、政治和文化实力的进一步加强，春节可能会有更广更深的影响。但这并不意味着我们没有担忧，我们忧虑的是传统社会遗留下来的某些春节旧俗会渐行渐远，会被青少年淡忘。为此，我们可以通过春节旧俗的复原、再造，来加强"年味"，实现春节文化的推介和弘扬。

民俗与新田园城市

陈可石

陈可石

北京大学教授、博士生导师，
北京大学中国城市设计研究中
心主任，城市规划与设计学院
副院长，香港中营都市与建筑
设计中心总规划师。主要作品：
《城市设计与古镇复兴》《城市
设计晴朗的天空》《城市的想
像》。

　　民俗是文化传统中不可或缺的内容。城市没有了民俗，就缺失了
底蕴；城市没有了文化，就失落了灵魂。民俗需要人来传承，如果城
市规划中忽视了人的存在，建立的城市将会是精神荒芜的沙漠。早在
19 世纪末，英国埃比尼泽·霍华德就针对英国快速城市化所出现的
交通拥堵、环境恶化等城市病，提出了"田园城市"的概念。

　　置身于历史的时空，生活在历史的隧道里，这就是民俗的意义。
城市设计就是设计城市。城市规划是一项工程，所以城市规划师又是
工程师，我希望把艺术、人文的关怀带进城市规划中。

本原：城市是民俗的舞台

留学时，我才开始研究民俗。留学之前，我在清华大学研究古建筑，看了我国大部分的古建筑景点和传统村落，但是并没有感受到民俗就在身边。直到有机会到英国留学，才被传统民俗深深感染。

在英国的六年时间，我接触了很多和民俗有关的东西。可以说，西方文化很大一部分是通过民俗来传承的，所以在英国，人们会被一些民俗所包围。要了解那里的文化，就必须深入当地的民俗当中。英国的城市，就像一个民俗大舞台，很多民俗节庆都和城市有很大的关系。他们很珍惜历史文化传统，把广场、街道作为非常重要的城市空间。同时，也把这个公共空间作为城市最重要的部分加以保留、完善。

民俗体现在英国人生活中的方方面面。比如，在爱丁堡，他们通过节庆、建筑等，在物质和非物质方面都以很强的力量传承着民俗。在那里，民俗也有很灵活的表现形式，如街边的演出。

我曾有机会到法国、德国、西班牙等国旅行，印象最深的就是各地的传统民俗。比如，西班牙的弗拉门戈（Flamenco），晚上，在各个城市广场，女孩们都盛装跳着弗拉门戈。有一年春天我到意大利，同车的女孩说一定要我去他们的广场，我就跟着她去了。那天是很特别的节日——感恩节，小镇上有游行，大家都非常欢快。

在爱丁堡，给我印象特别深的民俗，还有 TATTOO 军乐节，各个国家的军乐队都在城堡前演出。有一年，我国的军乐队也参加了演出。但是回国后这么多年，我也没有再看到过我国的军乐队演出。我们的很多传统民俗没有一个舞台，城市把为民俗设置舞台的责任遗忘了。城市现在很重视生产，重视发展经济，但是忘记了一个城市更应该有文化的存在。人们生活在城市里是寻找幸福的，而民俗正是文化的载体。

爱丁堡有一条街叫皇家麦尔大道（Royal Mile），大家在新年的前夜，在新年钟声敲响几个小时前就集中在这里。当新年的钟声响起时，你可以吻任何一个人，而且不会被拒绝。这个民俗在 500 多年前就开始了。后来，我在爱丁堡举办了一个水彩画展，所有来参加美术展的人都着盛装，这种风俗是潜移默化的。我在欧洲生活了很多年，很多看法受到欧洲文化的影响，包括民俗。我很乐意接受他们很多好的传统，如圣诞节，就像贝多芬的第九交响曲，大家亲如一家，庆祝岁末。

中国和西方的传统民俗有很多共同点，如节庆、婚礼、生日。人类都在共同追求一些东西。在英国很少听到革命性的言论，他们的文化发展很注重传承，传承好的东西需要慢慢演变。民俗还包括礼仪，如毕业典礼，这种西方礼仪现在也变成了我们的一种现代民俗，清华大学、北京大学也引进来了，所以说民俗不一定非要是中国的。

我作为城市设计师，从美学角度来思考，民俗可以说是农耕文化盛开的花朵。农耕文明当然有辛苦的时候，受自然因素的影响很大，但是农耕文化也有庆典、有收获。在这种自然发展过程中，农耕文化培育了它的民俗。民俗是农耕文化的优点，它体现了很多美好的愿望，如剪纸。人们有一个完整的世界观，这个世界观造就了很多美好的文化现象，就像我们所说的福禄寿喜、天人合一等，都体现了一种世界观。

我们现在慢慢意识到民俗的重要性，如北京的庙会，还有泼水节，很美，是对美好和幸福的祝愿。西藏的一些民俗也非常让人震撼。舞狮则是我国公认的民俗庆典活动。另外，民俗中还有很重要的更高层次的升华，如戏剧。

民俗带来的文化影响，远远超出我们的想象。我曾花了很长时间研究"古典希腊时代"，也就是公元前 500 年到公元前 400 年这段时间的艺术文化。西方的文化艺术，包括民俗的根基很多都在这里。雅典卫城帕特农（Parthenon）神庙里有一组浮雕，记录了古希腊时代每 4 年一次的泛雅典娜节，举行这个庆典时，所有希腊城邦国家都会来到这个地方。古希腊庆典中还有每 4 年在奥林匹亚举办一次的运动会，发展到现在是每 4 年一次的奥林匹克运动会。从那些浮雕中，我们可以认识当时的很多习俗。古希腊神话也是对民俗的演绎，对后代产生了深远的影响。

在欧洲，民俗和城市能很完美地结合在一起，因为城市保留了传统，和民俗很吻合。最著名的就是每年四五月份举办的威尼斯龙舟节，它与500年前的龙舟节相比几乎没有改变，船和周边的建筑都几乎一样。而我看到报纸上介绍的深圳龙舟节和香港的龙舟节，感觉环境就有一点牵强。

一个城市如果有传统，就能让城市变得鲜活。市民希望能够参与到城市活动中，游客也希望有活动在这个城市出现。西方复活节已有很长的历史，大家都戴着面具，像这些场景，在欧洲、北美我们都能够找到。我也希望能在深圳找到这样的场景。深圳是一个滨海城市，如果有这种生活场景，民俗就会产生。民俗需要场景来演绎，我也希望在各个城市创造一种具有文化传统意义的城市场景。

背弃：快速城市化遗失了民俗

美国芝加哥有一个市民中心，人非常多，那里有音乐会、露天剧场等很多活动。一个城市，特别是广场，就是要提供给市民活动的空间，如庆典、文化活动。

中国是全世界少有的重视民俗、重视城市文化的国家。但让人感慨的是，在有如此深厚民俗传统的国家，为什么现在的城市规划却和我们的文化传统背道而驰？在宋代的小说和画作中都再现着一个世俗的丰富文化传统社会，大家都享受着生活，皇帝是艺术家，官员是诗人、词作者。从《清明上河图》里，我们可以看到那时的城市、那时的空间、人和人的关系以及世俗的繁华。可以说，我们有非常丰富的文化传统，只不过现在被我们遗忘了。曾经所有的西方国家都非常羡慕中国的文化传统，现在我们反而羡慕它们的文化传统。传统的民俗是建立在城市空间之上的，我们现在要找回自己的文化传统。我特别找了一张清代皇帝大婚庆典图，庆典的场所是在太和殿，那是一个非常隆重的场合。

　　历史有时是非常遗憾的。当然，我是从美学角度来谈这个问题，绝对不是要改变历史，历史是不可改变的。现在我们正走在回归的路上，但是回归的路走得很慢，回归的舞台也存在问题。

　　工业文明推动下的快速城市化背弃了农耕文化的优点。我们的城市很伟大，北京、上海、广州、深圳都是伟大的城市，但是快速的经济增长后，我们得到了什么？我们的传统文化体现在什么地方？这是很普遍的一个问题。我们在这样一个空间里工作、生活，但是我们有没有民俗和节庆活动，有没有让我们感觉到生命更有价值的东西？

　　我们有伟大的城市、伟大的地标，但是这些钢筋混凝土让我们远离了田园。人们的精神被扭曲了，行为被城市规矩化了。车在我们面前横冲直撞，马路越来越宽，人越来越渺小。马路越宽，越堵车，这是现在中国很普遍的城市现象。在很多城市，人没有办法步行，没有办法从这个地方走到那个地方上班，这违背了人们的愿望和生活目标。人们来到城市寻找幸福，却走上了相反的道路。城市规划中就存在类似这样的很多问题，有很多教条。城市应该是为人服务的，应该创造宜人的空间，应该有民俗。我们要做庆典，要参加城市的活动，可是现在大部分的城市都非常奇怪，什么活动都不开展。当然，这可能是我们城市发展的一个过程。

融和："新田园城市"达成民俗与城市的和谐

　　民俗是农耕文明开放的幸福欢乐的花朵，我们要像欣赏花朵一样欣赏民俗，要继承伟大的传统文化。工业文明推动下的快速城市化背弃了农耕文化的优点，特别是在目前中国的城市建设当中，这个问题尤其突出。

　　前不久我和成都的一个艺术家讨论，他说成都"女红"非常著名。我一下听不懂什么叫"女红"，实际上是刺绣。作为人文地理学的博士生导师，我都不懂女红，我觉得我们的文化传承非常危险。

　　1948年，巴黎和北京处在同样一种状况，当时都面临新的建设，但是之后一段时间，老北京的一些特色就消失了，老巴黎则保留了下来。

我们希望能建立一种工业文明和农业文明相结合的城市文明，更主要的是我们要注重人与人的和谐，人与环境的和谐，而民俗是很重要的桥梁，是通向幸福的桥梁。在未来的城市规划中，我们不需要把农耕文化排除在外。现在的城市距离农耕文化已非常遥远。我的小孩5岁了，没有见过猪。我很警觉，后来我就带着他到农村去，专门去看了一次猪。

现在我们希望创造一种"新田园城市"。什么是"新田园城市"？它应该是一个未来人类生存的理想空间，大家在这个空间里首先是人与人的和谐，然后是人与环境的和谐。

蒙田说："除了活着并快活着，我没有别的追求。"实际上这正是中国人的想法——活着并快活着。从城市规划的角度看，德鲁克的说法或许更给我们以启发，他说："衡量一个民族的精神状态，基点是这个民族在生存空间开发方面所体现的想象力，空间想象力表现世界。"我们的民族要想走向复兴，要想更加繁荣，城市的规划建设就应该迈向"新田园城市"。

回归："田园城市"倡导城市与农村的结合

中国人血液里流动着很强的传统观念，如春节大家一定要回家，这是西方人所不能理解的。在一个城市，我们一定要创造能继承中国民俗、中国传统和中国生活方式的空间。所以我们提出"田园城市"的理念。

"田园城市"不是一个新的理念，它最早是英国社会学家埃比尼泽·霍华德提出的。在英国城市化、工业化发展很快的背景下，城市非常拥挤，犯罪率很高，可很多人还是要来城市生活，可是农村很好，很安全，为什么大家要放弃农村？农村有农村的问题，所以，能不能把农村和城市的优点结合在一起？埃比尼泽·霍华德于是提出"磁铁理论"，思考工业化把农村人吸引到城市，有没有另外一种力量把农业的文明也吸引过来。由此，他在 19 世纪末提出了"田园城市"的理想。

在英国，我首先找到的田园城市是剑桥。剑桥是一个非常伟大的田园城市，民俗被很好地承传下来。剑桥有剑河，每一年剑桥大学和牛津大学都有划船比赛。伦敦也是田园城市的典范。在伦敦，一个公园挨着一个公园，你可以从任何一个地方步行到另外一个地方。

为了创造宜人的城市空间，我们需要回归。在昆明的新城规划中，我们就提出了田园城市的意向，建成后可能比伦敦还要宏伟。最近，我们在做成都周边 5 个区、县、市的规划，提出了"旅游功能区"的概念，在城市的旁边，把整个龙泉山做成一个休闲度假产业带。我们还提出要恢复节庆，把 86 个节庆放在龙泉山一带。

我们在其他城市也做了一些田园城市的规划尝试，如珠海新城、富春江边上的杭州新城。在成都，我们曾把一个废弃的国营电视机厂改造成音乐城。

过去一年，我主要是出任汶川新城水磨镇的总设计师。这个规划贯穿了我们一直坚持的文化理念和环境理念，也获了很多奖项。当时提出这个规划时，要从农民那儿买下农田，挖成一个湖，很多人就有意见，但我们坚持认为新城就应该有新的概念——环境的概念、文化的概念，像古时候的村庄是有开阔的空间和湖泊的。现在湖已经建成了，还受到了很多好评。这个规划中最重要的是我们建了一条老街。之前一些灾民把老街拆掉，自己盖新房。我们觉得如果把这条老街恢复起来，就可以发展旅游，成为可持续发展的支点。当时也有很多人不让干，因为要把混凝土结构恢复成木结构，后来也是做了很多说服工作才成。恢复后的老街有一个戏台，是我们根据从四川文史馆档案里找到的一个清朝的戏台设计的，戏台搭起来了，很多节庆和民俗活动就可以在这里开展。

作为城市设计师，有责任在城市创造一种融文化、艺术、节庆和民俗为一体的场景。可惜现在很多设计师没有这样的理念，没有人文关怀。我们在做一些景观建筑的时候，很多人也持不同意见，做出来后大家才知道这个非常重要，因为传统文化是一个城市的灵魂。这些实践给我们一些启示，就是通过观念的改变，包括设计师观念的改变和政府官员观念的改变能够使我们的城市变得更好。

我们现在正开始做成都附近洛带古镇的规划。从传统的文化形式进行设计，里面有传统的文化广场，如果没有这些，就没有文化的传承场所。我们还改造了一个街道，街道改造完之后就有很多诸如传统婚礼、会议、舞龙和戏剧这样的活动可以在这里举行。通过这些规划，一方面民俗和传统文化能够传承，另一方面也创造出与民俗相结合的城市空间。

在都江堰的一个规划中，我们坚持一定要把这个城市做成有文化传承的空间，不单纯是一个钢筋混凝土的城市。人们生活在一个物质的世界，但更重要的是能够生活在一个精神的世界，精神的世界需要依托物质的世界来演绎，这就是我们的城市规划现在需要着力去做的。

我在很多实践中推广这样的规划理念和思路，但并不是设计师推广的理念就会被接受。一些官员希望能够推动城市文化传承，推动城市环境发展，另一些官员则更关注经济的发展，解决交通问题，解决土地利用问题。我们目前很大的问题就在于对城市规划的定位。城市规划中更重视城市的"建"，使城市变得很堆砌，变成一种土地利用的结果，而不是一个考虑文化的策划，很难提升到民俗文化传承的高度。

周　易

——天人之际

王　博

王　博

北京大学哲学系主任、教授、博士生导师，国家新世纪优秀人才。1999～2001 年两次成为哈佛燕京访问学者。主要研究古代中国哲学，主要作品：《老子思想的史官特色》《简帛思想文献论集》《易传通论》《庄子哲学》。

经典是什么

可能是天意，上次来文化大讲堂的时候恰巧是"母亲节"，这次赶上了"父亲节"。上一次，我在这里向很多母亲们问了一声好，今天同样向在座的与不在座的父亲们说："父亲节快乐！"

父亲是一个怎样的人？有同学说，父亲是这个不太靠谱的世界里最靠谱的那个男人。有朋友说，父亲是山。另外还有同学说，父亲代

表一种安定感。父亲还会提供给我们怎么去理解这个世界、怎么和别人相处的知识。

（一）经典是民族的"父亲"

我们这个民族也有共同的"父亲"，那就是经典。它代表我们的历史和传统。《诗经》《尚书》《仪礼》《乐经》《周易》《春秋》，是我们民族最重要的经典群，一般称之为"六经"。

每一部经典都从不同的侧面和不同的角度展示了对世界的理解。《诗经》让我们进入情感的世界，看到祖先的喜怒哀乐。"关关雎鸠，在河之洲。窈窕淑女，君子好逑。"当你遇到一个喜欢的女子，就会失眠，这就是情感。失眠之后怎么办？《诗经》说"琴瑟友之"，琴瑟与礼仪相关，礼仪是节制情感的。有情感，有礼仪，这是《诗经》的世界。

《尚书》是中国古代红头文件的汇编，从中可以看到关于尧的记载，关于舜的记载，看到他们怎么治理这个国家。《尚书》里有非常有趣的文字，如《酒诰》就是中国历史上第一篇戒酒文告，是由官方出面发布的。一个政治的世界就此展现出来。

《仪礼》带给人们一个规矩的世界，提供了各种各样的行为规范。《乐经》表现的是情感的中和，我们可以看到节奏忽刚忽柔，也从中看到一种和谐的力量。《春秋》则会带我们进入历史。

不同的经典就是这样从不同的角度进入我们的生命里，从情感、政治、规矩、历史等方面影响着我们。《周易》也是这样，揭示出我们生命中另外的一个维度，这个维度就是天和人的关系。

（二）经典是生活的典范

经典是一种历史和传统，也是一种对生活和世界的理解，换句话说，经典就是生活的典范。"经"就是"常"，平常和恒常的东西。生活需要法则，因此经典离我们并不遥远。你会敬畏经典，但同时又会产生亲近的感觉。它就是关于生活的教导知识，引导我们去思考生活，作出比较智慧或者正确的选择。

比如《周易》，可能很多人没有读过《周易》这本书，但是没关系，生活中有很多同《周易》有关的事物，如太极拳、八卦掌、八卦新闻等等。很多人的名字也跟周易相关，举两个最熟悉的，蒋介石和毛泽东的名字都是。"介石"来自《易经》第十六卦豫卦，六二爻辞："介于石，不终日，贞吉。"后面的象曰："以中正也。"这就是蒋介石名和字的出处。毛泽东字"润之"，《易经》里说"鼓之以雷霆，润之以风雨"，又说"雷以动之，风以散之，雨以润之"。

不仅是名字，一座城市的结构也会与《周易》相关。北京故宫的建筑，南边是太和殿、中和殿、保和殿三大殿，北边是乾清宫、交泰殿、坤宁宫三宫，名字都与《周易》有关系。而整座北京城，天坛在南，地坛在北，日坛在东，月坛在西，如果了解一些《周易》，你就会知道为什么是这样的安排，因为北京城是《周易》的物化之城。

经典是如此活生生地存在于我们的生活之中，它是离我们非常近的一种力量。

《周易》说了什么

相信很多人谈到《周易》，一定会想到算卦。这本书最初就是算卦的书。算卦的实质，是相信有一种力量在支配和决定着人的世界，这种力量可以称之为天，或者鬼神，或者其他。算卦是想要了解这种力量以一种什么方式来作为。

如果仅知道《周易》是一本算卦的书，那就太不够了。《周易》是把天和鬼神理性化了的。在《周易》的世界里，天和鬼神并不是不可把握的存在，而是变成了一种道理，这种道理通过阴阳和其他东西可以表现出来。

（一）天、地、人：人在天地中生存

《周易》首先告诉人们的，是"三才"的世界观。"三才"即天、

地、人。在《周易》看来，世界是立体的，这个世界是人在天地之间的一种生存。有时候，我也会把这个世界观看成是"人在天地之间求生存"。人的命运，就是在天和地的夹缝之间来寻求生存的。

大家看"王"这个字，很简单的，三个横一个竖。按汉代人解释，意义很伟大：最上面这一横，代表的是天；中间一横代表人；最下面一横指的是地；中间这一竖，代表天地人的贯通。我们写王的时候，中间这一横一定是短的，这就是人对自己的觉悟：在天地的面前，人什么都不是，不应该有那种很了不起的想法。

与之相类似的理解，在很多地方都有体现。例如，每个人的头部都可以看成一个世界，额头称为天庭，下巴是地阁，之所以称上唇正中凹下的部分为人中，指的就是"人在天地之中"的意思。人们常说鼻梁丰隆是吉相，就是把鼻梁看成"王"字中的一竖。

依照这种理解，人要想更好地生存，应该怎么样？显然不仅要处理好人与人的关系，还必须处理好人和天地的关系。

我们来看《周易》六十四卦中的第一卦——乾卦。共有六爻，下面的两爻代表地，中间两爻代表人，上面的两爻代表天。在《周易》里面，中间的两爻是最凶险的位置，也就是人的位置，因为人在天地夹缝之间生存，是很无奈的。人们在世上生存，感到更多的是一种天和地的压迫，天地带给人们一种生存艰难的感觉。《周易》里面最好的位置是二和五，二属于地，五属于天，并不属于人。在《周易》看来，最怕的是三和四。三爻很危险，因为上不在天、下不在田，好比在夜里前不着村后不着店。如果一个人，领导不喜欢，下属不喜欢，同事也不喜欢，就可以说是上不在天、下不在田、中不在人，这应该是一个很悲惨的生命。因此，《周易》特别要求，人必须要去了解天地到底是什么，在了解的基础上，达成"天人合一"。

《周易》中说过一段非常精彩的话，我常常要求学生背下来。"夫大人者，与天地合其德，与日月合其明，与四时合其序，与鬼神合其吉凶。先天而天弗违，后天而奉天时。天且弗违，而况于人乎？况于鬼神乎？"各位，这样一个人是怎样的一个人？这样一个人该是我们一般讲的顶天立地的人。这样的追求是很高的追求，人们经常说要顶天立地，基本上是顶不到天的，如此"大人者"是很难实现的。不过没有关系，至少这是一个方向，告诉我们如果人要很好地生活，就要处理好与天地的关系，处理好人与人的关系。这就是《周易》的世界观。

（二）卦与爻：卦象交通天与人

《周易》有时候讲起来比较困难，因为它是一个"象"的世界。中国人经常讲气象，看人的气质、看人的内心表现在形体的"象"。

《周易》中的"象"，讲的是整个世界的存在结构。在《周易》看来，这个世界就是一个"象"的世界，就是它们所象征的背后那些各种各样的现象。

《周易》的内容，可以简化为一个中心、两个基本点、三个代表：一个中心就是象；两个基本点，一个是文字，一个是意义；三个代表就是天、地、人。其中，象是核心，它体现着文字背后的意义。

《周易》的象大概可以分为三类。一类是六十四卦，另一类是八卦，第三类是爻。我们讲八卦，乾是天、坤是地、震是雷、艮是山、离是火、坎是水、兑是泽、巽是风。八卦的卦象不就是一个世界吗？说爻，阳爻阴爻，就是这两个小玩意，组合成八卦、六十四卦，错综复杂，万变不离其宗，所有的卦象都是阳爻和阴爻不同方式的组合。这让我觉得交朋友是很重要的。你看，就这么两类人，不同的组合就决定了不同的结果。《周易》的卦象如果细细研究起来，是非常有魅力的。

先来看这个卦象。它很特别，中间是四个阳爻，这个卦象叫大过卦。为什么叫"大过"，就是说太过分了。如果把阳爻和阴爻比成男孩和女孩，你看，这是两个女孩把四个男孩给绑架了，是不是太过分了？或者是六个人去爬山，四个男孩在中间，被两个女孩保护着，是不是很过分？

再随便取一卦，也是很有趣的。大家可以感受到，经典其实是非常鲜活的。本卦是一个阴爻，上面有五个阳爻，你可以看成是一个女人扛起了整个世界。这个卦象叫"姤卦"，说这个女人太壮了，千万不要娶她。但是如果反过来，下面一个阳爻，上面五个阴爻，这个卦叫"复卦"，"出入无疾，朋来无咎"，通泰吉利。《周易》的世界里多少有些重男轻女。

再说一个非常重要的卦，卦的名字是谦虚的"谦"。谦卦是五个阴爻，当中一个阳爻。六十四卦是两个八卦的组合，谦卦下面是八卦中的艮卦，上面是坤卦。艮是山，坤是地，山跑到地的下面去了，地中有山，不是因为谦虚是因为什么呢？这就是我们古人的解读。同时我们也可领会到，谦虚不是什么人都要具备的——谦虚要有资本，前提为你已经是座山，如果你不是山的话，更重要的是应该昂起头。

还有一个非常有趣的卦象名为"咸"。下面是艮，上面是兑。艮是山，兑是泽。八卦是可以看成一个大家庭的，有父母和六个子女，乾是父亲，坤是母亲，震是长子，艮是少男，兑是少女。如此理解，咸卦是少男和少女的对应，是山和水组合。"咸"就是"感"，《红楼梦》里贾宝玉第一次见到林黛玉就说这个妹子以前见过，这就是"感"。这是表示爱情的一卦。属于人的爱情总是短暂的，但是属于山和水的爱情是永恒的，没有水的山缺乏灵性，没有山的水没有依靠，这是大自然的爱情。爱情是动的，"感"就是感动。

最后一个例子，有一个成语叫"否极泰来"，泰卦和否卦是什么样？如果上面是坤卦，下面是乾卦，为"泰"；上面是乾卦下面是坤卦，为"否"。我们知道乾是天，坤是地，地在天的上面为"泰"，是不是搞反了？理解后会感到很简单：当我们看到的是一个天尊地卑的世界时，其实那是一个死气沉沉的世界，在上的永远在上，在下的永远在下，这个世界是没有生机和创造力的，所以为"否"。就好比一个领导高高在上，看不到一个真实的世界，老百姓仅仅是老百姓，这个世界就不和谐。天在下面，地在上面，就是领导深入群众之中，这个时候，才有一种真正的沟通，所以是"天地交泰"。

在《周易》里面，文字是次要的，"象"是比语言更可靠的东西，因为"象"是通天的，"象"是沟通天和人的中介。

（三）阳和阴：资始资生一个世界

学《周易》不能不讲阴阳。前面说过，整个六十四卦的卦象，最后归结起来无非就是阴阳二爻。

《周易》的"易"字，有三层含义：第一是"简易"，第二是"变易"，第三是"不易"。什么是"简易"？《周易》告诉我们，世界尽管是错综复杂的，但归根到底是很简单的：这个世界就是昼夜，就是天地，就是男女，就是阴阳，是很简单的东西。所以，阴阳实际上代表着《周易》对世界的理解。

在《周易》看来，这个世界是两片的，这个世界都是阴阳来成就的。就好像上次来是母亲节，这次是父亲节。每个生命都是有阴阳的，就好像在我父亲面前，我就是阴，我是他儿子；在我女儿面前，我就是阳，我是她父亲。这就是《周易》看世界的方式，整个世界就好比卦象，六十四卦的卦象除了两卦外都是既有阳又有阴，是由阴阳组成的世界。

乾坤两卦，分别是纯阳和纯阴，两个纯粹的东西，并不是真的存在，世界上没有纯阳和纯阴的。《周易》讲一阴一阳，不是绝对的阴阳两片。阴阳之间必须斗个你死我活，不是《周易》，《周易》需要的是一种阴阳的秩序与和谐。那是一个阴阳共享的世界，是一个男人和女人共享的世界，是一个有权力的人和没有权力的人共享的世界。当然，共享不代表着就是一边一半，而是有主有从。

《周易》看吉凶，最大的依据就是看阴阳的关系。如果是阳主阴从，一般为吉；阴主阳从，一般都是不吉利。《周易》讲婚姻，长男和少女的组合，上兑下震这一卦叫"随"，男主女从，不管你到什么地方去，我都跟着你。换过来，是一个大姐姐领导着一个小弟弟，也有一卦，上艮下巽叫"蛊"。女性有可能会主导男性，所以《周易》用"蛊"来警示这可能是对秩序的破坏。

《周易》讲乾，为"大哉乾元，万物资始，乃统天"；讲坤，是"至哉坤元，万物滋生，乃顺承天"。这就是秩序，阴阳的秩序。一个两片的世界，不是绝缘的两个东西，统一在一个共同体里。

（四）太和：和谐是世界之本

"太和"这个词，最早出自《周易》，很多人熟悉这个词可能是因为故宫里的太和殿。前面说过了，故宫里的太和殿、中和殿、保和殿、乾清宫、交泰殿、坤宁宫，名字都与《周易》有关系。现在提醒各位，在这六个名字里，包含着《周易》的核心价值，就是和谐。

这六个名字，不仅讲出了"和谐"这个核心价值，而且还讲出了通往和谐的道路，就是要沟通。乾清宫和坤宁宫之间，是交泰殿，真正的和谐正是建立在"天地交泰"的基础之上，没有沟通就没有和谐，表面的和谐是伪和谐。

在此特别向大家提一下宋朝哲学家张载的四句话，他说："有象斯有对，对必反其为；有反斯有仇，仇必和而解。"第四句话是最要紧的，这句话讲的是一个世界观。这个世界观，就是一个"太和"的世界观。不是不要矛盾、不要对立，所有矛盾对立都在，但所有矛盾对立会最终通向和谐。对立、差异、冲突，最后归于和谐。

有的世界观是主张"仇必仇到底"的，一辈子都要仇，但一辈子生活在仇恨里是不可能幸福的。在这样的世界观里，这个世界是一个你死我活的世界。但在《周易》的世界观里，在"太和"的世界观里，这是一个鸢飞鱼跃的世界，相互之间并不妨碍。

《周易》为人们提供了两个重要的原则，即面对很多关系时，要注意定位和流形。定位就是某种固定的秩序，如君是君、臣是臣等等，但是不能仅仅停留在这个固定的秩序上，流形就是秩序的某些松动，这个松动体现为虽然君是君、臣是臣，但也不能每天臣都跪在君的面前。如果世界的秩序只有定位而没有流形，人们就将面临一种根本的大流形，这种流形就可能是"乾坤大挪移"，曾经的君变成臣。如《诗经》中所言，"高岸为谷，深谷为陵"，沧海变成了桑田。

民俗文化与民俗生活

高丙中

高丙中 🖊

北京大学教授，*Chinese Sociology and Anthropology* 编委、中国文化部非物质文化遗产专家委员会委员，曾担任中国民俗学会秘书长、联合国教科文组织非物质文化遗产项目专家。主要作品有《现代化与民族生活方式的变迁》（合著）、《民俗志》、《居住在文化空间里》等。

在相当长的一段时间里，民俗不仅不是文化，反而是文化的敌人，是文化要改造、消灭的对象。民俗文化领域有两个概念，第一个概念是"民俗"，民俗要成为文化并不容易，它是一个很艰难的历程。第二个概念是"民俗生活"。生活中都有与自己有关的民俗活动，人的一生中会遇到很多民俗活动，从孩子出生、坐月子、洗三到过周岁，还有一些地方小孩到 10 岁或 12 岁、结婚、最后去世丧葬都与民俗有关。生活是由丰富的民俗所构成，这是基本的事实，任何社会都是这样的。

但在中国，老百姓生活中的民俗是不被承认的，这种不被承认并不是指人们觉得生活中没有它，而是整个制度里没有它的位置，没有让它正当化。

"民俗生活"和"民俗文化"放在一起表现的就是我们生活当中有民俗，这些民俗不仅被我们老百姓所习惯、所承认，还要被政府、知识界、我们的体制所承认。

节日是民俗最基本的内容之一。在传统社会，过节的时候要放假，不管是商铺的店员，还是长工都要休假回家。传统节日和放假时间是统一的，可是自从1911年辛亥革命后，从1912年元旦开始，传统日历被废除，而采用西历。采用西历之后，传统的节日，如清明节、端午节都不被承认，不放假，后来春节大家都不能过了，"三十不停战，初一坚持干"就是曾经一段历史时期提倡抓民族生产的口号。后来差不多在1979年之后，春节又重新开始成为休假的时间，再后来清明节、端午节也都被定为法定的假日。

还有如烟花爆竹，为什么禁止放烟花爆竹之后又有条件地让燃放？这里的变化包含着国家和老百姓关系的变化。

例如，村里的庙会成为非物质文化遗产，妈祖的信仰、黄陵的祭祀，包括认为是类似迷信的活动也成为非物质文化遗产。

民俗在近代以来长期被政治所打压，是政策所限制的对象。现在这30年走向了一个相反的方向，政治在逐渐迁就它，把它放在越来越重要的位置。一些政策在调整，虽然不一定很主动很明确，但是这里体现了一个理念——政策在为老百姓的民俗服务，怎样让老百姓过一个有意思的节日。

尊重民间传统

公假与节日在传统社会结合得很好，很自然。可是从辛亥革命之后关系就发生了变化。这种变化到2007年国家调整法定假日的时间安排之前，大概有三个关系。

在官方纪念日，主流报纸要发表文章，如社论，或者政府组织相关活动。比如，五一劳动节会评劳模、发五一劳动奖章。在"文化大革命"时期节日活动是被限制的。官方纪念日是一个系列，这个系列在某个时期基本是全民的节日。可是改革开放这些年，发生了一些变化，老百姓越来越自由了，老百姓对这些官方纪念日可以选择参加或者不参加，他们可以把自己的节日活动放在春节、清明节、端午节、中秋节。

到大概2004年，人大代表、中国民俗协会不管是政界还是很专业的学术领域都在讨论一个问题——官方的时间框架和老百姓的时间框架是脱离的。官和民的节日观念不一样，官心里关心的是元旦、五一、国庆，老百姓关心的是清明节、端午节、中秋节。这种分离的状态怎么解决？2004年时就变成了媒体、知识界都特别关心的问题。

后来就有了很多研讨会，也有很多研究报告。为什么民间的节日和官方的纪念日在公假的分配体制上不合理？中央文明办、文化部都做了一些报道。要认识这个分离的问题，最重要、最有效、最有说服力的方法是与发达国家比较，如英国、美国、法国。这些国家官方的公假和老百姓的传统节日是结合在一起的，但是因为他们有宗教背景，不管是基督教还是天主教等，他们的节日都以宗教为基础，如圣诞节、复活节，这些主要的节日是他们放假时间最长的。当然那些国家也会有一些现代的纪念日，如"老战士纪念日"也放假。

在这些发达国家，官方公假以老百姓的时间框架为主要参考因素。为解决这种分离的状态，2007年，国家就公布了新的调整方案。当时很多人觉得政府要作出这个改变很不容易，因为五一长假调整之后，这个长假的经济效应就会受到很大的影响。国家能作出这么一个决定，把五一的放假时间分配给清明节、端午节，在经济上是愿意付出这个代价的，在这背后就体现了一个新的价值观念。

之前反对在传统节日放假，是要避免在传统节日里浪费，把钱省出来给孩子上学，或者投入生产。如果按照原来的价值观就是一种浪费。现在能够把五一长假拆了，即使国家知道经济效益上会有所损失，但国家还是作出了这些决定。

历史上春节被称为"元旦"，是新年的第一天，至少从汉代就是这样的，可是辛亥革命公布新的日历之后，就把"元旦"这个词挪到新历的1月1日。采用新的日历之后，假日就与老百姓原来的生活习惯、商业活动很多都不协调。为了重新确立放假的时间，袁世凯就提出春夏秋冬放四次假，春节就是放旧的新年的假，夏节就是端午，秋节就是中秋，冬节就是冬至。后来我们老的"元旦"就叫"春节"。

从1914年开始，春节一直是放假的，到后来后面的三个节就不放了，但是春节放假还是保留着。后来春节在法定时间上是一个公假，但是这个假是从正月初一开始，初一、初二、初三三天放假，然后再跟周末调整，调整为长假。这个假照顾了传统的节日，但是又不尽然，因为除夕是特别重要的，没有过年不过除夕的，所以这个假又没有真正考虑到传统的民俗习惯。所以2007年新的方案就把除夕也当假日，这个时候就考虑到过年是从除夕开始，除夕有的地方要上坟，至少大家吃年夜饭是一样的。

虽然在很长的时间里，我们在公假里也安排过年放假，但它基本的精神还并不是说从一个尊重民间传统的立场上考虑，或者它只是一种打折扣的尊重。它没有真正体现对老百姓的传统习俗尊重的价值观，这个价值观是不明确的。

国家、政府、知识精英反对传统节日，他们究竟反对什么？清明是二十四节气之一，清明节的活动内容其一是上坟祭祖，其二就是春游（在郊外活动）。这两项基本活动来源于两个传统节日，一个是寒食节，一个是上巳节。寒食节源于山西那一带，传说是为了纪念介子推。介子推当时扶持晋文公成了国君，后来论功行赏的时候他自己没得到或者他不愿得到犒赏，就跑到山里去，晋文公就到山里去找他，说你帮我得到了江山，你不来受赏，那是我不义，我一定要给你封官。结果到了山上，介子推还是不出来，晋文公就放火烧山，你不愿意被火烧死就会出来，那我就可以封官给你，结果介子推宁愿在里面烧死也不出来当官。清明节基本上就是纪念先人的基本节日，后来演变成纪念家里的祖先。上巳节就是年轻男女到郊外去洗澡、谈恋爱，是所谓古代的一些野合的传统，后来就演化为春游这个概念。后来清明节把寒食节、上巳节的活动合并在一起，在清明节时举行。在1912年新的日历实行后，清明节作为公假的地位被废除了，可是老百姓该记着的还是记着，该游春的还是游春。

后来，政府反对人们过清明节，但大家还仍然过。因为政府认为这是搞封建迷信，人已经死了，你贡馒头也好、烧香也好、挂纸钱也好，实际上无论活人还是死人都不能得到什么，只是浪费人们的时间，看不见任何物质上的产出，不如在工厂做工。

并且还有一个问题，清明节有的地方是压纸，不烧纸的，有的地方要烧纸钱，这就容易引起火灾，所以政府有充分的理由反对老百姓过清明节。还有一些地方，清明祭祖的时候两个宗族都要去，而路上谁先走、谁后走的问题就可能让两个宗族产生分歧，以致大打出手，有时候还会出人命，这也是一个坏事，所以政府为了维护公共秩序也反对老百姓过清明节。

现在清明节放假了。但清明放假又带来一些问题，引发清明节祭祖，引发交通阻塞，烧的香和纸造成空气污染。那这怎么办？所以就有人说这个节日还是要限制。有一种观点认为，如果过节不是乱哄哄的，交通不是拥挤的，或者不是到处乌烟瘴气的，那就不是过节了，这就是平常的日子，就因为过节才有这样的现象。

面对这些不同意见，政府就必须把握住一个原则，这个原则就是要以百姓民俗生活为尊重的对象、为服务的对象。如果有这样的理念，那么交通、环境问题都可以通过技术来改善。

深圳是1990年12月4日下发了关于禁止销售与燃放烟花爆竹的规定，从1991年1月1日开始执行，1994年作了修改。北京是1993年立法，1994年开始执行，紧接着全国各个城市也开始禁止，广州是1992年立法，1993年开始执行。最多的时候差不多有282个城市通过立法或者行政法规禁止燃放烟花爆竹。这个规定出来之后，当然很多人会反对。

现在年味越来越淡了，其中一个原因就是不放鞭炮了。人们对传统节日的热衷程度越来越不及西方节日，如圣诞节时很多年轻人到教堂去，圣诞节前夜，在广州、北京、上海这些城市打车都打不到。媒体就采访一些民俗学家，某些学者就分析西方节日流行的现象，以引起政府的重视。他们说，如果想与西方节日抗衡，如春节把年味过浓一些，清明节让大家去上坟祭祖，这样大家就会认真地去过传统节日。再如，本来中国没有情人节，2月14日是西方的情人节，年轻人都过情人节，因此我们也兴起一个情人节——七夕。这个时候，政府当然要站在传统节日这一边，不会站到西方节日那边。但是我们不能因为西方节日流行不流行，而影响对传统节日的看法。

在现代产生一种观念：拿鞭炮来敬神、过节是愚昧的表现。这种观念一个很重要的来源就是鲁迅的一段话，这段话在我们今天看来与20世纪30年代我们读这段话的感受是很不一样的。鲁迅1933年2月16日在《申报》上发表了一篇文章，叫《电的利弊》，署名是何家干。他在里面写道："外国用火药制造子弹御敌，中国却用它做爆竹敬神；外国用罗盘针航海，中国却用它看风水；外国用鸦片医病，中国却拿来当饭吃。"从鲁迅的这段话，我们可以看到近现代中国的知识分子对待鞭炮的典型观点。

基本上，各个城市对于烟花爆竹禁止燃放的规定是非常自然的。每个城市立法之后也都这样做，可是慢慢地老百姓开始不配合，有的偷偷放，有的公开放，不同的城市政府管制的力度也不一样。

实际上没有哪一个城市真正遵守了烟花爆竹的禁令。后来大约到2004年前后，对待烟花爆竹的态度又发生了很大的变化，关键还是政府、知识界观念的变化。新加坡禁止燃放烟花爆竹已经有34年，可是2004年改了，可以燃放了。现在如果我们制定的新政策老百姓不配合，政府可能会主动去调整。所以政府立法不完全禁止或者完全可以燃放烟花爆竹，放是有条件的。基本上你想放鞭炮的愿望可以实现，但是燃放的时间、场所、鞭炮的种类有一定的限制，有些鞭炮不让卖，不让制造，并从安全生产、鞭炮技术的改进方面作了调整。

燃放烟花鞭炮，不仅没有实际上的效应，还有可能炸伤人，这是有很充分的数据证明的。政府也要照顾到这些方面，所以就在技术和燃放方面进行一些限制。一直到最近这几年，北京 2006 年改变禁止性规定，调整为有条件的燃放。在北京修改之前，上海、青岛、杭州等差不多 105 个城市已经改为限制燃放，到 2008 年，4 个直辖市、15 个副省级城市——中国的 19 个主要城市，除了厦门、深圳、广州、成都这 4 个没有变化外，其他 15 个城市全部都由禁止放鞭炮改为限制放鞭炮。这些数据足以说明，在燃放烟花爆竹这一点上，国家的公共政策确实是迁就了老百姓的民俗。

龙牌会，民俗的价值

30 年以前，我们生活的周边是没有庙的，但是在很多年以前是有的。原来，社区、村、街道都必定是有庙的，没有庙就不可能有社会。汉字的"社"和"会"这两个字，实际上就能证明"庙"这个建筑物是存在的。老百姓要拜土地或者祭祀就需要有庙。庙会是一种精神、宗族观念的载体。实际上中国的"社会"这两个字都表明了庙的存在。

西方也一样，只要有西方的社区就一定会有教堂。基本上没有社区是没有宗教的，不管这个宗教是以什么形式表现出来。中国从现代开始，就像对待传统节日的态度，恰恰是反宗教的。拆庙就是政府的基本任务，所以从清末就开始拆庙，刚开始是把庙改成学校，后来就把庙本身拆掉。"文化大革命"时破四旧，扫除封建迷信，基本上一个城市只有两三个具有悠久历史并很漂亮的庙不舍得拆，当作文物保护下来，其他的庙都被拆掉了。可是现在这些年，虽然不是所有的地方都恢复了庙，但是大多数地方都会把类似庙的建筑恢复起来。

李景汉自 20 世纪 20 年代末开始在河北定县做社会调查，30 年代初写了《定县社会概况调查》，从清末的新政开始，哪个村拆了什么庙，后来又重修了什么庙，书中都有很详细的统计数据。

在河北的农村供的是龙牌，这个龙牌就是一个牌位，牌位上写着"天地三界十方真宰龙之神位"，这个牌在老百姓家里轮流供奉着。但是过了二月二的时候，他们就把牌位抬出来，在场子上搭一个大棚，牌就供在这个大棚里。然后村里的人、周围几十里地的老百姓都来拜，很热闹，有三天会期，这三天来参加的人有 10 万余人。大家去烧香、看今年的运程、问吉凶、求财。后来人们想为这个牌位建一个庙。

修建庙宇，要得到政府的许可，合法建庙有一个条件，必须是五大宗教之一，并且首先必须向宗教局提出申请并被批准，然后经过土地管理局颁发土地使用证等程序，大概要盖十几个章，才能建一个庙。可这是一个民间信仰，不是合法的宗教，不能进入政府系统，就正常程序而论，要合法地给龙牌建庙，在现实中是绝对不可能的。那他们有什么办法呢？老百姓就说，我们盖一个民俗博物馆。文化局就说盖博物馆好啊，农民现在多重视文化，农村都要盖博物馆政府当然很支持。可是政府不给钱，要老百姓自己掏钱，很少人会自愿掏钱，但如果跟老百姓讲我们是给这个龙牌盖庙，你们曾经得到过这个龙牌的保佑，所以大家都捐钱盖庙。后来他们就盖了一个庙，它的两边分别悬挂的招牌是"河北省范庄龙牌会"和"中国赵州龙文化博物馆"，一个名称是给老百姓有个交代，一个是给政府有个交代。

这是一个很巧妙的办法。这个庙是合法的，但里面的活动还是烧香、求神，还是迷信活动。如果公安局有一天不高兴，还是可以来取缔，说你搞封建迷信。这个庙是 2003 年开始使用的，而恰好2003～2006 年全国正热热闹闹地申请非物质文化遗产保护，非物质文化遗产在农村不就是扭秧歌、吹唢呐，或者是一些很有地方特色的战鼓，还有一些民间的舞蹈，这些民间的舞蹈总得有个表演场所，这个场所最重要的就是庙会。因为不同的村在不同的时间有庙会，周围村庄的老百姓都把自己的绝活带到庙会来表演，所以庙会人山人海，民间的艺术表现形式多种多样，是非常有地方特色的传统的东西。如果没有庙会，整个地方的文艺活动就没有一个载体。这时候范庄龙牌会就趁机申报非物质文化遗产项目，因为有这些民间活动，范庄龙牌会就可以被评为非物质文化遗产。

一个村里的庙会从一种典型的封建迷信活动变成了非物质文化遗产。成为非物质文化遗产之后，政府承认它是一个有真正价值的文化活动，这时候人们再也不能拿有神无神、封建不封建这些条条框框来框它，而老百姓也从担心害怕到现在基本上觉得安全了。

我们研究范庄的案例大约是在 1996 年，当时第一次到现场作调查。它从迷信活动变成一个有价值的、正面的非物质文化遗产，整个过程我都是亲眼目睹的。很巧合，我们能亲眼目睹老百姓怎么开展创造性活动，让一个属于自己的文化，就是我们讲的"民俗"，真正成为国家承认的"文化"。

文化究竟来自哪里？文化当然是社会的文化。人们通常认为，老百姓的生活当中没有文化，认为文化只存在于高高在上的地方。所以大家最熟悉的一句话就是"你是文化人"。这些文化来自于国家、来自知识分子。社会没有文化，这是我们长期的社会观念。可是我们讲的三个例子，让我们恰恰看到老百姓的生活当中是有文化的，民俗就是文化。这时候我们再重新考虑一下，国家的文化究竟来自哪里？文化第一来自精英，第二来自民间，第三，既来自精英也来自民间。

生活中的民俗是否被承认为文化？它在什么时候被承认为文化？现在它被承认为文化，恰恰是因为现在老百姓的工作、收入、人生归属，所有方面都与 30 年前有很大的变化。今天我们作为一个普通人，确实有了很大的自由。这个自由不仅体现在一般意义上，还体现在老百姓有自由的时间，还有老百姓自愿出钱盖庙，政府不出钱盖庙那么我们老百姓自己捐钱盖。我们现在能做我们想做的事情，能以我们想做的方式去做，有自己支配的空间。

如果承认民俗生活是我们共同体的价值来源，我们的社会究竟要怎样来制定公共政策？我们要参照这些价值观，就是老百姓他们的生活追求是什么，当然他们的生活追求主要还是受传统活动所制约。承认民俗活动是我们共同体的价值来源，那么政治和公共政策就要转变，由原来的侵蚀、打击这些民俗活动转变为尊重民俗活动，以民俗活动或者民众的生活为服务的对象，这样的转变对社会在很多方面进行一些制度性的调整有参照价值。

如果这种传统的理念以它为服务对象，在这里恰恰产生的是积极的、正面的意义。

我们这个社会正在出现新的社会机制，并且在今后相当长一段时间以这样的方式来看待民俗，政治会得益，经济会得利。这是社会走向让更多老百姓有自由做自己的事情的时候，有更方便的技术支持、有更宽松的知识氛围、有更和谐的人际关系，这是一个机会，这个机会并不难成为现实。

吴　忠／主编

深圳市民文化大讲堂
2010年讲座精选

下册

The Selections of
Shenzhen Civil Lecture on Culture
(2010)

社会科学文献出版社
SOCIAL SCIENCES ACADEMIC PRESS (CHINA)

【目 录】 Contents

上册

一 历史文化

3 ◎孙立群　　秦始皇的秘密

16 ◎郑晓江　　清明节与生命文化

31 ◎崔　波　　《周易》的智慧

44 ◎杨治国　　讲典籍，论孝道

58 ◎董京泉　　老子"和"的思想与和谐社会建设

70 ◎叶广芩　　解析白居易《长恨歌》

84 ◎白燕升　　审美从戏曲开始

97 ◎刘洪一　　创造力与文化——犹太民族的启示

112 ◎李工真　　东西方历史比较：人口问题与现代化

二 民生文化

127 ◎王　博　　传统哲学与中国式心灵

136 ◎孙葆丽　　科学运动与长寿

150 ◎张其成　　传统文化与养生

162 ◎鄂栋臣 让共和国的五星红旗在极地上空飘扬——中国极地人在地球南北极留下奋斗的足迹

173 ◎徐永光 沈小平 房　涛 玉树地震与慈善行动

181 ◎钱为家 创富与行善

195 ◎范志红 话说食疗

208 ◎王　夔 食物成分与化学防癌

219 ◎张劲翀 气血的解析

230 ◎张　湄 情绪管理与心灵减压

243 ◎赵之心 运动让生命更精彩

251 ◎张力及 非药物经典养生

264 ◎张力及 学会身心养生

三　民俗文化

275 ◎沈建东 中国传统节日的民俗特色与文化启示

306 ◎马鼎盛 战争文学为民族补钙

317 ◎高有鹏 中国古代神话传说与民族记忆

329 ◎杨宏海 客家民俗的历史变迁

341 ◎杨　华 中国传统的过年礼俗

353 ◎陈可石 民俗与新田园城市

361 ◎王　博 周易——天人之际

369 ◎高丙中 民俗文化与民俗生活

下 册

四 纪念深圳特区成立 30 周年

381 ◎陈锡添　忆小平"南巡"，话当年东风

388 ◎陈禹山　深圳经济特区的排头兵——蛇口

394 ◎陆天明　如果要写《命运》的下部

402 ◎苏东斌　中国经济特区的时代使命

412 ◎刘申宁　深圳改革 30 年的思考

441 ◎王富海　深圳城市规划 30 年

454 ◎王　石　低碳生活与绿色深圳

467 ◎马蔚华　招商银行成长：战略、管理与文化

五 励志教育

483 ◎吕志超　阳光心态与敬业成功

496 ◎陈一筠　天涯何处觅知音——当代青年男女的恋爱与择偶

513 ◎陈一筠　解读青春密码，维护孩子身心健康——关于
　　　　　　中年父母与青春期子女的沟通

535 ◎陈　宇　青年人的职业选择与职业能力提高

545 ◎钟　年　善用优势，经营快乐人生

557 ◎任剑涛　都市新生代的财富观与人生价值

六 文学艺术

571 ◎张国勇　歌剧的魅力

580 ◎王晓鹰　　话剧艺术之美

591 ◎张　良　　电影艺术与生活艺术

　　　王静珠

603 ◎康　震　　唐诗中的人生境界

613 ◎李敬一　　美哉宋词

627 ◎马　啸　　汉魏风骨：中国文人书法传统的源起

639 ◎朱安群　　《红楼梦》的精气神与新版电视剧《红楼梦》的

　　　　　　　　得与失

650 ◎薄智跃　　谈谈学习之道

662 ◎董　群　　佛教与当代人的精神生活

675 ◎吕元礼　　新加坡制度解密

七　生态文化

689 ◎王立新　　自然生态与心灵生态

702 ◎王景福　　沿着低碳之路走向生态文明

716 ◎何　平　　低碳生活与公众参与

727 ◎徐世球　　自然灾害与环境保护

741 ◎范小青　　作家视野下的生态宜居文化

752 ◎毛丹平　　生态建设与心态建设

765 ◎贾　峰　　节能减排与国家竞争力

779 ◎白岩松　　世界、中国和我们自己

790 **后　记**

四

纪念深圳特区成立 30 周年

忆小平"南巡"，话当年东风

陈锡添

陈锡添

《香港商报》副社长兼总编辑，
中国人民大学兼职教授，曾任
深圳报业集团总编辑、第二及
第三届深圳市政协委员。主要
作品有：《东方风来满眼春——
邓小平同志在深圳纪实》《风
采集》《改革者的风采》等。
曾荣获中国新闻界最高奖项
"韬奋新闻奖"，为国务院政府
特殊津贴享受者。

深圳特区成立了 30 周年，30 年来深圳发生了翻天覆地的变化，
这得益于改革开放的政策。邓小平是改革开放的总设计师，邓小平对
深圳的发展非常关注，他曾经两度到深圳，一次是 1984 年，一次是
1992 年，尤其是 1992 年这次特别重要，1992 年这次人们称为"南
巡"，他发表了很多指导性很强、针对性很强的讲话，人们称之为
"南方谈话"。

在中国没有任何一座城市对小平具有这么深厚的感情，在深南路有一幅大幅的邓小平画像，在莲花山又立了他的塑像。在深圳特区成立30周年之际，我们特别怀念邓小平同志，所以我今天讲的题目是"忆小平'南巡'，话当年东风"，回忆他当年南方谈话的过程，谈一谈这篇文章的写作和发表过程。

小平为什么"南巡"

20世纪90年代初中国处于一个历史的关键时期。改革开放如何深入进行，怎样搞社会主义、怎样发展经济、怎样进行现代化建设等问题都摆在中国人民面前，中国人民正面临选择。但是80年代末90年代初，"左"的势力抬头并且得势。当时"左"的势力表现在哪里呢？主要表现就是在"姓社姓资"的问题上，什么事情都要问"姓社姓资"，用"姓社姓资"的问题来反对和干扰改革开放。1990年2月，北京著名的报纸发表了一位权威人士的文章，这篇文章的题目是"反对资产阶级自由化"。在这篇文章里，这位权威人士提出了一个问题：到底是推行资本主义的改革还是社会主义的改革？问得非常尖锐，就是改革开放的改革是资本主义的改革还是社会主义的改革。表面看来是问号，其实它有一个暗语，就是说你的改革是搞资本主义的改革。另外，当时很多言论满天飞，"多一个外资企业就多一份资本主义"，这是一种言论；还有人说，"资产阶级自由化的根源来自经济领域"；还有人说，"任由个体、企业的发展，势必冲击社会主义的经济基础"。针对这些言论，邓小平在1991年到了一次上海，在上海讲到"资本主义也有计划，社会主义也有市场，不应该这样区分社会主义和资本主义，不应该争论"。当时《解放日报》发了4篇评论，把小平同志的讲话精神传达出去。但是文章发了之后，被北京围剿，北京各大报都来攻击上海，刊登了《改革开放可以不问"姓社姓资"吗？》《就是要问一个"姓社姓资"》等文章，题目非常直接。

当时问"姓社姓资"的问题非常普遍。一个领导干部做什么事情都要标榜自己是姓"社",不是姓"资",非常严重的"左"的路线。在这种情况下,很多人在改革开放面前,不敢越雷池一步,胆子不大、步伐不快,束缚了民众的头脑。再加上这个时期,20世纪80年代末90年代初东欧剧变、苏联解体,这时候中国人民就面临一个问题,怎样面对和平演变?应对和平演变的呼声非常高。当时有一种气氛,就是要把反和平演变当成一项中心工作。

在这种情况下经济发展就非常缓慢了,经济发展只有4%～5%,1992年才提出6%。这使改革开放的总设计师邓小平非常忧虑,改革开放要毁于一旦了,经济到了这样的程度,濒临崩溃。怎么办呢?小平同志希望通过讲话来解决民众的观念问题。

小平南方谈话的内容

1992年1月末,载着伟人邓小平的专列开出北京,向南方大地驶来,具有历史意义的南方谈话由此拉开帷幕。小平在深圳5天,没有作任何报告,全部是闲聊天。今天聊一聊,明天聊一聊,但是闲聊天没有闲话,一开口就涉及非常重大的问题,都是谈非常重要的话题。他讲话很慢,扳着手指,打着手势,娓娓道来。在这个过程中,就谈出了中国前进的航向,谈出了中国前进的正确方向,谈出了中国走向繁荣富强的必由之路。

小平同志主要讲了以下几个方面。第一,"姓社姓资"问题。因为当时"姓社姓资"的问题是最严重的束缚人的头脑的问题。针对一些人说"特区引进外资就是搞资本主义",他驳斥说:有的人认为多一份外资就多一份资本主义,三资企业多了,就是资本主义的东西多了,就是发展资本主义了,这些人连基本常识都没有。这是他的原话,针对性地驳斥了"多一份外资就多一份资本主义"。另外他说,资本主义的东西怎么样?资本主义的东西也可以用,股票是资本主义的东西,我们可以拿来尝试,成功了就放开,不成功我们就收。另外,当时有人攻击深圳市姓"资",他说:"深圳姓'社'不姓

'资'。"这是他的原话，非常明确，非常斩钉截铁地反对那些攻击深圳、攻击改革开放的人。谈到"姓社姓资"的问题，他说不要争论了，就提出大家非常熟悉的三个标准，是否有利于"发展生产力、提高综合国力、提高人民生活水平"，他的原话比较长，我简单概括就是这三条。按这三个标准去干就行了，管它什么主义，不要争论。另外，他说"发展才是硬道理"。这些都是他当年讲的非常有名的话。就是要求全国人民不要搞"姓社姓资"这些无用的争论。

第二，改革开放的问题。当时改革开放停滞不前，一个新的措施出台，唯恐人家说姓"资"不姓"社"，所以当时的改革开放几乎处于停滞阶段。小平就说：改革开放迈不开步子，不敢闯，说来说去是怕资本主义的东西多了，怕走了资本主义道路，要害是"姓资"还是"姓社"的问题。"姓社姓资"的问题干扰了改革开放，使得大家迈不开步。他说这是"左"，"左"的危害非常严重。另外，他说：深圳的经验就是敢闯，要求大家改革开放的胆子要大一些，敢于试验，不能像小脚女人那样，看准的就大胆试、大胆闯，没有一点闯的精神，没有一点冒险的精神，没有一股气，就走不出一条好路，就走不出一条新路，就干不出事业。

第三，关于经济建设的问题。小平说："我们要抓住经济建设这个中心不放。"因为当时的国际形势和国内情况，反和平演变很可能成为全国的中心工作。小平"南巡"这番话，使反和平演变成不了中心。他说要抓住经济建设这个中心不放，而且经济建设要搞快一点。他讲了很多，他说：搞得慢了要挨打。能快的地方，尽量要快。后来过了两三年经济发展有点过热，大家埋怨邓小平，是他说要搞快一点的。其实邓小平的话是很有分寸的，总的要求是要搞快一点，有条件的地方能快则快，他不是说没条件的地方乱快。大家可以看看《东方风来满眼春》里面有他的原话。另外，他提出要造个香港，广东20年内要超过亚洲四小龙，老人家讲了这个话，这是对广东极大的鼓励。2007年广东的经济已经超过台湾、香港地区和新加坡，提前实现了老人家这番话的目标。他要求坚持十一届三中全会的方针政策，如果不改革开放、不发展经济、不改善人民的生活，只能是死路一条。

当然小平同志还谈了很多，谈了要共同富裕，要两手抓，要搞好廉政建设，不要搞政治运动，要实事求是，文章太长不行、会议太多不行。他在国贸大厦里面，指着外面那群高楼大厦说："你看看深圳全是高楼大厦，这些都是实干干出来的，不是写文章写出来的，不是开会开出来的。"所以他说要实干。"会太多、文章太长不行"，类似这样的话讲了很多。他的讲话对当时的经济发展指导性非常强，针对性也非常强，为我们指明了航向，最主要的是打碎了束缚在人们头脑里的精神枷锁。放开"姓社姓资"的问题，打碎了这个枷锁，使人们的思想又得到了一次大的解放。这对中国的改革开放和现代化建设有非常重要的意义。

《东方风来满眼春》的发表过程

我全程跟随小平同志在深圳的 5 天活动，听了小平同志许多激励人心的谈话。我白天采访，晚上做大事记，非常辛苦。上面有指示说没有报道任务，但我依然没有放弃采访，因为不报道太可惜了。小平同志的谈话对当时中国存在的很多问题都一一作了指示，如果把这些话传达出去，改革开放将会掀起一个新的高潮。

但是小平同志走后一直没开"绿灯"，直到 1992 年的 3 月份。3 月 22 日，我看到《南方日报》出的一篇通讯，叫《小平在"先科"人中间》，这意味着公开发表小平同志视察深圳有关报道的时机已经成熟，便立即投入写作。

"东方风来满眼春"是唐朝著名诗人李贺的一句诗，针对这篇文章的主题用这句诗作为标题是再合适不过了。我当时铺开纸写的时候，真是激情澎湃，文思泉涌，我写得手都发抖。思路冒出来了，手跟不上，那时候还没有电脑，都是用笔写的。我大概用了两天半的时间把一万多字的这篇文章写了出来。

25 日上午，我把文章向时任市委常委、宣传部部长的杨广慧送审，杨广慧同志却说："发吧，稿子我就不看了，你们社里自己把关，但一定注意，要把小平同志写成人，不要写成神。"当夜，长篇通讯《东方风来满眼春》被排上了次日出版的《深圳特区报》一版头条位置。我当晚也失眠了，怕有什么纰漏。第二天《羊城晚报》也几乎全文刊发了这篇通讯，再过几天，《文汇报》《光明日报》《北京日报》等越来越多的报纸都转发了这篇通讯。新华社在 3 月 30 日全文播发了这篇文章，到这个时候，我心中的石头才算是落了地。而后不仅是国内的传媒，国外的各大通讯社和大报也几乎都全部播发或刊登了这篇通讯。真是"忽如一夜春风来，千树万树梨花开"。

4 月 2 日江泽民在回答日本记者提问的时候，他讲到，现在正在发小平南方谈话的通讯，以便让全国人民更好地理解小平谈话的精神，以便更好地在实践中贯彻落实。

小平南方谈话意义重大

小平南方谈话的意义主要在于以下几方面。

第一，小平南方谈话打破了束缚在人们头脑中的"姓社姓资"的精神枷锁，促成了一次思想大解放。很多学者认为改革开放有几次思想大解放，一次是胡福明写的《实践是检验真理的唯一标准》，打倒了"两个凡是"。这篇《东方风来满眼春》文章是改革开放过程中的第二次思想大解放，它主要就是解决了"姓社姓资"的问题。资本主义复辟、资产阶级自由化，这些吓人的帽子从此以后销声匿迹。从历史发展的规律来说，资本主义也是一种社会形态，也是社会发展的一个阶段，资本主义有很多东西值得我们学习。

第二，南方谈话使中国计划经济迅速地向市场经济转变。小平曾经说过，"社会主义也有市场、资本主义也有计划"，他"南巡"的时候说，"社会主义也可以搞市场经济"。

经济学的理论告诉我们，区分资本主义和社会主义，主要一条就是所有制。现在环顾世界，全盘公有制的国家和全盘私有制的国家不存在了。资本主义国家当发展到一定程度的时候，它发现全盘私有制有很多弊病，在 20 世纪 30、40 年代，法国将法兰西银行，英国将英格兰银行、大矿山、大企业收归国有。

所以，现在所谓的资本主义国家也包括私有制、国有制、股份制，都是实行混合经济。我们国家现在也是混合经济，有公有制、私有制、股份制等。党的十六届三中全会通过的《关于完善社会主义市场经济体制若干问题的决定》中指出，大力发展国有资本、集体资本和非公有资本等参股的混合所有制经济，实现投资主体多元化，使股份制成为公有制的主要实现形式。

人类为了生存发展，不断在创造、改革、发明。任何国家都在寻求一种最合适的发展模式，建立一个文明、公正、和谐、富裕的国家。

所以，现在一些西方的理论家提出这样的理论：混合经济是沟通资本主义和社会主义的一种世界秩序。所以问题不在于叫什么名称，关键是能够促进经济发展、社会和谐、人民幸福、国家富强。

第三，南方谈话是一个反"左"的新闻，给当时猖獗一时的"左"的势力以致命的打击。厉有为、谢非送邓小平从蛇口去珠海的时候，坐那个小军舰去的，在船上，邓小平发表了一番话：我们要防"右"，但是更要防"左"，"左"对我们中国革命的危害最大。上了年纪的人应该知道，过去有一句话叫"宁要社会主义的草，不要资本主义的苗"。在"左"的路线下，我们"大跃进"，饿死了 3800 万人，不亚于一场大战。另外，在反"左"的政治运动中，"文化大革命"害死了一大批社会精英。

"左"在不同时期有不同的表现，在"南巡"时期，"左"的表现是"姓社姓资"。邓小平提出不要争论，发展生产力，增强综合国力，提高人民生活水平，这才是当下最要紧的工作。

深圳经济特区的排头兵

——蛇口

陈禹山

陈禹山

曾先后任新华社、光明日报社、
人民日报社记者，后转任深圳
市南山区委宣传部部长等职。
系第一批报道铁人王进喜的记
者，也是第一个报道张志新冤
案的记者。主要作品：《一份血
写的报告书》《袁庚之谜》《蛇
口传奇》。

蛇口对中国改革开放的意义重大，蛇口改革是深圳改革开放最前
端的历史，也是全国改革开放最前端的历史。蛇口工业区早在 1979
年 7 月 20 日就大规模地正式开发，而那时深圳特区还没有建立。

很多重大的实验、决策都是从蛇口开始的，它先走一步，这对于
整个深圳的建设是非常重要的。蛇口开始建设时，有一项工程就是建
港口，深圳后来的建设好多都是通过建港口开始的，这对深圳经济特
区硬件的建设发挥了很大的作用。对全国来讲，蛇口的影响也是不容
轻视的，如我们这个文化大讲堂就是从当年蛇口的新闻沙龙演变过来

的，现在的工程招标，也是最先在蛇口实践的。可以说蛇口一声炮响，起到了一马当先的作用，现如今全国的改革形势已由当年的一马当先变成万马奔腾。

神州大地满目疮痍　中华民族路在何方

当年"四人帮"横行的时代，偌大中国满目疮痍：经济方面，奉行全国大一统的计划经济体制；政治方面，实行全国绝对服从的集权体制；社会方面，体现为全国党、政、企不分的混合职能体制；文化方面，受制于全国舆论一律的思想僵化体制。其结果，只能造成经济崩溃、政治混乱、社会动荡、思想迷信。中华民族的路在何方？怎样使我们国家富起来、发展起来？

历史可以说是一个导航仪，研究它我们就不会多走错路、不会走冤枉路。一个国家、一个城市、一个人也应该有一个导航仪，因为一切总在往前走。比如说，我这个年纪的人都经历过这么一段历史，就是 20 世纪 50 年代末和 60 年代初的三年经济困难时期，那一段是"人民公社""大跃进"时期。结果怎么样呢？很悲惨，我们是没有饿死剩下来的。还有另一段经历，是"文化大革命"，十年浩劫，把国家的经济搞到崩溃的边缘，人心也搞乱了。了解这些历史很重要，我们痛定思痛就不会再走回头路。

1979 年的时候我是中国新闻代表团的成员，到中国香港和澳大利亚去访问，到那些地方后，与我们形成一个很强烈的对比，香港的欣欣向荣、澳大利亚的居民生活让我好生羡慕。那个时候我在北京当记者，我连买辆自行车都没有钱，人家可以开小汽车、吃鸡腿，过年时我都吃不上的鸡腿人家竟然餐餐有。我们实在是太穷了。

当时深圳的农民和香港新界的农民收入相比，起码相差 100 倍。1973 年的时候，深圳这个地方的人口大概有 31 万，跑到香港那边多少人呢？34000 多，大概是 1/10 的人口。跑出去的都是青壮年、有劳动能力的，到那个地方后很快就寄钱回来建房子，这个吸引力太大了。跑出去要冒很大的风险，我有一个老乡，他有过这么一段偷渡的经历。偷渡白天是不行的，因为到处都是民兵、部队，要夜里走，而且不能站起身来走，否则会被边防部队发现。我这位老乡描述道，从岸边到水里，是一公里的泥潭，他就躺在泥潭上仰泳，到了水边才能游，游到第二天才到彼岸——香港。只要一过去就是香港居民；过不来就是鬼，就是淹死，偷渡的人中淹死的是很多的。

就是在这样的背景下国家提出了要改革开放，要在蛇口建设出口加工区，建设蛇口工业区。

敢想敢干　蛇口大刀阔斧搞改革

蛇口是怎样开发的？"两大"方针、"三个"为主、"五不"引进。先搞"五通一平"，要通水、通电、通讯、通路、通气、平整土地。"三个为主"就是：蛇口工业区的产业结构以工业为主、投资建厂以引进外资为主、生产的产品以外销为主。"五不引进"，到蛇口来投资是有选择的，补偿贸易的不要、来料加工的不要、技术落后的不要、有污染的不要、生产的产品和我们国家生产的产品争出口的不要。

当时开发蛇口的条件是非常艰苦的，环境恶劣、人员缺乏，可以说是"要钱没钱，要人没人"。当时现场指挥部的总指挥曾经多次晕倒在指挥工地上，一年下来体重轻了9公斤。那个时候的粮食是配给的，吃的也很差，工人们吃菜也没有油，就是清水煮青菜，后来袁庚就想办法从香港弄来一些猪油，煮菜时加一点猪油，工人高兴得欢天喜地，当时的生活就是那么过来的。

蛇口的改革是全方位的。经济体制的改革和政治体制的改革是同步进行的。不改，没有办法前进。修路修到一半不干了，要你给钱，想打电话也不行，那个时候是没有电的，要和当地的人民公社联系，把电接到蛇口去是不行的，为什么不行？这是农用电，工业不能用。所有这些就逼着蛇口搞改革，没有改革寸步难行。

袁庚可以说是蛇口改革的领路人。建蛇口时，袁庚说："蛇口只有2.14平方公里，对整个国家是九牛一毛，最重要的是中国的经济应怎样走下去？要把蛇口搞成一个改革的实验场。"

从一开始，蛇口就从干部体制、民主选举、舆论监督等政治制度改革下手，1980年3月28日，蛇口在中国第一个正式实行干部职员公开自由招聘制，动摇了干部终身制。在《广州日报》刊登了新中国人才招聘的第一则广告——工业区全面招聘人才的简章。

正在建设中的蛇口工业区完全不同于内地，需要新知识，也需要拥有新知识新思想的人才和管理干部，但国内单位体制几十年铁板一块，难以撼动。袁庚经中央批准，借用香港通行的招考聘任制，面向全国公开招聘一批年轻干部，开办培训班，在人事方面为蛇口改革做好准备。同时蛇口也首次在国内推行了住房商品化，在经济方面解除了单位体制对人的束缚。

根据当年的规定，任职干部只能由上级部门调配、任用，而通过这种方式被任用于蛇口工业区的领导干部，常常会闹出一些笑话。有一次，工业区的领导问来访的美国商务代表团："英国人讲英语，你们美国人讲什么语啊？"还有一次是问英国剑桥大学访问团："你们剑桥大学，主要建造多大的桥？"这使袁庚深深地感到，必须在用人问题上进行一次改革，即实行公开招聘。

袁庚就提出要打破任命制，采用自由选举的方式，向胡耀邦请示，准备搞改革，除了人事改革外，还搞了干部改革，干部改革是怎么搞呢？蛇口工业区建好了，开始进入管理阶段了，就不是由原来这帮干部进行管理，要选举。自己可以报名，报名以后由大家来选，但是选举有一个条件，基本上是正式职工才有选举权，被选举权也有规定，做到工程师以上就可以自己来报名当被选举人。搞选举蛇口有这个条件，也符合蛇口的情况。如果是别的地方是没有这个条件的，因为蛇口的职工当时的年龄都不大，整个蛇口工业区几千人，平均年龄22.2岁，全是年轻人，而且全都是外来的，如果都是在这个地方的，像原来"文化大革命"时分成两派就没法选了，那是很乱的。职工的文化水平，85%是高中以上。当然中央当时也给了蛇口这点权力。

1983年2月9日，经来蛇口视察的胡耀邦同意，蛇口率先开始实行民主选举，那一年的4月24日，蛇口第一届管委会15名干部，经民意推选产生候选人，再经2000多人直接选举产生，从此干部终身制、任命制在蛇口被彻底废除。

选举领导层的改革，那个时候两年就换一届领导，每一年还要给选民新的投票机会。某位领导今年选上了，明年就按新的投票结果，如果选民对这位领导的不信任票过半，这位领导就不用说话，自动下台。对整个班子不信任，全部下台重选，就是这样的。袁庚为什么这么做呢？从他自己切身的体会，他在"文化大革命"当中，被康生一个批示就把他抓起来了，也没有任何的法律手续，就被关到秦城监狱里面，他被关到那个地方五年半。这就关乎体制，是一个很大的问题，你的生死存亡，都是领导干部拍板就行了，领导干部权力太大，而且没有监督，而现在的选举就是一种监督。选举的过程中，有一些候选人在上面讲，下面提问。其中有一个也是领导，他到美国出差一个月。有选民站起来问，你到美国出差一个月，办了些什么事？你游了多少山、玩了多少水？他都要回答，因为他是候选人。另一个候选人，他有两个弟弟在蛇口那里工作，他是当头的。选民问，在你的庇护下，你的两个弟弟在蛇口捞了多少钱？另一个候选人去参选，有人问他，你的女儿调到蛇口来，是怎么进来的？有一个候选人出去吃饭次数比较多，选民看到了，就提出了问题，你经常出入餐馆吃饭，是自己付钱还是用公家的钱？在选举的过程当中老百姓就盯住你，就问你，你得讲真话，你讲假话是拿不到选票的，你得下台。

当年蛇口改革的时候，基本上没有什么贪官，歪风邪气是没有的。不但没有贪官，连刑事案件都没有。可以说是"夜不闭户、路不拾遗"，人与人之间的争执也少了，更多的是相互体谅、关怀，大家一股劲搞建设、建设蛇口。

重温中国改革开放的历史，有一句口号不得不提，这就是"时间就是金钱，效率就是生命"，这句口号的发源地就是蛇口工业区。

作为中国改革开放的"试管",蛇口工业区"敢为天下先",率先推行工程招投标、干部人事制度、劳动用工制度、劳动分配制度、城市居民住房制度、社会保障制度等一系列改革试验,全国第一家股份制的开发公司、第一家大型集装箱厂以及招商银行、平安保险公司等都诞生在这个只有 2. 14 平方公里的实验区。

效果显著 蛇口改革成就得到中央肯定

经过几年的发展,整个蛇口的发展是非常好的。第四个年头的时候,1984 年邓小平第一次到南方视察,小平同志在参观蛇口工业区时赞扬蛇口的港口搞得好。袁庚提出合影的请求得到了小平同志的同意,"海上世界"负责人请小平同志题词也如愿以偿,这使袁庚很受鼓舞。

小平同志回到北京后,和中央几位领导讲到深圳发展非常快,特别是蛇口工业区发展更快,还说到了蛇口提出的口号"时间就是金钱,效率就是生命",于是中央领导就提出要扩大开放,把 14 个沿海城市都加进来。

中宣部理论局局长问我:蛇口建设那么快、深圳建设那么快,你有什么看法?我说有两条:一条学香港,学市场经济;另一条是发挥我们自己的优势,权力高度集中效率高。大家已经看到好处了,深圳这个城市,可以把全国的力量都凝聚起来,一下子发展起来了,这是资本主义国家做不到的。

如果要写《命运》的下部

陆天明

陆天明

中国作家协会主席团成员、中国戏剧家协会会员、中国电视艺术家协会会员、国家一级编剧。曾获全国最佳编剧奖、全国优秀电视剧编剧和中国电视金鹰突出成就奖。作为有突出贡献的中青年专家，享受国务院特殊津贴。作品曾多次荣获"五个一工程"奖、国家图书奖、飞天奖、金鹰奖等多种国家级大奖。主要作品有：长篇小说《桑那高地的太阳》《泥日》《木凸》《苍天在上》《大雪无痕》《省委书记》《黑雀群》《高纬度战栗》，中篇小说集《啊，野麻花》，电影《走出地平线》；话剧《扬帆万里》《第十七棵黑杨》；等等。创作的反腐败电视连续剧《苍天在上》《大雪无痕》《省委书记》《高纬度战栗》播出后，在国内引起强烈反响，被誉为"国内反腐文学第一人"。近年来，创作了以深圳崛起为题材的长篇小说《命运》，受到广大读者热捧。

我特别感谢深圳的朋友们，没有深圳、没有深圳人民，绝对不会有《命运》这部作品。《命运》这部作品之所以能够打动人或者说它能和读者、观众产生一种心灵的共鸣，是因为深圳的事迹本身具有巨大的魅力和冲击力。我感觉《命运》这部作品里面，基本的情节、绝大部分的细节甚至很多台词都是真实的，都是在深圳这块土地上曾经发生过的，我只是做了一个有心的编辑者，把它们收集起来，按照艺术的规律变成书、变成了电视剧。所以打动人的不是我的编剧才能、我的写作才能，而是这块土地上深圳人民所做的这些事情，是这些事情在打动中国、打动世界。

在《命运》这本书发行的时候，在深圳台的第一次新闻发布会上，我讲的第一句话是："我是来交卷的，我是向深圳的人民、深圳的老百姓交卷来了。"我是应深圳人民的要求写了这部书，这部作品、这部电视剧行不行，第一个审判官是谁？是我们深圳的人民。只有深圳的老百姓有资格评判你写的行不行。

"深圳精神"成就深圳

我不是深圳人，我也没有在深圳认真地生活过，当时接受《命运》的创作对我来说是一个巨大的挑战。这个题目对于任何一个作家、对于任何一个编剧来说，都是一个大难题，原因有四。

第一，它描述的故事与时代太近，它是发生在眼前30年的事。

第二，这30年深圳的崛起不是一帆风顺的、不是天上掉下来的。有的经济学家说深圳的产值和中央的政策有关系，这句话只说对了一半。中央是给了一些优惠政策给深圳，但是走过这条道路的每一个深圳人都会明白，并不是邓小平一挥手，中央政策一下发，这个小渔村就变成了1200万人的大城市。深圳这30年面临的危机和困境不计其数，要把深圳的伟大表现出来就不能回避一些矛盾问题，怎么表现？怎么准确表现？怎么把矛盾写透、写深？一方面，要能够体现深圳初创者的伟大、智慧和勇气；另一方面，还要准确把握矛盾的性质，不歪曲事实。

第三，30 年来几千万人在深圳的创业，30 年来一个伟大城市的诞生，怎样用一部作品去表现出来？这本身对任何一个文字工作者、任何一个创造者、任何一个研究者都是一个巨大的课题。

第四，这是一部文艺作品、文学作品，一个最大的特点就是要让大家爱看。一帮老头在那很严肃地演改革开放，谁有兴趣看？怎么让人爱看？怎么让大家产生共鸣？怎么撞击大家的心灵？

由于以上这四个难题，当时这个命题作文给我的时候我犹豫过。但是还有两个原因支撑我写下去。

一是我当时正也要写一部中国三部曲，就是写中国这 30 年。我们是吃皇粮的人，活在中国这片土地上，对中国这 30 年，中国老百姓这 30 年的甘苦，我们有责任去表现它，《命运》的这个主题刚好和我的想法不谋而合。

二是深圳之伟大。我觉得深圳就像当年的延安一样，如果说中国的革命圣地是延安，那么中国改革开放、中国搞经济建设的胜地在深圳。

我当时在深圳采访一年，接触了七八十个深圳人，包括深圳当时的市委书记、部长，我真切地感受到，早期创业阶段的深圳人，每个人心中都有一个碗口大的伤疤。我采访过的这七八十人，每一个都在我面前流过眼泪。有一个部长满头白发，谈到他当年经历的时候号啕大哭。什么叫杀出一条血路？什么叫改革开放的艰难？什么叫中国要往前走一步是多么困难？深圳是可敬、可爱的，深圳的伟大全在这里面。

我觉得我作为一个作家我一定要写，这是人民的伟大创造。今天之所以有深圳、有中国人民的幸福生活，是和几千万曾经到过深圳和依然留在深圳拼搏的人的努力和付出分不开的。

我在深圳找到了真正的共产党的形象。深圳不仅仅有邓小平的事迹，也不仅仅有深圳几千万老百姓的事迹，深圳的背后还有一批优秀的共产党员干部。在雨花台、在红岩，我曾经被一些共产党的先驱们打动。我 2005、2006 年到深圳采访时，我重新找到了这样的共产党员。他们把乌纱帽别在裤腰带上来到了深圳，要突破一些政策，要开创一些新路子，为中国的未来、为老百姓争取一些东西，他们没有只为自己着想而活着，中国需要这样的人。由于深圳的带动，整个中国变成了一个大深圳。

《命运》在北京召开新闻发布会，在中央八套黄金时间播出，当时我们所有的主创人员全哭了，李雪健在台上哭得完全不能控制。《命运》千难万险终于通过终审，"大海波涛惊骇浪"从大海冒出来。这个过程让我经受了一种洗礼，一种灵魂的净化。

概括起来讲，我为什么要写《命运》，因为我觉得有一件东西对中国非常重要，是必须要大声喊出来、必须要把它留在中国历史上、必须要把它镌刻在喜马拉雅山山巅上的，那就是四个字——深圳精神。

什么是深圳历史？归纳起来就是百折不挠地为中国寻找一条富强的革新之路。这个追求的目标从辛亥革命开始一直延续到现在。但是到了深圳、到了改革开放，我们说我们找到了这条路。所以要富强、要革新，恰恰最典型、最集中地体现在深圳身上。所以我到深圳来，我写《命运》，我被打动、我被冲击、我被震撼，我看到了活生生的深圳人，我感受到了这句话，在深圳这里创造了一个伟大城市的奇迹。

当代中国人创造的一个城市就是深圳，这是任何一个国家、任何一个民族都没有干过的事情。所以"深圳精神"产生的效应就跟原子弹一样、氢弹一样。《命运》60 万字、30 集电视剧，其实就说了这四个字——深圳精神。

这部作品、电视剧打动了很多人，里面没有三角恋爱，没有时尚的都市生活，但是人们看到了我们当代中国人怎么在眼前的这几十年里，在拼死拼活地寻找救自己、救国家、救民族的一条道路。我们总觉得我们中国人的当代生活很枯燥，都是在为眼前的利益奋斗，都充满着欲望，这些话都有道理。但是今天的中国人不管怎么样，心里仍然有非常纯真的东西，在寻找着民族的未来、国家的未来。所以《命运》得到了群众的呼应。

深圳的宝贝不仅仅是华强北、滨海大道，不仅仅是这些高速公路、霓虹灯，不仅仅是深圳的 GDP、月工资比全国都高，当然这些都很可贵。深圳最大的宝贝——深圳精神。

深圳需要第二次文化转型

我之所以能写出《命运》这部作品，是因为深圳创造了奇迹，才让我这个作家、这个编剧有东西可编、有东西可说。现在我要写续集，我有一个要求：请你们继续为我创造奇迹。只有深圳创造了新的辉煌、新的奇迹以后，艺术家和作家才有可能写出《命运》的续集来。

深圳的未来应该怎么走？上任书记李鸿忠、这任书记王荣领导都谈到过这个问题。我想我们每一个深圳人都在着急这个事情：深圳怎么保持领头羊的地位？怎么为中国、为世界再创造新的奇迹？我想还是那句话：不要丢掉深圳精神。这句话说起来很容易，但做起来非常非常难。现在的再度辉煌、二度创业、重拾深圳精神要比宋梓南时期更困难。宋梓南时期一穷二白，只有拼命杀出一条血路，在他面前别无选择。但今天的深圳，诱惑太多了。我们都陷入一种个人命运竞争的深坑中，深圳精神似乎和我们离得很远，我们要伺候好老板、伺候好领导、伺候好发工资的人，这是最重要的。不仅是在深圳，在整个中国都面临着这样一种情况，这是一种深层危机。

现在种种迹象都表明，整个中国也罢、深圳也罢，确实存在一种危机，或者说一种忧虑，一种需要拷问的东西。拨开现在光怪陆离、五彩缤纷的生活泡沫，我们看看大海深层正在出现的涌浪。有这样一篇文章《我们心中的天际线呢？》，题目意思就是人们心里总有一个底线、有一个界限，现在作者感觉到民众心中的界限没有了。他举了很多例子，生活的低俗化、拜金主义的风行，也说到前一段时间相亲节目中"宁愿坐在宝马车里哭泣"的这种年轻人、数千名单身女竞相参加大款富豪的相亲等。电视节目不可小看。第一，60年来，这是中国第一次大张旗鼓、公开地在媒体上、在大众面前说出这种拜金主义的追求。第二，这是省级电视台在公开鼓吹，这个问题就比较严重了。第三，很多媒体追捧这个拜金女孩，立马把她捧成全国的红人。这个女孩个人拜金我觉得问题不大，这是她私人的事情，但是媒体把她捧成红人问题就出现了。还有那些网络红人，只要有收视率，只要吸引眼球，不分美丑，这些说明一些民众心中的道德底线开始扭曲了，开始崩溃了。

再举一个例子，汶川大地震的"范跑跑"，大家都很熟悉，我在网上说我看不起他，他将被钉上历史耻辱柱，竟然招来几十万网民骂我。北京一家报纸，登出很大篇幅文章为"范跑跑"开脱。"范跑跑"在北京开新闻发布会解释自己为什么要跑，很多人竟然觉得他应该跑、他有勇气、他真实地面对自己。我觉得一个人可以真实地面对自己，但是仍要记得自己的责任。教师这个职业就是应该承担这样一份社会责任，就像做父母的一样，当地震发生的时候，你能舍下孩子自己先跑吗？

我觉得可怕的不是"范跑跑"，可怕的是这几十万的网民支持"范跑跑"，可怕的是有媒体大肆为"范跑跑"开脱。我忧虑的是这一代人、一群人在向何处去，这些事情发生在改革开放后的30年。改革开放带来了伟大的成果，但是改革开放也带来了问题，就像小平同志说的，这些问题如果不解决，还不如不搞改革开放。

当我们富裕了、日子好过了，曾经为全国和全世界所仰慕的深圳精神，要问一下哪儿去了？我们还能为这个民族、国家再去创新些什么？除了为工资、房贷、养育孩子拼命，我们还能像当初的创业者那样想想民族、国家的未来吗？

日本、德国在第二次世界大战中失败了，1945年战败，当年日本一片废墟，整个民族都崩溃了，德国也是一样，柏林也是一片废墟。但是到了20世纪50年代，1958年左右，我们"大跃进"，日本已经赶上中国；50年代中期，日本的国力和我们是持平的，德国可能还超前一点；到了60年代，中国"文化大革命"的时候，日本把我们远远甩到后头；到了70年代，日本成为全世界第二大经济强国。德国的发展也是一样，德国现在是北约、欧盟最强大的国家。日本和德国为什么能够在一片废墟的基础上迅速崛起？到现在仍然在经济上领先于世界？当然，这里面有美国保护的成分，但是更重要的是人的素质，虽然日本的民族性有些方面让我们很看不惯，但日本人和德国人的严谨、拼命、认真确实值得我们学习。

韩国曾经发生过经济危机，很多家庭妇女主动捐出金银首饰给国家银行。韩国人不买外国车，支持民族工业，当然我不是提倡这样做，但这是他们的一种特性，他们的这种民族性恰恰是我们没有的。我们富了之后眼睛只看到自己，这是很令人忧虑的地方。

深圳在GDP、创新专利方面甚至走在北京、上海前面，深圳的创新力非常强。我们应该重温一下深圳精神。《命运》是我写的，我只是真实地记录下来，他们当年确实是这样过来的，确实还需要一批人为民族、为国家、为大家、为别人去探索一个问题，就是中国人应该怎么活着？中国人应该成为什么样的人？我认为，中国的现代化道路，一百步我们才迈出了一步，这一步我们花了30年。中国人的现代化问题，还远远没有解决。这种暴发户的姿态，我们一到国外旅游就显出我们文明素质之差，让韩国人看不起，甚至有些越南人也看不起我们，这是值得思考的问题。

归根结底，创造奇迹需要文化转型，如果30年以前深圳已经搞了一次文化转型，从计划经济转向市场经济、从闭关锁国到开放、从绝对服从到现在多元个性发展，我们的生活姿态、思维方式有了很大的转型。现在我觉得要发挥、传承深圳精神，实现第二次文化转型，跳出绝对的利己主义，一起来为民族的革新、富强做点事情。

法国有一位思想家讲，"任何经济行为，短期的是受经济逻辑所左右，长期的经济行为都要受文化逻辑左右"。取得物质财富是为了要变成人生活的滋养养料。一心只为了钱，人们的经济、生活都会受影响。巴尔扎克有一部小说《高老头》，小说中的主人公高老头是一个吝啬鬼，他一生最大的爱好就是把挣的所有的钱、古玩放到一个仓库里面，到晚上去数钱，把古玩搬出来看一看、擦一擦。他很痛苦，又怕钱丢掉，这是巴尔扎克笔下的一个典型人物。要挣钱、要致富，最后的目的是让我们活得像个人，像个真正的人，而真正的人是在人和人的交往中完成的，所以要有利于他人。最伟大的经济学家曾经讲过，"市场经济的根本，怎么发展市场？一定要利他"。比如做一个电脑，希望卖得好首先得让受众愿意用，要有利于受众。最终目的是为了发财，但是发财的途径是要利他。所以我们现在很多人致富以后只想到自己，不想别人，就是搞市场经济也搞不起来。如果心里只有我、只有自己，一个社会就要垮台，那么自己也不会有大发展。

如果整个深圳变成了全是只为自己挣钱的人在这里混，挣到钱就走人，这个深圳还值得尊敬吗？还有大的前途吗？不可能。物质富有了，精神却灰暗了，这是不行的。我等待着深圳人民创造新的奇迹，那个时候我继续写《命运》的下部。

中国经济特区的时代使命

苏东斌

苏东斌

深圳大学特区台港澳经济研究
所所长，教授、博士生导师。
北京大学兼职教授，广东省政
协常委。主要作品有《社会主
义经济学导论》《现代政府的
经济行为》《选择经济考察述
要》《人的经济路径》等。

中国经济特区走过了 30 年，这个过程曲折又辉煌，在中国的改
革开放史上，深圳是浓抹重彩的一笔。

中国经济特区建设的背景

要了解中国经济特区的创立，先得了解当时中国的时代大背景。

1978 年的时候，时任广东省委书记吴南生痛心地说，我的家乡
汕头在新中国成立初期还是一个商业很繁荣的地方，和香港的差距并

不大，30 年过去了，香港成为亚洲四小龙之一，而汕头却满目凄凉，比我们儿时还穷，广东搞了 30 年经济建设搞成这个样子，我们还说人家（香港）是反动统治。

时任深圳市委书记秦文俊讲了一个故事。当时人们都往香港跑，一个村子的人都跑走了，只剩了一个小孩，因为这个小孩前一天到他外婆家去了，第二天回来一看村子已经空了。

面对着当时"文化大革命"让中国经济处于崩溃边缘的状况，邓小平多次说，我们太穷了、太落后了，老实说对不起人民，并高度警觉地指出，外国人在议论中国人究竟能够忍耐多久。

当时中国经济的窘迫显而易见，穷则生变。办经济特区是邓小平倡议的，是中央决定的。1979 年主政广东的习仲勋和中央直言，希望中央多给点权，让广东能充分利用自己的有利条件先行一步，并请求中央拨发"三通一平"基建款。邓小平十分赞赏这个设想，对习仲勋讲，这个地方还没有起名字，我看就叫特区吧，中央没有钱，你们杀出一条血路，自己干。也就在这个时候，邓小平在酝酿一个重大决策，就是让一部分地方先富起来，搞平均主义不行。从 1979 年中央 50 号文件出台，到 1980 年 8 月全国人大作出决定，中国经济特区正式诞生。

中国经济特区的创立可以作为中国道路的一个标志。第一，苏联模式不行，计划经济走不通，如果不改革开放，只能死路一条。第二，平均主义不行，均衡发展走不通。当时在 1978 年底召开的中央工作会议上，邓小平提出一个很新鲜的观点，就是让一部分城市先富起来。第三，寻找突破口，建立经济特区，在现有僵化的体制之外，能够实行强制性的、渐进式的制度变迁。从此，中国现代化走上了一条既不同于传统体制下的苏联模式，也不同于自由资本主义时代西方模式的特殊道路。

中国经济特区的成功因素

中国经济特区的伟大成就是举世瞩目的，对于成功的因素，我认为有三点。

第一，天时。特区有一把尚方宝剑，它是一场有自上而下的授权的改革，因而产生了特殊政策和灵活措施。1980年，谷牧代表中央对时任广东省委第一书记任仲夷说："你们就像一个半独立王国，你就是国王，搞特区的地方你要亲自抓。"1985年，时任总理赵紫阳对时任市委书记李灏讲："特区有改革权，允许突破一些不合时宜的、束缚生产力发展的规章制度，紧急问题可以在向省委报告的同时，直接向中央请示。"万里说："你们要闯出一条新路，犯了错误也不要紧，由国务院负责，你们先走一步，就是犯了错误对全国来说也是有意义的，可以吸取教训。"

第二，地利。特区濒临港澳，华侨众多，水域辽阔。试想，如果深圳不是濒临港澳，改革初期怎么能引进那么多的外资？试想，如果深圳面临的不是香港，没有那么长的海岸线和深水码头，盐田港怎么会高居世界第四集装箱码头的地位？不仅如此，特区之所以首选在深圳，还在于它远离中国的政治经济中心，是计划经济相对薄弱的地区，又靠近市场经济比较发达的地区——香港，同时对于全国来说深圳毕竟是一个小地方，万一出了错及时纠正，也无关大局。

第三，人和。深圳特区有一批敢于"大闹天宫"的闯将。有好的制度、好的环境，事情发展的决定因素还是人，当时来深圳的建设者和领导阶层都干劲十足，为了一个目标共同努力。敢于大胆地使用中央授权、敢于真正先走一步的任仲夷，"我愿意到家乡去搞实验，要杀头先杀我"的吴南生，"再没有钱当掉我的裤子也要办一所深圳大学"的梁湘，不做副省长兼深圳市的市长却要果断地留在蛇口搞改革开放大试验的袁庚等，就是这样一大批敢于冒险、又敢于担当的改革家们，在特区进行了创造性的工作。他们创造性地运用中央赋予的特殊政策和灵活措施来进行特区建设。正是天时、地利、人和这三大因素，才使得特区终于在体制之外发生了渐进式、强制性的制度变迁。

中国经济特区的历史贡献

从历史的角度来考察，以深圳为典型的中国经济特区对中国社会的发展概括起来有四大历史性的贡献。

第一，它贡献了一个新体制。中国改革的目标是建立社会主义市场经济体制。1992 年邓小平说，深圳就是要发展社会主义市场经济。特区对中国改革的贡献是探索一种从计划经济体制走向市场经济体制的转型模式，为社会经济发展提供制度变迁的基础性保障。

第二，它贡献了一条新道路。深圳由一个边陲小镇，跃升为人口1500 万的现代化大都市，成为全国最富裕的地区之一。珠海由只有一条街道、一个粮站、一家工厂、一家饭店的落后小渔村，变成联合国授予的宜居城市。特区对中国发展的贡献，就是寻找到了一条从一般的小城镇走向区域性的现代化中心城市的发展道路，通过非均衡发展，能够比较迅速地实现由普遍贫穷到共同富裕的最终目的，它探索了一条现代城市怎么走、现代文明怎么实现的一条道路。

第三，它贡献了一种新精神。邓小平多次提到，深圳的重要经验就是敢闯。他号召：第一，大胆地去干；第二，发现干得不对的地方要及时纠正，总结经验。当年袁庚在蛇口那句响彻全国的口号"时间就是金钱，效率就是生命"就是这种精神的集中体现。特区对中国精神的贡献就是形成了一种勇于创新、善于创新的品格，它突出地反映在思想上的解放和科技上的创新。

第四，它验证了一大理论。李光耀在1992 年说："中国不能没有深圳，它是中国改革的试验田，深圳的经验如果成功了，说明邓小平的中国特色的社会主义路子是走得通的。"这就透彻地点出了中国经济特区的功能、地位和作用。中国经济特区的创办是邓小平的一个伟大的理论创新，是开启中国社会全方位转型的关键之举，是最具有中国特色的创造性的实践，而特区的历史步伐又极大地丰富了邓小平理论的科学内涵。

中国经济特区的基本经验

特区的成功有着鲜明的中国特色，中国经济特区 30 年的辉煌成就证明了中国特色社会主义道路的正确性。但是我们必须也要看到，这条具有鲜明中国特色的道路，本质上所体现的仍然是符合国际社会的普遍价值和市场经济的基本原则，而这一切又都是对人类社会发展一般规律的发展与揭示。中国经济特区的成功有两条基本经验。

第一条经验，从现实的状态来看，是选择、引进、坚持了改革的市场经济取向。早在 1980 年底，特区条例公布之后，广东就明确地提出，特区要以引进外资为主，以实行市场经济为主，而当时全国还把市场经济当作洪水猛兽，等同于搞资本主义复辟。

1982 年是深圳最困难的时期，可谓"秋风萧瑟、寒流滚滚"，深圳由门庭若市变成门可罗雀，正在这个关键的时候，邓小平在广州对任仲夷说了一句话："如果你们认为这样好，你们就坚持下去。"这是中央对特区极大的信任和支持。

转折点是在 1992 年，从 1978 年开启的中国改革开放大业的基本局势已确定，却同时笼罩着巨大的阴影，改革到底"姓社姓资"是一个大问题。邓小平作为中国改革开放的总设计师，作为新中国第二代领导集体的核心人物，他不允许阴影弥漫、逆浪冲垮时代潮流。邓小平在南方谈话中作出了两个坚定的判断：第一，经济上的判断，市场经济不等于资本主义，社会主义也有市场经济；第二，政治判断，中国要警惕"右"，但主要还是防止"左"。正是南方谈话，拨乱反正，力挽狂澜，才使中国改革开放的航船又重新驶向文明世界的汪洋大海。

经济学家哈耶克说："价格是个信号，它引导我们利用根本不认识的人的力量和天赋，去满足那些一无所知的人的需求，市场的魅力就在于此，竞争要有准则，准则是什么？就是价格、就是市价。这揭示了现代经济学鼻祖亚当·斯密那只"看不见的手"的灵魂，这是人类社会近 300 年历史智慧的结晶，是无数理论大师殚精竭虑的伟大成果。对中国来说，邓小平理论的核心内容就是社会主义市场经济，市场经济成就了经济特区，市场经济救了中国。

第二条经验，从深层的动力来讲，是尊重和拓展对人的解放。邓小平说，过去我们只讲社会主义条件下发展生产力，没有讲可以通过改革开放解放生产力，不完整。解放人，首先解放中国人民才是邓小平理论的深层含义。解放生产力，就是解放人，因为对于机器来讲不存在解放不解放的问题。

首先，改革调动了市场经济的主体——个人的积极性，社会的最终主体并不是国家、城市和单位，而是个人。

亚当·斯密《国富论》的经典观点认为，促进公共利益的最好方式，是个人对他们自身利益的追求。经济学的基石就是价格理论，而价格理论的精髓就是需求理论，它背后的全部奥秘就是制约人类行为最基本的准则——"价格"，人类的全部经济行为，制约点就是价格。亚当·斯密比喻，他所盘算的只是他自己的利益，而他所追求的个人利益有效地促进社会利益。这种对利益追求的前提就是特区对人的解放，深圳 95% 以上的人口都是移民，这种移民构成了生产力中最基本的要素——人的自由流动；大力引进香港、海外的资金，构成了生产力最强大的要素——资本的自由流动。

从 20 世纪 90 年代兴起的农民工进城，成为特区建设大军的主力。2008 年春节晚会上，有一个舞蹈是东北师范大学舞蹈系表演的农民工进城。破衣烂衫的农民工背着包，乘着汽车、火车进城，今天他们成为城市建设的主力军、服务的主力军。从特殊意义上来讲，打破束缚人身自由的城乡二元结构，这是对人的解放。

其次，改革也调动了另一个主体——地方政府的积极性。由原来的地方政府被上级安排任务、被动执行，变成了现在地方政府在市场经济条件下因应市场竞争而不断创新。邓小平的"让一部分地区先富起来"成了地区之间竞争的总动员令。田纪云说过一句话："中国人民一旦得到了追求财富的自由，所表现出来的伟大创造力将充分地表现出来，可以说区域竞争构成了中国经济特殊的、强大的内在动力，中国的奇迹在这里可以得到充分的解释，被赋予了庄严的使命感，再加上改变个人命运的强烈愿望，使特区政府更加充满了活力。"

深圳一反往常使"资本主义绝种、使小生产绝种"的传统法则，对于股票经营、土地经营、资本市场，坚决开展起来。干了一辈子革命，目的是什么？不是做个无产者。所以中央号召我们今天要获得财产性的收入，可以说有一分的自由，就能释放五分的潜力，就能形成十分的发展力量。

创新的主体并不是政府，而是企业，在特区良好的创业环境下，终于酝酿出了腾讯、华为、中兴、比亚迪、巨人、格力等创新性的企业，以及企业背后的企业家。创新型企业形成了特区的中流砥柱，可以说企业家是市场经济的灵魂，企业家阶层的形成，是特区自由发展的坚强基石。30年巨大的变化，特区最宝贵的还有企业家的精神。对人的解放，不仅限于政治，更在于经济，其根本内容就是对他们产权的确认。值得强调的是，诺贝尔奖获得者印度经济学家阿马蒂尔·森在20世纪末提出的一个新的发展观念，就是"以自由看待发展"，这个思想是极其先进和伟大的，直到今天许多人还没有接受。他说，自由不仅是发展的首要目的，而且也是促进发展的首要条件，发展不仅不是以GDP为标准，而是以自由的程度来看待发展的水平，更主要的是把发展的过程看成拓展自由的过程。从这个意义上来讲，中国经济特区比其他的地区实际上享有更大的自由空间。可见，"以自由看待发展，以发展去拓展自由"，就是中国经济特区以及中国社会近30年来巨大进步的深层奥秘所在。

归纳一下，看来诸位都是因为"自由"来到深圳的，争取自由，追求自由，投奔自由。以自由看待发展，对人的解放是第一要素。特区的发展从深层次动力来讲是人的解放，这两条基本经验，构成了邓小平理论和现代人类和谐价值的观念，邓小平这个理论和人类现代化核心观念达成高度共识与圆满结合，正是这一创新才终于发生了举世瞩目的中国奇迹。

中国经济特区的双重新使命

"特区"是实行特殊优惠政策的地区，到 1992 年为止，20 年来的发展，特区已经圆满地完成了当时所设想的窗口、试验田、排头兵的使命。1992 年以后，当全国都实行市场经济以后，特区就没有必要再存在了。朱镕基说："现在特区已经不'特'了，我们已经没有必要再实行特别优惠政策了，全中国都是一样的，我们并不是按特区来优惠，而是按产业来优惠。"

当然，特区还有新的使命。江泽民在特区成立 20 周年的时候讲，中央要求特区争创新优势、更上一层楼。中国经济特区将贯穿于中国改革开放的全过程，贯穿于中国现代化建设的全过程，这两个全过程就清楚地表明特区又被赋予了新的使命。改革开放没有结束，现代化建设更没结束，特区被赋予了新的双重新使命。第一重使命，从改革的意义上来讲，要求特区加快完成向市场经济的转型，继续当好改革开放的先锋队；第二重使命，从发展的意义来讲，就是要加快实现发展方式的转变，使发展更加科学化。

既然有这两重使命，那就自然要求赋予相应的权力。现任省委书记汪洋说了一句著名的话："允许改革失败，不允许不改革，特区还要日益进取，先行先试。"这表明特区还有先行先试的改革权，在今天这就是"特区"的基本含义。这种改革权有两方面的内容，抽象地看，允许特区"先行先试"，这四个字太过笼统。现在特区比较突出的矛盾是政府的主导作用和市场在资源配置方面的基础性作用之间失衡，其实全国都有这个矛盾存在。市场应该做的内容政府在包办代替，政府应该做的事情政府又没有做好。

像现在的房地产是典型的暴利行业。所谓政府的主导和市场的基础性作用之间的关系，就是要防止利用公共权力、公共资源为个人获利，特别是防止利用某些垄断的优势去扭曲市场、使公权和利益走向部门化、集团化、个人化。改革 30 年已经形成了一个特殊的利益阶层，这个特殊的利益阶层的特点是，他们不迷恋计划经济时代的一切，因为那将意味着他们失去 30 年来所积累的财富，同时他们更不希望改革的深化与开放的扩大，因为那将意味着他们失去现有的特权，他们希望在这种焦灼的环境中维持现状。许宗衡、陈绍基、王华元的案例，官商勾结，触目惊心。

邓小平晚年提出一个重要的思想，富裕起来之后财富怎么分配？这是一个大问题，分配不公会导致两极分化，问题就会出来了。过去讲先发展起来，现在看发展起来以后的问题不比不发展的时候少，解决分配问题不仅需要道德、良心，光靠教育是不行的，必须有良好的制度、政策来约束。社会在发展，科技也在发展，恩格斯说货币的出现把原始公社瓦解了，人类社会进入了奴隶社会，社会取得了巨大的进步。我补充一点，网络崩溃集权，世界的许多问题是通过互联网来解决。

分配的问题表面上看是经济问题，官商勾结的问题表面上看是经济问题，深层次则是政治问题、体制问题。中国的大战略家邓小平有一句十分清醒、准确的判断：我们的所有改革最终能不能成功，还是取决于政治体制改革，而且应当把它作为改革向前推进的一个标志。毛泽东曾有诗句，"百代都行秦政法"，从秦统一中国到毛泽东时期中国社会发展了两千多年，实行大一统，中央集权制，这是对传统威权政府所形成的路径依赖。这种制度有好处，一声令下全国总动员，效率高。但是它的弊端有两点：第一，权力过分集中，尤其集中在一把手；第二，缺乏监督，不透明。腐败的原因绝不仅仅是品质问题、道德问题、修养问题，说到底还是制度问题。马克思在总结巴黎公社经验的时候说：以随时可以罢免勤务员来代替那些骑在人民头上作威作福的老爷们，选举权应该成为他们真正的目的。胡锦涛讲，"权为民所用"，权是民所授，是人民赋予的权力。我们应该民主协商，但这不能取代民主选举，更不能否定民主选举，我们要用党内民主去带动，而不是削弱社会民主，不能说只抓党内民主就行了，忽略社会民主，要用下层民主去推动，而不是停滞在上层民主，要一级一级来，选举制是民主政治的精髓。

对未来的预测，大趋势不会变，现代化的方向不可逆转，但是仍然可能出现两种情况：把改革进行到底就建立起了现代市场经济、法制市场经济；反之则形成权贵资本主义、官僚资本主义、国家资本主义，那是很可怕的。中国再也不能与新技术革命失之交臂，再也不能与人类现代文明失之交臂，我们改革的任务还远远没有完成，尤其是在特区。

改革开放是科学发展的制度保障，是它的根本内容，中国也好，深圳也好，都还远远没有完成，深层次的改革还没有进行，有些方面是刚刚破题，有些方面还没有摸到。波兰思想家米奇尼克说，我们不是为了一个美好的明天而奋斗，而是为了一个美好的今天而奋斗，我们不是为了一个完善的社会而奋斗，而是为了一个不完善的社会而奋斗。深圳不是一个独立的国家，不像新加坡，也不像香港那样港人治港。深圳毕竟是一个年轻的大陆城市，它是中国的深圳，是广东的深圳，有些事可以为、能够为，如地方的资源配置，有些事不可为、不能为。深圳特区的人们应以忧患的意识去畅想和实践自己的今天和明天。

深圳改革 30 年的思考

刘申宁

刘申宁 ✏️

原深圳市委党校副校长。主要
作品：《中国古代兵器》《中国
近代反侵略战争史》（合著）、
《中国兵书总目》《孙子集成》。
其作品曾荣获"金钥匙"全国
图书评比一等奖、"中国图书
奖"荣誉奖、全国古籍优秀图
书奖一等奖。

主持人：深圳市民文化大讲堂盐田分会场专项讲座现在开始！下面我提议大家以热烈的掌声欢迎著名学者刘申宁教授给我们讲学。（掌声……）

刘教授是我的老朋友，也是我的师长，更是我们盐田文化系统的专家和顾问，多年来他对盐田的文化事业发展、对盐田的文化产业发展倾注了大量的心血，今天能请他来给我们讲学，我们感觉到很荣幸。

刘申宁教授是著名的近代史专家，是全国有名的学者，他曾任深圳市委党校副校长、《深圳特区报》和《深圳商报》《文化广场》专栏撰稿人，现任香港凤凰卫视时事评论员，在座的很多读者都非常熟悉他的作品，主要有《中国古代兵器》《中国近代反侵略战争史》《中国兵书总目》《孙子集成》，他的作品曾荣获"金钥匙"全国图书评比一等奖、中国图书奖荣誉奖、全国古籍优秀图书奖一等奖。下面大家以热烈的掌声欢迎刘教授给我们讲学。（掌声……）

刘申宁：谢谢大家！很高兴今天到盐田给大家讲一下深圳改革30 年的思考。这个问题我已经考虑了很长时间，是从汪洋书记给深圳提出三个问题开始思考的。汪洋书记说：你们过去30 年都干了什么？你们现在在干什么？未来30 年你们还想再做什么？虽然市委市政府已经在会上对汪洋书记的提问作了回答，但是我由于很长一段时间一直在思考深圳30 年走过的路程，头脑里有些想法，所以今天借这个机会，算是和大家一起来试探着回答汪洋书记提出的这三个问题。所以今天我讲三点：第一点讲深圳的价值何在，也就是过去30 年我们是怎么走来的；第二点讲一下深圳的机遇和挑战，就是我们现在所面临的是什么；第三点讲深圳的危机所在，就是未来30 年我们应该怎么做。

一　深圳的价值何在

首先讲第一个问题，深圳的价值何在？深圳作为一个城市，和全国 660 个城市是不一样的，不能认为深圳等同于武汉、沈阳、南京、西安，不一样的原因在哪里呢？深圳是中国第一个摆脱了原有的计划经济体制，奔向世界、与国际接轨的城市，这是深圳的特质。小平同志开创了深圳这样一个特区，深圳作为中国改革开放的尖兵，杀出了一条血路，为我们先蹚出了一条路，从计划经济走向市场经济，这是深圳最大的价值。如果看不到深圳的这个价值，那么深圳就等同于全国任何一个城市，深圳可以和铁岭一样、可以和西安一样，甚至还比不上西安和洛阳有着浑厚的历史文化积淀。深圳的价值在于勇于突破计划经济的藩篱和束缚，走入新的市场经济体制发展模式，这是深圳的价值。

我们深圳 30 年的发展过程当中，我认为最重要的有这么几点。

在 15 年以前，深圳市委市政府曾经做过一个了不起的决策，我认为这是深圳市政府非常重要的决策，在深圳发展史上都会留下浓抹重彩的一笔，就是当时把深圳的笋岗工业区、上步工业区等几个大的工业区里面的"三来一补"项目企业统统赶走了。这相当了不起。把这些企业赶到哪里去了？赶到东莞去了，赶到苏州去了。这些"三来一补"企业在深圳特区开创的初期，它们的作用是重要的，为深圳经济特区早期的发展奠定了基础，但是当深圳经济特区发展到一定程度的时候，这些"三来一补"企业便成了深圳最大的绊脚石。所以把它们赶走，用市场的手法，而不是用行政的手法把它们赶走。但是我们留了一个尾巴，留了一个富士康，富士康留到了今天，最终它还是要走的，因为深圳这个土壤已经不适合它的生长。连续发生了13 次跳楼事件，让全世界都在关注着深圳、关注着深圳的富士康，如果当时我们下点狠心把富士康也赶走，对我们深圳多好。

台湾在大陆有两个最大的企业，你说它没有文化？起个名字也怪怪的，一个企业叫富士康，还有一个企业倒过来念，叫康师傅。

为什么深圳不适合发展"三来一补"企业？一个最大的问题，"三来一补"企业不能给深圳的经济发展创造持久的价值，不能代表深圳的经济特点。而且我认为深圳还有一个重要的问题，就是深圳不适合大规模地发展劳动密集型产业，如果深圳的重点就是把内地的打工仔、打工妹拉到深圳来，建一些简单的工厂、生产一些劳动密集型的产品，那样的话，深圳就不成其为深圳了。那样，深圳和东莞有什么两样？所以深圳的价值第一点就是赶走了"三来一补"企业，建立了我们深圳自己的支柱产业，这是深圳非常了不起的。我们现在的支柱产业有八大产业，第一个是生物制药，第二个是电子，第三个是通信，第四个是会展，第五个是奢侈品的生产。奢侈品的生产大家不要小瞧，不是简单的生产，深圳飞亚达手表的产量占了全国的 80%，我们的水贝珠宝、饰品的生产占了全国需求量的 75%，一个城市奢侈品的生产量占了全国的 3/4 以上，不能作为深圳的支柱产业算什么？还有金融、印刷，再加上航运，八大产业作为深圳的支柱产业。今天的深圳已经不再是一个简单的经济特区，而是一个拥有 1460 万人口的新型现代化大都市。

我认为深圳的经济发展、产业模式的确立有两个标志性的事件，这就是"华为"的成立和华强北电子市场的建立，这两件事情差不多同时发生，这两件事标志着全国电子制造业的中心转移到了深圳。这非常重要，整个深圳的电子通讯制造业在全国居于领先地位，是因为深圳控制了这个漫长的产业链。

这 30 年应该说深圳取得了很大的成绩，在经济体制改革方面，主要做了两件事情：第一，完成了产品的市场化改革，深圳的市场已经完全不同于过去国内的计划经济了，是比较完全的产品、商品的市场化，这种改革基本完成；第二，就是国有企业的改革，特别是中小型国有企业的改革，企业产权多元化的改革，这些方面的改革深圳已经基本上完成了。应该说在中小型国有企业改革和产品市场化方面，深圳基本上完成了应该进行的改革。

目前，深圳正在进行的是另外四个方面的改革：第一，公共服务的改革；第二，社会管理的改革；第三，党内民主化的改革；第四，事业单位的改革。这四个方面的改革，深圳正在有条不紊地推进。在这些方面我们依然走在全国的前列。行政三分法的改革，现在我们正在摸底和正在进行的事业单位的改革，包括社会公共服务方面一系列的改革，这些方面深圳都走在全国的前面。

在 30 年的时间内，深圳创造了三个发展模式。一个就是像"华为"这样拥有自主知识产权的发展模式。"华为"从一个很小的民营企业，发展成今天拥有大量自主知识产权，而且把生意做到全世界，成为世界 500 强的大公司，相当不简单、相当了不起。我们现在很多国企挣扎了几十年，还做不到像"华为"这样的发展规模，所以"华为"创造了一种新的企业模式。

第二个模式是新能源的发展模式，就是比亚迪股份有限公司的新能源发展模式。我们现在强调节能减排、强调低碳经济，比亚迪股份有限公司走上了这个道路，连美国巴菲特都要投资比亚迪公司，买比亚迪公司的股票，说明比亚迪公司的发展道路是全世界都认可的。

第三个模式是我们创造了一个保税区高效益的模式。深圳最早的保税区是沙头角保税区，紧接着是福田保税区，我们后来又建了其他几个保税区，如好大工业区。深圳在保税区中创造了极高的效益，每平方公里的产值居全国首位。所以说深圳的保税区模式已经成为全国各个省学习的一个模式，深圳30年创造了三个发展模式，相当了不起。

深圳人是怎么创造这个价值的？深圳走了一条什么样的道路？深圳最大的贡献就是把改革这台戏唱好了。那么改革的精髓是什么？改革的精髓就是政府要把激励机制搞好，然后让市场起作用，深圳充分体现了改革的精髓。

小平同志1992年到深圳来视察时地讲过一句话："深圳的重要经验就是敢闯。"看似很平淡无奇的一句话，但对深圳是最大的褒奖。深圳之所以有价值，就在于敢闯敢干，想到了就干，想到了就闯，所以深圳才会有今天。我们回顾一下过去30年走过的历程，有三件事情我们至今不能忘怀。

第一件事，早在20世纪80年代，在20多年以前，袁庚在蛇口创造了一个奇迹，他在整个蛇口工业区这么大的范围内实行民主选举。他说："把我选下来，我也下台，整个蛇口工业区是一个厅局级的单位，实行全员选举、投票选举，选上的就干，选不上的就下。"大家想一想，在80年代，在特区还要不要建设都成为问题的时候，袁庚在那里做了这样一件极为超前的事情。如果那个时代，中央肯定了袁庚的选举方式，中央把袁庚的选举方式作为经验、作为试点向全国推广的话，我们今天还需要在乡镇一级的选举上不断进行摸索和试验吗？我们今天还需要在党的代表大会中不断扩大党内民主化吗？早就已经走完了这个过程。80 年代，袁庚的选举方式被很多人看作是不合时宜，但是它确实预示着中国改革的方向，将来的政治体制改革也必然是这样一条道路，一直要走下去的。袁庚在中国的历史上第一个尝试做了这样一件伟大的事业，而它就发生在深圳。

大家知道，十七届四中全会中央作出了一个重大的决策，要扩大党员的权益，要落实党代表大会常任制的试点成果，要推进党内民主化，而党内民主化的核心就是民主选举。实际上到十七届四中全会我们才把袁庚在 20 多年以前就做过的事情给予了一个正面的肯定。所以现在想起来，袁庚在那个时代作出的决定真是非常了不起，他就凭着一种敢想敢干的精神，在中国的政治体制改革上，在这样一个布满荆棘、路途坎坷的道路上作出了他的创举，相当了不起。

第二件事就是当年李灏同志主持深圳工作的时候，深圳发展没有钱，怎么办？有人说拍卖土地，深圳敲响了拍卖土地的第一锤。那个时候李灏顶着巨大的压力，因为北京有人向中央写报告、提意见，说要追究深圳市委市政府的责任，深圳市委市政府为什么敢于违反宪法。因为宪法规定城市的土地归国家所有，任何组织和个人都不得拍卖转让。宪法明文规定的，你深圳为什么敢拍卖土地？明显违反宪法，所以要求追究深圳市委市政府的责任。那个时候压力巨大，李灏同志顶着巨大的压力把这个事情做了。那个时候为什么全国都聚焦深圳？是因为深圳吸引了全国的眼球，它做的事情是全国人民都关心的事情。有人说深圳牛，牛在哪里？深圳敢于违宪，违宪了不要紧，1987 年拍卖土地，1988 年修改宪法，土地可以拍卖，这就是深圳人做的了不起的事情。发现哪里有问题就搞试点，完了以后改革，把事业向前推进，深圳人在过去 30 年是这样干过来的，深圳之所以是深圳，就在于深圳敢闯敢干。

第三件事是 1992 年中央批准了上海和深圳两个城市可以开设证券交易所。上海接到红头文件以后不知道证券交易所该怎么开设，派人到深圳来取经。为什么？因为深圳的证券交易所在中央批准之前，早就已经开办了，那个时候已经无照经营好几个月了。敢干，想到了就干了，中央虽然没有认可，但是我先行先试，这种精神是深圳一笔巨大的精神财富。没有这样一种精神，不可能创造深圳今天这样的业绩。

所以深圳人走出去，在外地和别的地方的人走在一块，是不一样的，深圳人的谈吐、深圳人的意识、深圳人的语气、深圳人的眼界、深圳人的思考方式以及深圳人对待问题的态度、办事的方法和效率都和内地人不一样。

我举个简单的例子，我们在深圳的道路上，汽车擦碰一下是经常发生的。我也发生过这样的事情，不小心碰了人家一下，双方下来见个面，说声对不起，然后接下来的事情就是看看该赔多少钱，然后给钱，双方走人，不影响后面的交通，不会发生严重的堵车。除非责任不清，需要请警察来解决，否则双方一谈，就把问题解决了。你到内地任何一个城市去，遇到这样的事情都不会像深圳这样处理，下来以后相互指责，打骂一顿，然后把警察叫来，互相都不认账，想办法抵赖。深圳人做事情的方式和内地不一样，完全不同，他认为时间就是金钱，时间就是生命，我干嘛要在这里耗时间？所以深圳的特质、深圳人的精神面貌和内地是不同的，这样一种态度、这样一种修养、这样一种风景、这样一种生活方式是我们深圳独有的一种精神财富。

深圳之所以成为深圳，它干起来的理由是什么？应该说最早来深圳的这一批拓荒牛、这些建设者，以及后来陆陆续续来到深圳的这些人，有相当大一部分是有理想、有干劲，但是又不愿意在体制下被终生埋没的有识之士，有志之士在深圳作出这样巨大的业绩。应该感谢这一批拓荒牛，感谢这批深圳人为深圳的今天付出的艰苦、辛劳和血汗，没有他们就没有深圳。这些人的精神凝聚着深圳的价值，这些人的理想是这个城市的心灵和大脑。深圳的价值何在？就是我们30年创造的精神和物质文明，已经深入我们每一个深圳人的血液当中，成为我们深圳人之所以是深圳人的骄傲。

深圳用30年时间创造了1500万人口的城市，深圳30年来创造了每年向国家缴纳接近 2000 亿元人民币的税收，这是了不起的成就，深圳自己可以支配的地方财政收入超过很多省的地方财政收入。所以深圳 30 年走过的道路给了人们一个启示，这个启示是什么呢？一定要敢闯，一定要敢干，打破束缚，解放思想，大胆地往前走、大胆地往前闯、大胆地试验，这样才会有一个灿烂的明天，这就是深圳的价值。看不到这个价值，只躺在深圳的成果上睡大觉的人，他不可能理解深圳的价值何在。这是第一个问题，深圳的价值所在。

二 深圳面临的机遇和挑战

第一个问题讲新形势下深圳面临的机遇和挑战。

现在新的形势其实就是全球化，中国加入 WTO 以后，走入了世界，我们遇到了很多新的问题，比如说我们现在很多出口产品受到了反倾销的抵制。我们的出口受到金融危机的影响，我们现在面临出口和投资双重的困难，这是我们过去计划经济时代所不曾有的事情，今天统统发生了。全球化是中国同时也是深圳所面临的一个重大的挑战，但全球化也是我们今天最大的机遇。大家看一看东莞，东莞在这次金融危机到来之后，全市注销了 10000 多家企业，大量的企业冬眠、大量的企业倒闭，大量的员工放假，整个东莞的经济向后倒退了好多年，什么原因？就是东莞经济的对外依赖性太强了。我们深圳也面临这个问题，但是由于我们在早些年就把"三来一补"企业、贴牌生产企业都赶走了，所以深圳建立了自己的八个支柱产业才得以躲过这次金融危机带来的巨大影响。

2004 年，苏州的 GDP 首次超过了深圳，当时深圳很多人都非常惊慌，觉得你看苏州都赶上来了，深圳发展得太慢了。当时我在市委党校讲课时说，不要怕苏州赶上来，苏州的 GDP 数字和我们深圳目前的经济发展完全是两个概念，因为苏州的经济是建立在台商大量"三来一补"企业的基础上创造了极高的 GDP，但是它并没有解决纳税的问题，苏州的地方可支配经济收入和我们深圳是不成比例的，所以深圳完全没有必要担忧。我们做过一个调查，苏州生产的笔记本电脑占了全球的四分之一，全球每四台电脑就有一台是苏州人生产的。2004 年前，买一台笔记本电脑需要人民币 1 万块，但是生产这个笔记本电脑的苏州人能挣多少钱呢？我们把它换算成红富士苹果，可以挣六个红富士苹果，生产一台笔记本电脑才赚六个红富士苹果，苏州人等于给台湾打工。我当时说了一句不太客气的话，我说把这些厂子统统推倒，种红富士苹果树也比这合算，因为还有绿化的效果在那里，你费了这么大的劲，生产这么多的笔记本电脑，创造了巨大的 GDP，但是你得到了多少？你没有得到多少，你是给别人打工，整个苏州人在为台湾富商打工。所以台湾的老板很高兴，他们非常拥护苏州市政府，说："我们拿了利润，你们创造了 GDP，我们是双赢。"这不是对我们政府巨大的讽刺吗？这是双赢吗？这是用我们低廉的劳动、低廉的资源、低廉的劳动力价格在为台湾打工，它唯一的贡献就是把台湾的企业吸引到大陆来了，对于两岸走向统一做了一点贡献。所以说东莞的道路、苏州的道路都不是深圳应该选择的道路，不要看今天苏州的经济发展很好，它下一步面临着重大的经济转型，如果不能摆脱对外依存度这么高的状况，那么今天的东莞就是明天的苏州。

深圳在摆脱了"三来一补"企业之后，发展高新技术产业是深圳的方向，这是市委市政府在早期为深圳的定位，这是一个相当正确的选择。深圳发展高新技术产业，走向世界，所以我们有了"华为"、有了"中兴"、有了"中康"、有了"康佳"，有了一系列可以走出去的企业，拥有了大量的自主知识产权，创造的是中国人自己的民族产业，这是深圳人值得自豪的事情。这不是以深圳拥有众多的打工仔而自豪，而是以我们拥有大量的具有自己品牌的民族企业而自豪。

但是目前深圳在经济转型方面依然面临重重困难。首先必须解决观念的问题，我们的思想观念还没有能够跟得上今天经济全球化发展的趋势，没有能够跟得上整个中国下一步的发展要求，像胡锦涛总书记提出的科学发展观对整个经济形态发展、结构转变的要求。深圳的对外贸易占了全球的 1%，我们的外贸依存度占了 300%，所以深圳应该逐步摆脱这么高的对外依存度，拥有完全独立的知识产权，逐步建立有深圳特色的发展模式。

前些年市委市政府有一个指导思想，就是希望深圳的发展逐步适度重型化，我当时在深圳市政协担任政协委员、深圳市文史委员会的副主任，现在的深圳副市长唐杰同志当时是市政府的秘书长，到政协去讲市委市政府的工作思路，就提到了市政府提出的深圳应该适度重型化，要发展重化工业、要发展装备工业。当时分组讨论时就说了，不赞成市政府提出的适度重型化的发展思路，为什么？因为深圳不具备发展重化工业的条件，我当时讲了不具备的四个条件。第一，我们没有土地了，我们深圳 30 年的发展已经把 90% 的土地都占用了，本届政府难道要把所有的土地都开发了才叫发展吗？难道不给下一届政府留点发展空间吗？难道不给子孙后代留一点发展的余地吗？为什么不能学一学香港，一两百年了香港还有那么大的发展空间，还有新界上水这么大的空间没有开发，我们深圳为什么不能留一点地给子孙后代用于开发呢？为什么都要把它全部用掉？这是一个值得思考的问题，深圳的土地不可能再扩大了，你什么时候能够做通中央的工作，再把惠州、东莞都划给你，你就有土地了，但是现在做不到。再说这个事情也不是你现在能考虑到的问题，你在自己能考虑的范围内，要考虑怎么节约土地、怎么促进发展。

第二，我们没有水源。我们深圳人喝的水是从东江花了 100 多个亿引来的，现在深圳不舍得喝这个水了，把它都给香港人喝了，我们深圳喝的都是周边小水库的水，这点水不够用。过几年我们还要从西江引水，而从西江再引过水来，第一期投资就要 300 多亿，这么大的一笔钱，把西江的水引到深圳来，喝还不够，怎么解决工业用水的问题？发展大规模的重化工业不是需要大量的淡水吗？水源的问题怎么解决？如果用海水淡化的话，成本是巨大的，怎么承担？

第三，深圳没有熟练的工人。我们深圳的高职院校也好、技校也好，不可能在短时间内培养出一大批熟练技工，深圳要发展重化工业、要发展装备工业，没有熟练的技工，能生产出合格的产品吗？你有什么办法可以把内地大型国有企业里面的七级电工、八级钳工全都迁移到深圳来？人家当地政府和企业也不愿意，肯定要对深圳提出抗议，你来挖我墙脚干什么？没有熟练技工，生产不出合格的产品，即便生产出来也可能是次品和废品，这对整个经济发展有什么好处呢？

第四，深圳没有能源和资源。我们的地下除了土就是石头，没有任何的金、银、铜、铁、锡和石油，我们所需要的所有资源和能源都要从外地运来，都要从海外进口。我们既然可以从外地千里迢迢地把资源和能源运到深圳，为什么不可以把厂子建到西部去？青海、宁夏、甘肃，那里地广人稀，把厂子建在那个地方，对当地的经济是一个推动，挣了钱拿回深圳来发展有什么不好呢？为什么一定要把工厂建在自己的家门口，建在自己的院子里呢？让它来污染环境、让天空不再那么蓝？这是农民的思维，一定要眼睛看到它才算自己的。现在整个世界工业生产的产业链已经很长了。美国、欧洲一些发达国家已经把企业放到发展中国家来了，放到中国来生产，但是产业链高端的技术仍然控制在它的本部、控制在本国。在后工业化社会，制造业是最低端的一个阶段、一个环节。你看现在，一个生产链条，原料采购、品牌设计、转运流通、订单处理、批发零售，所有这些环节的利润都要高于加工制造。现在很多女同志愿意去香港，到时代广场、置地广场、中环、尖沙咀、铜锣湾去买国外的一些名牌产品，买路易斯威登的包、买爱马仕的包、买巴伯瑞的衣服、买 GUCCI 的鞋，买很多知名的品牌，她们为什么不到罗湖商业城去？在罗湖商业城花 200 块钱就可以搞定，而她们跑到香港去花 2 万块钱买一个 LV 的包，脑子有毛病啊？她们买的是一个品牌，买的是文化，不是买它的实用功能。实用的话拿个塑料袋就可以代替，干嘛花 2 万块钱买一个 LV 的包？所以说这个品牌和文化占据了产品的高端，它凝聚了产品的高附加值，而我们制造生产这个包早就已经无足轻重了。

我们东莞有一个生产阿迪达斯运动鞋的企业，属于贴牌生产。阿迪达斯的鞋在全世界任何一个地方都要卖到 1000 元人民币一双,但是在东莞生产这类鞋的企业,它生产一双阿迪达斯的鞋,能赚多少钱呢?只赚 26 块钱,很少一点点,只是剥了一小块皮给你,你就是一个打工仔,连厂子加老板、加员工统统都在给西方国家打工,你以为有个厂你就是老板了?错。

所以在今天工业发展的过程中,我们的思维应该发生重大转变,要从农民变成城里人,不要以为只有把工厂设在深圳才是发展。你说我们到深圳来是为了什么?就是深圳的天很晴朗、深圳的海很清澈、深圳的空气非常好,如果政府说要把深圳建一排大烟囱、建一排排的大工厂,把深圳变成了铁岭、抚顺,那我住在深圳干什么?所以不能把在内地都将被淘汰了的企业,还要在深圳发展。

最近有一则新闻,“东风标致”准备把它的汽车总装厂设在深圳,深圳给了一块地,建设标致汽车的生产厂家。深圳缺汽车吗?我认为引入标致汽车的事情是欠考虑的。大家知道中国现在钢铁、水泥、汽车都是产能过剩巨大的行业。中国的汽车工业,每年有一两百万辆汽车生产了卖不掉,还要再建新的汽车厂干什么?深圳有一个比亚迪,生产最现代的电动车就够了,为什么还要去生产传统的法国标致车。现在中国已经拥有了全世界几乎所有的汽车品牌,而自己的民族工业品牌却很少。我们深圳再添一个这样的汽车厂,能解决深圳发展的什么问题?所以深圳不应该去发展产能过剩的行业,不应该走内地多年来走过的重型化、重化工业、装备工业的发展道路,深圳应该走一条和内地完全不同的新的发展道路,这就是十几年以前市委就提出的要走高新技术产业的道路,深圳的发展应该在全球化的视野当中去寻找那些具有最高产值、具有最高知识含量的产业,深圳应该发展高端的服务业、应该大力发展金融、应该大力发展文化产业。你看一看香港,它有多少重型、重化工业?没有,但是香港依然是世界非常亮的一颗明珠,深圳为什么不能向香港学习?为什么反而要向内地的沈阳、西安、太原去学习呢?所以深圳应该考虑的是,我们要在全国范围内解决产业同构率的问题,在内地已经有的产业,深圳不应该再发展，不要再走内地产业同构率这么高的老路，深圳应该走出自己新的道路，深圳应该掀开新的一页，这就是深圳人敢想敢干的精神，也是深圳的价值、深圳的未来的所在。

深圳有了将近1500万人口，有这么大的人口基数，我们为什么不能大力发展服务业？让深圳在服务业的发展上超过北京、超过上海。深圳可以在现有的基础上大力发展金融产业、文化产业，推动奢侈品的生产与研发，然后和香港对接，发展总部经济，扩大研发机构。把这些耗能少、污染又小的研发机构落户在深圳，这才是深圳应该有的态度。这样，深圳在将来面临整个世界激烈的竞争时，可以作出自己的应对措施。

我觉得中央对深圳还是给予了很大的关怀，国务院批准了珠三角的规划，应该说给了深圳一个重大的机遇。过去我们一直在讨论深圳的定位问题，因为原来深圳最早就是个经济特区，后来经济特区没有什么"特"的内容了，税收也没有优惠了，"三减两免"这些待遇也都渐渐没有了，深圳已经不再是个特区了，但是深圳又在不断发展，形成了这样大的一个城市，所以就带来了深圳定位的问题。在十多年以前，市委市政府召集深圳的很多科研机构讨论深圳的定位，曾经提出了很多设想。

有人就提出来，深圳要建一个国际化的城市，后来才发现，全国都在建国际化城市，连张家港、张家口都要建国际化城市。据说全国有130多个城市要建国际化城市，所以说国际化城市被用滥了，深圳国际化不国际化已经无足轻重了。后来有人就觉得这还不够，有些人在网上提出深圳应该成为直辖市。我当时就说了，这个最好不要提，没有意义，为什么？深圳市委市政府是不会向中央提这个建议的，因为这样等于在伸手要官，从副省级变成正省级，所有的官员平地升一级。从中央来讲，也不可能给深圳一个直辖市地位，因为深圳重大的任务是要支撑香港，不可能在香港的边上再搞一个直辖市，和香港形成竞争的态势。深圳的任务是支撑香港，保证香港特别行政区能够顺利发展，这样才能解决台湾的回归问题，这是一个重大的战略任务。

深圳改成直辖市，和香港展开竞争，这个"双城记"不见得是件好事，这不是中央所考虑的。

后来深圳的很多学者又提出来一个设想，把深圳发展成为一个自由贸易区，像香港那样。设想也很简单，就是把一线关放开，把二线关拉紧。把二线关拉紧以后，二线关里面的几百万深圳人就可以自由进出香港，这样深圳自由贸易区就可以和香港融为一体，扩增深圳的能量，支撑香港，同时使得深圳有了发展的活力，而且可以借助香港的经验在深圳进行各项试验，取得经验，辐射全国。这是一个非常好的设想。但是提出的有点早，当时香港人还接受不了，说你一下子几百万人融进来，我香港的楼价又得涨，各方面都很紧张，香港有点吃不消。再加上这个意见北京也不赞成，海关总署就提出来，深圳要形成自由贸易区，我们每年海关税收要减少 80 多个亿，这个事情怎么办？国务院发展研究中心也提出来，深圳要和香港建自由贸易区，西藏会不会和印度提出来建自由贸易区？新疆和塔吉克斯坦也建自由贸易区？吉林和朝鲜也建自由贸易区？将来中国全部都是自由贸易区了，中国独立的、巨大的、整体的经济一体化便会被分割得七零八落，所以也不同意建这么多的自由贸易区，这个设想没有能够得到实现。

后来深圳市委市政府提出，深圳要建一个区域中心城市，华南地区的区域中心城市，我们刚刚在酝酿这件事，广州就不干了，你深圳成了区域中心城市，广州是什么？广州才是区域中心城市，深圳不是。广州和深圳又在争区域中心城市，所以我们说深圳的定位在很长一段时间内讨论来讨论去一直定不下来。现在珠三角的规划实际上给我们指明了一个方向，珠江流域的发展是九个省两个市，珠三角的口上是九个城市的发展，这为深圳下一步的发展提供了经验，所以珠三角规划出来以后，深圳、东莞和惠州三家提出来要实现一体化，深莞惠的一体化对下一步深圳的发展非常重要。把东莞和惠州作为深圳的后花园来建设，就使得深圳有一个宽广的腹地，可以有巨大的发展潜力，下一步我们要解决的是深港同城化，也就是深圳和香港的一体化，当然小平说了，香港体制 50 年不变，你现在就想把深圳和香港弄到一块，这肯定不合时宜。但随着经济的发展、随着时代的变迁、随着全球化的不断进展，深圳和香港迟早是要走向一体化、走向同城化的。将来深圳是香港的后院，东莞和惠州是深圳的后院，深莞惠的一体化和深港的一体化，这两个一体化就紧紧地把珠三角的发展融为一体了。

在这两个一体化当中，最重要的问题是交通建设，我们现在正在大力建设轨道交通、城际交通，这为两个一体化的衔接做了大量的工作。大家看深圳的四号地铁交给港铁来运营，深圳的滨海医院交给香港大学来管理，这都是一种新的尝试，是深圳和香港逐渐融合的一种新的尝试。我们和香港的同仁在一块讨论这件事的时候很有意思，我们提出将来深圳和香港连成一个城市，叫什么名字？我们说叫"深港"，香港人说应该叫"香圳"。其实名字无所谓，但是深港的同城化一定是深圳未来发展的方向，所以将来在珠三角这个地方，在这片广袤的土地上，前面是香港，中间是深圳，后面是东莞和惠州，形成一个新的城市群，形成一个新的发展带，这个宏伟大业正在深圳人的手中日益的实现着。

现在国家给了我们几张牌：一个是科学发展模式的试验区，一个是深化改革的先行区，一个是扩大开放的国际门户，一个是先进制造业和现代服务业基地，还有一个就是全国重要的经济中心。这几张牌应该说在深圳下一步的发展当中，给了我们五张通行证，给了我们五个路条，就看我们深圳怎么用了。用好了，对深圳下一步的发展将会起到巨大的推动作用。

在新的形势和机遇面前，深圳有一个薄弱环节，这就是文化建设。有些人说深圳是文化沙漠，没有文化，我们深圳一些学者不服气，说我们深圳也有文化，我们深圳有全国独特的打工文化、打工文学，你越研究打工文学，就会越觉得深圳没有文化，就剩下打工文学了。所以说文化建设是深圳的薄弱环节，但我认为它也是深圳的起点，它是深圳走向下一步发展的一个重要的起点。

这些年来，深圳在文化建设上，应该说市委市政府是花了很大气力的。我们坚持了十多年的"读书月"活动，每年的深圳"读书月"活动都掀起一轮读书的热潮，相当多的市民、年轻人涌入图书馆和书店，购书的比例、购书量在全国都居于领先地位，我们深圳拍的专题片《珠江起风帆》获得了中宣部的"五个一工程"奖。深圳在文化产业的改革方面也走在全国的前面，应该说在这些方面深圳都做得很不错，但是文化建设不是光靠产业化这一条路就能建设起来的，文化建设也不仅仅是建一个音乐厅、一个文化馆、一个图书馆就能取代的。文化的建设是一个博大的工程，它既包含着民间的普及文化，又包含着学术的高端文化，这两者的结合才能显现出文化的厚度和广度，如果深圳仅仅有打工文化的话，深圳真的就是没有文化了，深圳应该发展怎样的文化？在全国要争取有地位的高端文化，在学术文化的发展方面，深圳要有自己的队伍、有自己的专家、有自己的学者，才能发出自己的声音。

深圳有些人，包括我们社科联的一些同志提出，要建立深圳学派，我个人认为学派的提法还是早了一些，因为深圳究竟有多少学者、能不能形成一个派别尚在讨论的范围之内，还没有得到全国的首肯。这个深圳学派的提法肯定太早。深圳自己的专家队伍能不能走向全国，在全国能不能博得一席地位，连我们深圳自己都没能说清楚，怎么能够建立深圳学派呢？深圳市委市政府，包括深圳所有的学术研究机构，应该把自己的专家推举出来，要把自己的专家树立起来，形成自己的专家队伍群体，在全国亮出自己的品牌，深圳的学派才有可能渐渐形成。

我们现在开展的所有文化大讲堂、几乎所有的社科普及周，大多数都是请海外的或者国内的专家，我们深圳的学者登上讲台的并不多。所以深圳需要扶持自己的专家队伍，形成自己的学脉、形成自己的学术梯队。在这一点上，深圳应该放水养鱼，不然的话，深圳文化的发展和建设就会走向枯竭。

你看我们深圳有很好的交响乐团，我们深圳有一流的音乐厅，但是我们深圳没有一流的歌唱家，我们深圳没有一流的作曲家，我们深圳培养不出像北京、上海音乐学院那样一流的人才，为什么我们不能培养？我们深圳有大学，但是我们深圳大学的知名度在全国甚至比不上厦门大学，比不上一些普通城市的高校，所以深圳在文化发展上还有很多的事情要做。在这方面，市委市政府的扶持是必不可少的。在这方面深圳要想走快一点，恐怕不能光靠政府，还要依靠深圳众多的企业来扶持学术的发展，深圳市政府也应该为一些私人学术机构的设立和创办提供条件，比如说研究社会科学的团体能不能给一些宽松的设立条件？靠民间的资金来养一些文化学者、文化传人，对于深圳只有好处，没有坏处。不应该在社会科学、人文科学方面设立太多的限制，这样深圳学术、深圳文化才有可能一步一步地成长起来、繁荣起来。

三　深圳的最大危机是什么

最后我想谈一下深圳最大的危机是什么。大家知道深圳走过了30年的路程，我们取得了相当不错的、令深圳人感到自豪的成就，但是从今天向前看去，深圳也确实存在发展的困境和危机，我认为深圳最大的危机就是我们深圳人没有危机感，没有危机感怎么能够认清危机在哪里呢？深圳已经发展到今天这个局面，应该是改革向前推动的一个非常困难的时期，我们要有危机感，才能在有危机的地方下刀子、用功夫、用气力去突破它、改革它。如果深圳人都是小富即安，都躺在眼前的富裕或者躺在眼前的自足中不思进取了，深圳的发展就彻底停止了。

深圳的危机感应该建立在对深圳发展的正确判断和分析的基础上。大家看一下，我们深圳这些年虽然取得了很大成绩，但是我们也出现了很多的问题。许宗衡案的出现，就是深圳问题的显现，许宗衡案到现在还没有完全结案，广东的陈绍基和黄华元案司法已经作了判决。深圳能出许宗衡就说明我们深圳的机体有问题、有病灶、有矛盾、有毛病，怎么解决？这个问题是值得全体深圳人思考的，更是深圳市委市政府要认真研究解决的，不能把这个问题仅仅归咎于许宗衡个人，病灶还是要在深圳的体制和机制上来寻找。深圳发展到今天，已经和深圳初期创业的时候完全不同了，社会在不断分化、利益在不断分层，阶层化、集团化、职业化、地区化，这些问题都摆在深圳面前，都是必须要研究的问题，如何解决特权阶层的利益？如何解决人民群众、劳苦大众的利益？我们要从机制和体制上解决根本问题，才能根除许宗衡这样的问题继续出现。

克服旧体制的病灶，必须不断解放思想。2007 年底，汪洋同志来到广东，在省委十届二次会议上，汪洋同志把省委给他准备好的讲话稿扔到一边，没有采用，自己讲了一通解放思想。我敢说，当时参加省委十届二次会议的很多领导同志并没有能够深刻理解汪洋同志讲话的深刻含义。我就听到过很多领导同志在汪洋同志讲话后发表意见，大讲广东改革开放这些年取得的辉煌成绩。这和汪洋同志要求解放思想、打破既得利益、推进改革的说法是截然不同的。我听说汪洋同志参加分组讨论时，到了我们深圳组，许宗衡当时是市长，他发言说，我们深圳市这些年改革取得了很大成就，在全国各大中城市中得了多少个第一，一、二、三、四、五在那里数。汪洋打断他的话，他说你和国内这些城市比有什么意思，你有本事去和香港叫板、和新加坡叫板。市委市政府之后就开市委常委会，讨论怎么和新加坡叫板。你说是不是脑子有问题，你都没有想一想汪洋为什么要这样说。汪洋是叫你去和新加坡叫板吗？汪洋是批评你不要再讲成绩了，你要看到问题，才能把改革继续向前推进。改革的事业是千千万万人的事业，不是你一个人、两个人的事情，你觉得自己富裕了，觉得有好处了，觉得能够享受利益了，就不想改革了，不能这样做。汪洋同志讲的解放思想，实际上是要我们全省的领导干部和全体人民要向改革的薄弱环节发起新的进攻。这一点在今天看来是很清楚的，但是当时并没有看清楚，因为人在利益面前眼睛是模糊的。

我经常会自己暗自去作一些比较，也可能不太恰当。我记得

2006 年张德江同志在省委党校地厅级干部班上作了一个推心置腹的讲话，这个讲话用了三个小时，一直谈到中午 12 点半，我们都肚子饿了，但是德江同志还在那认真地讲，我们也在认真地听。一个省委的主要领导同志、一个政治局委员跟广东省的地厅级干部这样推心置腹地交谈，很难得。给我留下深刻印象的是德江同志当时讲的一句话，他说："我天天都在想，总书记在想什么？你们想过总书记在想什么吗？"我心里想，汪洋同志和德江的区别在哪里呢？德江天天想总书记在想什么，而汪洋同志表现出来的是：他很清楚总书记在想什么。我想这就是他们的区别。

汪洋考虑的问题是，中央把他从重庆调到广东，调到中国改革开放的最前沿、中国经济发展最好的省、产值最高的省来，要他干什么？汪洋在想，胡锦涛提出了科学发展观，2010 年已经是第六年了，2009 年全党才开始认真地研究科学发展观，前面五年多的时间没有多少人认真地研究，可以说大家都满足于字面上的理解和敷衍。汪洋同志到了广东考虑的第一个问题就是：我到了广东，我在中国改革开放的最前沿，我怎么贯彻科学发展观，在全国树立一个表率、树立一个榜样，我到广东要种好这块样板田，要把广东打造成一个落实科学发展观的表率、一个典型。汪洋考虑的是这个问题，是中国的发展大局。但是到了广东来一看，广东各位大佬，都躺在成绩簿上睡觉，纹丝不动，不思进取，所以汪洋怎么能不着急？省委十届二次会议上，汪洋就讲了一通解放思想，说你们要解放思想，你们要醒醒了，怎么把改革继续向前推进，他着急的是这个问题。可是我们还在那里讲成绩，还在那里睡大觉，显然已经和时代完全不合拍了。

所以汪洋同志在广东提出了落实科学发展观，提出了转变经济发展方式的问题，提出了"腾笼换鸟"的主张。我认为到今天，汪洋同志"腾笼换鸟"的思想依然是非常重要、依然是非常可贵的。可惜"腾笼换鸟"提出的时机不好，提出来不久经济危机就爆发了。笼子是腾出来了，鸟也飞了，可是什么东西都不愿意再进来，造成了今天这样一个很尴尬的局面。当然汪洋同志也很尴尬，他把鸟放走了，没有愿意再进来的，笼子空了，像东莞现在就这样，很多房子都空在那里，很便宜地租给你，没有人来租。所以"腾笼换鸟"造成现在很多的现实问题，这不是汪洋同志的主张不对，而是时机不好。"腾笼换鸟"的主张是希望把珠江三角洲这些发达地区的工业，把劳动密集型的产业迁移到粤北山区，然后把这个地方发展成拥有自主知识产权的先进工业模式，摆脱这么强的对外依存度，这个思想非常好，非常符合胡锦涛同志的科学发展观、优化经济结构、转变经济发展方式的思想。

汪洋在广东曾经多次表扬过深圳，因为深圳在过去 30 年所走过的道路告诉我们，怎样才能够建立中国自己的经济发展模式和道路，深圳作出了有益的探索。汪洋同志给深圳提出了问题，你们过去 30 年都干了什么，要总结一下；现在你们能干什么，要衡量衡量；今后 30 年你们再干什么，要看清楚。这三个问题应该说深圳市委市政府当时给汪洋书记就作了回答。但是我认为，汪洋同志这三个问题是有很深刻含义的，既有现实的意义，也有深远的历史意义。我们没有从理论和实践的结合上认真回答好汪洋书记的这些提问，我们应该在这些问题上大做文章，带动深圳的改革迈上一个新的台阶。

我认为深圳的发展现在面临一个重大的危急关头，这个危机是什么呢？就是"内地化"。原本深圳是要脱离开内地的体制，走向海外、走向世界，去建立一个新机体，但是今天这个新的机体又日益被内地的旧体制拉了回去。这个我们曾经拼死拼活与之搏斗的旧体制，今天在这里正逐渐地重新复活了。"内地化"是旧的体制在深圳这个改革开放的最新机体上重新复活，这一点是深圳最大的问题。

今天，改革已经从过去一种观念的争论变成了实际利益的争夺，今天深圳的改革面临四大难题，这四大问题能不能解决好，决定了深圳今后的发展能不能上一个新的台阶，能不能成为历史的新的维度，是很重要的衡量标准。我认为深圳改革有四大难题：第一，政府的权力过大；第二，事业单位过多；第三，民间社会力量太小；第四，公共利益部门化，每个部门都有自己的利益，每个人都把这个利益变成自己的，这种把公共利益分割的态势非常不利于深圳的发展。这四个问题怎么解决呢？首先每一个部门、每一个人都应该放弃眼前的既得利益，光看自己部门的利益，怎么能够一盘棋地推动深圳的发展？

深圳建市之初，曾经有一个很超前的口号，提出将来深圳要建立一个"小政府、大社会"的发展模式！多么好的一个发展模式！我们如果能按照这样一种模式发展到今天，深圳将是全国最值得骄傲的一个城市。可惜，经过30年的发展，到了今天，我们建立了一个无比强大的政府，五级行政架构：市一级、区一级、街道办事处一级、居民委员会一级，下面还有一个社区工作站，五级行政架构管理着这个社会。这是多么庞大的一个架构，每年要耗费大量纳税人的钱，来维持这个庞大行政架构的运作。我们不是要向香港学习吗？要向新加坡学习吗？香港根本没有这么大的行政架构，特区政府下面就是一些署和局，然后面对的就是整个社会。我们为什么不能像香港一样？尝试着把政府的架构扁平化，要五层楼干什么？力气全用到跑楼梯的上上下下中去了！当然，今天不可能把它全部解决，但可以一点点解决，先撤掉一级行不行？能不能把区一级撤掉，市政府直接管理街道，可不可以作这样的尝试？去掉区一级行政，我们能省出多少钱来？将来能不能把街道这一级也撤掉？直接管理居委会，我们可不可以作这样的尝试和探讨？来实现我们当初提出的"小政府、大社会"的目标。现在政府已经凌驾于社会之上，这么庞大的五层楼压在社会之上，所以社会感觉到所有的运转都要依赖于政府，自己什么都不会做了。我们应该把民间社会的机能、主动性调动起来，让民间社会有充足的生命力来维护这个社会的运作。在这一点上，我们深圳和内地的所有城市又有什么两样？这是深圳"内地化"最严重的一个表现。

我们今天所有的人都在用官位来衡量一个人的成就，你是个局级，他是个处级，他是个副处级。其实局级、处级算什么？有人说，人当官做到局级以上，基本就废了，退休下来什么也干不了，是个没有用处的废人。官位能够代表一个人的成就、代表一个人的贡献吗？不能用这样的办法来衡量，但是我们深圳社会的官本位思想越来越严重，现在连党校的老师都希望变成公务员。我是处级公务员，我是局级公务员，这有什么意思呢？这只能反映深圳在不断地向内地退化，向那些即将被淘汰的、落后的体制妥协投降。深圳作为改革的先锋，我们既然已经挣扎出来了，为什么还要退回去？这是一个值得我们认真考虑的问题。这里有人的问题，也有体制的问题，更有意识形态的问题。

再一个要解决的就是公共权力部门化的问题。深圳有这么多的局、委、办，掌握着大量的公共权力，这些公共权力都变成部门的利益了。这一点市委市政府前几年想通过阳光津贴的办法来解决。比如说，工商局很多要特批的，你就先去交费，交了钱以后我再来批，部门就有很多"小金库"的钱。现在市委市政府把这个全部铲平了，所有的"小金库"都是非法的，统统要上缴财政，然后公务员实行阳光津贴。市委市政府这个思考是对的，把公共利益部门化的问题解决了，这个思路是好的。

最近这几年又进行了行政体制改革，实行大部门制，实行"行政三分法"的改革，这个改革应该说相当了不起，是深圳最早提出了这个思路。2003 年，当时我们的市长于幼军同志说，深圳要搞行政体制改革的试点，就叫市委党校、深圳大学、综合开发研究院几家单位派了老师和专家，组成一个班子来研究深圳行政体制改革的问题。当时考虑指导思想怎么落实，大家就提出了"行政三分"，这个思路提出来以后，当时于幼军也很欣赏，就到北京去讲。这一讲出了问题，北京的"左"派们一听，说深圳要搞资本主义的"三权分立"，马上就开始批判。当时黄丽满同志在这儿当书记，她说今后不要再谈这事了，各单位都不要再讲了，我们也不要再宣传了，告诉党校和深圳大学，不要再研究这个问题，这个事情就停下来了。其实，把"三权分立"和"行政三分"给搞混淆了，没有弄明白二者的区别！

本来最早是深圳提出了这个宝贵的思想，自己却没有能够坚持。到了十七大，特别是到了十七届二中全会，中央肯定了这一点，中央提出全国行政体制改革的指导思想，就是要用"行政三分"来推动行政体制改革，要限制行政权力，要进行相互制约。这样行政体制改革在十七届二中全会之后在全国又开始展开。深圳马上就把"行政三分"的思路拿过来，对深圳所有的机构布局开始新一轮的调整。当时我们如果坚持自己的做法，十七届二中全会就会充分肯定深圳。谁让你朝三暮四，患得患失，很可惜，我们深圳最早提出的思想，最后没有能够坚持。

"行政三分"和"三权分立"讲得完全是两码事。"三权分立"是什么？是立法、司法和行政三者的分立，因为洋人认为权力这个东西是恶的，既然是恶的，就要限制你，司法、立法、行政这三者互相制约，三者互相钳制，所以它叫"三权分立"，这成为西方宪政制度的一个基本理论基石。而我们所讲的"行政三分"，则仅仅是在行政权力内部，对它进行制约，是在行政权力里面分出了行政权、执行权和监督权，这三个权力相互制约，根本上和"三权分立"这种政体结构完全不同。这是行政权力在运行过程中更加科学化的一种机制，所以十七届二中全会充分肯定了这一点，提出今后的行政体制改革要依据"行政三分"的办法。后来深圳根据中央的精神，推动了深圳的改革，现在成立了七个委员会，这七个委员会就是决策机构，然后成立了18个局和办，18个局和办就是执行机构，然后纪委和监察局就是监察机构，这三者分立，然后相互制约，使得权力的运行更加规范科学。这是非常好的一件事情，行政体制改革已经是制度化建设的初步成果。

现在深圳还正在进行事业单位改革，事业单位的改革困难重重，大家都知道前一段幼儿园闹事，就是由于事业单位改革带来的。我们这个国家这些年来最大的问题就是事业单位太大，用纳税人大量的钱养着事业单位，医院、学校、幼儿园，这些事业单位占用了纳税人很多的资源，其实这些机构完全可以用企业化方式运作，让企业、让市场来操作。比如说医院，你可以放给私人和企业去办，比如说学校，不一定非得政府全包下来，政府就管平民的教育、普及的教育。那些好的学校、高级的学校、贵族化的学校让企业去办、让私人去办，完全可以实行企业化、社会化管理，政府可以用购买服务的办法来解决，不应该大包大揽。过去计划经济体制下，我们花了那么大的代价，养了那么一大批的事业单位，今天要改革事业单位，涉及千家万户、涉及每一个人利益的时候，改革就变得困难重重，所以事业单位的改革是非常难以推进的大改革。

大家都知道最近社保局一点都不平静，社保局十几层楼里面聚集了大量的人，社保局人员在非常嘈杂和有生命危险的环境当中工作着。你们有机会可以到社保局看看，很多人在那里闹事，社保局几乎没有办法正常工作。有一些单位、一些企业不按规定交社保。我本来工资拿 1 万多，但是报社保的时候就说我只拿 4000 元，然后交很少一点社保，交了几十年，现在退休了，发现我本来拿 1 万多元，现在怎么只给我这么一点儿？既然你拿 1 万多元，怎么说你原来只拿 4000 元，只交了那么一点社保基金？那我不管，我原来拿多少钱，你现在就应该给我多少钱的社保，现在又来找社保局要。大家知道社保局自己并没有钱，它的钱全是财政的，它的钱全是纳税人的钱，社保局只是在替纳税人向外支付社保基金。现在什么样的人都有，你不听我的话我就拿锤子砸你的头，然后我就打你。还有人跑去问社保局的局长："你的官是不是花钱买来的？你花了多少钱？"现在社保局就是这样的局面。社保局发生的问题不是社保局的问题，社保局的问题反映出我们今天的体制必须解决社会保障的问题。社会保障的问题现在已经有很多人提出来：我的社会保障为什么不能从东莞迁到深圳？我的社保在韶关，我现在人在深圳，为什么不能把我在韶关的社保弄到深圳？社保局也有难处。大家想一想，按照现在的说法，你只要在内地任何一个地方，交过一年的社保，你就可以把你的社保迁到深圳。如果这样的话，我在河源交上一年社保，马上跑到深圳来领一辈子的社保，那全国的人都可以到深圳来领社保，深圳的财政够支付吗？我们总要研究一个办法来解决社会保障问题。我们深圳现在这点社保是 20 世纪 80 年代那些拓荒牛们每天吃咸菜、喝凉水攒出来的，现在内地所有的人都跑到这里来分社保，我们财政这点钱哪里够分？所以这些问题都是需要认真研究和解决的。

我认为推进改革最大的难题其实是一个怪圈。大家都了解我们这个体制，这个旧的体制存在问题，都知道我们要把这个旧的体制改革掉，但是怎么改革？什么时候改革？改革什么？这些非常重要的大问题，却是由旧的体制来决定的，不是我们普通的改革者所能决定的，这是我们现在最大的悖论。都知道旧的体制不好，但是怎么改革旧体制，这是我们今天最大的难点。在这个问题上，要想推动改革，只有一条路，就是政府要放权，政府的权力太大了，政府掌握着整个社会，政府把权力吐出来还给社会，改革才能推动，不然就不可能向前推动改革。政府要松绑，要让权力回归社会，才能调动社会的积极性，来解决以前改革所一直没有解决的那些难题。

大家都知道，我们这些年来一直在强调服务业，中国要发展服务业，但是我们的第三产业产值太小，和整个经济发展规模不协调。大家知道美国、欧洲，它们的服务业占了整个 GDP 的 65% ~ 70%，它们的第二产业只占 20% 左右，农业只占百分之一二，我们国家三大产业的比例是：农业占 10%，工业占 70%，服务业占 20%，是与西方国家相反的结构，我们如何加大服务业在 GDP 当中的比重？要大力发展服务业。但是服务业的发展今天面临巨大的难题，这就是政府的管制。大家想一想，我们服务业中所涉及的所有内容，比如说我想出书、我想办杂志、我想搞影视创作，全都要审批，我想搞食品店，防疫站也要审批，我想开个酒吧、我想搞夜总会、我想搞桑拿，全要审批，开网吧也要审批，整个服务行业几乎全部要审批。根据中国加入世界贸易组织的规定，2006 年以后我国允许全世界的洋人到中国来开办金融业务，洋人可以在中国办银行，开办金融业务，但是国人不行，你说你想搞一个钱庄，你这个企业想办一个银行，根本不批，银监会不同意。洋人可以在中国开办金融业务，经营人民币业务，国人不行，为什么？管理、管制，这个管制使我们国内一大批的资金通过地下来运作。深圳有着全国最为发达的地下钱庄，它每天的现金流量占全国相当大的比重，洗黑钱，现金流量在地下的运作都是一些不法的经营，我们为什么不能改变我们现在的管理模式，让这些地下的钱庄浮出水面，在政府的管理下、在阳光下正常运行，给它一定的管理权，让它们纳税，让它们正常运行，不好吗？你违规了、违法了，我就用法律制裁你，不要把路全部都堵死了。我们服务行业有这么多的管理，有这么多特审、特批的限制，服务业怎么能够发展起来？政府要放权，政府要加大改革力度，只能是政府放权，把权力回归社会，让市场来管理，这样中国的服务业就能发达，深圳的兴旺就有希望。

所有这些改革说到底还在于谁来推进，所以人才的问题是一切改革的出发点。怎么用人、用什么样的人来推动改革，是深圳最最关键的问题。当年深圳市委书记李鸿忠同志主持深圳市委工作的时候曾经提出一个口号，叫"治庸风暴"，要治一下那些庸官、治一下那些当官却什么事都不做的人。这样的庸官对于深圳的改革、对于深圳的干部队伍建设破坏极大，所以要"治庸"。用鸿忠书记的话来讲，要掀起一个巨大的风暴，把这些庸官治理了。但是治了这么多年，后来也没有听说治掉了什么"庸"，也没有听说深圳出现了几个什么样的庸官，这种光打雷不下雨，最终不能根本解决问题的事，我们深圳做得太多了，不应该再做这样的事情。但是鸿忠书记的"治庸风暴"想法非常好，做法应该说有值得讨论的欠缺之处。根本的问题是，那些庸官能够上来，都是有后台的，你想"治庸"，他想"保庸"，最后不了了之。所以治庸不能光作为市委的一个口号，而应该交给全体人民、交给全体公务员来公投，从根本上、从体制上解决庸官产生的根本原因，只有把庸官彻底治了，深圳的人才才能冒出来，所有的地方都被庸官占着，有才能、有本事的人只好走了。

应该说这几年深圳市纪委的工作做得不错，纪委提出深圳要治"裸官"，就是你的老婆孩子跑到国外去了，你在深圳当官，随时都可能跑，这样的人就不能让他干一把手。深圳市纪委提出的这个做法，现在全国都在学习。中央组织部和中央办公厅已经发了一个文件，对党政领导干部个人的有关规定，已经把"裸官"这个问题作为一个很重要的问题提出来。深圳这个问题应该说提得非常好，也非常及时，而且纪委还提出一点，我觉得对于反腐倡廉极有建设性，就是一把手不要直接管钱、管人，现在一把手一说提拔哪个干部大家不敢吭气，一说要用什么钱大家也不敢反对，这样一把手直接管人、管钱就会出现许多麻烦，由其他分管的副手去管，一把手最后拍板决断，这是一个正常的民主程序，深圳市纪委提出的这些措施，我认为非常重要，对深圳政府的建设、党的建设至关重要。

所以从根本上来说，深圳要想彻底解决官员的问题，还是要按照十七届四中全会提出的，要用选举的办法，要用扩大党员民主权益的办法，用开展党内民主的办法从根本上解决问题。也就是说，你这个官不是上级任命的，而是要由选举产生，选举产生的官就不是光对上负责，还要对下负责，不能眼睛光看上不看下，只有把这个问题根本解决了，能人才能出来，庸官才能治理。

我记得2005年，那时候我还在政协工作，有一次政协主席李德成找我说："政协要开大会了，大会中有一个发言，你代表政协文史和学习委员会去发言，给你一个题目，讲深圳的人才问题，时间只有8分钟。鸿忠书记要来听，你认真准备。"任务交给我了，短短几句话，非常清晰明白。但是回来以后我就感觉到很麻烦了，深圳的人才问题用8分钟的发言且要让他们听明白，谈何容易？后来我想了半天，实在是觉得很困难，我不断压缩，不断挤掉一些内容，最后就变成一句话了："深圳的人才工作在市委市政府的领导下，取得了很大的成绩，不说了"，一句话概括了成绩。然后问题也要概括，我说深圳的人才工作存在三个问题，这三个问题要是解决的话，深圳的人才工作就会上一个新的台阶、就会有大的发展。

第一个问题是，一流的人才引不进。我们深圳进来了很多人才，但是缺乏一流的人才，全国有很多大师、学术的大师、艺术的大师、科学家，一流的人才我们深圳太少了，我们应该引进。深圳这么大的城市，1400 多万人口了，一流的人才和这个城市的规模不成比例，一流的人才引不进来，这是值得考虑的问题。

第二个问题是，深圳大量的人才用不上。深圳号称接近 1 万个博士，你去数一数，1/2 的博士改行做了其他的事情，学理工的去当秘书，学农业的去当处长，都改行了，干了别的事情，当了官，下了海，挣钱了，做什么的都有。但是很多人做的不是他所学专业的本行，这是高级人才的极大浪费，所以大量的人才没有用在最应该发挥作用的岗位上。

第三个问题是，优秀的人才留不住。深圳大量的优秀人才都走了，早期深圳大学的才子刘小枫去了香港，何清莲去了美国，党校的蒋庆到了贵州，《春天的故事》作者王佑贵走了，深圳培养的钢琴王子李云迪走了，一个个优秀的人才都离我们深圳而去，这反映了什么问题？

深圳如果解决了这三个问题，深圳的人才工作就很有成就。七分钟讲完了，我看着鸿忠书记在那拼命记，我下来以后德成主席还对我说："讲得不错，鸿忠书记听进去了。"我心里还暗自得意，好歹为深圳说了句话，虽然冒天下之大不韪，鸿忠书记最后总结发言的时候说，政协委员的讲话刀刀见血。见血也不怕，只要真的能把深圳的人才工作改进一下、推进一下，那也是一件积功德的事情。可是过了一个多星期，《深圳特区报》发表了一篇特约评论员的文章，文章的题目叫"深圳的人才工作引得进、用得上、留得住"。所以从那以后我基本无语了，我觉得深圳如果是用这样一种态度来看待自己存在的问题，深圳还有什么发展？还有什么进步的余地？所以 2008 年我也提前要求退休，去了香港凤凰卫视，严格来说我有点对不起深圳，但是我对深圳确实充满深厚的感情，深圳的任何一个单位让我讲课，我都会无条件来，都会来给大家谈深圳，来表达我对深圳满腔的热情。

今天我就讲这么多，谢谢在座的各位冒雨前来，谢谢大家！

主持人：我每次听刘教授的讲座和讲课都觉得很精彩，很解渴、很过瘾，刚才我注意到大家听得也很专注，可能和我的感受差不多，我提议大家全体起立，向刘教授表示衷心的感谢！

讲座到此结束。

深圳城市规划30年

王富海

王富海

原深圳城市规划设计研究院院长、总规划师，中国城市规划学会理事，《城市规划》杂志编委。深圳市政协委员，全国建设系统劳动模范。曾荣获国际建筑师大会（UIA）城市规划专项"阿伯克隆比"荣誉提名奖（1999）、建设部优秀规划设计一等奖（2000）、国家规划设计金奖（2000）。

城市规划概念

规划是为实现一定的目标而预先安排行动步骤，并且不断付诸实施的过程。城市规划的对象是城市，"一定的目标"就是城市的发展目标。我国《城市规划法》是这样定义的，"城市规划是一定时期内

441

城市的经济和社会发展、土地利用、空间布局，以及各项建设的综合部署、具体安排和实施管理"。美国的定义是：城市规划是一种科学、一种艺术、一种政策活动，它设计并指导空间的和谐发展，以满足社会经济发展的需要。

城市是很复杂的，包括物质构成、社会构成、经济构成、组织构成、文化构成等等。物质构成，包括地上、地下、地底、地面以及天空。它的社会构成是指人群，人作为城市最重要的内容，人的各种分类在城市发展的动力及各种需求上都会有所体现。城市的经济构成里面，有产业、资源、区位、产权等。城市还有组织构成，包括政体、制度、管理体制、法律等等。城市的文化构成包括人类的文明程度、城市里市民的团体文化以及美学、历史等内容。城市规划选择的主要是城市的物质构成，这些物质构成又可归成4个方面，第一个是自然条件，包括地质、水文、环境、气象等，这些自然条件是做好一个城市规划必须要遵循的。第二个条件是城市建设的条件，包括用地、空间、生态。第三个条件是基础设施，就是交通、能源、环境、防灾等。第四个条件是实体构建，包括建筑、街道、绿化等等一系列内容。城市规划最终体现的就是要把这些实体的东西落实下去，并且协调好它们。

城市规划以物质空间作为它的本体，城市的其他各种构成都会对物质空间产生各种各样的影响，所以在做城市物质空间的规划时，一定要把其他的要素研究透彻。城市规划主要是把这些物质的空间、物质的要素按照一个合理的序列进行安排，首先关注的是环境问题，另外城市的功能以及布局、城市的交通、城市的水电气路、绿化等基础设施条件，城市的建筑以及城市的公共空间等都需要安排。规划的目的，从静态来讲，城市需要安全、健康、高效、美观，城市居民生活力求方便、舒适，同时城市的节能问题也很重要。一个城市的经济、社会和文化发展状况跟城市的物质空间规划是一种互动关系。

城市规划需要考虑的方面很多，包括恒定的、动态的、长期的发展等因素，但经济、社会和环境这三个方面所形成的综合效益最大化是城市规划中一个很重要的目标。另外，城市规划也以功能完善、布局合理、配套齐全等为目标。需要注意的是，城市的功能、布局、规模、配套设施都是动态的。比如说教育体制问题，以前小学是五年制，现在改成六年制，接下来如果高中也作为义务教育的一部分，这自然会对学校的范围产生一定的影响，所以城市规模及土地预留等问题也要考虑到城市规划里去。

城市规划既要考虑前瞻性，又要考虑现实性，落实科学发展观可以说是城市规划的最高原则。城市规划的一系列目标、原则，它的根本就是可持续发展。其实当前国家产业的升级、社会的和谐、城市的安全、生态的保护和恢复、城乡统筹、集约用地、低碳经济、低碳城市等，这些施政方针落实到城市规划的要求，必须要在规划里予以考虑，并且落实到空间的安排上。

普通市民对规划有一些理解上的偏差，就是规划和设计的关系。大家很容易把规划和建筑设计混为一谈，但是实际上城市在发展，特别是在市场经济的发展中，规划和设计离得越来越远。设计和规划的共同点是：都是以物质建造为主，同时考虑多项要素，并且在考虑的过程中，功能是优先的，但是技术和艺术以及美学也是要结合的。两者的不同点包括四个方面，第一是在条件上，设计是给定了条件的，比如说要建一个图书馆，规模、功能这些都是给定条件的；规划没有给定条件，规划的条件是在变化中的，需要规划师和各方面一起探讨这些条件。第二是在过程上，设计是一次性的；规划是长期性的，并且是一个往复的过程。第三是导向性不同，设计是规定性的，如果某个尺寸变了，整个房子就可能不安全；规划更多的是一种引导。就像一个空间，可做演讲厅也可做宴会厅，但是这个厅旁边的柱子、上面的梁是不可以动的，这就是规定性与导向性的区别。第四是在结果方面，设计是稳定的，变更也是有条件的；而规划做出来本身就要适应变化。

城市规划是什么？城市规划起到什么样的作用？一般来说城市规划是城市建设的龙头；再者，城市规划是蓝图，蓝图之说是城市规划的一个方面，另一个方面，城市规划必须根据现实进行各种各样的调整。还有人说城市规划是城市建设的指挥、依据等，这些说法对或不对，各有不同的理解。归纳一下城市规划在建设中的角色，我认为城市规划是城市发展的编剧。编剧是写剧本的，整部剧的框架以及很多细节都需要编剧预先设计好。但是比编剧更重要的角色是导演，他是决策者，有自己的个性和角色要求，而比导演更重要的是制片人，因为他是投资方。一个城市跟一部电影一样，要想做一部大片，需要相应的投入。一个城市在规划、在发展，同时它的经济发展能力也不断积累。很多时候，尤其当我们是小孩子的时候很可能办一些错事，但当走过这一段时间之后会知道这件事是对是错。所以以这样的观点理解城市规划，我相信大家对城市规划会有所包容，会有一种客观的判断。

城市规划如何进行？深圳的城市规划技术体系分为几个层次。最高一层叫做城市发展策略。这个城市发展策略是对深圳自身1900多平方公里全覆盖的考虑，包括很多不用来建设的用地，深圳之外的区域也要进行分析，得出来的是相对比较长远也能够操作的一个发展策略。第二层是城市的总体规划。这是城市建设的一个总体安排。第三层是区域规划。规划把深圳分成了特区、宝安和龙岗三个次区域，在此基础上又把深圳分成了几个行政区，然后在特区外又把宝安、龙岗各分成若干个组团，进行分区规划。接下来是深圳规划的真正操作层面，规划管理最重要的依据叫做法定图则。法定图则之后是把整个环境、整个安排做得更到位的详细蓝图，比如说福田区的详细蓝图。除此之外，城市规划还有一些客观的标准。比如说停车位，刚开始的时候，深圳的停车位是没有规划的，到了1986年、1987年的时候，深圳是10户1个车位，后来变成10户2个车位，10户4个车位，2户1个车位，10户6个、7个车位。城市的公共服务问题，没有大家共同遵守的一个准则，这是需要政府制定的，并且需要经常调整。

在规划分层次的前提下，需要有规划的技术编制、有规划的行政许可，规划局通过这样的形式进行管理。接着是规划实施，在规划做出来之后，如何引导城市一步一步按照规划去做，在做的过程中，规划只是其中的一个角色。

深圳的规划体系，在国家的层面上有很多突破。国家在 2008 年实施的新《城乡规划法》里面有新的规定，这里面是一级政府、一级规划、一级事权，包括国家、省、市、镇、乡村等。国家和省通过城镇规划来进行协调和管理，城市和镇就需要做总体规划和详细规划。详细规划当中又分成了控制性详细规划和修建性详细规划，其中最重要的就是总体规划和控制性的详细规划。总体规划管的是宏观方面，控制性详细规划管的是微观方面。

除此之外，好多城市还要做城市发展战略，国家也要做近期建设规划。总体规划在国家的规定里面，规划期是 15 ~ 20 年，这对于我们中国的城市，尤其像深圳这样的城市，周期太长，我们很难把握这样一个城市 15 年之后会是怎么样的。所以在几年前，国家又特别补充："城市要做近期建设规划"，同时分区规划也要做一定的内容。另外，还要有城市设计，城市设计是对空间做更加详细、更加具体的协调设计，所以这比控制性详细规划在技术上要求更高，它管理起来就更加有效。这是什么概念呢？一个城市要想做到精细化的管理，规划必须首先要相对精细化。我把这个归纳为法定规划和非法定规划。我们的规划体系其实是法定规划加上非法定规划。在国家的体系中，由于新的规划法颁布之后，深圳的城市规划条例还没有作相应的调整，当前我们除了执行深圳的规划体系之外，更重要的是要贯彻国家规划法的精神。所以在深圳的体系里面，控制性详细规划继续在做法定图则，修订性详细规划我们叫详细蓝图。

我们看看城市规划考虑的内容，从国家的城市化政策落实到我们自身的城市发展，另外，产业化、信息化、现代化也是我们城市发展的几大因素。在发展的过程中，我们所需要考虑的因素还有：一是全球化，因为当今中国的城市，再也不是一个个体的城市，甚至不是简单的小区域的城市，它在发展过程中一定要和全球化联系起来；二是区域化，如珠三角，它的发展对深圳的影响是很重要的；三是竞争性，城市间的竞争性非常强，虽然我们跟广州、东莞、珠海都属于同一个区域，区域协调是一个大前提，但是绝不排除竞争，竞争促进了发展，但是恶性的竞争阻碍了发展，城市发展是我们的主题，我们需要考虑区域如何统筹。在深圳的规划中，你要想到我在区域中扮演什么样的角色，我要从区域借助什么，我要给这个区域带来什么样的贡献。良好的区域发展会对这个城市起到很好的烘托作用，所以区域统筹很重要，经济发展很重要，社会的发展很重要。另外，城乡统筹是当前国家的发展主题，在总体规划中必须考虑。在这个过程中，我们城市规划具体要做的有：第一，考虑资源；第二，考虑产业；第三，考虑人口；第四考虑用地。这几个最直接的要素，我们会通过城市发展的性质、城市发展的规模、城市发展的方向以及城市的空间布局结构这几大内容把它们反映出来。

在这个过程当中有很多定性、定量要求，有各种各样的判断方式。从2008年版的总体规划图——深圳最新的，我们可以看到规划图对城市的建设用地和不建设用地都作出了分类和具体的安排，包括我们的道路，我们的城市功能、生态功能等等。这是一张典型的城市总体规划图，看这张图感觉比较乱，但是我们分析了前面的要素之后就会发现，这种空间格局一定是糅合了各种发展诉求、发展条件以及发展的限制之后得出的结果。详细规划是什么？在总体规划上我们对土地进行细分，细分以后，规划局就可以对于每一块开发土地的申请提出规划方面的要求。详细规划是要定性、定线、定量、定边、定质的过程。

深圳城市发展的历程

深圳城市发展可分为三大阶段。

第一个阶段是1980～1990年，这一阶段的发展主题是"敢破善闯、昂扬筑基"。在那个时候，深圳的发展就是要"先破"，打破当时一系列的束缚，并且在很多方面深圳都需要"闯"，这需要很大的气魄，正是这 10 年的城市建设为深圳打下了很好的基础。

前 5 年特区刚起步，进行了多方面的探索。从一开始深圳就没有学国外出口加工区、保税区那种封闭的、以单一产业方式存在的模式，而是决定既要搞一个特区，又要搞一个城市，这一点对于深圳的发展至关重要。第二个 5 年是深圳工业起步期，也就是从 1986 年到 1990 年，一些工业开始大规模发力。在这期间，深圳的工业产值突破了 100 亿，这在全国很快就走到了相对前列的位置。并且此期间深圳在城市建设上有一个非常重大的决策，就是基础设施先行。

1980 年的时候，以国贸作为标志的罗湖小区，曾经在全国引起了极大的轰动。当时中国的城市建设都属于先生产、后生活，城市建设基本上没有什么发展。当深圳建起了这么一个现代化的小区的时候，给全国人民的印象就是我们中国人也可以建如此现代化的东西。特区的政策，实际上起到了一个标志性的作用。这个时期深圳的小区建设在全国独树一帜，工业类型的八卦岭、住宅类型的白沙岭以及碧波花园、滨河小区等，无一不在全国获奖。

也是在这个时期，深圳城市规划确定了一个非常了不起的结构，就叫做带状的、组团式的结构。从东到西，盐田、罗湖上步、福田、沙河、南头、前海，当时定了 6 个组团，按照东西向把它们串起来，并且组团与组团之间有绿化的隔离，组团内部规划是居住、就业、服务、商业等的配套平衡。当时还没有发觉这个结构的优点，后来整个深圳的发展充分体现了这个结构的超强弹性。这个规划当时得了国家规划奖里总体规划的一等奖，确实产生了非常积极的影响。

第二个 5 年的时候，政府大力修建城市的基础设施，罗湖火车站口岸、皇岗口岸、飞机场、水厂、污水处理厂、港口等都是在那个时期建设的。这也恰好为后来房地产发展和加工工业的爆发性发展作了前期准备。当时还有一个标志是华侨城的起步。

第二个阶段是 1990～2000 年，这一阶段城市建设的主题是

"改革创新，开放搞活"。如果说20世纪80年代深圳的城市建设是敢于尝试，深圳改革形成了一套比较完整的制度还是在90年代。这一套制度对于深圳之后的发展，产生了非常积极的影响。深圳的开放是全方位的，并且在体制的创新上，能够把各种动力要素都调动起来。

前5年最大的特征是房地产业爆发式地发展起来，这对中国的城市发展影响非常大。以前中国城市建设的来源是城市建设维护费，一个100万人口的城市GDP不足1个亿，这是在计划经济时代。房地产发展了之后，土地的有偿使用对中国城市的快速发展推动力非常大。同时，在这个阶段，加工工业也快速发展起来。后5年，也就是在1997年香港回归前后，深圳的高新技术企业在之前的基础上有一个比较大的发展，建设方面的提升是比较明显的。

1991～1995年，这次的城市总体规划在特区内把带状组团结构继续往外延伸，分成了三个带：一个是西部的发展轴，延伸到广州；一个是东部的发展轴，通过东莞，也是延伸到广州；第三个是向惠州和汕头延伸的。这样三个轴线带动若干个组团，形成了一个组团式发展的格局。这个时期的规划从宏观方面做得比较多，还有微观方面，深圳的中心区在这个阶段规划的进展是比较快的。

1995～2000年，这段时间深圳城市的提升非常明显，包括海岸线、城市道路、街景绿化、公共空间、国门整治、商业街整治，以及在宝安、龙岗提出"一镇一广场、一村一公园"等，这一阶段规划的发展还是比较快的。

第三个阶段是2000～2010年，这一阶段的主题是"惯性发展、矛盾积累"。"惯性发展"是因为改革基本上停滞了，创新可以说已经不成为主流了。所以在这个阶段，在以前打下的基础上，深圳在惯性发展。同时，以前深圳采取的快速发展、快速扩张政策，以低成本的条件吸纳各种各样的产业，这样一个思路给深圳发展带来了很大的好处，同时积累的矛盾也在这10年慢慢暴露出来。

前5年可以说是多业并举，局部的创新和整体的惯性发展相结合，同时这一阶段深圳的财政收入增长非常快，土地作为原来第一大城市建设投入的角色开始往后退，政府的财政上升到了第一位。但是后 5 年，深圳的城市发展、经济发展、社会发展的各种条件都发生了比较大的变化。比如，土地基本上快用光了，外向型经济受到了比较大的影响，环境开始出现了负面的状况。

到了 21 世纪的第一个五年，可以说福田中心区的建设和发展成为一个标志性的事件，同时，我们在前 5 年总体规划实施的基础上主动做了一个总体规划实施的总结和未来 5 年发展对策的研究。后来又按照建设部的要求，作出了新版的城市近期建设规划，调整了组团，有政策性的建议、项目性的建议、地区控制发展方面的建议，后面都得到了采纳。这个时期轨道交通成为深圳的一个标志性事件，另外，城中村的改造也成为我们政府强力要推行的一个工作。

还有当时我们提出的构建城市公共空间体系，以及周边的公共空间如何跟我们的岸线配合起来，这是深圳湾海岸线的一系列想法。工业区不能再有大的扩张，整合提升是重点。另外，还有我们的生态控制线，把它划出来了，这条线到现在还是全国唯一的一个城市划的生态线。

还有，近期建设规划提出的几大新城基本上也在实施，龙华新城、大运新城以及光明、坪山新区都在发展。在这个时期提出，前海湾是深圳未来城市提升的希望所在。另外，最新的城市总体规划已经基本确定，在城市发展的结构上，"以中心城区为核心，以西、中、东三条发展轴和南北两条发展带为基本骨架，形成'三轴两带'的轴带组团构架"。具体来讲，就是西部发展轴、中部发展轴、东部发展轴以及北部发展带、南部发展带，这样形成了城市发展的一个大框架。在这个框架中，很重要的是城市中心概念，提出了城市双中心概念，也就是把罗湖、福田作为传统的中心，把前海中心和宝安中心合起来作为未来发展的一个新核。另外，要做 5 个城市的次中心，包括龙华、光明、龙岗、坪山和盐田，作为城市新的次中心。还有 8 个组团的中心。

深圳发展模式的总结

深圳可以说是一座拔地而起的新城，30年城市建设成果显著，深圳城市规划的成就表现在以下三点。

第一，深圳城市规划追求规划的高水准，并且追求规划在建设中先行一步。

经济特区的城市规划战略决策对深圳的发展至关重要，并且从一开始深圳就是规划先行，各级政府对城市规划很重视。在1996年到2002年这几年，深圳的规划成为全国的一大热点，那时候从中央到各地领导都来深圳考察特区城市建设。

第二，深圳的城市规划在体系、技术、操作上都是比较成功的。

深圳成功地把握了规划经济社会发展与城市建设的关系，在这个方面很好地把握了适度超前的原则。另外是深圳的滚动式发展，因为深圳经济社会发展比较快，所以我们5年做一次宏观调整，实行滚动规划制，以适应城市的快速发展。规划抓重点的具体做法以及规划制度的完善，都成为深圳规划很有借鉴意义的经验。

深圳1984年的那次总体规划，集中了当时全国能够集中的最强力量。1989年做完的城市发展策略，在全国也是处于领先的。1996年的总体规划，得过国际建设协会的专业奖，保持了全国甚至亚洲规划的最高奖。另外，法定图则制度是我们深圳强力推行的，至今也是深圳规划的一个最基本的制度平台。10年之后，我们的《城乡规划法》在确定控制性详细规划方面采取了很多法定图则的方式，并且法定图则是由政府和民间共同组成的一个城市规划委员会，但它是一个审批机构，这在全国至今还是唯一的。

另外，深圳经过2004年、2005年的近期建设规划之后，又落实了年度实施计划。近期建设规划所考虑的内容、组织力度以及城市建设的年度实施计划，在全国都是遥遥领先的。另外，刚才讲到的生态控制线，现在是全国唯一的。

第三，注重引进国际、国内最先进的城市规划技术。规划实施的整体环境是比较好的，反馈及时，在城市规划建设过程中能够及时改正、调整。

虽然深圳在城市规划上的成就是显而易见的，但是不可避免，我们也要讨论到深圳规划中一些遗憾的方面：布局结构没能理顺，建设用地没能控制，领先的优势没能持续。

第一，特区内外的二元体制导致了特区内外的二元形态。特区内各方面基本上是一个比较完善的城市，整体化、高效益，环境、就业、配套比较完善，生活也比较协调。特区外完全是另外一种状况，水平比较低，土地的效益比较低，配套状况比较差。

多中心的建设没能有效地推进。我们一说到深圳的城市中心，还是从华强北到老街这样很小的一个范围，除此之外南山的中心最近发展了，宝安、龙岗的相对中心地位都不够强。全市这么大范围，100多万辆车，不至于堵车堵成现在这个状况。原因不是车多了或是路少了，主要是因为深圳市的中心是单一的，多中心的建设规划没有做起来。早期的罗湖现在正逐步走入衰弱，一个才 30 年的城市，不到 30 年的城市中心，现在正逐步衰落，这值得我们反思。而同时福田中心区建了十几年，到现在没有发挥中心的职能，相反，我们没有刻意打造的华强北反而成了城市的中心。再一个，山海特色建设严重滞后。作为一个有山有海的城市，山在哪儿？滨水在哪儿？

第二，建设用地没能控制。1985 年的总体规划，当时确定的是 2000 年深圳城市发展的状况，规划的指标是 110 万人划 122 平方公里的用地规模。但是到了 2000 年深圳的实际人口规模是 460 多万，建设用地 467 平方公里。深圳的整个建设范围、用地规模大大超出规划控制的范围，原来预留的大量生态用地已经被蚕食很多。具体的指标是：规划建设用地到 2010 年的时候是 480 平方公里，但是在 2005 年，城市建设实际用地已经有 703 平方公里。最近这 5 年，深圳对于用地规模控制得很严格，但是仍然以每年几十平方公里的数量在增加，所以深圳现在应该是 800 平方公里的建设用地。这就相当于几乎深圳现在所有可用的地都已经用完了，剩下基本上都是一些琐碎的用地，只有两块还相对完整，一个是光明新城，一个是坪山新城。

深圳所剩的发展空间不多，这对深圳的发展影响非常大，如果城市多以更新和改建来求得发展的话，到时候这个成本肯定要提升，要影响竞争力。在20世纪80年代，我们对于农村宅基地的建设在体制上没有进行管理，城中村的存在带来了很多负面影响。

第三，深圳的领先优势也在逐步弱化。在战略上我们对城市的转型推进不力，一直还是快跑，没有在战略性转移上给予很大的推动力。另外，最近这些年我们政府重视的基本是产业的自身发展，采用的是产业优先政策，这样就淡化了对城市建设的重视。在规划上我们很重视单个项目，轻视项目之间的协调。在城市建设时，我们对于快速路网、轨道建设的投入异乎寻常地占据了绝大部分。发展、投资失衡可能就会产生比较大的问题。另外，我们的规划制度改革方面没能持续改进。

深圳的城市规划要如何应对新要求、新情况？下一步在城市建设方面要争取实现科学发展、和谐发展、低碳发展和创新发展，这是深圳市领导在相关报告里提出来的，也是中央赋予深圳作为经济特区的定位，要做落实科学发展观的模范。在科学发展观上，处理好我们的人口、资源、环境的相互制约和协调问题，特别要注重符合规律；在和谐发展上，民主、法治、公平成为城市发展的重要力量；在低碳发展上，需要在宏观层面、中观层面、微观层面对现有的发展模式进行转型；创新发展方面要求我们进行制度创新、产业创新，也要求城市发展的手段创新。这些对城市规划都提出了更高的要求。

在国家统一的政策下，如何发挥深圳的特区优势，并且针对深圳的条件进行突破，这是需要胆量和智慧的。

首先，深圳还要继续在国际上借鉴经验、寻求知识，认真学习、借鉴、消化国外城市规划的精华内容。其次，深圳未来的发展，应从人口稳定开始做起，人口稳定就是社会稳定，社会稳定就是市民安居乐业。深圳作为一个有30年发展历史的城市，还是一个初生儿，很多方面还没有成熟。再次，我们社会的多种力量要共同参与到城市规划当中来。我们的决策者、领导者、建设者、规划者以及广大的市民、企业、业主，大家一起来协商，才能够把这个城市规划好。那时候，我相信我们的规划会从物质规划变成对政策的讨论，并且最终会走向一种全新的城市文化、城市文明。

低碳生活与绿色深圳

王 石

王 石

万科企业股份有限公司董事长。曾荣获"深圳市第一届优秀企业家金牛奖"。曾两度成功登顶珠穆朗玛峰，至今保持着国内登顶珠峰的最年长纪录。目前已完成了攀登世界七大洲最高峰和穿越北极、南极的探险，是全球成功完成"7+2"壮举的第十一人。

三组建筑

一 万科中心

万科中心也就是万科总部所在。是在大梅沙，从照片来看，万科总部几乎淹没在旁边普通的建筑群里。如果说看这个建筑是什么，可能远看跟搞科技的厂房有点像，并不比我们盐田保税区的厂房更显眼，但这就是万科的总部。基本上整个大厦是悬浮在空中的，所以它被叫做悬浮的地平线。整个长度是 386 米，但这个长度如果是竖起来的话，在大梅沙竖这么个东西就有点怪，因为前面就是大梅沙的沙滩，是夏天市民自由享用的度假胜地，在这儿竖一个高楼大厦，规划部也不会批准。但是万科公司不是因为规划部不批准才这样做，我们看看万科公司的思想是什么。

先说绿化，一般的绿化面积要求至少达到用地的 35%，而我们这个项目报批的时候绿化比例是 66%。我们现在实际上已经完成，它的绿化率是 81%。学规划或者学建筑的人可能会好奇，这个建筑是躺在那儿，多出那么多绿化用地是不可能的。我们看这个大厦是飘浮起来的，但实际上整个大厦是用一种比较传统的技术支撑的。比如说我们去香港新机场要经过的青马大桥，青马大桥是用什么把它架在那里的呢？就是悬拉索。万科公司这个大厦就是用了悬拉索技术。悬拉索技术一般是用于建桥，建房子用得还很少。据我们了解，在中国本土上，用悬拉索建房子的悬条最重的是 700 吨，我们这个重量是 5 万吨，就是用悬拉索技术把 5 万吨的建筑悬空 20 米到 30 米，所以我们这个悬拉索的拉力要比青马大桥的拉力还要大。本身在运用技术上、功能上就是一个难点，针对悬拉索拉这么大的重量，怎么负载、怎么减载，都是由工程院士来解决的。当然我们这里主要解释如何才能更多地提供绿化面积，但这还不是要点，要点是我们把它抬起来之后整个建筑下面就成了一个阴凉的地方，又有这么高的绿化覆盖率，我们就把它建成了公园。既然我们称之为公园，那就是对公共开放的。万科这个总部是没有围篱的，没有墙、没有篱笆，甚至低矮的灌木丛这种象征性的植物也没有，这个地方是 24 小时对外开放的。当然你开着车是进不去的，因为地下车库和管理人员是不让你进的，那个是要围栏的。除此之外，你要是拍结婚照，甚至是一个流浪者想在里面过一晚，是没有问题的，因为它是公园，而且是 24 小时开放。

当一个企业的影响力非常大的时候、创造财富非常多的时候，它和社会是一种什么关系？是表现得不可一世、高高在上呢，还是戒备森严呢？是和社会有距离，还是和这个社会融为一体？那个地方原来是一块50000平方米的绿地，尽管被我们公司买走了，但我们能告诉人们这块绿地还是绿地，而且我们把它营造得让你感觉更美好，甚至是即将结婚的都愿意在那拍婚纱照。像这样一个理念可以说是21世纪的理念，就目前全球来讲，一个企业能做到这种程度可以说在世界上是独一无二的。我相信这种做法一定会符合未来的人性化社会、市民社会、公民社会的发展。我记得我接待索尼的前董事长出井伸之，领他来看的时候，他说像这样质量的建筑在东京很多，但把这样的建筑建在完全开放、几乎接近100%绿化、和市民共享空间的，他是第一次见到，当时我听到这话非常开心。我们将万科中心称为大梅沙"城市公园"，为市民提供开放的公共活动场所，在炎炎夏日，成为市民避暑、嬉戏的最佳场所。

我们再来看看，我们的心灵是不是绿色的。刚才我们讲了对外的空间，我觉得这本身就体现了绿色的概念。建筑师捡到一片树叶，按照树叶的纹理设计了万科整个大厦外遮阳板的透光孔。由于这样一个设计，使用到现在，强光照射的时候，阳光通过这样纹理的透光孔进入整个大厦，就像漫步在森林里，感到光线斑驳，是非常美的。万科整个大厦用了光伏发电，年总发电量30万度，并入市政网。这是发改委批准下来的。相当于我们整个大厦用电量的14%，是用可替代能源的，是无碳排放的，相当于每年的碳排放268.39吨。

刚才讲了，申报了60%的绿化面积，怎么多出了20%？变成了80%。实际很简单，万科总部全是平顶的，顶上全部种草，如果说全种上草，覆盖面积超过100%，为什么这里是80%？因为上面还有很多是光能发电板，要占地方。这里值得自豪的，就是我们所谓的现代的绿色住宅，它要求整个建筑的20%一定是速生、可再生材的应用，万科公司大厦的速生、可生材应用已达到了23%。举一例子来说，整个万科大厦当中你看不到一片木材，我强调的是木材。那你说你可以用地毯、大理石、石头，你不用木头，你用合成的也不一定环保，那我就告诉大家，我们全部用的是竹材，竹子。为什么用竹子？因为90%的毛竹都产自中国，竹子是速生材，树木成材一般要10年以上，毛竹3年就可以成材。另外，生产毛竹的地方基本都是偏远山区，比较贫穷。作为竹材加工成家具装饰，需要大量的劳力。那就是一举两得，不仅仅是对环境的保护，把对环境的破坏降到最低，还起到了对偏远山区的扶贫作用。目前全世界办公大厦中全部用竹材的只有万科大厦。我们办公室原来的天花板基本上是钢筋混凝土的，但是像董事会办公室、一些VIP接待室都是用竹板合成材的吊顶，我们的门、墙护板全是竹材的。我的办公室里因为有人送了些礼物，那个礼物的底托是木头的，我记得我很自豪地请一位客人到我的办公室参观，我说你找不到一块木材，结果他指着木托说：这不是吗？

当然，我们这里也有碳排放，因为用电的85%还是要靠市电供应的。我们的空调也用电来送冷风，但我们这个空调叫"蓄冷空调"，就是晚上利用风度差的电来制冰，到了白天，再用风机吹这个冰融化产生的冷风，来调节整个大厦的温度，从而达到节能的效果。

目前国际上的绿色建筑有几个标准，我们中国叫绿色三星，美国叫LEED，LEED有五个标准，最高标准叫白金。这个就比绿色三星要高两个等级，目前世界上达到LEED白金标准的一共有15个建筑，万科是其中的一栋，也是目前中国大陆上唯一的一栋。这就是万科公司的总部。在这里我想提出我的观点，首先，你的心是绿色的，不要把大厦搞得很环保，但是却影响到社区、周围的市民，如何和当地的居民融为一体这才是第一重要的。第二，万科大厦并没有什么高科技的东西，我说的建筑用的悬拉索是传统技术，我说的冰制冷也是在国内外运用很成熟的一种技术。关键是一种心态、一种生活方式，从自己做起，尤其是大企业更应该承担大企业的社会责任。

二 世博万科馆

上海世博会的万科馆，名字叫 2049。它并不是强调建国 100 周年的时候会怎么样，它的寓意在未来，因为未来可以理解成 20 年、30 年或者 100 年、200 年之后，为什么叫 2049 呢？是因为好记，这是从广告传播学的角度来命名的。

万科的未来馆里面讲了这么几个故事。

第一个厅叫做雪山精灵厅。这个故事是说，在中国还有像大熊猫一样令人喜欢但是濒临灭绝的动物，就是滇金丝猴。虽然它没有大熊猫那么有名，但它确实已经到了濒临灭绝的地步。有一位环境保护工作者奚志农，从 1992 年到 1995 年用了五年的时间跟踪拍摄金丝猴，之后到北京呼吁大家保护金丝猴。因为那里的林场、林业区砍伐木材，金丝猴正在失去栖身之所。在北京他得到一位名叫梁从诫的老人的回应。梁从诫成立了中国最早的民间环境保护组织，叫"自然之友"。自然之友开始和奚志农先生一块呼吁保护金丝猴，而且引起国家有关环保部门进行响应，划定了金丝猴的保护区，把当地的林园企业停产、转行，才使金丝猴得到了保护，这也标志着中国的民间环境保护组织开始出现。中国现在的民间环保 NGO 就是从保护金丝猴开始的。就是从奚志农和梁从诫先生开始的。这是我们讲的第一个故事。我们看过的野生动物往往都是中央电视台赵忠祥解说的《动物世界》里的，都是非洲的、南美洲的，都是外国的视角、外国的野生动物、外国的审美情趣、外国的价值观念。因为上海世博会是一个国际交流平台，我们就希望通过这样一个短短的片子，让外国人知道，栖息在中国的除了大熊猫之外还有另外一种很可爱的动物叫金丝猴，看看我们中国人的东方审美情趣，我们是怎么来拍摄我们这里的野生动物的。从而也表明，除了经济在高速发展中，我们中国的民间已经早在十几年前就开始进行环境保护，保护的就是金丝猴。

第二个叫做生命之树厅。生命之树厅是歌颂退耕还林。这里我们要歌颂一下政府，因为根据资料，朱镕基当总理的时候颁布执行的退耕还林政策至今还在执行当中。据联合国统计的数字，国际 NEO 组织认定，包括美国政府在内，这是政府最大的环保行动。退耕还林就是如何来保护西部的水资源、保护我们的长江黄河上游的水源，让当地的老百姓、当地的牧民不要种庄稼，也不要放牧，因为这样的水土破坏和水土流失会造成水资源供应紧张。这是一个补偿政策，就是我给你钱，你种树，你不要种庄稼了。这个可以说效果是非常明显的，生命之树厅就是展示这样一个主题。

第三个就叫做莫比斯环厅。就是来回循环的折叠的圈，表示一直在循环。这里讲的是关于处理垃圾的故事。我们知道现在随着中国城市化的进程，垃圾处理成了一个越来越大的问题。远的不说，仅广州番禺垃圾焚烧厂的闲置问题和深圳蛇口垃圾厂焚烧带来的污染问题，就变得越来越尖锐。显然这个问题不仅是在广东，全国各大中城市这个矛盾越来越突出。如何解决城市的垃圾难题，是我们要来共同面对的。我们这个故事要说的就是台北的垃圾分类，为什么把垃圾分类的故事说进去呢？这里包含着万科的切肤之痛。8 年前，我们在武汉建了一个项目，附近一公里之外有一个垃圾厂，我们建这个项目的时候政府承诺两年之后搬迁，我们认为建好之后交房的时候它就搬迁走了，再绿化应该没有问题。就没想到两年之后没有搬，到了第三年还没有搬，这就造成了我们居民非常大的反感，造成了武汉这样一个事件。我当时还去现场处理了，在垃圾厂待了 20 分钟，但是垃圾产生的臭味在我身上一个礼拜都洗不掉。当然我身上有点臭味问题不大，但是一公里之外就是万科公司的小区，住着几千人的社区，里面既有孕妇、老人，还有小孩，这个问题就很严重了。城市的垃圾问题给了我非常深刻的印象，我也知道垃圾问题迟早要面对，无法回避。而从工业发达国家来看，垃圾只有进行分类，再循环、变废为宝，不仅仅是解决垃圾填埋、焚烧问题，而且也符合环保低碳排放的要求。

我考察了许多国家，基本上是两种模型。一种是北欧模型，一种是日本模型，这两种模型都不大好学。北欧模型是高科技，比方说真空传送、分类，甚至在小区就进行焚烧、发电，按照我们现在的人均GDP、按照我们的消费水平，如果按照那种高成本的方式去处理垃圾是不现实的。再一个是日本，日本的垃圾焚烧技术比较高，基本上可以把产生的二恶英降低到城市可以承受的程度。但是它的前期，从小区、从办公场所出来的垃圾完全靠人的自觉、自治来进行垃圾分类。而中国这个社会在转型，大家都不太自觉，就会出现这样一个情况，城市的市政出来的垃圾分类，小区出来的垃圾不分类，那只好堆到一块去。市政分类了小区不分类，还放到一块，分类也没用。曾进行过一些试点，往往试验两个月就经营不下去了。小区的垃圾分类，试点两个小区无果而终。

我有一次去台湾考察，不是考察垃圾分类，是考察慈善基金会，搞工业慈善活动，其中参观了大爱电视台。这是一个宗教组织，它每年的支出是3000万美金，其中三分之一来源于废物回收，一年可以收入1000万美金。我马上要求去废物回收站看看，到那儿一看，非常受感动。义工在那对垃圾进行回收，从旧衣服、旧报纸到各种瓶瓶罐罐，再把它们卖成钱。这是一个系统，是垃圾分类中的一个环节。我就拜访台北市市政局，拜访之后台北市市政局还请了一些环保组织，一块来给我们讲解台北的垃圾分类，这才知道台北在亚洲现在属于垃圾分类进步最快的两个城市之一，另一个是首尔。台北垃圾分类的回收率已经达到了70%，也就是70%不用送到焚烧厂，是循环使用的。包括我们看到的收回的塑料瓶，最后变成毛毯，变成很多的T恤衫，这是让人印象深刻的。这是马英九当台北市市长的时候推广的。应该这样说，他的前任陈水扁提出了垃圾分类这样一个理念，但是真正把垃圾分类理念贯彻执行、推广成功的是马英九，就是说台北的垃圾分类馆跟马英九是非常有关系的。我们的垃圾分类馆开了之后，很多台湾游客一听说大陆有一个企业专门有一个馆是介绍台北垃圾分类的，就一定要来看，其中不乏行政官员、议员，甚至还包括马英九的姐姐，是一位教授。这个就是我们说的垃圾分类。

我们再来介绍万科公司的垃圾分类。北京的西山庭院进行到什么程度呢？我们三年来每天都有统计报告，基本上我们已经自己消化了50%。市政局来收的垃圾占50%，另外50%是怎么消化的呢？按照比例，35%是厨房的垃圾。我们做了一个国际城市比较，发现华人社区垃圾占有量最大的是厨房，中国人喜欢吃、讲究吃，这在垃圾的占比上可以体现出来，差不多占了35%，甚至更高的达40%。这35%是通过微生物技术转化成有机肥处理的，通过烘干技术变成没有臭味的、干燥的、很方便使用的，你可以免费拿它当作花的肥料，小区用不了还可以输出。再有15%就是旧报纸、瓶瓶罐罐，经过分类之后直接卖给废品公司。万科计划，将在全国30个城市的100个小区来推广，目前落实到54个小区，还是借了上海世博会的东风，借着我们万科馆的题材，我们万科自己先做起来，做了之后再动员同行、其他开发商一块来做。我们介绍台北的垃圾分类是说给政府听的，你看台北是这样做的，有一些城市的领导参观了展馆之后，已经开始到台北参观垃圾分类。我们决心要做垃圾分类的城市，万科小区期待着。我们也在向深圳市政府发出呼吁，我相信深圳应该这样做。比如说我们总部所在的盐田，区域比较小、人口比较少、环境比较优美，要做垃圾分类处理相对来讲比较容易，盐田政府也积极回应了我们的倡议。我们先从绿色深圳做起，先从我们自己做起，从我们所在的盐田做起，从我们在其他地区的万科小区做起。

还有一个就是蚁穴探险。因为原来考虑到世博会有很多小孩参观，我们建了带点趣味性的这个馆，但是开馆之后发现大人和小孩一样非常喜欢这个项目。蚁穴指的是白蚁的蚁穴，我们知道这会让人有点谈虎色变，它侵蚀建筑、危害建筑。深圳市政府专门有个白蚁办，就是像防魔鬼一样防它的。但从仿生学、建筑学角度来讲，白蚁值得我们学习，从建筑结构来讲，白蚁建的蚁窝是非常环保、生态的。我们指的这个白蚁窝，是非洲、南美洲的，比较干旱、温差比较大的这些草原上的窝，这些窝垒起来高30英尺，相当于10公尺，里面都是通上的管道，利用温差、空气压差来进行循环通风，因为地底下是恒温的，18度的始终保持18度，16度的始终保持16度。利用这样的恒温压差来循环，把 18 度、16 度的温度调上来，使白蚁窝始终保持在 22 度。我们知道空调的温度让人很舒服，但有碳排放，这个白蚁窝是零碳排放的。讲这个故事就是让大家知道，我们不仅要尊重自然，我们还要学习自然，怎么把它们的聪明、它们积累的智慧运用到人类身上。这种技术在国外已经有了，就是利用白蚁窝的通风原理来造建筑，万科公司的实验建筑 2011 年 12 月份就会出来，2012 年我们就会运用到实际的商品房中。

第四个叫"尊重的可能厅"，这是最后一个故事。它想要说的就是我们要做环保。一个人的力量到底有多大？这里面介绍了几个故事，比如说一个大学生，毕业工作三年之后辞职，去处理昆明湖的便池地下水污染，是便池污染的故事。再有一个，淮河污染得非常厉害，有一个环保工程师拍照片来呼吁大家关注淮河水。这里举的例子都是个人的行为，但是你会发现，如果每一个人的行为都是在关注环保，都是有关环保的行为，那就是潺潺的、涓涓的滴水慢慢汇成了河、汇成了滔滔大江。我们不要说一个人的力量是很有限的。咱们新来的市委书记王荣参观了这个厅之后，就说要把这个放到我们深圳去，要放到仙湖那儿，当然他的意见我们会非常尊重。

我们想来反映一下未来到底是什么样，这个时间是 2049 年，就是我 98 岁的时候。这是我们的一个公益广告片。咱们深圳市民文化大讲堂希望我来讲，万科公关部也知道我有一定的社会影响力，所以就给我拍了六个系列的公益广告，这是其中之一。要讲的就是万科这个馆里我们介绍的那些情况，我们面向未来，但是未来就会美好吗？不清楚。不美好会是什么情况？所以我们就叫"尊重的可能厅"。我们对自然应不应该尊重？我们对人、对社会应不应该尊重？回答是很简单的，应该。但实际上我们尊重了吗？所以我们这个展馆就是给大家提供一种思考线索，给大家一个启发：我们未来是不是要改变一种生活方式，改变一种生活态度？这样一个主题，就是要尊重自然，要与自然和谐共生。只有寻找到与自然的平衡，人类的生活才可能更美好、人类的发展才是可持续的。这就恰好反映了上海世博会的主题

"城市让生活更美好"。但韩寒给上海世博会的主题命名为"城市让生活更糟糕"。他不一定错，要看是从哪个角度来看。城市是让一部分人生活美好起来，但是未必是让每个人生活美好起来。对于那些生活不美好的，那可能就是城市让生活更糟糕。关键是我们怎么去认识、怎么去感受。

你也许会说这个馆跟万科公司一点关系也没有，还有点关系，如从建筑上讲、结构上讲，我们用的是麦秸秆。这个馆体现了万科公司是一家建筑公司、房地产开发公司，我们建的房子应该是环保的。因为它是一个临时建筑，2010 年 12 月份就要拆除了，我们就采用了麦秸秆板。我们知道麦秸秆现在基本在农村也不用了，就把麦秸秆烧掉，直接造成碳排放，造成空气污染。尤其是在机场工作的人知道，在麦收期间有时会影响到航班的正常起降。另外，这个麦秸秆板是变化的，它就像生命一样，你把它建好，半年之间，它会随着季节变化，经过暴晒、下雨、潮湿、发霉，半年之后从非常鲜活、亮闪闪的，到我们拆的时候已经开始发霉、变朽，它可以降解，"尘归尘、土归土"，又回到了大自然里，不产生任何的建筑垃圾，反映了万科公司的一种建筑理念和一个具体的建筑形式。里面的内容没有介绍万科公司是干什么的，老外看完之后会以为这是国务院环保宣传部的馆，因为里面没有任何介绍万科公司的资料。

三　万科建研中心

万科建研中心在东莞，规模不是很大。从 2007 年到现在运营了三年，现在按新的理念进行了改造。因为这个设计的时候是 2005 年，现在理念已经发生了变化。这个变化就是零碳建筑、零能耗建筑、零排放建筑，这几个标准。它代表着未来的一种可能，这是比较前沿的。

我解释一下这个建研中心，简单来讲，到 2011 年 12 月份全部完工之后，小区不用市政一度电，当然便宜的时候还是会用的，但是自己产生的电能是完全够用的，为什么它便宜的时候还要用？就是综合平衡下来用电量是自给自足的。而且不用自来水公司的一滴水，这个两百亩小区的用电、用水是自给自足的。下面简单介绍一下水电能源是怎么解决的。

第一是光伏发电。第二是微风发电。我要强调一下不是风力发电，而是微风发电，因为没什么强风，但是这个风一定要利用起来，利用风的气流温差流动作用产生的风动发电，我们叫微风发电。第三个就是蓄水发电。我们知道市内有一个很大的蓄水节能工程，就是晚上要把水抽到水库里，白天水库的水再发电，也就是利用晚上浪费的电，我们叫蓄水发电。还有垃圾发电，就是用我们所产生的这些有机物来发电。举其中的一个项目为例，叫给排水试验塔，本身是功能性的，这个塔也不是很高，120米，但是按试验塔来讲目前在亚洲是最高的，这个塔整个温度调整系统就是利用了刚才讲的白蚁窝原理，用地底下的温度通过调差来调控整个塔的温度，这个温度不再产生二氧化碳。一般不同的位置有三组微风发电，我们知道一般的风力发电都是纵轴的，微风发电显然用这个原理是带不动的，它是这样发电的：上面是一个大水塔，晚上利用市政不用的电，不是不用钱的，是比较便宜，用市政的电晚上蓄水，蓄能电站，把晚上便宜的电能变成势能。白天需要用电的时候就开始往下放水，发电。大水池上面是一个大锅，就像卫星信号接收抛物线的锅，这个锅不是给我们深圳卫视发电子信号，它像一个马达一样，可以用计算机来操控，一直跟着太阳的角度转，以最佳的角度吸收光热，把光能转变成电能。就是一个塔的建筑，利用它上面的太阳能、风能，还有电源热泵。但一般电源热泵的泵是通过发电来供应，我们这个完全用白蚁窝的原理，是不用电的，完全靠自然来进行循环。再下面是一个大水池，就是雨水收集系统，晚上就往水塔上供水，白天开始发电。可以这样说，只要现在在运用的、没运用的、试验阶段的、和住宅有关系的环保节能的技术，在这个建研中心里都会使用。任何一项技术都可以根据小区的特殊情况、实际情况来配备，我们也会按国家的12号计划、13号计划，争取在小区用电方面、在开发新能源上占到一定比重。

关 于 未 来

我们刚总结了改革开放 30 年的经验，我们又迎来了特区 30 周年，无论是中国改革开放 30 年还是庆祝特区 30 年的纪念，如果让我这个过来人概括的话，我用三个字"想不到"来概括。真的想不到，我想不到我今天是这个样子的，我也想不到我创办的万科公司会成为世界最大的住宅开发公司，我也想不到特区现在已经是拥有 1400 万人口的城市，在世界上都属于超大型的城市，更想不到深圳从普惠特区发展到现在，已经和北京、上海、广州被列为中国四个一线城市。这些东西当时你说你想得到肯定是吹牛了，现在看来当时是完全想不到的。我们再展望未来的 30 年，我还是用三个字来进行概括，就是"不确定"。

为什么说不确定呢？确实现在地球不确定了，我们还有什么是能确定的呢？地球在变暖、气候在剧烈变化，很多现象你根本就没有想象到。另外，中国经济发展迅速，我们突然成了经济大国。我们不是强国，国际上却要求我们去扮演强国的角色、要承担更多责任。我们应该怎么办？我们经济发展会按照原来的模式继续，这样的话会成为第一大碳排放国，我们这样是发展不下去的。我们的经济是好起来了，我们的生活水平提高了，汽车代替了自行车，但我们突然发现人与人之间的关系不亲密了，而是生疏了；我们的高科技医学现在越来越发达，但是我们发现遇到的疾病越来越多，甚至很多是恶性的。你突然发现一切都不知道是怎么回事了。通过这个"不确定"我想说的是，我们总不能老做不确定的事情、制定不确定的计划，我们还得确定。我们确定的事情我想有两点：中国社会会从传统能源（劳动力）向低碳新能源（科学技术）转换，这是非常明确的。我们深圳未来的蓝图，显然就是要依靠科学技术、提高生产力、发展绿色低碳。

此外，作为一个企业家，作为万科公司，在这样一个大背景下，我们经过 30 年的改革开放，我们能非常明确地确定已经有一定的能力、有一定的资源动员力量。既然企业家有一定的社会资源动员能力，企业家有所管控的企业，有相当的品牌号召力，那么我们如何来承担责任？刚才讲的万科总部、上海世博会的万科馆、万科的建研中心，这些都表明万科公司的一个态度，是我们对未来的责任和期许。

招商银行成长：战略、管理与文化

马蔚华

马蔚华 ✎

招商银行股份有限公司执行董事、行长兼首席执行官，经济学博士，第十一届全国政协委员。曾荣获"CCTV 中国经济年度人物"（2001）、英国《银行家》杂志"银行业希望之星"（2005）、《亚洲金融》杂志"亚洲最佳 CEO 奖"（2009）、"袁宝华企业管理金奖"（2010）。

招商银行 30 年的成长

1989 年，我当时是央行的官员，时任央行资金计划司（现在的货币政策司）司长，当时领导让我总结一下深圳招商银行的经验，我到招商银行一看，就三间房，几十个人。我当时见的全是大银行，这样小的银行还是第一次见。我跟他们交流了半天，给我留下了非常深的印象，它完全是按照不同于中国国内银行的框架和机制构建起来的。当时是"六能"机制，现在来看习以为常了，就是"干部能上能下，员工能进能出，待遇能高能低"，但是那时候能做到这一点是难能可贵的。还有资产负债管理，我当时心里隐隐约约感到，虽然这个银行小，但是它潜伏着一颗正在萌芽成长的种子。没想到，10 年以后，我居然成了这家银行的行长，我本来可以去做官员，但是我很热爱银行事业，所以我选择了招商银行。

那时候招商银行总资产就 1000 亿多一点点，从蛇口搬到新闻大厦，还是租的房子，全国有 9 家分行，几千名员工。当时很多人说，你怎么选择这样一家银行，但是我觉得小才能做大。2010 年招商银行总资产已经超过 2.3 万亿元，在金融危机的时候，在西方银行蒙受灾难的时候，招商银行一举成为"全球股本回报率最高的银行""全球品牌成长性第一的银行""全球市净率第一的银行"，而且是国际权威媒体——英国的《金融时报》、美国的波士顿咨询公司评选的。招商银行作为深圳的一家企业、一家银行，在不到 30 年的时间里，发生如此大的变化。

我最早听到"深圳"这个词，还是从一本报告文学上，名字叫《车从深圳来》，写的是我们的列车员怎么抵制资本主义的东西，它把深圳当作香港的一个农村。现在人们越来越多地知道深圳，好像在《红岩》这本小说里面有句"洞中才数月，世上已千年"，30 年来它的变化甚至可以抵上一个世纪的变化。深圳作为金融中心，2009 年在全球排第五位。2010 年在中国内地又名列第一。深圳的名字已经排到了上海和北京之前，一个金融中心的形成，像纽约、伦敦，都花了几百年，谁能想到深圳能用 30 年成为一个耀眼的明星？

2008 年正是金融危机最严重的时候，美国呼吁全球救市，10 月 18 日，我们的分行在这个寒冷的冬天在纽约的世界金融中心开业。那一天有 500 多个华尔街的贵宾、美国的政要出席，当我和我们深圳银监局的局长在美国很有名的一家酒店——华尔街广场酒店（这是美国人和日本人签订汇率条约的酒店）宣布招商银行纽约分行成立的时候，作为一家深圳的银行我们感到很自豪。最近美国参、众两院刚刚通过华尔街消费者保护的金融法案，这个法案的前一个法案叫做现代金融法案，同时美国又出台了加强外国银行监管法，从这个法案到我们银行开业 17 年，没有允许发展中国家，当然也包括中国，进入美国市场。我们是中国第一个时隔 17 年后进入美国市场的深圳银行的分行。

深圳的发展离不开我们国家的环境。在过去的 30 年，我们的祖国也发生了很大的变化，这是我们今天在全世界受到尊重，我们感到自豪、感到扬眉吐气的一个最主要原因。大家记住这 30 年有这样三个数：一是 30 年来我们的经济平均增长率超过 9%，没有一个经济体 30 年保持这样的发展速度；二是我们的国民生产总值从 1978 年到 2009 年，翻了 92 倍，这是量上的变化；三是我们经济总量在全球的排名，从第 10 位跃升到第 3 位，2011 年我们很可能，而且很有把握超过日本成为第 2 位，这是我们这个国家的经济发展。经济的发展决定金融的发展，而金融的发展也助推经济的发展。

我把金融变化归纳为五句话。第一是体系的确立。原来就是一家银行——中国人民银行，现在是 5 家国有的，12 家全国股份的，130 多家城市商业的，再加上 3000 多家农村信用社，每天还在大量诞生城市村镇银行。第二是经济实力。1978 年的时候，我们的信贷总额不足 2000 亿元，到 2010 年 6 月是 87 万亿元，超过 400 倍，年复合增长 20 倍。不良率是过去西方笑话中国的一个专用词，过去叫技术上已经破产，不良率已经超过 20%，现在是 1.3%。拨备的覆盖率超过 180%，资本充足率超过 11%。第三是服务能力不断增强。过去我们的服务功能只有存、贷、汇，银行的业务包括表内、表外、离岸、在岸、国内、国际、物理网点、空中银行、ATM 机 24 小时自助服务、网上银行、手机银行、远程银行，还有 i 理财社区银行，服务越来越全面。第四是内外开放，就是外资银行进入中国，中国银行走出去。现在在华的外资资产已经超过 1.3 万亿元人民币，我们走出去的资产也超过了 3000 亿美元。第五是地位显著提高。现在全世界前 10 家银行，前 3 家都是中国的，1000 家大银行中，我们占了 84 家。特别是这次金融危机中，中国银行业受到的损失是微乎其微。

但是，我们必须要客观清醒地看到，中国的国际化程度还比较低。你不到海里游泳，你也不可能被淹死，所以将来我们还要学会游泳的本领。

为什么深圳有这么大的变化？我说说我自身的感受。第一，深圳是一个年轻的城市，人口平均年龄不到 30 岁，其中 15 岁到 55 岁的人口比重超过 83%。昨天我在车上陪一个湖南的领导，我说你看马路边上走的都是年轻人。他一看，"都是很有素质的年轻人"，这是他补充的一句话。第二，它是一个移民城市，它是充满包容性的，它不排外，多种文化结合在一起，所以它保持了旺盛的活力。第三，深圳是一个改革的城市，是改革的实验区。正是当初中央给了深圳特殊的政策，才使我们得以迅速崛起。政策不能永远有，我们现在有了实力，要靠自己。第四，它是一个开放的城市。毗邻香港，这是我们最大的优势，那里是国际金融市场，游戏规则是国际化的，招商银行的成长也是最早学到了资本主义的经验。第五，它是一个创业的城市。正是因为这些，所以我们深圳一批又一批的创业企业成长起来。

深圳金融业的发展状况，到目前为止我们大家也要记住这样 6 句话。一是实力提高。我们深圳现在金融资产的总量超过 3 万亿，从总量上输于北京和上海，但是总资产、净资产、营业收入、净利润，这 4 项关键指标名列全国第一。还有证券基金，这些在全国都是数一数二的。

二是金融创新。深圳最大的特点和闪光的地方，就是我们在过去 30 年创造了 100 多项第一，招商银行就是一个完全持股的商业银行，在招商银行之前都是国有的，招商银行是当时力图从体制外推动体制内改革的第一个尝试，法人持股、企业持股。它有我们中国第一个中外合作的保险公司、第一家上市公司、第一家金融结算公司、第一家外汇调解中心，同时也有第一台自动提款机、第一次外汇交易、第一笔按揭业务，还有第一笔网上交易。

三是资本市场。中国有两个资本市场，一个在上海，一个在深圳，而深圳更有特点，它是多层次的，主板、创业板、中小板都有。金融危机发生的时候，显现了深圳这个市场特有的魅力，2010 年上半年深交所 161 个公司通过首次公开募股募集了 226 亿美元，占了 2010 年全球资本市场融资总额的 22%，全球经济是低迷的，但是我们的发展是异常快的。我们有全国最大的私募管理基金，我们私募基金的总规模占全国的 35%。

四是银行的发展也很快速。特区成立之初我们仅有 8 个营业网点，800 人从业。现在是 2.7 万亿，在外面的还没算，只算深圳分行的，现在本外币存款余额 1.8 万亿元，贷款余额 1.5 万亿元，这比特区成立的时候分别增长了 9000 倍和 1 万倍，不良率是 1.9%。

五是金融环境好。在金融城的评比中，2009 年是全球第五，2010 年是中国第二，仅次于香港。有些中心的形成可能是我们政府的意图更强一点，而深圳的金融地位是自己形成、市场形成的，这种中心更有它本身的规律性。

六是金融功能充分发挥。起码在深圳，金融业为我们特区建设提供了 70% 的资金，为企业生产提供了 80% 的流动资金，为居民大宗消费提供了 60% 的资金，为本地企业在资本市场筹集了 3000 亿元资金，为深圳的建设提供了 60 万亿元的保险。这些对我们深圳特区的发展是功不可没的。

招商银行现在的资产已经超过 23000 亿元，我们先后在 A 股、H 股上市。从 2002 年到 2009 年的 7 年间，招商银行净利润的增长超过 40%，股东权益年复合增长率超过 35%，没有辜负股东的期望，总资产的收益率和净资产的收益率年均分别接近 1% 和 20%，这是全世界比较好的银行收益标准。不良率已经降到千分之七点几，不良资产的拨备率已经超过了 250%，留有很大的余地。金融危机给我们提供了一个机会，很多指标得了第一，成长性排第一，包括全世界所有的公司，品牌的排名是第 81 位，女孩子喜欢的爱马仕、古驰都在我们后面，"全球企业品牌成长性第一"，第二名是美国的黑莓公司，我们比它多了 59 分。在福布斯全球最有声望的 600 家企业中，招商银行排第 24 位。在《华尔街日报》中国最受尊敬的企业中排第一位，等等。

招商银行成长的内因：战略、管理和文化

2010 年我去了很多国外的名校，过去我还比较谦虚，现在我觉得没必要谦虚，我们到全世界宣传中国。为什么会这样？那年我在哥伦比亚大学演讲，演讲之后，有一个法国老太太，是一个教授，原来是克林顿政府的顾问，她说："没想到中国人也能办银行。"她是夸我的，但是我听着非常不舒服。正是因为这一点，我就理直气壮地讲。2010 年 4 月份我在美国，当时沃顿商学院请我去演讲，也在纽约大学斯特恩商学院、哥伦比亚大学，给它们讲了几场。前两天我又到欧洲出差，剑桥大学、洛桑管理学院请我去演讲，我都给它们讲了。哥伦比亚大学还成立了一个中国企业研究中心，我非常荣幸地被他们聘为中国企业研究中心的主席。我就大大方方地组织了一个理事会，理事会成员里有花旗银行董事长、信诺保险总裁、美国银行监管的厅长，还有 AIG 的格林伯格，这些都是华尔街最知名的人士，当我的理事。在中国我也找了几个国企的、民企的代表人物组成理事会。上个礼拜我们的理事会在北京开会，这些美国老板专程飞过来，其中还有我的监管当局——纽约银行厅的厅长。我也感受到中国巨大的魅力，现在在全球的各种会议上离不开中国人的参与。

上个月我在意大利开新兴市场委员会，土耳其的总理、捷克的总统跟我在一块儿开会，我们没有去什么总理、总统，最大的官就是我，我就代表中国讲了一番话，他们非常重视。中国的地位不一样了，所以我们应该理直气壮地讲中国的成就。所以我今天讲也是讲招行银行的成长，作为一个企业管理者怎么看待招商银行这十几年的成长。

什么叫发展战略？我自己有一个体会：不知未来者无以评判当下，不知世界者无以理解中国，不知宏观者无以处理微观。所以，把战略归结起来，就是别人没想到的事你先想到，别人没做的事你先去做，别人没做好的事你先做好。9个字："早一点、快一点、好一点"，招商银行的战略就是这个。

我们可以把招商银行过去的战略归结为"三步两转"，"三步"就是业务网络化、资本市场化、管理国际化，"两转"就是第一次转型和第二次转型。

第一步是业务网络化，这是招商银行抓住的一个千载难逢的机会，这也是招商银行能够腾飞的一个非常关键的时机。招商银行已经连续5年获得了"中国最佳零售银行"的称号。把零售业务做好不容易，招商银行现在网点不到800个，连人家大银行的零头都不到，何以称为"最佳零售银行"？这是网络助力，招商银行"一卡通"大家知道，深圳市民是最早的持有者和最早的支持者。就是这个简单的"一卡通"，开创了中国零售银行变革的时代。过去都是存折，有了"一卡通"，有了网络，然后申请客户号，它就有了多种功能。就是"一卡通"使我们的客户超过了五六千万，而且有了稳定的低成本运作资金。相对于中等规模的银行，我们的储蓄存款占整个存款的40%，这是它们望而不及的一个比例，这是第一个轮子。第二个轮子是我们物理网点少，用网络替代。招商银行第一个推出全功能网上银行，这个网上银行还给我们固定了一大批优质的客户。现在我们的客户基本上是三种人：一种是年轻人，因为我们的产品比较时尚；第二种人是城市白领，包括公务员，他们有理财、有金融服务的需求，但没时间排队，网上银行解决这个问题；第三种人是VIP，就是有钱人，他们喜欢门当户对。互联网这两个轮子，助力了招商银行成为一个优秀的零售银行，这应该归功于我们对网络这个世界的敏感和前瞻性的考虑。我定义金融银行本身也是一个IT银行，因为银行具有两大功能，一个是融资，一个是支付，而两大功能的平台都是IT、都是通信。

在互联网面前，不管大银行、小银行、老银行、新银行，机会都是平等的，传统的业务，我们无法超越中国四大银行。在年龄上也无法超越花旗、汇丰这些老银行。但互联网是大家共同面对的机会，它对银行有变革性的意义，我们抓住了，不仅可以缩小差距，而且可以超越它们，这是我们招商银行成为零售银行的一个突破点。后来别的银行也大规模地搞网上银行，但是一个银行要不断地创新，战略意义就在于你要能比较早地看到，谁能看到未来的需求，谁就能知道怎么适应这个需求。如果你对社会、科技、经济的发展有前瞻性，你就会研究未来的需求，你就会有超前的产品设计。

我们在6年前搞信用卡的时候，中国没有人认为信用卡能赚钱，国际上一些大咨询公司发表文章认为中国的信用卡不赚钱，它们的依据是，中国人喜欢储蓄，不喜欢花钱，信用卡主要的功能是透支消费。所以当时没有人搞信用卡。我们研究信用卡屡遭失败，但是我们坚定不移、矢志不渝，我们觉得中国的经济发展离不开大的方向，离不开全球发展的轨道。同样在华人区，新加坡以及中国的香港、澳门、台湾，都用信用卡，都比我们早20年，所以这是早晚的事。最敏感的是花旗银行，花旗银行的主席珊迪·威尔找我合作联名卡，我开始有点受宠若惊，后来冷静下来我觉得这个事不能做，虽然他很厉害，是我的偶像，但是我要跟他合作，我干得再好都是他的光芒。所以我婉言拒绝了。

但是我也不能闭门造车，我就选择了台湾，台湾这个地方的信用卡比我们早20年，而且选择的这个伙伴也想进入大陆，但是我不能给它股份，你当我的顾问，它有经验。中国第一张国际标准信用卡在上海诞生，从那时到现在的6年间，最多的时候，我们的信用卡占了中国的30%，但是我希望效益最好，不希望市场最多。别人没搞的时候我搞，别人都搞的时候我转型，老做一样不行。

这个信用卡还是有点名气的。大家知道歌唱家那英，有一天我突然接到她的电话，她说能不能办一个白金卡，我说没有问题，你这样的歌星办我们的卡是我们的荣幸。她说她跟赵本山和一帮导演、演员一起吃饭，他们都拿出招商银行的白金卡，而她没有，当时她感到很失落。2009 年我们在呼伦贝尔开全国银行会议，晚上有一台节目，那英被请上去唱歌，唱歌之前先说了通话，她说："我不知道招行的马行长来了没有，我是招行的粉丝，我最喜欢招行的卡，它的卡最好用。"另外一家银行的行长问我："你是不是给她钱了？"我说："你给她钱，是不是她就替你说好话？"不在于给不给钱，而是真好。汤灿 2010 年来深圳两次，我都在场，她都说是招商银行信用卡的忠实客户。我去年在哈佛讲课，讲信用卡的案例，结果有一个黑人从口袋里掏出一个信用卡，我说你怎么有我们招商银行的卡，他说："我在北京工作过，我也办过你们行的卡。"这是我们的失误，本来不应该给外国人办的。

当初我们觉得信用卡不会赢利，我思想是比较解放的，我定的是 8 年赢利，但是 4 年就赢利了。而且赢利中 40% 来自于透支的利息，这是我原来没有想到的。我很好奇，谁透支呢？我一看一部分是有钱人，一部分是年轻人。这个现象和西方一样。沿海的年轻人、深圳的年轻人，在全球化、信息化的时代，他们的思想也跟上了这个世界的潮流。所以现在的年轻人不会像父母那样一天到晚储蓄、不舍得花钱，他们有钱就投资，没钱就透支。这也是推动未来经济发展的另外一个动力，叫第三动力。这是信用卡。

我专门讲讲私人银行，私人理财方面瑞士信贷是全球第一，当时我们求它跟它合作，它不同意，我们被逼上梁山就自己干。我得到一个结论，咱们能做的事自己做更有把握。我们中国是成长性最强的，2009 年我们私人财富的增长，全球排第三位，仅次于美国、日本。我们刚办私人银行时只有 1000 万以上的客户，不到两年已经拥有 12000 个客户，真是太惊人了。我们这两年已经连续荣获《欧洲货币》杂志"中国最佳私人银行"称号，在亚洲排名已经第五位了，这就是有客户资源。一个企业的战略特别重要，战略前瞻性强就有主动权。别人没做的我们做了，当别人开始做的时候，你已经有了基础、有了品牌、有了竞争力，这时候别人再跟你竞争，不在同一个起跑线上，这时候你可以考虑下一步的事。

第二步是资本市场化。现在资本市场最头疼的事就是银行融资，老百姓说银行融资猛于虎。招商银行在资本市场上有 5 次融资，除了那次可转债，没有让大家觉得猛于虎，就是你的周期要和市场的周期错开。我们 A 股上市是 2002 年，当时创造了中国很多的第一，股本最大、筹集额最大、流通盘最大，而且我们是国内第一家用国际标准上市的，成功了。我觉得资本市场对我们的意义并不完全在融资。

经过 A 股上市，招商银行有一个脱胎换骨的变化。因为上市有一个标准，它是一个提升管理的过程。当时深圳招商银行可转债曾经遭遇基金的联名抵制，它们恐惧这个市场，所以我们跟它们沟通，结果这个可转债在发行的时候超额认购达到 164 倍，原来反对的也争先恐后竞买。第三次是 H 股，我们是中国第一个 A + H 股上市的，而且当时我们公开招股和国际配售认股的倍数达到 266 倍和 51 倍，路演下单率超过 97%，这也创造了中国内地企业在海外上市 IPO 的诸多第一。我们在海外上市了，我们的股东有相当大的比例是境外投资者，每年我都要到境外路演，接受他们的质询，这样会把你的管理理念越来越纳入国际化的轨道，海外上市是走向国际化的很重要的途径。第四次就是我们去年收购永隆银行 300 亿次级债，这也很成功，这是首次在银行间发行债务。最后一次是 2010 年春天我们 A + H 股的配股融资，我们是做得最早的，这样我们的资本充足率可以在未来 3 年保持监管当局的水平。

资本市场给了招商银行动力，也给招商银行提供了机会，走国际化道路的机会。银行国际化是一个趋势，为什么？银行属于服务业的行业，你服务的对象走出去了，你也要走出去。我们现在境外投资，即使在 2009 年金融危机的时候，也没有低于 60%，我们现在已经有 700 多家境内的投资主体在外面创立了 1 万多家企业，境外累计的投资额已经超过 2200 亿美元。再一个，我们的公民出境商务、旅游、探亲等，我们招商银行的信用卡境外消费额是国内最高的，200 亿元人民币左右，这也需要我们提供一些国际金融服务。另外，我们在全球化、国际化的时代，已经置身于国际化的环境里，必须适应国际化的游戏规则。金融危机之后，国际上的大银行，特别是深受危机影响的大银行，出现了问题，它要达到巴塞尔资本充足率的要求，必须要收缩资产、去杠杆化。去杠杆化的过程也是去国际化的过程，在这个过程中，你遭遇的竞争对手减少了，你并购的对象也多了，而且政府也放松了准入的条件，特别是人民币升值，你会花低成本收购，这是机会。但是我们也要正确看待这个事，全世界都到中国来挣钱，我们也不可能舍近求远、舍本求末，中国的事要办好，但是对国际化不可能没有准备。

第三步是管理国际化。招商银行这几年在国际化方面的成就，除了我们自身管理的国际化以外，还做了两件事。一件事就是在纽约建分行，在建纽约分行五六年的过程中，我和美国的政要和华尔街的高手频繁接触，基辛格是我们的好朋友，我的很多事基辛格提供了很多帮助。现在美国的财政部部长盖特纳也是我的好朋友，基辛格介绍我认识他的时候，他是美国财政部的副部长，到纽约联储当主席。金融危机的时候，我们的分行开业，我去见他。他说："雷曼倒闭这事，我焦头烂额，这几个月我所有的客人都不见，你是老朋友，我就见你。"我说："你是不是犯了一个错误？"他愣了。我说："如果今天让你重新处理雷曼，你还让它倒闭吗？"他无话可说，我琢磨他也有难处，那是鲍尔森的决定。

非常有趣的是，当年制定现代金融法案的美国参议院银行委员会主席格兰姆，金融危机之后，他被评为美国十大不光彩的人物之一。这个议员哥们后来到 UBS 当主席，我到美国建分行的时候，他陪着我找纽约银行厅的厅长泰伯，我逗他："那个法案就是你制定的（因为那个法案，我们才进不了美国），现在又帮我们，早知今日，何必当初。"他说："此一时，彼一时。"就这件事的过程我总结出一条结论：我们中国要更多地融入世界。不同的价值观是客观存在的，不同的价值观不一定相互认同，但是可以相互认识。我们中国越来越多的官员、越来越多的企业家、越来越多的老百姓要到世界上讲中国，要沟通，让世界上更多的人了解中国，让中国人更好地融入世界。

　　永隆银行是招商银行国际化的又一个尝试，因为国际化有三种形式，一个是建分行，一个是并购，还有一个是合作。并购你得审时度势，在并购的问题上我当时有一个选择，美国有一家小银行来找我，希望我购买它的股份。我当时一想这个事不能办。第一，我要去华尔街，不去唐人街。在美国人眼里，那都不是主流社会，被人看不起。第二，我要买，我得拥有50%以上的股份，我要控制权。第三，你在洛杉矶，我在深圳，咱俩见不上面，当时我拒绝了，幸亏拒绝了，这家银行去年破产了。后来我们选择了香港，为什么在香港？香港虽然是我们中国的国土，但是它实行资本主义社会制度，它还是国际资本市场的一部分，它的游戏规则是国际化的，它可以成为我们国际化的跳板和实验地。我们跟香港联系，要收购一家企业并让他们必须心里有数。第一，在全球并购历史上成功的不多，只有30%，而失败的教训在于整合，整合不利主要是文化不相融。永隆银行在香港有75年历史，它跟我们文化相通。第二，我们必须找到新的空间，不是和别人抢饭吃，就是香港客户对内地有需求，华南客户对香港有需求，我可以构建一个新的跨境业务空间。第三，"1 + 1 > 2"，永隆银行虽然发展了75年，但是它保守，它在内地没有网点，这是它的弱点，如果它不卖给我，它将来也难以为继。但是这个银行到了我们的手上，原来的弱点都会变成亮点。它的家族治理结构不善，我入手，治理就可以改善。它在内地没有网点，我有几百个，可以做它内地的分支机构。第四，它保守我创新，我可以影响它。事实证明，第一年业绩稳定，所有的主要指标在整个香港同业中居第一位。2010年上半年又取得了比上年更好的业绩，这应该是一个成功的案例。

　　第一是我们的两次转型。第一次转型，就是当我们中国银行服务对象都是大企业，都是从事批发业务，都是取得利差收入的时候，我们提出发展零售业务、发展中小企业、发展非利差收入。到2009年年底，经过5年时间，零售业务占30%，中小企业占50%，非利差收入超过20%，第一次转型达到预期目的。现在是第二次转型，目标是降低资本消耗、提高定价能力、节省资本、取得更高的回报率。

简单地说，就是在资本约束越来越严的情况下，以较小的资本消耗取得更高的回报，符合当前中国经济发展方式转变的要求，也不会给我们的资本市场带来更多的威胁。表面上是经济指标，实质上是管理提升。

第二是管理。我们虽然有很多指标是第一，包括花旗这样的大银行，我们的市值曾经是它的两倍，但我们就像和刘翔赛跑，刘翔脚脖子扭了我们得第一，如果他哪一天好了，我们还能不能得第一，关键看实力，那就是提升管理。管理有很多内容，最关键的是理念，理念指导行为。过去我们追求大企业，在资本紧张的情况下，大企业不是我们的首选目标。因为大的企业、好的企业要求你利率下浮，是不合算的，所以面对中小企业，我们不仅响应了国务院的号召，对银行自身也是有利的。当然中小企业比大企业风险大，但是银行不跟风险打交道，就没有好的收益。一个好的银行一定要在风险和收益中取得最佳的平衡，如果我们现在不培养我们的风险定价能力，到中国完全实现市场化的时候，你就没有发言权。

过去账面利润是发奖金的标准，现在不一样，我得看利润是怎么来的，你是给大企业贷款，是批发业务，风险权重100%，我不鼓励。如果是零售贷款，风险权重50%，要是非利差收入，不用资本金，我鼓励这个。

我们牢记一点，要想业务发展、管理提升，理念就必须得变。深圳这个地方是适应理念变革的，只有理念跟上时代发展，银行才能跟上发展的时代。

第三个就是文化。什么叫核心竞争力？这个核心竞争力就是建立在你自身之上的特有的企业文化。我觉得招商银行在这么多年一直保持生机勃勃，得益于招商银行独特的企业文化，而且这个企业文化是深入人心的。制度很重要，必须坚定不移地执行。但是任何制度都是认识的产物，它永远落后于实践，所以坚定不移地执行制度，但是不能迷信制度，必须辅以文化。文化是行为的理念，也可以理解为理念支配下的行为。

　　招商银行的文化源于它的出身，招商银行是什么出身呢？不是政府的亲儿子，没有政府投资，也没有政府的试点和厚爱。正因为这样，穷人的孩子早当家，当时觉得心理不平衡，现在觉得很侥幸，培养了市场精神、培养了独立做事的精神。比如说创新文化，招商银行行要不创新，谁用你的产品？所以创新不仅是招商银行发展的条件，也是它生存的条件。比如说优质服务，你的服务必须比别人好得多，别人才能接受你。我们当时在沈阳搞年轻化的服务，牛奶、咖啡摆在那里，大家一看还可以免费喝牛奶，一天到晚总来喝，喝了三次就有点不好意思，总是要办点业务的。当然这也是宣传广告，叫"因民而变"，标志是向日葵，源于司马光的诗句："更无柳絮因风起，惟有葵花向日倾"，太阳就是客户。招商银行的形象是"一团花、一个人、一句话"：一团花就是向日葵；一个人就是郎朗，招商银行把他引进来，做我们的代言人；一句话就叫"因民而变"，这是招商银行文化的精髓，这种文化使招商银行不断地发展。

五

励志教育

阳光心态与敬业成功

吕志超

吕志超

"6+1"定位模式和"191"领导模式创始人，中国营销学院副院长、教授，中山大学岭南学院EMBA特聘教授。10年以上企业总裁、副总裁经营管理实战经验。300家以上大中型企业咨询经验，1000场以上大型演讲，培训各类企业精英数以十万计，培养优秀讲师300人以上。

如何建立一种阳光心态

阳光心态第一点：要有一种相信的心态。

在很多场合我们发现，相信别人比较容易，相信自己还难一点。一个人要相信自己、相信团队、相信公司、相信社会、相信时代。首先要有一种信念，就是要相信，相信到一定程度的时候就变成了一种信念。人生是他自己相信的结果、人生是他自己期待的结果，人生是他自己重复思考的结果。

有一句话是这样说的："贫穷与财富都是意念的产物。"就是你心里意念的事情，想着想着就变成事实了。美国有一句话这样讲："你相信你能和你相信你不能，你都是正确的。"你相信自己能，结果发现你就真能；你相信自己不能，结果也就发现你就是不能。

所以说相信是如此重要。500年前当人们还并不是很确定地球是圆的还是扁的时候，那些航海家们就开始出发了，他们相信地球是圆的，我只要朝一个方向走，总有一天可以到达我想要到的地方去，因为地球是圆的。看看麦哲伦，可以在海上漂浮1000多天，如果没有坚定的信念，怎么能够航行那么长时间。

一个人的信念如果只是在意识上相信，其实还是不够的。掌握知识大概有三个层面：第一层面是我们的大脑；第二层面就是我们心里认同了；第三层面是你的意识、你的大脑理解支持了，并不等于你就能做得到。所以说一个人如果对某个观点同意了，未必能做得到，人的理解、认识层面靠另外一种方式去理解，大体分为几个层面：第一层面是不知道自己不知道；第二个层面就是知道自己不知道，了解了很多知识的层面，还需要有很多补充的；第三个层面是不知道自己知道。所以我们演变为不知道自己知道，我坚信这个事情，我甚至没有意识到我为什么这样坚信，但是已经在坚信了，这就是不知道自己知道，到这种层面才是最高的层面。

比如部队，部队里面无论是以前还是现在，老兵、新兵进来的时候训练，都是立正、稍息，反反复复地做。真正打仗的时候立正稍息能不能帮得上他们？是用不上的，可是为什么平时天天这样训练？目的何在？是这些士兵们平时不知道自己已经在执行命令了，执行命令他们完全没有感觉，他们自己没有感觉，战场上上级一下达命令，往前冲，他们立刻就往前冲，就变成一种潜意识。所以一定要使相信变成一种潜意识，这才是最高的境界。

阳光心态第二点：要有明确的目标。

一个人之所以有阳光心态，是他有坚定的信念，就像心中有颗钻石一样。有了这种心态以后，首先能分享到明确的目标。一个人看到了目标，就看不到障碍，看到障碍可能就看不到目标。因此，明确的目标很重要。

很多人去烧香拜佛，都没有达成心愿，问题出在哪里？自己的目标不够明确，我们做个假设，下次再去的时候，先打张清单。打好清单以后，恭恭敬敬地烧好香，和佛祖讲清楚，有如下一些愿望，请帮我实现。第一条，请帮我在 2010 年 12 月 31 日晚上 12 点钟之前实现现金收入 1000 万元，佛祖一看，讲清楚了，这个可以考虑，打个钩；第二条，佛祖，请保佑我，在 2010 年 12 月 31 日晚上 12 点之前实现在深圳市盐田区哪条路上买一套全新的住宅楼一套，面积多少平方米以上，户型要三房两厅以上，一定要带两个洗手间……我们发现，这样实现的概率会比原来高一点，可能不一定都能实现，但是还可能会比原来的概率提升一些，有没有可能性？有，因为你的目标明确，你想清楚了，你做事情会朝着你的目标去转化、去靠拢、去前进，所以说拜佛是拜谁的？拜佛就是和自己内心作一次自我确认，就是和自己说好。

阳光心态第三点：要有成功的环境。

生活在社会上要有一种好的环境，我们现在提倡一种低碳生活，在我们的公司、团队、组织里面，也需要低碳生活，就是保护环境。每个人讲话多讲一些激励的、勉励的、鼓励大家向上的语言；少说那些泼冷水的、抱怨的，提倡一个不抱怨的世界。我们的环境里面可能是我们的同事、朋友、家人、邻居、同学等，总之，围绕你身边生活的人，都构成一种人文环境。大家需要什么样的环境？肯定是能够激励我们的。我们的朋友分两大类：一类对我们有帮助，是鼓励我们的，我们把他们叫做资产朋友；一类就是经常泼冷水、冷嘲热讽、拉后腿的，这就属于我们的负债朋友，我们肯定要资产朋友。正因为如此，我们这样要求我们的朋友的时候，我们的朋友是不是也是这样要求我们？所以当我们成为朋友的资产的时候，他会拥抱我们，当我们成为朋友的负债的时候，他可能会离开我们，所以从现在开始，时刻提醒自己，我们要成为团队、成为身边朋友的资产。

听说在外国有很多培养英才、天才小孩的方法，就是以对待天才那样的眼神去关注他，就像看到一个天才那样的感觉去期待他、要求他、感觉他。在这种环境下长大，他越来越坚信，越来越相信自己就是这个世界的天才，当你相信自己是天才的时候，有足够多信念的时候，可能真的就变成天才了。

我讲自己的亲身体会，小梅沙里面有一个海洋世界，海洋世界有海洋动物的表演。比如海豚，海豚有多少智商？海豚都可以表演，都是可以教育、可以培养的。我观察了一个细节，发现那些海豚训练师腰间都挂着一个小水桶，水桶里面放着鱼，当每次海豚表演的动作符合他的要求时，就给它一条鱼，摸摸它的头，就是对海豚的表演给予赞许，然后关注它。进一步延伸，鲸鱼那么大，鲸鱼也可以表演给人类看，那是怎么做到的呢？训练鲸鱼的老师们在海底下放一条绳子，当鲸鱼从绳子上面过的时候，他就倒一些小鱼给它吃，表示赞许，肯定它做得好；当它没有从绳子上面过的时候，没有人理它，装作不知道，时间长了之后，鲸鱼就从上面过了。过了一段时间，习惯了之后，绳子就拉高一点，方法是一样的。过了一段时间，那条绳子越来越高，终于浮出水面，鲸鱼就跳过去了，一跳过去就有鱼吃，不跳过去就没有鱼吃。教育小孩也是一样的，当对他的行为给予关注、给予赞许，认为他做的对，培养、巩固他向这个方向发展，慢慢就被你培养成天才。

有句话是这样说的："注意力就像阳光，你关注什么，什么就会成长，你忽略什么，什么就会枯萎。"所以当每个身边人做得好的时候，马上给他赞许，进一步巩固，这样彼此都拥有一种良好的环境。

阳光心态第四点：凡事必有利于我。

我讲一个故事，一个国王和一个宰相，这个宰相喜欢说一句口头禅，他说："凡事必有其因果，凡事必有利于我。"有一次国王出去打猎，一不小心从马上摔下来，大腿摔断了，一帮大臣都在说：国王太不幸了，从马上摔下来大腿摔断了。国王听着很舒服。老宰相说："凡事必有其因果，凡事必有利于我。"国王一听，怎么说这话，什么意思嘛，心里不是很高兴，瞪了他一眼。过了一段时间，国王的儿子太子出去打猎，削箭头时，不小心把一个手指头削掉了，其他的人赶过来说：太不幸了，我们太子怎么可以把手指头削掉呢？这个老宰相又说："凡事必有其因果，凡事必有利于我。"这时，国王说："以后不要说了，你这是什么意思嘛。"话音未落，这个老宰相说："凡事必有其因果，凡事必有利于我。"国王一听非常生气，结果把监狱大门一打开，老先生这边请，把门一锁。后来找了位新宰相。

过了一段时间，边境发生战事，国王本想御驾亲征，可是大腿摔断了，不方便，就由儿子带大军出征打仗。儿子一不小心被对方抓到了，对方是吃人族的，要吃人的，结果就把太子捆绑起来，挂到树上去，用水一泼，洗刷干净，准备用他祭天。发现他少一个手指头，表示配件不齐，所以就把他放下来。然后在人群里面找，找到随太子出征的新任宰相，把他抓过来，挂到树上洗刷干净，发现该有的全有，然后就把他祭天了。后来这个太子找机会逃出来，率部队继续打仗，结果打了胜仗，凯旋而归。回来之后国王非常高兴，去监狱看老宰相，就把他放出来了。在路上就问了他一句："你为什么以前总是说'凡事必有其因果，凡事必有利于我'？"以前国王去打猎的时候摔断大腿他这样说，如果不是因为他摔断大腿，谁会御驾亲征？就是国王，挂在树上的是谁？可能就是国王了，幸亏摔断大腿了，所以保了一条命。他儿子因为手指头削掉了，所以保全了性命，又印证了"凡事必有其因果，凡事必有利于我"。老宰相因为说错了话，被关进了监狱里，所以就没有随军打仗，结果就逃过一劫。那位新宰相，就因为老宰相被关起来才被提拔的，恰好因为这件事情丢了性命，事情总是转来转去的，所以"凡事必有其因果，凡事必有利于我"。

我们的思想观念里面，要认为所有事情的发生都有其原因和目的，都必将有利于我们，这就叫阳光心态。刮风了，刮走了身上的灰尘；下雨了，洗净了我们的灵魂，白天让我奋斗、工作，晚上让我宁静休息，总之都是好事，这就是一种心态："凡事必有利于我。"

阳光心态第五点：吸引力法则。

我们发出对世界的赞美，我们收到的就是赞美；我们发出了抱怨，我们收到的就是抱怨。一个人一定要掌握吸引力法则，你说一个人不要生病，当你这样发一个信号不要生病的时候，宇宙收到的就是"生病"两个字，你越说我不要生病，你越是觉得浑身不舒服。说久了以后，身体就开始不舒服。吸引力法则是我要健康，当"健康"发出去的时候，你收到的就是"健康"，回报给你的就是健康的身体。说自己健康的人越来越健康，说自己不舒服的越来越不舒服，说自己富有的人会越来越富有，老说自己是穷人的人，会越来越贫穷。

贫穷与财富都是意念的产物。所以说吸引力法则的关键在于你想要什么，你就发出什么意念。比如我非常希望有一个很好的环境，你就发出"我需要一个和谐的环境"，结果环境越来越和谐。比如你想不要迟到，就说"不要迟到"。这就叫做吸引力法则，你想要什么，你就发出什么，就会收到什么，你不想要什么，你千万不能发出去，发出去会收到你不想要的东西，这就叫做"心想事成"。所以要挑那些好的事情想，就会越来越好。

阳光心态第六点：问对问题。

问题还这么难吗？一个人为什么会越来越成功？为什么有些人是一塌糊涂？成功者问的是使自己越来越成功的问题，失败者问那些使自己失败的问题，一般人就问一般的问题。人生是自己问问题的结果。人生总要思考问题，什么叫做思考？站在不同的角度理解它可以有不同的解释，在我们的场合下，思考就是我自己提出一个问题，等一下我自己回答，这是一个思考的过程。所以思考就是一个自问自答的过程，想得到更好的答案就需要问更好的问题。这个世界上那些很成功的人士，他们之所以比我们更成功，是源于他们不断向自己提出一些更好的问题。问对了问题，就使你往正确的方面去思考。

阳光心态第七点：选对参照物。

事物本身并没有定义、事物本身并没有价值，它所有的价值在于心里有一个参照物。人生之所以成功，是要找到一个不断激发你向上的参照物，如我要向李嘉诚学习，因为你选对了参照物，你就越来越有动力。当你想快乐，找一个比你更加困难的人，你比较一下，你觉得自己很好。所以说管理时选择一个参照物，销售时选择一个参照物，成功要选择一个参照物，幸福要选择一个参照物。

阳光心态第八点：巅峰状态。

比如两个人参加奥运比赛，获得冠军的那位比第二名厉害很多吗？不见得很多，其实水平是很难拉开的，还有可能不是技术比他更强，还可能是因为状态比他更好而已。人是一种状态的竞争，企业也是一种状态的竞争，人与人之间也是一种状态的竞争，我们都需要一种巅峰的状态，以这种最好的状态投入到工作中去，在生活中展现自己的理想、展现自己的风采。

如何能够做到巅峰状态？一个很重要的观点，叫做动作创造情绪。改变一个人情绪最快速的方法就是改变身体的动作，当你走路很自信的时候，你的状态看起来就很自信。假如不开心的时候，我们要怎么做？就假装很开心，假装一下子就会弄假成真，真的就开心了。所以说一个人平时走路、讲话都要保留那种最好的状态，矫健的步伐、思考问题非常敏捷，时刻保持一种巅峰的状态，这种肢体语言也会反过来影响到内心，所以生理会影响心理，心理会影响生理，两者之间是互相影响、互相联系的。

如果在事业上碰到一些不如意的时候，我建议大家出去看看竹子，竹子是怎么生长的？竹子是一节一节长高的，就是沉淀、巩固的意思。如果竹子没有那些节，风一吹很可能就断掉了，所以人生遇到一些困难，不见得是坏事。对困难的理解、遇到挫折的时候要掌握以下心态。第一要想到竹子，直接快速成长不见得是好事，当我遇到挫折时，这是我积累力量、沉淀的时候，可能对我的人生更有帮助。第二要转换想法。看看《西游记》，唐僧师徒四人要经过九九八十一难才能取到真经，假如说人生需要一些磨难的话，今天经历磨难就是好事，早经历一个磨难以后就少一个磨难，就早一天成功。第三，遇到困难的时候，我们这样想，幸亏办这个事情有困难，我们才少了那么多的竞争者，才使我们创造了更加辉煌的业绩，如果没有困难，大家都一样。

阳光心态第九点：合作精神。

凡事都需要合作，需要一种合作的精神。一个人一定要和大家一起合作、一起配合才能成功，单打独斗的年代已经过去了。有两头牛，把这两头牛的头用绳子连起来，一头牛后面是一片绿草，另一头牛的后面也是一片绿草，两头牛都想往自己身边拉，想去吃自己身后那片绿草，最后两头牛都饿死了。不是没有草吃，是没有合作精神，没有团队配合的精神。一个人要有阳光心态，就一定要培养合作的精神。

我们的成就要被别人认同，在得到别人认同之前，一定先要认同别人，这世界需要认同别人才能得到别人认同，不认同一个团队很可能被这个团队所抛弃，不认同公司的价值观，很可能会被公司所淘汰，不认同社会的理念很可能被社会所淘汰。所以一个人一定要学会先认同别人，才会逐渐得到他人的认同。

阳光心态第十点：感恩之心。

人要常怀感恩之心，前面第五点讲到吸引力法则，我们发出什么就收到什么。人的声音是一面镜子，它反映出一个人的主要思想，到你的实体之间，最好的连接途径就是感激、感恩。越是感恩，越是得到更多的帮助；越是不懂得感恩，得到的帮助就越来越少。常怀感恩之心，感谢自己的同事、感谢企业、感谢领导、感谢邻居、感谢父母亲、感谢社会、感谢时代。

这十个方面是构成阳光心态主要的维度，通过大家一起对这十个方面进行沟通探索，会使我们的心态越来越阳光，人生会更加美好、更加灿烂。

敬 业 精 神

今天讲座的主题叫做阳光心态与敬业成功，人生需要一种阳光心态，同时也需要一种敬业精神。什么叫敬业？敬业是一种境界，是人去追求的，敬业的人都是幸福的人，一个人能够兢兢业业做事情，他首先是非常幸福的。敬业精神表现在以下几方面。

第一是价值观。

美国有一个人叫阿基勃特，他是美国标准石油公司的一个小职员，每次到外面办事情的时候，总是在收据上面写下"每桶4美元的标准石油"，无论任何场合，他都写下这些字。这个事情传到公司董事长洛克菲勒的耳朵里，他听了以后大为惊讶，有这么敬业的员工？我得看一下，结果认识了阿基勃特，了解他的才华和理想，洛克菲勒退休之后，阿基勃特成了董事长。一个小职员如何成为一个大公司的董事长？因为公司需要他，需要他的敬业精神。一个公司的人才是从两个维度来理解的，一是价值观，二是能力。能力是很重要的，价值观更重要，敬业是一种天道、是一种伦理、是一种享受，敬业让人内心充满幸福感。

第二是责任。

有什么样的职位，就匹配什么样的责任，职务越高，责任就越大，我们要勇于承担责任。一个人成功不成功，看他成熟不成熟，一个重要的标准就是看敢不敢承担责任。我们说责任是成熟的尺度，成熟是成功的系数，一个人敢担责任，说明这个人走向成熟了，成熟的人可以办事情了，就可以走向成功。

美国西点军校为什么培养出世界上最多的企业家和经理人？因为这所军校的校训就是"责任、荣誉、国家"。它把责任摆在第一位，培养的是有责任的人，在公司里面需要的是有责任的人，社会需要有责任的人，一个家庭需要你的家庭成员充满责任。所以有责任在身这是好事情，是公司对我们的信任。

第三是付出。

一般人关注的是产出，成功者关注的是付出。看一个人有多大的成就，我只需要了解他过去曾经付出什么。所以看到外面一棵苹果树，那是以前有人在那里种上一颗苹果的种子；看到外面一棵樱桃树，那是有人先前种下一颗樱桃的种子；看到今天的成功树，是因为昨天他已经种下成功的种子，要想未来比现在成功，就需要今天为自己种下一颗成功的种子。今天的付出就是明天的产出、就是明天的成就。成功是需要付出的，失败需要付出更多。所以说一个人乐于付出、甘于奉献，就是敬业的表现，就正在迈向成功、迈向巅峰。

第四是主动。

一件事情你能主动去做，表示你是由里到外去做事情，说明你是自己的主人；一件事情不是你主动去做，是你被动去做，表示在这件事情上你没有把握好自己。主人就是那些主动出击的人，人生是需要主动的，整个世界有 70 多亿人口，你自己不跳出来，就永远不会有人认识你。

《孙子兵法》讲："治人而不制于人"，讲的是一种主动，又讲到"胜兵先胜而后求战，败兵先战而后求胜"。都是讲要有主动权，凡事都要先准备好，胜在先。"先胜而后求战"，人生是要主动的，做任何事情都要主动点，一件事情领导吩咐了要不要做？当然要做，但是我认为还不够，领导还没说出口，你感觉事情该做的已经做好了，这叫主动。所以成功者都是主动出击的。

第五是多一盎司。

盎司是黄金的重量单位，做任何事情都要比别人的期望多一点点、比别人多走一步路、多付出一点点，可能带来的收获就大不一样。在工作上、生活上、任何事情上都愿意比别人多一盎司、多走一步路、多一份微笑、多一份努力、多一份坚持、多一份付出，人生就会大放异彩。

第六条是每天进步 1%。

每天 1%，一年进步多少？这个问题非常重要，把它算清楚对人生有莫大的帮助，不要小看一天进步1%。大家有没有听过"十年磨一剑"？经过长时间的努力就能获得很大的成功。这是笼统的解释。如果每年进步1%，十年是什么结果？我告诉大家，不是100万，不是1000万，不是3000万，不是1个亿，不是10个亿，不是100亿，不是1000亿，不是1万亿，不是10万亿，不是100万亿，不是1000万亿，是5929万亿倍，什么叫做十年磨一剑？假如每天磨一点点，十年是5929万亿倍。假如今天拥有1块钱，如果你能够每天进步1%，十年后拥有的就是5929万亿元。这说明一个道理：每天进步一点点，它产生一种不可思议的效果，不要忽略每天一点点的改善，那些微不足道的改变只要持之以恒，世界将被大家而改变。

第七是创造价值。

一个人的敬业精神不只是重复的劳动，除了完成任务以外，还要创造新的价值出来，这是更好的敬业精神。

还是说洛克菲勒的故事，洛克菲勒是标准石油公司的创始人，它的第二任董事长就是阿基勃特。洛克菲勒是如何成功的？他一开始也只是一个公司的普通职员，就是把焊接剂滴到封口上面，把它滴满了，封口，一天就是重复这样的工作。他觉得太单调了，和主管说不干了，没意思。他的主管说：这样的工作如果你有心去发现，你一样可以创造不平凡的价值。结果他发现，每次滴到一罐，快要滴满封口的时候都是39滴，总会有一两滴到外面，浪费掉了。如果能够改进一下，每滴滴的准准的，岂不可以节省一点吗？后来他去研究，生产一种设备，最后滴到37滴差不多就可以了，后来一实践还不是很理想。他继续研究，终于研究了38滴型，就是这38滴型，使每一桶石油少一滴焊接剂，一年为公司创造新利润5亿美元。因为这件事情改变了他的人生，后来他就是我们大家都熟悉的石油大王洛克菲勒。平凡的工作用心去研究、去发现，能够创造不平凡的价值，这就是要创造价值。

第八是痴迷。

痴迷和敬业有什么关系？敬业精神在很多人看来，就像一个人如痴如醉。一个人的人生总要痴迷，成功者都是痴迷者，能迷上一个人是幸福，能迷上一件事更是一种幸福，当你迷人又迷事，刚好又能结合的时候，那再好不过了。人生敬业就是如痴如醉的工作精神，专注的力量，水滴石穿。

第九是永不放弃。

敬业精神包括永不放弃的精神。要转变观念去看待它，爱迪生发明电灯泡，做了2000次实验，前面1999次都失败了，最后一次才成功了。爱迪生说：其实我发明一次就成功了，不是2000次的，那1999次只是为我的成功做一些准备而已，做足准备之后一次就成功了。对永不放弃换一种角度去理解，前面的所有工作只不过是为成功做一些累计、做一些准备而已。正如丘吉尔，他是全世界最好的演讲者之一，他的演讲词就只有四个字"永不放弃"，正是有这种永不放弃的精神，丘吉尔带领着他的国人和其他国家一道，最终战胜了法西斯，赢得了第二次世界大战的胜利。事情不会一蹴而就，总需要一些回回转转，总需要一些付出和努力。

第十是习惯。

什么是习惯？敬业精神就像前面讲的士兵训练立正、稍息一样，这些变成一种习惯，敬业就在不知不觉当中变成一种习惯。敬业就是变成不知道自己知道了，一种自然而然的事情，所以说一个人最高的境界就是把一切都变成自然，变成一种潜意识。

最后，我再送大家十六句潜意识箴言。

（1）我是我自己一切问题的根源。任何事情先从自己身上找原因，不要埋怨他人，不要抱怨父母亲，不要抱怨社会上各种各样的事情。

（2）我对我自己100%的负责任。

（3）我拥有伟大的思想。因为事情的结果总是由行为导致的，有什么样的行为就有什么样的结果，有什么样的行为是因为有什么样的思想造成的，要有好结果，就需要好行为、好思想；要有伟大的结果，就需要伟大的行为、伟大的思想，所以我拥有伟大的思想。

（4）我拥有慈悲之心。慈悲之心首先是有一种爱心，而且这种爱心是默默的，不知不觉、安安静静付出的，叫做尽心，爱心加尽心就叫做慈悲之心。我拥有慈悲之心，一切从内心出发，我们的心改变了，我们的世界就改变了。

（5）我拥有明确的目标。

（6）我拥有超强的行动力。有了目标之后目标本身不会让我们到达，我们要立即行动，要有超强的行动力，不是一般的行动力。

（7）我真诚友善。

（8）我拥有最好的人际关系。我们工作、生活、奋斗，事业都需要有更好的人际关系，使大家有和谐的环境、和谐的关系。

（9）我迎接挑战，因为事情总要我们主动出击。

（10）我永不放弃。

（11）我很健康（身体）。

（12）我很快乐（心情）。

（13）我很成功（事业）。

（14）我很幸福（家庭）。就像前面说的吸引力法则，我发出健康，我收到的就是健康；我发出快乐，收到的就是快乐；我发出成功，我越来越成功；我发出幸福，我就会越来越幸福。

（15）我是自然界最伟大的奇迹。

（16）我喜欢我自己。

天涯何处觅知音

——当代青年男女的恋爱与择偶

陈一筠

陈一筠 ✎

中国婚姻家庭研究会及中国家庭
教育学会专家委员会委员和讲师
团高级讲师，曾担任《国外社
会学》主编。主要作品有：《婚
姻家庭与现代社会》《夫妇冲
突》《婚姻家庭的科学咨询》
《走向婚姻》《陈一筠婚恋辅导
手册》《青苹果丛书》等。

各位来宾，各位朋友：

先作个自我介绍。我在中国社会科学院从事婚姻家庭研究已有
20 来年，曾经在 1988~1998 年的十年间，为搜集、研究个案而做了
十年的咨询工作。有上千名已婚和未婚的男女来向我求助，倾诉他们
的烦恼与痛苦，有的遭遇婚姻失败，有的经历恋爱挫折或伤害。

在十年咨询实践中，我总有一个感觉，觉得好像每天都在抗洪抢
险，也就是说，人们都是出了问题才来寻求救助，而且有的不幸事件
已难挽回了。比如，夫妻已上法庭对簿公堂，有的在家庭暴力中受了

重伤，有的因失恋而自杀，或者婚外情已闹得沸沸扬扬，等等。面对这类求助者，我实在觉得很无奈。在一种"抗洪救灾"的焦虑与疲惫中，我不得不追问：谁在上游保持水土预防洪灾？也就是说，夫妻在结婚之前受过什么训练？获得过什么知识与技能以维护婚姻？情侣们是如何踏上爱情之舟的？我分明看到，求助者们的痛苦和不幸，相当一部分是可以预防的；某些隐患早就潜伏下来，未能及时排除，就在日后爆发出来。如果我们不去"上游"解决源头上的问题，只去对付后患，那么受害者将越来越多，永远救助不过来。

于是，我与一批志同道合的专业人员去做"上游"的预防工作，从对少男少女的教育开始。因为，做夫妻、做父母的准备训练早在儿童期就应当涉及，至少不能晚于青春期，因为青春期是少男少女走向性成熟，男女之间产生性吸引进而走向友情、爱情乃至选择婚姻配偶的准备阶段。于是，我们十几年前就在北京开设了少男少女课堂，青春期家长学校，后来发展为系列的"青苹果"教育项目，包括"青苹果"网站、"青苹果"刊物、"青苹果"热线、"青苹果"咨询中心等等。在这里，我只能简单谈几个与青年朋友们今天和未来人生健康幸福有关的问题，供大家思考和讨论。

一　婚姻是需要学习和准备的

直到今天，我们中学和大学的正规教育中，都几乎没有关于两性交往、恋爱择偶之类的课程。大家回顾一下，学校有哪门功课是在教学生这方面的知识？在座的朋友们大概都在 18 岁以上，都成年了，将要或已经进入婚姻。但问题是，年轻人在结婚之前学习了什么知识？取得了什么资格呢？

在座的同学们来到大学，当然是为了学习专业知识，为职业生涯打基础，准备将来做专家、学者、工程师、公务员等等。大学四年毕业后，还有同学要读硕士、博士，要为职业做积极强化的准备和训练。但是，在座的每个人都将要走向另一个要求更高、更困难的职业岗位，那就是做夫妻、做父母，而大学几年里怎样准备去承担做夫妻、做父母的责任？这是被家长、学校和社会大大忽视了的一项教育任务。做家长和老师的，不仅期待同学们学有一门专长，将来有一份好的职业，多挣钱，过上富裕的物质生活，一定还期待同学们有一个幸福的家庭和美好的人生。然而，当家庭和学校为实现对你们的前一种期待而不遗余力地投入时，又为实现后一种期待投入了什么？正是由于这两种投入完全不成比例，才会出现许多人在事业上踌躇满志、卓有成就，而在恋爱择偶、婚姻家庭或子女教育方面背负着沉重的包袱，付出了巨大的代价。一些人在婚恋家庭中的曲折与坎坷，又反过来殃及事业，甚至毁灭健康与生命。

作为一名知识分子、一个社会学者，我感到自己有一种责任，要尽可能把上百年来世界各国的学者们研究婚姻家庭的成果，用来指导我们今天的实际生活，让更多的人在追求事业成功的同时，能够获得满意的婚姻家庭生活。在这里，我首先想送给同学们两句话，大家要以此共勉："一个人的一生中，没有任何成功能够弥补婚姻家庭的失败，也没有任何成功能够替代婚姻家庭的成功。因为，事业的辉煌是一阵子，而婚姻家庭的幸福是一辈子。"我希望同学们在今后的奋斗历程中，要不断地用这两句话来提醒自己，争取做双向成功的人。

二　今天的婚姻与过去有何不同

在座的同学们将要去建立的婚姻，与爷爷奶奶辈、父母辈的婚姻大不相同了，也就是说，爷爷奶奶们的经验，已不能用来指导孙子辈的婚姻实践。婚姻作为家庭的基础，家庭作为社会的细胞，一定是随着社会的变迁而改变。传统的婚姻，基本上是作为"经济合作社""生育共同体"而存续的。过日子、养孩子成为夫妻和父母生活的主要内容，人们无师自通，靠本能与习俗行事，无须学习。绝大多数夫妻都能从一而终，白头偕老。然而，同学们将要去建立和经营的现代婚姻，绝不是过日子、养孩子那种简单模式。现代婚姻不再是"经济合作社""生育共同体"，它是什么呢？它是"心理、情感、文化、性生活共同体"，即夫妻要通过婚姻满足心理、情感的需求，夫妻生活讲求心理沟通、情感亲密、文化般配、有共同语言、有共同志向，以及性生活的满足。当然，大多数夫妻还得生养子女，但那已不是主要的结婚目的。

作为现代的"心理、文化、性生活共同体"，无疑要比"经济合作社""生育共同体"高级得多、复杂得多，也脆弱得多，因此对夫妻双方的经营水平要求也高得多。经营现代婚姻，不再是无师自通，它需要知识、能力、技巧。恰恰是在这方面，现代教育没有向青年男女提供什么有用的知识。我在咨询实践中接待的那些遭遇婚姻失败的男女，当初都是怀着美好的希望并决心白头偕老而去结婚的，但后来却事与愿违。究其原因，大多数都不是道德良心的问题，而是对经营现代婚姻的知识欠缺、能力低下或理念偏差。他们真的不知道如何去维护爱情、强固夫妻关系以及培养好下一代。他们面临的任务是建立一个"心理、文化、性生活的共同体"，但其素质仍然停留在"经济合作社"社员的水平，他们的高期待与低能力，理想与现实之间，存在太大的距离。一个人不是等到考试时再读书，而是先读书再考试，而恋爱、择偶、结婚、养育子女，是人生路上最艰难的考试，为什么不需要认真准备呢？最近我从互联网及其他渠道获知，在美国这个最"前卫"的西方社会，由于半个多世纪以来的婚姻家庭动荡，殃及大批男女的命运，于是今天，美国从政府到民间，都在倡导婚姻家庭的教育培训。从"恋人学校"到"夫妻课堂"，从中学生的恋爱教育到大学生的婚姻训练，一场浩浩荡荡的"健康婚姻"运动方兴未艾，这是很值得我们关注与思考的。

三　解析异性交往

从中学生到大学生，男女交往，建立异性友情，是校园里一道亮丽的风景。大学里的同学们，已经成年了，两性交往带有寻找未来终身伴侣的潜在动机，不足为奇。现在校方对同学们谈恋爱，也持有完全宽容的态度，达到法定婚龄的大学生要结婚，学校也一般不阻止了。

然而，是不是大学生的异性交往，唯一的目的就是谈婚论嫁呢？否。其实，男孩女孩到达青春期之后，异性交往成为必需，并非都具有恋爱性质。如果有人到了大学阶段，还不愿、不敢、不能与异性交往，那反而值得怀疑是否有心理问题，应当请心理辅导老师帮助。那么，始于青春期的异性交往，有着怎样的功能呢？为什么说是必需？

第一，愉悦身心，增进健康。同学们有没有体会到，跟异性同学在一起谈天说地，遛马路、逛公园，参加各种文体活动，出席生日 party，都是十分令人愉悦兴奋的事。为什么？因为"男人来自火星，女人来自金星"，两个星球的族群相遇自然富有新鲜感和神秘性；男女两性又是两种不同的性磁场，同性相斥，异性相吸，阴阳互补，滋养心性。同学们的学习压力很大，通过男女同学交往的新鲜神秘感体验和磁场的滋补，能够放松神经，缓解压力，消除紧张与疲劳感。一个善于与异性交往并争取更多交往机会的人，总是更阳光、更健康、更少压力和郁闷的人；一个能够在大庭广众之中、光天化日之下勇敢而坦然与异性同学交往的人，就没有那么迫切需要找一个特定异性去秘密释放压力，也不那么沉溺于网络那种虚拟世界去"画饼充饥"。同学们看到，那些高雅的文体活动，都是为男女共同参与而设计的：交谊舞、花样滑冰、男女声二重唱……多么令人赏心悦目，多么艺术，多么审美！

第二，恋爱择偶的练习与准备，不是"早恋"，而是"早练"。我们很难想象，如今的青年男女，未曾有过充分的异性交往，对异性世界茫然无知，到了二十五六岁，才急于去找个异性回家过日子。那样的婚姻不危险吗？前面已经谈过，一个人不是等到考试再读书，而是先读书，再考试。同学们最终要去与一个异性建立天长地久的伴侣关系，去迎战一场人生考试。那么，建立和维护伴侣关系的能力和技巧是什么时候获得的？校园里的异性交往自然轻松、丰富多彩，正是培养与获得建设幸福婚姻能力的最佳机会。

第三，呵护心理，排解郁闷。青春成长期、事业准备期的男孩女孩，内心都难免烦恼和压抑，有时比成熟的家长和老师的心理困扰还多。烦恼中的男女，好像从平地掉入一个陷阱，在挣扎与痛苦中，多么盼望得到一根救命绳将自己拉出陷阱。这根救命绳可以来自父母，但你们已不在父母身边；可以来自老师，但老师有太多学生需要关注，哪里能顾得上个别人。其实，最好的救命绳往往来自异性同学，因为他（她）带着磁场的滋养走进你的心扉，理解你、接纳你、呵护你，使你快速脱离陷阱，告别烦恼，不再郁闷。此时此刻此地，你可能牢牢地抓住那根救命绳，两人的关系是那样不可分离。但是你千万别以为这种救助关系就是爱情。当你恢复到正常的状态，你会发现你不再需要紧紧抓住那根救命绳了，于是两人的关系便渐趋疏远。曾经的救助关系虽不能发展到"终生相伴"，却值得珍惜。正是因为有这样的救助，被救者才不会长期陷入心理困境而导致意外或疾病，才免去了心理医生的操劳。而未成年人寻求心理医生的救助，往往又是一件十分困难和奢侈的事情。我们看到，不断见诸报端的自毁、自残悲剧，正是在心理陷阱中挣扎而得不到及时救助发生的。所以，希望同学们在经历心理危机时，要勇于寻求周围人特别是异性同学的救助，而不必奢望这种救助关系成为天长地久的爱情。

第四，男女优势互补，促进学习。科学研究表明，男女智商总体平衡，但智力结构显示出些微的性别差异。例如：男性长于逻辑推理、抽象思维，女性长于形象思维、机械记忆；男性的地理方位感强，女性的语言能力较强和直觉敏锐；等等。优势背后是劣势。男女在一起学习，切磋学业、取长补短、相互提携，有助于克服自己的性别局限，并减少未来求职中的性别障碍。现代文明开化的社会，都取消了男女分校制度，可能就有这层意义。

四　关于自由择偶的风险

不可否认，从中学到大学，男女交往中都存在为寻求终身伴侣而尝试的"恋爱型交往"。其实大学生谈恋爱、选择配偶，候选人群大，成功率本应较高，选择范围宽，便于"差额选择"；然而，由于缺少指导，盲目性较大，因而挫折、失败较多。

对大学生择偶的指导，首先应让我们明白自由择偶的风险何在。如果去问今天那些婚姻失败的夫妻：你们当初的配偶是自由选择的吗？90%以上都会回答"是"。然而，为什么自由择偶不能保证他们把婚姻进行到底呢？这里，就有必要认识自由择偶的风险了。

第一，机遇的风险。一个人在20多岁30岁择定配偶结婚，但是，他（她）只能在结婚前看到的异性中选择，不能在结婚后看到的异性中选择，当其决定与谁结婚时，还有大批"候选人"未出现在眼前。海尔空调有句广告词："没有最好，只有更好。"无论你多么认真地选择，多么耐心地等待，你都只能选择较好的那位结婚，而不能选择一生中所遇到的"最佳"异性。这使每一桩婚姻都留下了"相见恨晚"的遗憾。有的人就是在"相见恨晚"的心态下去淘汰那位"相见恨早"的配偶，发生婚变；还有人又在"相见更晚"的那位异性面前否定了前一位"相见恨晚"的伴侣，有人离过两次、三次婚，还是没有穷尽婚姻的候选人。你总不能等到"相见最晚"的那位出现再去结婚吧，因为择偶、结婚、生儿育女，都是在人生早期要完成的"事业"。可是，当你结婚后又见识了更多优秀异性，你也有了更高的眼光，在比较中发现你当初选择的那位"相形见绌"，你该怎么办？

第二，变化的风险。一个人在青年时代完成恋爱、择偶、结婚的"终身大事"。但是，你选定的配偶会随着岁月的变化而变化，你自己也会变化，外表要变，学识、气质、风格、能力、修养等都在改变。双方是同步改变，还是不同步地变？甚至是背道而驰地变？这是结婚前不可完全预测的。你是否准备好了接纳对方的一切变化？

其实每桩婚姻都必须有力量去抵御上述两种风险，这种力量不是来源于自由，而是来自责任。现代婚姻是"自由＋责任"的关系。择定配偶时，一般都会有个"确定"（订婚）的表示，最普遍的表示就是向未婚夫或未婚妻赠送一枚戒指，或耳环，或项链、手链之类。那是什么？那是在自由后面划上一个小小的句号，到此为止，不再自由选择了。可惜，现代男女对这一句号划得太早、太随意，因而不管用。结婚，要去领一张结婚证书，那就意味着在法律上承诺了一份责任，好像承包了一份"责任田"。然而今天有些夫妻，并不认真对待这份责任，有的竟去"种了别家的田，荒了自家的地"，使那张结婚的责任书变得毫无意义。同学们大概都看过外国电影中基督教婚礼的场面。在牧师的主持下，在父母的带领下，在亲朋好友的见证下，一对新人对上帝庄严发誓："我们自愿选择对方结为夫妻。从现在到永远，无论是贫穷或富有，无论是健康或疾病，我们都要永远在一起，直到死神把我们分开。"如果婚姻不具有这样神圣的责任承诺并付诸实行，单凭"自由择偶"，怎能天长地久呢？婚姻其实就是以自由去交换责任。所以，如果你并未准备好去承担责任，或者不愿意以自由去交换责任，那你就不要承诺婚姻。《婚姻法》并未规定每个人必须结婚，但每个结了婚的人都必须承担其对配偶、对孩子、对家庭乃至对社会的那份厚重而长久的责任。

五　浪漫爱情的挑战

如果你去问那些婚姻的失败者：你们当初是经由浪漫爱情而结婚的吗？八九成会回答"是的"。浪漫爱情为何不是婚姻成功的保证呢？这里就有必要解读浪漫爱情的挑战性了。

第一，本能性。现代男女对爱情的一个最大误解，就是以为坠入情网就是爱情。殊不知，坠入情网主要是性动机的驱使，与爱情还相去甚远呢！浪漫爱情发端于性的欲求，这是本能，是浪漫爱情的原始动力。没有它，浪漫爱情不可能发生。但性本能的一个最大特点就是不具有选择性，因而也不会专一和长久。它"招之即来，呼之即去"，一旦满足，即告消失。而婚姻却需要天长地久，专一排他。婚姻不是性的天堂。漫长的婚姻关系中有太多的内容，丰富于性，长久于性，超越于性。夫妻同甘共苦、同舟共济、养儿育女，直至风烛残年、一生相伴、临终相守，岂是一个"性"可以包含的？夫妻从相识相知到相伴相守，从友情到爱情、亲情、恩情，要经历五六十年的风雨路程。那种出自本能的性激情，怎能承载婚姻之重？因此，我们必须事先知道，99%的夫妻，在其结婚后不长的时间，性生活就无法完全保持新婚蜜月的那种激情。随着婚姻岁月的延伸，夫妻的性激情会部分地升华为相濡以沫的夫妻之情，它深沉凝练，朴实无华，不像浪漫爱情中那样如火如荼。如今，许多夫妻正因为不明白这一点，试图通过婚外恋去追寻当初的性激情，从而毁坏了婚姻。这也是为什么当初那些原本不过是"性伙伴"的男女去结婚，最终陷入了败局。我希望那些热恋中的同学，特别是那些同居中的男女，认真思考：性伙伴与婚姻伴侣究竟有什么区别？

第二，主观性。初始的浪漫激情是一种主观感觉。别人看那两个人根本不是一回事，但他们却爱得死去活来，觉得与恋人在一起，天空特别蔚蓝，阳光特别灿烂，一切花香鸟语都因为他们在一起而增添了魅力。心理学家发现，恋人在花前月下，拥抱接吻，肌肤刺激，会促使大脑中分泌一种化学物质，叫做"内啡汰"，俗称"爱情吗啡"。这种化学物质会极大地调动出恋人双方的心理能量，使其不知饥饿，不知疲劳，不知寒冷。同学们可以看到，寒冷的三九天，对对情侣在公园的长椅上从早到晚拥抱在一起，不觉得冷，反觉得热呢；他们可以数小时地散步，不觉得累；他们饿上两顿饭也没有问题，爱情能充饥。这种感觉的主观性具有极大的魔力，它常常使一对本不般配的男女结为夫妻。可是，在婚姻的客观现实面前，主观性往往荡然无存。所以，那首歌《跟着感觉走》，同学们千万别当真。

第三，虚幻性。"情人眼里出西施"，古人已有提示。谈恋爱的双方，总会竭力向对方展示光明面，掩饰或克制阴暗面。可是每个人都是"双面人"，那不太光明的一面总会在婚后夫妻朝夕相处中暴露出来。于是有些人就会失望、后悔。记得在我的咨询中，曾经接待过结婚不久的妻子，怀孕不久就想去做流产，声称与丈夫过不下去。她这样说："怪我当初瞎了眼，没看清他是怎样的东西！"其实，一个人是个什么东西，在其20多岁结婚时就基本确定了，不会因为婚姻而把一个东西变成另一个东西。可是为什么你结婚前看见的那个东西与结婚后面对的那个东西会"不一样"呢？那就是浪漫爱情的虚幻性作祟。所以，我要奉劝在座的同学们：结婚之前睁大两只眼，结婚后要睁一只眼、闭一眼。就是说，结婚前要把对方是个什么"东西"翻过来掉过去地看清楚，结婚以后则要容忍对方的阴暗面，不可太挑剔。要做到这一点，需要智慧、时间、修养、耐心。现在有些男女，匆匆忙忙决定结婚，把感情建立在假象上，怎么不出危险呢？

台湾作家罗兰女士曾经这样解释浪漫爱情与夫妻之情："浪漫爱情就像电光火石一般，一闪而过，你捕捉到过，就算拥有了。如果你期待经由浪漫爱情结合的婚姻天长地久，那就需要加入许多强固剂：道义、良知，忍辱负重，奉献牺牲。"她还说："如果浪漫爱情不过是短暂激情的话，那么夫妻之情必是另外一种：夫妻之情是两人同船过渡便是缘分的信念，是双方相互拯救去度过一生一世的决心。"同学们，当你们将要说出"我们结婚吧"这句话时，千万要想好，是否已经有了缘分的信念和拯救的决心。须知，非此便没有天长地久、白头偕老这回事。那些相伴相守到白头的金婚、钻石婚夫妻，他们矢志不渝地将夫妻之情进行到底，奥秘何在？他们与那些半途而废的夫妻究竟有多大的不同？我想，最大的不同就是信念与决心，就是由此而产生的责任与行动。

六　择偶要考虑什么条件

前面讲到自由择偶的风险和浪漫爱情的挑战，并非让现代男女放弃自由和拒绝浪漫。自由和浪漫是现代男女的权利与享受，不是坏事。那么，怎样使我们既享受到自由和浪漫，又能获得天长地久的幸福婚姻呢？那就需要以婚前理性择偶和婚后经营维护爱情的不断努力去抵消自由和浪漫的风险。在这里，先讲婚前择偶的条件。

如前所言，自由择偶和浪漫爱情的风险，多半来自它们的非理性因素，如本能性、主观性、虚幻性。那么，择偶过程中就应当有更多理性因素来抵消非理性的风险。这些理性因素并非某个哲人的创造发明，也不是政府的法律规章，而是从古今中外成功婚姻的经验和失败婚姻的教训中总结出来的理性规律。当然，科学讲一般规律，不讲例外，不合规律的例外永远都会存在。所以，我介绍的以下规律供大多数愿意遵循规律的同学们参考。

第一，文化同源，也就是文化上的"门当户对"。前面我讲到，现代婚姻作为"心理文化共同体"，其最重要基础之一是两个人有相似的文化层次、文化圈。决定一个人的文化层次和文化圈的因素有两方面，一方面是自幼成长的家庭背景和文化环境，另一方面是其后来的受教育状况。一个人在其家庭和社区环境中成长十几年二十几年，家庭与社区文化，包括习俗、观念、宗教信仰等，深刻而长远地影响着其行为方式、生活习惯、待人接物、人生志向等，这些都在其成年时定型下来，很难通过结婚而彻底改变。而受教育状况是指后来在学校与社会经历中得到的教化，不单指读书考试得来的文凭，文凭不代表文化，如今有文凭而无文化者并不罕见。受教育状况在一定程度上丰富和滋养一个人的文化潜质，优化其教养、修养、涵养。因此，两个出身背景相似，成长环境差不多，受教育状况也相当的人结婚，较少出现由深层次"文化冲突"带来的危机，即使夫妻有分歧和矛盾，也比较容易协调。有人认为，两人来自不同的文化圈，但结婚之后可以彻底改造对方，这多半是不切实际的幻想。

我在咨询工作中，曾有男士来向我诉说自己的苦恼。他说，几年前娶了老婆，只注意到她的年轻美貌，结婚后很快发现两人之间横着一道"文化深渊"，太难跨越了，他甚至用"版本不够，内存太低"来形容妻子。这种情况颇值得深思。

如今，有些男女热衷于嫁娶外国人。其实，统计数据已经告诉我们，跨国婚姻的离婚率大大高于本土婚姻，其中的原因，恐怕就是文化差异。演艺界的跨国婚姻多归失败，也能说明问题。韦唯嫁给一个瑞典男士，开始说怎样和谐美满，最后仍是痛苦离异。韦唯在媒体上大诉委屈，声称那个男人如何不是东西，但我看来，文化冲突才是他们的根本问题，实在难断谁是谁非。

当然，已经确定恋爱关系甚至已经结婚的男女，若发现彼此的文化差异，那就只能接受现实，多些妥协和容忍，而不能强求对方进行"文化革命"，不可要求对方改变其无法改变的"文化基因"。的确，选择"异源文化"的配偶，就要多一些克服困难的心理准备。最不可取的是，婚前不考虑双方的文化资质，婚后又拒绝妥协容忍，那就难免有不幸的结局。

第二，价值观认同。价值观是一个人世界观、人生观、婚恋观的基础，是对好坏善恶、是非对错的评判标准。做同事、邻居、朋友，不同的价值观可以相安无事，但做夫妻、做父母，价值观不一致就大有问题。夫妻365天朝夕相处，对人对事总是看法不同，行动各异，那怎样共同生活下去呢？双方又用什么样的观念和言行去教育孩子？如今，由于价值观冲突而导致的恋人分手和夫妻反目并不少见。如果在恋爱择偶初始，就注意价值观的交流，就可避免把"生米做成了熟饭"后才发现问题。与价值观相关的还有角色观念。比如妻子是一个男女平等主义者，认为丈夫婚后应当与妻子一样扮演好家庭和事业的双重角色，而丈夫却坚持"男主外，女主内"的角色观念，不愿承担操持家务和照顾孩子的角色，那么，这对夫妻就肯定难以建立和谐的婚姻关系。当然，价值观会在夫妻的交流沟通甚至矛盾斗争中得到一定程度的协调，但要通过婚姻而彻底改变一个人的价值观，也是极其困难的，因为价值观的背后，仍隐含着文化的深层影响。

第三，性格的选择。一个人的性格有两方面，一是基本的性格类型，它受遗传基因影响，很难改变，如内向型、外向型、直觉型、判断型等；二是性格的某些外在表露特征，可能受环境和经历的影响，有一定程度的可塑性。心理学告诉我们，一个人在选择配偶时，潜意识里不知不觉地在选择与自己不同的"异类性格"。因此我们看到，两个不同性格类型或性格表征的人容易达成婚姻关系的默契。如男方粗犷热情，女方细腻冷静，容易做到"夫唱妇随"的和谐一致。当然，性格的选择不是绝对的，毕竟还有可改变的成分。

然而有一点，我必须提醒同学们，那就是注意"人格缺陷"。"人格缺陷"是精神病学的术语，是指心理疾病或精神疾病，不属于性格中的一般缺点。我个人认为，有人格缺陷或患有心理疾病的男女，在其未得到矫治的情况下，是不适合做夫妻或做父母的。大家看过《不要和陌生人说话》这部电视剧，剧中的那个男主角，对妻子进行暴力摧残，几乎伤害致死，最终妻子不得不选择离婚，以逃避灾难。那个男人，就是典型的"人格缺陷"，他是虐待狂，反社会性人格。人格缺陷还有偏执型、怀疑型、妄想型等。在恋爱过程中，如果发现对方心理和行为总是异常，无法通过劝告或爱抚去改变，那就必须请教心理医生。因为恋人和配偶，一般承担不起"心理治疗"的专业职责。也希望学校的心理辅导老师能多给同学们传授一些心理卫生方面的知识，以便鉴别人格缺陷，及时求治，预防把人格缺陷带到恋爱关系和婚姻生活中去，造成隐患。

第四，关于年龄的考虑。一个人有三种年龄，一是生理年龄，由出生年月代表；二是心理年龄，从心智活动、反应力、生命活力、朝气以及对生活的情趣、志向与追求等方面识别出来；三是社会年龄，以人生经历、人际关系、成熟性等为标志。一个人选择终身伴侣，其实是在选择心理年龄相似和社会年龄相当的异性，而生理年龄是不值得挑剔的。我们的《婚姻法》规定最低的法定婚龄为男 22 岁、女 20 岁，给人们造成了某种误解，以为男女相差两岁是"最佳搭配"。其实并非如此。在生理年龄上，男的大几岁，女的大几岁都没有关系，只要心理年龄和社会年龄匹配就够了。在年龄上过分计较，可能错失合乎条件的候选人，甚至遗憾终生。

近些年来，又有一种倾向值得注意，那就是少数人刻意追求"老夫少妻"或"小男大女"的婚姻搭配，其中的因素是错综复杂的。我在这里提出两点个人的看法。

一是功利型婚姻多半是老夫少妻的。一个年轻女性，找比自己大一辈甚至两辈的男人结婚，很难说是爱情使然。她找的多半是物质条件、经济保证或生活享受。以青春交换金钱，在市场经济环境中不足为奇。这样的选择，法律并不禁止，但当事者需要明白，功利的交易不会使人获得真正的爱情满足和精神慰藉，代价就在于此。而且，这样的婚姻本身也是难以稳定的。一位富豪今天出100万换个双眼皮大眼睛的青春美女，明天可能出200万换另一个单眼皮女人的成熟魅力。同样，一个美女今天开出80万身价，嫁给了百万富翁，明天可能行情升至300万而"跳槽"远去。

二是性心理发育异常的男女容易陷入"老少恋""母子恋"的危机。有的人怀有强烈的"恋母情结"或"恋父情结"，刻意寻找父辈或母辈的异性结婚。在他们内心深处，在寻找失却的或难以割舍的父爱或母爱，把配偶当作"替代父亲"或"替代母亲"。这类婚姻配偶很难建立正常的夫妻关系。到了中年，更容易产生"审美疲劳"或"心理疲劳"，从而出现婚变。因为，一般人都不会情愿长久地与长辈保持过于亲密的关系，而早晚要摆脱权威或依赖，寻求平等和独立。

第五，对家庭和社会交往的权衡。有人说，选择配偶是在为后代选择祖先，因此双方的家人长辈都在被选择之列。恋人交往到谈婚论嫁的阶段，就应当去接触对方的家人了。了解对方与其家人的关系，一方面可以更客观地判断其人格品性，另一方面可以预测自己今后的姻亲关系。比如，你看到一个对自己父母或兄妹十分粗暴无礼或吝啬自私的人，你可以相信其将来对你的父母孝顺礼貌、对你的亲属慷慨大方吗？你看到对方的父母总是争吵不和，或兄弟姐妹不诚信，你不得不考虑，将来与他们怎样相处呢？古人云，"有其父必有其子"，此话不是没有道理。此外，通过与双方父母的接触，适当听取长辈的意见和建议，对于建立满意的婚姻关系也是有益的。父母不能决定孩子的终身大事，但他们的教导和经验在一定程度上是值得学习和参考的。

双方有什么样的社会交往，也是婚前需要观察了解的。因为一方的朋友很可能在婚后要成为双方的朋友，接纳对方的朋友也是婚姻和谐的因素之一。并且，观察对方与朋友的关系，也能进一步了解对方的为人处世和人格素质。试想，一个对朋友满口谎言毫无诚信甚至坑蒙拐骗的人，将会对你和你的家人以诚相待吗？如果对方的朋友中有行为不轨者，你在婚后能接受吗？这一切，都需要在择偶时加以权衡。

第六，选择配偶是选择原材料，幸福婚姻是创造出来的艺术品。有的同学或许会问：我们按照陈老师建议的上述条件选择婚姻伴侣，就肯定会幸福美满吗？回答不是肯定的，因为选择配偶不过是在找一种适合自己的原材料，幸福婚姻是打磨创造出来的艺术品。一个工匠要进行艺术创作，选择了一种"朽木不可雕"的原材料，当然无从创造，只能当作废品丢弃。但是，即使选到一种优质材料，可工匠本身却不具有高超的创作水平，仍旧创造不出精美的艺术品。相反，一个独具匠心的艺术家，可能将原本有些瑕疵的原材料打磨成一件很像样的艺术品。又如建筑这座大厦，首先要打好地基。地基没打好，这座大厦就可能出问题，经不住几级地震的考验；但即使地基打得牢，而每一层都偷工减料，结果这座大厦仍会成为"豆腐渣"工程。我们这样辩证地看待选择配偶与婚姻成败的关系，就不会片面和狭隘，更不会拒绝婚后的用心和努力。

夫妻结婚之后，还有漫长的路要走。现代健康长寿的夫妻，要经历其婚姻的幼稚期、成长期、中年期、老年期，大约要共同度过六七十年。其中每个阶段都会发生困难，遇到问题。因此说，创造幸福美满的婚姻，需要穷尽毕生的努力，锲而不舍，矢志不渝。关于经营、维护、创造幸福婚姻的学问，今天没有时间来讲，留待同学们今后去学习吧。

七　关于友情、爱情与性

无论是何种类型的异性交往，都可以建立可贵的友情。友情是人生不可或缺的养分，缺少友情滋养的人，内心难免空虚，人生难免孤寂。友情是开放的，多个朋友多条路；友情可以多人共享，友情需要诚实，但无须专一，也无须天长地久的承诺。一个人，在不同时期、不同领域，有不同的朋友，包括异性朋友。友情可以愉悦身心，消除郁闷，开阔视野，促进学习。在大学校园里，有如此众多的异性同学，如果此时期你都交不到异性朋友，那该是多么遗憾，甚至证明你内心有问题。

从友情到爱情，是人生跨出的重要一步。爱情与友情的最大区别在于爱情的专一性、排他性。爱情不能由多人共享，是两个人之间的私密情感。爱情需要成熟性，需要投资，因而，大凡涉足爱情的人，都必须去积累人生的资本，不仅仅是金钱，更重要的是知识、智慧和意志品质等精神财富。建立了爱情关系的人，一定是更自尊、更自信、更高尚和优雅的人。爱情促使双方追求更高的人生目标，更有决心完善自己；爱情使彼此之间更珍惜、更牵挂、更呵护、更有责任感，因而不容任何一方有伤害对方的行为。然而，如果两个人宣称有了爱情，但从此不思进取，逃学旷课，不敬重老师，不团结同学，陷入孤立的两人世界，甚至秘密转入地下，做出伤天害理之事，那只能证明两人之间完全不是什么爱情关系，而是利用，是满足暂时的欲望，是同流合污，是相互伤害，是把"我爱你"变成"我害你"。这样的"爱情"，不仅没有价值，并且也难以持续下去。

爱情是心与心的碰撞，不是性器官的约会。爱情无须用肉体来试验或证明。那些交往不长、了解不深的"恋人"，在性动机的驱使下轻率上床而不避风险、不计后果，顶多不过是"老鼠爱大米"，纯属本能的需要，不可与"爱情"同日而语。

有同学问，拥抱接吻与爱情是什么关系？我的回答是：拥抱接吻可能是爱情的表达方式，也可能与爱情毫无关系。作为表达爱情的方式，它已是一种"边缘性行为"。性行为，是具有隐私性的，不可在光天化日之下发生，也不可在大庭广众之中展示；一个人的性心理或性生理的满足，不应伤害公众情绪，这属于起码的文明道德修养和公共卫生习惯，不应当以"爱情"的名义加以亵渎。因此，在大街上、公园里、校园内和其他公共场所，应当禁止拥抱接吻之类的隐私行为。北京在"文明奥运"的讨论中，专门涉及了这个问题，绝大多数公众的看法是一致的。作为最具道德责任感和廉耻之心的知识分子——当代大学生，应当自尊自重。你在公众场所的言行举止，要体察周围人的感觉与情绪，不能做让人蔑视、令人反感甚至遭人唾骂的事情。

　　由于时间有限，我今天就讲到这里。以上是我个人的观点，欢迎同学们批评指正。

解读青春密码，维护孩子身心健康

—— 关于中年父母与青春期子女的沟通

陈一筠

陈一筠 ✏️

中国婚姻家庭研究会及中国家庭教育学会专家委员会委员和讲师团高级讲师，曾担任《国外社会学》主编。主要作品有：《婚姻家庭与现代社会》《夫妇冲突》《婚姻家庭的科学咨询》《走向婚姻》《陈一筠婚恋辅导手册》《青苹果丛书》等。

各位家长朋友：

大家下午好！今天我们要来探讨一个在座家长都共同关心的特殊问题：青春期孩子的成长与教育。受时间所限，我不能全面展开这一话题，好在我们有整套读本供家长和孩子们仔细去学习。今天我主要讲三点：①当代青少年的成长形势严峻，教育任务紧迫；②解读青春密码——对少男少女情感展露当持有何种观念与态度；③建立三道防火墙，维护青春期的性安全与性健康。

下面就分别谈谈这三个问题。

一　当代青少年的成长形势严峻，教育任务紧迫

1. 关于青春期

（1）青春期的年龄范围：青春期是指一个人从儿童期到成人期的过渡期，是人的身心、智慧、人格全面发育的关键时期，在很大程度上决定着人的健康、幸福、事业前程乃至婚姻家庭的成败。

按照世界卫生组织所定义的青春期年龄范围，大致是 10 岁至 19 岁。青春期又可分为青春前期（9～11 岁）、青春一期（12～15 岁）、青春二期（16～18 岁）、青春延伸期（19～22 岁）。可以说，青春期横跨孩子从小学到大学的整个成长、学习阶段。此阶段的知识积累、智慧增长与人格修炼是紧密联系在一起的。

青春期有一个年龄范围，即 10～19 岁，但并无"标准年龄"和"适当年龄"之说。由于每个人的遗传、健康、营养、所处的环境等因素不尽相同，到达青春期的年龄不一样；而且青春期到来的早晚还略有性别差异，一般来说，女孩比男孩到达青春期早 1～2 年。

（2）青春期到来的标志。

除了身高体重、大脑和内脏器官的发育之外，青春期的到来还有三个特殊标志（见表 1）。

（3）迈入青春期的动力——性。

每个人生来就有性的潜能。在儿童期，性潜能发育缓慢。到达青春期前夕，由人的大脑中枢指挥其性腺（女孩的卵巢和男孩的睾丸）释放大量的性激素即荷尔蒙，使女孩和男孩出现一系列青春期征候。使女孩变成女人的性激素是雌性荷尔蒙，使男孩变成男子汉的性激素是雄性荷尔蒙。因此可以说，到达青春期之后的男女，成为了不同的磁极：阴极（女）和阳极（男）。

表 1　青春期到来的标志

	女　孩	男　孩
A. 生理标志	月经来潮——证明女孩生殖能力的发育，为她将来做母亲准备了生理条件	出现遗精——证明男孩生殖能力的发育，为他将来做父亲准备了生理条件
B. 身体标志——第二性征	乳房隆起，臀部增厚，皮肤变得细腻；身上的脂肪一般比男孩多18% ~ 20%，因而身体显得柔软而富有弹性；变声后嗓音显得较清脆细柔。总之，她从小女孩变成了女人	长出胡须，喉结突起，阴毛腋毛出现；身上的肌肉一般比女孩发达，因而身材一般较女孩魁梧壮实；变声后嗓音显得较粗沉。总之，他从小男孩变成了男子汉
C. 心理标志	性意识萌发，对异性产生好奇心和神秘感，时有性欲望和性冲动、性梦与性幻想，对异性萌生暗恋与单相思，对表现男欢女爱的歌曲、影视作品及读物感兴趣	

（4）青春期性发育与性吸引。

"男人来自火星，女人来自金星。"由于男女带着各自不同的性激素，成为阴、阳两个磁极，必然产生"同性相斥、异性相吸"的磁场反应，这是生理现象、物理现象、自然现象。其次，由于第二性征的显现，男女在外貌上有了差异，有差异就有吸引。从性的审美意义上说，男人不吸引男人，女人不吸引女人，除非是同性恋。青春期的性心理标志对男女之间的友情、爱情乃至未来的择偶结婚都有深远的意义。无论从生理还是心理的角度看，少男少女之间渴望交往与亲近并以此来释缓性压力，都是顺理成章的现象。用"早恋"这根大棒围追堵截少男少女的交往，后果是负面的；若用"搞对象"之类的成人话语加以暗示，更会误导孩子。

2. 现代男女的早熟与晚婚——"性待业期"延长带来的困扰

（1）早熟与晚婚。

人口学家的研究发现，在 20 世纪的 100 年间，每隔 25 年左右，少男少女进入青春期的年龄平均提前一年。20 世纪初，温带地区的青少年要到十六七岁才开始性成熟，而那时结婚年龄也在十八九岁，甚至更早。所以，在那个时代，做到性与婚姻的统一是不困难的，婚前"守贞"是普遍可以做到的。然而，如今青少年的性成熟已提前到十二三岁甚至更早，其原因包括气候变暖、营养与健康水平提高、媒体中性信息的刺激等。20世纪的另一个人口现象是，青年人普遍推迟结婚，其原因包括受教育时间延长，结婚不再仅为生儿育女、传宗接代，现代婚姻对男女成熟条件与物质准备的要求都提高了；在我国，还有晚婚晚育的政策倡导。我国城市青年男女初婚年龄普遍推迟到二十三四岁甚至更晚。

于是，就出现了一个十分严峻的问题：性早熟与晚结婚之间的"性待业期"十分漫长，即从十二三岁到二十三四岁，要经历十年以上的等待。青少年有了性欲望和性冲动，不能通过婚姻中的合法性关系去满足，必须长期克制。在今天媒体充斥着性信息诱惑和成年男女较为开放的性表现等社会变革的环境中，青少年内心经受的性压力、性风暴如何释缓？这是青少年本身和教育者都无法回避的难题——即青春期的性健康和性安全指导问题。

（2）谁来指导和帮助青少年度过"性待业期"？

从十二三岁性成熟到二十三四岁结婚，这个过程中孩子们需要许多关怀、理解、教育、指导，让他们安全、健康地到达新婚之夜。这种教育指导包括：让孩子们知晓，除了已婚男女的性交活动之外，有什么方法适合未成年人释缓性压力呢？谁来承担这样的教育指导任务呢？家长吗？否。首先，家长们本身在青春期不曾受过这样的教育，轮到他们成为青春期孩子的父母，真的不知道怎样向孩子讲解性问题；其次，部分家长怕讲了会"教唆"孩子，也有些家长认为这种事是"无师自通"，不用讲。总之，直到如今，90%以上的家长是不与孩子谈性说爱的。当幼儿问"妈妈，我是从哪里来的"这个"傻"问题时，多数父母都不知所措或有意回避。

家长们大概以为，孩子交给学校了，这类问题自然会由老师去讲。可实际上，绝大多数学校迄今都未开设孩子们真正需要的性健康教育课，原因包括：应试教育的压力大，要考试的课程在课表上都挤满了，并且缺少训练有素的性健康课的师资，等等。还有，性教育中的有些内容带有个性化和隐私性，难以像数学、化学、物理课程那样在学校进行"标准化"教学。

家长不讲，老师不讲，孩子们头脑中那些特殊问号和性压力带来的困扰就自动消失了吗？绝不可能。那么，他们向谁求助呢？就只有媒体了。如今，性化的媒体、商业化的媒体，性的内容无处不在。就算是正规的电视台、电台、报纸杂志，哪有不涉及性的？电视剧中少不了拥抱、接吻、床上戏，涉及两性关系的那些悲情故事或咨询案例，哪个不是把男欢女爱之事描述得淋漓尽致？至于那些非法出版物、色情网站，其内容就更不用说了。可以说，如今的家长和老师们，在本身无力承担青春期教育任务的窘境中，不自觉地把这一任务交给了社会媒体去承担，其后果就不难想象了。

（3）青少年性冒险的恶果。

我们不知道多少孩子在媒体涉性内容与色情淫秽场景的驱使下发生了越轨、偷尝"禁果"的行为，但我们确实知道，近年来，在妇产科门诊或计划生育手术室做人工流产的女性，越来越多的是未成年少女，且还在低龄化。如今，十一二岁做人流已不再是新鲜事。广西南宁一位私人诊所的医生称，她曾经给一位 9 岁多的女孩做人流，是一个 13 岁男孩陪着来的，该男孩宣布："我为此事负责！"据某些妇产科医生观察，每年寒暑假开学前，是少女人流的高峰期。

我们为什么要关注少女堕胎这件事呢？因为这些少女是未来的母亲。谁来保护下一代母亲的健康？人流手术室的医生们普遍反映，少女做人流绝大多数是独自偷偷来的，父母不知，老师不晓，有的在排队时还急匆匆地催促医生："快点吧，我还要回学校上课呢！"也就是说，这些少女人流后，得不到起码的呵护、休息和营养，其后果是什么呢？大家可以在报纸和小广告上看到两类宣传广告，一类是"无痛流产"，一类是"不孕不育"。两者之间有联系吗？当然有。少女稚嫩的生殖器官受到了人流手术的伤害，甚至经受大月份引产的损毁，其伤痕累累的子宫今后难以孕育胎儿，或者致使胎儿不能健康发育。广州有个 17 岁的少女，两年内做过四次人流，两次大月份引产，终因子宫穿孔破裂而不得不摘除，她苦苦哀求医生保住她的子宫，但医生已无回天之力。"青苹果"热线曾接到一位母亲的投诉电话，想请律师为她15岁的女儿在大月份引产后摘除子宫这件事打官司。后来经调查，发现"男方"竟然是一个比她女儿还小1岁的男生，两个未成年人自愿偷尝禁果，律师也爱莫能助。所以，家长们要教育女孩洁身自爱，因为性冒险之后的身体损害是由女孩自己承担的。专家们这样说："洁身自爱不是封建枷锁，是女孩自我保护的良策。贞洁是未来妈妈将要送给未来孩子的珍贵礼物。如果你想成为健康的母亲，请你为将来的孩子留下一个不染纤尘的宫殿吧！"

3. 青春期教育的意义

青春期教育有狭义和广义之分。

（1）狭义的青春期教育。

从狭义上说，青春期教育首先是性健康教育，包括向少男少女解释青春期的身体发育、生理变化和心理反应；讲解生命孕育和诞生的知识，乃至关于避孕、预防性传播疾病、防范性侵害，等等。近年来，关于毒品、上网成瘾与预防艾滋病的知识也纳入了青春期性健康教育的范围。研究者称，青少年在"性待业期"的压力得不到释缓，可能借助毒品获得某种欣快感，那种欣快感类似性高潮的感受，这也是青少年容易吸毒上瘾的原因之一；至于网瘾，与青春期的性饥渴更有密切关系。青少年上网成瘾有两个主要原因：一是在网上获取色情内容，以满足对性的好奇心和性欲冲动带来的饥渴感；二是"网恋"，即在虚拟的网络中广交异性朋友，省时省事，又不用负任何责任。关于艾滋病，至今国人还比较麻痹大意，尤其是青少年。但据北美、欧洲及非洲近年来的艾滋病统计数据，在艾滋病病毒携带者中，1/3以上是24岁以下的青年和少年。联合国连续几年在艾滋病宣传日（每年12月1日）都把焦点集中于青少年，称他们是"易感人群"。一是因为青少年自我保护意识不强，自制力较差，更容易发生冒险性行为；二是因为青少年的性对象往往是不确定的，越早开始性关系，就越容易造成一生中的"多性伴"经历。而"多性伴"恰恰是艾滋病病毒最容易感染的渠道。所以，在西方多年研究治疗艾滋病都未获成功的情况下，专家们指出："要确保终生与艾滋病绝缘，最可靠的办法就是一辈子保持一个性伙伴。因为多一个性伙伴，就多一个感染的机会。"这也是近十年来美国国会批准每年拨出大笔经费在公立学校推广"守贞"教育的理由之一。

（2）广义的青春期教育。

广义的青春期教育，我们称为"人生教育"或"人格教育"，涉及恋前准备、婚前训练。其内容包括性别、性意识、性道德，两性间的尊重、平等与交往文明，关于友情、爱情、择偶、婚姻，关于家庭计划和生活技能。这是一整套关于人生的科学知识。

在座的家长朋友，一定不是仅仅关心你的孩子是否有个好的学业成绩，能否考上大学乃至读硕士、博士，你必然更关心孩子将来是否能够顺利地恋爱择偶，走进一个美满的婚姻殿堂，享有一个幸福的家庭并且生养健康的孩子。老实说，前一个关心，主要涉及学校的教育和孩子本身的刻苦努力，家长在其中帮不了多大忙；而后一个关心，主要涉及家长的任务。孩子的恋前指导和婚前准备，是一家一户的事情，学校无法承担此项任务。学校是"铁路警察"，各管一段。小学、中学、大学，由不同的学校对孩子进行知识训练；而家长陪伴孩子到成家立业，中间不能"换岗"；孩子的"一生幸福"，要看其家庭给了怎样的资源和资本。青春期既是未来立业的准备期，又是未来成家的准备期，两种准备交织在一起。前一种准备学校会不遗余力地帮助，而后一种准备却受到家长的忽视，甚至家长们把主要精力用去帮学校的忙，关注孩子的仅仅是学业成绩，大有"种了别家田，荒了自家地"的渎职倾向。于是，我们今天已经看到，许许多多的年轻人，在事业上踌躇满志，卓有成就，但在两性交往、恋爱择偶乃至婚姻家庭生活中举步维艰，挫折坎坷，甚至失败或陷入悲剧，其结果是损害健康，毁灭幸福，个别人甚至付出生命的代价。

一个人不是等到考试再读书，而是先读书、再考试。恋爱、择偶、结婚，是人生路上最重要的考试，为什么不需要在"导师"的帮助下早些进行训练和准备呢？做夫妻、做父母的训练早在儿童期就该开始了，至少不能晚于青春期。可以说，一个人的一生中，没有任何成功能够弥补婚姻家庭的失败，也没有任何成功能够取代婚姻家庭的成功。因为，事业的辉煌是一阵子，而婚姻家庭的幸福是一辈子。

希望在座的家长朋友，从今以后把你对孩子的关注重心转移到孩子的人格健全和一生幸福这方面来。学习方面的缺憾有的是弥补机会，因为学习知识没有严格的年龄阶段，有些知识可能要待专业岗位确定之后重新学习。然而，人生却是单行道，春夏秋冬不能逆转。孩子的青春期只有这一段，"过了这个村就没有这个店"，家长们必须抓住这个关键期帮助孩子做今后无法回头来做的事情。

二　解读青春密码——"早练"还是"早恋"

1. 少男少女课堂——青春期教育的尝试

1993 年，北京一批志愿者专家开始了青春期教育的尝试。他们首先在学校开设了"少男少女课堂"，利用双休日的四个半天讲了四个主题：一是"走进生命的春天——悦纳你的青春体貌"；二是"让我猜猜你心中的秘密"；三是"少男少女的交往——关于友情和爱情"；四是"春天，就忙春天的事吧"。

第一课是讲青春期的身体和生理变化，解除孩子的"体像障碍"。青春期少男少女都喜欢在镜子前端详自己的容貌。经调查，30%~50%的孩子都有对自己的外貌多少不满意的感觉，认为自己不漂亮、不"标准"、不"性感"，等等。有个初一的男孩子，甚至觉得自己的阴茎太小，为此苦恼了好几天。原来，他是看了色情光碟，用光碟中那个特型的成年男人性交时勃起的阴茎与自己的小鸡鸡作比较，感到十分焦虑。有的女孩觉得自己的乳房不丰满、身材不苗条、眼睛小或鼻子不够高，等等，苦恼不堪或盲目减肥，甚至要求父母给钱去做整容手术。这类问题统称"体像障碍"，是青少年中较普遍存在的心理问题。在课堂上，老师就什么是美，什么是"标准""性感"进行了科学合理的解释，并告诫孩子们要尊重青春期的自然发育规律，珍惜自己的独特性，不作无意义的比较，以充实的内在美去赢得别人的尊重和实现社会价值。孩子们能欣然悦纳自己的青春体貌，就多了一份自信和成长的力量。

第二课是讲性心理的发育。性幻想、性梦、暗恋、单相思等，是青春期普遍发生的心理现象，证明着一个正常发育的女孩和男孩的心路历程，不必担忧与自责。一个男孩就因自己做了个梦，梦见与同桌的女生拥抱，第二天羞于去上学。一个女生上课时无意碰了男生的脸，男生回敬了一个亲热的动作，该女孩便说他是流氓，坚决要求换座位。诸如此类的心理敏感，常见于少男少女之间。通过老师开诚布公的讲解，孩子们解读了自己内心的秘密，不再怀疑自己和误解别人，就能坦然地预防心理隐患。

第三课讲的是少男少女之间的性吸引、异性交往、友情与爱情。这是青春期人生教育的重点与难点。如果少男少女在情感发育阶段能得到及时的指引和疏导，不仅可预防性心理异常，而且性行为的冒险也会大大减少。后面要详细介绍这堂课。

第四课是讲少男少女的自我保护防止性侵害以及关于烟、酒、毒品、艾滋病的常识。

这四堂课讲下来，孩子们非常兴奋，觉得这些内容是他们最需要而又无从学习的。"少男少女课堂"是参与式、互动式的，一半的时间是由学生们提问和相互讨论。孩子们踊跃地提出许多问题。例如，女孩问："处女膜是什么？它重要吗？对谁重要？""月经来了为什么又停止？月经停止就是怀孕了吗？""为什么两边的乳房不一样大？""乳头为何塌陷？""乳房发育到什么程度才该戴乳罩？""为什么偷偷喜欢上一位男老师？""触碰到男生的手为什么会心跳？""男生邀请我去公园，有问题吗？""怎样回答男人写的'我爱你'字条？"等等。男生的典型问题有："为什么会半夜遗精？""阴茎为什么无缘无故地勃起？""男人的阴茎怎样才算标准？""不长胡须怎么办？""什么叫男子气？"等等。

老师一边回答问题，一边反问孩子们："这些问题问过家长了吗？"绝大多数孩子摇头，个别孩子甚至不屑地说："嗨，家长懂什么呀！傻帽儿！"

在座的家长朋友，可仔细阅读一下《少男少女知多少》这本书，先用目录测验一下你自己，看看有多少问题是你自己能够正确回答的。如今家长们若不能在知识和观念上"与时俱进"，被孩子称为"傻帽儿"甚至遭到抗拒，就不足为奇。

后来，应孩子们的强烈要求，专家们又开设了"家长课堂"，给家长讲了十堂课。"少男少女课堂"是针对未成年人的教育，是根据他们的成长期特点而讲授的；"家长课堂"是成人教育，内容自然要丰富和深刻些。迄今，我们已有了一整套供孩子和家长分别学习的读物《青苹果丛书》，是十多年来一批专家和教育工作者研究与实践经验的总结。希望家长朋友用这套丛书与孩子共同学习，陪伴孩子走好青春期这段艰难的人生路程。

2. 理解少男少女交往的四大功能

少男少女之间的交往不仅可以，而且必须。遗憾的是，迄今为止，仍有太多家长和老师还在用"早恋"这根大棒围追堵截孩子与异性的交往，其结果适得其反。禁忌只能加剧饥渴感，压制只能助长好奇心。

须知，少男少女处在十多年的"性待业期"，性冲动、性压力甚至"性风暴"困扰着孩子，如果他们没有正大光明的途径去缓释，就会从歪门邪道上去释放。

少男少女之间的交往，担负着青春期成长和走向成熟的特殊任务，这种任务是不能等到成年之后再去完成的。因为少男少女之间的交往，具有重要功能，表现在以下几个方面。

（1）愉悦身心，增进健康。

今天，应试教育的压力从幼儿园就开始了，它剥夺了孩子们的金色童年，黯淡了孩子们的花季天空，他们有做不完的作业，考不完的试。然而，孩子生性是要玩乐的。儿童时，父母尽量陪孩子玩，哄着玩，买玩具给他们玩。可是，孩子到了青春期，不听哄，也不爱玩具，更不愿与父母玩了。他们跟谁玩呢？今天的独生子女，没有同胞兄弟姐妹当玩伴，只好在家庭之外找同龄伙伴玩了。为什么同龄的异性伙伴之间最好玩？因为青春期孩子的体内性激素注定他们成为不同的性别磁场，女孩是阴极，男孩是阳极，发生阴阳互吸的"磁场反应"。磁场中的性素、情愫给孩子们带来特殊的滋养，使少男少女在一起的游乐活动更富有情趣：唱歌、跳舞、过生日、逛马路、聊天……无不有异样的感受。"男女搭配，干活不累"，成年男女不也有这样的体验吗？世界上许许多多高雅的文体活动都是为男女共同参加而设计的：交谊舞、探戈、华尔兹、花样滑冰、男女声二重唱等等，多么有趣，多么优美，谁能从中看出什么低级趣味吗？学校应尽可能多地组织有少男少女共同参加的文体活动。谁家的孩子有这样的机会在大庭广众之中、光天化日之下参加这样的活动，谁家的孩子就更阳光、更健康，就不需要偷偷摸摸转入地下去约会异性，也不必到网吧去享受虚拟的异性交往之欢。

两年前，国家教委就指示中小学生不必再做第七、第八套广播体操，小学生应跳集体舞，中学生可跳探戈、华尔兹。这是为什么？因为"性待业期"的少男少女需要正大光明地通过男女接触释放性压力。跳集体舞要手拉手，肌肤接触，跳交谊舞还有身体的接触，这不就是一种光明正大地释放性压力的方式吗？"公开放电，比较安全，私下放电，十分危险；集体放电，很是安全，个体放电，难免危险。"智慧的教育者们如是说。

希望家长朋友们在明白了上述道理之后，积极支持和创造条件让孩子们参加集体活动。例如，节假日鼓励孩子约上亲戚朋友、邻居同事的异性同龄伙伴出去玩耍，体验异性交往的快乐。

（2）完成第二次断乳期，为今后的恋爱择偶做早期准备。

家长们都记得孩子第一次断乳吧？那时他（她）哭呀、闹呀，不管多可怜你也得给断奶。那么，"第二次断乳期"呢？是指性心理的断乳。女孩到达青春期，成为阴极磁场，不自觉地被身边那个阳性磁场吸引。那是谁呢？那就是她的父亲。人们通常可以发现，青春期的女孩在父亲面前的表现很矛盾：她羞涩躲避，但同时又对父亲充满神秘和好奇，欲求亲近。一位优秀的父亲可能成为女儿心中第一个异性偶像。儿子到了青春期，对母亲也有同样的性心理表现。这是少男少女青春发育初期对异性家长的眷念和对同性家长有所排斥的原因之一。然而，如果女儿长期"恋父"或儿子长期"恋母"，形成所谓的"恋父情结"或"恋母情结"，那就会造成性心理发育不良，影响到他们今后与同辈异性之间的交往，甚至形成择偶偏向。所以，作为父母，应当尽早地帮助孩子把青春期的磁场指向尽快转移到同龄异性身上去，这个过程叫做"第二次断乳"。

此时，孩子没有谈婚论嫁的目的，不承受"搞对象"的压力，坦然从容地走进异性世界，去见识异性朋友的千姿百态，去发现同辈异性与长辈异性之间的差别，同时，体察到哪类异性与自己比较"投合"。如果说这种交往与未来恋爱择偶有什么关系的话，那就是为恋爱择偶进行早期"训练"。前面讲到，一个人不能等到考试时再读书，而是先读书、再考试，就是这个意思。你们的孩子将有一天去和一个异性建立天长地久的夫妻关系。建立与维护夫妻关系的智慧、能力、技巧什么时候学习和训练？那就是现在。如今很难想象，一个不曾在青春期有过充分、自然的男女交往的青年人，到他（她）20多岁就突然懂得怎样物色对象和建立幸福婚姻了。看看今天某些大学生吧！他们中学时代不惜"寒窗苦读"，到了大学则疯狂恋爱，动辄同居，把同居当作"练习本"，合则留，不合则散，由此造成了多少身心伤害？大学校园的悲情故事甚至毁命惨案，难道还不能唤起今天中小学生家长们的思考吗？更有些青年男女，不曾练习过男女交往，贸然与初识的异性成婚，把婚姻当成了"练习本"，轻率结婚又轻率离婚，此类悲剧屡见不鲜。因此，我们建议把青春期少男少女的交往视为"早练"，而不是"早恋"。既然是练习，父母就别那么紧张，孩子也不作肯定。家长要指导孩子把握分寸，不做冒险的事。但这个练习的过程是不能缺少的，否则将以什么知识与智慧去应对正规的人生"考试"呢？须知，在婚姻大事上的"考试"若不及格，比任何一次中考或高考失败的影响都要深远得多。近年来，有大量遭遇恋爱挫折或婚姻失败的男女去寻求心理援助，其实，心理援助只能帮助他们应对失败的后果，而失败的原因则多半在于当事者对恋爱、择偶、婚姻的无知和缺少异性交往的实践经验。所有这一切，都在提醒今天的男孩女孩，将来做夫妻和做父母，就像将来去求职谋生和做专业人士一样，需要尽早学习知识和技能。这一学习的阶段即青春期是不可错过的。

（3）消除不良情绪，维护心理健康。

少男少女在成长过程中会出现各种各样的心理困扰。例如，"体像障碍"，即不悦纳自己的外表；学习压力；人际关系摩擦；父母不和造成家庭气氛恶化；等等。烦恼中的孩子，就像掉入一个泥坑，必然痛苦挣扎。此时多么需要一条"救命绳"将其拉出泥坑。谁来提供这条"救命绳"？当然首先应当是父母。然而，今天的父母们，很少有人能走进孩子的心扉，理解孩子在泥坑中挣扎的苦境。家长们大概认为，既然孩子交给了学校，就由学校负责心理疏导吧。可是你们知道，一所学校只有一两个心理辅导老师，哪里能够及时帮助每一个有心理需求的孩子呢？一个班主任负责五六十个学生，哪里能那么仔细地发现每个孩子的每一个问题？每天在孩子身边的父母，难道不应当更及时地了解和满足孩子的心理需求吗？可是，家长们普遍地将目光聚焦在孩子的考试分数或作业本上，忽视了分数背后更重要的问题。

那么，究竟是谁在提供甚至充当着"救命绳"救助那些处于困境中的孩子？那就是他们同龄的朋友，周围的同学，尤其是异性朋友或同学。为什么异性同学最能起到"救命绳"的作用呢？那是因为异性同学带着其性别磁场，给予困境中的伙伴特有的"性愫"和"情愫"的滋养。当你的孩子处于烦恼与困顿中，异性的搭救往往是最及时而有效的。这就是为什么烦恼中的青少年更渴望异性的友情。一位异性走进对方心扉，给其几句安抚的话，也许并无多高水平，但那种话语来自同龄人之口，最能设身处地；来自异性之口，具有强烈的"磁力"。就这样，困境中的同伴如获救命稻草，茅塞顿开，心旷神怡，很快脱离泥坑，走上正轨。不错，此时的一对，颇显亲密无间，但家长们不必紧张和担忧其"早恋"。只是此时此刻此地，你的孩子急需对方救助；但当其走上正轨，渐渐感到手中的"救命绳"不再有用，于是就会信手抛掉了。这就是为什么在心理困境中萌生的异性之情往往脆弱短暂，它无须持久，也不应当持久。但这种友情确实发挥了积极作用，往往是家长和老师难以替代的。作为家长，应当感激救助你孩子的异性同学，而不应当去斥责甚至羞辱他们。正是获得了这样的救助，你的孩子才避免了从心理困扰到心理疾病，才无须去求助心理医生。

然而，有的家长对孩子的异性交往太过敏感，常常以成年人的偏见去误导孩子。有位母亲到"青苹果"咨询室来求助，称她的儿子上学期成绩下降，情绪欠佳，亏了有位女生上门来给儿子补课，陪他上学放学，儿子情绪很快好转，期末考试成绩名列前茅。这位母亲心里很喜欢那个女孩，说她长得俊，学习又好，还是知识分子家庭，于是就"默认"了。可是她发现，这学期那个女孩再也没来，常陪他儿子上学的是另一个女孩。这位母亲很是失落，她问："我的儿子会不会像他爸爸那样是个花心大萝卜？"咨询专家反问这位母亲："一个小姑娘给你儿子补补课，陪他几天上学放学，你就默认了，你默认什么？默认你家的儿媳妇搞定了？是你早恋还是你儿子早恋？"这位母亲不过是直白地讲出了自己的荒唐想法，像这类敏感多疑乃至误导孩子的父母，可能大有人在呢。

（4）提升智慧，促进孩子自尊与自信心的发展。

青春期是孩子智慧增长的高峰期。脑科学的研究告诉我们，男性和女性在智商上并无差异，但智力结构和发展方向上有所差异。一般来讲，男性比较长于逻辑思维、抽象记忆，地理方位感强；女性长于形象思维、机械记忆，女性的语言功能一般强于男性。男女各有优势，但优势背后是劣势。男女在一起学习、交流、探讨、切磋，有利于优势互补，克服性别带来的智力局限，为今后选择专业和职业创造更有利的条件。所以，现代文明国家，一般不再保留男女分校的传统，因为女性也有机会进入男性的传统职业领域，如工程师、律师、政治家等，而男性也可选择传统上属于女性的职业，如办公室文员、护理、幼儿教师等，这就大大拓宽了现代男女的择业范围，以适应职业市场的变化。

青春期又是孩子自尊心和自信心确立的关键期。进入青春期的少男少女，最怕的丢面子事是在其喜欢、在乎的异性面前遭遇打击；反过来说，他们在其珍爱的异性面前总是努力"争表现"，以获取好感，满足自尊的需要。那么，家长们知晓孩子有了要好的异性同学时，应当持有何种态度呢？你们有没有发现，你的儿子十来岁时，还不讲究衣着，甚至不注意清洁卫生，蓬头垢面也不在乎。你批评训斥也许都不曾管用。但有一天，你看到儿子偷偷地在镜子面前端详自己，对衣物、用品也开始讲究起来。为什么？也许已经有一双眼睛在注视着他，那双眼睛是同性还是异性？多半是后者。

在此给大家讲一个真实的故事。某重点中学重点班高二年级的一位男生小马，原本学习成绩优秀，初中毕业时与同班一位女生被保送到这个重点学校。但从高一年级下学期开始，小马学习成绩迅速下滑，一年来，已成为三门功课不及格的劣等生，他把全班期末考试的平均分数拉下来，害得这个班从先前的年级第二降到末尾。同学抱怨、老师批评都不管用。第二学期寒假，2月14日——西方的情人节，那天正是周末，同学们返校开班会。散会后大家一窝蜂拥进情人卡商店，有的买三五张，有的买十张八张。这位"劣等生"也随大流进了商店，转来转去，最后买了一张情人卡。踌躇良久，决定送给与他一起保送来的那位女生——班里的学习委员小周。小马在小小卡片上写下两句肺腑之言："我想和你做朋友，但愿你不会拒绝。"小周拿到这张情人卡，顿觉尴尬。该怎样回答他呢？他学习成绩这么差，想与我交朋友，什么意思？小周回到家，忍不住把这张卡片给妈妈看了。她妈妈在一所大学教心理学，见到女儿的表现有些迷茫，便笑着对女儿说："你是班里的学习委员，不觉得有责任帮助这位男生吗？再说，我看卡片上那两句话没什么毛病。人家求助于你，或许欣赏你，期待你，有什么不对？你应当回答他。做朋友便是提供帮助他的机会。"有了母亲的开导，小周勇敢地回赠了小马一张情人卡，在诗情画意的小卡片上也写下了整整齐齐两行字："我很愿意和你做朋友，希望从下学期开始，我们共同努力学习，你要追上班级的步伐啊！我相信你能够再现你初中时代的辉煌，加油吧！"小马收到这张宝贵的卡片，内心感动至极。开学时，他递给了小周一封长长的信，倾诉了他内心的悲哀："高一下学期，父母离婚了。妈妈下岗后，爸爸又在外边有了女人。他们分手后，父亲本应每月付300元抚养费，但三个月后他就人间蒸发了。妈妈无力承担我的学费和生活费。我只好向爷爷奶奶求助，他们都是退休工人，生活也很清苦。从那时起，我就感到自己成了别人的包袱，整天想着如何自力更生。我看到麦当劳有招聘广告，就去应聘。人家要我出示身份证，可我还不到16岁啊！我有时想退学算了，但又不舍得离开这么好的学校。后来，又发生了一件事，就是初二曾经说过永远爱我的那个女生，有一天与一个男生亲热地走在大街上，从我身旁走过去连个招呼都没打。那一刻，我连活下去的勇气都快要丧失了。摆在我面前的似乎有两条路：一条是离开这个城市，到一个谁也不认识我的地方去打工养活自己；另一条是提前结束自己的生命，好让爷爷奶奶不再背负我这个沉重的包袱……"

小马在信的末尾写道："是的，我现在是班里最差的男生，拖了班级的后腿，对不起老师和同学们。但是，请你相信，从下学期开始，为了你，我要成为班里最优秀的男生！"

小周收到这封信也非常感动，她把信给母亲看了。母亲对女儿说："你看，少男少女之间的友情原本很美好，它给人巨大的激励。这个男生，为了祖国，为了人民，为了爹妈，都没有下决心成为班里最优秀的男生，为了你，要成为班里最优秀的男生。这就是青春友情的价值，不值得你去行动吗？"我多么希望在座的家长朋友们都有这位母亲的胸怀！然而，人们常见的情形却是：当父母发现女儿书包里有那么一张小纸条时，似乎如临大敌，如遇洪水猛兽，定要女儿供出是哪个流氓干的。其结果如何，大家可以想象。

总之，少男少女之间的交往，是青春期不可延缓的任务，父母应当帮助和督促孩子认真去担当。

3. 关于友情和爱情

讲到这里，也许家长朋友们会说，那就不管了，让他们去自由交往吧。其实，不是不管，而是要会管，即指引他们走正确的友情之路。要告诉孩子们，青春期建立异性友情是极有意义的。一个人可能在二十多岁都还未经历爱情，但一个二十多岁的成年人，在其青春期连异性的友情都不曾体验过，那该是多么遗憾的事。青春友情是怎样的？是开放的、不保密的，不需要拉钩说"永远"的，无须天长地久的责任承诺。青春友情可以是在异性同学之间自由分享，"多个朋友多条路"。

那么，从友情到爱情，有无截然的分界线？答案是"没有"。世界上无人说得出来这个界限。各个国家和民族都有关于结婚年龄的法律规定，却没有关于爱情年龄的标准。每个人的成熟早晚不同，机遇不同，遭遇爱情的年龄也就不可能相同。从古至今，既有"青梅竹马"之爱，又有青年壮年的热恋，还有夕阳黄昏之恋，同样可以美好。不过，爱情比起友情来，是更加成熟和稳定的异性情感，它具有专一性和排他性，不可与第三者分享。爱情一般是以终身结合为归宿的。因此，爱情需要巨大的投入，包括时间、精力、智慧乃至经济。青春期正是爱情资本的积累期，是爱情之路的探索期，是投入爱情前的准备期。

爱情应当是一种美好的、激发双方进取向上的力量。两个相爱的人，一定是彼此珍惜、相互鼓励，去追求更高的人生境界。双方因为有爱情的激励，定会使自己变得更优秀、更完美，值得对方爱。如果是这样的爱情，无论发生在什么年龄，都值得祝福。然而，如果两人宣布相爱，有了爱情，但其表现却是浑浑噩噩、不思进取，甚至逃学旷课，转入地下，做出伤害自己和对方的蠢事，那只能证明他们之间根本没有爱情，不过是相互利用或只为满足肉体上的需要而已。"我爱你"就会变成了"我害你"，这样的所谓"爱情"，简直是对爱情的亵渎。青少年由于缺乏教导和指引，做出亵渎爱情的荒唐事，例子不胜枚举。家长们面对孩子说他（她）爱×××时，直接的反应不该是怀疑爱情本身，而是要询问和提醒孩子以什么行动来证明爱情和兑现爱的承诺。"听其言，观其行，促其进"，就是家长们面对少男少女之情应有的态度。因为父母无法规定孩子在什么时候萌生爱情。

在我国，关于爱情的积极意义缺乏宣教，媒介大力渲染不正当的两性之欢，使成人把孩子们之间的纯洁美好的爱情探索当作洪水猛兽，使得"我爱你"三个字要么成了儿戏，要么导致无耻。今天，该是为"爱情"正名、对少男少女实施关于爱情的科学和正确婚恋观教育的时候了。

三　建立"三道防火墙"，维护少男少女的身心健康

在青春期的人生教育实践中，最具争论性的问题是关于避孕知识的讲解。我们知道，即使在甚为开放的美国，面对大量少女怀孕堕胎乃至少女做妈妈的现实，尤其是20世纪80年代以来面对艾滋病袭击青少年的现实，自由派和保守派就该不该大规模向学生传播避孕知识问题展开了激烈的争论。自由派学者及社会人士主张大力推广避孕套，鼓励"安全性交"；而保守派则主张推行"禁欲教育"，倡导婚前贞洁，婚后忠诚。

美国性教育孰是孰非，我们很难判断，而对近年来我国青少年中性冒险行为的增多，少女怀孕以及感染性病、艾滋病的事例屡见不鲜，究竟是讲"禁欲"还是讲"安全套"，也在学术界、教育界、公共卫生界和计划生育部门众说纷纭，莫衷一是。

我们在"青苹果"项目的实施过程中，提出了关于建立"三道防火墙"的观念，至少在"青苹果"专家团队和部分教育合作者中

得到了基本认同。

第一道"防火墙"就是防止未成年人的性关系，即教育18岁之前的中学生，如何做到"洁身自爱"。对这一点，家长朋友们应当理直气壮、开诚布公地对孩子讲。18岁之前不能参加公民投票是因为没有达到本民族所规定的成熟标准，中学生不能发生性关系也是因为其心理、社会、经济方面均不成熟，无法承受性关系的后果。"春天就忙春天的事"，是每个青春期少男少女都应当懂得的人生规律。在讲"洁身自爱"时，我们不能否认少男少女的性欲望和性冲动，这是本能的生理现象，不受大脑和意志支配。但如何去应对欲望和冲动，则是要通过大脑和意志去回答、选择和行动的。男女性器官的接触，并不是排解性欲和性冲动的唯一方式，而是人生伴侣相爱的特定方式。因此，必须告诉青少年，除了性器官接触之外，还有其他释放性压力的方式，如升华、自慰、转移注意力、积极参与有异性在场的文体活动，等等。还要说明，性欲作为一种本能现象，与食欲和睡欲相比是有所不同的。前者可以延搁、转移、消解。一个人30天不吃饭和不睡觉会生病或死亡，但是30天没有满足性欲的成年人既不会生病也不会死亡。这样的讲解是为了消除青少年的疑虑。此外，还要把未成年人发生性关系可能带来的N个消极后果讲明，让孩子明白"为什么"。

第二道"防火墙"就是避孕和紧急避孕。我们希望所有18岁以前的孩子都安全地待在第一道防火墙之内，但有的孩子却不能绝对达到我们的希望。事实表明，越来越多的"小勇士"翻墙而过了。我们难以预料究竟哪些孩子会越墙，所以还是需要给他们再建一道安全网。在讲解"生命的孕育和诞生"这一课时，孩子们已经从光盘上直观地看到了精子与卵子结合的情景，并且得知，如果父母不可以生第二个孩子的话，用哪些方法可以阻挡或避免精子与卵子见面，以及万一它们见面了，可以在72小时内用紧急避孕丸清除受精卵，等等。这一课我们是以成年人的计划生育为背景的，不会让孩子感到是在针对他们，或赞同他们发生性关系，所以他们不会有羞怯感、触及隐私感或意欲尝试之感。他们得到关于避孕与紧急避孕的知识，"有备无患"，大多数孩子会在将来用上，个别孩子也许会在禁不住冒险时用上。至于避孕套的用法，口服避孕药的具体使用之类，就不在我们的课堂上具体讲，只是简单提及。这类教育对未成年人来说，带有一定的隐私性和个性化，不宜大张旗鼓宣讲。个别学生需要知道避孕和紧急避孕如何实施，应当向计划生育工作者、医院或药房的专业人员咨询。

第三道"防火墙"就是讲解如何终止妊娠。也是在生命教育课上，我们讲到避孕失败的问题。首先讲到各种避孕手段都不是万分可靠的，因此，如果有性生活的妻子，发现自己未按时来月经，要尽快到医院做检查，如果检查出怀孕了，又不可再生孩子，就选择做人工流产，终止妊娠。根据现有的医疗技术条件，3个月之内终止妊娠相对安全。尽管人工流产并不是控制生育的好办法，只是避孕失败后不得不采取的补救措施，但3个月内去终止妊娠，毕竟比大月份引产安全些。我们还需要提及大月份引产对孕妇可能造成的伤害。

总之，我们既要帮助孩子建立道德屏障，又要把科学的信息向他们转达，让他们真正做到"知情选择"，其目的是为了确保健康。

在"三道防火墙"的讲解中，我们也分别根据初中、高中、大学的不同学生情况作不同程度的讲解。对于那些涉及隐私的敏感细节，我们建议不在课堂上讲，而是由心理辅导老师和校医对个别有需要的孩子单独讲。其实，这类敏感话题由家长对孩子讲最适宜。

四　青春期性教育，谁该担当主角

在履行青春期教育的责任中，关于学校和家庭谁应当唱主角的问题，直到现在仍未明确。

北京海淀区某学校在2000年曾发生了一起令人痛心的少女杀婴案。一个17岁的高二女生怀孕了，她自己不知道，家长没看出来，老师也未发现。这个女生就在她的卧室把孩子生了下来。她慌乱中拧断脐带把婴儿扔出了窗外。这一事件引起了社会的震惊：一个17岁的高中生，物理、化学乃至天文宇宙的知识都知道不少，唯独不知自己身体的奥秘，不晓得生命是如何孕育和诞生的，更不懂得生命是不能扼杀的，杀害生命是犯罪的。这个孩子不得不为她的犯罪行为付出沉重的代价并承担刑事责任，被判刑并关进少年管教所劳教两年。然而，人们不禁要问：谁来为这位少女的无知承担责任呢？学校吗？家长吗？《青苹果》刊物编辑部曾组织了专家、校长、家长、学生就此事件进行讨论，得出了如下基本一致的看法。

（1）关于性与生命的基本知识，作为科学知识体系的一部分，应当在学校统一传授，列入正式的课程表，从小学开始循序渐进地讲授。然而遗憾的是，国家教育部迄今都没有青春期性教育的课程指南，也未设置相关专业来培训此课程的教师。"性教育"究竟归德育处管还是归体卫处管，还在内部争论。教育部曾经不止一次地下发过关于"青春期教育"的文件，但总是含糊其辞，导致下面各行其是。我国《计划生育法》中的第13条规定过于笼统，未对青春期教育的性质作明确的说明。加之应试教育的压力，青春期教育的有无和优劣，不在学校业绩的考核之内，大多数学校不重视。因此，那位17岁少女的悲剧，应被视为教育部门、学校和家长共同"渎职"的后果。目前，"渎职"的老师和家长何其多，少女悲剧还在日益增加之中。

（2）青春期教育中的性心理和性行为教育，是较为个性化并带有隐私性的教育，主要应当由父母来承担。每个孩子性发育的早晚和发育程度都是有差别的，因此，在学校讲解了性生理、性道德、性健康等一般科学知识的基础上，家长还必须针对自己眼前的孩子发育状况、表现出的疑虑、接触网站信息的情况、与异性交往的动向甚至性冒险的迹象等等，通过与孩子敞开心扉的交谈，共同探讨一些与心理、情感、爱恋以及选择终身伴侣有关的问题。由于父母与孩子关系的亲密性和自然性，家庭气氛的轻松性，谈论隐私问题更适宜些。如果父母觉得有些问题比较容易引起孩子心情紧张或敏感，可以选择在与孩子一同做某种家务时，不经意地放出话题，即使谈话进行不下去时，双方都不会觉得尴尬，因为手头的活儿还在干，也很容易找个岔子转移话题。有些关于情感与性的话题，可以借读报或看电视时得到的信息巧妙地开头，与孩子讨论报上或电视中的人物或事件，这样不会让孩子感到与自己有关而难为情。父母还可以坦诚地向孩子讲自己年轻时的经历、经验和教训，让孩子加以评论。在这种民主与平等的家庭气氛中，孩子更容易轻松地表达自己的观点，谈出自己的感受与疑问，父母就更容易了解孩子的"秘密"，而不用去做偷看日记、偷听电话之类的不文明、不尊重孩子的举动了。

显然，家庭中性教育和人生教育的条件是学校不具备的。一个班主任，面对四五十名学生，他只能讲一般知识，很难针对每个学生的情况去讲解。张三所需要的信息，也许是李四不需要的；而李四所需要的知识，也许张三早就有了。目前，学校青春期教育的内容，普遍落后于孩子的现实与需求，更得通过家长去弥补了。这就需要让家长首先学习青春期的相关知识，以便胜任教育者的角色。在北京、天津、重庆、成都、广州等地举办的"青苹果家长讲堂"，收到了良好的效果。

当然，由于种种情况，也有的家长不能或不善于与孩子沟通。孩子迫切需要得到的信息或行为指导乃至要采取某种应急措施，就得由咨询专家出面详细讲解和帮助了。这时，学校的心理咨询室、校医室或社会上专门为青少年服务的机构所承担的角色，就显得极为重要。

总之，包括性教育在内的青春期人生教育，其目的是为了让孩子永远健康、幸福。凡是符合这一目的并有助于达到这一目的的工作，学校和家长都应当努力尝试。学校、家庭、社会的密切配合十分重要。

所以，近几年来，"青苹果"教育项目的重点已转移至家长，学校也对此十分支持。家长承担主要责任这一点，是毋庸置疑的。

青年人的职业选择与职业能力提高

陈 宇

陈 宇

教授、博士研究生导师，北京
大学中国职业研究所所长、国
家人力资源和社会保障部职业
技能鉴定中心学术委员会主任。
曾任国家劳动部（现人力资源
和社会保障部）国际劳工研究
所国际问题研究室主任。主要
作品有：《劳动经济学原理》
《现代工资理论与管理》《走向
世界技能强国》等。曾荣获孙冶方经济科学奖（2000）。

现代中国以 30 年为期，经历了三个发展阶段。第一个发展阶段，
我习惯把那段时间叫"中国 1.0 时代"，时间跨度是 1949～1978 年，
这是中国红色崛起的 30 年，我们追求的目标是政治独立。经过
1949～1978 年这 30 年的努力，1979 年 1 月 1 日有一个标志性的事件，
中国和美国正式建交，中国完成了 150 年来梦寐以求的屹立于世界民

族之林的政治独立。

第二个阶段是 1979～2008 年，我把这 30 年叫"中国 2.0 时代"。这个时代是中国的蓝色崛起时代，市场经济的蓝色海洋，席卷整个中国，实现了经济起飞。2.0 时代的第一枪是在深圳打响的。那时候来深圳，感觉就像 70 年前青年人投奔延安，60 年前青年人来到北京一样，让人感觉就像终于到了一个可以寻找幸福、寻找光明、寻找财富、寻找新生活的地方，有一种"解放"的感觉。如果我们把 1979～2008 年这 30 年看作是我们踢了一场全球经济世界杯足球赛，这 30 年我们从亚洲的印度尼西亚开始，连胜韩国、墨西哥、俄罗斯、印度、加拿大、西班牙、巴西、意大利、英国、法国、德国。在 2009 年，中国的 GDP 位居世界第三，2010 年世界银行宣布，中国的 GDP 已经超过日本，达到世界第二。

但是我们在"经济世界杯"上踢出了这么好的成绩，大家好像没有什么感觉，还有一些人感觉不太美妙。为什么？这 30 年我们在取得巨大成就的同时，我们也没有想到付出了巨大的、未曾预料而又难以估量的代价。这个代价概括来说是两条，第一条是资源和环境的代价，这 30 年的经济发展对资源的消耗、对环境的破坏，超过了历史上不止 100 年。第二条是平等和均衡的代价，社会出现的两极分化、贫富悬殊，也达到了历史上空前的水平。所以由此造成了人与自然的冲突和对立，人与人的冲突和对立。中国人均 GDP 只有 3800 美元，连日本的 1/10 都不到。中国现有的贫困人口，按照国际标准（按照世界银行的标准，每个人每天的消费低于 1.25 美元就处在贫困状态），有 2.5 亿人低于这个标准。按照国内标准（国内的贫困线标准是每人每年的收入低于 1300 元），我们有 4000 万人处在贫困线下。同时，亿万富翁的数量已经达到了世界第二，奢侈品消费已经达到了世界第一。所以在这种情况下，我非常负责任地说，在每一个人的实际生活水平都比过去有很大改善的情况下，人们对这个社会的看法、观点，越来越不同，越来越走向两极。有人说这个社会好得不得了，有人说这个社会糟得不得了。就像 150 年前英国作家狄更斯在《双城记》里描绘的一个图景，他当时说："那是最美好的时代，那是最糟糕的时代；那是智慧的时代，那是愚昧的时代；那是信仰的时代，那是怀疑的时代；那是光明的季节，那是黑暗的季节。" 一切的看法都是对立的，他描绘的是 150 年前法国和英国工业化时期出现的社会现象。

现在，我们面临的这个时代，它正在向我们提出新的挑战，中国面临新的发展转型、社会转型，这已经是刻不容缓的历史要求。在这种情况下，我们将进入"中国 3.0 时代"，预计还是要经过 30 年，下一次发展将是"绿色崛起时代"，它追求的目标是人的解放。在这个时期，我们要完成从 GDP 上对美国的超越，我们将从一个经济大国走向经济强国。同时，在生产上，要走向低碳模式，我们在社会发展上，要走向以人为本。这个时代，人和人的冲突、人和自然的冲突，将要被人和人的和谐、人和自然的和谐所代替。

职业概念——历史沿革和理论意义

大多数历史学家认为，人类有 250 万年的历史，人类产生的标志是直立行走。在 250 万年中，人类是处在野蛮、蛮荒、原始状态，直到不到 1 万年以前，又发生了一个重大的变化——出现了职业。在漫长的劳动过程中，职业又开始分工，第一对职业叫"牛郎"和"织女"，使农业独立出来、手工业独立出来。人们一直以为牛郎织女是爱情故事，其实根本不是，经过考证，那是经济发展的一个划时代标志，从那以后，人类就进入了文明时期。当然开始是农业文明，后来是工业文明。由于农业和手工业独立出来了以后，大大提高了生产效率，这样就产生了商业，当官的也出现了。这样我们就得到一个非常重要的结论：职业化是人类从蛮荒时代进入文明时代的分界线和分水岭。

工业文明的实质是全面的职业化，每个人都被卷入社会分工中去，想再回去过那种男耕女织的生活不可能了。就这么一瓶矿泉水，你都不知道有多少人参加生产，最后送到我的手里。市场经济、工业化的开山之作是亚当·斯密的《国富论》，这本 200 年以前写的书，第一章第一节第一页说的就是分工、职业化。这就说明，现代社会是高度职业化的社会。随着全面职业化时代的到来，人类的第三个历史性发展阶段就出现了。第一个阶段是"亚当夏娃"时代，第二个阶段是"牛郎织女时代"，第三个阶段我想给它找一个代表人物，一直没找着，一直到上个星期，看了一部电影，才突然明白，第三阶段的代表人物原来是"杜拉拉"。人类社会迅速地、全面地职业化，终于培养出一批现代"职场妖精"。

那么，什么是职业呢？职业是人们为了获得主要生产资料而从事的用以满足社会需要的特定工作活动。职业通常是发生在职场上，职场是按照社会需要和效率原则组成的，并且由市场机制调节的社会分工系统，是人们参加职业活动的主要平台。职业化是迄今为止人类最天才的创造、最伟大的发明、最重要的组织建构和制度创新。职业变迁和发展是社会气象的晴雨表、社会变革的风向标、社会发展的领航仪。一些职业产生了，一些职业消失了，这就是历史，这就是五千年的文明史。

职业活动——绝对优势和相对优势

为什么职业化分工这么迅速地在全球发展起来？有一个重要的原因就是职业化和分工不但能够为效率高的群体带来好处，也能够为效率低的群体带来好处。为了说清楚这件事，我就要向大家介绍一个新的概念，叫做"绝对优势和相对优势"。什么叫绝对优势？某些人由于自己先天的条件，或者后天的努力，他从事某项工作比别人效率高得多，所以他们有绝对优势，分工首先是按绝对优势分。但是绝对优势不是决定分工和决定职业化的唯一条件。如果某个人和你相比，他不具有绝对优势，但他具有相对优势，也就是说他从事某项工作，比你有优势，他仍然可以参加到分工和职业化这个过程中来。

乔丹投篮极准，罚球几乎是百发百中，打后卫、抢篮板、盖帽技术在 NBA 历史上无人可比，他是职业篮球运动员，在芝加哥公牛打球，这是有绝对优势的。杨春妮对篮球一无所知，去美国之前都不知道有个 NBA，打篮球也不行，才 1.55 米，50 公斤重。在加州能干什么呢？想来想去，除了上麦当劳洗碗，没别的事可干。在麦当劳洗碗，每小时 15 美元，大概是美国的最低工资。杨春妮高高兴兴地去洗碗，迈克尔·乔丹打篮球，一年挣几千万美元，俩人相安无事。按照绝对优势理论，就是这么分工。

但是现在新的问题来了，乔丹他们家后院的草长高了，草坪又大，要有人负责剪草。乔丹在黑人区长大，自己又是人高马大，喜欢修草坪这种工作，小时候就干过。如果他来剪草的话，一小时就能剪完。美国的剪草机非常笨重，不适合中国的女孩，所以中国的女孩用美国的剪草机很困难。假如要让杨春妮来剪这块草皮要 4 个小时，所以在剪草问题上，我们可以看到，乔丹有绝对优势，杨春妮有绝对劣势。所以这个草该谁剪？该乔丹剪。这样做没有问题吗？有问题，乔丹不愿意屈尊。

现在一个新概念就出现了，叫做"机会成本"。什么叫机会成本？就像我们第一排这个爱说话的小男孩说的，假如乔丹不把这一小时拿去屈尊剪草，而是给耐克公司拍一小时电视广告，他可以得 20 万美元。耐克在他没成名前，就已经看中了他，给他投了资，给他做了包装，所以你的投资要早，要看准。现在又有一个问题，乔丹虽然没上过什么学，但是他不是那种四肢发达头脑简单的运动员，他马上就明白他不能剪这个草，他马上就采取了一个行动，拿出了 100 美元给邻居家那个爱笑的小妹妹，帮他剪草坪。从中国四川来佛罗里达州立大学读 MBA 课程的杨春妮小姑娘马上就算过账来，在麦当劳也是体力劳动，我在乔丹家开电动剪草机，1 小时 25 美元，4 小时就是 100 美元。但是在麦当劳洗碗，1 小时 15 美元，同样做 4 小时，我就多赚了 40 美元。乔丹如果去剪草，他付出的代价是不能拍电视了，损失 20 万美元，这就叫机会成本。乔丹有机会成本，杨春妮剪草也有机会成本。她去剪草不能去麦当劳洗碗，她不能洗碗损失的是 60 美元，但她挣的是 100 美元。她马上就接受了令人崇拜的邻家大哥哥的邀请，说"没问题，我帮你剪草"。所以在剪草这个问题上，乔丹具有的是相对劣势，而杨春妮具有的是相对优势。

所以我想跟大家说，无论从社会变革上，还是从个人发展上，我们都不要灰心，我们都有机会。在分工的条件下，在职业化的条件下，任何人不是可以依靠自己的绝对优势，就是可以依靠自己的相对优势脱颖而出。

职业选择——个人和社会、梦想和现实

一切时代、一切人，面临的根本问题是个人和社会的关系。人最具有个性，每个人和另外的人都不一样，世界上只有一个唯一的你，每一个人都是独立的、独特的、排他的。但是同时每一个人又都离不开其他人，人是最具有个性的生物，同时又是最具有共性的生物。这就让人类很纠结。我们面对的最重要的一个问题，可能就是永远在追随着我们，就是个性的、天然的、单独的人，如何变成共性的、社会的、合群的人？很难。职业人是这样，每一个人生下来，他是自然的、原始的、蛮荒的，就像人类的历史 250 万年，刚生下来的时候人人都一样，然后慢慢进入社会化，最终完成社会化，对一个孩子来说，标志就是他的职业化。职业化才是一个人成长、成熟、自立、成功的标志。

什么是职业化？职业化就是职业和自我的结合、职场和人生的结合，就是个人如何融入社会。显然，职业化如果要顺利完成，必须了解两件事，第一是了解职场、了解职业、了解社会，第二是了解个人、了解自我、了解人生。在这两个方面，我们很多的小朋友不愿意下功夫，既不了解自己，也不了解社会；既不了解自我，也不了解职场。职场和自我到底是什么关系？我记得美国著名管理学家斯蒂文·柯维讲过一个故事，他刚参加工作的时候，在海军的一

艘大巡洋舰上当水手，有一次在海上演习，海面突然起了大雾，夜色降临，伸手不见五指。那时候海军是靠旗语和信号灯通话的，由于没有能见度，旗语就不管用，就靠信号灯了。这时，军舰发现对面有一个灯光，慢慢地向它靠近，军舰的舰长是联合舰队的司令，他非常有经验，知道这两个灯光互相接近，再这么下去两艘船就得撞上，所以他马上命令信号兵给对方打信号，那条信号是这么说的："我们正迎面开来，建议你转向20度。"这时候对方立刻也发来了一个灯光信号，说："建议贵船转向20度。"舰长一听就不是很高兴，就让信号兵又发了一个信号说："我是联合舰队司令泰勒中将，请你立刻转向20度。"不料对方又回了一个信号："我是二等水手汤姆上尉，请贵船立刻转向20度。"这个舰长当时就勃然大怒，冲着信号兵说："告诉那个小子，这里是巡洋舰，请他马上转向。"那小子马上打来一个很短的信号说："这里是灯塔。"斯蒂文·柯维说："结果我们什么也不说了，我们乖乖就掉头走了。"灯塔默默地耸立在高高的岩石上，你对它有什么办法？联合舰队司令又奈它何？大海时时掀起浪花、掀起波涛，你能把它抚平吗？在这个世界上，在我们的生活中，有很多东西是改变不了的，在这种时候，你能改变的就是你自己。所以现在的问题就是职场和人生，这两者谁是塔、谁是船？哪个该掉头？你们在职场中，你们是怎么表现的？从一开始给职业和职场下定义的时候，就说职业和职场是为了满足社会需要而产生的。换句话说，职场不是哄你高兴、逗你笑、陪你玩的地方，恐怕正好相反，职场是你哄别人高兴、逗人笑、陪人玩的地方。

对于任何人而言，职业和职场都具有客体性、外在性、刚性。职场是让我们满足社会需要的地方，满足民众需要的地方。职场、社会是最多变的，民众、老百姓是最花心的，今天捧凤姐，明天捧芙蓉姐姐，但是我们毫无办法，我们只能顺应它，否则消失的不会是职场，而是我们自己。这几十年经济迅速发展，风云人物、弄潮儿太多了，在职场上你方唱罢我登场，来去匆匆，其实就是一条，不能够及时适应职场的发展变化。

相对于职场这个客体，我们自己具有主体性、内在性和柔性。所以个人职业发展的核心问题是内在的主体如何适应外在的客体，柔性的人生如何适应刚性的职场。各种职业咨询、职业指导大量引用国外的心理测量技术和方法，如霍兰德的六种职业性向、加德纳的八种多元智能等，我不是说这种东西不好，也不是说这种东西没有用，你们愿意测都可以测一下，但最根本的问题是，你必须要把握住你和职场到底是什么样的关系。

首先掌握的是个人和职业、人生和职场的关系。每个希望获得职业成功、职场成功的人，都应当牢牢记住这句话："职场是人生的硬约束。"教育是大家议论得最多的事情，一直存在两种根本对立的教育观点和教育方法。一种观点认为现行教育制度代表正义、公平、均衡，代表国家和民众利益。现行的教育制度没有大的问题，即使有问题，也不能找到比这个更好的制度，所以不需要进行大的改革。另一种观点认为现行教育制度代表落后、保守、反科学、反规律，和现代社会进程以及人才培养规律背道而驰，严重危害了国家发展、民族前途和学生的权益，对之必须进行根本性改革。相应的两种做法，一种做法认为，教育和学习的主要目的是应对教育测评和国家考试，教育活动的主要内容是记忆、背诵、重复，熟练掌握现有知识和规定技能，并以此为尺度，对学生进行社会分层。另一种做法认为，教育和学习的主要目的是激发人的积极性、主动性、创造性，实现人的职业化和社会化。为此，教育活动的主要内容是以学习者为中心的探索、质疑、挑战和发现，是学习者自主的创造性活动。这两种完全不同的观点、完全不同的做法背后是人们特别是教育者对人的生活、人的发展、人的职业化和人的社会化的意义、方法和途径的根本不同的理解。

温家宝总理在长达一年多的时间内，主持制定了《国家中长期教育改革和发展规划纲要》，"改革"这两个字是温家宝总理亲自加上去的，说明这个纲要，总理特别看重的是"改革"这一点。为了这个纲要的出台，总理指示，向全国人民多次征集意见，上网公示，自己也亲自主持了 5 次座谈会。在这样一个座谈会上，我也毫无保留地向总理面呈自己的看法，概括为三句话：30 年教育成功的主要经验是教育和经济发展、生产劳动实现了紧密结合；当前高端教育存在的主要问题是脱离经济、脱离生产、自我循环、自我服务；对纲要的期望是，刻不容缓地建立一个和经济、生产紧密结合的新教育体系。教育应该培养什么人？应该培养职场成功的人。我们现在每年培养出 600 万大学生，有 200 多万找不着工作，更不用说职场成功。

不了解职场、不了解孩子，是中国教育的致命伤。我们的教育把职场成功偷换成为考场成功，说只要你考场成功，你就前途无量。完全不是那么一回事，如果你的考试是模拟社会、模拟职场，没准也还能起作用。关键是你的考试和社会、职场一点关系都没有，我们不能够把本来应该生动活泼、百花齐放地帮助孩子实现社会化、实现职业化的教学活动，变成像现在这样僵硬的、僵死的、封闭的背书考试活动。中国教育应该走上全面改革创新的道路，聚焦职业化、促进职业化、回归职业化是教育改革的主要方向。

职业能力——核心素质、核心能力

职场是人生的硬约束，能力是人生的软实力，最重要的武器是提高我们的能力。我们从小就听过老子的一个故事，老子去看他的老师，他的老师张开他的嘴让老子看嘴里面有什么东西。老子说："你的嘴里面一颗牙都没有。"老师说："有什么？""有舌头。舌头还在，牙一颗都没有了。"明白这个道理吗？柔性才是不可战胜的。老子有很多这方面的言论，"天下之至柔，驰骋天下之至坚"。天下最柔弱的东西——我们的软实力，可以攻克最坚硬的东西——职场。但是关于职业能力，我特别强调，核心是职业素质和职业技能。

职业和发展——工作与成就、今天与明天

职业发展是每个人都要经历的，正像有一万个人就有一万个哈姆雷特一样，有一万个人就有一万部职业发展史。对青年人的职业发展我有4条建议。①了解社会生活。真实的社会、真实的生活是什么？是磨难，是艰辛，是一个接一个几乎无法解决的问题，几乎无法克服的困难。无数的成功者都有这个体验。②熟悉职场规则。职场是一个约束自我、压抑个性、克制欲望的地方，我们要通过自己不懈的努力，让别人成功，让团队成功，让公司、让老板成功，你能够等待山花烂漫时，你在花丛中偷着乐，这就不错了。③寻找自身位置。在经历了以上两个过程之后，你可以开始问：你是谁？你从哪里来？要到哪里去？你是想像一只花蝴蝶那样匆匆地飞过去？还是想像蜜蜂、老鼠那样安营扎寨，在这里劳作一生？你自己来回答。④品味成败甘苦。在一次次成功与失败中，你总结自己的经验，度过自己有意义的人生，你的职业发展史就是这样组成的。

善用优势，经营快乐人生

钟 年

钟 年

武汉大学哲学学院心理学系主任，教授、博士生导师。主要作品有：《文化之道》《中国人的传统角色》《中国文化厄史》《黄鹤楼志》《大江东去——长江流域的自然地理与人文地理》等。

按我的理解，这个题目的重点在后面——要用优势来经营快乐人生。所以，我们可以从快乐谈开去。

什么是快乐人生

快乐是现在大家很关注的问题，各个地方、各个城市、各个组织，甚至居委会、街道里面大家用照片做了很多的笑脸墙。心理学告诉我们，看到了笑脸，也许我们真的就变得有笑容了，因为这个笑脸在提示我们：你为什么不笑？于是我们大家都笑了。

2010年温总理在"两会"报告上讲了一句话，这个话题是让心理学家很激动的话题。他说："我们所做的一切就是要让人民生活得更加幸福、更加有尊严，让社会更加公正、更加和谐。"后面那些话我们在好多年前都在讲，但是"尊严"和"幸福"这样的话题，确实是新提出的话题，而心理学家真的对它很感兴趣，为什么呢？因为心理学家们确实在讨论"尊严"和"幸福"的问题。

心理学家马斯洛的金字塔理论和温总理讲的话是有关系的。在金字塔的底部是一些生理的需求、安全的需求、归属的需求，再往上就是尊严和幸福。我想说自我实现在一定意义上就是幸福，我体会到一种成功的、一种完美人生的幸福感，是一种情绪巅峰的体验。

这样的话题和我们今天要讲的内容是有关系的，幸福在一定程度上也用这样的词，我们往往说快乐、幸福，我今天也把这两个词放在一起说，我并没有作一个严格的区分，而且在我们解释的时候，这两个词经常是可以互释的。快乐和幸福放在心理学里面来谈，和心理学新近的研究倾向或者新近的心理学分支是有关系的，这样的分支我们把它称之为积极心理学或者幸福心理学。积极心理学或幸福心理学关心的就是人们的积极情绪和情感，包括我们讲的快乐和幸福。

积极心理学一开始并不是中国的东西，是西方的东西，包括心理学也是西方的东西，但是我想说，积极心理学虽然是西方的东西，但是对于积极的追求、对于快乐幸福的追求，中国人一贯也有这样的传统，而且是中国文化优良的传统。很早我们就知道共产党要为大家谋幸福，其实快乐和幸福是中国传统文化里更悠久的传统。

我们来看看什么是快乐、什么是幸福？心理学告诉我们，人是爱比较的动物，很多时候我们的感觉是比较得来的，包括幸福感。2009年的春晚捧红了小沈阳，他有一个节目叫《不差钱》。在《不差钱》里面他从反方向来谈什么是快乐和幸福，小沈阳这样说："人生最痛苦的事情是人死了，钱没花完。"他的师傅赵本山就反对："人生最痛苦的事情是人活着，钱没了。"于是有的人说人活着不差钱，这就是幸福。幸福好像和钱是有关系的，到底有没有关系呢？幸福当然和钱会有关系。心理学、经济学都在研究这个问题，但是研究来研究去有的人发现了一个悖论，发现当国家变得更富有的时候、当我们变得更有钱的时候，其实我们的平均幸福水平、我们的幸福感指数并没有同步上升，也就是说我们更富有了，但我们是否更快乐，好像不一定，于是就成了幸福收入之谜。

沿着这样一个思路，很多人做了很多的研究。比如美国人的情况，20世纪后50年，人均国民收入在上升，但是平均幸福感基本上保持一个水平线，甚至略微下降。有人也调查过中国人的情况，发现中国人最近这些年收入也在上升，但是我们的幸福感一开始在上升，后来变成水平，到现在又有所下降，就是说中国也重复了这样一个基本的曲线。到底什么东西和幸福关系更大呢？心理学家较早就做了比较长期的追踪研究，检验了很多东西，如高收入、高学历、婚姻、年轻美貌，检验后发现这些东西和幸福的关系不是很大，也就是说它们对幸福的贡献不是非常大。最后发现是这些东西，像和谐友好的人际关系、挚爱亲朋的关怀、温暖的社会支持、适当的社会交往技巧对幸福的贡献比较大。这说明，我们的幸福不见得一定是钱给的。在这个问题上，中国人是长项，中国人是特别讲究这些东西的，我们叫人际关系。

幸福快乐是一些积极的东西、积极的情绪，但是也有很多消极的东西、消极的情绪会影响我们。于是积极的、幸福的心理学家给了这样一个名词，叫做"幸福的窃贼"，有不好的情绪，它实际上是小偷，它会把我们的很多东西偷走，包括把我们的快乐感偷走。有哪些东西？忧愁、郁闷、焦虑、压力、畏惧、愤怒、怨恨、嫉妒等，这些东西会偷走我们的快乐和幸福，那怎么办呢？我们当然有办法。

前辈已经告诉了我们很多的答案，这里有两个答案：一个是中国古人的答案，一个是西方哲人的答案。中国的古人告诉我们，真正的幸福来源于内心；西方的哲人告诉我们，幸福的根源在自己。中国词典上对于幸福和快乐的解释是称心如意，我特别喜欢这四个字，这是心理学的解释。问题是这个解释没有主语，它缺一个主语，主语是谁？是自己，那么词典的解释就是"我称心如意"。

什么是优势

心理学告诉我们，每个人都有自己的优势，我们要用优势，就要用自己的优势，而心理学可以帮助我们来认识自己。在心理学里面有一个专门的分支，专门研究自我，我们可以把它称为"自我心理学"，在自我心理学里面又告诉我们自我如何发现自己的一些东西，包括发现自己的优势。

这是著名的心理学家的一句话，这个人被称为美国心理学之父——威廉·詹姆斯，意识流就是他提出的概念。他说："自我是人类心理宇宙的中心，假设每个人都有心理的世界和心理的宇宙的话，中心就是自我，就是自我的概念，就是自我的意识。"根据他这句话，对于每一个人来说，最重要的或者居于中心地位的是自我，这个自我不光每一个个体是这样，其实每一个个体都可以体会到我们自己这个个体的自我中心。

曾经发生过这样一个故事：好多年前有一批企业家成功了，成功以后就要犒赏自己，去香港旅游。旅游一圈之后最后他们想起一件事情：我们不能光玩，还要做一点正事，可以拜访一下香港的企业家。他们最想拜访谁？李嘉诚。中国人特别会找关系，最后通过各种关系见到了李先生，大陆的企业家问李先生一个问题："如何做企业？如何挣钱？"李先生出乎意料地没有直接回答他们的问题，而是反问了他们四个问题，李先生说你们的问题我先不讲，我先问你们四个问题：①当我们梦想取得更大成功的时候，我们有没有更刻苦地准备？②当我们梦想成为领袖的时候，我们有没有服务于人的谦恭？③我们常常只希望改变别人，我们知道什么时候改变自己吗？④当我们每天都在批评别人的时候，我们知道该怎样自我反省吗？

这四个问题实际上都是关于自我的问题，也就是说李先生没有直接回答他们说的怎样到外界去争取金钱、物质、财富，而是说你们可不可以回到内心，可不可以反复自问，问你自己，我们自己可以做一些什么事情。我们的老祖先——孔子在很早的时候就认识到这点，并且成为中华文化优良的传统，这个传统就叫扪心自问，即反省。想认识自我吗？那就从自省开始，这是我们最好掌握的、最简便的一种方法，也是每一个人都可以通过自我努力做到的一种方法。

除了这个方法之外，还有很多其他的方法。我这里只强调另外一个，叫做"他人"。我们一直说心理学虽然是在讲"自我"，但是它从来不是脱离"他人"来讲"自我"，它告诉我们自我和他人是有关系的。如果我们要认识自我、如果我们要发现自我的感知，可以通过很多途径，如社会化，别人促进教导我们，别人促进我们成长，通过别人对我们的教导我们感觉到了我是我自己。角色扮演在心理学里面很重要，当我们自我的角色意识很强的时候，我们往往能够比较清楚地知道自己是谁，这就是角色扮演。美国学者库利（Cooley）很早就提出了一个理论——"镜中我"。"镜中我"是什么意思？是说别人对于我而言是镜子，别人就像一面面的镜子，想看清自己要透过一个个别人的眼睛来看我们自己，透过别人对我的评价来认识自我。

讲了自我、讲了自我的认识，我们还想讲一些东西，叫自我的力量。我们说认识了自我之后，是想认识自己的优势，认识到用自己的优势来经营我们的快乐人生。心理学家告诉我们，自我是有力量的，自我在很多时候可以发挥各种各样的功能和作用，自我可以帮助我们认识自己，也可以帮助我们认识外物，还可以帮助我们认识别人，我们对外界的很多感知都是透过自我来实现的。

两个有不同的自我观、有不同的自我认识和自我概念的人，看待同一件事情的反应是不一样的。同样半杯水，一个人说："太好了，还有半杯水。"另一个人说："糟糕，只剩下半杯水了。"一个人也许我们称之为乐观的人、积极的人，另一个人也许是悲观的人、消极的人，哪怕他们看同一个对象，他们都会发生不同的变化和不同的反应。

这是一个很老的故事。有三个人在那里砌墙，有一个路过的人就问这三个人："喂，你们在干嘛？"第一个人没好气地说："看不出来吗？我在砌墙。"第二个双目炯炯有神地回答："我在盖一栋大楼。"第三个人不光双目炯炯有神，还抬起头来看着远方，说："我在建设一座城市。"十年过去了，第一个人还在砌墙；有的版本说第二个人成了著名的建筑设计师，还有一个版本说第二个人成了著名的房地产商；第三个人成了这个城市的市长。这个故事其实在一定意义上就是自我心理学的故事，它告诉我们自我可以影响我们的未来。可以说有什么样的自我，就有什么样的未来。

从正向看，有很多的力量告诉我们，自我真的可以帮我们做很多的事情。这个效应是罗森塔尔效应，心理学家对一个班的学生做实验，把全班分成两组，告诉班主任一组是最具潜力的，另外一组恰恰相反。班主任拿着名单觉得奇怪：这个名单怎么和我掌握的情况不一样？过了一个星期，心理学家再回到这里，班主任告诉他："真的和您说得一样！"心理学家告诉他，其实那个名单是随机抽出来的。也就是说，当我们改变自我之后，其实我们真的可以完成、实现很多事情，心理学家把它称之为"自我实现预言"，它依然在讲自我的力量。罗森塔尔效应就是一个典型的自我实现预言，当你这样想的时候，你就会这样做，当你这样做的时候，最后就获得了这样的结果。

电影《肖申克的救赎》《幸福终点站》估计很多人看过，它反映的内容就是自我的力量。《肖申克的救赎》里面讲了若干个人物，其中有一个主角是银行家安迪，安迪有一个好朋友瑞德（黑人），还有一个更老的囚犯是管图书室的布鲁克，我们把他称为老布。这三个不同的人最后结局不太一样，结局不一样是怎么造成的呢？在一定意义上就是自我造成的，因为安迪一直怀有一个信念，就是我一定要出去，我是冤枉的，当他想这些的时候他就会去做、就会去争取，最后真的就出去了。《幸福终点站》是汤姆·汉克斯演的，演的是因为偶然的原因被滞留在纽约机场的一个人，他既回不了国，也进不了纽约，他在机场一待就是几个月，他一直想进入纽约，他一直想干一件事情，想实现他父亲的遗愿。所以他每天起来之后，刷完牙、洗完脸、穿好衣服，就跑到签证官那里去填表，要求进入纽约。签证官告诉他，不可能给他签，但他还是每天去。本来是一件不可能的事情，但是他把它变成了 50% 的可能。他坚持、他争取，最后的结果是他实现了。

其实一直以为不可能是一个客观事实的描述，当我在说的时候，我一直觉得不可能。实际上不可能是谁说的？是自己说的，不可能其实不是客观事实，不是对于客观事实的描述，它只是我们脑子中的一个主观的估计，就是我自己认为它不可能。但问题是当我们认为一个事情不可能的时候，很有可能就真的不可能了。为什么呢？因为我们讲到不可能，我们就不会去努力了。但如果主观认为可能并努力去争取、坚持，说不定不可能就变成了可能。西方的哲人罗素就讲过一段话，人类有三个敌人：一个是自然，一个是他人，还有一个就是自己。罗素告诉我们，三个敌人中自己最可怕。自我是我们最先遇到的敌人（对手），它也是我们最大的敌人（对手），我们要做的事情实际上就是认识自己、超越自己，在一定意义上战胜自己。我们的优势在哪里？我们的优势就是去认识自我、去发挥自我的潜能、挖掘自我的潜能。我们的态度很重要，我们要寻求积极的内容，积极的心理学也叫幸福的心理学，它在我们每一个人身上都会产生巨大的积极的力量。

我给大家看一个心理现象，看一个和自我相关的心理现象，这种心理现象我们把它称之为"自利归因"，归因简单地说就是在寻找事物、行为背后的原因，归因是说我们每一个人都有这样的倾向性——解释，解释周围的事物、解释他人的行为，人就是一种解释性的动物。比如夫妻吵架，其实夫妻吵架很多时候是不理性的，夫妻吵架吵的就是记忆，吵的就是多少年的新仇旧恨，一吵就吵到谈恋爱的时候，你那个时候就对我不好什么的。吵架的时候每一个人都站在自己的立场上，为自己争取有利的证据。政治家也是一样，如果政治的行为（竞选）成功了，他会说我的竞选方针正确、我有头脑、我很多的事情做得对，我自己有各种各样的政治魅力；如果输了，他就不讲自己了，他们要重新验票，说对方在作弊。

心理学把这种现象称之为"自利偏差"。它是一种偏差，是一个对于自我不太正确的认识。这个偏差其实不是错误，因为这个偏差人人都会出现，这是一个普遍的心理现象。这样的偏差有它的好处，它是一种积极的错觉，心理很可能会自我实现。我们把自己失利的原因归到别的地方，我们可以重整旗鼓、东山再起、扭转乾坤。

与此相关的是，我们怎样来看待我们所经历的事情？当今是一个追求成功的时代，人人都想成功，我们讲快乐人生实际上也是一种成功，要励志。怎样解释成功以及怎样解释失败，这是我们认知的问题，积极心理学可以从正向讲、从积极的方面去讲，去发掘它积极的意义。西方讲挫折是一次意外，这是西方的谚语，它告诉我们，失败和挫折是意外的。中国人讲失败乃成功之母，今天网上的讲法是"成功就是站起来的次数比倒下去多一次"。积极的心理学帮助我们获得这样一些东西，让我们获得一些良好的感觉，获得一些自尊、自信、自强，能获得这些也许我们就可以做得更好。

善用优势经营快乐人生

善用优势经营快乐人生是心理学的一些最简单的建议。比如保持良好的体态，挺胸抬头、快步行走，也许你就体会到了和弯腰驼背、满面愁容的走路不一样的一种感觉。研究表明，当改变了我们的行为之后，其实有可能改变我们的心态，也就是说，我们有了这样一种行为，其实我们更有可能改变这种心态。比如坐在第一排和坐在最后面一排一样吗？心理学家发现，当你坐在第一排的时候，和坐在最后一排很不一样，最后一排很自由，但是你坐在第一排的时候，我们会比较注意自己的形象，因为我们知道后面还有很多人在看我们的后脑勺，第一排的人会很精神、很专注。就是这么一个很小的改变，都有可能让我们获得更多的东西、更积极的东西，这就是心理学家最简单的建议。不光想，还要做。

积极是一种力量，可以改善一种生活，当我们改变这样一种态度和认知之后，可以改变我们的生活。但同时，我们需要清醒的认识，我们需要辉煌的梦想，我们也需要乐观的心态，我们也需要磅礴的激情，我们更需要的是踏踏实实的行动，是因为我们要做，哪怕做得很少，哪怕迈出很小的一步，取得一个很小的成功，这样一个实际的回馈，对我们都有影响。很小的进步，也许最后会积累成一个很大的进步。我们可以怎么做呢？心理学当然有很多的建议，建议我们多听听音乐，多欣赏一些好玩的东西、好笑的东西，甚至锻炼一下身体，多接受一些阳光、多呼吸新鲜的空气，甚至美美地睡一觉，都可以让我们增加积极的因素。

上面讲的那些内容，无非就是两条：一个叫悦己，一个叫乐群，一个是对自己的欣赏、对自己的接纳，另外一个是我们看到旁人的力量，我们可以很好地融入其他人当中。这两个方面都有可能让我们变得更幸福、更快乐、更积极。现在有一个节日，5月25号是"吾爱吾"日，这样一个节日是提醒我们，哪怕一年有一天我们自己爱一爱自己，自己欣赏一下自己，也挺好的。除了这些外，我们希望大家可以乐群，我们可以在群体中从他人那里获得一种快乐和积极的力量，我们可以和他人在一起分享很多东西。

对于幸福，前人没有一个统一的定义，所以到底什么是快乐、幸福，我们是讲不清楚的，因为不同的人有不同的讲法，有人说银行的存款也好、好吃的东西也好、心灵的宁静和淡泊也好，或者幸福来自于与他人的分享也好，或者有人说幸福是一种美德，这都是我们对幸福不同的讲法，我们可以有我们自己对幸福的定义。除了对幸福的定义之外，我还提倡，我们可以去找幸福，幸福是可以寻找的，我们不要在那里等待。怎样找幸福？这是传统文化中的一个例子，孔子问他的学生，你们的志向是什么？学生们讲了各种各样的志向，讲了很多很大的志向，孔子都没有出声，孔子最后说的是什么？是曾皙的意见，他讲了我们很熟悉的情景：到了暮春三月，换上春天的服装，约上一伙朋友，我们到河里去游泳，到高台上去吹吹风，然后唱着歌回来，这就是我的志向，多么快乐。孔子马上说：对对对，我也是这样想的，正合吾意。这就是我们在追求、在寻找的幸福。

其实我们可以用各种各样的方法找快乐，我们可以去总结快乐。心理学研究也告诉我们，寻找快乐，并不要花费很大的力气。心理学有一个研究，叫 1 毛钱效益，打公用电话的时候，假设塞 1 块钱的硬币打电话，最后显示出我花了 3 毛钱，挂机，这个电话机就会退给我 7 毛钱，你拿着 7 毛钱就会走人。但是心理学家在那个电话亭上做了一些设计，出现另外的结果。比如打完 3 毛钱的电话，出来一堆钱你一数，8 毛钱，你会干嘛？走人吧！走得更快了。还有第三种结果，打完 3 毛钱的电话，出来一堆钱，你一数，怎么数都只有 6 毛钱，你不一定走人了吧！我们常人最正常的反应是伸手在那等一会儿，等了一会儿没出来，你会拍它，拍了还不出来，你会踢它，踢了半天那 1 毛钱还没出来，你还是要走人。假设你从电话亭出来了，碰到一个人，那个人手里抱着一堆东西，走到你面前的时候一堆书掉在地上了，我想问大家，谁会去帮助他？多得了 1 毛钱的人会很高兴地帮他把书捡起来；谁最不愿意帮他？少了 1 毛钱的，少了 1 毛钱的人看到书掉了，一翻白眼说："你掉了书，我还亏了 1 毛钱呢。"这说明，其实让我们快乐和不快乐很简单，只需要花 1 毛钱，但我们在很多时候会丧失这样的智慧，我们会为了 1 毛钱而纠结。

前面提到"比较"，"比较"是有道理的，问题是我们要善用比较，我们要和谁比。心理学家告诉我们，我们和谁比很重要，比得不恰当，很可能会让我们不幸福；比得恰当，会让我们感觉到很快乐、很幸福。一些哲言警句告诉我们："快乐不是因为拥有的多，而是因为计较的少。"这都是古人的智慧，有中国的、有西方的。总结起来在讲"知足常乐"。其实人生活在这个世界上，最大的智慧也许就是"度"的智慧，掌握了一个恰当的度，也许我们就可以获得更多的、更积极的东西，也会获得很多快乐和幸福的回馈，这是我们可以做的事情。

　　心理学家做过这样的研究，研究过一些重症病房的病人。比如说得了绝症的人，心理学家想象，绝症病房是死一般的寂静，得了绝症的人活不了多久了，那里的病人一定是很消沉的。但是很意外，心理学家发现很多绝症病房的人其实过得很积极、很高兴、很快乐、很健康，心理学家就问他们："你们怎么这么快乐？"好多人是这样回答的："你看到我们挺惨，其实隔壁病房的比我们更惨，我们其实已经蛮不错了，我的生命并不多了，在不多的生命里面，我一定要珍惜、一定要好好过。"我们现在的人为什么都不珍惜呢？因为我们都觉得我们的日子还长着呢，那么长的日子慌什么啊？但是心理学家就说，我们能不能设想，假设我们只剩下半年了，你会怎么过这半年？美国有一个电影叫《意愿清单》，是摩根·弗里曼演的，是说两个人最后还剩下几个月的时候，这两个人怎么过。他们完成了自己很多平常没有完成的愿望，人会很积极地过最后的时间。心理学家就说了，为什么我们一定要等到得了绝症才这样想呢？我们为什么不可以现在就这样想呢？我们为什么不能今天晚上就这样想呢？我们过好未来的每一天，我们积极地、快乐地过好每一天，这难道不是更好吗？

　　心理学家还有一个讲法，其实每个人都有很多的目标和动机，心理学家把动机作了一个区分：一类叫外在动机，一类叫内在动机。外在的动机是因为外在有一些东西在引发我们、引诱我们去追求它，而内在的动机是说我们发自内心深处的一些东西，内在动机其实更持久、更稳固，而内在动机的追求可以让我们获得更多的快乐和幸福。这是中国古人内在动机追求的一个例子，《论语》里面有这样一个典故——孔颜乐处。孔子和颜回，有一些让他们很快乐、很幸福的地方，是什么东西呢？我们看看颜回，颜回住在很破的房子里，吃的是很糟糕的饭、喝的是很坏的水，但是颜回很快乐。为什么快乐？孔子告诉我们说，是因为颜回在追求知识，在追求认识世界，正因为他有这样一些内在动机的追求，所以他很快乐。孔子、颜回他们寻找到更多的是让我们持久的、内在快乐的根本性因素。

科学家往往都是这方面的代表，因为科学家有科学家的乐趣，很多时候我们都不了解。以前有一篇报告文学《哥德巴赫猜想》，是湖北的一个作家写的。他写到陈景润，陈景润在我们眼里看起来生活好像过得很糟糕，但是问题是他一定糟糕吗？我们不是他，我们不知道他的快乐，他的快乐是内在的追求，是对自然的了解，对于自然奥秘的持久的、内在的追求。

中国古人有一句话，叫"达则兼济天下"，我一直以为这句话可以倒过来说，叫做"兼济天下则达"。今天有一个词很流行，叫达人，什么叫达人？达人就是很成功、很快乐的人。古人还讲过："天下兴亡，匹夫有责。"心理学研究也告诉我们，有些时候我们跳出自我的追求和局限，我们反而会获得一种更大的快乐，也许我们可以称之为天下之乐，这也许是更持久的一种快乐。

最后我们作一下总结，快乐的、幸福的心理学可以是一种观念，它提倡我们要改变观念，但是它更应该是一种行为。快乐和幸福是多种多样的，每一个人都可以追求自己的幸福，每一个人也可以拥有自己的幸福。快乐、幸福是丰富多样的，关键在于自己的感知和体味，我们不要等待别人的恩赐，要自己去积极寻求，请从身边的一点一滴做起吧！

都市新生代的财富观与人生价值

任剑涛

任剑涛

中国人民大学国际关系学院教授，政治学理论与行政管理跨专业博士生导师。1998～1999年美国哈佛大学燕京学社高级访问学者。入选教育部新世纪优秀人才支持计划，曾获国务院有突出贡献专家特殊津贴、华夏英才基金、霍英东教育基金教师奖。主要作品有：《权利的召唤》《伦理王国的建构》《中国现代思想脉络中的自由主义》等。

告别贫困的中国，享受财富对我们来说还处于学习阶段，要在由某种不适当、某种冲动甚至某种炫富而招致人们嫉恨和批评的情况下，我们也依然需要明白财富享受是正当的，所以要树立乐观正当的财富观。

我们刚刚有财富、刚刚有资本开始炫富的时候，便有人对那些发了财的人咬牙切齿，这个其实大可不必。他们也在学习怎么去享受财富，50后、60后的父母为80后、90后的子女创造的财富，他们在比较艰苦的环境里头同样可以创造财富，而80后、90后的年轻人除了享受他们父母的财富之外，以这种年龄和状态很难深刻地领悟人生。就像我们不能以40岁、50岁年龄的人对人生的成熟看法去苛求80后尤其是90后的炫富行为一样，我们对他们的炫富行为也需要一种宽容，愿意耐心地去等待他们随着他们的成熟去摆正财富的位置，他们即将来承接中国下一个30年的发展重任，国家将得到更深刻、系统、全面的发展。下面我跟大家一起探讨如下几个问题。

一　从丰富人生、发展人生的角度来谈论财富问题

第一，从古到今，尤其是近30年，在国家振兴、财富聚积、GDP由全世界第180位迅速上升为世界第二位的情况下，中国人的财富观可以用一句最简单而又明了的话来形容：对财富来讲，中国人"接触最多，认识最少"。这八个字有两个方面的含义：对有形物质财富来说，只要人生活在这个世界上，物质财富就是我们生存的基本条件，这是必不可少的。正因为这样一个必不可少的条件，所以每天、每时甚至每刻，我们都要想到财富问题。如果某个人说他从来没有想过财富，总是想人生思想道德境界如何有辉煌的登顶，那我认为这个人是个伪君子。孔子已经说得非常准确："君子爱财，取之有道。"孔夫子是不拒绝物质财富的。当有了物质财富以后，不管是我们对财富形态本身的思考，还有我们对财富意味着什么的思考，其实我们的观点是苍白的，我们的思想是贫乏的。

相对古典时代的财富观，我们对财富的认识实际上具有某种狭隘性，看不起有形物质财富，而更加注重人生的道德境界。但发了财后中国人的内心一直是感到惭愧的，所以最好买个官当，叫"捐官"。

"你要是发了财不当官，就是满肚子坏水，无商不奸。"你如果变成红顶商人了，就是好人，所以胡雪岩都要成为红顶商人就是这么来的，或者摇身一变从商人变成地主。

从这个意义上讲，中国人确实需要把自己"接触最多、认识最少"的财富摆到台面上来，像解剖麻雀一样细致入微地分析什么是财富、怎么去追求财富、怎样去聚积财富、怎样去分配财富、怎样去享受财富以及给我们带来的人生发展。

第二，我们的财富观念处于一种非常焦灼和矛盾的状态。这个矛盾表现在哪里呢？那就是"财富有时则困扰，财富无时则困难"。没有钱觉得过日子很难，不知所措，但突然一下子财富多了之后，钱怎么花呢？尤其是我们在城市扩展和城市改造方面，富一代也好、富二代也好，在这方面教训实在是太深刻了。《豪富》的作者写到美国的豪富们时有两个问题困扰他：一是发财之后不知道怎么去解释自己青年时候的奋斗，因为青年时候的奋斗在他发财之后就遗忘了；二是富裕以后面如何教育子女有一个正确的财富观。

正是因为如此，面对财富的时候，传统的财富理念和现代的人生理念之间是有冲突、有矛盾的，需要我们去思考、需要我们去解决、需要我们去寻求答案，而寻求这种答案需要我们付出一生的代价。基本从历史上来看，文人、历史学家、哲学家、诗人，他们对财富有一种痛恨，因为他们把财富和人生摆到了对立的位置上，认为财富就是人生最大的魔鬼，只要魔鬼给你展示出了灿烂的笑容，你的人生就处于黯然的状态。这样的财富观念也是畸形的。

另一种更普遍流行而被人们认为畸形的财富观念是什么呢？财富替代人生。一天到晚忙着挣钱，不知道除了货币形态的财富之外，还能够发现货币或者财富是要赋予人生目的的。全世界今天最不会休闲的就是我们中国人了。在这样一种情况下，他没有办法使自己的人生处于一个理想的天平上，让财富和人生能够相对平衡，使他的人生不至于发生太过严重的倾斜。正是因为如此，今天要谈财富的理由就在于我们要对中国社会生活中的一系列人来作一个代际分析，看看他们的代际特点，然后来看代与代之间的财富观念是怎样的，从而对我们的财富和人生天平的平衡找到不同分量的砝码。如果这头太重拿一个砝码加在轻的这一边，如果这一头太轻，拿一个重的砝码给它加进去，使得财富、人生平衡发展，成为我们面对财富，摆正人生，摆正财富，推动发展最重要的一种理性精神。

二 代际处境与财富观念

对今天的中国社会来说，出生于 20 世纪 40 年代的已经进入老年，逐渐地淡出了日常的工作状态和追求物质财富的生活状态，他们退休之后享受退休金，社会要回报他们一生的奋斗，使他们有一个很好的晚年。我们所指的生活代际主体是已经进入并且成为主流的社会工作者和财富现实的创造者，就包括 50 后、60 后、70 后、80 后、90 后的人。

50 后的人最大的优点是刻苦耐劳、坚忍不拔，有宏图大略；50 后的人最大的弱点是机械服从、缺乏理性、充满盲动、专断。基本上他们的成熟时代都是在"文化大革命"时期，这时就已经正式形成了自己的人生观和世界观，这个阶段恰恰是中国当代历史上最封闭、最保守、最"左"倾的时代。所以中国当代意义上的一切喜悦和苦难 50 后都经历过了，对世事他们已经很难充满惊奇了。对于富士康"12 连跳"，他们觉得现在的年轻人太脆弱了，对于他们的人生经历来说，那么艰苦的条件下都没想到自杀，你们这么脆弱。50 后的人不会想到，他们的正义感是非常苍白的，但同时非常纯朴，也非常可靠、非常执著。所以 50 后的人今天严重不适应中国的多元社会。他们没有料到，在一个多元化社会当中兴起的 80 后、90 后的人不喜欢敲打，他们喜欢个性、喜欢自由，他们要自主，所以 80 后的人跟 50 后的人就只好到豆瓣网上去对抗。如果 50 后和 80 后的这种对抗我们可以理解，那么就可以搞清楚今天中国这样一种抗衡来自于巨大的时代差异和时代变迁。

60后的人实际上是最尴尬的一代，我身处其中。今天的学术大著、社会中坚、工商精英是50后的人打主力，60后跟在他们的背后。今天60后跟50后抗衡，人生阅历不如他们，在知识上要跟70后、80后抗衡，他们又不是特别西化。对人生阅历和知识结构、对人生的理解、对财富的感觉不如50后深刻，50后的权威意识非常强，60后的权威感也不是特别强。所以今天的60后也不是创造财富的主力，他们是过渡的一批人。

70后在某种意义上也是过渡的一代。为什么60后和70后是过渡的一代？因为创造财富是50后，甚至是在40后的领导下，"在中国的南海边画了一个圈"，你来打工，他来领导。60后、70后都是来打工的，我们把我们的青春、把我们的热血、把我们的冲动都付出去了，是50后这一代人领导了中国的改革开放，实现了中国经济上的腾飞和发展。现在经济腾飞发展了，但还要社会发展、人生发展，80后、90后已经登上舞台了。历史对我们这代人有点残忍，在今天中国即将登上舞台的主流、代表未来中国30年的发展状态、发展情形和发展动力的是80后、90后。但社会现象的悖反在哪里呢？80后、90后今天成了社会主流的批评对象。对于财富，70后以前那三个代际的人，不认为金钱对他们来说在使用上是天经地义的，但对80后、90后来说，他们认为支配财富是天经地义的。

但是我认为公众的认识是畸形的。中国人在代际认识上历来充满一种久经老态的心态，认为一代不如一代。为什么会产生如此严重的认识偏颇呢？贫困时代的人认为奋斗是唯一的生存形式已经远去，而我们告别了温饱，走入了小康，彻底告别了贫困，这样的奋斗状态，那种艰苦的、靠体力打拼的奋斗与现实完全是两种人生奋斗处境。但50后的人不理解，包括我这个60后的人在审美上也很落后。对于一个艰苦时代的奋斗者来讲，他认为财富只能创造，既不分配也不分享，分享财富会是寄生虫。所以他对公众的认识是很可爱的，但很不可信。

所以我们50后的领导讲话，你看省市领导、中央领导，是充满着自信："咱人生一辈子奋斗过来的，讲啥都不在我的意料之外。你们这一点算什么呢？"哪怕习近平十八大即将召开的讲话都是这样的气概，连我这个60后都有点看不惯，50后的人说话就是这样的，因为他们的人生奋斗过。我也稍微奋斗了一下，所以我对我70后的弟弟经常也是训他训得一愣一愣的。他原来的工作做得不是很好，到广东来找工作还要通过我的社会网络，我就很愤怒，我说："我找工作都没让你来给我找。"其实这个话是很没道理的，我找工作的时候他才十多岁，他怎么给我找？但是我训他的时候觉得自己浩然正气。"你都没给我找，非得要我给你找，你不知道奋斗吗？"这个时候他就没有发现，来自于享受的人生奋斗和财富积累，他需要在一个我们已经奋斗过的更高的平台上，来把自己看待人生的眼光略略调高一点。

美利坚合众国创国二百多年，为什么它能成为世界综合实力最强的国家？因为代与代之间连续艰苦奋斗，不断汲取前一代的财富积累成果，持续二百多年的国家财富积累，造就一个新兴国家，登顶世界巅峰。我们中国人总喜欢归"零"，从"零"重新出发，这就是错误的财富观。所以我们绝对不要代表父母辈去训子女辈，那就不对了，你就看不到时代的变迁和进步，正是因为如此，我们今天要搞清楚为什么要聚积财富。

我在广东的时候也认识一些巨富，其中有个亿万富商说："我想问一下，我一个月给我儿子一万五，够不够用？"我一下子勃然大怒，我说："你简直是混账，你在害你儿子，给你儿子一千五就够了。"这一代父母奋斗后，取得了一定的成功，在精神上训导和控制80后、90后，但是在物质财富上又放纵他们。他觉得我当年生活很艰苦，我艰苦过了不能让我儿子在物质上艰苦，于是精神要超强控制，而物质上要高度放纵。从社会的眼光来看，一不留神他又成了祸害，所以50后奋斗了半天成了双重祸害。对子女来说是祸害，对社会来说也是祸害，绝对不可能像美国富豪家族如洛克菲勒的孙子那样，不劳动想得到一分钱是不可能的。

1868 年，伟大的法国思想家托克威尔到美国去（当时美国并没有成为世界第一），他当时就已经发现美国有成为世界领袖的潜质。那是因为他跟美国的总统、参议员、众议员、高层或者是跟美国的一个普通的油管管道工（美国的低层）谈话，他发现他们的说话方式惊人的一致。不论这个国家的高层，还是这个国家的低层阶级，他们都有一个观念："劳动者就是光荣的。"一个管道工不会觉得当一个总统有什么了不起，所以美国的普通选民在选总统的时候，有一句名言——"在两个恶魔中选一个"。普通劳动者把总统看得很低，他要限制他的权力，所以总统不敢胡作非为。

中国人历来有"劳动光荣"的传统观念，我们今天面对财富千万不要说我们创造了财富就主要运用在家庭。世界最抠门的资本家巴菲特，我去了他的老家，人人都骂他，他从来不给家族捐款。结果你看人家现在是什么捐法？两个字："裸捐"。我们只觉得我们的财富要用于私人目的，庇护家庭就是用于私人目的，没有社会观念，这是中国人财富观最大的缺憾。既有道德的紧张感也有社会网络的张力。正是因为如此，我们来积聚财富，来调节我们的人生坐标，最关键的是要把财富真正拿来作为实现人生理想的条件。一方面是个人人生，一方面是家庭朋友圈子的人生，一方面是社会公众的人生。这个时候，企业家们要能够积聚财富，经济学家们也要能解释财富积累。在这方面，比尔·盖茨一定要弄个比尔·盖茨的基金会，而亚当·斯密一定要写《道德情操论》，不仅仅是写《国富论》。这就启示我们对财富形态的复杂性必须有一个认识。

三 财富的复杂形态与我们对财富的追求和反思

财富的复杂结构是什么呢？财富本身不是单一的有形物质财富，更不是单一的货币形态财富。长期以来，人们把财富等同于存款，等同于货币形态的多少，这实际上是非常荒谬和错误的。对于财富的形态，我们可以从不同的角度划分为相互对应的两种形态。第一，现代经济学告诉我们，财富一定是以个人的形态存在，所以必须高度尊重个人对财富的自主性，高度敬重个人财富积聚的艰难性。在法律上周全地保护个人积累财富的积极性。在整个社会上，要为财富积累营造非常宽容的社会心理。第二，财富观念一定是国家的，就是因为现代财富的积聚，是以国家为基本单位的，就是民族国家。我们中华民族，建立了中华人民共和国，我们要发财致富，我们要受到中华人民共和国法律的保护。如果像毛泽东时代，宁要社会主义的草，不要资本主义的苗，你发什么财？没财可发。国家转变发展方针，国家推动经济发展，推动 GDP 的增长，强调发展就是硬道理，通过财富积累，在国家良性政策的推动下，才有这 30 年惊人的发展。

在这样一番分析以后，物质财富和精神财富要区分，自己的财富和他人的财富要区分，自然财富和人造财富要区分，占有性的财富和分享性的财富要区分，手段性的财富和目的性的财富要区分，生产性的财富和消费性的财富要区分，争得性的财富和剥削性的财富要区分。我们没有时间一个个都拿来分析，换言之，财富总是可以在积极、消极对应意义上来区分，使得它们有合理的形态归宿。在这种形态归宿下，我们就能清楚地把握追求财富的一种基本情形和基本状态，那就要把握好三个层次。追求财富的三个层次的基本原则是什么呢？对于个人来说，要牢固树立财富的获得、占有必须经过努力，或者用一句话说，"就是必须经过劳动"。所以在这个意义上，"富二代"本身只是在自己父母艰苦奋斗的基础上来享受财富，不仅是不值得肯定的，而且是卑鄙下流的——你是正当的，但你不是善得的。善得就是经过奋斗取得财富，你没有奋斗就没有那种享受财富的内在喜悦感和幸福感，所以"富二代"仅仅是炫富的那一批人，他们心理是很空虚的。这对人生来说，可以说财富的偶然性、可辨性，使你对财富占有、享用的那种当然性，应该受到强大冲击。80 后也好，90 后也好，90 后最年长的已经 20 多岁了，都可以思考人生了。

在人与人之间看待财富观念的时候，我们要有一种道德眼光。刚才我们的眼光是经济眼光，你积累财富和消耗财富都是天经地义的，我们虽然不满但是我们不能嫉恨，我们更不能采取非常手段来把你的财富占为己有。但是脱离财富积聚和财富积聚的具体方式以及财富的各种归宿之后，乐善好施的道德感必须要有。尤其是我们年轻一辈，因为中国的教育比较扭曲，政治忠诚教育至上，以知识教育为核心，我们的友善教育实在太少了。从这个意义上我们理解马加爵这种悲剧和绑架富豪的悲剧，对这样的事件就可以坚持两分法来看待。那些富豪们或者相对富裕的人们或者处于温饱状态到小康过渡的人们，他们因为自己的财富占有而对于那些没有占有财富、生活情境比较窘迫的人不仅有一种物质的优越感，他们还有道德优越感。这实际上是社会底层非常愤怒的事情。所以马加爵这个悲剧事件，一看就知道是有钱人或者城市家庭生活小康状态对财富的那种道德上傲慢的扭曲反映。另外，这个社会的底层（穷二代），他们实际上对财富充满着怨恨。在这个意义上，我们从社会、国家的角度来看财富分配，制度安排一定要正义。尽管说私有财产神圣不可侵犯有点过分，但专属财产一定要获得法律的周全保护，我们每一个公民在中华人民共和国的范围内可以自由地运用自己的知识、智慧和财富，那是我们的法权，这是天经地义的事。

四　如何定位我们新财富时代的人生和人生追求、人生价值

新财富时代我们追求财富的三大原则是。第一，要个人努力、要合乎道德、要建构正义制度。第二，我们的底线原则必须是每个人都是爱财的，那些公开声称很蔑视财富的人，对财富的观念都非常阴暗，或者说因为他太富裕，财富已经不是问题了，他可以对其嗤之以鼻。财富对于人来说，首先是可爱的，我们谈到财富就应该两眼放光。第三，君子爱财取之有道。由此，对于财富而言，实际上经济学

家给我们分析的是非常真实的，我们的人生状态与财富位置怎么摆正呢？我的基本结论如下。

第一，要强调人生财富的重要性，尤其对于没有受到鄙视财富的传统教育的新生代80后、90后来讲，物质财富的基础性必须得到绝对肯定。没有起码的财富，尤其是物质形态的财富，人生将会无比困难，你再伟大的理想都实现不了。是对物质财富来说，只要得之有道，我们不应该有任何愧疚感，我们要有浩然正气，但同时我们也要强调财富结构的复杂性。对于我们人来说，获得他人的认可、获得社会的赞赏、获得国家的肯定，乃至于成为人类的道德榜样，那才是真实的人生价值所在。在重视物质财富的基础性的时候，你可能是个吝啬鬼，但在强调精神财富的重要性的时候，你是个慈善家。人面对财富一定要有利己的积聚财富的观念，同时也要有利他的高尚的道德动机。这一点，伟大的德国社会学家马克斯·韦伯在《新教伦理与资本主义精神》里有非常深刻的分析：我们为了实现上帝造人的荣耀，上帝没有白造我们，一方面我们要发财致富；但另一方面，我们要博施济众，绝不用于个人的穷奢极欲。

第二，人生追求财富的手段是可以多样化的，甚至有时候不符合道德、不符合法律。因为伟大的奥地利经济学家匈利特特别强调，现在积累财富的经济手段最重要的是创新和冒险。如果人人都规规矩矩、按部就班，积累财富就非常困难。你可以像我一样到大学里教书，规规矩矩，所以我这个人保守到连股市一分钱也没投过的程度，赚了钱我怕得心脏病，亏了我也怕得心脏病，我天生就没有企业家的创新精神和冒险素质，所以我躲在大学里教书。从这个意义上来说，我们的手段最重要的是有没有创新精神和冒险素质。另外，我们必须要强调人生追求财富的目的性，那就是要承认亚里士多德所建立的德福关系论：你要有道德修养，你才真正幸福；你赚了钱，没有道德追求，你不幸福，这就是伟大的德福一致论，这是人类历史的传统。在这里特别要强调，对青年人来讲，人生的起码意义是靠财富保障的，如果你太穷，人生的丰富意义得不到显示，要么你夭折，要么你萎缩。所以清华大学的教授孙立平特别强调，一个社会堕落的时候，堕落得最快的实际是社会底层，为什么？因为这个社会使他们没有抵抗社会堕落的起码的物质条件，这事不怪他们。从这可以看到物质财富在其中的重要性，所以贫穷的人奋斗成就财富人生，要么是空谈高尚的高尚者，要么是因追求财富而铤而走险的堕落者，要么就是灰心丧气不愿意奋斗而承认现状、永远的贫穷者。贫穷本身是可以改变的，而人面对为何成为富商巨贾时，一方面可能是因为他权钱勾结——那是不正常的状态，而按正常状态来分析，这样一些人一定是吝啬鬼或纵欲狂，或者是慈善家，因为只有这几种身份，他内心才有强烈的积聚财富的不竭动力。

现在是网络时代，中国有 3.8 亿网民，基本上是 18 岁到 36 岁的人，50 岁以上的基本上拒绝进入网络，为什么？保守，不爱学习。正因为如此，他们就没有办法跟富商巨贾们比。李嘉诚为什么成为华人首富？他 74 岁断然决定开网络公司，76 岁还断然决定收购巴拿马运河，对于大多数人来说，一般到这个年龄，就不会再去学习、关注新事物了。80 后、90 后今天懂赚钱、懂财富、懂享受，本身绝对不是坏事，但有了物质财富的基础，如何有一个人生思想境界的升华、如何有一种价值观的护航？那就需要我们 80 后、90 后一起来思考了。对于人生来说，我们的经历之复杂，我们对财富积累的面相之繁多，我们在人生发展中，我们利己和利他的调和之微妙，只有在我们脱离物质财富而去思考人生价值的时候，我们有善心、我们有爱心、我们有奋斗、我们有冒险、我们有壮志，我们心中怀着个人之外的他人、他人之上的国家、国家之上的人类，那我们人生才会有无穷的动力。80 后、90 后一个最大的困境在哪里呢？跟我们这样一个在虚幻时代成长起来的 50 后、60 后的最大差距是什么呢？我们没有可靠的物质保障，但是我们拥有一腔热血，可以终生都深怀这样一种志向。80 后、90 后立定、制定的目标：大学毕业多少年后要有一栋房，大学毕业多少年后要有一部豪车，大学毕业多少年后要游历过世界几个国家，也许可能到 40 岁都实现了，而 40 岁以后干什么呢？没刺激了，没目标了。物化的人生目标在满足之后，那是最涣散和最无聊的人生。

在这个意义上，我们得出的结论是：对于人生奋斗来讲，毫无疑问，新生代和我们50后、60后、70后一样，都要沉潜反思：人生前路所在，物欲作为现实动力，财富作为口号根基，我们不断前行，路在价值追问之中。

六

文学艺术

歌剧的魅力

张国勇

张国勇

上海歌剧院院长、艺术总监，上海音乐学院作曲指挥系教授，上海交响乐团常任指挥。曾任深圳交响乐团音乐总监。1983 年毕业于上海音乐学院指挥系，1997年被莫斯科国立柴可夫斯基音乐学院授予音乐博士学位。曾先后与国内外著名歌剧院、交响乐团合作指挥演出了一系列经典作品，如《弄臣》《唐·柏斯夸莱》《蝴蝶夫人》《茶花女》等，是目前国内公认的肖斯塔科维奇交响曲的最佳诠释者。

歌剧被称为"音乐艺术皇冠上的明珠"，它集中了文学、戏剧、美术、音乐、舞蹈等艺术门类的表演形式，所以歌剧制作复杂，成本巨大，但它的表现力也最丰富。歌剧以它的艺术魅力引领着整个社会的审美趣味往更高层次提升。

在西方，歌剧要追溯到古希腊的戏剧，它一开始只是带有现代话剧形式的表演，只有语言、台词和一些简单表演。但是随着人们的欣赏和表演水平不断提高，最后又加入了动作、舞蹈和歌唱。随着歌剧的慢慢演变，到了400年前，在佛罗伦萨，就正式有了第一部与现代歌剧相符的表演形式。

在中国，歌剧要追溯到20世纪30年代，那时上海有一个上海工部局交响乐团，其中很多音乐家来自白俄罗斯，也有很多犹太人。那时乐队很小，他们在很小的剧场里用比较简单的表现手法演过《茶花女》《卡门》这样的西洋经典歌剧。

但是在此之后，我们的交响乐事业由于各种各样的原因没有得到延续和发展。中国的原创歌剧，也就是中国民族题材的歌剧，如《小二黑结婚》《白毛女》等是在新中国成立前，在延安的解放区，为了丰富边区人民的生活，鼓舞战士的斗争精神写成的。这些歌剧可以看作是中国原创歌剧的摇篮。我认为歌剧真正在中国发展是在改革开放后30年。我们认识到文化对于国家的重要性，在这种情况下，歌剧才正式被放到舞台艺术的一个重要层面上。

当分析我们的原创歌剧时，无论是歌剧专家，还是普通的听众，都普遍认为歌剧没有一段像《洪湖水浪打浪》《红梅赞》这样能够流传百世、家喻户晓、朗朗上口的作品，似乎这就成了中国现代原创歌剧的"瓶颈"。我认为这要分两个方面来看，一方面，作曲家写歌剧，是面对我们这个时代的听众，他绝对不能作茧自缚，不能束之高阁，自娱自乐。即使作曲家自身用了很多现代创作技法，非常生动，但是听众听了就是云里雾里，无法理解，这是不可取的。作曲家在写歌剧的时候，要考虑到他的歌剧能不能被人接受，如果不能被听众接受，那只能是一堆音符。从另一个角度讲，为什么现在歌剧创作这么难？因为我们现在的交响乐、歌剧创作的文化生态环境很差。不同的民族，无论是在亚洲、欧洲，或是非洲，即使经济状况和文化背景不一样，人类对高雅艺术的追求这一方面是共通的。全世界的歌剧都是赔钱的，全世界的芭蕾舞、交响曲没有一个团是赚钱的。但它们永远引领着整个社会的审美趣味往前走。

在歌剧论坛上，我曾经说过："一个民族如果不崇尚舞台表演艺术，不热衷于静静地坐在剧场欣赏音乐、歌剧、芭蕾舞，这个民族是没有希望的。"

歌唱，无限想象的空间

音乐是一种抽象的艺术，正因为它的抽象给了听众、观众很大的想象空间。很多喜欢古典音乐、交响音乐的听众，当他们渐入佳境的时候，会达到一种如痴如醉的程度。但很多对交响乐不太了解的人，就觉得用"如痴如醉"这个词显得过分了。

音乐具有巨大的想象空间，它多变的色彩、美好的音响效果，让我们在没有语言文字支撑的情况下，充分发挥自己的想象力，根据自己的阅历、见识和文学修养，对音乐产生自己的理解。任何一种音响效果都可以有不同的想象，欣赏音乐是见仁见智的一个过程。所以说，欣赏音乐不是在被动地听一种音响效果，而是在充分发挥听众的想象力。听众非常积极主动地参与，他们的很多想象力甚至作曲家都未必知道。

我们一谈到贝多芬的《命运交响曲》，就要讲到它的主题和动机。人们把那个音符（当当当当……）理解成命运之神在敲门。其实贝多芬在创作这个作品的时候，根本没有写上"命运交响曲"的标题。"命运"是后人尤其是那些音乐学家，根据自己的想象，根据贝多芬当时在创作这个交响曲时的思想和内心活动推测出来的。他们发现，贝多芬在写这个交响曲的时候给一个友人写了一封信说，"我要扼住命运的咽喉"，再加上他其貌不扬，不修边幅，艺术气质很浓，不畏权贵，大家都觉得这个人好斗、不屈。这部交响曲第一乐章确实充满了斗争精神，所以他们就给它取了一个名字叫"命运交响曲"。

但是，如果标题不是"命运在敲门"，而是"在敲门"，我们又可以有另外一种理解方式。贝多芬不是圣人，他的作品很伟大，充满了博爱，可是他生活中酗酒、赌博，经常赊账，一个贵族委托他写一部交响曲，当钱一拿来就被用来还债，然后剩下的就拿去赌。我想，乐曲开篇的这个音符（当当当当……）会不会是人家来催债的？开始很响，然后又很轻，他的内心恐慌，想着"我到底开不开门"。这就是音乐能给听众足够的想象空间。

歌剧和话剧同样是舞台表演艺术，话剧用文字表达，而音乐则给文字插上翅膀，让它腾飞。喜欢歌唱是我们每一个人的天性。为什么歌剧有魅力？首先就是因为歌唱。

因为歌唱起源于劳动，起源于我们日常的生活，它可以帮助我们完成平时不能完成的事情。比如，一群人在一只小船上，船突然没有动力了，漂泊在海上，食物也越来越少，大家开始慢慢陷入绝望，上空一架直升机飞过去了，但没有人发现这只小船，大家因此非常沮丧，这时突然有人亮了几声嗓子，大家就会感觉到生的希望又来了。又比如失恋了，如何宣泄？试着听听柴可夫斯基的第六交响曲，它是全世界所有的交响曲里最忧伤的。因为柴可夫斯基婚姻很失败，而且那时知道自己来日无多，所以在那种状态下创作的音乐是对自己人生悲惨的回顾，听来很伤心。听了它之后，你就会觉得世界上受苦的不是我一个，还有柴可夫斯基，你的心情可能会好一些。柴可夫斯基的交响曲并不都是让人流泪的，中间第三乐章是让人振奋的，这是因为他在忧伤、痛苦之余，觉得还有生的欲望。音乐能起到这么重要的作用，所以说，歌剧的第一个魅力就是歌唱。

意大利歌剧迷，只为咏叹调

歌剧有一个重要的部分叫咏叹调，这就是歌剧的第二个魅力。我们把咏叹调理解成有一定篇幅，通常会在 4~5 分钟，少一点的大约时长 3 分钟，多一点的时长 12 分钟、15 分钟。例如，俄罗斯柴可夫斯基的歌剧《尤金·奥涅金》，奥涅金是一个浪荡公子，刚开始他与塔姬雅娜完全是在玩游戏，可是塔姬雅娜情窦初开，是一个纯情的女孩，当她收到奥涅金的信之后，就陷进去了，所以她回信的时候，唱的那个咏叹调一般人很难忍受，时间非常长，有十五六分钟。

但是一个作曲家在写整部歌剧的时候都有一个结构设计。第一幕、第二幕、第三幕、第四幕，这4幕的主人公情绪怎么分配，第一幕里的高潮在哪儿，这个人物的几段咏叹调都是事先要设计好的，这叫"布局"。很少有作曲家写两个音符然后喝一顿酒回来再写，通常是一幕写完后，休息一下，再接着写，它需要一气呵成的过程。所以在布局的时候，最重要的几个地方就是咏叹调。咏叹调旋律优美好听，能够代表剧中主人公的内心思想、性格特点。作曲家会把剧情中间几个戏剧性冲突的重要情节用咏叹调来表述。所以，我们要记住一部歌剧的每一个音符，可能性不是很大，而记住几个重要的咏叹调就可以。基本上每一个咏叹调的旋律都有特性，能够代表这个人的特点，听众只要一听就知道这个人又出现了。所以，咏叹调是歌剧最重要的部分。

现在给大家放一些谱例，让大家感受一下咏叹调。

首先给大家放的是普契尼的歌剧《波西米亚人》。《波西米亚人》的故事情节很简单，它讲述的是在意大利罗马的一群下层人物，有一帮年轻的艺术家在寻求出路，他们有理想、充满了幻想，尽管生活贫寒，但是非常乐观。剧中人物鲁道夫是一个长得很帅的诗人，想象力非常丰富，非常罗曼蒂克。隔壁住着一个房东的女孩，叫咪咪，多病孱弱。她到鲁道夫那里借火，鲁道夫正百无聊赖，一看咪咪那么漂亮，心动了，顿时产生了爱慕之情。咪咪是一个多愁善感、非常害羞的女孩，来到他这儿有点局促。鲁道夫说，我是一个诗人，想赢得她的好感。在讲话的过程中，鲁道夫耍了下阴谋诡计，咪咪说钥匙找不着了，鲁道夫就拿个火把说帮她找，但他悄悄地把火吹灭了，然后就用手碰咪咪的手。现代人手拉手不算什么，那时候的人手一碰上就触电了。所以普契尼写的时候有一个要求，前面有一个和弦，然后突然竖琴弹一下，要求他们两个人正好在这个拍点上碰一下手，这时咏叹调就开始了，他就向她阐述：诗人如何，诗人的胸怀如何，我喜欢生活、美酒，喜欢漂亮的姑娘。咪咪被他打动了，讲完之后中间又有一大段情节，那些朋友们看到咪咪与鲁道夫在里面，大家就兴奋得不得了，说"走吧，圣诞节开始了，我们出去玩，把咪咪也带上"。中间跳过一段，他们两个人就走了，走的时候已经相爱了，这时候有一段著名的二重唱，叫"爱情二重唱"。

歌剧咏叹调一个很重要的特点，就是高音很重要，叫做"高音C"。高音C完成得非常漂亮，观众会拼命鼓掌，这时候演员要等到静下来，才开始唱下一段。所以我们以后去欣赏歌剧的时候，听到一个好的咏叹调，高音唱得很好，也可以拼命鼓掌，这也显示出我们的素质。大家可以看一下这个音乐之间的区别，男主角唱的时候如此浪漫、自信，而咪咪就有一点胆怯，但是待会儿她又说出自己的贫寒身世，同时告诉他说：我喜欢鲜花，喜欢鸟叫，喜欢自然、白云，所以稍后就有很调皮的音乐出来。

我们在欣赏歌剧的时候，除了欣赏作曲家谱写的音乐之外，还可以欣赏演员的歌唱表演。歌唱者不仅要会唱，把词背出来，还要看着指挥，与乐队的步调保持一致。但他又不能不顾剧情，傻乎乎地盯着指挥。帕瓦罗蒂唱的时候，还要用眼睛的余光看着指挥，或者旁边有一个监视器，是为了与指挥步调一致。气候以及歌唱家的情绪、嗓子、身体状况这些都会影响到他的歌唱。所以，要当一个歌剧演员很不容易。

比如，帕瓦罗蒂唱的高音C，这对男高音来说是一个极限。男高音的标准就是要能够非常漂亮、自如，声嘶力竭不行，脸红脖子粗也不是好歌唱家，他要装得非常轻松，声音还要上去。所以，很多人到歌剧院去其实是欣赏声乐，就是歌唱者的气息、发声的位置、共鸣，因为这些人在舞台上唱都不能用麦克风。歌唱跟小提琴、钢琴还不一样，科学的演唱方法要经过十几年的训练。唱歌关联到人的腔体，头腔共鸣，胸腔共鸣，气要沉到丹田，要用横膈膜支撑。关于这些有一大堆的声乐术语，都是看不见摸不着的，要通过教学实践、苦苦地探索，才能够把它化成形象，化成一个行之有效的办法，然后找到它、调整它，所以歌唱艺术也是很不容易的。

我们撇开一切，就听这个高音 C，听众就很满足。意大利被称为歌剧的故乡，所以意大利人听了太多的歌剧，对剧情已经不感兴趣了，就经常有一些剧迷，去剧院就为了听那 5 段咏叹调，帕瓦罗蒂高音 C 唱完，就到门口去喝咖啡，计算好时间，下一段咏叹调开始的时候又进来了。

另外，欣赏这种综合的艺术，还可以去欣赏灯光、舞美。歌剧是综合的艺术。《波西米亚人》中，蜡烛吹完了，在黑暗中两个人的手碰到一起，擦出了爱情的火花。如果这时候不小心把聚光灯打开了，氛围就完全不对了，所以舞台的每个环节要配合得非常好，什么时候开微光、红光、蓝光，都很讲究。指挥，还要与七八十人的合唱团步调一致。所以歌剧的魅力是很大的。

歌剧和话剧有很大的不同。同样一句台词，在歌剧里可以用音乐来滋润、铺垫。例如，"你冰冷的小手，让我感觉到多么的可爱"。在话剧里，这句台词可以一下子讲完，但歌剧可以把这句台词编成很长的一段旋律。

所以听众在欣赏歌剧时，就不只是在欣赏剧情和台词，他们同时在音乐中感受这一切的美，这就是歌剧咏叹调和话剧很大的区别。有时候一段咏叹调唱到最后，词都唱完了，高潮已经到了，它可以不断重复最后几个字，比如"胜利了"这几个字就可以用不同的音乐表现。但是在话剧里"我们胜利了"不断地重复就让人感到很奇怪了。

重唱，和谐之美

歌剧和话剧还有一个很大的不同，歌剧里有重唱，就是大合唱。曾经有人叫我去做合唱表演的评委，可是我去了一看，那不能叫合唱，那叫齐唱。齐唱就是一个曲子，大家一起唱，只不过人多势众。

当然有一些聪明一点、稍微有点常识的指挥，让这边演唱者先唱，那边再唱，但那叫轮唱，也不能叫合唱，只是合唱中最原始的组合办法。真正的合唱是 4 个甚至 8 个不同的声部唱不同的音，唱同样的词，甚至唱不同的词，却听起来非常和谐、非常优美，比一个旋律要好听很多。

比如，《尤金·奥涅金》一开场的时候，俄罗斯的农民们丰收了，男人扛着猎物上来。女人抱着稻谷上来。这时候男人不能说：我们收割了，男人明明没有收割，他们去打猎了。女人唱：我们收割了，金灿灿的稻谷。男人唱：我们去狩猎了，猎物丰盛。唱的词不一样，但是大家一起合唱，表现出一个场面。

在歌剧里，重唱是一个非常重要的因素。例如，《波西米亚人》中，鲁道夫和咪咪两个人唱完之后，最后朋友们说"走吧，走吧"，他们俩拉着手，慢慢地走过来，有一段很优美的咏叹调，有齐唱，也有重唱，也有一人唱一句的。

2010 年是曹禺 100 周年诞辰，上海歌剧院创作的歌剧《雷雨》最近就在北京演出了。在曹禺讲述的那个故事的年代，虽然从现代人的角度讲，那是一个不符合伦理的错乱的爱情故事，但是曹禺写这个故事的时候，他并不是在对这个现象发出质问，而是讴歌那些主人公对爱情、对人生大胆的追求，尽管最后是一场悲剧。四凤死了，周萍也自杀了，鲁妈觉得害了自己的孩子，周朴园觉得所有的祸根都是他。周冲（周萍的弟弟，繁漪的儿子）是一个单纯的小青年，也朦朦胧胧地卷进了这个错综复杂的家庭纠纷中，最后失去了爱情。繁漪最后是万念俱灰。作曲家写了一段非常简单的词，但是他让这 6 个人物一起在舞台上合唱。台词里，四凤说："他是我的哥哥，同样的血脉血亲。"因为周萍跟她是异父同母。周萍说："她是我的妹妹，同样的血脉血亲。"周冲一看是亲兄妹发生了感情，他觉得无法理解，周冲说："他们是亲兄妹发生了感情！"鲁妈说："我害了自己的女儿，我的罪孽不轻。"繁漪如梦初醒，早知道是这么个结果，我为什么把它闹得那么大，她说："我没想到是这样。"周萍已经崩溃了。

周朴园说："他们是亲兄妹发生了感情！"这是一根线，把这个悲剧的故事串在一起。所以他们6个人，尽管每个人台词不一样，但是在一起唱。这在话剧里是不可以的，但在歌剧中，不同的、复杂的人物台词可以用美妙的音乐组合起来，这就是很有说服力、很有魅力的重唱。

有歌剧，才是"国际化大都市"

深圳很快就要建新的歌剧院，歌剧在深圳普及、生根开花已经为期不远。在全世界几乎所有重要、著名的城市，歌剧院是一个重要的标志，是它的窗口。很多市民、政要都为他们有一个一流的歌剧院而感到骄傲。

俄罗斯的音乐文化艺术很重要的象征就是圣彼得堡的马林斯基剧院，以前叫基洛夫剧院。前几年圣彼得堡建城300周年，普京邀请了全世界很多政府首脑到圣彼得堡去参加庆典活动，在马林斯基剧院欣赏歌剧、芭蕾舞、交响乐，花钱不多，但是让人感觉不一样，有身份，有地位。因为那是世界音乐艺术的最高表现形式，而且水平也是最高的，这让普京引以为豪。所以说一个现代化城市，无论它的经济有多发达，如果没有一个歌剧院，没有一个交响乐团，没有一个芭蕾舞团，它绝对不能称之为国际化的大都市。

国家与国家之间实力的较量，最开始是军事较量，紧接着是经济的较量，但最终还是体现在文化上，看它的文化能不能被全世界的人接受，它的辐射面能不能到世界的任何一个角落。

过去我们的文艺院团基本上处在一个自生自灭的状况，大家是吃得饱，但是吃不好，勉强能活着。自从2010年"两会"召开以后，政府正式把歌剧、芭蕾舞和交响乐放在予以扶持的公益性事业范围中，这是一个巨大的进步。

话剧艺术之美

王晓鹰

王晓鹰

中国国家话剧院副院长，中国
戏剧家协会副主席。国家一级
导演，戏剧学（导演学）博
士。主要导演作品有：《魔
方》、《浴血美人》（法国）
《保尔·柯察金》（苏联）《雷
雨》、越剧《赵氏孤儿》等。
曾荣获"优秀话剧艺术工作
者"及"新世纪杰出导演"称
号、"文华奖"优秀导演奖、"曹禺戏剧奖"优秀导演奖
等。

话剧在中国始于 1907 年，在这短短的百余年历史中，中国话剧
诞生了众多不朽的经典作品，它们散发着永不凋谢的生命力。话剧存
在的意义并不在于它带给观众简单的娱乐，而在于它引领观众去关注
并思考生命的内涵。

溯源之深：《被缚的普罗米修斯》

话剧艺术从公元前 5 世纪前后，在古希腊城邦文化的基础上发展起来。古希腊戏剧是话剧艺术的源头，其中最有名的悲剧是《被缚的普罗米修斯》。普罗米修斯为了给人类带来光明和温暖，违背天神宙斯的意愿去偷火种，而被钉在高加索的悬崖上，暴露在雨雪风霜和烈日炙烤之中，并遭受老鹰叼啄的痛苦。这是希腊神话，但是可以通过话剧的形式演出，这个题材是话剧艺术最源头的戏，它表达了一种盗火者的精神。

另一个著名的古希腊悲剧是《俄狄浦斯王》。俄狄浦斯情结甚至已经成为人类文化中重要的象征符号。《俄狄浦斯王》表达的是人与命运之间深刻的冲突。俄狄浦斯在不知情的情况下，杀死了自己的父亲并娶了自己的母亲，最终都没有逃脱他"弑父娶母"的悲惨命运。《俄狄浦斯王》的故事至今仍在世界各地经常上演。

中世纪，西方戏剧基本上处于为宗教文化服务的状态。在黑暗的中世纪以后，欧洲就进入了辉煌的文艺复兴时代，重回古希腊时代的辉煌。文艺复兴时代是人类文化复兴的时代，这个时期，英国出现了伟大的莎士比亚，莎士比亚写下了他著名的四大悲剧——《哈姆雷特》《李尔王》《奥赛罗》《麦克白》，还有脍炙人口的喜剧——《第十二夜》《仲夏夜之梦》《皆大欢喜》《威尼斯商人》等。400 多年来，这些不朽的剧作在全世界范围内以各种语言上演，莎士比亚不愧为全人类的剧作家。

紧跟莎士比亚之后，在世界范围内作品上演率居第二位的剧作家是俄罗斯的契诃夫。契诃夫发表了很多小说，其一生的剧作只有五六部，他的话剧《樱桃园》《万尼亚舅舅》《三姊妹》《海鸥》和《普拉东诺夫》都在中国上演过。

对中国话剧影响深刻的经典作家是挪威的易卜生，他对中国话剧发展前期影响很深。易卜生的代表作有《玩偶之家》（《娜拉》），而现在比较多地被搬上舞台的是他更早的一部作品——《培尔·金特》，国内也演过这部话剧。

从 19 世纪末开始，世界艺术进入了现代主义时期，各种戏剧流派的观念论说和试验探索层出不穷，诸如象征主义、表现主义、超现实主义等等。其中 20 世纪 50 年代出现于法国，影响整个西方世界，乃至西方世界以外的国家的戏剧流派——荒诞派戏剧，对于其后世界戏剧的剧本创作和舞台演出都有很深刻、广泛的影响。

19 世纪、20 世纪各种思想流派、哲学思想都影响着话剧的创作。各种戏剧流派所探索的并不是简单的形式上的创新，而是以思想为依托，反映对社会、对人生、对人类的思考。因为人们力图从不同的方面去探究人类精神世界的奥秘，所以才会出现不同的流派、不同的表达方式，这个表达方式是解开人的灵魂密码的探索途径。在 20 世纪 60 年代以前我们可以依稀看出何种流派在哪一时间段呈主流派别，如象征主义、表现主义、荒诞派，而经过各种现代戏剧流派的涌现、更迭之后，现在已经不存在何为主流流派的问题，从六七十年代以后，戏剧进入后现代时期，更加丰富多彩，而且再也无法像以前那样，艺术流派和艺术流派的代表人物之间存在清晰的分界线。

所以，目前世界上话剧艺术的创作和演出相对发达的国家，如美国、英国、法国、德国、俄罗斯等，这些国家的话剧都呈现多元化且越来越倾向于相互融合的倾向。

戏曲是我们本民族的传统戏曲艺术形态，而话剧相对于中国的戏曲而言，则是一种舶来品。中国话剧至今有 103 年的历史。1907 年 2 月，在日本留学的留学生在东京组织了一个剧社——春柳社，这是中国话剧历史上第一个话剧演出团体，他们上演的第一出戏是《茶花女》，这也是中国话剧发端的第一个戏。春柳社有一个骨干人物——李叔同（弘一法师），他是中国话剧艺术的创始人之一，在《茶花女》里男扮女装扮演茶花女玛格丽特。这次演出被公认为是中国话剧的开山之作。春柳社成立 4 个月以后又在东京演出了根据美国小说

《汤姆叔叔的小屋》改编的《黑奴吁天录》，所以 1907 年就被定为中国话剧元年。

话剧的英文是"Drama"，"Drama"刚刚传入中国的时候有很多称呼，如新剧、文明戏，这是为了与中国传统戏曲相区别。一直到 1928 年，中国第一代表演艺术家洪深老先生提出"话剧"这个叫法，一直用到现在。中国最著名的经典剧作家就是曹禺，他的代表作有《雷雨》《日出》《北京人》，还有话剧家老舍，他的代表作有《茶馆》《龙须沟》。

形态之真：表演欣赏共时空

话剧与其他舞台艺术，如歌剧、舞蹈、戏曲相比，有它独有的特点，也因此有它不可替代的生命力。

第一，话剧非常具有现实感。话剧是演员的表演艺术。如果说音乐家的创作工具是乐器，画家的创作工具是画笔、颜料和纸，那么话剧演员的创作工具就是演员的身体和语言。

话剧的基本创作方式是以对话性的语言以及姿态和动作，生动地塑造具有戏剧矛盾冲突的人物形象。值得注意的是，话剧塑造的艺术形象与现实生活形态最接近，话剧戏剧冲突产生的方式也与我们的生活非常接近，这就使话剧演出最容易感染观众，最能引起观众的共鸣。舞剧采用肢体语言，传统戏曲采用唱腔和程式化的表演，但是它们都不如话剧传达情感更直接、更真切、更直指人心。话剧表现现实生活形态，它可以重复生活，但它不是简单地重复生活，它更重要的在于以象征性的艺术手法来表达复杂的情感和深刻的思考。话剧将观众引入日常生活无暇顾及的哲理层次，使观众体味在日常生活中体味不到的情感境界，扩大对自身生命力的感受和认知，给观众带来情感震撼和哲理思考。

第二，表演与观看，创作与欣赏同时空，具有现场感。同样是演员的表演艺术，话剧与影视最大的不同在于演员的表演创作和观众的欣赏接受是在同一个时空进行的。例如，观众在家里看电视，或者在电影院看电影，演员并不在现场。而话剧艺术最大的特点就是它的创作和观众的欣赏是同时进行的，观众欣赏到的艺术创作是一个鲜活的、真实的过程。观众能清晰地看到演员在台上动心、动情地表演，它不是一个影像，不是一个记录，观众能深刻地感受到现场的直接感染力。这一特点决定了话剧艺术在某种程度上不太可能成为一种大规模商业制作的文化产品进行传播。电影制作成功后，可以拿到工厂拷贝，通过电影公司发行，然后在电影院放映就可以，演员不需要进行再创作。话剧就完全不同，话剧演员尽心尽力、流泪流汗地演一场话剧，面对的只有一个剧场多则一千少则几十的观众。如果有更多的观众想要看这场话剧，那演员必须重新把鲜活的创作过程再展现一遍。这就是话剧。

话剧是和观众同在的，与观众直接交流的撞击和现场气氛的包围强化了感染力和震撼力，有时会让观众产生与演员、与其他观众、与现场艺术氛围融合在一起的忘情感、忘我感。所以，要达到欣赏话剧的最好效果必须是在现场。

这种现场表演、直接交流的创作状态，对于演员也是一个巨大的挑战，它需要演员具有全方位的素质和更高的技巧，至少要求他们在整个演出中保持连贯的创作状态，一气呵成，而不能断断续续地演一个镜头，然后再通过技术手段把它剪辑起来。电影、电视剧是一段接着一段的戏、一个镜头接着一个镜头拍的。很多演员演电视剧的时候，甚至不太清楚演的这段戏是怎么回事，如果是赶工期，剧本也没好好看，就问导演这段戏到底是什么内容，导演说，没事，你就坐在这儿郁闷就行了，他为什么郁闷，他有的时候也不知道。

演影视、演戏可以这样，演得效果不好再演一遍，有的时候演员很受折磨，一个镜头拍了几十遍，演员都快崩溃了。但是话剧演员不行。话剧演员站在台上一个半小时、两个小时或者两个半小时，不可以重来一次，这就对演员有挑战。所以，没有经过专业训练的人有可能演得好电影、电视，但是没经过专业训练的人不可能演得好话剧。经常有一些影视演员说，我非常想演话剧，非常想到话剧舞台上去体验体验，但真正敢走上话剧舞台上去演话剧并能演得好的人并不多。相反，好的话剧演员常常能同时成为好的影视演员，有些影视明星都是话剧演员出身，如唐国强、张丰毅、章子怡、袁泉、丁嘉丽、陶虹等。从表演艺术的角度来说，话剧对演员是一个挑战，因为它直接面对观众。

第三，话剧融多门艺术为一体，强化艺术的感染力，具有综合性。话剧把音乐、美术、雕塑、灯光、舞蹈等现代各种艺术方式、艺术手段、艺术媒体都融合进去，以强化艺术信息的传递，强化演出的艺术感染力，在视觉和听觉上产生强烈的艺术震撼力。我们常常误以为话剧擅长还原人的生活，是最写实的一门艺术，其实话剧更擅长的是表现人深刻复杂的精神生活。比如《哈姆雷特》中"生存还是毁灭"，这种思想用舞蹈就很难表达。

存在之美：思考生命之内涵

今天，古老的话剧艺术正面对一个日新月异的世界，人们的生活状况、价值观念和娱乐方式的改变使中国话剧面临着前所未有的挑战。话剧具有经典性和实验性，但是在快餐文化大行其道的今天，我们是否应该以娱乐性和通俗性来要求话剧？是否仅以娱乐效果的强弱来定义其艺术价值的高低？人们对此有不同的看法。有的观众喜欢娱乐性更强的话剧，有的则看重艺术内涵。

话剧的传播方式决定了它演出受众的基数不会很大。演一场话剧需要很大的成本，演员的付出、艺术创作的价值是最昂贵的。话剧每进行一次付出、每进行一次创作，面对的受众是有限的。话剧不可能通过大众传播媒介的形式来实现，这决定了话剧艺术在商业性、市场竞争力方面天生存在欠缺。而我们必须正视话剧艺术的传播局限这一特点。话剧艺术最大的特点也在于此。

音乐，甚至交响乐都可以制作成碟片，碟片的音响效果有它独特的地方，虽然它与现场听交响乐的感觉不一样。但是，话剧如果采用这种传播方式是绝对不行的。如果这样，话剧几个最本质的艺术特点就消失了。

在全世界范围内，话剧艺术都不可能真正成为一种商品化的艺术，我们需要正视这一点。话剧是一种非常都市化的艺术。当今世界的现代化大都市几乎无一例外都是话剧艺术十分发达的城市。纽约一个城市就有300多个大大小小的剧场，十多年前我在莫斯科看报纸了解到莫斯科每天晚上有五六十个话剧在上演，还有伦敦、巴黎、柏林，如果你愿意，你可以每天看不同的话剧，连续看一个月也不可能看完所有上演的话剧。香港的话剧生存状态也不错。话剧不可否认地已经成为现代都市文化的代表形态之一。

中国话剧的现状虽然不那么乐观，但是它会朝着更好的方向发展，更加都市化、更加现代化。从目前来看，北京、上海的观众构成特点是年轻化、学历高、白领阶层、知识分子。

国内很多大都市现在都缺少真正面对观众艺术欣赏需求的稳定的话剧文化形态。我们国家现在话剧艺术创作演出的主流和观众群体的主流更多集中在北京、上海这两个城市，最著名的剧院就是国家话剧院、北京人民艺术剧院和上海话剧艺术中心这三大话剧院团，而中国的其他城市，包括一线的大都市，如南京、武汉、广州、深圳、珠海、大连都没有长期稳定的常态化的话剧演出。在这些城市，观众不能每天看到话剧演出。很多城市仅仅是为了庆祝某个节日，或者完成任务，而邀请北京、上海的剧团来进行一些商业演出，这种商业行为传递的更多的是娱乐信息。而如果本土的话剧扎根在都市文化里，就有可能表现出都市人群的情感历程、对都市的认同，这与邀请其他城市的剧团来演出效果完全是不同的。所以，在国外，即使是一个很小的城市都有自己的话剧团，成为都市文化建构本身的一部分。

目前，国内大都市的话剧艺术生存状况与它们的经济发展、物质状况、生活水平、消费实力非常不协调。在物质文明高速发展的时候，发展精神文明的社会要求必然越来越迫切，而精神文明建设仅有消费性娱乐、商业性文化是不够的。人们的文化生活越来越丰富、艺术欣赏经验越来越丰富，欣赏品位会随之提高，欣赏选择性也会随之扩展，此时一个社会的艺术创作带给民众的文化消费更应该是多选择、多层次的。

话剧用艺术的方式带给人们感动和震撼，启发人们对生活的深刻认识和对生命意义的深刻感悟。人巨大的精神力量就是从生命深处迸发出来的，这就是话剧艺术之美的根本所在，并不是娱乐性的艺术所能带来的。

有人说，生活节奏很紧张、工作压力很大，看话剧就是为了放松娱乐，这是一个伪命题。人的生命能量不仅仅是为了应付生活，还有更重要的是去关照生命内涵。当人们走进剧场之后，应该不只是为了娱乐。这不是话剧存在的唯一意义。如果不去追求精神层面的关注，人就不可能有真正的文明发展，这也是现代都市话剧应该做什么的根本所在。

《萨勒姆的女巫》话剧欣赏

话剧《萨勒姆的女巫》在北京演出以后，很多观众心情非常沉重，以至于不敢看谢幕，还有一些观众看完之后，就在街上溜来溜去，心情不能平静下来，有的观众就找朋友喝酒，一起聊这个话剧。现在还有不少观众问，这个话剧什么时候演，我还要看。这出话剧如此沉重，为什么观众还要看？就是因为这出话剧具有感染力。一场话剧的演出是慢慢积蓄力量的，从开幕开始，越积蓄越强烈，然后到高潮的时候，释放出来才能真正有震撼力。

国家话剧院是由北京的中国青年艺术剧院和中央实验话剧院于2001年12月合并而成的。2002年我们在演《萨勒姆的女巫》话剧的时候，很巧合，前后一两年，百老汇、英国伦敦西区、日本、中国香港都在演这个戏。

《萨勒姆的女巫》是美国剧作家阿瑟·米勒以发生在美国 17 世纪的一个真实案子"萨勒姆女巫案"为背景创作的。美国萨勒姆镇还建有女巫博物馆，女巫博物馆里有大量的揭发证词，大量的法庭审讯口供。

《萨勒姆的女巫》的故事发生在 1692 年的春天，北美马萨诸塞州的萨勒姆小镇。一群正值豆蔻年华的青春少女，不顾清教戒规，相约在万物复苏的森林，祈愿跳舞、尽情嬉戏，她们甚至赤身裸体。少女们的放浪形骸被牧师当场看见，这些孩子们就觉得犯了大罪，吓坏了。孩子们不约而同地开始出现了呓症，有的睡觉也弄不醒，有的醒了以后，躺在床上睁着眼睛，没法与人交流。而所有的悲剧就从这里引发出来。镇上的人说，这些孩子大概是碰到女巫中邪了。于是，萨勒姆镇谣言四起，人心惶惶，一种来自人心深处的恐惧，使萨勒姆镇笼罩在女巫邪说的阴影之下。

萨拉姆镇的居民慌了，他们逼问这些孩子，你们是不是撞上女巫了，结果这帮孩子在压力之下就乱指证，说碰到女巫了。问题在于，孩子们说谁是女巫，这个人立刻就会被抓走，不用调查。在戏里，法官这样说，女巫是一种看不见的犯罪，只有两种人能够证明这种罪行的存在，一是女巫本人，二是女巫犯罪的受害者。只有这两种人能够证明女巫犯罪的存在，我们当然不能相信女巫，所以我们只能选择相信受害者，所以如果有一个受害者说谁是女巫，那她就一定是女巫。这就给萨勒姆镇的居民一个非常坏的暗示，我说谁是女巫，谁就会真的被当作女巫抓走。所以人心里最恶劣的念头就被引发出来，他们借此机会报复他们怨恨的人。所以很多人被当作女巫抓走了。

被抓的人面临着一个选择——你承不承认你是女巫？如果你承认你是女巫，说明你还有愿望回到上帝身边，法庭代表上帝张开双臂欢迎你回来。假如你不承认你是女巫，就意味着你坚持与上帝为敌，与魔鬼联盟，那么等待你的只有一条路——绞死。有人说那就承认算了，但是，如果你承认你是女巫，那你的生命将从此烙上一个抹不去的污点——与上帝为敌，你的整个家族以及你的子孙都会背负这个污点。

1998 年，我到美国去排戏，在报纸上看到人们呼吁为当年错打成女巫的人平反。时隔数百年，"女巫"的子孙后代还在背负着这个污点。所以，如果要承认自己是女巫要付出沉重的代价。可想而知，人们在做选择的时候多么痛苦矛盾。

在这种情况下，该剧的冲突已经非常激烈，但经典的还在后面。当男主人公普罗克托受到指控的时候，他同样很难作出决定，他是否要违背自己的良心说谎认罪：他曾经和家里的女仆艾比盖尔发生奸情，被他的太太发现，女仆被他太太赶了出去。他和他太太的悲剧就是从这儿引起来的。女仆艾比盖尔对他的太太怀恨在心，并指认她是女巫。普罗克托因为自己与女仆的奸情，一直心里有愧，他就向法庭说女仆是诬告他太太。但是如果要证明他太太的清白，他就要向法庭坦白他和女仆过去有私情。经过很激烈的心理冲突，他被逼到最后，完全不顾自己的声誉，把他和女仆的私情，包括他曾经背叛过上帝全部坦白给世人。

如果撒谎，就可以活，如果诚实，就得死，在这种情形下，普罗克托怎么办？他觉得，他已经背叛过上帝，早就是一个撒过谎的人，今天如果我要为保持我的诚实而付出我的生命还有什么意义？这个困境是我们平时生活中很难遇到的，但是观众可以深刻感受到这种矛盾和痛苦。这就是艺术，也是话剧传达给观众的。

要普罗克托背着自己的良心，去撒谎认罪有多难？普罗克托就要行刑了，但法庭希望他认罪，就在他行刑前的晚上，法庭找到他的太太去和普罗克托谈话，希望他能认罪。他们谈话之后，发现原来他们之间一直有误解，两个人其实是有感情的，这时普罗克托就坚定了要活下去，并决定写认罪书。这是这个戏最最经典的时刻。它让人思考：作为一个人，他的价值到底在哪儿？普罗克托在认罪书上签了名字。剧本原来写的是没签名字，但我改编成他签了名，但当落到法官手里之后，他又把它抢了回来，他意识到这个名字不仅仅是几个字，而是作为人最起码的尊严。

话剧表演过程中，观众在某些片段的掌声突然哗的出来，然后一下子又收了。观众的那种感受并不是一般的浅层的娱乐。我们生活中有各式各样的快乐，而话剧能够给予我们的是一种深刻的快乐。

电影艺术与生活艺术

张 良　王静珠

张 良

电影演员、导演，代表作：《董存瑞》《哥俩好》等，曾荣获第二届电影百花奖最佳男演员奖，并被国家组织部、国家广电总局授予"国家有突出贡献电影艺术家"称号。

王静珠

中国电影基金会理事，中国作家协会会员，广州私营女企业家协会会长。

张良、王静珠夫妻二人共同编剧执导了《梅花巾》《少年犯》《特区打工妹》《逃港者》《雅马哈鱼档》《女人街》等多部电影，其作品曾荣获马

尼拉第一届国际电影节金鹰荣誉奖、第五届大众电影百花奖
最佳故事片奖、新时期十年最佳故事片奖等。

张良：2008 年是我从艺 60 周年，这 60 年实际上就是"前 30，后 30，欢欢喜喜又 30"。前 30 年，从 1948 年 8 月到 1978 年 8 月，是我当兵、演兵、为兵服务的 30 年。后 30 年，1978 年到 2008 年，我已经调到珠影了，和我的老伴王静珠一起写剧本，拍电影。

前 30 年，演员之路与艰辛之路

我 1933 年生在东北，1945 年苏联的军队先占领了东北，日本投降，国民党的军队没来，八路军先来了，这是我第三次见军队，第一次见到的军队是日本兵，第二次见的是苏联兵。八路军住在老百姓家里，还有文工团，仅一年多我就爱上了这些军队，而且在八路军文工团的影响下我当了儿童团团长，他们还教我演戏。最开始接触的戏是《兄妹开荒》和《锯大缸》，那时我就上台演戏了，就立志要当演员，要当兵。可是这个梦没多久就碎了，八路军走了，国民党的军队来了。国民党军队全是美式装备，很厉害。但是觉得这个军队和老百姓隔了一层皮，也听不到他们唱歌，看不到他们演戏。

又过了不到一年，八路军又回来了，我们这些小孩子高兴了，虽然部队的番号变了，但是也有部队文工团，也有像我这么十五六岁的女孩、男孩唱歌跳舞。这下我来劲了，我原来的名字叫张庆铸，"铸"用繁体字很难写，很多人不认识，所以 1948 年 8 月我偷偷地改了一个名叫张良。我一参军就在部队文工团工作。到了 1950 年朝鲜战争爆发，我又到朝鲜干了一仗。回来我就调到华北军区文工团，成了专业的演员。

直到 1955 年长春电影制片厂要拍《董存瑞》把我选上了，我才真正开始演艺生活。我当时正在华北军区文工团的舞台上演戏，在《战线南移》里演一个志愿军的通讯员，导演郭维正到处找演员，他

在底下看戏，这小伙子怎么看都像他心目中的董存瑞的形象，他动心了，就找到了华北军区文工团的领导，问这个小伙子是谁。领导于是找我谈话，问我了解不了解董存瑞，我说我太了解了。第二天，我看到这个剧本非常激动，导演问我喜欢不喜欢，我说太喜欢了，作为演员梦寐以求的就是想演这么一个英雄人物。

在演《董存瑞》的过程中，很难忘的有这么几点。第一，我们那里的氛围非常好。一进摄制组，谁都不叫我张良，全叫我四虎子、董存瑞，给我创造了一个氛围，让我感觉我已经生活在董存瑞生活的那个连队。见了连长，见了班长也不准叫本人的名字，大家生活得非常融洽。第二，那时是真英雄的年代、奉献的年代，不讲报酬。到哪里去拍戏全是自己扛着行李，自己跟老乡借门板铺床。所以这个阶段大家一心都扑在工作上，一心都要以董存瑞的精神拍摄《董存瑞》，虽然条件很艰苦，但大家的心都是拧成了一股绳，很多人问我那时候拍《董存瑞》给不给钱，我说不给钱，一分钱的报酬都没有。那时候真的不要钱，就是想奉献。

第二年，《董存瑞》在北京公映，把我们这些演员都请去参加首映式，这是我第一次在银幕上看全片。一开始我还不进戏，老是琢磨这小子太难看了，看着看着我也进戏了，到最后我的眼泪都流下来了。结束时让我很难忘，电影里有一个爆炸，银幕上有几秒钟的空白，全场鸦雀无声，真的能听见心跳。再过一会儿，全片演完了还是鸦雀无声，我都有点傻了，心想这戏砸了，还没等说砸，那掌声就像暴风雨一样，而且观众都知道我们坐在什么地方，这时候前排的回头、后排的往前，全部拥到我们身边，喊着董存瑞、喊着四虎子、喊着张良，那场景太难忘了。等我回头找我的导演，导演本来就坐在我旁边，一转眼不见了，就寻思导演哪儿去了，导演丢了。他们都认识我，谁也不知道导演是老几，把导演不知道挤哪儿去了。后来观众也流泪，我们也流泪，这就是第一次我和大家一起看《董存瑞》、一起感受《董存瑞》的氛围。

那一年，我认识了一个女孩叫王静珠。1956 年全国第一届话剧会演，我们文工团在舞台上演《战斗里成长》，在我演话剧的过程中，我经常在观众席里看见一个很漂亮的小姑娘，看得我两眼发直。这小姑娘也看着我了，她不认识我，看完了也不知道是谁，但是留下了深刻的印象。后来我又回了沈阳，那女孩长什么样是烙在了我的心里。又过了几个月，让我到八一电影制片厂拍《战斗里成长》，这时候《董存瑞》在八一电影厂上演并引起了轰动，后来工会组织非要让我和大家见见面，在那次会上，我刚要说话，一看，我的眼睛又直了，这小姑娘怎么坐在这儿？这不是我梦寐以求的人吗？会上人们在谈电影的感受时，老和我互动，可是我思想开小差了，我就想我得认识认识这个小姑娘。结果我在八一电影厂拍戏拍了那么长时间，总见不到她的人，见到了她比我还骄傲，不理我，后来我生病了这戏拍不成，就回东北了。自此她心中也有了我，我心中也有了她，但撂下了谁也没谈。

到了1957年，全国都在传说张良是"右派"。我演了一个董存瑞，结果就说我是"右派"。长春电影制片厂整风，把《上甘岭》《董存瑞》的导演沙蒙、郭维，还有《新局长到来之前》的吕班导演都当作"右派"。我心里不是个滋味，因为在我的印象里三个导演都是从延安来的老同志、老党员。在我拍《董存瑞》的过程中，郭维就千百遍地告诉我们这个戏应该献给全国人民、献给全国青年，应该怎样向董存瑞学习。结果却成了"右派"，我就和领导交心，我说，我真是不太理解为什么把沙蒙、郭维这些老导演都打成"右派"了，太可惜了，他们对人民是有贡献的，这些电影都是教育人民的。我这一说，坏了，同情"右派"就是"右派"。接着第二天棍子、帽子都扣在我脑袋上：张良同情"右派"就是"右派"！1957年就把我打下来了，没人理我了，那么多好朋友也不见我了，那么多曾经给我写情书的人一封也没有了。就在我从巅峰跌到最低谷的时候，得到一封电报，这是领导亲自送到我面前的。我一看电报就哭了，是王静珠发来的。王静珠在电报里就说：（因为那时候《人民日报》已经用半个版面批判我，我已经走投无路了）我相信你还是人民的好演员，你要相信人民，要相信你自己，一定要振作起来，不要辜负人民对你的期望。很长的一封电报，就把我感动得没有办法。以后王静珠每个星期都给我发一封电报，就这样帮助我度过了很困难的岁月。

我下发了，王静珠说，我也要跟着张良下发。八一厂说：张良下发到东北哪个军区了我们也不知道，你跟着他往哪儿下发？你又不是他爱人，你什么都不是，你不能跟着去。她说："那不行，我什么都不是也要去。"她三次要求八一厂下发，八一厂领导就是不让她去，她把两条很漂亮的长辫子剪掉，就是要去！要去北大荒。领导一看，这王静珠铁了心了，那就让她去吧。她去了北大荒，两眼一抹黑，上哪儿找我去？我在通化，她跑到北大荒了。又过了两年，我调回八一制片厂拍《战上海》，她还在北大荒。结果有一天农垦部王震部长到了北大荒，一看文工团怎么多了一个小姑娘，他们说这是张良的小爱人。这奇怪了，张良在北京，她跑这儿来干什么了？传奇啊，王震动心了，就下令把她调回了北京农垦部，这样才成全了我们俩这一段姻缘。

后来我又到八一厂来了，演了《哥俩好》，得了第二届电影百花奖最佳男演员奖，受到了周恩来总理的接见。以后我又演了几部戏，这都是时光非常好的岁月。但是"文化大革命"时期，再次把我打倒。八一厂200多人全在牛棚里。最后把我定性，说我是1957年漏网的"右派"，开除党籍，到东北农村改造去。命令王静珠带孩子回苏州。王静珠气坏了，就找到了干部喝茶，她说，你让张良一个人去东北，让我领着孩子去苏州，这不是让我们活离婚吗？部长很生气，一拍桌子，你要想离婚马上打报告，我立即批。王静珠也火了，一拍桌子，你太小看我了，我就是死也跟着张良去东北。就这一句话，王静珠就跟我去了东北死去活来了三年，又成全了我们一段一生当中的佳话。

我一生中王静珠三次救我，这是第二次，第一次1957年到北大荒，她说："无论如何我要陪着张良，不能让他太孤单。"那时候还没结婚，还不叫谈恋爱，但就是这样一句话让我的心里非常温暖。这次结婚了，她坚决不让张良孤单。

后30年，导演之路

后来，我们俩一起调到广东，在珠影扎根了。改革开放了，我13年没演戏了，我也想重新演。第一部戏《斗鲨》，陶金是导演，我当副导演，并演《斗鲨》里的一个战士。演完我一看影片，傻了，哪还有《董存瑞》《哥俩好》里我的影子？我在东北扛了三年木头，到了《斗鲨》里我就像木头一样，又矮又胖，也比较老了，真的不能演戏了，一点灵气都没有，我就失去了信心。演员这条路看起来是走不下去了，"文化大革命"把我13年的青春全给剥夺了，要我重新复出，但是今非昔比了。

这时候峨眉山电影制片厂要拍《挺进中原》，导演就说，听说你演小战士演不了了，那演个炮兵营长吧。但演完戏一看，我又傻了，这根本不行，这我才死了心，回来跟王静珠商量。我说，不行了，演员的光环很亮，很难舍，但是老了又拓宽不了戏路，一副娃娃脸再演小战士演不了，老的也不行，小的也不行，那只能改行。改什么？当时只有一条路，干行政，但我演了这么多年的戏，到现在改行，我不甘心。后来她出主意说当导演。我说，导演那也不是我想当就能当的，导演的要求更高，但是还接近于演员，不妨一试。这样我们才下决心改行当导演。当导演就要分析导演的利与弊，王静珠就提出，要想当导演，就要自己写剧本，不能靠别人给你剧本，要自己去编。我说，我哪会编剧，这时候王静珠才下决心说，我改行，你当导演，我当编剧。她说，邓小平都说深圳改革就是摸着石头过河，我们俩也下一次河、摸一次石头。就这样，我们一起改了行，写了《梅花巾》。

《梅花巾》被珠影领导顺利通过，但是要求把剧本交给别的导演拍。我一听就傻了，我说，我写这剧本的目的就是我要当导演，你把我的剧本交给别的导演拍，我干什么，演员这条路已经不能走了，我只有选择做导演。党委书记就说，我们知道你是一个好演员，好演员不等于就是好导演，导演的要求很高。第一，电影学院导演系毕业，你是吗？第二，要有三部副导演的资历。我说，我已经有两部了，但差一部也不行，还要有两部联合导演的资历。我一看这条件离我太远了，但我也不能失去这个机会，我就跟党委成员挨个磨，虽然我不是电影学院毕业的，但是我可以自学成才。这部戏我已经给自己铺平了路，场景我都选了，那里的军分区、市政府都支持我。求到最后，我说："你给我一片天，我将来还你一片彩云。"党委书记一乐，说："你这小子真能磨，好，就给你一次机会，《梅花巾》拍成了再考虑，拍砸了该干什么干什么去。"

我和王静珠逮住了这次机会，到苏州去非常刻苦、非常严格地把《梅花巾》拍成了。拍成了回来党委一看，感动了，党委书记都流泪了。这部戏引起很热烈的反响，还拿到加拿大的蒙特利尔电影节展映，后来在开罗国际电影节得了国际荣誉奖。后来我们团长说，你小子说话还可以，真是还我一片彩云了。这部戏就奠定了我当导演的基础。

第二部戏是《少年犯》，我们俩跑了广州、山东、北京、上海、辽宁很多地方的监狱、劳改厂、少年犯管教所采访，最后珠影的党委一看觉得这剧本不行，不敢动，剧本被枪毙了。枪毙了《少年犯》剧本，我们才拍了《雅马哈鱼档》。

在拍《雅马哈鱼档》的过程中我全力以赴，我要把《雅马哈鱼档》拍成新时代的清明上河图。我要让全国人民看看改革开放的新广州。第一，用广州的石像，最典型的有几百年历史的城中茶楼、芳村鱼栏、西濠二马路，把最有时代特点的全部拍下来。第二，要拍得非常有广东味，我找不到专业剧团，找不到广东味十足的演员，就找了一群非职业演员来演，这部戏冒着相当大的风险，但是也取得了相当大的成功。第三，用纪实性的摄影手法，要那种真实感。这部戏在北京轰动了，广东深圳改革热火朝天，北方一动没动，哈尔滨很多青年看了《雅马哈鱼档》就决定到广州，一定要到高第街看看广东改革开放什么样。那是中国第一部写个体户的电影，过去没人敢写，也不让写。因为个体户在极"左"时期就是资本主义的温床，但是那一次第一次在银幕上歌颂了个体户。所以这部戏影响很大，得了很多奖项。

从此以后，王静珠和我又拍了《特区打工妹》《女人街》，她当编剧，我当导演。在《雅马哈鱼档》北京送选轰动期间，王静珠给司法部部长写了一封信，她说，我们经过了这么长时间的采访，写了十个口的少年犯，电影厂不敢拍，剧本被枪毙了，你看看我这剧本还可用吗？周瑜部长马上说这剧本太好了，趁着他在上海开全国司法工作会议，就让秘书邀请王静珠来参加。周瑜说，张良、王静珠两口子经过这么长时间写了一部电影剧本《少年犯》，地方电影厂不敢拍，这个剧本相当好，我看相当感人，他们不拍我们公安系统自己拍，你们谁有勇气投资？上海司法局局长一拍桌子站起来说，广东老大现在可能比较困难，这个戏我们来拍。这样《少年犯》就由上海司法局、劳改局投资 60 万开拍，创造了很多的第一：第一次冲破禁区写了少年犯；第一次用上海劳改少年犯管教所的实情拍少年犯；第一次把监狱内幕披露给全国观众；第一次用少年犯来演《少年犯》；第一次让少年犯写主题歌，自己唱。还有我们自己设计的劳改服，原来这些少年犯穿的都是黑棉袄，光头，我说这拍出来很难看。后来就用现在的《少年犯》里这套秋服，增加孩子们对监狱的感觉。后来这部戏还引起全国甚至全世界震动——《少年犯》演完以后，9 名犯罪少年被减刑，在首映式那天当庭释放。

后来我们到了深圳写《特区打工妹》《逃港者》。我们俩到深圳采访，给我震撼最大的就是采访到蛇口，面对那片海，当时的领导跟我们说海对面就是香港，当年逃港最盛行的时候，内地的青年就是从这片海边上向海对岸游，走的时候是退潮，走到一半全部陷到泥里，涨潮后他们就全部淹死了，第二天退潮后，海面上人就像蜡烛一样立着。谁敢动这个题材？我说我动。很多人劝我别动，"文化大革命"的时候差点把你打成"右派"，现在你又动。

有一次我到布吉采访，布吉的一个领导和我是老朋友，他说，张良，《少年犯》拍完了，下部戏我给你出个题，拍青少年吸毒。吓得我说，不行，这题材不敢碰。他最后与我辩论了半天，我辩论不过他，他一拍桌子说，张良，如果你不敢动青少年吸毒的题材，你就不是人民的艺术家。于是我戴着这个帽子到了宝安，宝安领导把我们领到了宝安的戒毒所，一开监狱大门，一排坐了二十几个青年，全是剃光头，骨瘦如柴。区委书记说这全是吸毒的。所有的坐在床上的小青年把袖子卷起来，一看密密麻麻全是针眼，看得我触目惊心。旁边坐着一个十多岁的小孩剃着个光头，才 12 岁，是他姐姐教会了他吸毒，看到这些才逼得我不写《白粉妹》不行了，那真是拍案而起。

到了 1988 年，王静珠成立了王氏影视业剧本有限公司，她当了董事总经理。她那个注册号厉害，0001 号。中国第一家私营文化企业。所以我非常感谢我还有后 30 年，前 30 年当演员，后 30 年当导演，我欢欢喜喜还有 30 年，看我现在多年轻，因为我后边有贤妻，是不是请我贤妻上来说说？

王静珠：张良是主角，我是配角，永远的配角。从刚才张良介绍的他前 30 年与后 30 年的经历，其实大家不难看出前 30 年都是组织上让你干什么你就干什么，应该相对来说还比较容易。后 30 年是要自己拿出决心、加倍努力才能成功，是非常艰苦的。我和老张后 30 年面临了一个很严峻的问题就是要改行，他的形象、气质，各方面已经不适合当演员了。

但是下面应该怎么做？到了广州以后我们有一个最大的决心，用我的口号来说就是"夺回所失去的 10 年"，就是我们在"文化大革命"当中失去的整整 10 年。这 10 年是张良最好的光阴，可以接到很多新戏，但是这十年已经无情地流失了，流失以后我们怎么办？就是要面对现实，我们要自己给自己找出路。所以这后 30 年是相当艰难的。我到东北的那三年，是我死去活来的三年，但那三年也是我成长的三年。

后 30 年，要在白纸上写出字来不是那么容易的事。我不会写剧本，我是学美术动画的，要改行当编剧，必然要有自己的好剧本，好剧本从哪儿来？就是从生活当中来，我选择的第一个题材就是我的家乡苏州，苏州有什么特色呢？园林美、刺绣美、评弹美，这些美的东西能不能反映到银幕上呢？我认为我们中国的电影要是最民族的也就是最国际的，就写我最熟悉的苏州，因为刺绣是有画无话，评弹是有声无画，这样我就把评弹、刺绣、园林的三美有机地结合起来，让它能够陶冶我们的情操。张良读的书没有我多，革命经历虽然比我丰富，但是我也很骄傲，我是1952年的电影人，1952年就到了八一厂，60个人在八一厂我就是开荒牛。我们的《梅花巾》《少年犯》等这些片子都是在艰苦奋斗当中得来的。

张良无论是拍《特区打工妹》也好，《女人街》也好，《雅马哈鱼档》也好，《逃港者》也好，包括我们后来拍的《岭南春秋》，他的思想应该说很超前，当时我们思想上有一个共同的观点——电影艺术不能跟风。

拍电影是一个很漫长的创作过程，从电影剧本通过到拍摄是一个非常艰苦的过程。《少年犯》剧本我大概写了十个稿子。所以我给周瑜部长写信的时候说，给我退稿可以，但这个稿子退了以后，把它捆起来放在柜子里，虽然剧本是放在我柜子的最底层，但这个剧本放在我心上，心的最上层。其实我那时候不想写《少年犯》，我想写"文化大革命"当中那一代人的苦难命运，我们这一代人太苦了。我要为他们写剧本。正当我要写的时候，有一个司法部的领导给我打电话，问我想不想看少年犯。"少年"，这么美好的字眼，和"犯人"放在一起，这是很恐怖的字眼，所以我就去少年犯管教所看了，我看到那些光头的青少年，我就掉眼泪了，是他们的苦难多还是我的苦难多？将来是看我们还是看他们？所以我仍然认为挽救孩子才重要，就决定写《少年犯》。

那个时期高墙是挡着的，高墙里头的事是我们文艺工作者遗忘的角落。我当时就感觉我一定要去，我看了这些女孩子们很心酸，有的孩子爸爸被打成"右派"了，有的离异了，有的流浪，他们是各种社会家庭原因造成的。我们要挽救他们，因此我满腔热血。等我回来的时候，张良已经在拍《雅马哈鱼档》了，我就天天给他讲《少年犯》一定要拍，可是我们要拍的困难太大了。

我深深地感觉到这是我的责任，不要去写个人的恩怨，而是去了解孩子们，所以我和张良两个人走了山东走辽宁，走了辽宁走北京，走了北京走广东。我们两个都是新手，唯一的办法就是到生活里去学习，所以我每次都是背着包，拿着一个本子写上"生活是创作的源泉"来鞭策自己。我采访的对象不是白粉妹就是少年犯，要么就是打工妹，你站在高凳子上采访他们？你怎么样？你怎么变坏的？你犯什么罪？人家不会理你的，那你怎么办？你要跟他们交朋友。而这些少年犯、打工妹、白粉妹都是非常聪明的孩子，他们会分辨你是对我好的还是对我坏的。

我那时候到少年犯管教所，就跟他们说，孩子们，你们有什么跟王阿姨说说，以后你们晚上找我谈谈。三天之内我都是冷藏的，没有人找我，都是我主动去找他们。三天以后有孩子敲门了，要与我谈谈。我说，你现在怎么想来跟我谈了？孩子说，我观察你三天了，看你是不是诚心来找我们的，是不是为了挽救我们。

这些孩子特别需要倾诉，他们就讲我第一次是怎么犯罪的、第二次是怎么犯罪的、我爸怎么样、我妈怎么样、我们的黑话是什么，特别生动。我每次都不拿笔记本记，我完全用追记的办法，也就是我白天采访，晚上回去就写作，把白天采访的孩子的思想、动态、语言、黑话都记下来了。其实我们就是用笨办法，只有一个动力，就是要把这十年夺回来。我希望张良能够开创一条自己的新路，在这条路上能够为人民作出贡献，来证实咱俩不是犯法的，我们是拥护共产党、是愿意为人民服务的，我们是真正的文艺工作者。

我们两口子完成了几个片子以后，视线就转移到深圳，我们的第一站就是蛇口，后来又走到四海书社，走到南岭村，后来又特别到渔民村、沙头角，写了《神秘之窗沙头角》；去煤气公司，又去了西湖出租公司写了《西湖人》，等等。所以我认为张良的创作思想是直接受益于深圳，所以我们特别感谢深圳。

我们到了深圳以后，写了《特区打工妹》。生活一定是要的，作为一个创作者，关着门在家里造，可以造出来，但是观众的眼睛是雪亮的，肯定会知道哪个是假的。所以我们就特别注意生活，但是我们也会根据生活需要作些变动，也不原样照搬生活。所以，很多生活情节拿进来以后都需要我们来分辨。要是根据现实，我们的少年犯就是光着头，穿黑棉袄的形象。张良就是要让他们看起来青春一些，要让他们感觉到自己还是少年，还有希望。所以我们需要生活。电影是大众电影，男女老少都看。我们在写电影剧本的时候，要想一想银幕效果，剧本对每一个人会产生什么影响。我们先要感动自己，如果连自己都感动不了，就绝对不能感动观众。

我们的精力有限，尽管我们还在写，还想呼吁，还有很多好的题材，但拍摄的希望不大了。我们只是做一些我们力所能及的事。

唐诗中的人生境界

康 震

康 震

北京师范大学文学院教授，博
士研究生导师。主要作品：《长
安文化与隋唐诗歌》《康震品
李白》《康震评说苏东坡》《康
震评说唐宋八大家》等。

　　唐诗是唐朝人表达自己感情的一种典型方式，或者称为中国式方
式。那为什么就偏偏是唐朝呢？清朝行不行？清朝不行，清朝净打败
仗，哪顾得上抒发感情？那明朝呢？元朝呢？汉朝呢？我们现在为什
么就写不出"临行密密缝，意恐迟迟归"？写不出"遥知兄弟登高
处，遍插茱萸少一人"？这就是因为唐朝的"气"。

　　生活中，我们随时随地都可能会遭遇到唐诗。譬如，我们到泰山
去玩，当登到泰山极顶，举目一望，我们会脱口而出，"会当凌绝
顶，一览众山小"。这是杜甫的诗，你创作不出来，但你觉得这两句

最合适。还比如，年轻的朋友要离家学习或工作，临走的时候会想到"慈母手中线，游子身上衣。临行密密缝，意恐迟迟归。谁言寸草心，报得三春晖"，这几句诗最恰切，写篇小说都不及这个好。再如，情侣聚少离多，每次分别时男孩就想对女孩说，"相见时难别亦难，东风无力百花残"。

因此，在生活中，诗对我们很有帮助。当你很渴望表达某种很真诚的感情的时候，你可能在心里会翻腾出一两句诗。当我们缺乏创造力的时候，我们的古人，特别是唐朝诗人的诗句会潜伏在我们心的底层，帮助我们表达。

李白的"气"

言为心声。诗用来表达感情，一个诗人表达一种感情，那如果一群诗人、一个时代的诗人都在表达某种感情，那这就是时代的心声。李白有一句诗很典型——"天生我材必有用，千金散尽还复来"。为什么"天生我材必有用"就是唐朝人说出来的？李白能写出这样的诗，是因为李白有才，但我们不能只从李白身上找原因。李白的所谓"天生我材"并不仅仅表现为他的诗才，而是表现为他的一种"气"。什么"气"呢？他的语言、他的表达和那个时代是相通的。

李白和我们一样都特别"俗气"，但他与我们一般人又有一点点不一样，就这一点点地方我们和他拉开了巨大的、永远也赶不上的差距。

这一点点的差距在什么地方呢？李白是一个乱读书的人。按照现在一般公认的说法，李白并不是出生在中原地区，而是出生在碎叶城，"安西四镇"之一，今在吉尔吉斯斯坦共和国首都比什凯克郊区附近。"安西四镇"在古代是突厥人居住的地方，所以李白小时候生活的环境是胡和汉文化交融的地方，他从小接触的是两种文化：一种是儒家、道家文化，还有一种是胡文化。按照李白自己的说法，他"五岁诵六甲，十岁观百家"，"六甲"在中国古代特指道教的书。李白好剑术、好神仙、好方术、好百家之学，就是不看教科书，所以他看的书很杂、很多，到了 25 岁他就得出一个结论，"故知大丈夫必有四方之志"，大丈夫要做宰相，以四海为家。

如何实现这个志向呢？很简单，所谓"三年不鸣，一鸣惊人"，"三年不飞，一飞冲天"。李白的理想很简单，道路也很简单，但是都很非凡，这就是他的"气"。

杜甫比李白小 11 岁，他曾经写过一首诗描写李白，非常传神。其中有几句是这样的："李白斗酒诗百篇，长安市上酒家眠。天子呼来不上船，自称臣是酒中仙。"李白喝一斗酒就能写一百多首诗，喝醉了之后就倒在长安的酒馆醒不来了，天子来叫都不去，老子不归你管，老子是酒中的神仙，气派很大。这把李白的"气"写出来了。

李白的"气"在什么地方呢？"我是要当宰相的，可是老子当了宰相以后，也是天子呼来不上船，老子当宰相是为天下民生计，不归你管。"所以李白得志的时候说："仰天大笑出门去，我辈岂是蓬蒿人。"我才不可能像你们这些小人、俗人一样，为了打酱油、打醋的事成天蝇营狗苟，我关心的是大事。当李白生活不济的时候他会说什么呢？他说："安能摧眉折腰事权贵，使我不得开心颜。"但是李白又想当大官，当能自己作主的官，因此李白非常矛盾。他既想要做官，又要人格独立；既想进入官场，又不想受官场束缚。我就是一个游走在天地之间的"独立人"，这就是李白的"气"。独立之精神，自由之意志，这就是唐代的精神，也是我们这个时代比较缺少的。

李白和我们一样很"俗"。李白一生结过两次婚，他结婚的对象很考究，都是宰相的孙女，而且还是入赘。李白是商人出身，在唐代商人是没有地位的，他祖先又曾经犯过法，所以李白是没有资格参加科举考试的，那他想做官就得通过很多庸俗的手段，但这又无损于他作为一个大诗人的形象。为什么？就是他身上的"气"，所以他才能写出"君不见黄河之水天上来，奔流到海不复回"。

一般人为什么没有这么大的气魄？因为李白在精神上是独立的。

李白 25 岁离开四川后就成天跑官，跑了整整 15 年，跑来跑去跑不出名堂，最后搭了个裙带关系，认识了唐玄宗的妹妹，唐玄宗的妹妹是一个道姑。李白的《将进酒》很有名，其中有一句说："岑夫子，丹丘生，将进酒，君莫停。"丹丘生叫元丹丘，与李白有30多年的交情，他是一个真正的职业道士，和唐玄宗的妹妹算是师兄妹，他拐弯抹角地把李白介绍给了唐玄宗的妹妹，唐玄宗的妹妹又把李白介绍给了她的哥哥，就这么搭了一条线，李白40岁的时候去见了唐玄宗。李白很高兴，因为不容易啊！李白在这之前是个布衣，除了兜里有俩钱，什么都没有，这下等于是平步青云，一脚就踏进了皇宫。对一般的读书人来说，不管皇上对咱咋样，咱都在这宫里扎下不走了，可李白不是这样的，李白的志向是要做宰相，皇上得听他的。可是唐玄宗让他进宫，看重的不是他的政治才华，也还没有验证他到底有没有政治才华，他看重的是他的文采。

唐玄宗身边有一群翰林供奉，又叫待诏，就是御用文人。李白是诗文待诏，算是所有待诏里地位比较高的。"云想衣裳花想容，春风拂槛露华浓""名花倾国两相欢，长得君王带笑看"，写得好！但李白来宫中是做这些事情的吗！当然不是。所以李白在皇宫待了不到两年就离开了。"大道如青天，我独不得出。"我眼前的路就像青天一样广阔，但不是我的出路，先离开再说吧！唐玄宗比较大度，李白被"赐金放还"。李白和唐玄宗是"相看两都厌"，唐玄宗觉得李白本事不大，脾气不小，傲慢清高，李白觉得唐玄宗得了白内障，看不清楚自己是个人才，所以都觉得对方有问题。但是对于一般的文人来说，能够凭着一支笔进到皇宫，就已经很不容易了，但李白不这么看。

所以，李白为了做官又是入赘、又是找裙带关系。大家比较熟悉"李白乘舟将欲行，忽闻岸上踏歌声。桃花潭水深千尺，不及汪伦送我情"，写李白和汪伦的情意深。汪伦不过是桃花潭村的一个村民，但那汪伦是一般村民吗？一般村民能送得起八匹宝马，十段蜀锦吗？李白到皖南地区的这个小山村里拉关系去了。李白比起杜甫来，更会谋生活，他这一生从来都不是巨富，但也从来没有缺过钱，在这方面李白比杜甫要精明上百倍。但也有一个原因是他的名气太大了，他没有实现政治上的理想，但是赢够了噱头，谁见了他都叫他李翰林、李供奉。

李白的诗在唐朝深受欢迎，这使他在唐朝一直保持着很高的社会声誉，虽然他终身都是布衣，杜甫还做过八品官，他连八品、九品官都没做过。他一手走后门、一手倒插门，做了这么多庸俗的事，为什么我们还这么爱戴他、欣赏他？就是因为他的气节是一般人赶不上的，他绝不苟活。正是因为这一点点"气"，盛唐王朝有多少高度，李白就多多少少代表了唐朝的高度。一个时代的高度往往就是那一两个人的高度决定的。

唐人的傲气

大家说唐朝好，就李白这么一个人，那有人会说如果当时李白没生出来不就完了。李白也不是凭空来的。李白能够在唐朝出现，这是肯定的，因为他的很多前辈只会比他更狂。李白已经够狂了，他的自荐信里说了自己很多优点，最后结尾的时候说："何王公大人之门，不可以弹长剑乎？"哪一个王公大人的门口没有弹宝剑的机会呢？用现在的话说就是"此处不留爷，自有留爷处"。这种人傲慢、自恋，在现代生活中是比较不讨人喜欢的，但是又特别有才华，让人非常嫉妒。这种人在唐朝遍地都是。

李白的先辈们比他表现得更加不文雅。杜甫的祖父杜审言是个大诗人，非常有才华。同时代也有一个著名诗人苏味道，苏味道不但诗写得好，而且官做得很大。杜审言虽然才华高，但只给苏味道做秘书，有一天他写完一份文件后和人聊天，说"味道必死"（苏味道死定了），别人一听，惊问其故，他说："彼见吾判，必羞死。"他要看见我给他起草的文件，得羞愧而死。

杜审言后来有次生病，病得很重，当时有几个很著名的诗人，也是他的好朋友，好心好意去看望他。他们问："病恢复得怎么样了？"杜审言说，"甚为造化小儿相苦，尚何言？然吾在，久压公等。今且死，固大慰，但恨不见替人"（别提了，老天爷不让我好活，没什么好说的。可是我老活着也不是个事，我老活着你们就挺压抑的，我现在终于要死了，你们终于可以松一口气了，但只恨没有合适的人代替我的位置）。这话说得多硬朗啊！你这辈子都没有那个想象力能说出这样的话，朋友来看望他，他居然和朋友说出这番话。他官做得并不大，但是他说的是我的才太高，活在你们身边，对你们来说太压抑！这事不是杂史小说记载的，是《新唐书》记载的。

我们还可以举例。唐人王泠然，很长时间做不到官，急了，他突然想起与御史高昌宇有交往，就给他写了一封信说，"意者望御史今年为仆索一妇，明年为留心一官"（今年你给我找个老婆，明年给我找个官做，我这辈子就这两件事，你给我办了）。"君之此恩，顶上相戴。倘也贵人多忘，国士难期，使仆一朝出其不意，与君并肩台阁，侧眼相视，公始悔而谢仆，仆安能有色于君乎？"你的恩情我会牢记，如果你把这事忘了，我的前途很难预料，等到有一天我发达了，做的官比你还大，你再向我谢罪，我怎么能有好脸色给你看？）

大家可能会说这两个例子有点过分，杜审言是生病了，说胡话，王泠然是和老朋友说亲热话，这些怎么能当真？那我再举第三个例子，这个例子你肯定不能再反驳。

唐奇才员半千也是很长时间做不到官，很痛苦，他不给朋友写信，而给武则天写信说，请陛下选 5000 个才子，让他们和我比写六种不同的文体，诗、策、判、笺、表、论，如果有一个人超过我，陛下你就"斩臣头，粉臣骨，悬于都市，以谢天下才子"。气魄很大，但他马上又笔锋一转，"望陛下收臣才，与臣官"，你要是把我收了，我满腔的话都敢跟您说，"如弃臣微见，即烧诗书、焚笔砚，独坐幽岩，看陛下召得何人？举得何士？无任郁结之至？"可是如果你不听我的建议，我就烧掉笔墨纸砚，躲到深山老林去。看你还招得到什么人才！武则天杀人真的像摁死个臭虫一样，可是他就敢给武则天写这样的信！就员半千来说，如果不给他施展才华的机会，他身上99.99%都是缺点，就那一点点优点，如果给他施展才华的机会，他身上就都是优点。这就是唐代人才的一个很重要的特点。

为什么这些情深异常的诗、这些典型的诗、我们永远难忘的诗都出现在唐朝呢？"天生我材必有用"这种话唐朝的人敢说出来、不羞愧，也不会有人嫉妒你，因为大家都这样。如果一个时代大部分的人都有一种"天生我材必有用"的潜意识，那这个时代就具有空前的创造力、非凡的想象力和最大限度的独立人格。

汉皇的大气

白居易的《长恨歌》写得缠绵悱恻、动人心弦：汉皇重色思倾国，御宇多年求不得。杨家有女初长成，养在深闺人未识。天生丽质难自弃，一朝选在君王侧。回眸一笑百媚生，六宫粉黛无颜色……

唐人写诗常常用汉皇来比喻当今的皇上。白居易写《长恨歌》的时候 34 岁，当时在周至县做县尉。这首诗写完之后，不胫而走，流传大江南北。唐宪宗觉得他很有文采，就把他招入宫中做翰林学士。

唐代的皇帝是不用庸才的，宁可无德也要有才，这是一个基本原则。

在中国古代历史上，武则天在君王里绝对是排在前五名的。唐初著名文人骆宾王很久做不成官，到处找不到突破口，他就参加了起义军，写了著名的《为徐敬业讨武曌檄》讨伐武则天，这个檄文从武则天的祖宗八代骂起，然后骂到武则天的生活淫乱，等等。武则天看过以后反而说，写得好，还说，这都是宰相选拔人才失职，这人要是为我所用了，那得有多大用处啊！这说明她不仅度量大，还具有极深远的政治眼光。

唐太宗 18 岁跟随父亲起兵，24 岁就做了三军的元帅，28 岁就做了皇帝。唐太宗不但身经百战、目光锐利，而且长得非常神武，他每次上朝的时候都很痛苦，因为为了听真话，每次都努力和颜悦色，作出很亲切的样子。魏徵以直谏敢言著称，是中国历史上最负盛名的谏臣。由于魏徵能够犯颜直谏，从不退让，所以，唐太宗有时对他也会产生敬畏之心。有一次唐太宗得了一只鹞鹰，他很喜欢这个鹰，那天正在玩，突然魏徵走过来，他害怕魏徵见到说他玩物丧志，就赶紧把小鹰装进自己的袖子里，装作没事跟魏徵聊天，本以为魏徵说两句就走了，但没想到魏徵一直和他聊，终于聊完之后魏徵走了，他把它取出来一看，鹞鹰已经憋死了。这就说明唐太宗虽然是封建时代的君王，但是他对待人才的态度绝对非同寻常。之所以在那个时代能出现这些优秀的诗人，主要原因是这些帝王创造了一个非常宽松和宽容的时代环境。

唐朝的"气"

一说起唐朝，我们就觉得那是一个辉煌的王朝。我们心目当中的唐朝是强大的，实际上唐朝并不是中国历史上最富有的王朝，在文化上也不是最繁荣的，最繁荣、最富有的王朝是宋朝。

唐朝最令人瞩目的是思想的开放和重视人才，这是空前绝后的。为什么那么多优美的诗歌出现在唐朝？主要原因就是唐朝人的思想和情感非常开放自由、不受约束。一个天才诗人抨击权贵的时候非常有才华，要拍起马屁来也是非常厉害的。他们可以写最谄媚的诗篇。所以唐朝的知识分子拍马屁和抨击权贵都是同样的犀利、同样的真诚、同样的真实。

唐人考进士，哪有想考就考得上的？没有那么容易，当然要走点门道。王维准备应举时，请岐王帮忙。岐王就带他去见他姑姑，去了以后让王维独奏新琵琶曲，"声调哀切，满座动容"，奏完之后，公主就问"此贡何名？"王维站起来说，曲子的名字叫《郁轮袍》，"公主大奇之。岐王曰：'此生非止音律，至于词学无出其右。'公主尤异之，则曰：'子有所为文乎？'维即出献怀中诗卷，公主览读，惊骇曰：'皆我素所诵习者，常谓古人佳作，乃子之为乎'"。原来以为是古人写的诗词居然是王维写的。"维风流蕴藉，语言谐戏，大为诸贵之所钦瞩。岐王因曰：'若使京兆，今年得此生为解头，诚谓国华矣。'"就这样，王维考中"解头"。

大诗人杜牧也是如此。杜牧写《阿房宫赋》的时候，正在太学里读书，他的老师吴武陵特别欣赏杜牧，拿着《阿房宫赋》去找当时的主考官。吴武陵说："这个写得好不好？""写得好。""那请你选他做状元。""状元已经有人了。""那么，第三名。""第三也已经有人。""实在不得已，第五名吧。如果还不行，把这篇赋拿来还我。"就这样，杜牧应举的事就定了。

唐代的科举请托之风很盛行，但是请托有前提，得拿出真材实料来，不是送礼，而是提前给主考官亮一些货色。当时有一个术语叫"温卷"。你要请托拿的应该是证明你确实能得第五名、第三名、第一名的货色，如果真有才华，看中了，就定了。所以请托关键还是看有没有才华。

我们常缅怀唐朝，以唐人的后代自居，自以为对唐朝很了解，但是我们对唐朝往往很不了解。如果我们真的回到唐朝，以我们现在的精神状态，在唐朝是没有生存能力的，因为我们都被中庸思想影响得太久了。唐诗蓬勃、奔放、自由、通畅的情感是我们难以望其项背的。我们为什么这么热爱唐诗？那是因为唐诗唱出了我们情感的理想状态，是我们很向往的境界，所以它成了我们的一个梦想。

当我们读唐诗的时候，它把我们又带到了一个梦想的情景当中，即使是最简单的诗也是有梦想的。

"白日依山尽，黄河入海流。欲穷千里目，更上一层楼。"

"前不见古人，后不见来者。念天地之悠悠，独怆然而涕下。"

"春江潮水连海平，海上明月共潮生。滟滟随波千万里，何处春江无月明？"

这些诗已经读到烂熟无比了，但是每一次我们恰好需要这首诗，它出现在你面前的时候，你就会觉得它们有无穷的生命力。

唐人给我们展示的最重要的不是一个时代的实际景象，而是一个时代梦想的情绪。那是一个有梦的时代。一个时代和一个民族不能永远活在现实的情绪当中，而应该永远有梦想，这就是为什么唐诗能给我们那么多的诱惑。唐朝人生活的实际情形并没有我们现在好，他们比不上宋朝人。唐朝的读书人说话说得不合适，可能就被杀了，宋朝赵匡胤定下规矩不杀读书人，所以宋朝人活得很宽松，生活很悠游，状态很富足，同时他们也没有多少梦想，因为生活已经把他们冲得太过饱和了。

现在我们吟诵唐诗，在很大程度上是在回忆我们祖先的情感世界，说得通俗一点，是在回忆我们自己以前的情感世界，这个世界已经失落了很长时间。

我们当代很多人在生活当中找不到自己的位置，每天都在工作，很多人说我为子女在工作、为我自己在工作、为父母在工作、为家族的荣耀在工作。但是如果是一个唐朝人，他会说，我是在为梦想而工作，我没有钱，但是我有梦想，我的梦想实现不了，但是我可以歌唱我的梦想。唐朝并不是最富有的王朝，但它是最有理想的王朝，我们当代需要理想和梦想，这就是我们学习唐诗、理解唐诗的一个很主要的目的。

美哉宋词

李敬一

李敬一

武汉大学新闻与传播学院教授、博士生导师。教育部学位中心新闻传播学科特邀评审专家，中国新闻教育学会播音与主持艺术专业委员会理事。主要作品有《中国文学史》《中国传播史论》《壮哉唐诗》《宋代十大词人词画雅鉴》等。曾入选"全国高校最有魅力老师"排行榜前五名。

王国维说："楚之骚，汉之赋，六代之骈语，唐之诗，宋之词，元之曲，皆所谓一代之文学。"宋词也就作为"一代之文学"，烙印在中国文学史上。当关西大汉，执铁板，唱着苏东坡的"大江东去"，当"十七八女孩儿，执红牙板，浅吟低唱"柳永的"杨柳岸，晓风残月"，我们不禁深深为之而动。婉约罢，豪放也罢，词也，真性情，当抒怀。

诗唐已尽，故宋如"词"

鲁迅说："我以为一切好诗，到唐已被做完，此后倘非能翻出如来掌心之齐天大圣，大可不必动手。"诗在唐代已经做绝了，后辈人写诗能超过唐代吗？我在很多地方演讲的时候，很多年轻人问我："今天能不能出大诗人？"我说："今天绝对出不了大诗人。诗的时代已经过去了，现在是网络文学流行的时代。"怎样的诗才能流传永久？当把你关在大牢里，然后把你流放到边疆，你觉得受委屈，喊天不应，叫地不灵，那时候大喊一声"天啊"，诗就出来了。所以写诗要有激情。一般来说，社会太安定，文学很难繁荣，只有国家不幸的时候，诗家才幸。国家不幸是文学史的万幸。

诗到唐代已做完，到宋代呢？元好问说："只知诗到苏黄尽，沧海横流却是谁？"宋代的苏东坡、黄庭坚如此伟大的诗人，也只不过是给唐诗结尾，打一个句号而已。他们已如此，我们今天还写什么诗呢？所以今天我们讲宋词。

梧桐细雨，写情如"词"

宋词是艺术精品，它特别美。诗言志、词写情、曲叙事。诗是一杯烈酒，它会让你激动不已猛地站起来，也会让你悲哀地坐下去，就像喝了酒一样；而词就是一杯清茶，需要慢慢品味。诗就是黄河，奔流不息；而词是涓涓细流、泉水叮咚。当然，词到了苏东坡、辛弃疾那儿被改造了，但是"莫谓词人轻薄，正是词家本色"。有人说小孩不宜读词，就因为它是文人填给歌女在酒宴上唱的，它诉说的都是卿卿我我。

词有它特殊的美。如果说诗像高楼，整整齐齐，那么词就像江南的园林，它的句式长短不一，玲珑剔透。

宋词有豪放派，如苏东坡，还有婉约派，如柳永。曾经，苏东坡问他的下属文人，我的词与柳永的词风格有什么不一样？你们更喜欢谁的词？他的下属文人就说，柳永的词完全不能与你的词比，你的词"须关西大汉，执铁板，唱大江东去"，而柳永的词必须是"十七八女孩儿，执红牙板，浅吟低唱"。这就是豪放派与婉约派的迥然不同之处。

词也抒写悲伤的感情，它的抑扬顿挫很打动人。例如，李清照的《声声慢》：

> 寻寻觅觅，冷冷清清，凄凄惨惨戚戚。乍暖还寒时候，最难将息。三杯两盏淡酒，怎敌他，晚来风急？雁过也，正伤心，却是旧时相识。
>
> 满地黄花堆积，憔悴损，如今有谁堪摘？守着窗儿，独自怎生得黑！梧桐更兼细雨，到黄昏，点点滴滴。这次第，怎一个愁字了得！

浅吟低唱，填曲如"词"

词有很多别称，它原本叫"曲子词"，有曲有词，唱的音乐叫"曲子"，唱的内容叫"词"。词的第二个名称是"倚声""乐府"。正如苏东坡的词集名为《东坡乐府》，因为汉乐府诗也可以唱，它有音乐性。词是配音乐而唱的，所以又被称为"倚声"。词的句式长短不齐，所以词也被称为"长短句"。例如，辛弃疾的词集名为《稼轩长短句》。早期的曲子词是把已有的诗往曲子里填，所以词也被称为"诗余"。

词最初是可以唱的，但是经过慢慢发展以后，就脱离了它的音乐性，不唱了，成为一种独立的案头文学。

词有一定的调子，如：《菩萨蛮》《沁园春》《满江红》等，这些被称为"词调""词牌"。据不完全统计，词调有2000多种。而且词牌都有出处，但词牌名与词所写的内容并没有联系。词牌规定了句数，每一句有多少字，平声还是仄声，压什么韵，这些规定就叫"词谱"。填词的时候要根据词牌规定的格式来填，不能脱离词谱。

词的结构一般分为两部分，称为上下阕，也叫上下片。一曲终了，所以就是一阕，再唱一遍又是一阕。词也有仅一阕的，它被称为"小令"，三阕以上的就是"慢词"。

赏　词

（一）隋，始

说到词，我们会想到李白的两首词——《菩萨蛮》和《忆秦娥》。我们看《忆秦娥》：

> 箫声咽，秦娥梦断秦楼月。秦楼月，年年柳色，灞陵伤别。乐游原上清秋节，咸阳古道音尘绝。音尘绝，西风残照，汉家陵阙。

但有学者考证，李白的这两首词是晚唐五代或是北宋有人假托李白的名字而作。

其实词的起源很早，隋代就有曲子词。现在我们知道的最早的词是隋炀帝杨广的《记辽东》，还有民间曲子词《河传》《柳枝》。当然，那还不是很成熟的词的样式。

曲子词在隋代能够得到发展，有三个原因。第一，隋炀帝虽是昏君，但他很重视文化。他大兴国家的音乐机构——乐府，整理古代流传的乐府机构的曲子。据说屈原的《离骚》在隋朝还可以唱，但是现在已经失传了。第二，民间流传的曲子的推动，比如《临江仙》《渔歌子》，再如老百姓唱的《水调歌》，到文人那里就被引申成《水调歌头》。第三，民族的融合。隋朝统一以后，北方的少数民族音乐传到南方，南方的儒学传到北方。

（二）中唐，起

李白的时代文人还没有开始填词，到了中唐才有文人开始填词。不过中唐时词作者很少，只有几个文人在填词，而且他们都是以游戏的态度为之。中唐填词的文人有张志和（《渔歌子》）、韦应物（《调笑令》），其中最典型的就是王建的《宫中调笑》，这首词太美、太缠绵、太柔弱、太感人：

> 团扇，团扇，美人病来遮面。玉颜憔悴三年，谁复商量管弦！弦管，弦管，春草昭阳路断。

这首词以女子的口吻写女子的相思和哀怨，特别缠绵、委婉。"弦管，弦管，春草昭阳路断"特别含蓄（春天来了，草儿长长了，它们阻断了我丈夫归来的路），这是蛮语，因为丈夫也许是负心汉，也许是在外求官、求学。

我们再来欣赏白居易的《长相思》：

> 汴水流，泗水流，流到瓜洲古渡头。吴山点点愁。
> 思悠悠，恨悠悠，恨到归时方始休。月明人倚楼。

这首词特别耐人寻味。汴水、泗水，写水长，是为了写情长。写了水后写山，"吴山点点愁"（我的愁如远处的山凝聚成一团团）。上阕写景，下阕抒情。"恨到归时方始休"（我那么恨你，只要你回来了我就不恨你），非常缠绵。但是最后只是"月明人倚楼"（夜晚只有我一个人在月光下倚楼想你），非常形象。

（三）晚唐五代，兴

词真正成熟是晚唐、五代。第一，词在艺术上成熟了，表现力更丰富；第二，词的作家群出现了；第三，形成了独特的风格。

清朝有一个学者谈晚唐五代词成熟的标志，说："毛嫱、西施，天下美妇人也，严妆佳，淡妆亦佳，粗服乱头，不掩国色。"毛嫱、西施都是美女，她们浓妆艳抹很漂亮，淡妆也很漂亮，不打扮还是漂亮。然后他谈到晚唐五代的词人，说："飞卿，严妆也"，飞卿（温庭筠）的词像严妆美女，"端己，淡妆也"，端己（韦庄）的词如淡妆美人，"后主则粗服乱头"，后主（李煜）的词则不打扮，没有修饰。

此外，晚唐五代，除了南方的创作，在西南地区（西蜀，现在的成都）也有一批文人。当时后蜀的赵崇祚把温庭筠、皇甫松、韦庄的词编了一本词集——《花间集》（这是中国最早的词集），这些词人的风格绮丽婉约，是婉约派的代表。

宋词的起源就是婉约派，人称"花间派"。所以晚唐五代的词成熟了，代表词人有温庭筠、韦庄、李后主，特别是李后主的出现，标志着词出现了小高潮。

温庭筠的词，特别美，如他的《望江南》：

> 梳洗罢，独倚望江楼。过尽千帆皆不是，斜晖脉脉水悠悠，肠断白蘋洲。

女子梳洗打扮之后，站在楼上，望着长江，很远很远有一个黑点，那是不是一条船呢？是一条船。那是不是我家的船呢？不是。"过尽千帆皆不是"，那是千百遍的折磨，希望之后是失望。最后，"斜晖脉脉水悠悠"（船过完了，江上空荡荡，只有一抹夕阳余晖还在江面上。水仍然在流淌着），"肠断白蘋洲"（看着没有船了，江中间只有一个小岛，我以为是条船，但不是，最后的希望都没有了，我肝肠寸断）。

所以词的味道在于注重细节描写，人物形象特别深刻，它与诗不一样。

　　韦庄的词也值得我们爱。他是一个落魄文人，他的《菩萨蛮》也写得很缠绵：

　　　　红楼别夜堪惆怅，香灯半卷流苏帐。残月出门时，美人和泪辞。

　　　　琵琶金翠羽，弦上黄莺语。劝我早归家，绿窗人似花。

　　这首词写词人回忆他为求功名，与爱人离别的情景。"红楼别夜堪惆怅"（在红楼分别的那个晚上，我的心情是何等惆怅）。那是什么样的氛围呢？"香灯半卷流苏帐"（点着一支蜡烛，帘幕低垂，我们含着泪相望）；我们一直坐到下半夜，"残月出门时"（天上挂着一弯残月，我背着行囊，打着绑腿，穿着草鞋，出门了）；"美人和泪辞"（我的那个她含泪默默地送我）。然后词人又回忆，当晚他的爱人弹着琵琶说：你要早点回。你把我抛在家里，我的青春怎么耗得起？我这朵花在家里不就蔫了吗？

　　韦庄的词写得好，冯延巳的词写得更好，李璟（李后主的父亲）的词尤其写得好，如他的《摊破浣溪沙》：

　　　　菡萏香销翠叶残，西风愁起绿波间。还与韶光共憔悴，不堪看。

　　　　细雨梦回鸡塞远，小楼吹彻玉笙寒。多少泪珠何限恨，倚栏干。

　　当然，五代词写得最好的就是李后主（李煜），他是五代十国时期十国之一——南唐的国主。他的父亲李璟不想当皇帝，而喜欢填词、写文章。李后主就更不想当皇帝，也总是想把皇位让给他弟弟。李后主的皇帝做得不好，但他不是昏君，他还有一点骨气。他当皇帝的时候是糊涂的，但当俘虏的时候是清醒的。所以他后期的词很感人。李煜42岁生日的那天晚上，填了《虞美人》这首词。他的词字字血泪，从内容上讲，只有他写得出来，"非此人不能为此词"。

李后主的词要分前后两个时期，首先看看他当皇帝的时候的词是什么风格。《一斛珠》：

> 晓妆初过，沉檀轻注些儿个。向人微露丁香颗。一曲轻歌，暂引樱桃破。
>
> 罗袖裛残殷色可，杯深旋被香醪涴。绣床斜凭娇无那，烂嚼红茸，笑向檀郎唾。

这首词写一个女子对他撒娇。女子早晨起来化妆打扮。"沉檀"就是口红。女子点了口红后，樱桃小嘴张开，开始唱歌。再讲到喝酒，酒荡出来，弄到衣服上。最精彩的是后三句千古名句，描写女人非常细致、很有神态。"绣床斜凭娇无那，烂嚼红茸，笑向檀郎唾。"女子喝了酒撒娇，李后主拿她没办法。她睡在床上，去扯毯子上的红茸线，放在嘴里嚼，说："我就要睡觉，我就不起来，呸。"

我们再看他的《菩萨蛮》，写他与小姨子——小周后约会：

> 花明月暗笼轻雾，今宵好向郎边去。刬袜步香阶，手提金缕鞋。
>
> 画堂南畔见，一饷偎人颤。奴为出来难，教郎恣意怜。

后世评论家说，你们不要说李后主太轻薄了，词就是这样缠绵。如果李煜的词就延续这种风格写下去，还有李后主吗？我们还会佩服李后主吗！时代的不幸成就了一个了不起的文人。李煜后期当了俘虏之后写的词的风格与前期迥然不同。这首《相见欢》是一字一泪唱出来的，肝肠寸断：

> 林花谢了春红，太匆匆。无奈朝来寒雨晚来风。
>
> 胭脂泪，留人醉，几时重？自是人生长恨水长东！

这首词哪一句修饰过？它的语言太通俗了。"自是人生长恨水长东"，写人生的愁恨之多，非常形象。李后主的词到了后期渐渐有了豪放的感觉。很多人说李后主是婉约派的代表，其实李后主也是豪放派的鼻祖，他直抒胸臆，写的是国家大事，个人感情再也不是前期的"画堂南畔见，一饷偎人颤"。

再来欣赏这首《相见欢》：

> 无言独上西楼，月如钩。寂寞梧桐深院锁清秋。
>
> 剪不断，理还乱，是离愁。别是一般滋味在心头。

"锁""别"两个字用得非常好，只有尝遍了人间的酸甜苦辣，才有资格说这句话。这也只有李煜才写得出来。

再看《浪淘沙》：

> 帘外雨潺潺，春意阑珊。罗衾不耐五更寒。梦里不知身是客，一饷贪欢。
>
> 独自莫凭栏，无限江山。别时容易见时难。流水落花春去也，天上人间。

这首词是不是哭着喊出来的？

再看他的绝命词——《虞美人》：

> 春花秋月何时了，往事知多少。小楼昨夜又东风，故国不堪回首月明中。
>
> 雕栏玉砌应犹在，只是朱颜改。问君能有几多愁，恰似一江春水向东流。

（四）宋，盛

词在五代已经成熟了，但是词的兴盛是在宋代。宋代是词的时代，有四大原因。

第一，政治原因。宋代重视文人。宋代那么多进士在一起，喝酒、娱宾、唱曲遣兴，词就发展起来了。而且宋代不仅国家养歌女，宰相也养，晏殊家里就养了800多位歌女。

第二，文化因素。宋代官办学校、民间书院大为发展，文化下移，所以"凡有井水饮处，即能歌柳（柳永）词"。

第三，文学发展规律。唐代诗已作完，文人不再写诗了，或者兴趣不在写诗上，都来写词。

第四，地域影响。南唐曾经一度迁都到现在的江西南昌，而北宋的政坛上，江西人占统治地位，欧阳修、晏殊、王安石、曾巩都是江西人，他们都深受江西文化（也就是南唐文化）的影响。所以他们受南唐词的创作影响也就不足为奇了。

北宋时期的词大体分为前后两个时期，前期的词主要以欧阳修和晏殊为代表，他们在文坛、政坛上的影响都很大。词的本色是卿卿我我，但是到了宰相手里，再写卿卿我我就有失身份。所以他们就改造了婉约派，而让词呈现出一种富贵气派和雅士风度，词也因此显得深婉厚重。这就是北宋前期的特点。北宋同样写男女之情的词，就不像韦庄写得那么露骨。

晏殊最典型的词——《浣溪沙》，我们看看像不像宰相爷的词：

　　一曲新词酒一杯，去年天气旧亭台。夕阳西下几时回？
　　无可奈何花落去，似曾相识燕归来。小园香径独徘徊。

有人认为这个词不押韵，但如果用江南的音念就押韵了。一杯清茶，一曲小词，一杯酒，词人感慨宇宙无穷，人生有限。去年的今天，我们也是在这里喝酒，但是一转眼我又老了一岁，光阴不可挽回。"无可奈何花落去，似曾相识燕归来"，无奈孤寂、忧愁。"小园香径独徘徊"，我们可以想象一个宰相爷在后花园散步、喝酒、唱曲，很缠绵，却也比较雅。

晏殊的儿子晏几道很有个性，他不依仗父亲的权势，反而有一点傲视权贵、落魄不羁的公子哥风度。他不做官，经常与下层的歌女打交道。因此晏几道的词写在北宋的词里独树一帜。他的父亲和欧阳修填词写爱情没有亲身感受（宰相爷谈什么爱情呢），但他感触就很深。我们来欣赏他的《临江仙》：

> 梦后楼台高锁，酒醒帘幕低垂。去年春恨却来时。落花人独立，微雨燕双飞。
>
> 记得小苹初见，两重心字罗衣。琵琶弦上说相思。当时明月在，曾照彩云归。

晏几道有几个女朋友——"莲、鸿、苹、云"。这里写的是他与苹的情感。他回忆，第一次见你的时候，你穿两层的心字领的衣裳，弹着琵琶，诉说着幽怨。

北宋前期以欧阳修和晏殊为代表，北宋中期则有柳永。柳永原名柳三变，他考进士落榜后，为发泄不满，填了一首词《鹤冲天》：

> 黄金榜上，偶失龙头望。明代暂遗贤，如何向？未遂风云便，争不恣狂荡？何须论得丧。才子词人，自是白衣卿相。
>
> 烟花巷陌，依约丹青屏障。幸有意中人，堪寻访。且恁偎红倚翠，风流事，平生畅。青春都一饷。忍把浮名，换了浅斟低唱。

圣明时代，我这么有才却让我落榜了，这怎叫我不狂荡？我姑且不考进士，不做官了，且整天喝酒、逛青楼，做个专业词人。青楼里有我的意中人，那多快活！青春算什么？青春就是一刹那间的事。

其实这是柳永发牢骚。他发完牢骚后还去参加考试，一考还考中了。宋仁宗看了他的试卷，觉得这人很有才，但一看名字，发现这个人原来就是柳三变，就在试卷上批了几行字：此人花前月下，好去

"浅斟低唱"，何要浮名。且填词去！

他又落榜了，只好自我调侃"奉旨填词柳三变"。所以柳永是中国的第一个专业词人。他自己也很自豪，因为皇帝亲自下旨他"且填词去"。宋词因为有这样的专业词人，就发展起来了。

柳永后来还去考科举，但"柳三变"的坏名声在外，他就改名柳永，而且还考上了，被封为屯田员外郎，相当于现在农垦部的一个科员。但他觉得委屈，官也不做了，就专门填词。柳永的词有俗也有雅，他是第一个写市民生活的词人。

苏东坡的词在北宋中期独树一帜，他的词开了豪放派的先河。第一，以诗为词。词的传统是婉约缠绵，是写情的。他则以诗为词，像写诗一样写国家、写天下、写个人的胸怀抱负。第二，以诗句、文句、赋句入词。词不再是过去婉约、缠绵的风格，而是豪放有力。此外，他的词意境雄奇壮美，真正到了豪放的顶峰。

我们欣赏他这首《江城子》：

老夫聊发少年狂。左牵黄，右擎苍。锦帽貂裘，千骑卷平冈。为报倾城随太守，亲射虎，看孙郎。

酒酣胸胆尚开张。鬓微霜，又何妨。持节云中，何日遣冯唐？会挽雕弓如满月，西北望，射天狼。

这首豪放的词像李白的诗一样。苏东坡打破了婉约派一统天下的格局，独开豪放一派，带有革命性质。词的内容也由只写个人情感，延伸到国家、政治、社会。但是即使这样，苏轼只是打破了格局，并没有彻底改变词的风格，词的婉约风格很难改变。

北宋后期代表词人有黄庭坚、秦观、张耒、晁补之、周邦彦，其中秦观的词最有名，如《鹊桥仙》：

纤云弄巧，飞星传恨，银汉迢迢暗渡。金风玉露一相逢，便胜却人间无数。

柔情似水，佳期如梦，忍顾鹊桥归路。两情若是久长时，又岂在朝朝暮暮。

秦观把他老师开辟的豪放风格都丢到脑后。所以北宋后期，词又重新回到婉约的风格。

到了北宋末年和南宋初年，一个伟大的女词人——李清照诞生了。李清照的词与李后主、柳永的词很相似，都如本色的美女，"粗服乱头，不掩国色"。而且李清照的用词都很通俗、很生活。《凤凰台上忆吹箫》写她丈夫还没走的时候，她就开始想念他：

香冷金猊，被翻红浪，起来慵自梳头。任宝奁尘满，日上帘钩。生怕离怀别苦，多少事、欲说还休。新来瘦，非干病酒，不是悲秋。

休休！这回去也，千万遍阳关，也则难留。念武陵人远，烟锁秦楼。惟有楼前流水，应念我、终日凝眸。凝眸处，从今又添，一段新愁。

你要走了，我头不梳，脸不洗，什么话也不想说。为什么"欲说还休"？你要我说什么？我若说"你什么时候回来"，你说"我也不知道"，那我就会很伤心。我若问"你什么时候走"，你说"我明天就走"，那我亦会伤心。而且我"新来瘦"（自从听说你要走，我瘦了），"非干病酒，不是悲秋"（不是喝酒喝瘦了，也不是因为秋天到了伤心，是因为你要走了）。

李清照的词写最精彩的是她后期的作品。她的词前期主要写她和丈夫的爱情，后期写亡国的痛苦。李清照到了晚年非常凄凉，她的不幸与家国不幸相连。

有人说，李清照的词在北宋灭亡的时候，为什么不像岳飞、辛弃疾那样慷慨激昂？她反映自己的痛苦，不也是慷慨激昂吗！所以李清照并不是没有爱国，她的爱国情怀在她的诗里——"生当作人杰，死亦为鬼雄；至今思项羽，不肯过江东"。因为词是小玩意儿，她不想像辛弃疾、岳飞那样突破词的传统。词就应该缠缠绵绵，如果要慷慨激昂，我就写诗，这是她的观念。

南宋时期的词，前期的爱国词派以张元幹、张孝祥、岳飞、陆游、辛弃疾、陈亮、刘过为代表。国家不幸诗家幸，当国家危亡，诗人还能唱卿卿我我吗？所以岳飞的《满江红》就是这样：

怒发冲冠，凭栏处、潇潇雨歇。抬望眼，仰天长啸，壮怀激烈。三十功名尘与土，八千里路云和月。莫等闲，白了少年头，空悲切。

靖康耻，犹未雪。臣子恨，何时灭！驾长车，踏破贺兰山缺。壮志饥餐胡虏肉，笑谈渴饮匈奴血。待从头，收拾旧山河，朝天阙。

陈亮、辛弃疾的风格都是慷慨激昂。到了南宋后期，宋、金和谈，南北分治，大局已定，文人声音喊哑了，慷慨激昂的亢奋情绪消失了。于是在南宋后期，词又回归婉约，以姜夔、史达祖、高观国、刘克庄、吴文英、周密、王沂孙、张炎等为代表，尤其是姜夔、吴文英的词值得一读，史达祖和刘克庄的词也很好。

词以缠绵、婉约为宗，期间有两次革命，一次是北宋中期的苏东坡，一次是南宋初年的岳飞、辛弃疾，但是整体还是婉约的，是一杯茶。

汉魏风骨：中国文人书法传统的源起

马　啸

马　啸 ✏

文化部中国国家画院书法家、艺术评论家，中国书法家协会会员，中韩书艺家协会评审委员。主要作品：《于右任书法艺术解析》《沙孟海书法艺术解析》《中国书法理论批评史》《失去的传统》等。曾荣获首届中国书法理论"书谱奖"（1989）。

　　书法是中华民族历史最悠久、传播最广、民众最喜闻乐见的艺术形式。在所有的世界艺术中，只有书法才能做到如此普及、如此深厚、如此源远流长，这是中华民族值得骄傲的艺术。书法从开始到现在将近4000年的时间，在现代生活中可以看到很多的作品，这些作品基本上都是现代人的创造或者现代人学习古人的成果。我们今天回头看一下两千多年或者将近两千年以前古人的成就，这个成就决定了中国书法艺术后来两千年的基本走向、中国人的审美状态、中国书法目前基本的样式。

人们知道学书法都要学"二王"、学"魏晋"的传统，但是我今天要讲汉魏的书法，如果不了解汉魏这一时间段，我们就不会了解王羲之的书法以及它的审美情趣是怎么产生的。文化的传播有远亲嫁接优势，如果近亲繁殖能使文化不断地蜕变、弱化，所以文化要向更远的历史时间段去追溯，所以我今天讲汉魏时期。

汉魏时期有广义和狭义的概念。广义的汉魏时期是从刘邦夺取天下一直到东晋灭亡，甚至到南北朝这一段时间，这个时间段有六七百年，整个汉朝有四百年。但是我们今天讲的是狭义的概念，是从汉朝到三国曹丕建立的魏国。为什么要说魏国时期？因为在三国文化中最集中、最繁荣的就是魏国，人们谈到三国文化的艺术成就，就要讲到魏国文化，如果不讲魏国文化，整个中国的文化史在最关键的地方就会产生一个断裂。

"风骨"是中国文化中最重要的概念，如果不理解这个概念，就不能理解整个中国文化的样式以及中国文化的审美心理。

"风"，从普遍的概念来讲，就是空气的流动。但是中国把自然界的现象变成一个文化的概念，"风"在中国文化里代表着一种活性的事物、状态，把"风"延伸一点就是气象、有风度、有风采，是活的、动的。中国人审美不讲死的东西，如书法要写得活、有神采，要把它动起来，死的东西不能进入中国人审美的范畴里。

什么是"骨"？从汉朝开始，中国人认识一个事物的时候，要从人的本身开始。汉代流行骨相，认为人所有的今时以及后来的命运就由"骨"来决定，所以那时开始流行骨相学。从骨相开始，中国的文化就把世俗的概念延伸到文化概念，所以提起"骨"的概念，然后"骨"和"风"结合起来，就代表了非常生动、有内在韵味、有内在力量的审美存在形式，中国人把它称为"风骨"。

什么叫"文人书法"？中国几千年的书法主体是文人，但是在汉朝以前，书法的主体不是文人，书法的主体很多是职业写书的人，书吏或者书匠。从汉朝开始，文人士大夫才登上历史的舞台，所以有了"文人书法"的概念。但并不是说文人写字就成了文人书法，而是说具有文人素养、具有很高文化内涵的书法才是文人书法。

汉魏时期为什么这么重要？有一个决定性的因素。中国书法有篆、隶、行、草、楷五体（有的人说是六体），但是这五体或者六体，到了汉朝，所有书法的样式都有了。汉朝是整个书法体式进行总结的阶段，汉朝所有的东西都具备了。第一个决定因素是样式，在汉朝所有的样式都有了。同样到汉朝的时候，中国书法的基本笔法都已经具备了，虽然后来还有王羲之、还有唐人怀素这样的笔法出现，但是基本的笔法汉朝时都已经具备了，所以要追溯到汉朝，汉朝是一个很重要的时间段。

第二个是气质。风骨、风采，联系起来是气质。艺术存在有两个决定性的因素，第一个是样式，第二个就是气质。同样写楷书，为什么气质不同？就像主持人，中央电视台的主持人是这个气质，深圳电视台的主持人是另一种气质。我们谈书法的时候，这些东西在汉朝基本上已经确定了。后来很多人学习书法，最后要把它追溯到汉代。比如，我们学习钟繇的书法，三国时有一个著名的大臣叫钟繇，我们把钟繇的书法作为中国书法最高的典范之一，我们都要敬仰他，都要学习他的形式，为什么？这说明在汉魏时书法的精神气质已经代表了一个高度——中国书法的高度。当然汉魏还要和后面的晋相结合，就产生了魏晋书法，后来西晋和东晋的书法和汉魏是不分的，考古学里，发掘出来的很多器物，它们之间是没有多少区别的。所以它决定了中国后面书法的走向。

书法变革——隶变

汉朝进行了一场重要的书法革命。现在的人为什么写字是这样的？为什么现在中国人认识的字是这样的字？这样的字为什么人普遍都能认识？和这样的字不同的为什么我们不认识？这场革命最后决定了我们现在的中国人认识的字体是这样，这就是隶变，是中国书体上最重要的革命，当然也是中国文字史上最重要的革命。

简单来说，隶变就是从篆书变成隶书的革命，这场革命最初开始于春秋战国时期，春秋战国的时候人们写篆书，书写篆书的除了专门做书法、做文字学研究的人之外，很多人不认识。比如秦代的小篆，小篆应该是篆书里最好认的篆书书体，但很多人都不认得它，因为它属于另外的文字体系，这个文字体系称为古文系统。从隶书开始，后面有了今文系统。

虽然现在学隶书的人不是很多，但是所有的隶书体我们看了之后还是认识，除了特殊的写法"一体字"我们不认识，或者"繁体字"不认识之外，所有认识中国汉字的人，凡是认识行书、楷书的人，都能认识隶书，这是为什么？从隶书开始，中国文字转入了另外一个非常容易识别的字体，同时也非常容易书写的一个字体阶段。正因为有了"隶变"，以后很多字变得比较简单、简练，文字总是要人使用的，总是要趋向方便、实用，所以文字不会越来越复杂，而是越来越简单。就像从繁体字变到简化字一样，这是总的趋势。

隶变的革命是中国书法发展史上最重要的里程碑。楷书很多的变化因素实际上已经包含了隶书，所以会写隶书之后，过渡到写楷书比较容易。这是一个分水岭。

隶变从用笔、从字的结构方面包括几个特征。

第一，从造型方面，篆书都是圆的，隶书从大的构成形式来讲是扁方，就像一个建筑一样。古典建筑都要讲究曲线，现在都是讲究直线，而且不仅房子，汽车也一样，20世纪五六十年代的汽车都是圆乎乎的，现在的汽车都是讲究直线为主，加上流线型。

第二，偏旁开始变化，包括分化偏旁和合并偏旁。

还有删繁就简。为什么篆书我们都不认识，隶书我们基本上都认识？就是因为篆书太繁，隶书开始变得简洁。

除了结构上的变化，还有用笔上的变化。我们经常把文字的发展历史和书法的发展历史混淆起来，的确，文字发展的历史和书法史有很大一部分是重合的，特别是在魏晋时代以前，但是在重合里有一点不同，我们研究书法的时候要研究笔法，而研究文字发展史的时候则很少。比如，我们拿毛笔写字的时候，老师说要用中锋来运笔，用偏锋写出来的字老师认为是错的，这个字写得很单薄、立不起来，没有韵味。但是文字学家不会这么苛求，只要把这个字写得看得懂，不要错就可以。所以，文字学同样研究一个字的结构、造型，很少研究字的笔画，但是一个笔画的改变在很大程度上会引起整个字体的变革，隶变就是这样的，隶变的很多东西首先是从笔画开始。

很多人平常都写过篆书，篆书的笔画就是回形的用笔方式，起点在这，然后终点要指向终点，一定要把它回过来，就像"回"字一样，都要回过来。回过来的笔画很复杂，就像走三步要回一步，它制约了书写的过程。但是从隶书开始，开始变得简约，就像隶书写一横，变成单向型的走向。

同时隶书又把本来曲的笔画变成直的。篆书的所有笔画都要曲，很直的笔画在运笔过程中也要讲究曲，但是从隶书开始，字变成方块字，以前的篆书基本上都是圆的或者椭圆形，当然隶书之前有一个既像篆书又像隶书的过程。从早期的汉代大墓，多少可以了解一些。广州有一个南越王墓，里面也有篆书，包括印章，也有方圆结合的过程、既像篆书又像隶书的阶段，但是从隶书开始，用笔把曲线拉直，这样才能变成方。

同时从隶书开始，用笔变得很丰富了。篆书一直是回环的，处处要讲究中锋，中锋画出来非常难，而且要画得匀称更难，就像要匀速骑自行车是比较难的。篆书要把匀速的线条画出来，同时绝对要有中锋，像楚国的文字，中锋里加了侧锋，但是其他绝大部分篆书就是中锋的线条。但是，隶书不一定要讲究匀速、不一定要处处中锋，有时候可以带一点侧锋，还可以把笔锋往旁边走一点，这个过程更接近平常我们书写的状态。

实际上，篆书写的不是平常的状态，而是更官方的状态。所以汉代早期的时候，所有汉碑的碑文都是用篆书写的，就像我们现在读文件一样，"红头文件"抬头的字都很正规。

为什么有这个"隶"字呢？隶书有着"隶卒"的意义，有人说隶书是产生于一帮囚徒，囚徒身份比较低，书写的时候不可能做到正儿八经，所以有了这样的文字。

因为隶变，字在结构上、用笔上变得更丰富成为一种可能，使得后来产生行书、楷书、草书，如果永远停留在大篆、小篆阶段，永远画着中锋等线的线条，不可能有后面的书法形式。这样的基础使得后面把书法变成艺术形式、变成艺术创造成为一种可能。

创作背景——鸿都门学

在汉朝，中国已经有大学了。当然最高的学府叫太学，皇帝就是太学的校长。东汉末年，有由皇帝挂帅的大学，这个大学是民众可能进入的学校，叫做鸿都门学。鸿都门学是汉灵帝光和元年（公元178年）产生的学校。汉灵帝在历史上政治作为不是很大。汉灵帝也是好逸恶劳、属于酒色才气的人，他出身很低微，他的父亲就相当于一个汉朝的乡长，但因为政治需要，他被皇太后提拔起来当了皇帝，把他扶持起来当皇帝就是为了掌控他，结果汉灵帝也不服气，你把我当作傀儡，我不答应，他就和太监联合起来办学校，专门到全国各地招收人才。

太学是不能随便进的，只有皇宫贵族、一级子弟或者很有影响的知识分子才能进入太学，而鸿都门学不一样，只要各个县好学的、有才华的人，经过考试通过了就可以进来。鸿都门学就是后来科举制度的雏形。鸿都门学是中国第一所文学艺术类的专业学校，人才培养起来与旧臣掌握着的太学相抗衡。鸿都门学不是专门教儒家经典，主要学文化艺术，诗歌、赋，同时学习书法、绘画。文学艺术相对于儒家经典来讲是更低的学问，但是汉灵帝喜欢文学艺术，所以他倡导。

由于皇帝倡导，整个汉代末期，文化艺术包括文学、书法、音乐之类的门类就变得非常兴盛，带动了汉代末年的文化兴盛。同时由于鸿都门学招收学生的面很广，极大地带动了社会各个阶层的人来学习书法，以前掌握知识的都是贵族，从鸿都门学开始寒门出身的人都能掌握知识。

创作主体——文人士大夫

书法的发展具备了书体笔法方面的条件、官方扶持的条件，然后就是文人士大夫作为创作主体登上历史舞台。

我们现在看到的汉代的很多书法形式，有金石类的，主要是铸刻、铭刻，不是油墨呈现出来的形式；有汉碑、汉代摩崖、画像石的刻字，还有各种陶器、砖头上的刻字，还有青铜器上的铭文，这是铸造过的，有很多人工的痕迹，还有一部分是直接书写的，如汉代的简牍。在汉朝以前，包括到魏晋的时候，中国人书面文字主要存在的方式就是"简"。写在木头上、竹子上的是简牍，还有帛书、壁书，都是以墨迹的形式或者朱砂的形式留下来的，有亲自写留下来的，也有经过铸刻留下来的。这些绝大部分都是职业书匠、书吏做的，古代写字写到一定的时候就可以当官了。汉灵帝给他们很丰厚的待遇，所以很多人积极性很高。

但是从汉朝末年开始，一部分官方人士，特别是当了很大的官的人士，写字不是作为一项工作、不是养家糊口的手段。从汉朝末年开始，写字变为一种表达内心情感的手段，变成了精神性的工作，不是技术性的或者是其他世俗的东西，而超越了世俗。

那个时候有一个人物——蔡邕，用隶书写了著名的石经《熹平石经》，来匡正谬误。蔡邕也是汉灵帝时期的人，那时他是精神领袖、文化精英。蔡邕还率先把书法提到很高的高度，写了一系列文章专门论述书法，他不把书法作为纯粹的职业性的工作，而作为一种很高的精神性的创造，这是很了不起的。书法从他那个时代开始，走向更高层面、更高境界，变成了一门艺术，变成了抒发内心情感的载体。

文人书法开始登上历史舞台，蔡邕是很著名的代表，当然在蔡邕之前，也有几个人，但是影响力没有蔡邕这么大。南朝梁武帝萧衍的《古今书人优劣评》说："蔡邕书骨气洞达"。从这里开始，就把

"骨"提到议事日程，进入审美的评价。

中国古代对文人是非常重视的，文人是站在整个社会的前沿，是社会的亮点。直到明朝以前，中国的文人都是社会风气的引导者。那时文人站在一个时代的前沿、代表了一种时代的精神面貌，是民众效仿的典范。中国几千年来的社会，为什么文脉传承不断？因为中国古人文化是第一位的，经济次要。

中国艺术、中国美学有两个基本的来源，第一个来自于人体本身。中国人欣赏的出发点、来源就是从骨开始，骨骼、骨气、风骨等等。另外一个来源就是自然，所以我们画山水画要行万里路。中国是一个泛神论的国家，万物有灵，所以画山水的时候，把自己的情感投射到里面。中国人认识到内在的东西，所以从蔡邕开始，中国人懂得内在、懂得精神气质，就像欣赏一个人的精神气质一样来欣赏书法。

喜欢草书的人都知道张芝，他生活在汉代末年，敦煌人，出身豪门，是纯粹的文人。朝廷不断下达旨意，让他当官，但是他不当，他就练书法。他不仅书法写得好，而且他代表了中国书法创作主体很主要的一部分。张芝的家族四代出文人，张芝还有一个外甥叫索靖，是西晋的大书法家，索靖专门写张体。可惜这些人留下来的真迹一件都没有，所以很遗憾，越是好东西，流传得越少。

王羲之留下来的没有一件是他的手迹，都是摹本，即使摹得不像，现在都当宝贝。曾经有一个帖子有 17 个字，叫《十七帖》，拍了几千万。从汉代开始的传统，如王羲之的书法，为什么留下来的都是只言片语？

从蔡邕和张芝开始，写字从日常的行为上升到艺术的高度。王羲之的心理状态很好，他以前也当官，后来觉得当官没意思，天天有人和我作对，就在母亲的墓前发誓，我这辈子永不为官，后来就种地、游山玩水、修身养性去了。晋人的这种状态从哪里来？就是从汉末蔡邕、张芝这些人开始的。

汉代的纸很值钱，虽然蔡伦已经改进了造纸术。张芝就在衣服上练字，写了之后洗，洗了之后再写，结果把池塘都搞黑了，墨池就是这么来的。张芝对书法有一个很伟大的贡献就是创立了今草。他不仅创立了今草，还创立了一笔草、狂草，一笔草是很不实用的。曾经西北甘肃天水有一个叫赵壹的大臣专门写了一篇赋《非草书》，抨击张芝说：自从张芝出来，后面有一帮崇拜者，不读儒家经典，不务正业，天天猛练书法，搞得身上脏兮兮的，指甲里都是黑乎乎的，人不像人，墙壁上都是墨，简直就是败坏风气。但是从这个现象来看，从张芝那个年代开始，书法成为一个自觉的追求，它不是一个职业的行为，不是技术的追求，而变成了精神的追求。

张芝把章草过渡到了今草，今草书写的时候可以把一个字一个字连起来，因为章草一撇一捺都要挑出去，都要往上走，今草最后终结的一笔都在下面，章草都要翘起来，往右上角走，今草可以往左下角走。古代的人写字都是这么顺下来的，字的墨笔可以带到下一个字，这样就可以快写。

接下来讲钟繇，钟繇是汉献帝的大臣，他曾经救过汉献帝，文化素养非常高，也是汉代末年的精神领袖。他最主要的生活经历是在汉代末年，后来经历了三国，但是我们经常把钟繇作为魏文化的代表人物。

钟繇首先创立了楷书，他是王羲之没有见过面的老师，王羲之能有后面的成就以及"二王"书法的精神气质，最主要的来自于钟繇。钟繇主要生活在北方洛阳，王羲之后来主要是在南方，首先在建邺（南京）、后来在浙江绍兴一带。王羲之和钟繇没见过面，但是王羲之见过钟繇的书法。王羲之的叔叔是东晋宰相王导，王导从北方渡到东晋的时候，带了一个钟繇的字帖，他对王羲之说，你要好好练这个字，将来会有出息。所以王羲之最主要的就是练这个字，后来挂在钟繇名下的字帖就是王羲之的临本。现在钟繇的真迹、张芝的真迹、蔡邕的真迹都没有了，很多都是翻刻本，翻刻本可能有一点走样。但是据这几年考古学的成就，包括最近湖南长沙又在一个古井里发现了吴国的简牍，简牍上写的就是钟繇的字，包括在西北发现的残破的纸片上写的字和钟繇的风格很像。

钟繇的贡献就是把本来非常隶书化的书体变成了楷书，钟繇把楷书的笔法完善化了。另外，钟繇的书法创立了一个风范，就是高古。高相对于低，像流行歌曲，嘴里随便哼的小调不会高，高的东西一般人不会理解，就像交响乐、古典音乐、西洋歌剧高，中国的古琴高。什么是古？古是代表时间久远，古的东西肯定和现在新的东西有差别。现在的中国人越来越讲究新、讲究流行化，流行的、新创的刚好和高古相反。

有人曾经说要跟我学书法，我就让他买钟繇的字帖去练，一个星期之后他见我说：马老师，你让我买的字帖，我看着怎么这么难看、这么难受？我说，这就对了，练字不是唱流行歌曲、不是唱卡拉OK，练字首先把自己要提起来，就是一个有难度的事情。中国书法看起来最简单，谁都认识汉字，毛笔、墨汁便宜，也不一定用宣纸。为什么书法代表了中国人的精神？它就是以一个最简单的形式，包含着最深邃的内涵。

中国人不是很讲究复杂，中国人就喜欢把很复杂的东西梳理得很简单。就像古人的书一样，老子的《道德经》才5000个字，但是5000字包含的道理博大精深，一个博士生写10万字的博士论文，能够像老子的《道德经》这样深刻吗？能够统领中国人的精神两三千年吗？但是老子的《道德经》每一句话都很简明，非常简约。《论语》也是这样，这和书法有相通的地方。中华民族的精神、文化承载的标志就是崇尚简约，但是简约里包含了无限的道理。中华民族、中华艺术的伟大就伟大在看不见，它的深度是看不见的一种深度。

地道的中国白酒绝对不是用透明的器皿来装的，所以拿玻璃酒杯喝白酒实际上是一个错误，至少要拿一个陶瓷器皿来喝白酒。中国人的思维和西方人的思维不同，就像宋词，宋词很简约，但是包含了多少道理！当然欣赏中国艺术，前提条件是素质要提起来，一定要有文化作为铺垫。你写字的时候，你要理解书法，而理解又需要人生的历练。我就是这样，我35岁以前理解的东西和40岁左右理解的东西不一样，所以中国文化需要时间的积累来理解，中国文化就像古代的文物，理解一个文物需要知识、年龄、阅历。现在有很多小孩练书法，但练更深的层次需要十几岁，一定要理解了之后才能练，但是练西方的绘画不一样，练素描小孩子就可以。

汉魏的蓄"势"和"笔迹流美"

中国书法史是中华文明史很重要的组成部分。就在汉代末年，产生了一种非常自觉的理论。第一个理论，中国人从书法的线条、汉字结构里看到了天和人之间的关系——天人合一，实际上从汉代末年已经看到了这个关系。钟繇说过："笔迹者，界也，流美者，人也。"写出来的书法就是一个样式，然后可以从书法表现出人的美。

汉代中期崔瑗最早提出，书法首先是来自于对大自然的模仿。从大自然、从动物中模仿，有了书法。蔡邕也提出这个理论，书法首先来自于自然，然后人们把它画出来，变成人风采的表述。

另外一个非常重要的概念是讲究"势"，势代表了一种方向，是无形的。汉代人为什么高？汉代人已经把写字的行为放到了无形的高度。现在的中国人太物质化，从皮肤到内在全都是物质化的东西，但是汉代人不是。从很多考古发掘的汉代艺术品就可以看出，汉代的精神很高，它讲究"势"。势是蓄势待发的状态，就像一个弓，拉满了没有射出去，千万不要射出去，射出去就没势了，这就是中国人的状态。

中国文字里有一个中央的"央"字，在秦汉，皇宫的瓦当上有"长乐未央"四字，汉代有著名的宫殿"未央宫"。"央"代表时间走到顶点12点，但是中国人说未央，不要到达顶点，所以说弓拉满不要射出去，射出去就过了。所以，这个概念就决定了中国人后世书法的状态，就要讲究内在，不要外露，用笔的时候讲究中锋的线条，讲究回收、住笔。为什么不要笔全部都露出来？就要讲究一个势，要蓄势，讲究气息的饱满，不要让它泄气，就像轮胎一样，你把它打足气之后，不要把它释放出来。汉魏的这种状态决定了王羲之以及唐、宋、元、明、清书法的状态。但是现在比较遗憾的是，人们喜欢的状态就是把它射出去，人们觉得把弓拉满价值就没有实现。

汉魏书法是整个中国文人书法来临前的状态，在汉魏时间段的书法，中国书法的所有元素基本上都已经具备了，包括物质形式、精神存在、人员的构成。到了两晋、唐、宋、元、明、清只是在这个基础上有生发而已。从那个时代开始，中国人手里握着的毛笔已经不是吃饭的家伙了，而是握着中国人自己的存在，握着自己的内心世界，握着这个毛笔，中国人的内心会变得很丰富。当然到了清代末年开始不一样了，清代末年受到钢笔文化冲击之后，包括现在电脑文化有了之后，这种状况已经没有了，中国人握毛笔已经变得不自信，如果说握着毛笔有金钱来了之后，才能变得有一点自信。所以，很遗憾，中国人的文化和两千年前已经不大一样。我们应该更多地向古人学习，向中国悠久、伟大、灿烂的文化学习。

《红楼梦》的精气神与
新版电视剧《红楼梦》的得与失

朱安群

朱安群

江西师范大学教授，深圳大学借聘教授，中国作家协会会员。原江西古典文学研究会会长。主要作品：《周易直解》《文天祥传》《黄庭坚诗词赏析集》《八大山人诗与画》《四书五经辞典》《江西历代文艺家大全》《明诗三百首详注》等。

　　新版电视剧《红楼梦》在全国热议如潮，其中讲好的少，讲坏的特别多，有说"不像红楼像青楼"，说少女"不像少女像寡妇"，还有网友恶搞，这就太过分了。我们应该采取实事求是的态度，成绩就是成绩，缺点就是缺点。《红楼梦》播出之后，有的人开始翻读小说的文本，而各个电视台又在抢播老版《红楼梦》或是越剧《红楼梦》，这对于丰富我们的文化生活，提高我们的人文素养是很有意义的。

　　"没有功劳也有苦劳"。新版《红楼梦》的功劳是肯定有的，它掀起了文化热，而且把 20 回本的小说拍成一部 50 集的电视连续剧是不容易的，这本身就是一个功劳。而且李少红导演和整个剧组的工作人员是认认真真地，用严肃的态度对待《红楼梦》，希望尽量地忠实于原著，这是值得肯定的。

新版《红楼梦》电视剧成功的方面是力争忠实于原著，但是又做得不够。忠实于原著是要忠实于它的精气神，忠实于它基本的价值取向、价值观、价值评价体系，但新版《红楼梦》有些部分没有忠实于曹雪芹前 80 回的价值取向，而过分考虑了细节和物质的、形式的东西，对人文精神考虑不够，这是它很重要的失误。

"精"——社会理想：亡

《红楼梦》的"精"就是它的价值取向、价值判断、价值观，是作者的社会理想。《红楼梦》写宝黛之爱，在爱和死的主题之上它还有社会理想的追求。它通过四大家族揭示封建制度存在各种各样的弊端，包括科举制度、婚姻制度、门第制度、尊卑制度，反映封建社会走向灭亡的必然趋势，这就是《红楼梦》的"精"。

封建社会为什么会解体？因为它没有接班人。《红楼梦》写的是一个家族有没有接班人的问题，后继有人，这个制度就可以维系下去，没有人，这个制度就会衰败。

曹雪芹认为，史家、王家、薛家、贾家四大家族都没有人接班。史家最后只剩下史湘云在贾府里来来去去。王家有王熙凤在贾府专权，王家除了王子腾做了官之外，其他的也没有什么像样的。薛家有两个儿子，都不行，特别是薛蟠，他是一个半文盲，把唐寅念成"庚黄"。再看贾家，贾家两府，西府是荣国府，东府是宁国府。宁国府的贾敬不管事，贾珍当家，他是一个偷鸡摸狗的人，跟儿媳妇秦可卿的关系不清不楚。贾珍的儿子贾蓉也不成器，因此，宁国府也没有接班人了。再看荣国府，荣国府的贾赦老不正经，到了 60 岁还要把鸳鸯收做小老婆，结果鸳鸯死都不肯，他又花了 800 两银子买了个

18 岁的姑娘做小老婆，贾赦这一代是不行了。贾赦的儿子贾琏离开王熙凤就偷鸡摸狗。贾政是维持这个家族正气的关键人物，但是他只能守成。《红楼梦》里有一个谜语——"身自端方，体自坚硬，虽不能言，有求必应"，说的就是贾政，像方方的砚台一样，对封建制度只能守成。贾政有两个儿子，本来这两个儿子都很聪明，结果贾珠不到 20 岁就死了，留下一个孙子贾兰，所以唯一的希望就寄托在贾宝玉身上，如果把他培养起来，家族就有希望。贾宝玉也非常聪明，但偏偏他是一个叛逆子，叫他考功名不考，叫他读正经书，他不干，一天到晚跟婢女、戏子来往，抓周的时候就抓脂粉钗环。所以贾宝玉的地位就决定了接班人的争夺战围绕着贾宝玉展开。所以争夺接班人的斗争又激化了宝玉挨打。

有接班人，这个家族就繁荣，没有接班人，这个家族就延续不下去。《红楼梦》第二回讲，现在贾府上下几百人，"安富尊荣者尽多，运筹谋划者无一，其日用排场费用，又不能将就省俭；如今外面的架子虽未甚倒，内囊却也尽上来了。这还是小事，更有一件大事：谁知这样钟鸣鼎食之家，翰墨诗书之族，如今的儿孙，竟一代不如一代了"！这是贾府必然灭亡的一个象征。封建制度不能够培养接班人，只能够培养一些贪婪、荒淫、偷鸡摸狗的下一辈，贾珍、贾琏都是这样的人。

封建家族靠伦理来约束，君君臣臣、父父子子，但是封建伦理本身的约束力被他们的子弟破坏了，就像柳湘莲说的："你们东府里除了那两个石头狮子干净，只怕连猫儿狗儿都不干净。"焦大骂："那里承望到如今生下这些畜生来！每日家偷狗戏鸡，爬灰的爬灰，养小叔子的养小叔子。"道德沦落导致了贾府的衰败。家族内外的矛盾也是它必然衰败的原因。

另外，这个家族一方面荒淫奢华，一方面又入不敷出。比如，林黛玉要吃人参养荣丸，早期的时候，王熙凤说：人参算什么，到我那里拿两斤也无所谓。到了第七十七回，贾母病了，要 2 两人参，居然拿不出来了。他们到库房里去找，勉勉强强找到了 2 两，而且这 2 两已经放了很久了。王夫人感叹："卖油娘子水梳头"，过去她们是卖油娘子，现在连擦头的油都没有了，拿水来梳头。

《红楼梦》虽然写的是家务事、儿女情，但是反映了封建社会的方方面面，是封建社会的百科全书。它是四大家族的盛衰史，这个兴衰史又用宝黛的爱情作为线索。

爱情的选择是争夺接班人的重要手段。一个是安分的，能够劝宝玉上进的薛宝钗，一个是支持贾宝玉叛逆、不读书、不追求功名的林黛玉。贾宝玉究竟靠哪边？很明显，尽管薛宝钗很漂亮、很聪明，有学问，但是贾宝玉觉得一个年轻姑娘怎么整天追求仕途，而林妹妹就不说这样的话，所以他就跟林妹妹很亲。

宝玉的婚姻取向是很明确的，他多少年的理想就是跟林黛玉结婚。举个最简单的例子，有次他看到薛宝钗雪白一段酥臂，不觉动了羡慕之心，暗暗想道：这个膀子要长在林妹妹身上，或者还得摸一摸，偏生长在她身上。正是恨没得摸。宝玉在婚姻上是很严肃的，他的婚姻取向是黛玉，不是宝钗。这个问题被现在编电视剧的人忽略了，贾宝玉在这里想的是一句"小话"，但是微言大义。

将来究竟是娶黛玉好还是娶宝钗好，封建家长开始是觉得黛玉配宝玉可以，如王熙凤一再说"将来林妹妹在我们家里做媳妇"。但是后来慢慢观察之后，他们觉得林妹妹叛逆，不如宝钗能够劝他上进。而宝钗是一个"好风凭借力，送我上青云"的人，希望在封建社会找到一个安富尊荣的人。所以她一开始是希望像贾元春一样"才选凤藻宫"，后来进宫的机会没有了才逐渐靠拢贾宝玉，这样就形成了三角恋爱。这个三角恋爱不是一般的爱与死，而是争夺接班人的事情。争夺接班人的人物又分成两派，靠近贾宝玉这边的是林黛玉。与林黛玉、宝玉性格比较接近的还有晴雯，晴雯是心比天高、身份下贱的人，她是一个有叛逆性格的丫鬟，所以他们的思想是一致的。而袭人善于讨好，所以宝钗、袭人又形成争夺的另一方。当然争夺的最后还是取决于家族安排。

这个问题小说和电视剧处理得就有不同，小说写的是"瞒消息凤姐设奇谋"，因为贾宝玉要跟林黛玉结婚，要他跟薛宝钗结婚他是不接受的，结果王熙凤安排了一个调包计，表面上说跟林妹妹结婚，甚至于揭盖头之前，陪着她的丫头都是林妹妹从南方带过去的丫头雪雁。但是这个消息泄露出来之后，林黛玉"焚稿断痴情"，病情加重，很快就死了。争夺接班人最后造成的悲剧，反映的是婚姻制度的不合理、封建体制对人的扼杀。本来是"林黛玉焚稿断痴情，薛宝钗出闺成大礼"，1987年版的《红楼梦》改成让元春从皇宫下旨意让宝钗和宝玉结婚，结果黛玉听到这个消息就死了。揭盖头这场戏是矛盾冲突极端的戏，是最好看的一场，但1987年版的《红楼梦》没有这场戏，这是1987年版留下的最大的败笔、最大的遗憾，新版的《红楼梦》也处理得不够好。

人物的婚姻关系反映了曹雪芹的价值取向。曹雪芹支持贾宝玉不读书，不考科举，他也歌颂林黛玉不赞成贾宝玉考科举。宝玉不愿意考科举。皇帝赐给北静王一个珠串，北静王送给贾宝玉，贾宝玉又拿来送给林黛玉，林黛玉是什么态度？如果是给薛宝钗，她一定捧着下跪，但是林黛玉说，这是什么臭男人拿过的东西，就把它丢到地下。林黛玉的态度就反映了曹雪芹的价值取向。与林黛玉的思想一条线路的晴雯也是这样，主子送的东西她根本就不在乎，她说，别人挑剩的我不要。鸳鸯也是这样，贾赦老爷60多岁了，要娶她做小老婆，"你放着主子不做，你要当奴才。你将来要嫁给哪个？嫁给琏二爷？嫁给宝玉？"她马上反抗，"除了你贾家的人我没有嫁的了？什么宝金、宝玉、宝天王，我都不要，我就是不嫁贾家的人"。

写这些反抗的人，反映了曹雪芹的价值取向。《红楼梦》的精髓就是反映了一种价值取向，即婚姻应该是自由的，封建社会必然灭亡。它坚持一种社会理想。这是曹雪芹定的调，这个基本的调不能变，而高鹗的后40回就违背了这个调，结果让贾宝玉参加了考试，中了举，而且贾宝玉与薛宝钗还成了婚，薛宝钗怀了孕，还有了孩子叫贾桂，贾珠和李纨的儿子叫贾兰，代表"兰桂齐芳，家道复出"。这就违背了曹雪芹的价值取向，违背了它的"精"，违背了它最基本的东西。

揭示封建贵族体制必然灭亡的命运，这在《红楼梦》里满书都是。比如"喜荣华正好，恨无常又到""千里搭凉棚，没有不散的宴席"

"食尽鸟投林，落得个白茫茫大地真干净"，最重要的是《好了歌》，"好就是了，了就是好"。《好了歌》反映贾府"好了必然了"，就像人生一样，百年之后就算最好的人生也没有用了。贾府最盛的时候是修造大观园的时候，一个是贵妃省亲，一个是秦可卿出丧，如此大规模，如此热闹，但是"好就是了"。这个《好了歌》在1987年版《红楼梦》里反复强调，出现好几次，但是新版《红楼梦》里没有足够的渲染。

"好就是了"就是"色即是空"。所以俞平伯先生说《红楼梦》的观念就是色空观念，"色"是万象，最后都是空的。色空观念实际上就是悲剧取向，而不是一个大团圆的结局。为什么《红楼梦》中大地上真实出现的是癞头和尚和跛足道人？凡是在困难的时候，癞头和尚和跛足道人出现，他们就把好了精神、色空精神，就把佛教、道教讲虚的精神拿出来。这就是曹雪芹的归结。

这个基本的走向，树倒猢狲散的结局，高鹗没有把握好，旧版《红楼梦》没有把握好，新版《红楼梦》也没有把握好。所以新版《红楼梦》让荣国府免于抄家，贾宝玉、贾兰中举，然后贾宝玉又有后人，"兰桂齐芳，家道复出"，就是贾家复兴有希望，这一个结局大大削减了原著的悲剧力量，模糊了曹雪芹原著的思想性，这就是新版《红楼梦》最重要的败笔。

"气"——批判力度：愤

"气"就是指《红楼梦》对于社会的批判力度。曹雪芹的作品不但有外显的悲，还有内蕴的愤。林黛玉是一个悲剧人物，她有很多愤，如《葬花词》里"一年三百六十日，风刀霜剑严相逼"充满了愤。

从当时来看，曹雪芹算是一个愤青，他家道中落，所以他是有愤的，他通过焦大的口骂贾府。在很多地方，他虽然写的笔调很软，但是绵里藏针，批判得极有力度，这是曹雪芹的风格。

《红楼梦》写到贾宝玉读《庄子》，读到《外篇·胠箧》这一段，还在后面续写了一段文字，这就让我们看到了曹雪芹的愤。他的愤不但是揭露内外勾结、巧取豪夺、豪奢极侈，而且揭露各种矛盾，你争我夺，结果共同挖了这个制度的墙角。他写主奴关系，奴婢没有人身自由；嫡庶矛盾，大老婆和小老婆之间的矛盾，如赵姨娘和王夫人的矛盾，赵姨娘因为嫉妒，找马道婆做手脚，把贾宝玉和王熙凤两个搞得重病，差点死掉了，连棺材都准备好了，这就是"魇魔法叔嫂逢五鬼"。新版电视剧《红楼梦》有这个情节。还有妯娌之间，王夫人（贾政的夫人）跟邢夫人（贾赦的夫人）表面上相安无事，但是内部矛盾很凶；管家婆之间各有各的派系，所以抄家的时候，王善保家的（邢夫人的人）就抄别人家，结果抄到司棋的情书，而周瑞家的和林之孝家的就要把司棋的事情揭露出来，结果司棋的事情被揭露出来了，又造成了司棋的死亡。贾府从秦可卿之后，就不断死人。

王熙凤的手上沾满了鲜血，"贾天祥正照风月鉴"一回中，贾瑞被她玩死；尤二姐被她弄死了；鲍二媳妇被她弄死了；她在铁槛寺弄权，捞了三千两银子，金哥却被逼自缢，守备之子投河而死。

奴婢的死是被害，其实元春也是被害死的，虽然她在皇宫做妃子，但是回娘家来就哭。黛玉、宝钗的结局都是悲剧，迎春误嫁中山狼，探春远嫁，惜春出家，宝玉看见这些悲剧之后就觉悟了，走向叛逆、走向反抗。这就是曹雪芹批判的力度，要么是死亡，要么是作鸟兽散，呈现末世的景象。《红楼梦》虽然写得软软的，细细碎碎的，但是揭露批判是极其深刻的。

新版电视剧《红楼梦》批判的力度把握得不好，有些东西一看就是在笑笑闹闹中过去，没有着重表现出这种批判精神和内部的矛盾。正如贾探春揭露的："咱们倒是一家子亲骨肉呢，一个个不像乌眼鸡？恨不得你吃了我，我吃了你！"这把贾府的内部矛盾讲得非常到位。但是新版电视剧《红楼梦》表现得不够。

"神"——风格理想：温

"神"是贾宝玉的审美理想，其一是人格理想，其二是风格理想。曹雪芹所歌颂的人物是贾宝玉，充满民主主义。贾宝玉与奴婢、戏子来往，鄙视仕途经济，不跟亲王来往，不愿意接近官府的人，突出了民主的意识。

对于黛玉更是如此，"质本洁来还洁去"。林黛玉是离经叛道的，她孤标傲世，耿洁高标。所以她支持贾宝玉不读书，"愚顽怕读文章"。这方面越剧《红楼梦》处理得很好，林黛玉是被体制、被意识形态吃掉的。可是电视剧突出她的小心眼、尖酸刻薄，突出她不能够得到长辈的欢欣，甚至于观众觉得她不值得同情，悲剧好像是她自讨的，这是新版电视剧《红楼梦》的一个败笔。

曹雪芹的风格理想是不温不火、不威不怒，写得很软很到位。比如曹雪芹写凤姐虽然害了那么多人，拿了那么多钱，但她是"粉面含春威不露，朱唇未启笑先闻"。贾宝玉"虽怒时而若笑"，他是愤怒的时候怀笑，"虽瞋视而有情"。但是新版电视剧《红楼梦》中很多地方就没有保持《红楼梦》原来的那种不温不火、如梦如幻的风格，如贾宝玉耍公子哥的脾气，摔东西、骂人，都表现得太过火了；晴雯发脾气，也表现得过火了。

《红楼梦》小说写的是琐琐碎碎的家务事、儿女情，我们要从中领会各种各样的人生。改编剧本具有相当的难度，如果我们轻易地否定新版《红楼梦》，那是轻浮的、不道德的。小说里的细节，如果放在电视剧里，就会被定格了，放大了，有些小事情一放大就会出大问题。比如小说里，贾宝玉喜欢到姑娘的袖子里、嘴边闻香气，喜欢到姑娘的嘴边尝胭脂，但放到电视剧的镜头里，如果处理不好，贾宝玉就很容易给人色鬼、流氓的形象。所以我们要体谅导演，把握好这个度是很困难的。不放大，观众又很难理解，放大之后又使小事情走向反面。所以人物的发火，或者耍姿态，稍不注意就过火了，离开了《红楼梦》原来的风格。

新版电视剧《红楼梦》没有贯彻曹雪芹的艺术精神。根据曹雪芹的艺术精神，他认为该加工的就要加工，该改变的就要改变，该添的要添，该减的要减，一定要"以我为主"进行再创作，不能重复。他通过贾惜春画大观园，认为不能够把这个园子大大小小、鸡毛蒜皮都画出来，该减的一定要减，该省的一定要省，这是曹雪芹的艺术理想。

新版《红楼梦》恰恰把120回每一回的情节都弄下来了，鸡毛蒜皮的东西都有了，这就反而不是忠于原著，只是忠于原著鸡毛蒜皮的东西。所以忠于原著要分清主次。有些重要的场景省略了，如"王熙凤弄权铁槛寺"，她一下拿了三千两银子，害死了两个人，自此以后，她的胆子更大，手段更厉害，这是王熙凤成长过程中初试锋芒，这一幕很重要，结果被新版电视剧《红楼梦》省掉了。

新版电视剧《红楼梦》用的基本上是原书的半文言文，增加了演绎的难度。如果要把半文言文一个个变成接近现代的语言，就要花很大的工夫，结果编剧偷了懒，把它照搬过来。老演员的台词都处理得比较好，年轻演员的台词就不像在说话，都像是在背台词。有些语言必须用现代话来解释，比如"饶骂人"，现在根本听不懂，它的意思不是说你饶了我，别骂我了，而是"你骂够了吧"。再比如，"老祖宗，你自己解释解释吧"，这里的"解释"翻译成现在的意思是"开怀，把包袱放下"。如果也把它照搬上去，大家都不懂。再比如，演员念台词不知道重点，"如此间错开来"，这句话的意思是：就像这样隔错开来，今天你来，明天我来，后天他来。它的读音节奏应该是"如此——间错——开来"，结果演员读成了"如此间——错开来"。

总而言之，细节、语言都照搬过来，所以尽管全剧布景非常精美，道具非常考究，但是缺乏诗意、缺乏感情，就是因为没有把人物的精气神把握住。比如，"黛玉葬花"是很重要的场面，却演得没有那种诗情画意，没有把情绪表现出来。还有"黛玉焚稿"这一幕，这到了最后的高潮，结果新版的《红楼梦》没有把人物的神态、精神境界、人格理想表现出来。越剧《红楼梦》处理得非常好。

贾宝玉在进太虚幻境之前，秦可卿带他去睡觉，走到一个房里，房里有一幅海棠图，海棠图旁边挂着一副对联——"世事洞明皆学问，人情练达即文章"。曹雪芹的文章就在于人情世故中。

《红楼梦》千行百业、三教九流、人情阅历无所不包，无处不在。一个眼神、一个动作、一招一式都是学问文章。只言片语都能展示人物的性格、命运，这就增加了拍《红楼梦》的难度。

封建社会是一个宗法体制的社会，核心的传统文化强调长幼有序，男女有别，服装等级都非常森严，繁文缛节都反映了中华伦理。但是新版《红楼梦》没有注意。有人指出，迎接元妃的时候，应该是男宾站一边，女宾站一边。应该是先行国礼后行家礼。贾元春虽然是孙女，但应该是贾母先下跪拜她，因为她是皇家的，这是先行国礼。然后是贾元春给祖母下跪，这才是后行家礼，但这些细节没有掌握好。新版《红楼梦》在迎接元春的时候，本来应该是男女各排一队，结果男女混在一起，这就不合封建社会的礼仪规范。人物穿的服装也有问题，很多都穿了皇家的服装，如果在封建社会这都是要杀头的。因为你犯上了，越过了这个等级。

《红楼梦》是以细枝末节反映这个家族的兴衰荣辱。比如过生日、结诗社，每一次活动都能反映当时的社会背景。脂砚斋评价有四大生日活动，第二十二回宝钗过生日，第四十三回凤姐过生日，第六十三回宝玉过生日（"寿怡红群芳开夜宴"），第七十五回贾母过生日，重点描写的这4个生日，分别代表春夏秋冬，代表贾府由春到夏到秋到冬的盛衰过程。但是新版《红楼梦》电视剧中是大家嘻嘻哈哈笑一下就完了，没有体现由盛到衰的过程。到了贾母过生日的时候，就听到了悲音，感到一种悲凉，一种垮台的景象，"开夜宴异兆发悲音，赏中秋新词得佳谶"。

《红楼梦》还通过反映人物关系来体现人情世故。比如贾宝玉给林黛玉送手帕，这里面就有人情世故。贾宝玉送的手帕不是新的，他知道送新的她一定不要，所以就送旧的，是绣的，而且派谁送去？他房里那么多丫头，她不派袭人，不派其他人，而派晴雯，因为晴雯是他信得过的，与他思想是一致的，这就可以看出他们的关系。晴雯送过去的时候，林黛玉说是新的就不要，最后了解到是贾宝玉用过的，这上面有贾宝玉的气味、有贾宝玉的感情寄托在上面，所以林黛玉就收下了，而且在这个手帕上写下著名的诗句：尺幅鲛绡劳惠赠，为君哪得不伤悲。但是新版的《红楼梦》把握得不够好。比如写薛宝钗跟林黛玉是"双峰对峙，双水分流，各极其妙，莫能上下"，表面上好像对这两个他都很动心，甚至有的误以为"钗黛合一"。但是曹雪芹有抑有扬，绝对是有思想倾向性的。宝姐姐豁达大度，人人都喜欢，但是宝玉不喜欢。讲吃的时候，她拍贾母的马屁，"凡是老太太喜欢吃的，我都喜欢吃"。点戏点热闹戏，因为贾母喜欢看。再比如金钏跳了井，本来是王夫人把她逼死的，但是薛宝钗在王夫人面前说，"那不是跳井，是她失足掉到井里了"，这就看出薛宝钗的性格。特别是"杨妃戏彩蝶"那幕，她扑蝶的时候听到有人在里面讲小话，就怕别人误会她偷听别人说话，就使了一个金蝉脱壳术，把这个事转嫁到林黛玉身上，这就反映出她有阴险的一面。这些细节都可以反映人物的性格，尽管写得不温不火，但是作者抑什么扬什么，很有分寸地表现出来了。

《红楼梦》中的诗社，每个人写的诗都有个人的思想，都反映了人物关系、人物命运、人物性格。比如，"寿怡红群芳开夜宴"的场景，每个人抽签，得到不同的花，每种花有一句四字短语，然后引用一首古人的诗。宝钗抽的是牡丹；探春抽的是杏花，"日边红杏倚云栽"，红杏要开在太阳旁边，就是王妃，但是她做了外国君王的妃子；李纨是一个寡妇，她抽的是老梅，"竹篱茅舍自甘心"；湘云抽的是海棠，"香梦沉酣""只恐夜深花睡去"；黛玉抽的是芙蓉，"莫怨东风当自嗟"，这些与每个人的命运性格都是有关系的。比如同样写柳絮，林黛玉讲："漂泊亦如人命薄：空缱绻，说风流！"宝钗也写柳絮，说："好风凭借力，送我上青云。"这反映出宝钗的价值取向与黛玉的价值取向就不一样。

我们是不是用思维定势否定新版《红楼梦》电视剧？思维定势肯定有，我们有对1987年版的《红楼梦》的印象，还有对越剧《红楼梦》的印象，但是不能陷入思维定势。当然，如果真正超越了过去的版本，是会受观众欢迎的。

谈谈学习之道

薄智跃

薄智跃 ✏️

新加坡国立大学东亚研究所研究员。曾在北京大学、美国罗斯福大学、美国芝加哥大学、香港中文大学等多所大学任教，美国德州塔来顿大学首位 Joe and Teresa Long Endowed Chair in Social Sciences 讲座教授，并荣获美国圣约翰菲舍大学 2003～2004 年度董事会杰出学者奖。

　　学习对每个人来说都是非常重要的事情，它是一个人的终身大事。我们讲一般的终身大事——婚姻是有年龄规定的，但是学习这件事大家都不能等，所以越早越好。中国科技大学有一个少年班，有的学生 9 岁、10 岁、11 岁、12 岁、13 岁就上大学了。美国有一个小孩子叫迈克尔·凯文，6 岁上大学，10 岁就大学毕业了，14 岁拿到硕士学位，16 岁就开始教大学。在国内有很多老年大学，70 岁、80 岁还在学习各种各样的科目。中国有一句话，"活到老、学到老"，真是不假。

为什么要用"学习之道"这个词呢？"道可道，非常道"，"道"是根本原理，掌握了"学习之道，"其他的方法就容易融会贯通了，这是我的初衷。

"学习之道"就是用"大学"的方法来解决"小学"的问题。小学是最初接触正规学习的地方，一般来说也是初级的教育，但是学习不是说开始就读书本知识，学什么呢？洒扫应对，进退治理。实际上在中国的古代汉语里，"小学"是一门学问，简单地说，"小学"就是国学，所谓"小学"就是中国古代汉语语音学。章太炎是国学大师，有很多人叫他"小学大师"，他写了三本书，《国故论衡》有上、中、下三卷，其中有一卷专门研究"小学"；另外还有《小学答问》，它不是专门写给小学生的，而是写给学者的；另外还有一个讲稿，大概 118 页，叫《小学略论》，这个"小学"指的就是古代汉语。

我们这里用"小学"实际上是从所谓传统的小学概念引申为一切其他科目知识的学习，不仅是中国古代汉语的学习，包括现代英语，也可以属于小学之类。

"大学"一般意义上讲就是四年制高等教育。实际上中国古代也有"大学"这个词，《礼记》第四十二篇就是《大学篇》，《大学篇》到南宋以后被朱熹抽出来，和《中庸》《论语》《孟子》合并成为"四书"，"四书"就是后来很多学者一生学习的内容，因为他们要参加科举、要考试。

大 学 之 道

《大学篇》其实不太长，而且我们要选精华，学的内容也特别简练，但是我希望我们通过学习来体会一下"学习之道"。

"大学之道"的"大"是现代普通话"大"的发音，过去800多年都是这么说的，但如果再往前推1000多年就不是这么发音了，公元前480年，孔子给他的学生上课的时候，"大"发"tai"音。约2490年前，孔夫子71岁，给学生讲大学之道，当时有一个学生叫曾皙，他听完老师的课以后回去就做了个笔记，凭着记忆把老师讲的要点记了下来，有205个字，这205个字开头的四个字就是"大（tai）学之道"，这就是《大学篇》的核心，朱熹把这一部分叫做经章。后来曾皙又写了一大篇文章，1546个字，仔细地体会、理解老师讲解的205个字的意思。

朱熹讲"大人之学"，大学是培养"大人"的，"大人"和成人不是一个概念，"大人"就是君子，从外部看仪表堂堂、举止得当，从内心来讲是品德高尚、知识丰富。所以从中国传统意义上来讲，所有的学校都是最终培养"大人"的，中国传统意义上没有说什么地方要培养"小人"，"小人"不需要培养，自己就出来了。《论语》里有一句话：君子喻于义，小人喻于利。君子和小人语言不通，与君子讲义他就懂，讲利不太懂，与小人要讲利他就清楚，要讲义好像语言不太对。实际上中国传统的培养重点是君子，最终的目标是要培养圣人，君子就是佼佼者，是要管理国家的。中国的执政理念和西方的执政理念稍微不一样，柏拉图最理想的统治者是一个哲学家，而中国最理想的统治者是君子、圣人。

所以"大学"者，"大人"之学，是培养"大人"的，这是一门很高深的学问。"大学之道，在明明德"，"德"就是美德。《三字经》讲"人之初，性本善"，"善"就是德，德就是"善"，人的本性在最初的时候是好的，是有美德的。大家研究对比中西文化，就会觉得中国讲"性善论"，西方是"性恶论"。17世纪英国的政治哲学家托马斯·霍布斯曾经写了一本书《利维坦》，利维坦是一个海底的怪物，这实际上是《圣经》的一段故事。《圣经》讲，人太脆弱了，人就说，"神啊！给我们一个英雄吧！上帝就说，你们要小心，我要给你们一个英雄，他有可能保护你们，也有可能吃人"。但是人太软弱了，只好接受这个英雄，这个英雄就是利维坦。书中的利维坦指的就是政府。利维坦能保护人，但又是吃人的野兽，为什么接受这个怪物呢？就是因为人如果没有怪物的管理，就会自相残杀，实际上就是"性恶论"。保罗在《罗马书》里讲，世界上没有一个义人，都是罪人。从这里我们可能会形成一个印象，西方是"性恶论"。其实如果你读《圣经》，读《创世纪》，你会发现它也是"性善论"。《圣经·创世纪》第一篇 26 章 26 节，上帝有一个计划，想创造人，人怎么创造呢？上帝决定要以他自己的形象来创造，这是神的计划，第 1 章 27 节神就实现了这个计划，神用自己的形象创造了人，因为神是完美的，人按照神的形象创造出来也是完美的。东西方关于人性论实际上是相通的，而且朱熹讲，"人之所得乎天"，人的所得是从天上来的，所以"人之初，性本善"。因此，东西方在人性论方面还是有一个共识。

"德"也符合"人之初、性本善"，符合现代科学的发现，"德"不仅仅是社会层面上的含义，同时也有它的生理基础。爱因斯坦是 20 世纪最伟大的天才之一，有人说，即使是爱因斯坦只用了大脑的 10%（爱因斯坦也是够浪费的，他只用了大脑的 10%，90% 他都没用），他就是最伟大的天才了，我们一般人怎么办呢？有一种说法，我们只用了大脑的 1%，我们肯定不如爱因斯坦，所以我们用得比较少。实际上我们的大脑非常好，因为大脑虽然体积不大、重量不大，一共是 1400 克，占身体的 2%，但是容量太大了，它有 1140 亿神经原，100 多亿的胶质细胞，可以储藏 1 万个图书馆，每一个图书馆储藏量是 1000 万册图书。这是什么概念呢？中国国家图书馆储藏量是 2400 万册。我们每个人如果能够用大脑的五千分之一，就意味着我们随身携带一个国家图书馆，可见，大脑的储藏量是非常之大的，我们不需要用大脑储藏量的 1%，只要用五千分之一就足以超过我们的需要。

其实大脑或者人体有很强的补偿功能。《中国达人秀》里有一个小伙子给我印象特别深，他叫刘伟，今年 23 岁，他用脚弹钢琴弹得非常好，而且他是从 19 岁开始学习弹钢琴的。他不是生下来就没有手，实际上连双臂都没了，他是 10 岁时和小孩玩被电击了，昏迷了 40 多天，最后没有办法了才截肢。这小伙子生活态度非常乐观，他说："对我来说生命有两条选择：一个就是赶紧去死，另外一个是要活得精彩。"他说："没有人规定弹钢琴要用手。"这就说明人有很强的补偿功能。

还有一个很著名的例子就是贝多芬，贝多芬从小听力就不好，后来就听不见了，但是很多非常著名的乐曲都是在他聋了以后才谱出来的。

什么是"明德"？"明"是形容词，解释为"克明峻德"，"峻"解释成"俊俏"的"俊"。"明德"就是"大德"。

为什么要"明明德"？第一个"明"是不是多余？南怀瑾讲过一个故事，在哈佛大学他们搞了一个研讨会，讨论的题目就是"大学之道"，讨论到"大学之道，在明明德"时，大家就开始争论，你说你的，我说我的，大家很难统一意见，这时候有一个中国名牌大学的教授就举手发言说，我觉得应该把第一个"明"去掉，当时的情景是大家瞠目结舌、啼笑皆非，大家还是有一个共识，第一个"明"是万万不能删的，为什么不可以？因为这个"明"是最重要的一个字，它是一个动词，因为"大学之道"是教你怎么做人的，做人的第一个动作要删掉，这一整篇文章都没有意义了。

这个"明"就是恢复的意思，或者说什么东西脏了把它擦干净，后面的"明德"是大德，就是人本来有崇高的品德、优良的品质，"性相近、习相远"，随着环境的污染，由于没有学好，人本身的"明德"上蒙了一层灰，所以要把这层灰去掉，去掉的行为叫"明"，就是"明明德"。把灰尘、污垢去掉以后，原来本有的高尚品德就显现出来了。

曾子读这句话的时候引证了《尚书》里的三篇说明这个意思。第一个，《周书》里的《康诰》讲"克明德"，"克"就是能够，把污垢去掉，这样的事情是可以做到的。后来又有一本书叫《虞书》，讲到

"克明峻德"，实际上是一个意思，这样是可以做到的。第三个引用非常有意思，叫"故是天之明命"，就是要不断思念、惦记着，这个事情是天知明命，是上天明明确确交给我们的任务。这实际和《圣经》是一样的，《圣经》讲人一生要活出精彩来，要彰显神的荣耀。

（一）在明明德——格物、致知、诚意、正心

既然"明"这么重要，我们怎么能够做到呢？

> 大学之道，在明明德，在亲民，在止于至善。知止而后有定，定而后能静，静而后能安，安而后能虑，虑而后能得。物有本末，事有终始。知所先后，则近道矣。
>
> 古之欲明明德于天下者，先治其国。欲治其国者，先齐其家，欲齐其家者，先修其身。欲修其身者，先正其心。欲正其心者，先诚其意。欲诚其意者，先致其知。致知在格物。物格而后知至，知至而后意诚，意诚而后心正，心正而后身修，身修而后家齐，家齐而后国治，国治而后天下平。自天子以至于庶人，一是皆以修身为本。

《大学篇》前面的 205 个字核心就是修身，修身实际上就是讲"明"。

"明明德"有四个步骤，就是"格物、致知、诚意、正心"。"格物"的"物"有两种解释：一种解释是指物欲；另外一种解释指的是客观事物，万事万物。"格物致知"为什么能够做到呢？就是因为万事万物有规律，所以"天下之物，莫不有理"。这个观点非常重要，就是我们后来唯物主义的观点。第二个也很重要，如果万事万物有规律，人如果没法知道也没用，所以"人心之灵，莫不有知"，外在的客观规律可以被人所认识、理解。

"格物"指的是对世界、对客观事物的研究，即科学研究。相对于科学研究来讲，我们一般意义上的学习只是在重复别人已经积累的

知识和经验，而"格物"的最终意义是进行第一手的研究。

"致知"就是要使认识明确。朱熹讲"吾心之全体大用"，即全力以赴。对于每一件事情，都要研究到底，用力越久，最后就会恍然大悟。清末引进现代自然科学的概念后，大家就"格物致知"自然学科，现在也可以把社会科学和人文科学都加上，这些是基础。

"诚其意"，即纯洁、纯净自己的理念，树立正念，排除邪念。"所谓诚其意者，毋自欺也。如恶恶臭，如好好色，此之谓自谦。故君子必慎其独也。""毋自欺也"即不要自己欺骗自己。不自欺就像恶恶臭。人有一个自然的条件反射，见了污秽的东西就恶心。引申到道德层次就是人见到一些不符合道德理念的东西也会产生厌恶感，所以有一个成语叫"愤世嫉俗"。因为我们人本身有一种道德感，而这种道德感又有生理基础，自然而然会对恶产生一种厌恶感，但又不是简简单单的，所以他用"如"，意思是"就像是"，因为有很多人见了大家都厌恶的事情，他们反而喜欢。在社会层面上来讲还是有选择的，所以要强调"如恶恶臭"。

"如好好色"，"好色"就是美女。人见到美丽的、好的、向上的东西，就有一种自然而然的愉悦感觉，这是一种生理反应，非常正常。但是我们行为举止作出的选择应该和我们自然的生理条件是一致的，所以"如"字很重要。如果我们这么做，就会很惬意、心安理得。

曾子还从反面强调了诚意的重要性，"好人之所恶"，如果你喜欢的东西是大家都厌恶的事情，或者"恶人之所好"，讨厌大家都喜欢的事情，"是谓拂人之性"，这种情况实际上是违背人性的。

"故君子必慎其独也"，君子不要当人一套，背人一套。我的理解包括以下不同的层次。

第一，慎思。在思考的时候不能有邪念，要有正念，大家读《圣经》，对比《旧约》和《新约》会发现有很大区别，《旧约》有十戒，十戒主要是法律的概念——外在的力量，到了《新约》以后，就把十戒稍微作了一些调整，变成了内在的东西。十戒中有不可奸淫，《马太福音》里面就讲：如果一个人看到妇女动邪念、动淫念的时候，他的心里已经犯了奸淫，所以要慎思。实际上没有想法就不可能有动作，想法在先，动作在后，所以说一定要慎思。

第二，慎言。说什么非常重要，日本学者江本胜专门研究语言的力量，他从 1994 年开始研究语言对水的作用。他把信息分为两类：好的信息和不好的信息，并以两种方式区别。一种方式是标签，一桶水贴的标签是"天使"，另一桶水贴的标签是"魔鬼"，贴了标签过一段时间后他把水放在冰箱里冰冻，冰冻后水就会结晶，标签是"天使"的水结出的水晶体非常漂亮，和天使一样；贴有"魔鬼"标签的水结出来的结晶很丑陋、非常难看。第二种方式是音乐。如果听了非常愉快的音乐，水结出的水晶体非常漂亮，如果听了悲伤的音乐，水晶体都散了架。另外，如果让小学生用不同的语言对水说话，赞美的语言和污秽的语言所产生的结果是不一样的，受到赞美的水结晶出来非常漂亮，没有受到赞扬的水结晶就不太好。实际上这就是意念，用意念来影响水。人就是水做的，男人 60% 是水，女人 55% 是水，尤其是大脑，大脑的 80% 都是水，所以水对信息特别敏感，语言对于人的影响是很大的。

第三，慎行。在行为上要小心，心里怎么想都会体现在外。"诚于中，形于外""十目所视，十手所指，其言乎！"实际上"人之视己，如见其肺肝然"，就和透视一样，你心里怎么想的，怎么做的，大家都是一清二楚的。

"正心"很重要。南怀瑾老先生讲了一句话给我印象很深，他说："我们经常讲身外之物，实际上身体也是心外之物。"最关键的还是"心"，所谓"修身"，说到底就是"修心"，"修心"主要是不要被情绪所左右，他讲了四种情绪：第一，如果说你心里有愤怒、有仇恨，心就不能正；第二，恐惧、害怕、担忧这些都不能正心；第三，有所好悦、怡乐，这也不能正心；第四，忧患会导致心不在焉，视而不见、听而不闻、食而不知其味。学习、工作、生活不是一个简单的生理过程，不是你睁开眼睛就能看得见的，"见"不是"眼见"，而是"心见"，心不大就见不到，所以说"心正"非常重要，"视而不见"的原因就是心不在了。所以，无论做什么事情，都应该用心去做，效率才会高。

"明明德"，如何"明"，就是格物致知，诚意正心。这个"明"非常非常重要，它叫"三纲八目"，就是"大学之道，在明明德"。"在明明德"是第一纲。

（二）在亲民

第二纲，"在亲民"。"亲"就是"新"，"新"是一个动词，因为它整个过程都是动作，"新"就是使"民"焕然一新。曾子解释汤之盘铭曰"苟日新，日日新，又日新"，每天都把自己思想上的灰尘去掉，一直坚持。清洁有两层含义：身体上的清洁和心灵上的清洁。朱熹讲"要洗浊启新以去物"，非常形象。我们要把仇恨、愤怒、担忧、恐惧都去掉，这些都是左右人的情绪但又不能帮助人学习的心理垃圾。而且"君子无所不用其极"，就是要想尽一切办法去掉这些污垢。

（三）在止于至善

"止"一般理解是要不断努力，最后达到最高理想境界，但是曾子有一个解释，这个解释对我的启发很大。他用了三个比喻来说明"止"，"止"实际上是住的地方——归宿，这三个比喻分别是王都、民居、鸟巢。而且他引用孔子的话，孔子当时看到鸟从天上飞过去，然后落在鸟巢上，就感叹：鸟都知道回家，人难道不如鸟吗？孔子当时想的不是人要回家这个概念，而是人在道德上的归宿。

起点是"明明德"，过程是"亲民"，那最后的结论就是"至善"。如果大人、君子能够止于至善、在最高境界，那么就会国泰民安。所以这是一个理想境界，而且要求圣人要把"至善"作为最终目标，是归宿。

古文非常美、非常好、非常简洁，让你回味无穷。它就像一个口袋，你把手伸进去会拿出很多东西，而且越掏越多。其实古代的学习方法非常好，小时候把非常好的古文背下来，把这个袋子装在脑子里，在以后学习的过程中就不断往里装东西，越装越多。这个袋子设计得非常好，多少都可以装得下。所以，如果年轻的朋友们要把古文背下来，会受益无穷，它在脑子里可以不断消化融通，通过时间的历练，吸收越来越多的东西。

人是有明德的，所以第一我们应该要自信。我们经常听到有人说脑子不够用，其实这种说法不太准确，因为我们的大脑容量太大了，不是不够用，是用不够。所以我们大脑经常处于严重"失业"状态，就是因为用得太少了。

我 1965 年上小学，小学二年级就来了史无前例的"文化大革命"，所以我们没有学到什么，1976 年高中毕业，高中毕业以后才拿到高中的教材。1977 年初我去当兵，1977 年下半年开始恢复高考，但我错过了这个机会，没有办法，就在部队熬了几年，后来实在是熬不下去了，就回来参加高考。上大学要考外语，当时我的感觉是完了，已经 22 周岁，到结婚年龄了，当时有一个印象是这辈子不可能再学另外一门语言，因为已经错过了学语言的最佳年龄，但当时也不知道是哪股劲冲上来了，还是想学一门外语，就在同一年开始自学英语。一年之后就参加高考，后来居然考上了，大学毕业以后教英语，在北大上研究生，上研究生同时教英语，后来去美国生活日常用语就是英语，写作、说话、教书、上课全用英语。不自信是没有根据的，因为我们到一定年龄还是可以学习其他语言，而且可以学得很好，所以我们要有自信。

第二，要自强。《大学篇》讲要"正心"，排除各种情绪的干扰。其实学习是非常简单的，高中毕业之前的那些知识应该不复杂。我1980 年 12 月从部队回来，就想参考高考，可是当时遇到的困难很大，因为我们上学的时候没有学到东西，当时是考六门科目，很多科目都得重新学习，比如数学，还有中国地理、世界地理、中国历史、世界历史、英语、政治学、经济学，很多内容都没有学过，怎么办呢？很简单的一个字，"学"。1981年5月开始预考，结果我的成绩在山西太原市的北城区是第一。在这之后，就觉得学习比较容易，比较放松。当时考北京大学是不敢想的，我的目标是太原师专，因为一个好朋友1977年到工厂工作，1977年考上太原师专，学英语专业，我羡慕得不得了，我想如果我能够像他一样上太原师专就不错了，最后不小心就考上北京大学了。上了北大以后，当时认识的、不认识的人就来找我，说你的基础不好，上大学没有后劲，可能我当时是"临时磨枪，不亮也光"，别人说的可能也有道理，可是大学四年下来我是免试推荐上研究生，可见这种学习还是有效果的，有它的持续性。

1990年我去美国，后来在芝加哥大学就读博士学位，非常难，难在什么地方呢？这个学校太厉害了，芝加哥大学是出诺贝尔奖获得者的，一个学校的教授至少有65个诺贝尔奖获得者。那会儿刚刚宣布了诺贝尔经济奖的获得者，这个人叫加瑞·贝克，是芝加哥大学经济学系的教授，他研究博弈论拿到诺贝尔奖。给我们讲课的教授心里就很不舒服，他说，当年研究博弈论的时候，好像我比他还强啊！怎么他拿到了，我没有？所以当时我的压力很大，在这种地方怎么可能熬得出去？而且我们系的专业要想拿到博士，平均要八年时间，我当时想，这八年得等到哪年啊？平均八年，而不是说最高八年，怎么办啊？咱就学呗，后来我用四年就拿到了博士学位，期间还浪费了一年。所以我们的潜力很大。我们系现在还保持着四年时间拿到博士学位的纪录，很难破的，因为学基础课至少要用两年时间，正常是三年，学完基础课还要写三个论文：硕士学位论文、博士资格论文、博士论文，一般来说两年时间是完成不了的，但只要努力是可以做得到的。

我们的目标要高，而且通过努力应该可以做得到，不是说每门学科都可以做得到，而是在某一个问题上、在某一个时间段上我们可以达到最高的目标，这样的学习是最有效率的，因为直奔目标是最简单、直截了当的动力。

当然，学习不是一个痛苦的过程，而是非常令人愉快的过程，这个愉快的过程很难用言语来描述。给大家举一个简单的例子，莫扎特是音乐天才，很多人觉得天才我没法和他学，不是的，天才也可以学。莫扎特怎样学钢琴呢？弹钢琴在英文当中是 play piano，play 有两层含义："弹"和"玩"，莫扎特和他姐姐不一样，他姐姐也是 play piano，但是他姐姐 play piano 是作为一个任务，他父亲要求他们每天要用两三个小时练习弹钢琴。莫扎特是小孩，他姐姐玩钢琴，但是不让他玩，他也想玩钢琴，手放在钢琴上兴奋劲就来了，就"玩"个不止。他父亲说，好，咱们有规定，你想玩可以，但是你必须按照我的要求去玩，按要求玩，就可以多玩一会儿，要是不按照我的要求玩就不能多玩了。所以莫扎特的钢琴是"玩"出来的，"玩"是很重要的，因为它本身是一个非常愉快的过程。

人的大脑有两种状态：一种是抑制，一种是兴奋。人自然的反应是什么呢？遇到高兴的事就兴奋，遇到不高兴、痛苦的事就回避、抑制。玩的时候当然就兴奋了，兴奋时细胞互相联系就紧密，学的东西记得就牢，如果痛苦，学起来就比较费劲。所以学习，第一当然要盯住目标，但是在真正学习的过程当中，要学会忘记名利，忘记得失，全心全意地去投入，这样你的享受是无限的。

佛教与当代人的精神生活

董 群

董 群

东南大学佛教文化研究所所长，
中国人民大学"佛教与宗教学
理论研究所"兼任研究员。研
究方向主要为佛学、宗教伦理、
中国哲学，主要作品：《原人论
全译》《慧能与中国文化》《禅
与创新》《佛教伦理与中国禅
学》《汉语佛教伦理研究》等。

一个人的精神生活在整个人生中的作用非常大。如何来解决精神
生活层面出现的问题？如何提升我们的精神境界？我们看古人是怎么
做的。汉代以后中国的文化成"三足鼎立"的局面，即儒、释、道
三家。明代高僧憨山德清曾说："不知《春秋》，不能涉世；不精
《老》《庄》，不能忘世；不参禅，不能出世。"《春秋》代表儒学，
《老》《庄》代表道家，参禅的"禅"代表佛家，中国古代三家三足
鼎立构成人们精神生活的三个类型——入世、避世和出世。当你入世

不能入得很好的时候，可以避世，避世避得不够圆满的时候，还可以出世，三者构成了文化心理的不同调节方式，同时共同构成提升人们精神境界的三个文化资源，这是古人的解决方式。

中国古代的人，特别是知识分子，在入世遇到困难的时候，经常会进入道家，有时候会进入佛家去解脱。但是我要讲的是，并不仅仅是在困苦的时候需要想到佛教，在顺利的时候也要想到它。当你困苦的时候想到佛教，修佛教的方法达摩称之为"抱怨行"，而当你很顺利的时候，也不要太得意，这是各种条件决定的，所以要修"随缘行"。

但是中国人在信仰上常常有一些问题，其一是"平时不烧香，临时抱佛脚"；其二是出了问题，有需要时"病急乱投医"。这样的宗教信仰形式是属于功利化的。古人可以从三种文化类型当中寻找精神资源，当代人可不可以呢？当然可以。

佛教是佛的教化、佛的教育、佛的教导。佛最开始的教育对象是五个人，称为"五比丘"。随着教育影响的扩大，它的教育对象越来越多，教义、思想就不断传播。佛教是一种宗教、是一种信仰，佛教也是一种文化，是一种哲学。

什么是"佛"？"佛"就是觉悟，"佛"就是觉醒。原来不明白，现在明白了，叫做觉悟。原来昏睡，现在醒过来了，叫觉醒。佛的觉悟经过了很长的过程，最后是在菩提树下通过特殊的方式觉悟的。佛的觉悟包括三个方面：自觉、觉他、觉醒（圆满）。既能自己觉悟，又能帮助其他人觉悟，而且这种觉悟能够达到非常圆满的境界，所以佛的觉悟能够达到三个层次，而菩萨的觉悟达到两个层次，只能自觉，也能觉他，小乘的觉悟只有一个自觉，一个觉悟都达不到的，就是我们这些凡夫。凡夫就是不觉悟，什么都不明白，还没有醒过来。

佛、菩萨、小乘、凡夫是不同的精神境界，如果这个精神境界继续划分，还有很多类型，人以下的精神境界还有阿修罗、畜生、饿鬼、地狱。从精神层面来分析，佛代表精神的一种全善、最高境界；菩萨稍次，它的基本精神是慈悲、济世；天的境界是代表能够行十种善；人的境界能善能恶，他行的善是五种善。比人低的境界叫阿修罗，它力大无穷、好斗、不讲理智；比阿修罗更低的精神境界是畜生，不讲道德，虽然十恶不全有，但是十恶占了很大一部分；比畜生低的精神境界叫饿鬼，贪婪、妒忌，内心没有一点正义；比饿鬼更低的精神境界是地狱，十恶都有。

今天精神境界出现的很多问题就是饿鬼层面的问题，饿鬼贪婪。佛陀（觉悟者）教导的核心是，"诸恶莫作，众善奉行，自净其意，是诸佛教"。第一，诸恶莫作，不要做任何的恶；第二，进一步提升，众善奉行；第三自净其意，内心的精神层面要清净、干净。

缘 起 论

人与人之间应该相互帮助、相互依赖，这就是缘起相依。佛教的核心理论是"缘起论"，所谓的"缘起"就是讲惜缘、随缘、缘分。"缘"核心的问题就是讲条件、讲原因。佛教讲因缘，因缘也是讲条件，"因"是主要的原因、"缘"是次要的原因，"因"是内在原因，"缘"是外在原因。

"缘起"最简单的解释就是因条件具备而事物形成。条件不具备事物消失，条件具备事物形成叫"缘起"，条件不存在了，事物消失叫"缘灭"。所以佛教经常表达这样的缘起论——"此有故彼有，此生故彼生，此无故彼无，此灭故彼灭"。"此"就是条件，"彼"就是条件引起的结果。所有事物，包括人在内，无论有无生命都是依赖于条件的，因此根据"缘起论"来揭示人生观、价值观，从中就可以引申出一些道理。

第一，人是一种关系性的存在。这个关系是一种社会性的关系。任何一个人都不是世界的中心，这个世界不是一个人创造的，所以这个世界不可能为了一个人转，每个人要认清楚自己在世界中的位置。所有的事物都是缘起缘灭，人也是如此。

第二，人是一个依赖性的存在。因为人需要种种条件才能产生，这种依赖性称之为缘起的相依性，因为相互依赖，这里面孕育了因果性的原理。你要生活得好，要依赖于其他各种条件，你首先要善待他人，他人会更好地善待你。孔子说，"己所不欲，勿施于人"，你自己不需要的不要强加给别人；孟子也说，"爱人者，人恒爱之；敬人者，人恒敬之"，你敬我一尺，我敬你一丈，这是相互的关系；基督教说，"别人怎么样对待你们，你们也要怎么样对待他人"。道德规范各个宗教都是相通的。

第三，人是空性的存在。佛教有两个核心概念：苦和空。很多人认为"空"就是什么都没有，空空如也，这种解释是不对的。"空"有两层意思：哲学的含义和伦理道德的含义。

"空"在哲学层面上的第一层含义是"性空假有"。一个事物的存在，它的本性是空的，但是它的现象还存在，但是这个现象是暂时性的，从这个角度来讲它是虚假的。"性空"也叫"无我"，这个"我"就是内在决定自己的要素，而任何事物都没有这样的内在自我，叫"无我"。所以佛教有一个核心理念叫"诸法无我"，修佛法一方面就要修"无我"观，当然"无我"也是一个伦理的原则。

第二层含义是条件性。为什么"性空"？因为它是由各种条件组成的。如果你认识到"性空"，就不会形成"我执"（自我执著，认为一切都是我的），由于"我执"就形成"我慢"（傲慢）。这是一个重大的心理问题和精神层面上的恶。

第三层含义是相对性。因为条件性和"性空"，任何事物的存在依赖于不同的条件，条件在它就产生，条件不在它就消失，所以任何事物都是相对性的存在，没有任何一个事物能够永远存在。佛教提出"诸行无常"，现象界的一切事物都没有永恒性的存在。人的生命也是相对的，人有生老病死，病来了怎么办？要正确对待它，当然要预防它，佛教有很多预防疾病、治疗疾病的方法。死亡来了怎么办？不惧怕它，也不是等待它，积极地面对这个时刻。

了解了"诸行无常"，在人生观上就能够正确对待人生的每一个阶段，创造出人生的积极意义。但不是说既然一切都是相对的，那我就及时行乐。佛教通过"诸行无常"来追求"有常"，什么是"有常"？精神性的永恒。所以从这个角度来讲，它的价值导向是非常积极的。精神性的永恒就叫"涅槃"。很多人认为，"涅槃"就是死亡，这个理解也是错误的，"涅槃"是指精神达到解脱的境界、达到最高的境界。所以诸法无我、诸行无常、涅槃寂静，佛教称之为"三法印"，是来检验是否符合佛法的三个印，如果符合这三个原理，那就符合佛法的原理。

"空"在心理调节层面、伦理层面就是要求看破与自我有关的一切，实际上最核心的是看破、看淡，放下与自我有关的利益，主要就是功名利禄，以平常心来看待它。这些不是人生追求的目的，所以要做到八风吹不动，对利、衰、毁、欲、称、讥、苦、乐都能正确看待，顺利要正确看待，逆境也要正确看待。

有人说因果报应是迷信，严格来讲可能会有一些。比如，作恶堕入地狱，但是善因、善果这种作用原理，恰恰是佛教提供给人生行为的一个重要原理。要相信因果作用原理，你就会积极地种善因、避恶因。

从"缘起论"当中得出这样一个结论：人不是一个宿命的存在。这里面又涉及大家对佛教的误解，认为人的一切都是命中注定的。佛陀反对这个看法，他认为"缘起论"基本的原理就是反对宿命论，反对今天的命运完全是过去的业所造成的。人能造命、人能转命，这不是悲观厌世，过去造成了恶业，你今天可以通过行善业来影响过去恶业作用的程度。佛陀说：作了恶业，就像抓了一把盐，这一把盐如果放在一碗水里，这碗水就咸得不能喝。这比喻作了恶业以后，没有行善，而是继续作恶。如果一把盐放在恒河水里面就会变得相当淡，比喻作了恶业之后，能及时通过行善来改变你的行为，这就是"造命"和"转命"。所以佛教是强调改造命运的，从某种程度上来讲，是可以心想事成的。

从生活方式来讲，从"缘起论"得出"中道"的结论。人们的生活要过"中道"的方式，而不能走极端、不能犯机械主义的错误、不能教条，要有灵活性。不是苦行，佛教不是让人们过物质生活上很艰苦的生活，但是佛教也不是让大家去做纵欲、享乐主义的事情，不苦不乐是一种"中道"。释迦牟尼本身也是这样，释迦牟尼在出家之前，他是一个王子，他的婚礼非常奢华，他在王宫里面过着非常奢华的生活。但是他觉得这样的生活并不能解决心灵当中的烦恼，所以最后就出家了，他认为过去的享乐生活不能解决他的烦恼，那苦行的生活能解决吗？他修了好几年的苦行，最后瘦得不成样子了，觉悟至极的释迦牟尼一根一根的肋骨像琵琶骨一样，都露出来了，这个时候他也没有得到觉悟。他后来才明白，"中道"的生活才是最好的生活，是合适的生活。

佛教不是神创论的宗教，佛教不是宿命论的宗教，它倡导一种积极的人生观；佛教不是利己主义的宗教，它强调无我利他；佛教不是悲观厌世的宗教，不可否认，小乘佛教在印度有些表达有悲观厌世的特点，实际上真正佛教的精神，特别是大乘佛法的精神，它是以积极的心态来面对人生、改造人生。

"少欲知足"

怎样来解决精神层面、心灵层面存在的种种问题，我概括为"少欲知足"。佛教有一个基本观点"一切皆苦"。有些人说苦是完全否定性的概念，人生是苦，我们人就长着一张苦脸，中国人很能比附，头上长了一堆草是"艹"，眉毛眼睛横过来就是一横，鼻子是一竖，下面加一个嘴是"口"，整个一张脸就是"苦"字，人生就是苦，真是千真万确。外国人也是长成这个样子，怎么没想到这个"苦"呢？

"苦"并不是说佛教就是很消极的宗教。"苦"的理论有一整套，"苦"是存在的问题，提出"苦"这个原理之后不是结束了，还要继续来寻找"苦"的原因是什么，"苦"的原因找到以后应该用什么方法来解决。这是一个方法论的问题，解决这个问题之后，达到的结果是什么？那就是理想的境界，这四个问题串起来是一套理论，叫"四谛"，四重真理叫"苦谛、集谛、灭谛、道谛"，苦谛的"苦"提出了社会上的种种问题、种种不如意的现状，包括人生的、社会的；"集"就是问题存在的原因在什么地方；"灭"就是消灭原因之后，达到最高的境界；"道"就是解决问题的方法。

"苦"是心灵层面所受到的逼迫、障碍。肉体层面所受到的逼迫和障碍叫做"苦恼"，第二个苦是不满意的状态、不安定的状态。所以释迦牟尼在王子时代看到社会上存在种种苦的现象，他发现了这个痛苦以后，就思考解决的方案。佛教提出精神上的痛苦有很多，有一种说法叫"八苦"。"八苦"里面精神上的痛苦包括爱别离苦、怨憎会苦、求不得苦等。

痛苦追究到最后，一个根本的原因就是"我执"，以自我为中心，极端的利己主义，不知道"缘起"的原理。如果不知道个人是关系性的存在，而认为个人是这个世界的中心，一切条件都要为个人服务，就会产生"我执"。达不到"我执"所需要的条件，就产生种种痛苦。所以佛经讲"我执为根，生诸烦恼，若不执我，无烦恼故"。怎样消除我执呢？"证无我理"，如果懂得了"无我"的道理，那么"我执"也就没有了，种种烦恼也就没有了。

"我执"的问题很严重，因为"我执"产生三个根本性的烦恼："贪""嗔""痴"，这叫"三毒"。三种最毒的精神毒药在心中存在，又产生"慢"（傲慢）、"疑"（怀疑）、"恶见"（没有正确的思想），这六个是根本烦恼。这六个根本烦恼又产生了各种烦恼，叫"随烦恼"（随着根本烦恼而产生的种种烦恼）。

"贪"，吝啬而贪婪，只知道满足自己的私利，以自我为中心。西方功利主义的基本原则是满足自己利益的同时，不妨碍他人满足自己的利益。

传说乾隆皇帝下江南，到了镇江金山寺，看到长江上船来船往，就问大和尚，你看长江上来来往往的船那么多，一天要来往多少船只？这个和尚说，我就看到两条船：一条叫名、一条叫利，就是

"熙熙攘攘，皆为利来，皆为利往"。人生有这种贪，往往被名利船所牵所载，船中人为名利所载，岸上人也为名利所牵。所以郑板桥写过一首诗《名利船》："船中人被名利牵，岸上人牵名利线。江水滔滔流不息，问君辛苦到何年。"所以习佛法，不一定完全读佛经，很多古人、文化人都体会了佛法的道理。

"嗔"是嗔恚，责怪、谩骂、咒骂他人，对他人愤怒、怨恨、憎恶。容易发火，把责任都推给他人。为什么会发生嗔火？是因为贪，如果违背我的利益，使我无法满足贪欲，就发生嗔火。佛教把"贪"和"嗔"称为两条河。在人生路上要往西方走，西方代表极乐世界，但是走到路上，发现南面、北面出现两条河，南面一条河是火河；北面一条河是水河，无边无界，深不见底，而中间这条路非常狭窄，一不小心就会掉入火河被烧死，或掉入水河被淹死，所以人生就是走在这样非常狭小的路上。

"痴"是愚痴、愚昧。佛教又讲"无明"，无明即内心没有光明，没有智慧，没有智慧是指没有大智慧。有人讲，我那么成功，难道没有智慧吗？但那不叫大智慧，也许是恶智慧。智慧也有价值层面的区分，有的是善智慧，有的是恶智慧，当然还有小智慧，还有大智慧。按照佛教的话来讲，每个人的心中本来都是清净的，像明镜一样光亮照人，本来是有智慧的，是觉悟的，但是因为种种贪欲，把清净、智慧、觉悟覆盖了，就像月亮和太阳被重重乌云覆盖住了，使光明不能显现。"贪"占了你的本性、"嗔"烧掉了你的本性，使你不能理智地处理各种关系，包括精神与肉体的关系、人与人的关系、个人与社会的关系、人与自然界的关系，最后走向深渊。

三毒再往下引申就是"傲慢"，如果认为"我比你厉害、比你有权、比你有钱、比你聪明、比你出身好"，人就傲慢，就会瞧不起他人。

"疑"是猜忌，怀疑真理、怀疑善。没有信仰的人就像一只无头苍蝇，不知道往哪儿撞，撞到哪儿算哪儿。

"恶见"是内心充满错误的、邪恶的看法。

贪、嗔、痴、慢、疑、恶见构成了根本烦恼，是内心最重大的六个问题，这六个方面的问题又会引发一系列的烦恼，称为大烦恼、中烦恼、小烦恼。

"恨"是对过去违反自身利益的情形产生愤怒、产生怨恨，积怨太深了就是恨。

"覆"是掩盖、遮盖过去自己的恶业、过失、罪行，来维护自己的名声、利益，在掩盖的过程中心理负担很重，如果你承受不了的话会影响到身体健康，所以要敢于担当。

"恼"是恼怒，坚持过去的错误不改，他人来劝说你，你反而对他恼火。

"嫉"是嫉妒，内心容不得其他人比我更好。所以佛经讲"循自名利，不耐他荣"，只考虑自己的名利，看不得其他人比我荣耀。

"悭"是吝啬，不肯施舍。

"诳"就是欺骗，我们经常说出家人不打诳语，很多人就喜欢诳，向其他人隐瞒真相，让人产生错误的看法。现在流行一句话叫"忽悠"，"忽悠"在某种程度上也是一种诳。

"谄"就是谄媚，阿谀奉承，用种种方式来曲意迎合，佛教讲要直心，反对曲心。

"骄"就是骄傲，高傲自大，轻视，对别人不恭敬。

因为"我执"，三毒产生如此多问题。怎样来消除三毒？根本的方法是要有一个正确的价值观、人生观，要了解缘起、无常、无我的原理。

分别对治的方法是勤修"戒、定、慧"，熄灭"贪、嗔、痴"，这在佛教文化里是一个常识。"戒"就是种种行为规范；"定"是一种特别的修行方法；"慧"是指佛教的智慧，用佛教智慧来消除你内心的愚昧，以禅定来消除你内心的那种嗔火，以道德生活来去除贪欲，这是一个系统的方法。

要落实到具体的观念和做法就是要"少欲知足"。按照《法华经》的原理，所有的痛苦、烦恼、心理精神层面的问题，都来源于内心的贪欲，因此消除三毒、消除各种烦恼都要落实到消除贪欲。佛教不反对人正常的生活欲望，而是反对贪。佛教不是苦行主义，也不是禁欲主义，但是佛教反对享乐主义、反对纵欲主义，这是"中道"的方式，"少欲知足"就是"中道"的生活方式。

《红楼梦》里就有佛教的、道教的思想：世人都晓神仙好，唯有功名忘不了。古今将相在何方？荒冢一堆草没了。世人都晓神仙好，只有金银忘不了。终朝只恨聚无多，及到多时眼闭了。

《三国演义》开篇就讲：滚滚长江东逝水，是非成败转头空，青山依旧在，几度夕阳红。还有一个和尚讲：即使你官高一品，富有万钟，功盖乾坤，名喧朝野，三寸气断，一火洞然（烧了，变成灰了，出家人讲究火葬），收得一撮冷灰，埋向一堆黄土，日暮狐狸眠冢上，夜深儿女笑灯前，平生英雄豪杰，果安在哉？

甄士隐有一句话："因嫌纱帽小，致使枷锁扛。"佛教讲要有平常心，平常心严格来讲就是"中道"之心，这是符合禅法的解释，当然禅师在解释这个问题的时候，每个人讲的观点可能不同。有的人说，什么是平常心？要眠即眠，要坐即坐，该睡觉就睡觉，该坐就坐。如果该睡觉了还在想凭什么我的同学当官了我当不了，想不通，睡不着，这就是没有平常心。饥来要吃饭，寒来即添衣，困时伸脚睡，热处爱风吹，这就是平常心，这都是要靠体悟，十几岁的人对这话可能毫无感觉，六七十岁的人对这句话就很有体会，要随缘。有的人没有平常心，吃饭的时候不肯吃饭，老在想问题，睡觉的时候不肯睡觉，千般计较，这样的人活着心里还能自在吗？平常心是道。

怎样有平常心？古人讲："宠辱不惊，去留无意。"宠辱不惊，闲看庭前花开花落。现在人见面以后都会打招呼："忙什么呢？"普遍认为忙就是很成功的，其实真正的成功是闲，看看闲书，去留无意，慢观天外云卷云舒。更高的境界是闲。"春有百花秋有月，夏有凉风冬有雪。若无闲事挂心头，便是人间好时节。"心里不要有闲事。"少欲知足"的方式也是"中道"的方式。

如何提升精神世界

按照"诸恶莫作，众善奉行，自净其意，是诸佛教"的方式为善去恶，提升自己的境界。相信自己，做一次就会有感觉，再做几次感觉会更深，经常做确实境界就不一样。所以佛教对道的生活的要求，就要求做善事，去恶事。

狼山广教寺的哼哈二将殿里写着"做个好人，心正身安魂梦稳"。为什么要行善做好人？"为人不做亏心事，夜半敲门心不惊。"行些善事，天知地鉴鬼神钦。

佛教讲行好事，行为、语言、内心三个层次要统一，心存好意，口吐好语，身行好事。佛教有一个基本原理叫"心生种种法生，心灭种种法灭"。内心生出善的念头，种种善的语言和行为就出来了，心中有一个恶的念头，说不定口吐恶言，身作恶行。

怎样行好心？我讲一个故事，佛印和苏东坡是好朋友，有一次两个人坐禅，苏东坡问：禅师，你看我坐在这里像个什么？禅师说我看你像一尊佛，苏东坡就很高兴，佛印也问了他一句：居士，你看我坐在这儿像个什么？我看你像一堆牛粪，苏东坡很高兴，我今天逗嘴皮子斗过你了，回去就向他妹妹炫耀。他妹妹长得丑，倒是很有智慧，她说你不要以为你胜了，哥哥，佛印禅师心中有佛，所以看你是佛，你心中满是牛粪，所以看人家都是牛粪。

我们现在讲"头顶三尺有神明，内心方寸有良知"，你要按照你自己的光明、觉悟、智慧、良知来行事，应该见贤思齐，而不是相反。

怎么修行？有很多层次，我们都是人，外形是人，内心里面追求人的境界是五戒，再往上是小乘，要追求无我，再往上是慈悲，所以是三个层次。人的层次是五戒，进入佛教小乘的层次是无我，更高的层次是慈悲。

做人的层次应该坚持哪些？不杀生、不偷盗、不邪淫、不妄语、不饮酒，相当于儒家讲的仁、义、礼、智、信。不杀生，不要伤害任何生命，有人说我不杀人可以做到，杀人犯法，但是杀其他的生命可以吧？我去打猎可以吧？这是杀生。钓鱼可以吧？凭什么你的快乐要建立在鱼被钓上来的痛苦之中？那我没杀生，我穿皮草可以吗？这不是鼓励杀生吗？不偷盗，不偷人家钱我能做到，但是权力寻租也是一种偷盗。不邪淫，是代表一种礼，符合礼仪的、相互尊重的两性关系。不妄语，代表一种诚信。不饮酒，不饮酒保持理智的清醒。

人至上的境界是天，天的境界更高了，除了不杀生、不偷盗、不邪淫、不妄语、不两舌（不搬弄是非、两边弄话头）、不恶口（不粗言秽语）、不绮语（不讲没有意义乃至带有一些色情的语言），然后还有不贪、不嗔、不痴，境界是比较高的。

小乘是声闻、缘觉，根本的伦理精神要做到"无我"，没有那种极端的利己主义、极端的自我中心论、极端的个人主义，在"无我"的状态下，小乘佛教的善有一些基本的规范。第一，做人要有信仰。我研究十几个国家的宗教信仰，有一个信仰地图，发现有一个空白区，这个空白区基本上就在中国大陆，世界其他各个区域都是有信仰的，我们中国人也不是说没有信仰，是一种特殊的信仰。第二，不放逸，就是说不放松自己、不松懈、不放纵。第三，轻安，也是一种善，内心不要一天到晚昏昏沉沉的，应内心舒适、安宁，遇事不慌，淡定安宁才是一种境界，也代表一种善。"舍"表示人与人之间要平等，"惭愧"也是小乘佛法的一种美德，对自己的过失要感到羞耻，自己都不原谅自己；"愧"就是对自己的过失要勇于向他人承认错误；"勤"表示要兢兢业业地不断努力，这就是小乘的善。

大乘的善，基本精神叫慈悲。佛法是以慈悲为怀，慈悲只有大乘佛教才有，也是大乘佛教的伦理精神。给人快乐叫慈，去除人的痛苦叫悲，佛教的慈悲要讲无缘大慈，同体大悲，所有的人都是在"无"这个原理基础之上，所以人人都要相爱，大家都有一个共同的本体，基于这个基础，所以要有同情心。大慈要让所有的人快乐，大悲要去除所有人的痛苦，这是一个很高的境界，在这个境界基础之上，要修行一些道德规范，像四摄、六度等，这都是基本的道德规范。

我们经常参拜各种"像"，不应该是简单的烧香，而要透过像了解善的品德。比如，我们拜弥勒菩萨，弥勒的品德叫大慈，所有菩萨都有大慈大悲的精神，但是弥勒菩萨的特征是大慈。我们要学习弥勒菩萨的慈爱精神，宽容、快乐、追求健康的精神心态。观音菩萨也是大慈大悲，但是观音菩萨最特殊的美德是悲，悲就是同情心。文殊菩萨也有大慈大悲，他的美德是智慧，具有大智慧。我不入地狱，谁入地狱？这种境界才是地藏菩萨的境界，要学习他的这种精神。到峨眉山去拜普贤菩萨，是代表对真理的一种追求。

"心为一身之主"，心要有开悟才能有良好的心理状态和精神境界。所以对佛教文化的了解应该把握"明心见性"的原则，把你的心全部开发出来、发掘出来，你也就见到你的本性了，能够见到本性，也就能够正确处理自我与他者的关系、精神与肉体的关系、人与自我的关系、人与自然的关系，心理、心灵都将非常健康。这样一种健康的状态就是一个美好的状态，禅宗把这个状态叫"好日"。

新加坡制度解密

吕元礼

吕元礼

深圳大学管理学院东亚研究所所长，深圳大学管理学院行政管理系教授，主要从事政治文化、东亚政治与行政研究。主要作品：《亚洲价值观：新加坡政治的诠释》《政治文化：转型与整合》等。

曾经有记者问李光耀："你身为行动党的创始人，你最引以为豪的是什么？"李光耀说："我最引以为豪的就是行动党一方面长期执政，同时也保持了活力和诚实，而没有沦落为一个贪污和衰败的党。"就活力来说，新加坡行动党用了一代人时间就把新加坡从第三世界变成第一世界，现在的人均所得比它当年的宗主国英国还要高；就竞争力而言，它排名也是在全世界前列，一般是美国第一，中国香港、新加坡第二、第三左右；就政府效率来说也是著称于世的，尤其值得称道和引人注目的，就是从1959年到现在，每4年有一次大选，他是连续赢得了 10 多次大选从而长期执政。一般有政党竞争往往有政党轮替执政，人们会说一个政党如果长期执政达到 15 年，这个制度可能就会有问题了，是一个专制的党。所以新加坡行动党的长期执政也是引起世人的好奇，有很多纷争，但总的来说他能够连续赢得 10 多次大选是有活力的表现。

在最近 20 年，国际有关机构排名，把新加坡列入了全世界廉洁程度前十名，它的位次往往是第五名左右。在亚洲国家和地区，中国香港排名第二，但是中国香港还没有进入全世界前十名，第十一名左右。前几名一般都是北欧国家，东南亚被称为是"腐败之癌"，而华人又被认为喜欢搞裙带关系，所以新加坡作为一个华人占多数的国家，又是东南亚国家，它能做到这一点显得更难得，应该说举目四望，新加坡在那一带是一枝独秀，因为周边的国家都比较腐败。

如果说美国是自由世界，那么新加坡不妨叫做和谐社会。和谐可以具体表现为很多方面。第一，人和自然要和谐。新加坡被誉为是花园城市。第二，人的内心也比较和谐。但新加坡人内心的快乐感和幸福感不是很强，因为新加坡是一个华人占多数的国家，华人对宗教信仰倾向是比较实用的，没有真正的宗教生活方式。反过来老挝人，他们也许生活比较懒散一点，但是有幸福感，因为他们真正信佛教。但是华人不太关心前世，也不太关心来世，而是关心现世。第三，和谐还表现为人与人的和谐。人与人的和谐在新加坡主要表现为种族之间比较和谐。新加坡是个多元的种族国家，有华人、马来人、印度人……这么多种族的人集中在一个小岛上，按道理容易发生冲突矛盾，但是各种族之间很和谐，和谐得让人有点妒忌。人与人的和谐表现为贫穷的人和富有的人相对比较和谐，因为新加坡不强调要养懒人，强调竞争，所以贫富悬殊很大。但是他们的穷人和富人是有基本自由的，因为没有太穷的人，几乎所有的人都能够有房子住，你愿意做的话也有工作做，所以穷人和富人还是比较和谐的。

新加坡党议员给我们作了一个比喻，就好像飞机里有经济舱、商务舱和头等舱，无论你坐哪一个等级，都同样享受到应有的服务。更重要的是，大家也会同时安全抵达目的地，至于谁坐经济舱、商务舱和头等舱，可以量力而行。这段话挺形象、挺生动，但是也很深刻，它反映了新加坡的治国之道。这个治国之道用李光耀的话来说：人生就像马拉松赛跑，如果你不奖励那个跑得快的人就培养不出冠军，但如果你对那些虽然跑得慢却愿意按规则跑下去的人不给予最基本的生活保障他就会越轨，如果在跑道越轨是犯规，在人生跑道越轨那是犯法。所以治国之道分两个方面。一方面叫各尽所能，不叫按劳分配，也不叫按需分配，叫各取所职，按你的贡献和能力拿工资。这样才有竞争，发展比较快。另一方面，强调扶贫济困，这样才会有凝聚力。

实用理性主义

新加坡怎么设置制度？一个是理性主义或者实用主义。李光耀最不讲主义，最不讲意识形态，如果说新加坡有什么主义，那就是实用主义，如果再加一点就是精英主义。

讲理性，邓小平与李光耀非常相似。邓小平理论是哪个论？我的归纳就是猫论、摸论、不争论。三论正好是实用理性、渐进理性和实践理性。李光耀正好也是三个方面，相对"猫论"，他是"行得通论"，以一切行得通为标准，行得通就做，行不通就不做。第二个是相对"摸论"，他是"鞋论"，他认为演进而来的制度比制造出来的制度更优秀，就像鞋子穿得越久，就越觉得合适。还有一个是"不争论"，主要是对"姓社姓资"来说。李光耀在1965年讲过类似问题，因为当时新加坡也搞民主社会主义，但李光耀讲："亚洲的社会主义如果要有前途，就必须用一种更实用的观点来看问题。"他说："让我们培养这些技能和这种工业生产能力。"也就是说，让我们发展生产力，是社会主义，是资本主义，将来怎样，让下一代去决定，这会更有前途，也就是对"姓社姓资"存而不论，所以李光耀与邓小平两个人心灵是很相通的。

对社会主义，李光耀讲过，社会主义是否具有弊病，在于如何为社会主义定义，社会主义的牌子可以举着，但是社会主义的内涵可以创新，如果是机会平等可以成功，如果是结果平等就是失败。邓小平的中国特色社会主义就是高举社会主义旗帜，创新社会主义内涵。

毛泽东的思维方式更多是"社会主义就是好"，邓小平的思维方式是"好的就是社会主义。"我有一个新的解读，邓小平是高举社会主义旗帜，哪儿走得通，哪里就是社会主义。发展生产力走通了就是社会主义，贫穷不是社会主义。

讲实用就不一定完全要比"优"，还要注重比"劣"，比"优"是好中求最好，比"劣"是坏中求不坏，比"优"是要实现最好，比"劣"是要避免最坏。所以新加坡的制度设置往往是比"劣"的结果。比如，新加坡一贯倡导精神文明，但是却保留了合法存在的红灯区，为什么？他们说，与其让他们随地大小便，不如建一个厕所，这是一个坏中求不坏的结果。再比如，他们的领导人一直痛恨赌博，所以在近两年新建了两个赌场，为什么建赌场？建赌场会有麻烦，但是不建则麻烦更多，所以他们的思维方式值得我们思考。

新加坡过于讲实用，有时候也会比较低俗，太务实了。新加坡人比较追求"5C"，5C就是理想的职业、共管公寓、私人俱乐部会员证，等等，注重追求物质。后来吴作栋提出，不仅要注意"物件"，还要注意"心件"，打造软件。如果光注意"物件"，没有"心件"，新加坡就会沦为一些国人的酒店。

我想，中国会借鉴新加坡的经验，因为我们中国改革开放的总设计师和李光耀心心相通，有一种领袖偏好在里面。如果是毛泽东领导，他可能不会借鉴新加坡。毛泽东很浪漫，他所欣赏的对联："万里风云三尺剑，一庭花草半床书"，是很美，毛泽东在中南海的卧室，床上确实是三分之二放书，三分之一睡人。我在感性上很喜欢毛泽东，但是我在理性上比较认同李光耀，因为李光耀比较缜密，井井有条，办公室很整洁。李光耀的办公室真的是窗明几净。后来我又深思，更根本的原因还是新加坡这个执政党比较廉洁，如果这个党很腐败，再窗明几净也不会受人欢迎。毛泽东是龙飞凤舞，李光耀是有条不絷；毛泽东是豪迈不羁，他最喜欢、最得意的是"苍山如海，残阳如血"。

而且毛泽东和李光耀关注的不一样，他们早年都有一个发现。毛泽东早年发现中国的历史书都是写帝王将相，没有写过劳动人民。这话让我很感动，因为毛泽东想得更多的确实就是劳动人民。李光耀的发现正好相反，他经常津津乐道地讲，"人是生来不平等的"，他的不平等讲的是天赋不平等，应该让聪明的人当政。

而且毛泽东和李光耀的情结不一样，毛泽东更多的是人民情结，"只有人民才是创造世界历史的动力"，"下下人有上上智，高贵者最愚蠢，低贱者最聪明"。毛泽东读白居易的《琵琶行》，批语写得好，好在白居易作为一个官员能以平等的态度看待琵琶女，所以他欣赏。毛泽东确实关心人民，但李光耀不一样，他强调精英治国，他的精英情结更浓一些。

李光耀有没有浪漫心情？新加坡人说李光耀根本就不浪漫，全是理性，步步为营、稳扎稳打、老谋深算，这个人用一句话形容就是"只与利益交朋友，不与感情拉关系"。当然他是为了新加坡的利益。

渐进理性。李光耀说，演进而来的制度比制造出来的制度更优秀。即使像爱因斯坦那么聪明的头脑也不可能设计出一个非常美好的制度让我们来实行，相反，那种无形中一年一年、一月一月、一日一日、几百年、几千年延续下来的制度可能是我们更适合的制度。就像鞋子，再巧的工匠也做不出一双完全合我脚的鞋，反而是我穿着穿着慢慢磨合，磨出一双好鞋来。这就是邓小平讲的"摸着石头过河，走一步看一步"。你不可能设计出一个非常完美的路径，然后按着走就行，只能够逐步接近、不断接近。

还有实践理性，就是"不争论"。

精英主义原则

李光耀认为一个城市、一个家庭、一个单位、一个国家凭什么比别人更厉害？最关键就是人才。李光耀是受过英国教育的，不太会引用中国古人的格言，我唯一见到李光耀引用的格言就是管仲的一段话：一年之计，莫如树谷；十年之计，莫如树木；终身之计，莫如树人。一树一获者，谷也；一树十获者，木也；一树百获者，人也。人是种一得百的，所以他有一个观点：有好领袖才会有好政府。西方人认为只要有好的制度，如三权分立、两党竞争，尽管这个总统是个草包，也会有好政府。但是根据我对亚洲国家的观察，即使有好的制度，哪怕是引进美国、英国的制度，像菲律宾引进美国的制度，印度引进英国的制度，但是如果没有好领袖，也不会有好政府。反之，尽管没有好制度，只要领袖是个强人，当然不是那种反复无常的强人，也会有好政府，至少这个政府还说得过去。他的观点让我想起荀子的一句话："有治人，无治法。"有必定能治理好国家的人，但是没有哪个法律一定能治理好国家，人比法更重要。所以荀子两个学生韩非、李斯都是法家，但是荀子本人还是儒家，为什么呢？他虽然重视法，但是他毕竟更注重人。所以看过李光耀的话之后，再想孔子的"人存政举，人亡政息。为政在人"，会有很多新的感觉。孔子并不是否定制度的作用，而认为制度固然重要，但人还是更重要。这对东方国家可能有参考价值。

为什么李光耀那么注重人？这与他的人才观有关系。人们都说天才等于九十九分汗水加一分天赋，这可以给我们励志，但从科学角度来说不一定是对的。李光耀认为天赋更重要。所以当有人问他长寿的秘诀，李光耀说慎重选择你的父母。他说，后天锻炼是很重要，但是先天有没有长寿基因更重要。他认为人的智商和能力80%是天赋决定的，比如同卵双胞胎，即使出生之后不在一个环境长大，一个在良好的家庭，读了书，上了大学，从政当了大官，另一个很不幸到一个非常贫寒的家庭，最后当了流氓，但既然这个能当大官，那个当流氓，他也会是个流氓头，因为他们的智商差不多。

李光耀在1997年香港回归之前经常来香港，现在也会来。他为什么来那么多次呢？他就是考察、思考为什么香港在历经风雨打击之后，总能站起来。我们会说是香港的制度借鉴了英国制度，李光耀说，不对，英国的制度很多，英国有很多殖民地，怎么都没腾飞，就香港腾飞了？他说关键还是香港的人。1949年从中国内地跑到香港将近200万人，应该说是比较厉害的人。后来我想，1949年过去的那帮人多半是什么人？可能是地主、资本家比较多，那拨人可能剥削性很强，可应该说是比较能干。李光耀说，之所以中国会腾飞就是因为华人比较聪明，因为有关数据显示，华人的智商平均是200分，白人平均是100分，还有一些人是80分。

李光耀曾私底下说，读了《红楼梦》和《金瓶梅》就知道，中国历史上那些优秀的男人往往娶很多老婆，生很多小孩，结果几千年下来优胜劣汰，聪明的人越来越多了。为什么古希腊那么多人才，现在希腊却好像没有很突出的人才，因为欧洲的人口流动很大，现在希腊人不一定就是那个时候的后代。希腊的传统是男的喜欢当将军，外出打仗，英年早逝，没留下后代，几千年下来人才就不如以前了。

为什么新加坡选苏州做工业园区？因为李光耀认为苏州人比较聪明，而且苏州的文化比较重商。他们调查发现，苏州古代状元出得最多，近代院士最多，这拨人的后代能不出名吗？新加坡甚至还想让新加坡人跟他们联姻结婚，来优化后代。所以新加坡有关的制度包括人口政策，跟这些都有关系。

英国的制度 + 东方的传统 + 中国共产党的优良作风

我把新加坡模式解读为约等于英国的制度 + 东方的传统 + 中国共产党的优良作风。

英国的制度给了新加坡议会式民主，当然它有变化，在制度设置上可能让制度更有利于它一党独大，但是它的精神是让民做主。东方传统是托管式民主，接受人民委托，但是代表人民来管理。群众式民主就是共产党的群众路线。

有一次我到新加坡国会参观，开国会的时候，议员先入席，然后议长才进来，议长进来的时候卫士长扛着权杖引议长进来，全体起立，然后议长走上去，下面是副议长，权杖就放在桌子上面两个托上，当权杖放在上面的时候，议长享受首长的权力，当权杖往下放的时候，议长又跟议员一样。整个礼仪制度都是英国来的。

我的一个学生写了一篇硕士学位论文《博弈论视野下新加坡人民行动党国民选举竞选机制研究》。这个论文如果编成一本书，书名也比较花哨，"新加坡大选：行动党为什么总能赢"。我们会比较好奇，为什么他们连续多次当选？当然与这个党比较廉洁、有活力有关系，但是这与他们的选举制度也有关系。我的学生从博弈论来论述：第一是"锻造"博弈者，博弈双方，一个人民行动党，一个反对党，要熔炼我方，提高我方，然后打压对方；第二是设置博弈制度，怎么能赢敌手呢？要把制度设计好。然后是控制博弈资源，实施博弈策略，营造博弈环境。

怎么锻造博弈者，怎么搞自身建设？他们党的制度非常有意思，他们分干部党员和普通党员，普通党员在党支部申请就可以加入，普通党员没有投票权，干部党员才能投票选中央执行委员会委员。干部党员估计也就是五六百人，必须是由议员或者部长推荐然后由中央执行委员会批准，才能当干部党员，也就是互选。另外，他们是党找人才，不是人才找党。新加坡领导人怎么找那些人才？全体国民里，报税额谁最高，说明他的收入高，收入高说明他有能力。找到之后，首先请你喝茶，第一次可能是很多人一起喝茶，第二次可能只有几个人，第三次可能一两个人就跟你讲明，我们现在需要人才，你能不能加入？一加入之后，过两个月大选了，你能不能代表我们党来参选？所以他们是党内人才党外培养，政策人才社会培养。

中西方对政府的观念是不一样的，吴作栋讲，华文课文的第一课是"爸爸早，妈妈早"这类富有伦理的内容，而英文第一课则是Apple这么一个纯知识灌输的内容。西方是把政府看成"必要的恶"，因为它恶，所以建一个限权政府，最好的政府是最少干预，角色是"守夜警察"。而中华文化，至少孔子、孟子的理念是把政府看成善，政府应该教民、养民、爱民，既然是善就要行善，要给它权利，所以目标是建个强大的政府，理念是最好的政府，最多的关爱，决策是"操心父母"。

李光耀说可以用一件事把新加坡和美国的区别讲清楚，美国对付毒品，在国内是无能为力。但在新加坡，任何海关官员或警察发现任何人行为可疑，有理由认为是处于吸毒状态时，就可以要求此人进行尿检。而在美国，如果某人这样做了那就是对个人的侵犯，他也将遭到起诉。这还是政府观不一样。

新加坡是把政府看作"善"，那怎么行善呢？我们举一个例子，新加坡很强调家庭为根，很倡导三世同堂，认为小孩必须在祖父祖母的关照下生活，因为祖父祖母把传统价值观传下去比较好。所以就规定买祖屋，如果跟祖父祖母一起买房，可以优先优惠。后来又规定只要买房子离父母不超过5公里可以享受一万新币（约5万元人民币）的津贴，还规定如果开车去看望父母，停车会有半价停车月票。现在还有一个规定，幼儿园和老人日托所要毗邻而建。这个做法毫无疑问政府就是一个"操心父母"。

中国共产党的优良作风在新加坡影响也很大。新加坡很多地方的管理都很像共产党，所谓群众路线，从群众中来，到群众中去，他们的党刊也写着类似的话——"来自于群众，又回到群众"。群众路线也有人叫逆向民主，因为一般是精英决策，民主决策是打开门让群众进来参与决策，不仅打开门让群众进来，还让领导干部主动走下去，叫"三进三同"：进村庄、进基层、进农户，同吃、同住、同劳动。待群众为师，先做群众学生，再做群众先生，一切为了群众，一切依靠群众，联系群众，发动群众。所以我讲这叫"认民做主"。认人民是我的主人，百姓是天，人民最大。

李光耀跟蒋经国本来在天赋秉性上不一样，李光耀很理性，蒋经国比较感性，喜则大笑，悲则大哭，但他们的行为方式有很多相似之处，都打着伞下乡，穿得比较朴素，走访选民，亲历亲为，以身作则。蒋经国是学习苏联共产党的，所以新加坡人民行动党就说，我们就是学你们的。比如，他们规定国会议员每个礼拜有一个晚上接见选民，把接见选民的地方叫民事诊所，这就是为人民服务。选民一排排坐着，一个一个按秩序进去找议员，告诉议员我有什么事情要解决，议员就会写信给相关部门，按规定必须在两个星期内答复。这个精神就有毛泽东讲的"我们的领导干部都是人民的勤务员"的味道。

我归纳了一下，议员接见选民有几个特点：主动下访而不是等待上访，沉到地面而不是浮在上面，打成一片而不是高高在上，排忧解难但不是有难必解。他们也讲，大概80%的难解决不了，只有20%解决得了。但是经过走访接见之后，老百姓心里更舒服，所以他们讲这不仅是"民事诊所"，也是"人心诊所"。

另外，他们也访问选区。他们规定一个议员在两年内必须把本选区挨家挨户走一遍，一个议员所在选区大概有一万户，两年大概100个星期，也就是平均一个星期必须走访100户，所以挨家挨户走访选民是他们经常的工作。当然挨家挨户走访也不是每家每户都进去，没事打个招呼也行，如果没有人，留个名片也行。尤其值得一提的是，他们的反对党议员也接见选民。老百姓也说，反对党议员是用心听我们讲话，尽管他们没有资源。

另外，新加坡的基层组织也比较活跃，叫民众俱乐部，突出"民众"两个字。每一个选区都有一个民众俱乐部，俱乐部开展各种活动，和老百姓打成一片。人民行动党基层组织的做法是吸取中国共产党的经验。当年解放军进上海，本来上海人看不起共产党，说他们是土包子，会打天下不会治天下。但是解放军规定进上海之后不入民宅，在外面吃，睡在街上。当上海人看到这个情景的时候，他们第一次被感动了。他们睡在街上，而且那么整齐，像叠着一叠调羹似的。第二天醒来之后，他们发现解放军早就已经起来，把街上扫得干干净净，上海市民第二次被打动了。上海市民打开门之后解放军才进去，他们进去之后有三个动作，打开米缸一看没米，把干粮袋往里倒；打开水缸一看没水，拿起扁担挑水去，然后问，你们家有没有小孩？小孩如果生病了，马上就会有一个女卫生员过来问寒问暖。三个动作一做，老百姓就说，咱儿子当兵去。而当时国民党在抓壮丁。

为什么新加坡人民行动党接见选民的作风能保持下来？举一个例子，新加坡提出"居者有其屋"，因为李光耀发现世界上所有的首都选民都倾向于投反对党的票。因为新加坡是个城市国家，国家就是首都。他发现人们对买来的房和租来的房态度不一样，买来的房很珍惜，租来的房乱涂乱画。他又说产权意识是与生俱来的。他后来又发现当人们没有财产的时候，街头发生暴乱，路人也会参与。反之，当人们有财产之后，态度不一样，他首先是要保护自己的财产。当人们有了房子之后，他的利益就跟国家连起来。所以他说，要人民保卫新加坡，就必须让每个家庭有财产让他们去保护才行。当他们没有房子的时候，他们倾向于投那些善于哗众取宠的党的票，而当他们有了房子之后，就要投能让房子保值的党的票。他说，要提高人民觉悟，没有什么比给他们财产来得更有效的方法。新加坡"居者有其屋"为什么能行得通，为什么能够落实？因为有压力。李光耀说，如果我当年选举没有赶紧建好祖屋，我第二次大选就会落选了。

在新加坡建屋发展局写着三句杜甫的诗："安得广厦千万间，大庇天下寒士俱欢颜，风雨不动安如山！"这是杜甫先前的一个理想，但是在新加坡确实基本上实现了。我感觉这像三段论，"风雨不动安如山"是结论，象征他们的国家相对比较稳定，这个党能够长期执政，前面两句话就是前提，有房子。

温家宝总理到新加坡，特别到祖屋去看了看，他也在建屋发展局楼顶放目深思，想了很多很多。后来新加坡《联合早报》采访我，提了一个很尖锐的问题，新加坡和中国都是一党执政，你认为一党执政有没有前途？这个问题很尖锐，后来我想了很久，终于想了一句拿得上台面也符合实际的话：就像社会主义必须吸收包括资本主义文明在内的人类文明的一切成果才能成功一样，一党长期执政模式必须吸收包括两党轮流执政模式在内的各种模式的合理因素，才能有效。纯粹的社会主义和纯粹的资本主义都不行，中国特色的社会主义之所以比较成功，就是因为吸收了一些资本主义的合理因素，所以一党执政要成功、要有前途，也必须吸收包括两党执政的那些合理因素。在六十四卦中，第一组卦是纯阳和纯阴，乾和坤，但最后一组卦是阴阳阴阳阴阳，阳阴阳阴阳阴，叫"有象斯有对，对必反其为。有反斯有仇，仇必和而解"。两种模式交融才有生命力，这是古人的一个昭示。

当年英国建的希腊女神泰美思塑像，号称正义女神，她右手拿天平，左手拿着剑，天平意味着公平，剑意味着斩除邪恶，这反映了英国人对法的理解。中国繁体的法字——"灋"，一个"氵"，一个"廌"，一个"去"，三点水是端平一碗水，象征着公平；"廌"是个独角兽，如果判案不公的时候会把独角兽放出来，用角去顶犯罪分子，所以"廌"相当于正义女神；"去"就相当于一把剑。中西方对法的理解既有形式的不同，也有实质内容的相通。西方文明的好成果在本质上也是适应东方的，但是国情不一样，所以移植模式必须要有变化，既要敢于吸收，反映人类共同的文明成果，又要结合中国的国情，找到适合我们的合理模式。

七

生态文化

自然生态与心灵生态

王立新

王立新

深圳大学文学院国学研究所教
授，武汉大学中国传统文化研
究中心兼职教授，中国哲学博
士生导师。

随着人民群众生活水平的提高，我们与生态环境的关系已经成为
一个自觉的意识。我长期从事中国思想史和中国文化史的研究，我不
是生态学的专家，因此今天很多关于生态的用语可能与专业用词不完
全一致，有懂行的同志们请不吝赐教。

最近这些年，我们越来越深切地感到，经济发展造成的环境问题
越来越严重，而且我们也越来越自觉地探讨保护环境的问题。前年暑
期我到过一次朝鲜，发现那里生态环境真好。我想起我小时候的感
觉，那时候我们的生态环境真的好，自然生态很和谐，和今天的情况

也有所不同。现在的城市人，每天像干枯的鱼一样坐在流水线一般的汽车里，住在火柴盒一样的各种楼房里，城市里绿化虽然不错，尤其是深圳在全国的绿化中领先，但这个绿化能不能叫生态还值得怀疑。比如，我们广阔的草坪上没有蝴蝶更没有昆虫，这是一个生态系统吗？生态应该是有生命的气息和表现，所以这些问题就不得不促使我们反思，当然这不仅仅是我们深圳、我们中国的问题，更是全人类面临的一个共同的难题。

1972年，罗马俱乐部发表了一个研究报告——《增长的极限》，强调人类向前发展的过程是不断追求自己的发展，发展的本身有一个极限，大自然是不是已经给我们设定了这样的极限？人类无限制地追求幸福和发展的过程，对于宇宙来讲是不是具有合理性？《增长的极限》发表以后，也就在同年，斯德哥尔摩国际环境大会提出了人类的发展困境问题，在1989年联合国环境署召开的研究会上，经过反复磋商，发表了关于可持续发展的报告。我们中国人接触人类困境、生态环境和可持续发展这样的话题也不过是近10多年来的事情，但西方国家在20世纪70年代就已经开始探讨这样的问题，因为这样的问题在发达地区已经表现得比较严重，我们中国因为改革开放、经济发展和科学技术的繁荣，对于自然界的索取和破坏晚了一些，所以我们就是来迟了一步，但是这个消息一定是很好的。所以我们不妨把它叫做"迟到的春天"。面临这样一个人类共同的话题，我们该怎样应对？怎样在这个困境中寻找出一条崭新的道路来，既满足我们人类更好的生存，同时又不破坏宇宙的生机，给宇宙和宇宙间的万物以生存的权利？这是我们今天要探讨的话题。

道家："天地与我并生，万物与我为一"

中国古人对于人和自然关系的看法，或者更确切地讲应该不叫一种看法而叫一种态度，因为看法仅仅是一种理性的认知，而态度则是深入感性生活的。感性的生活态度实际上比理性的认知体系更为重要甚至更深刻。所以中国古代先哲们对于宇宙和人生问题的看法，实际上是他们对自己生存在宇宙间的一个态度问题。"天人合一"的观念是中国人的独创，从这个角度我们看以道家和儒家为代表的两个体系如何用"天人合一"的观念来处理自己和宇宙的关系，来确定自己在宇宙中的位置。

道家的创始人是老子，也是道家的大宗师。老子有一段很经典也很普通的话："道生一，一生二，二生三，三生万物。万物负阴而抱阳，冲气以为和。"这段话语至少有两层重要的含义。第一层含义，万物都是由"道"派生出来的，是从"道"中而来，因此"道"就比万物更重要。人是万物中的一种，自然包括在其中，人不比"道"更重要。第二层含义，最后要达到"和"的状态，如果人和人之间、人和万物之间、人和自然以及宇宙之间不能达成"和"的状态，那人生存在这个世界上就是失败的。人不仅不能在"不和"的状态下获得幸福，还有可能由于这种"不和"的程度加深，使自己走向毁灭的深渊。

关于人是由"道"所生，人是天地万物中的一种，庄子也有说法。庄子在《齐物论》中曾经讲，"天地与我并生，而万物与我为一"，意即天地和我一起都生在一个共同的环境中。庄子表达的人生的最高境界是达到"天地与我并生，而万物与我为一"，实际上这种最高境界就是最原始的、最基本的境界，因为人在生命之初就是自然中一个普普通通的成员，只是宇宙间的一物，与万物都在一体之中，万物本来没有高低贵贱之分，人和猪、马、牛、羊、草都一样，不是宇宙中的主宰。所以从这个角度，人生的最高境界只不过是把这种懵懵懂懂自发的一种状态上升到一种自觉的意识，自觉认识到自己是宇宙中的一个成员，而不是宇宙的主宰者。

庄子的"天地与我并生，而万物与我为一"和老子的"道生一，一生二，二生三，三生万物。万物负阴而抱阳，冲气以为和"表达的是同一个意思。16世纪以后，由于西方科学技术的迅猛发展，当时人们打出了诸如"知识就是力量""你给我一个支点，我能撬动地球"的旗号，今天我们还在弘扬这样的思想。但是在这种比较具有刺激性的观点的引导之下，人类由西方国家所带领，在数学和实验科学等方面成就的基础上，激发了人是宇宙万物灵长的自我意识，这个自我意识对人类走向文明是一个重大的助推力量，同时也推动了人类自以为是、自高自大的情怀。

从16世纪末以后，由于科学技术的发展，人与自然的关系越来越紧张，当然这不仅在西方，由西方所导发，它也慢慢地渗透到东方来。我们现在回想中国近代史上的遭遇，实际上就是因为西方裹挟着强大的科学技术这样的"利器"，中国一时间难以应付，中国当时没有这种"利器"，是因为我们的思想还停留在"天人合一"的状态中，而他们是走"天人相分"的道路。关于这一点，很多思想家有过论述，他们始终把自然界当作一种外在于自己的外物，觉得人可以征服自然，并以此来显示自己的力量。

这不只是我们中国的说法，英国研究亚洲艺术史的学者劳伦斯·比利恩，写过一本书——《亚洲艺术中人的精神》，这是20世纪初的作品。他在这本书里非常明确地说："中国人从古到今就对自然界、对动物和植物持有一种非常美好的情怀，他们把这份美好的情怀从遥远的上古一直带到现代。"比较西方与自然的关系，他说，中国人对自然的关系是友好型的。印度也一样，印度的诗人泰戈尔也说过——西方是把自然当作一个外物，当作自己整治的对象，当作为自己服务的目标，当作自己可以索取的资源，通过征服自然获得西方人意义上的那种创造性的生活，而东方人（他主要指印度人）是努力把自己融入自然之中，当作自然的孩子一样跟自然保持密切的关系。我们是通过这样的方式获取我们的创造性的生活。

但是到后来，人类对自然改造的程度越来越深，很多动物有家难回，无家可归。在20世纪80年代后期有人对我说他研究生态伦理学。庄子在《养生主》里讲，"泽雉（湿地或者沼泽地里面的野鸡）十步一啄（走十步吃一口东西），百步一饮（走一百步喝一口水）"。

这是泽雉日常生活里的一个状态，然后他说："不蕲畜乎樊中，神虽王，不善也。"不小心掉在一个人设计的笼子里，当然人没有杀它，而是把它放在笼子里养，给它好米吃，它也觉得很舒畅，但是它还向往着在自然中的自由，可实际上已经得不到了。在人类追求幸福的整个过程中，我们没有把动物放在与我们一起获得幸福、和谐、美满的层次中。人类是有意识的动物，他们发挥意识的潜能，站在居高临下的位置，利用各种生物包括植物来满足自己的生存需要。我们没有在真正意义上发自内心地去尊重动物，我们没有给它们必要的尊严。

庄子曾经在《齐物论》里写过一个故事——"朝三暮四"。楚国有一个养猴子的人叫狙公，他对猴子说：每天早晨我给你们每个猴子发三个栗子，晚上发四个，猴子们一听非常不满，叫了起来。狙公没办法，就改了一下，说我早晨给你们四个，晚上再给你们三个，猴子们一听欢天喜地。这是猴子不识数，早晨三个晚上四个与早晨四个晚上三个，这不是一回事吗？实际上我们换一个角度来理解这个寓言，早晨给四个，那不是提早利用资源吗？晚上呢？把所有的资源都开采完后，将来是不是还有可持续发展？那就不必放在心上，猴子的想法实际上就是这样。如果人类不断地攫取自然，不采取可持续发展的方式，只顾眼前，恨不得把现在地上地下所有可利用的资源都开发和使用完，今天多用点，而不管剩下多少，不考虑子孙后代的事情，那我们的思想和这些猴子不是如出一辙吗！

我们人从自然中来，无端地对自然进行无限制的侵犯、掠夺，肯定会超出它的极限，就会殃及我们人类的生存。老子有句话，"反者道之动，弱者道之用"，就是返还到原初的状态，使"道"运动的规律，回归到原初的出发点上去，但是它回归的方式不是强力的、侵犯式的、掠夺式的、强暴式的，而是采用顺应、适应的方式。所以道家对于自然界的态度，对于人生和社会的态度，我们一向认为是比较保守和退缩的，实际上它是非常慈善和友好的。

儒家："夫大人者，与天地合其德"

与道家相比，儒家在这方面也一样有"天人合一"的传统，但是儒家强调的"天人合一"传统不是从任其自然的角度，儒家是从"德和天"的角度，通过个人和人类的修行达到一种美德，这种美德在人和自然的关系上（也可以说在宇宙观上）表现为对自然的关爱，与自然和谐一体，和谐共处。孔子曾经说过："天何言哉？四时行焉，百物生焉，天何言哉？"天说了什么话吗？什么也没说，春、夏、秋、冬四季就按照规律轮回运转，天地万物就在运转的过程中实现了自己的生养过程。天还用说吗？实际上天之德就在于生生万物。

儒家天人合一的观念在《周易》里表达为"夫大人者（德行上的大人物），与天地合其德（跟天地合德），与日月合其明，与四时合其序（四时就是指春夏秋冬），与鬼神合其凶吉（儒家的鬼神观念不是我们今天的鬼神观念，来往不测，宇宙间的气来往不测的状态为鬼神，就是和自然合为一体）"，真正达到这样的境界才称为君子，才是人所应采取的在自然中的生存态度，当然这也是儒家最高的目标。这个最高的目标就是"参赞天地之化育"。《周易》称"生生之谓易""天地之大德曰生"。人参赞天地究竟是为了什么呢？是不是为了残害苍生？不是，是要达成一种与天地和谐共处的状态，借以实现自己的道德，成就天地万物之美，这是儒家"天人合一"的宗旨。

对于自然的破坏就跟"天人合一"形成对比。孟子指正人民要好好进行道德修养的时候，他举过一个例子："牛山之木尝美矣，以其郊于大国也……旦旦而伐之，可以为美乎？"牛山树木葱茏，非常俊美，但是因为它与一个大国相邻，大国因为要发展经济，所以要经常去砍树，把山砍得光秃秃的，成了不毛之地，"若彼濯濯也"，天地还能有美可谈吗？所以孟子很早就提醒，用可持续发展观对待自然资源的利用。中国古人对这一点早有认识，在《周礼》里就有规定：

"春三月，山林不登斧……川泽不入网罟。"三月的时候不许进山砍树，不许到川泽里去捕捞鱼虾，因为它们正在生养繁殖的过程中，所以一般的伐树都是在秋冬之交。孟子讲得非常明白："斧斤以时入山林，材木不可胜用也。"按时去砍树，不要不分时间地总去砍树，材木有再生的能力，就有不可胜用的效果。"数罟不入洿池，鱼鳖不可胜食也"，不能天天去捞，否则都捞没了。

中国传统儒家对于我们与自然界和谐关系的表述特别多。南宋胡五峰（本名胡宏，字仁仲）是个大儒学家，他说，"天地根于和，日月星辰根于天，山川草木根于地，而人根于天地之间者也"。"有其根则长而静，安而久"，能保持人和宇宙间的和谐关系，人和人类就可以获得平安和长久。

《周易》的坤卦里说，"积善之家必有余庆，积恶之家必有余殃"，这是教育人们做好事，留下善根，造福于后代子孙，而不要留下孽根，以殃及后代子孙。我们对自然的态度也可以借用这句话。如果人类能够保持与自然和谐的关系，不对自然进行无端的、过度的侵伐和伤害，那么人类就会有美好的前景，如果人类为了满足自己，过分残害自然，那么人类就会遭受余殃。

心灵生态："破心中之贼"

在心灵方面如何看待自然，如何对待自然、宇宙的问题，这是我所说的心灵生态。

如果我们把宇宙作为敌对的对象，那么我们残害它就无所吝惜，也不必要对它抱有怜悯。如果我们把它仅仅当作一种可利用的资源来对待，那我们也可以减少对它的恻隐之心和伤害它产生的羞愧。这一个层级自然比前一个层级要高一些，但我们要把宇宙作为自己的家园来对待，我们同样要承认宇宙和宇宙万物也有生的权利和理由，它生的权利和理由不是由人赋予的。人没有资格赋予宇宙是不是生或者有无价值，在没有人之前和将来人类毁灭之后，宇宙和宇宙万物还会存在，它的合理性不是由人所决定。如果站在这个角度，我们才能真正达成对宇宙万物的尊重。

地球太小，资源也太少了，这个舞台不大，真的不够人类任意折腾，所以人类要检省自己的行为，再这样折腾下去，"小小环球"就要完蛋了。当然，我们从另一个角度也可以赞叹人类的伟大，人类太了不起了，几十年内把偌大的地球，没有边界的东西变成这么一个像我们手中玩的玻璃球一样，原来都多么遥远，现在近得好比"地球村"。

从地球"小"的角度，我们也应该关爱它，我们中国古人如何对待宇宙自然？胡五峰讲，"有毁人败物之心者，小人也"。他强调道德修养，说"操誉人成物之心者，义士也"。万物当其所成，你就助其所成，君子成人之美，油然乎物各当其任，你不去管它，让它自己生长，自己繁茂，这是君子的做法。这表达的是对待宇宙的一种情怀。

宋代大儒家陆象山说：宇宙内事即我心内事，吾心内事即宇宙内事。宇宙里面的事情你看着很大，实际上就是我心里的东西，我心里要对宇宙承担起这种责任，要把宇宙的事情当作自己的事情来对待，这是陆象山先生的一个教诲。我们对待宇宙的态度在中国传统儒家生态心灵的指引下，我们的目标不是要达成这个世界最后只剩下我是胜利者，其他全是失败者，而是今天所说的"双赢"，更确切的说法叫"多赢"。就是在整个宇宙里面，在人类的发展过程中，最后没有输家，大家都是赢家。这很难，正因为难才是一个严峻的课题，这就要求我们不要怀有太强的贪欲之心。

人的贪欲之心一般表现为对权力的贪恋，占有欲等，对权力的贪恋在中国古代有一个典范。南北朝的梁武帝时，东魏的一个将军侯景背叛东魏，叛变到南梁，梁武帝萧衍为了得到几十座城池，因为他带着几十座城池，就接手了，结果侯景就在江南开始作乱，逼死了梁武帝，为了掩人耳目，就把梁武帝的儿子简文帝萧纲扶起来做皇帝。550年9月，他逼迫萧纲称他为汉王，然后自己给自己授了一个官衔——"宇宙大将军""都督六合诸军事"。南梁简文帝萧纲非常有学问，天文、地理、古今上下无所不知无所不晓，听到侯景自封"宇宙大将军"，着实没听说过，问侯景："将军尚有宇宙之浩乎？"古人讲"四方上下谓之宇""往古来今谓之宙"，"宇"实际上是指空间，"宙"是指时间。"六合"就是上下四方，上下前后左右或者东西南北上下，所有的空间，在三维空间之内都叫六合，无限向外延伸，东西南北上下无限向外延伸的总和称为"六合"，都督六合诸军事，六合之内全归他，他就想成为宇宙的主宰者。侯景一年之后杀掉了简文帝，自己当了皇帝，但半年后就被讨伐的军队杀死了。成为宇宙的统治者肯定没有好的结局，最后要受到宇宙自然的惩罚。

这个故事与生态意识似乎没有直接的关系，实际上是有的，人类总想成为宇宙的主宰者和统治者，这样对宇宙自然万物的残害是无止境的，可以随心所欲。人类对待宇宙的态度不应该这样，我们不应该成为所谓的"宇宙大将军"，我们只是宇宙的一个成员，不要把自己的权势看得太高，以为自己的能力很强，可以随便征服宇宙。同样，我们也不要把自己的贪欲放得太大，人类对于自然的索取说到底是内心的贪欲促使的，自己内心的贪欲越强，征服外界的欲望也就越强，目标就是成就自己、满足自己，想把世间一切美好的事物都罩在自己的头上。

有一个小故事说：一个成功的大商人带着儿子到大饭店里吃饭，一个钢琴演奏者在那儿弹琴，音乐非常动人，姿态也非常自得。商人很羡慕，就对他的儿子说："我小的时候也学过钢琴，如果我能坚持练下去，那么今天坐在这里弹琴的就不应该是他，而是我。"他儿子还了一句话："爸爸，如果你小时候要练下去，今天坐在这里欣赏音乐的就不是你了。"人都有这样一种心思，想把世界上一切美好的事物拢在自己身上，这样的想法是一定要不得的。自然有自然之美，成就自然之美，成就人家的美，实际上就等于你得到了这个美。所以每个人要限制自己的欲望，人类也要限制自己的欲望，甚至各个国家都需要限制自己的欲望。国家的欲望比个人的欲望还要强大，这种不断向前、不加抑制的欲望必然通过掠夺、侵伐自然来实现。限制欲望是种美德。

限制欲望是多方面的，限制权力欲，限制占有欲，限制你自己想把世界上的钱全弄到你腰包里的欲望、世界上的美女都归你所有的欲望，这种没有节制的占有欲要受到惩罚。

《六朝怪谈》谈六朝时期神鬼怪异之事，里面有一则故事说，有一个商人在外经商，老想尝尝野花的味道，心里惦记着意外碰到美女，然后把她弄到手。有一天晚上，他把船停泊在江边准备休息的时候，一个美丽的女子顺着他的船边走过来，他心花怒放，赶紧去搭讪，留宿女子。让他意外的是女子答应了，他乐坏了，他老想着占有这个女子，却又不得其法，辗转反侧，一夜没睡。第二天早晨女子说要走了，他就把自己辛苦挣来的金镯子戴在女子的手腕上，又跟女子搭讪，敢问女子芳名？女子不说。家住何方？也不语。不告诉就不告诉，那我自己去了解，这女子走后，他就尾随其后，看着女子走进了一所大宅院。隔了一会儿他就去敲门，门开后出来一个男的，他就说我来找一个长得非常美丽的女子。开门人说，这里都是男的，没有女的。他说我眼见着她进这个宅院了。这儿真没有，你要是不信，你进来看看。他就进去了，正房、厢房、前门、后门、走廊都看了，就是没人，最后找到猪圈里，看见一头老母猪前蹄上正好戴着他给的金镯子。这赖人家老母猪吗？不赖呀，老母猪修行得好，能够化为人形。这个商人心怀鬼胎，结果差点成了猪的老公。人的贪欲受到这种奚落和惩罚，实际上是自找的。为什么受到这种奚落嘲弄，搞得自己这么尴尬狼狈？原因就是心里有鬼，心中有贼，这个贼就是不加节制的贪欲。人有贪欲不是问题，但要节制它。

明朝大儒家王阳明在江西的时候镇压过农民起义，平定山中贼不是一件容易的事，但是王阳明知道这比克制自己内心的贪欲还要容易得多，他说，"破山中之贼易，破心中之贼难"。

人心中有贼克制太难了，因为他始终抱着侥幸的心理，如有些贪官搜刮民脂民膏，鱼肉乡民，欺压百姓。

　　我在明朝大儒者陈白沙的故居看到明朝有一个皇帝写给地方官员的训示，这个训示很简单，16个字："尔俸尔禄，民膏民脂，下民易虐，上天难欺。"意即你的俸禄都是老百姓的膏血，你就不要怀着进一步的攫取之心纵容你的贪欲，继续鱼肉乡民，欺压百姓，不要以为这些老百姓愚蠢，看不出你怎样欺压他们，老百姓欺虐起来容易，但是你所有的行为都在上天的监控之下。中国传统道教在劝人为善时经常讲类似的话题，中国传统道教有一句话叫"举头三尺皆神灵"，抬起头来看看，三尺之上，满天飞的都是神灵。你要做坏事，你以为神不知鬼不觉，神知道，你逃不掉，早晚有一天你要受到责罚，天底下的资源都是公共的。

　　很多人的贪欲也是由于对异性的迷恋造成的，借助西方心理学家弗洛伊德的观点，这是潜意识的一种本我的、内在的冲动，一种沸腾的、无序的、燃烧的激情，在这种沸腾的、无序的、燃烧的激情和本有的满足欲望的驱动之下，就想把天下的美女都放在自己的床头上。"家花不如野花香"，换一个角度思考问题，欣赏她不比占有她更具有审美的感觉吗？而且美女不仅是你的生活资源，也是宇宙的生态，也是我们人类社会的生态，她作为一种生态也是一种风景，但是都让你给攫取了，不是垄断资源吗？你不是破坏生态平衡吗？

　　孟子曾经劝梁惠王实行仁政，做善事，梁惠王说不行，"寡人有疾，寡人好财"。孟子说这不打紧，"与天下共之"，把你的钱财给天下共同分享。梁惠王说那也不行，"寡人有疾，寡人好货"，我还喜欢金银珠宝、珍珠玛瑙。孟子说这也不要紧，与天下共之。梁惠王说还是做不到，为什么？他说"寡人有疾，寡人好色"。孟子说这也不要紧，这不能跟天下共之了，但是孟子提出一个原则——要使"内无怨女，外无旷夫"（宫廷里没有怨女，都城以外没有光棍汉）。美女全让你一个人招去了，天下的普通百姓连老婆都没有，这就不行。这也是人类自己的社会生态，不能因为你贪欲心强，而垄断这些资源。

　　中国人在古代对宇宙万物是有情怀的，现在的情况就不一样，我们过去对自然界抱有的美好的、善良的情感已经丧失得差不多了，但今天很庆幸的是，大家对这个问题已经有了自觉的意识。宋代的大儒张载曾经说，"民吾同胞，物吾与也"（天下的百姓都是我的同胞，世间的万物不仅是我的财产资源，也是与我共生在一个链条上的共生体的资源）。我们要怀有"民吾同胞，物吾与也"的情怀来看待苍生百姓和宇宙间的万事万物，这样我们才能重新理解宇宙。

人类是理性的动物，自然不可能不沾染上人类的痕迹，人类会干预自然，这种干预是一种扶助式的干预还是毁灭性的干预，要看人类自己的选择。西方的思想家和中国的古人一样都意识到这个问题的严重性。比如，俄罗斯著名的宗教哲学家索罗维尔耶夫等提出，人要与自然和谐共处，索罗维尔耶夫甚至认为耕种土地都不应该仅仅是为了我们自己获得粮食，而是帮助土地进行自我料理，使它有能力、有机会恢复生机，是土地的再生，这才叫真正的宇宙情怀。它不仅仅站在自身、国家、人类的角度看待问题，这是一份宇宙的责任，是一种崇高的精神。

人类从开始受害于自然，自然侵袭我们，然后到受益于自然，再到今天自然受害于我们，接下去是自然毁灭在我们的手上。是连同我们对于自然的毁灭一起，把我们自己毁灭掉，还是我们让自己在自然恢复生机的过程中获得凤凰涅槃一样的再生，这是对人类最艰难的考验。考验成功了，人类就将是伟大的。即便有一天（也许这是必然的），人类从地球上消失，由于你对宇宙报有一种真挚的同情和关怀，而不仅仅是把它当作敌对的对象去征服，也不是仅仅把它当作自己的生存资源去索取，你怀有对宇宙真诚的爱，那么人类的名字就会写在宇宙的发展史上，与宇宙同在。这种高尚、这种伟大不是人类历史上某一个伟大的人物、某一个伟大的事件甚至某一段伟大的历史、某一个伟大的民族所能比的，这是更进一步的伟大，也许我们现在的人类还没有意识到这种伟大，因为我们所谓的伟大目光只限定在人的类别上。总有一天，当我们对宇宙付出的这种爱，使宇宙没有因为人的发展而受到毁灭性打击而再生的时候，如果人类灭亡，人类的光荣将被写在宇宙的发展史上。

《尚书·太甲》中说："天作孽，犹可违。自作孽，不可逭。"孟子引用后称"天作孽，犹可违。自作孽，不可活"。现在这句话又变为"天作孽，犹可恕。自作孽，不可活"。如果是自然本身发生的变化，那么我们还有药可救，如果是因为我们人类对于自然的破坏造成的严重失衡，而不能回转，慢慢地自然走向萎靡不振，从而导致人类毁灭，就再也没有可拯救的了。这就是《尚书·太甲》和孟子给人们的启示。

中国的儒家和道家表达了对宇宙最终极的关怀，这是中国人早期的崇高和伟大，我们应该保持和发扬这种崇高和伟大，以对祖先有一种交代和对祖先文化遗产的继承、发扬，获得属于我们这一代的光荣。

沿着低碳之路走向生态文明

王景福

王景福

高级工程师，水利部发展研究
中心副主任、国家环保部中国
生态文明研究与促进会筹备领
导小组成员兼办公室副主任。
国务院三峡工程质量专家组生
态环境组专家。

"低碳"发展的问题，已经引起了我们国家从上到下高度的重
视。而生态文明是我们党的十七大报告第一次提出来的，现在中央对
生态文明建设非常重视。低碳经济和生态文明有着内在的联系。用一
个形象的说法，低碳经济和生态文明是"父子关系"，生态文明包括
低碳经济。据我研究，生态文明有三大战略支撑点，即"高、和、
低"。"高"指高尚的生态道德文化，"和"是体现社会公平正义的和
谐的社会政治制度，"低"是低碳的发展道路。

为了大家好记，我理出了一个相当于密码的手机号码——

13538341333。"135"指的是对低碳经济和对生态文明的理解。生态文明，中央提出来以后，没有一个固定的定义，但是学术界对它有说法：一句话、三句话、五句话的都有。

一句话的定义来自中央编译局副局长俞可平，他说生态文明就是人们在改造自然造福自身的过程中，为了使人与自然和谐所作出的一切努力和取得的一切成果的总和。

三句话是领导干部经常讲的：人与自然和谐、发展与环境双赢、时间与空间公平。时间指的是代际，是我们这一代人的发展不能破坏下一代的发展；空间指的是国际或者是地区之间，一个地方的发展不能破坏另一个地方的发展。

五句话指的是北京大学著名教授叶文虎对可持续发展的定义——"一高二低三共赢"。一高，就是物质生产水平要高；两低，就是资源消耗水平和环境污染水平要低；三共赢，从生产上讲，物质生产、环境生产和人口生产要共赢；从群体上讲，政府、企业和公众要共赢；从效率上讲，社会、经济和生态要共赢。

归纳起来，就是"生态化社会"，用生态的理念来统率我们的政治经济和文化生活，这就是生态文明。

低碳经济也有很多定义，我归纳为"节能、减排、增汇与经济社会发展共赢的一种发展方式"。"增汇"就是增加二氧化碳的碳汇，碳汇是把二氧化碳固定在土壤中和植物体内。节能减排、增加碳汇，不会影响经济社会发展，还会促进经济社会发展，这种发展方式就叫低碳经济。

"3"是指三对关系。比如文明有政治文明、物质文明、精神文明，过去有原始文明、农耕文明和工业文明，现在又提生态文明，建设有"两型社会"建设、小康社会建设，等等。这些文明、建设和生态文明之间的关系可归纳为"长、宽、高"不一样。

"长"，是指生态文明建设的时间维度要比小康社会、"两型社会"长。小康社会到2020年就要建成，但要建成生态文明社会，到共产主义社会还差不多。

"宽"，是生态文明和政治文明、物质文明和精神文明来比较。它们的关系相当于"皮"和"毛"的关系，政治文明、物质文明和精神文明相当于"毛"，而生态文明相当于"皮"，如果生态文明没有了，前几个文明都不会存在。

"高"，是和原始文明、农耕文明和工业文明比较，生态文明要比它们高。从生产方式看，原始文明就是从大自然里索取，然后消费，消费以后就抛弃；到了农耕文明，索取以后要加工，加工以后再消费，消费以后再抛弃；工业文明是索取、加工、流通、消费再抛弃；而生态文明的生产方式是环形的，是索取、加工、流通、消费，消费以后兵分两路，一路是把我们用过的废弃物，如果还可以资源化，再进入加工、流通、消费，不能用的作无害化处理以后排放出去。从生产主导要素来讲，原始文明的生产主导要素是劳动力；农耕文明是劳动力加土地；工业文明要有劳动力、土地、资本、技术和信息；而到了生态文明，就需要在工业文明的所有生产主导要素环节用生态化来统领。无论是从生产方式还是生产的主导要素，生态文明都要比原始文明、农耕文明和工业文明高。

八 大 乱 象

为什么要发展低碳经济、建设生态文明？因为我们国家有一个高碳经济的特殊现象，可归纳为8341。"8"指的是我们现在高碳经济带来的生态环境方面的八大乱象——气浊、水脏、林疏、草浅、地荒、种稀、肾虚、土污。"气浊"是指大气污染，"水脏"是指水污染，"林疏"是指森林生态功能低下，"草浅"是指草原生态遭到破坏，"地荒"是指土地荒漠化，"种稀"是指生物多样性锐减，"肾虚"是指湿地（地球之肾）功能退化，"土污"是指严重的土壤污染。

气浊。我上班的办公室旁边，有一个大气质量指示牌。三年多来，我每天上班的时候，就会到指示牌那儿看，去测验自己预报北京大气质量的能力，几年下来，我不看那个牌子，就可以预测北京的大气质量。晴空万里、阳光灿烂、没有一丝云彩，同时还有微风徐徐的时候，大气质量是二级，良；如果有一点云彩，又没有风，就是三级，三级就有轻度污染。这三年多我看到的绝大多数是二级以上，三级、四级比较多，五级也不少见，但是我很少看到一级。经过治理，北京的大气质量优良天数全年达到 208 天，2009 年是 285 天。

65% 的城市人常年生活在中度和重度污染的大气环境之中。2005 年，原来的国家环保总局曾经在全国 522 个城市进行过大气质量检测，结果发现能达到大气质量一级标准的城市只占 4.2%，二级的占 56.1%，超过三级（中度和重度污染）的占 39.7%。

我们还有更严重的问题，就是酸雨。中华大地有三分之一的国土在酸雨的笼罩之下。酸雨的酸度比醋的酸度都高。美国和加拿大交界的地方很多原始森林成片成片都死了，加拿大自然资源部的官员说是美国的酸雨把森林破坏了。酸雨落到水里，鱼死，落到土壤里，增加土壤的酸度，最后危害到人体。

水脏。我们国家的水有四个特点——"多""少""浑""脏"。"多"指洪水；"少"指缺水、干旱；"浑"指水土流失，如黄河、长江中下游；"脏"指水污染。

我们国家水资源人均占有量很少，人均 2200 立方米，相当于世界平均水平的四分之一，但由于我们的水污染和水土流失很严重，也加剧了水资源的短缺。比如，黄河每年水土流失淤积到河床的泥沙达 16 亿吨。水脏现象就更严重了，现在总体的态势是：南方有水皆污，北方有河皆干。由于有了这么多污水，很多地方出现了水质性缺水，守在水边没水喝。我随领导在山东研究生态文明的时候，住在济南的南郊宾馆，吃饭时无意中看见墙上有一个书法家写了一个条幅，是朱熹的诗："半亩方塘一鉴开，天光云影共徘徊。问渠哪得清如许？为有源头活水来。"我看了以后，改了几个字，就能说明我们现在的水环境状况："半江黑团一线开，天昏云暗共徘徊。问渠哪得浊如许，为有源头污水来。"

林疏。大家为什么都喜欢到林子里旅游？为什么城市的周边都要搞一些森林公园？因为森林有三种功能，即"三理"：物理、生理和心理。物理功能，指的是它可以提供林副产品，如木材，这是从林学意义上讲；生理功能，从生态功能上讲，它能防风固沙、涵养水源、固定碳；心理功能，从美学意义上讲，如旅游、环境美、创作等。

我印象中的大兴安岭就是杨子荣打虎上山时的林海雪原。结果最近陪领导到大兴安岭一看，大兴安岭已经没有那种树了，长了几十年的树跟我的胳膊差不多，因为它一年只有80多天的生长期。原来的林子绝大部分被砍掉了，还有一部分当年大兴安岭失火的时候烧掉了。

我们国家在远古时代的森林覆盖率是49%，包括黄土高原都是郁郁葱葱的森林，但是到了清初只有26%，到了抗日战争前夕只剩下8.19%。第六次森林资源普查的结果，现在是20.36%，大家看着很高兴，实际上，这20.36%质量很低，表现在"一低三单一"。"一低"，是指人均占有水平低，我们国家人均森林覆盖率只相当于世界人均水平的四分之一，人均森林蓄积量相当于七分之一；"三单一"是指林种单一、林相单一、林龄单一。林种单一，就是指一个品种；林相单一，就是指一个高度；林龄单一，就是指一个年龄。一片松树同一年栽的，一样高、一样大、一样粗、一个品种，一片杨树也一样，看着很壮观，行、列整齐，但是从生态学上讲，它抵抗病虫害的能力很弱。在20.36%的覆盖率中，天然林只占到14%，剩下全是人工的。所以森林的生态功能有限，碳汇功能更有限。有测算说，中国的森林覆盖率如果提高一个百分点，可以吸收固定二氧化碳0.6亿~7.1亿吨。

草浅。我国的草原面积在全世界占第二，它占了我们国土面积的41.7%。草原也是固定二氧化碳的一个很重要的生态系统。但是，现在我们的草原严重退化，20世纪60年代是按1%的比例退化，80年代是按33%（三分之一）退化，到了90年代以后就是以90%的速度退化。内蒙古草原是我国最大的草场，这个地方现在退化、沙化非常严重。为什么会出现这种情况？为了提高畜牧业的产量，大量扩大牛羊的蓄养，现在消费也多，吃牛肉、喝牛奶、吃羊肉，都要从草原里来。现在内蒙古许多的草场超负荷率达到50%，严重的是120%，最严重的是 300%。过去"风吹草低见牛羊",现在是"老鼠跑过见脊梁"。因为它的草浅了,过去的草原平均草高是 70 厘米,现在是 25 厘米。青海的柴达木盆地是我们国家的"聚宝盆",柴达木盆地有些草原上的牛羊,嘴唇厚厚的或是磨烂了,因为草越来越浅,它们要把嘴贴到地上啃草根,久而久之都变成了厚嘴唇、烂嘴唇。

地荒。土地荒漠化被称为地球的杀手。全球 60 亿人中,有 10 亿人受到土地荒漠化的危害。我们国家的土地荒漠化占整个国土面积的 27.46%,沙化占国土面积的 18.1%,水土流失占国土面积的 37.42%。简单来说,我们国家每年的沙化、水土流失的面积加起来就要消失一个中等县。日本的国土面积小,人均可用地更少,但按照人均适宜的居住和生产用地面积,我们和日本是一样的。但是,我们浪费得更严重! 1990 ~ 2005 年,15 年间我们国家每年占用的耕地是 1000 多万亩。中央为什么现在提出来要守住 18 亿亩耕地的红线? 就是因为我们现在离这个红线很近,只有 18.2 亿亩了。况且,现有的耕地还存在三少:人均少,只有 1.2 亩;优质耕地少;后备资源少,将来可以用来开垦的荒地也很少。

前些年沙尘暴非常严重的时候,当时总理就带着一帮子部长从北京出发,去找沙尘暴从哪儿来的,结果发现不全是从河北来,而是从内蒙古的阿拉善盟,就是我们过去"风吹草低见牛羊"的地方。那个地方为什么现在到了这种程度? 有两个方面的原因:一是草原上放牧过载,二是黑河截流断水。黑河,从青海的祁连山发源,流经青海、甘肃,最后到内蒙古,包括甘肃的张掖、酒泉都是在这条河河边上。本来这条河河水很好,流到内蒙古阿拉善后,草原上草肥水美。但是,由于甘肃的张掖地区被我们列为十大商品粮基地,为了扩大粮食产量,把水引走了,截流了,到不了内蒙古。原来内蒙古的阿拉善盟有两个大的湖,草原上把湖不叫"湖",叫"海",东边一个居延海,西边一个居延海,原来都是碧波荡漾。但是,到了 20 世纪 60 年代,一个居延海干了;90 年代,另一个居延海也干了。海都干了,那草原上肯定就没水了,再加上过载,所以那一片都变成荒漠。西伯利亚的风一吹，然后大风就扬起沙尘，一路过关斩将到了北京。最后中央下决心治理，从源头来，让甘肃的张掖调整产业结构，不要种那么多水稻，把水节约出来，然后再流到内蒙古去，把东西居延海充上水，恢复草原的生态。沙尘暴看着好像是从天而降，实际上都是从地上起来的。

种稀。很多同志在听到生物多样性的时候，觉得那是生态学专家研究的专业，事实上不是。例如，袁隆平的高产杂交水稻解决了中国的大部分粮食问题，但是，袁隆平为什么有那么大的本事？是因为当时他发现了一种野生的稻种，如果当初我们把生物多样性都破坏了、把野生物种都干掉了，袁隆平再有本事也不能培育出杂交水稻。

现在全球有1000多种高等动物濒临灭绝，有25000种有花植物濒临灭亡。在全球646种濒危的动物中，中国占了156种；全球野生动物的灭亡速度是10%～15%，中国的灭亡速度是15%～20%。

肾虚。湿地占全球面积的6%，但它保护了全球20%的生物，而且湿地生物也有碳汇功能。现在的湿地破坏得很严重。新中国成立初期全国的湿地是9.86亿亩，2004年只有5.7亿亩，40%湿地退化。湿地是维持地球水热平衡的，相当于人的肾，把湿地功能破坏以后，也就相当于人得了尿毒症。

土污。现在的18亿亩耕地，有2亿亩耕地受到了土壤污染，其中五分之一是重金属污染。土壤污染比水污染、大气污染问题还严重。大气污染来一阵风就吹走了，水污染流动得快，可是土壤污染循环得非常慢，一块地的土壤如果被重金属污染以后，至少需要200年才能净化。这些重金属在土壤里被植物的根系吸收，然后进入作物的根茎叶和花果里。污染后，我们吃的水果、粮食、蔬菜，都可能有重金属。这些重金属吃到身体里，会遗传给下一代以至下几代。

城里人爱干净，都把工业污染、生活垃圾堆到城乡结合部。城乡结合部很多地方的农田里流的水都是黑的。农村人当然是首当其冲，但他们种的粮食都卖给城里人了，种的水果也让城里人吃了。凡是有生态意识、环保意识、食品安全意识的农民，他卖的和吃的水果和粮食是两个品种、两个地方种的。但是，真正受伤害的农民也不少。由于"三高两资"污染企业在产业结构转移的过程中，有的从发达地区逐鹿中原、有的挺进西部、有的上山下乡，结果造成现在农村的环境是"垃圾靠风刮，污水靠蒸发"，这就是土壤污染带来的问题。

三大趋势，四大危害

第一，高碳经济带来的生态危机是全局性的、整体性的，而不是局部的；第二，这种危机的发展趋势是加剧的，而不是减缓的；第三，这种危机带来的后果是越来越严重的，而不是减弱的。

由此就形成了四个危害：经济、社会、民生、国际。经济上丢票子，民生上伤身子，社会上惹乱子，国际上失面子。

经济方面。我们国家一年由于生态环境问题带来的损失是多少？按货币计算是1万亿元！如果按占GDP比重算，全球占GDP的8%～12%，我们占到10%。比如干旱、发大水，在"十五"期间我们的损失是每年1000亿美金，每年平均1.6亿人次受灾，每年死亡1510人。

社会方面。我在四川省的绵阳市挂过两年副市长，当时要求市长接访，有一次轮到我接访的时候，遇到一个现在也忘不了、经常做噩梦的事。那一天接访室突然进来一个中年妇女，她进来以后就往地上一跪，我把她拉起来后，她开始从身边的编织袋里往外掏东西。先掏出两瓶水，这两瓶水的颜色截然不同，一瓶清水，一瓶她告诉我是她浇地和生活用的水，是浑的、脏的；再拿出两袋粮食，一袋是花生、一袋是玉米，这是当地的主产。她告诉我，这是他们家用这个水种的粮食，他们就吃这个。然后再拿出两幅照片，一个照片带黑框，是她中年的丈夫得了癌症去世以后的遗像；一个是她十五六岁上中学的儿子，因为吃了这个水、吃了这个粮食以后，全身溃烂躺在床上的照片。我们后来了解到，她家旁边有一个电解铝厂，常年排污，排放的污水直接流到地里和河里，周边的老百姓也不止她这一家遭罪。然后我们下了决心把这个厂处理了。这是一个个案，但是大家不要以为它就发生在一个地方。实际上，全国现在每年的信访案件里，30%多都是环境案件，而且每年还以30%多的速度在增长。1995年全国的环境信访案件是8700件，到了2005年就是87000件！很多地方的群体性事件，其实就是群众自发的环境维权。

民生方面。人类的肿瘤病例80%～85%是化学品的危害带来的。比如装修得很豪华，很高碳，但是甲醛的含量很高，如果老人和孩子搬进去住，不久白血病就有可能出现。为什么铅中毒的多呢？因为城市的空气中含有大量汽车尾气，北京的大气污染75%是汽车尾气带来的。空气里的含铅量在1.5米的高度浓度最大，这个高度正好是儿童的呼吸带。中国人素以爱孩子著称，但我们的所作所为恰恰是在小的地方溺爱了孩子，在大的地方害惨了孩子。现在全国有2000多家农药厂，一年生产的各种农药制剂150万吨，加之使用过量，以致大量有毒性的物质进入了土壤，通过食物链转移到茶叶、蔬菜、鸡蛋、奶、肉，最后到了人体。世界卫生组织有一个研究，在2005年以后的10年中，我国将有8000万人死于慢性病。

国际方面。现在国际上谈判，一说到气候问题，我们都会被国际上一些国家责难，就是因为我们的排放量比较大。像美国小布什总统，他不签订《京都议定书》，他就找一个理由，说中国也是排放大国，为什么你不签？因为谈判的时候，讲的是"共同但有区别的责任"，大家都有责任，但是有区别。因为发达国家在发展工业化的过程中，200年间排放了大量的二氧化碳，所以要承担历史责任。欠发达国家现在排放得多，历史排放少。所以，我们就讲两条：第一条是历史排放；第二条是人均排放，这就叫共同但有区别的责任。

如果只是面子问题还好办，还会伤"里子"。因为我们国家的高碳主要是消耗能源，高碳经济的特征主要表现在"三高一低"，可是我们国家是个能源紧缺的国家。2009年我们的石油进口是1.89亿吨，自产了1.88亿吨，从2009年开始我们的石油进口超过了50%。国际战略家研究，一个国家石油进口绝对不能超过50%，最好保持在 30% 以内。因为石油是战略物资，一旦超过 50%，脖子就被别人卡住了。

一声叹息，"高""和""低"

八大乱象、三大趋势、四大危害最后带来一声叹息，什么叹息？十七大报告有一句话："经济发展的资源环境代价过大！"这句话包含着很深很深的含意。为了解决这个问题，政府有针对性地提出"建设生态文明"。

在"十一五"规划开始的时候，有关部门曾经有一个总结，说我们国家在"十五"期间定了五大类 40 项指标，36 项都完成了，只有 4 项没有完成，这就是污染物的控制量、耕地的保有量、投入研发比、高中入学率。污染物的控制量是最重要的环境指标，耕地保有量是最重要的资源指标，投入研发比是最重要的科技指标，高中入学率是很重要的教育指标。

那么，如何沿着低碳之路走向生态文明？这就是"333"：建设生态文明要有三大战略支撑点，发展低碳经济要着力消除高碳经济的"三高一低"，实现中国政府对国际社会的三大承诺。

要建设生态文明，必须在三个地方着力："高""和""低"。

"高"，高尚的生态道德、文化水平。全民族的生态道德、文化水平要提高。一种社会现象，如果被这个社会的道德文化层面所允许、所接纳，这就形成了固定的态势，扭转起来就很难了。我看过一个材料，有个调查问卷问："你认为发展经济重要还是生态环境重要？"93% 以上的地厅级干部的答卷是发展经济重要，93% 的老百姓的答卷认为生态环境重要。有些领导干部的生态环境意识还没有老百姓强。所以，生态文明是一个长期的过程，就是把"经济人"改良为"生态人"，务必在发展经济的过程中不要忘记保护环境。

"和"，体现公平正义的和谐的社会政治制度。首先，法律上，我们的很多环境法规不健全，以至于人们有法不依、执法不严，法律有漏洞。其次，政策上，比如，干部考核如果按照 GDP 来考核，地方官都会去搞 GDP，不会注重环境保护；如果按照绿色 GDP 考核，考核经济发展的成绩时，把破坏环境这一块剔除，很多地方就不是现在这种发展方式了。有个省测算了一下，如果用绿色 GDP 的算法算它的 GDP，它的 GDP 就要缩水 8%，增长速度就下来了，有的甚至拉平了。这就和我们的考核制度有关系。所以"考核是个指挥棒，挥向哪里哪里亮"。

"低"。低碳经济是解决环境问题的一种好方法。为什么要低碳？这是因为我们国家的高碳特征特别明显，一粗一重，"粗"是指生产方式，就是"三高一低"，高投入、高消耗、高污染、低效益；"重"指产业结构，重化工比重太大。

高投入。我们国家 GDP 中资本投入占 42%，比美国、德国、日本高 20 个百分点。

高消耗。能源资源非常紧张。比如石油，我们人均占有量只占世界平均水平的 11%，天然气占 4.5%，煤炭占 79%，但是消耗，除了石油以外，我们都是世界第一大国。

高排放。不管是大气还是水，排放率都很高，也都在世界前列。

低效益。我们国家的能源利用效率是 33%，比世界平均水平还低 10 个百分点。比如，我们 1 吨煤的产出只相当于美国的 28.6%、欧盟的 18.2%、日本的 10.3%。我们称之为加工制造业大国，但是我们第二产业的劳动生产率只相当于美国的 1/30、日本的 1/18、德国的 1/16、法国的 1/12、韩国的 1/7，效率很低。

产业结构中的"重"表现得更明显。发达国家之所以发达，是因为它以农业为主的第一产业比重只占 1%，第二产业一般约 20%，第三产业约 70%，美国曾经达到 78%。我们国家 2009 年第一产业是 10.6%，第二产业是 46.8%，第三产业是 42.6%。我们的产业结构中第二产业占有很大比重，在第二产业里重化工又占了很大比重，我们国家能源、资源的 70% 是被第二产业消耗的，而重化工又消耗了这 70% 的 70%，也就是说，我国能源资源的一半是被重化工干掉了。

重化工的发展很有必要，可是生产方式如果是"三高一低"，必然带来高排放、高污染，如果用的是清洁生产、循环经济的方法，就好得多。

所以，低碳经济的发展，首先发展的是低碳产业，低碳产业最根本的问题是解决产业结构和发展方式问题。为什么转变发展方式？我们既要给过重的产业结构"减肥"，又要给脏兮兮的生产方式"美容"，用清洁生产、循环经济的方法。比较成功的例子是北京，它的第三产业比重占70%，达到了发达国家的水平，不仅第三产业的产值占整个产业结构的70%，而且第三产业中现代服务业又占第三产业的70%，在第三产业就业的工作人员占整个劳动力的70%。

河南的鹤壁市是全国循环经济试点，这个地方在黄河流域，水资源比较短缺，过去环境污染很严重，因为它是个煤炭城市。20多年前我去的时候脏兮兮的，现在去一看，整个煤炭挖出来以后是见不到煤的，要么发电了、要么加工了，然后煤渣也制成砖头了，矿井里的废水经过处理以后用作工业循环用水，煤在燃烧过程中产生的热气用到城市供暖了。在鹤壁市的循环工业区，厂子一个挨一个，这一家用过的废料就是那一家的原料。大气质量的优良天数能达到一年335天，过境水的水质能达到100%不污染，凡是经过鹤壁的水，排出去的水质都是达标的。全国的形势就差远了，25%的山区地下水，54%的平原地下水，90%的城市过境水全是污染的，水过城市90%都要污染。它的环境好了，是不是经济发展就受影响了？不是，鹤壁市的工业发展速度在河南省是第一，而且鹤壁市又是省里和全国的环境模范城市。无论是煤炭、钢铁还是发电，全是重化工、全是高耗能，但是人家的环境就很好。这和发展理念、操作手段有关系，归根到底与政府的责任心有关系。

从产业结构上解决这个问题，大的方面还要考虑到国家的宏观结构。现在经常讲调整结构，实际上是三个结构：空间结构、产业结构、企业结构。空间结构就是我们国家现在做了主体功能区规划，划定了限制开发区、重点开发区、优化开发区、禁止开发区。在不能开发的地方是不允许开发的；可以开发的，可以铆足劲儿开发；但是在青海的三江源地区，绝对限制开发，有资源也不能用，有企业也不能发展。产业结构就是一、二、三产业调整优化问题，要大力发展第三产业，特别是现代服务业。企业结构就是对企业进行组织结构调整，上品牌、上规模，提倡循环经济。

要发展低碳经济，还涉及城市的布局。我们现在必须发展紧凑型的城市，因为耕地资源有限。

城市的交通问题。我们现在公交车的分担率很低，全国平均也就是10%，特大城市20%，像发达国家的很多地方是40%～60%。现在公交车在城市里每小时走10公里，自行车是12公里，小汽车是20公里，公交车还不如自行车呢。要优先发展公交，通过一定的政策手段限制私家车，这就是低碳的城市交通。

当然还包括建筑。现在的建筑很多是高碳建筑，已有的建筑中，能够符合低碳要求的只有3%，过去的建筑也就是5%，所以改造低碳建筑也很重要。还有低碳能源，要发展绿色能源。

低碳之路有没有路标呢？有！胡锦涛主席和温家宝总理在全球峰会和哥本哈根会议上，代表中国政府郑重承诺了我们低碳发展的目标：第一，到2020年，要在2005年的基础上让单位GDP二氧化碳排放强度减少40%～45%；第二，到2020年，清洁能源要占到一次能源比例的15%；第三，到2020年，要在2005年的基础上使我国的森林面积新增4000万公顷，蓄积量增加13亿立方。为此要发展低碳经济、绿色经济和循环经济，研发、推广气候友好型技术。

调整结构、转变方式、清洁能源，都是为了节能减排；提高森林的覆盖率和蓄积量，实际上都是为了增加碳汇。所有这一切，说到底都是在发展低碳经济，建设生态文明国家。

而要发展低碳经济，就要切实解决制度安排和技术创新以及市场运作问题。发展低碳经济不能全部靠政府，政府可以引导，但市场的作用、全民的参与也很重要。

我们国家有一个设想，准备在全国建立碳平衡账户。如果这个地方二氧化碳排放量高了，可能是产业结构调整或减排措施不到位，那指标就要用超了；另一个地方产业结构调得好或是比较注重碳减排，就出现了指标富余。国际上也是这样，将来全球要有一个统一的标准。比如，按照26%的排放份额给中国，到时候也就是允许我们排放104亿吨；按照现行的发展方式，届时可能要排放151亿吨，这样就会出现47亿吨的缺口。你减排不成就要买，按芝加哥碳交易所的单价，以一吨30美金去买，需要花1410亿美元，相当于1万亿元人民币。

现在，美国与很多发达国家的政府提出要征收碳关税。一征收碳关税，就把产品的价格提高了，就没有竞争力了。我们国内也会作出反应：咱们自己征收，在国内也会把产品价格提高。不论是它们还是我们自己征碳关税，碳排放高的行业、产品终究会被淘汰。所以现在的碳交易、碳市场、碳金融如火如荼。

节能减排仅靠现在的方式不行，必须依靠市场机制。国务院2010年4月2日发布了一个加强合同能源管理的意见，简单来说，就是由合同能源管理公司拿钱帮你搞节能，不让你投资，节能获得了效益再分成。这将会催生一批大节能服务企业，这才是节能减排发展的方向。估计这个市场将来的潜力是4万亿人民币！

低碳生活与公众参与

何 平

何 平

美国威斯康星大学土木环境工程系博士，国际中国环境基金会总裁、全国政协海外特邀代表。曾先后5次主持了"国际中国民间环境组织合作论坛"，并组织培训了300多家环境民间组织和200多家大学生环保组织。

从 1880 年到 1980 年，一百年来地球的平均气温都是在以较小的幅度变动，从 1980 年到现在，地球的平均气温有一个很强的直线上升趋势，特别是 2010 年更高。所以全球气温上升已经是个不争的事实。冰川在缩减，北极海冰在消失，从 1992 年到 2007 年，格陵兰岛表面30%的冰雪都融化了，海平面也正在上升，环境的模式在改变，台风等一些气候现象也在改变。挪威有的山川曾经一直是冰雪覆盖的，现在有很多裸露的岩石。南极有的大冰山在逐步融化。喜马拉雅山变化也很明显，同一个地方 1968 年是冰峰的一个场景，到 2007 年白雪皑皑的景象已经不复存在了，变成了裸露的山坡。

这些变化已经引起了一些灾害，所有地方的洪水灾害都在增加。我们国家 2010 年的洪水比 2009 年要严重，2009 年要比 2008 年更严重。在过去 30 年中，美国西部的野火增加了四成；东亚季风的减弱造成了从南向北的湿度减弱，使得中国南方洪灾增多，而北方则是旱灾增多。2007 年南方的雪灾就是个例子，因为季风减弱，潮气带不到北方去，留在南方，造成冰雪天气，而我们的基础设施不适应这种气候，电网、农作物受到的损失很严重。另外，气候变化还导致人过早死亡，如欧洲高温引起的过早死亡人数每年都在增加。如果持续下去，到 2050 年平均地表增温可能将会达到 2 度（现在是 0.8 ~ 1 度），如果这个趋势在 2 度左右，2100 年将达到 4 度，这意味着所有的珊瑚礁都会死亡，格陵兰岛和北极冰川全部融化，海平面上升 3 ~ 4 米，全球性的农作物产量锐减，自然灾害会加剧。这个趋势是非常让人担忧的。

我们能做什么呢？

第一，减缓，降低人类活动引起气候变化的速度和程度。根据 2007 年联合国政府气候变化委员会专家的评估，人类活动在 90% 的程度上是造成气候升温的原因。

第二，如果不能减缓，因为二氧化碳排放到空气中，一般有 30 年的过程才能够消失掉，所以温度会一直增加，有没有办法把它减下来呢？我们还可通过相应的措施，做些准备，减少气候变化对人类发展的不利影响。

我们有很多种适应方式。例如，第一，气候变化会对农作物产生影响，如果我们能够找到一些适合于温度偏高的物种，我们的农作物就不会减产，这是一个适应的方法。第二，由于气温的升高，可能有一些疾病从南方移到北方，从公共卫生的角度我们要作一些预防。第三，增强防洪抗旱的能力。第四，限制平原和海平面附近洪水的进一步发展。所以以后深圳建房要考虑到海拔高度，因为海拔低于一定高度的话，十年或二十年后就有可能被淹掉。而且不单是民居，还有工业发展的建筑，比如在长江附近建一个开发区，这实际上是一种不合理的发展模式，没有考虑到气候变化的影响。第五个适应方式是发展更完善的大型灾害应对和救助计划，一旦灾害过来要能够及时响应，怎样救助、怎样恢复，政府应该在这方面做一些更完善的准备。

我们可以采取很多措施减少能源消耗所引起的温室气体排放。碳的排放主要是通过化石能源，煤、石油和天然气的燃烧引起的排放。所以，第一，要减少能源消耗所引起的气体排放。第二，种植更多的树，因为树吸收二氧化碳，而且能够释放氧气，使空气新鲜。第三，改变农耕习惯，从而减少气体排放。因为施肥含有很多甲烷，这是一种温室气体，少用化肥能够减少温室效应。第四，通过大气处理技术来净化温室气体，即通过一种物理方法把二氧化碳从空气里提出来然后埋到地下去。这种物理方式技术还不成熟，所以现在还没有一个很好的技术方法来净化温室气体。

如 何 减 碳

当前，我们仍面临着很多矛盾。

第一，二氧化碳总排放的四分之三来自于煤、石油、天然气的燃烧，但煤、石油、天然气是我们现在生活的基础能源，没有煤、没有石油、没有天然气我们就生活不下去，要减少使用可能对我们的生活有影响，这是第一个矛盾。

2006年，60%的碳排放来自工业化国家，但是到了2015年，发展中国家将会超过这个比例。原来一直在说西方国家是碳排放的罪魁祸首，西方要负责任，但是中国2009年已经超过美国成为第一大二氧化碳排放国家。所以我们不能老把责任推到西方去，中国也要负起相应的责任来，这是第二个现状。

第三，采伐森林可能会继续。中国对采伐森林有很严格的限制，像天然林保护禁令以及对造林的重视，我们的森林面积、绿地面积在增加，但是在南美、东南亚这些国家，由于人口的压力、经济的压力，继续在砍伐森林，用于种植一些经济作物。

第四，全球能源系统不可能很快改变。因为我们刚刚建立了一个西气东输的管道，这个管道刚刚建成，至少也有 20 年的使用寿命，如果刚建成就要低碳环保把管道废掉是不可能的。而且我们的电能供应系统不会很快改变，煤的铁路运输是从山西、内蒙古过来，这种铁路系统、运输系统等都是不可能马上改变的，我们的炼油厂、化工厂都是与煤、石油有关系的，这种系统也不可能很快改变。这是减缓气候变暖的现状与矛盾，实际上是一种挑战。

碳的总排放与人口等因素有关。第一，人口越多，碳的排放量就越多。第二，GDP 增加，碳的排放也会增加，因为 GDP 需要烧煤、需要用电、需要开车，人均 GDP 增加，碳的排放量也会增加。第三，单位 GDP 能耗的增加。如果 GDP 是通过一些低能耗的产业来取得的，那么碳排放就比较低，如果 GDP 是通过水泥、冶炼等需要高能耗的产业取得，碳的排放也会很高。第四，能源供应的碳含量。比如，如果是用煤发电，碳排放就很高，如果是用风发电，碳排放就很低，如果能源供应是太阳能，碳排放就更低。

所以碳的总排放量是与人口、单位 GDP、生活生产能力以及单位 GDP 能耗和能源供应的碳含量有关系的，减碳就要从这四方面来着手。

第一，减少人口增长。这方面我们国家做得最好，计划生育政策从 20 世纪 80 年代就开始了。但是有些国家由于宗教或者其他原因，不太注重控制人口，像印度的人口增加就很快。

第二，减少人均 GDP 的增长。这一点发达国家做得到，但是发展中国家做不到，因为发展中国家要发展，就要增加人均 GDP，改善生活。

第三，降低 GDP 的能源消耗。我们政府有一个指标，就是降低单位 GDP 的能耗。我们国家的单位 GDP 能耗基本上是日本的四倍左右，是美国的三倍左右，也高于世界平均水平的两倍。因为我们很多机器设备、工业程序相对比较滞后。因此，我们要提高经济活动的多样性，发展高端的服务业产业，如信息服务业、金融服务业、旅游服务业等等，这些产业都是耗能比较低的。逐步减少传统的制造业。特别是耗能高和影响环境的制造业。服务业在我们国家占 GDP 40% 左右，在美国已经占到 70% 了，GDP 增长主要不靠制造业，这是一种方式。

第四，降低单位能耗里的碳含量。首先，使用可再生能源（风能、电能、生物质能等等）代替石油、煤和天然气的燃烧，这样可以降低能耗里面碳的含量。其次，利用核能替代化石燃料，核能实际上比较昂贵，也有些风险，但它是一种清洁能源，不排放二氧化碳。再次，增加天然气的使用，天然气在传统能源燃烧中二氧化碳排放量是最少的，煤是第一，石油第二，增加天然气的使用也会改善空气质量。最后，收集并净化使用化石燃料而排放的二氧化碳。例如，煤电厂可以建立一个二氧化碳收集的场所，发电的同时不排放二氧化碳，并收集起来埋在地下，埋在海底。

政府的行动

我们政府在减碳方面做了很多努力。第一，在"十一五"规划中制定了一个制约性的指标。"十一五"规划中提出以 20% 的速度提高能源效益，是一个强制性指标。经过四年多的努力，这个目标很快能实现，这也是非常不容易做到的。关掉一些效率很低的工厂、小的发电厂，提高能源效益，这是第一个直接的减碳行动。

第二个行动是开发新能源。像风能，基本上每年都翻一番。2005年美国利用风电的企业大概只有 3 家，制造风电机及其叶片等等，中国大概也就 10 家，但是现在，美国从 3 家升到 5 家，中国的风电企业增加到 200 家。太阳能也一样，中国的太阳能热水器产量世界第一，70% 的太阳能热水器企业在中国，太阳能制造能力中国也是第一，但是中国的太阳能市场不是很大，因为太阳能发电模式还没有推广起来，太阳能发电设备主要还是销往欧美、日本。现在大部分的核能建设都在中国，所以中国在发展新能源方面取得了举世瞩目的成绩，这令美国人很吃惊，欧洲人也很吃惊。

第三，继续推动植树造林。我们有植树节、专门的造林计划。政府一直在鼓励，一直在支持，专款推动植树造林。

第四，调整经济结构。以增加高端服务业来代替传统的制造业高耗能企业，这一方面政府的力度也非常大。

第五，继续控制人口的增长。尽管 20 多年来计划生育取得了很好的成效，但是人口还在增长，计划生育政策还必须继续。

政府在行动，但目前总碳排放量还是在增加，中国的经济确实发展得太快，每年的 GDP 仍然以 8% ~10% 的速度增长。

公 众 参 与

公众参与很重要，因为这是任何政策得以实施的基础。例如，在 1998 年洪灾之后，中国政府提出退耕还林、退湖还田等措施，同时也禁止砍伐天然林。其实中国政府禁止砍伐天然林这个政策在 1992 年就提出来了，但是这个政策执行不下去，山民会说我们是靠山吃山、靠水吃水，我们不砍树怎么活，所以还是要砍树。但是在 1998 年洪水之后，大家觉得一棵树的生态价值比它的经济价值要高得多，整个社会都感觉到树实在是太宝贵了。所以在四川，如果你砍树，马上就有人举报你，公民生态意识提高了很多。

公众参与和公众意识都是非常重要的，好的政策没有公众的参与、支持是很难执行的。1998 年之后，大家对树的生态价值的意识增强了很多，使政府的造林、绿化政策得以很好地实施。

公民参与这么重要，我们每个人怎么参与呢？这里有五个方面。

第一，减少浪费。电大部分是通过烧煤、烧石油来获取的，我们节省用电就是直接减少二氧化碳的排放。家里的灯、电脑、冰箱等电器都是用电的。比如节能灯，政府一直在提倡使用节能灯，我们节约一度电就能够减少 0.4 公斤的煤消耗，能够减少 4 升的水消耗。所以节电就是节煤、节水。还有，"杜绝电器待机，三天节约1度电"。电脑关掉之后，插头要拔掉，这也可以省很多电。

节约水。水资源本来就很少。水从河里到家里要经过很多过程，水要抽到水厂，水厂要经过净化，净化之后通过管道到水塔，处理和运行过程中就已经有了不少能耗。而且用完水之后还要进行污水排放，排放到污水处理厂，污水处理厂要耗电。整个过程是非常耗能的。所以节约了水实际也是节约了电，节约了能源。节水也有很多措施，现在有节水器，减少水的压力，水流稍微慢一点，就能够省很多水，这种智能节水器才几块钱一个，它的使用能够节约很多水和能源。

节约食物。食物都是经过碳排放、经过能源消耗才到餐馆里来的，所以节约食物虽然是一件小事情，但贡献是非常大的。

节约日常用品。人们的衣服、鞋子、玩具、体育用品等，能够再用的就尽量再用，这是我们的传统习惯。因为每一件衣服，从制造、处理都很耗能，棉花生产要耗电；棉花处理完之后变成衣服，又要耗电；衣服运到商店也要耗电，也要耗能，到你穿完之后废物处理也要耗能。所以一件衣服里面包含很多碳排放的因素，所以能够少买一件衣服、穿久一些，就能够减少很多碳排放。所以减少浪费是公民参与减排的第一个活动。

第二，改变生活和消费的方式。现代生活离不开交通工具，开车要烧油，这是一个直接耗能的领域。如果我们都能够做到多步行、多骑自行车、多坐公交少开车，就能够减少能源的使用，减少碳排放。另外，多步行和骑自行车也对我们的身体有好处，因为这是有氧运动。

要多吃素，少吃荤。因为每一种食物里面含碳量都是不一样的，牛羊肉的生产比蔬菜的种植用碳要高得多，牛羊一般都是在内蒙古草原生产出来的。这20年来我们的草原一直在退化，就是因为城市对牛羊肉的需求量不断增加。运输过程中就消耗很多能源，运到商场还要先冰冻起来，冰箱也要耗很多电，我们煮它要烧电、烧煤、烧气等，所以一斤肉从生长到我们餐桌上整个过程耗能是非常大的，碳排放是非常大的。但是蔬菜、水果运输时间比较短，也不需要冰箱来储存，蔬菜煮起来两分钟就好了，肉要半个小时，这就是为什么要少吃荤多吃素能减排，但也不是说一定要做素食主义者。

多逛公园，少逛商场。做一些户外运动，少逛商场，减少不必要的浪费。

购买节能产品。比如，节能灯。现在美国所有节能产品达到一个标准之后贴上一个标签"能源之星"，如果在购买的时候选择这种节能产品，一是鼓励这种产品的生产，另外也省下了电费。

也许节能冰箱比一般冰箱贵一点，贵一两百块钱，但是如果我们愿意付这一两百块钱的话，我们能够节约很多能源，减少很多碳排放，三年之后支付冰箱的电费远远不止两百块钱，所以购买节能产品是我们能够做的，这方面的意识是应该提高的。

哥本哈根是世界上的自行车之城，有36%的人骑自行车上班、骑车购物，骑自行车在哥本哈根是一种时尚。但是我们骑自行车最大的担忧就是安全，车太多也开得太快。哥本哈根就有专门的自行车道，交通灯都是按照自行车的速度来设置的，有红灯、绿灯、自行车灯，保证舒适、安全、方便。所以这是一个改变生活消费模式并且我们能做的事情。

第三，参与回收利用。垃圾分类是我们一直在提倡的。如果我们能够从家庭做起，在家里就把垃圾分类，可以减少因废物处理带来的耗能。现在垃圾处理已经成了一个城市头疼的问题，如果我们尽可能地减少垃圾的产生，就可以减少很多垃圾处理的压力。当然，这也要和政府配合，政府要定期来收、来处理。

捐赠仍可使用的日常用品给一些需要用的人，像玩具、球拍。现在美国有一个"救世军"组织，是帮助少年儿童发展的一个福利机构，每年在社区都搞一些活动。可以把你所有家里不用的东西，如花瓶、鞋子、网球拍等捐赠出去，以很低的价格卖给一些需要的人，这也是福利，有需要的人可以买到很便宜、可以用的东西。也可以减少浪费，所以希望能够有一些组织来协助我们完成。

电器回收。旧电器很多是可以再用的，如果本身没有用里面还有一些重金属和塑料都可以回收利用。如果你有淘汰的手机、计算机不要扔掉，打个电话给回收公司，让他们来收回去，这样可以减少很多浪费，让资源再利用。

第四，参与城市绿化。深圳是园林城市，有43%的绿地。城市私人住宅的屋顶花园，公寓上面的屋顶，外墙植被，这是增加绿地的空间。我从飞机上下来，看到深圳机场附近基本上没有屋顶花园建筑。我们可以到屋顶上种花、种植被等，包括在阳台种植物，对自己的身心、整个城市的空气质量都有好处。这是为增加城市绿地我们能做的事情。

第五，支持政府的减排政策。政府会采取一些行动制定更严格的汽车排放标准，提高汽车每公里或者每公升汽油的燃烧效益。比如，现在每公升汽油跑50公里，我要求提高到80公里，但这个汽车可能要比一般汽车贵一点。美国加州空气标准要比其他地方高，比联邦政府要高，汽车排放量要求也非常严格，所以在加州销售汽车，燃烧效益要好。

另外，使用更多的新能源，如风能、太阳能等，使用这些新能源是减排最直接的方法。如果要发展低碳城市、低碳社会，需要越来越多地使用新能源。在目前这个阶段，新能源还是比较贵的，太阳能肯定比煤电要贵一些，现在风能不补贴的话要贵一些，补贴之后也差不多。所以会越来越多地鼓励使用新能源，就看我们市民能不能接受。

比如，深圳市为了改善空气质量，要使用20%的新能源，从太阳能商购买或者风能商购买，我们的电价要增加10%，这就需要市民的配合了。这就看我们愿意做多大的牺牲，能够支持新能源的使用，改善空气质量。政府也会制定更严格的建筑节能标准，现在很多建筑都是用玻璃，外墙很简单，也很好看，但实际上是耗能的，这种建筑的外墙怎样改造？新的建筑标准怎样实施？这些政府都可以提出来。

像加州发展一个城市，它给每栋居民楼进行能效评级，如ABCD

这种评级，A 等级房子的封闭性会很好，玻璃是双层玻璃，门缝也很小，也节能。如果级别低，房价肯定上不去。所以把能耗作为房价的一个指标提出来，政府来评价之后，向社会公布，买的时候选择买哪一级，你就知道这个房子的质量怎么样。房子建的情况怎么样。如果政府执行更严格的建筑标准，有可能会比一般的房子贵一点，因为它经过节能改造、经过厨房改造、经过屋顶的改造，等等，对墙、玻璃、窗户、门的改造，达到 A 级标准，房价可能就高一点。

"能源之星"是美国环保局推出的一个节能政策，已经执行了十多年了。它主要是鼓励公民来购买节能产品，买"能源之星"的电器产品等。到现在为止，有 200 多万人加入，一共减少了 88 亿磅的碳，节约了 54 亿度电，这个效果非常明显。因为参与的人越多，每个人做一点点，节能就累积上去了。

还有一个欧洲青年绿色联盟"让它酷"的行动，甚至把欧洲的二三十个国家都连在一起，组织一些活动。塞尔维亚经常宣讲一个地球的模式、绿色地球概念，土耳其的绿色伞表示希望有绿色生活，比利时通过音乐宣传低碳生活，德国也在广场上宣传绿色的理念，等等。欧洲青年绿色联盟的一个组织鼓励欧洲国家通过演讲、音乐、聚会、植树造林等方式来实现低碳的理念。

我们国家这方面工作做得很多。武汉绿色环保服务中心 2009 年组织了一个中国环保意识项目，在武汉推动"绿色出行、节能减排"的活动，在"无车日"做骑自行车的宣传活动。中国青年应对气候变化行动网络是在全国各地培训学生开展校园节能的实践，志愿者去学校跟后勤部门一起测量每栋楼的耗能情况，如从一月份、二月份、三月份耗能的趋势进行比较，哪栋楼为什么耗能多？哪栋楼为什么耗能少？根据这些数据提出一些建议，校园应该怎样节能。这个活动很受欢迎，因为学生通过实践之后，知道电是怎么消耗的，知道了哪些领域能够节能。

低碳生活需要每个人的参与。如果我们想扩大影响，我们就可以组织一个兴趣小组，在一个班的话大家能够分享交流成果，分享一下经验，我是怎么节能的、我怎么做到低碳生活的、我怎么环保的。再扩大影响，可以成立一个志愿者团体，通过分工，有人做海报，有人做宣传，有人去拉赞助等，分工合作。

有了志愿者活动团体，我们想再影响公众的话，就可以建立一个非营利的公益性组织、非营利机构，就有更明确的目标，发展也更可持续。这是从个人到组织的过程，个人做了还想影响周围的群众和社会，也可以向政府提建议、做参谋，组织一个回收协会或者社区的节能协会。这样涉及面就会更广，影响更大，公众参与就更广泛。因为人人参与才能有效，你装一只节能灯，我装一只节能灯是不够的，我们400个人装节能灯也不够，只有成千上万的人每人装一只节能灯，每个家庭装一只节能灯，我们就可以减少一个三峡工程，这是一个数据。不单是我们本身做，我们要发动我们的社区、我们的学校、我们的医院、我们的单位都来做，通过机构、通过团体来影响公众、影响社会，才能够实现我们的低碳发展和公民参与目标。

低碳社会是政府和公民的一个共同的行动。只有政府也不够，只有公民参与也不够。公众参与是低碳社会发展的一个基础和前提。我相信在政府的政策领导下，在公众积极参与的基础上，深圳市在未来10年、20年、30年，也一定能够成为低碳发展的一个榜样。

自然灾害与环境保护

徐世球

徐世球

中国地质大学逸夫博物馆馆长、教授，中国博物馆学会地质博物馆专业委员会副秘书长，中国博物馆学会高校博物馆专业委员会常委，全国国土资源科普基地评审专家。主要研究方向为地球科学概论、矿产资源、地质历史学、古生物学以及博物馆学。

谈灾色变，从世界到中国

我们曾经无数次谈虎色变，但是现在我们没必要这么说了，因为老虎这个家族也很可怜，咱们中国近代野生老虎的数量已经不到50只了，所以说现在对老虎来讲"谈人色变"。这几年来全世界都是谈"灾"色变。世界自然灾害按经济损失来看，有两大灾害排在前面，

727

一是地震灾害，二是洪涝灾害。21世纪以来的自然灾害数量比20世纪70年代要多很多，造成的损失也非常大，而且发展中国家，也就是比较贫穷的国家，灾害死亡率比发达国家高得多。

2009年联合国发表了首份《减少灾害全球评估报告》，2008年有23万多人死于各种灾害，而且灾害造成的死亡和损失突出地集中在贫困国家，因灾害死亡数量最多的10个国家中，9个在亚洲。比如，日本和菲律宾受热带风暴威胁的程度差不多，但是菲律宾死亡的人口比日本高出17倍，这就说明发达国家抵御自然灾害的能力比发展中国家强得多，洪水导致的死亡有75%发生在孟加拉国、中国和印度这三个国家。

中国的自然灾害有几个大的特点。第一，灾害种类特点多，除了火山爆发这种灾害没有在中国发生过，其他都发生过。第二，分布的地域特别广。70%以上的城市、50%以上的人口都分布在自然灾害很严重的地区。发生的频率也高，咱们国家的很多灾害，特别是气象灾害非常频繁，近几年来的地震灾害也非常频繁。

灾害造成的损失逐年增长。比如2008年，全国各类自然灾害中有4.7亿人受灾，而且死亡88000多人，直接经济损失也非常惨重。那年除了大地震，还有年初南方的低温冰雪灾害，而且我们国家的西部地区受灾非常严重。2008年巨大的灾害接连发生，而且很罕见的灾害也是在那年发生，所以2008年对咱们国家来讲，因自然灾害引起的损失非常惨重。

走近自然灾害

自然灾害是指发生在自然界中、能造成人们生命和财产损失的异常事件。自然灾害的孕育和发生非常复杂，很多灾害原因目前都不清楚。我们人类的活动在一定程度上可以改变自然灾害发生的频率，改变它的影响范围和它所产生的危害性。所以人类的活动非常重要。在遥远的古代，一碰到灾害就认为是神的意志。今天，人类能够利用科学的知识、方法对自然灾害进行全面的了解，来减轻灾害造成的损失。

自然灾害有两个方面的属性。第一，自然属性。因为在我们地球上发生的自然界的变异或者反常，每时每刻都有，当这种反常给人类带来危害的时候，就构成灾害。第二，社会属性。自然灾害不完全是自然界造成的，还有人类社会因素。防治和抵抗自然灾害也需要社会的努力。

自然灾害还有几方面的特性。第一，潜在性和突发性。自然灾害有时候是潜伏的，一旦发出突然就来了，来无影去无踪。第二，周期性和群发性。地震发生之后，很快就会引发泥石流、山体滑坡等，而且有些灾害是隔一两年来一次。第三，复杂性和多因性，牵一发而动全身。

我们对待自然灾害应该采取正确的态度，不能完全认为是自然的灾害，不能把灾害的原因归结于自然界，跟人类毫无关系，这就很容易造成对灾害的忽视。

自然灾害的类型

到目前为止，自然灾害的分类在全世界并不统一，因为灾害的种类多，每个国家发生的灾害种类也不一样，它包含了不一样的分类原则、标准、要求以及对灾害本质的认识差异。每一个国家灾害的种类不一样，和这个国家对灾害的分类也都有很大关系。

目前比较常见的是按照时间、成因以及现象进行的分类，如按照延续时间的分类，有突发性的和缓发性的。突发性的突如其来，一眨眼的功夫可能就发生了，可能是几秒钟、几个小时，当然也可能是几天；缓发性的可能需要很长时间才能感觉出来，如干旱、土地沙漠化。按照致灾的原因进行分类，有天文灾害、地球灾害、生物灾害。所谓天文灾害，如某一颗行星与地球相撞，这种灾害少；来自地球的灾害非常多，如地震、洪水、泥石流、山体滑坡；生物灾害，如虫害、森林火灾等。按照发生的空间领域，分为气象灾害（发生在大气圈当中）、地质灾害（发生在大地的表面）、海洋灾害（发生在海洋当中）、生物灾害（发生在生物圈当中）、宇宙灾害（发生在天外）。

有很多自然灾害，特别是一些大规模灾害发生以后，常常会引发一系列的其他灾害，这就是灾害链，是一个连锁反应。首先碰到原生灾害，如地震发生了，大地颤动，引起房屋的倒塌，这就是原生灾害；次生灾害，原生灾害完又引发其他灾害，如山体滑坡、泥石流等等，这就是次生灾害；衍生灾害，如地震发生之后，造成政治、经济、社会很多职能的改变，而且社会治安也会带来问题，可能造成生产、生活的停滞等，这就是衍生灾害。

咱们国家的自然灾害种类确实非常多，除了火山爆发我们暂时还没碰到，其他都有。像特别严重的，有干旱、洪涝、地震、台风、冰雪、暴雨、泥石流、滑坡、海啸、沙尘暴等等。每年都会发生，而且每年都会在很多地方发生，其中干旱和洪涝在我们国家危害范围特别广、特别常见。在我们国家，旱灾主要发生在北方地区，洪涝灾害多发生在南方地区。

自然灾害的发生及危害

形成自然灾害有两个必备的条件：第一，自然界发生变异；第二，受危害的是人、财产、资源等等。由这两个条件加在一起才能算自然灾害，如果一场灾变发生在荒无人烟的地方，那就不能称为自然灾害，只能叫做自然界的灾变，只有给人类的生命财产造成损失了才叫做自然灾害。

我们来了解第一种重要的灾害——地震。自从"汶川大地震"发生以来，地震引起了前所未有的关注。地震是瞬间的地壳运动，它主要是地球内部的岩层局部突然发生断裂引起。本来是层岩石，突然一断，或者原来一些比较大规模的断层突然又再错动，产生地震波，在一定范围里传递，引起地面震动。地下深处产生地震的地方，那就是震源，垂直向上，在地球表面的某一个点就叫做震中。地震发生之后，最大的破坏就发生在震中位置，离震中越近破坏越大。衡量地震有两把重要的尺子，这就是地震的震级和烈度。震级是地震能量大小的等级，有9个等级；烈度指的是地震产生的破坏程度，划分为12度。一次地震只有一个等级，但地震的烈度可以不一样，所以产生的破坏也是不一样的。震级每相差一个等级，能量相差30倍。

全世界每年发生地震的次数非常多，高达500万次，不过绝大多数地震我们没有感觉到，只有某些灵敏的地震仪才能测到。而且大规模的地震也比较少见。"汶川大地震"发生在2008年5月12日下午，汶川地震发生之后产生了很多余震。这次地震是新中国成立以来破坏性最强、影响范围最广的一次，而且这次地震发生在四川盆地西部，是我国著名的龙门山断裂带的岩层受挤压突然断裂和错动，能量瞬间释放造成的。而且龙门山断裂带断层的错动方向是东北方向，因此后来发生的很多余震，也朝东北方向延伸。罪魁祸首就是这几条断层，产生突然错动，导致能量突然释放，在龙门山产生了一次大规模的地震。汶川大地震震级是8级，烈度是11度，震源深度是十几公里，属于浅源地震，浅源地震的破坏性是非常大的。地震的震中位置也在发生变化，从汶川向东北方向延伸，重灾面积超过10万平方公里，它的波及范围几乎是整个东南亚和整个东亚地区，而且余震的次数特别多，在270多天当中，发生的余震达46000多次，平均算下来每天有170次，这么多的余震在人类历史上也是非常罕见的。2010年4月14号发生的青海玉树大地震，7.3级，一场大地震使很漂亮的城市完全毁了。

全世界地震带明显呈带状分布，不是到处都有。百分之八十几的地震都在太平洋周边这一带，为什么会成带状分布？因为我们脚下的地壳不是一个完整的块体，它分成了很多块，这些块聚成了板块，这些板块与板块之间的界限附近，往往地壳运动非常强烈，因此地震就呈明显的带状分布。像中国处在欧亚板块上，我们南边是印度洋板块，东边是太平洋板块，因此中国的地震也是比较多的。中国地震带的分布主要是在北方和西北地区以及沿海地区。

地震的预报是目前全世界的一个重大难题，中长期的预报还有一定的可信度，但是短期的很难，特别是短期要发生的更难。虽然地震的预报很难，但是大地震发生前夕，多少有些前兆，如鸡飞狗跳，比如严寒的冬天有些毒蛇跑到地面溜达，很清澈的井水一下子变得浑浊，那就有可能是地震来临前的预兆。

中国古代有"洪水猛兽"的说法，所以洪水就是猛兽，足可见洪水对我们产生的危害。洪涝灾害是一种常见的自然灾害，实际上洪涝是指洪水和雨涝两个类型。洪水就是河流决口泛滥，导致水把农田淹了，把桥梁房屋冲毁了；雨涝就是长时间的大雨，造成一些积水排不出去，对生产、生活造成了严重的影响。比如在沿海地区，海面突然上升也可能造成海水的泛滥，造成洪涝灾害。

洪涝灾害的影响因素很多，如季节性的降水量分布、河流流域的地理位置和地貌、河流的特点、植物的分布，等等。还有人类过度砍伐和垦荒，造成水土流失，很多泥沙冲入河流，淤塞河道，填湖造田，等等。像森林遭砍伐造成严重的水土流失，这种情况非常常见。

中国历史翻开第一页就是大禹治水，所以洪涝灾害在我们国家影响非常大，它造成了大面积的人畜伤亡、房屋冲毁、粮田淹没，还会诱发很多其他的灾害。因此对我们国家来讲，研究洪涝灾害的形成原因、类型特点和防治尤为重要。长江流域洪涝灾害确实非常频繁，每年长江的抗洪抢险就是一个艰巨任务。长江流域从自然性质来讲，有地形、地势这方面的影响；从人文来讲，有滥伐森林、泥沙淤积、围湖造田等的影响，两方面加起来就加剧了长江流域洪涝灾害的发生。海平面上升也会造成沿海地区的洪涝灾害。

第二种灾难——干旱。干旱就是某些地区长期没下雨或者雨量非常少，正常的农作物生长受到很大影响。这有自然因素和人为因素，自然的就是下雨少，人为的包括人口的增加、水资源的短缺、植被的破坏、水资源运用不合理等等。干旱会给农业生产、林业生产带来很大的危害，对航运、发电、工业、生活等也会造成灾害。而且干旱的危害程度，随着时间的加剧而显著增加，空间的分布也是非常广，所以它的影响范围比其他灾害要大。如果某个地区长期干旱，最终就是沙漠化，我们国家的北方地区就是这样。

中国的干旱灾害历史上很常见，也有很多记载。长江中下游地区主要是伏旱和伏秋连旱等。

荒漠化（国际上的定义）是气候变化和人类不合理的经济活动等因素使干旱、半干旱和具有干旱灾害的半湿润地区的土地发生退化。造成荒漠化的因素有地理环境、气候，也有人类的活动等。荒漠化已经影响到100多个国家和地区，危害正在加剧，包括水土流失、沙尘暴、泥石流等。我国的荒漠化也非常严重，沙漠、戈壁、沙化土地占国土面积的17.6%，每年的损失非常惊人。我们国家北方和西北的区域就属于荒漠化地区，南方稍微好一些，如不注意控制荒漠化就会朝南边蔓延。

沙尘暴是强风把沙尘吹起后导致空气浑浊、水平能见度小于1公里。沙尘暴的形成也有很多因素，除有地球的温室效应之外。在沙尘暴的产生当中，人类的活动占据了主要的因素，包括破坏植被、过度开发大自然。沙尘暴的危害也很明显，包括人畜死亡、建筑物倒塌、农业减产。我们国家就有八大沙漠和四大沙地，而且我们国家的沙化土地扩展非常快，平均每年扩展2460平方公里，仅仅一个内蒙古就占了2000平方公里。而且沙尘暴的发生呈逐年上升的趋势，我们国家沙漠的分布主要在北方。内蒙古是咱们国家一个重要的生态屏障，所以对内蒙古的保护极其关键。

山体滑坡很常见。滑坡就是岩石土壤沿一个斜面朝下滑动，有几种灾害会同时发生。滑坡的发生有三个条件：滑坡体（就是要有东西可以滑）、滑动面（要有条件可以滑）、滑动空间（有场地可以滑）。在一些地形地貌比较典型的地区，如地形陡峭、岩石破碎、地下水变动大等等，容易发生滑坡。还包括人类开挖一些山坡、蓄水排水、开山爆破、滥砍滥伐等都会加剧滑坡的发生。滑坡的危害很严重，可以摧毁交通、摧毁房屋，对人类的生命财产造成很大的影响。

我国西南地区和西北地区往往是滑坡灾害的多发区，尤其是西南地区，暴雨之后会有很多地方出现滑坡。滑坡、泥石流主要是发生在5～9月，或者7～8月是频发期，往往这一个时期暴雨和大暴雨比较多，因此这种灾害也多。

泥石流灾害也很常见，往往与滑坡同时出现。在山区沟谷当中，暴雨、冰雪融水等，还有大量的泥沙、石块，突然朝下冲，就能够产生泥石流，突如其来，速度很快，能量很大。它的发生有三个前提条件：顺坡堆积的大量碎屑物质、瞬间聚集超量水以及山高谷深的地貌条件。人类的活动也会加剧泥石流灾害的发生，如人们进行不合理的开发，不合理的弃土、弃渣，滥砍滥伐，等等。泥石流会对居住、交通、矿山等造成很大的危害，我们国家的云南东川地区经常爆发泥石流，被誉为世界泥石流的天然博物馆。2010年甘肃舟曲由于泥石流，把江河堵塞了，造成了一个堰塞湖。

中国虽然没有火山爆发，但是在其他国家很常见。地下深处压力大，地表压力小，一旦有一个通道，岩浆就会喷上来，形成极为壮观的火山爆发，当然带来的损失和危害也非常大。这就是火山爆发之后，岩浆从地下涌上来形成一条河流，非常漂亮，但也很残酷，所以是"残酷的美丽"。岩浆在地表流动，碰到岩浆的生物都会死亡，因为温度非常高。全世界的火山分布跟地震的分布类似，也呈明显的带状分布，主要分布在太平洋的周边地区，这也与板块的分布有很大关系。冰岛火山爆发对整个欧美的航运、航空交通造成了很大的影响。我们中国的火山主要是死火山，主要分布在北方地区和西北地区。经过几十年来对地下情况的监测，长白山天池一些参数有些反常，所以以后会不会发威也很难说。

海啸具有强大的破坏力，类型也比较多，有风暴产生的，有火山爆发产生的，有滑坡、海底地震引发的。传播速度也非常快，而且当海啸快要来临的时候，一般是先突然退潮，所以遇见大规模的退潮时最好赶紧跑，因为过一会儿滔天巨浪就要来了，这是海啸产生的特点。由于海啸是海底地震引起的，所以如果首先感觉到地面有什么震动，然后紧接着海水突然一退潮，可能就是海啸要来了，得赶紧离开海边。海啸影响非常大，带来的损失也大，我们目前还不能控制海啸的发生。海啸灾难一般是六七年发生一次。如说2004年发生在印度尼西亚的那场巨大的海啸灾难，造成的损失特别惨重。

地面塌陷在很多城市是很常见的，特别在沿海地区。有两种塌陷。比如石灰岩地区会造成岩溶塌陷，还有人为造成的，如开采地下水、地下矿产资源造成的踩坑地面也会塌下来。我们国家有很多地区是石灰岩地区，岩溶地貌很广泛，因此岩溶塌陷也比较多。像深圳的东北部岩溶面积达到100平方公里以上，1990年以来已经发生了多起岩溶塌陷。

台风在海岸地带、沿海地域也是很常见的一种灾害，也即"飓风""台风""气旋性风暴""气旋"。台风经过的地区会造成显著的大风、暴雨。台风的级别有超强台风、强台风、台风、强热带风暴、热带风暴、热带低压，从上往下台风的速度逐渐减小，级别也逐渐降低，台风处在中间位置。台风主要发生于8个海区，北半球就有5个海区，南半球是3个海区，全世界每年平均可发生62次台风。我们国家主要受到西太平洋台风的影响，西太平洋台风的源地又有几个小区，像菲律宾以东的洋面、关岛附近等。

台风的名字非常好听，为了避免名称的混乱，有关国家和地区举行专门会议，规定凡是活跃在西北太平洋地区的台风，从2009年起一律使用亚太14个国家共同认可、具有亚太区域特色的一套新名称，以便于各国人民防台抗灾，加强合作，如我们国家就有"龙王""孙悟空""玉兔""海燕"等。

自然灾害的防治

自然灾害的防范引起了全人类的关注，有些灾害可以防范，但有些灾害防范的难度非常大。首先是自然灾害的预报，表现在以下几方面。第一，经验预报，根据多年的经验以及自然灾害的前兆现象进行预报；第二，理论预报，就是经过大量的统计分析，对自然灾害做长期的检测，作出预报；第三，时间预报，有长期的、中期的、短期的，等等。地震的预报类型，长期的有 10 年，中期的有 1～2 年，还有短期、临震预报，长期的预报现在还可以搞一搞，短期预报和临震预报现在难度特别大。我们国家有一次很成功的地震预报，是辽宁海城的 7.3 级大地震，非常准确，所以造成的损失不是很大，那也是人类历史上唯一一次成功预报的大地震。我们国家对地震的预报和地壳运动的监测很重视，建立了很多的站点和网络，分布很密集，而且我们国家利用数字化的技术对地壳运动进行监测，这项工作做得非常成功，在国际上处于领先水平。

防预自然灾害除了预报还有应急的预案，就是在灾害没来的时候，假设灾害来了，应该采取什么措施。这项工作非常重要，而且预案还要演练，还要给孩子们普及灾害防范的措施。因为往往灾害发生之后，受到影响最大的就是未成年人。防范灾害还有一项很重要的工作，那就是应急管理，灾害发生了怎么办？在没有来以前，要尽量预防灾害，来了之后要救灾抢险，然后再灾后重建。

防灾减灾的工作我们国家有一些重要的基本原则。比如，提高全社会的防灾抗灾能力，要以防为主，防、抗、救相结合，要把群众性工作和专业性工作相结合，而且以政府为主导加强组织极为关键。我们国家实施的一个世界之最工程——中国三北防护林工程，对整个北方地区的生态环境改善带来的意义非常大，它通过飞机播撒种子，让这些种子在地球上生长成树木。

防灾减灾的一些对策，还包括扩大宣传、转变观念、广泛调研、加强科学研究，对某些原因搞不清楚的灾害组织科学攻关，制定规范和法律，加强领导与组织协调等。经常对自然灾害进行宣传极为重要。在课堂上对小孩进行经常性的灾害知识教育，让孩子们远离灾害非常重要；经常举办一些活动，让孩子更多地了解灾害的知识也非常重要，而且要教育他们主动参加到抗灾救灾中去。为什么我刚才多次提到小孩子，因为我们在这一方面做得不是很好，欧美和日本从幼儿园开始就对小孩子进行灾害方面的教育，我们应加强这方面的知识普及。

灾害的自救与逃生

地震来了之后为什么有时候会导致人员伤亡惨重？这与不正确的自救有很大关系。地震发生时，应该就近躲避，或赶紧撤离到安全地带。如果来不及往外跑，最好选择一个能够形成三角空间、开间小、有支撑的地方躲避。如果能跑到户外去，要到开阔的地方。如果在房间里，就尽量蜷曲身体，降低重心，还要抓住一些牢固的物体，要保护自己的头颅、眼睛、鼻子，防止被埋住等情况出现。而且地震发生时要注意很多的事项，如不要随便点火，因为空气中可能有一些有毒的气体等。总之要选择安全空间来躲避地震。如果到了外面，密切注意周围的情况，迅速避开一些危险场所。比如，悬崖峭壁的地方最好别去，大树的边上、电压器的边上、楼房附近等一定要远离。如果地震发生之后被埋起来了也要注意，要尽量迅速寻找一个能够支撑空间的地方，然后要想尽办法把消息传出去，如敲敲水管等，表明你还在那儿待着，然后尽量休息好，不要到处乱动，如果受伤了，要自己学会包一下，如果有吃的东西要尽量节约，不要一次性吃完。被埋在地下的情景大家可能很难想象，有时候矿工被埋在地下，最后没有吃的，只要是能吃的全吃了，包括蝎子、蜈蚣，连四脚蛇都吃。矿坑下面的黑水、煤渣子水，渴极了也得喝，没办法，这是救命的水。所以要尽量节省食物、节省体力等。

如何预防雷击？一旦有雷雨大风可能就出现雷击，全世界每年都会有些人死于雷击，都是因为没有做好该注意的有关事项造成的。在雷雨天气，应把窗户关好，因为打雷的时候，可能有球形闪电顺着窗户进来，晃一圈走了，造成人员伤亡；应赶紧关闭电源，不要开着很多的电器；在外面也不要划船，不要在水上待着，因为水会导电；也不要在大树上待着，这都是防止雷击的措施。

碰到滑坡怎么办？在城市里可能难以碰到滑坡现象，但是要出去旅游、考察没准儿就会碰到。如果处在滑坡体上也不要担心，因为滑坡不可能一下子滑得很快，它会慢慢来，这时候你还有时间逃跑。万一逃不掉怎么办？你也不要跟着滑坡一起跑，滑坡朝下你也朝下就完了，只能是滑坡往下滑你往两侧跑或者朝上跑，不要跟它一个方向跑。如果实在没办法，就看身旁有什么东西可以抓，赶紧抱住一个东西。要是在野外看到岩石土壤出现裂缝，有可能就是一个滑坡地带，要赶紧远离，然后迅速报告当地的部门和政府。

防范泥石流也很关键，特别是在外面旅游的时候要注意。在下雨天不要在沟谷中长时间停留，有时候在沟谷中听到上游传来反常的声音，要迅速向两岸上坡方向逃离，而且在下雨天穿越沟谷时，要快速通过，不要在那儿逗留，那是非常危险的。而且在山区，俗话说"一山分四季，十里不同天"，这个地方是晴天，那个地方可能就下雨了，山下晴天，山上下雨，这个时候尤其要注意防范泥石流的发生。开车的时候如果碰到前面有泥石流发生，就不要开过去，也不要抱着侥幸心理等。

洪水到来了怎么办？应就近迅速向山坡、高地、楼房等地转移，或者要爬上房顶、大树等处躲避，如果洪水水位还在涨，你所待的地方已经难以自保，这时候要迅速找一些门板等能漂浮的材料逃生。如果你被洪水包围了，要尽快与外界联系，千万不要跳到水里面，以为能游过去，实际上是游不过去的，因为洪水的速度很快，怎么也得抓住个东西，想办法逃生，如果已经卷入洪水里去了，也要尽可能抓住固定的或者能够漂浮的东西，不要想着游出去。老鼠很聪明，它在洪水中把自己的尾巴拴在棍子上不至于被水冲走，然后碰到一棵树迅速丢掉棍子爬上去。

自然灾害给人们带来的损失非常惨重，它也带给我们很多启示。第一，必须提高自然灾害的预报水平，健全灾害预警系统。第二，建立健全救灾体系，还有救助体系以及恢复体系。第三，提高建筑工程的防灾、抗灾性。有些地方很多工程没准儿就是豆腐渣工程，承受不了一些灾害，为什么灾害发生时有些房子没有倒，有些房子一下子倒了？就是抗灾性的问题，所以加强这方面的工作非常关键。然后，要学会自救、互救与逃生。如果这一点做好，也能够减轻自然灾害带来的损失，在这里自然灾害知识的普及就显得极其重要。实际上可怕的不是自然灾害，最可怕的是我们对自然灾害缺乏了解，对自然灾害的发生、危害和怎样预防、怎样自救这些知识缺乏了解。它还给我们一个重要的启示：生命非常短暂，极其宝贵，要好好生活，珍惜自己，善待他人。自然灾害的普及知识非常关键，所以无论是学校、单位还是其他地方，应经常性地举办一些自然灾害的讲座，包括杂志、报纸、电视等都要做，提高全社会认识灾害、了解灾害的意识，提高抗灾能力。

生命短暂，要珍惜自己，善待生命。我们地球的历史有46亿年了，我们如何去理解漫长的地球46亿年的历史？很简单，我们把地球46亿年的全部历史折算成一天24小时，问题将变得很简单，但是给我们的启示极其深刻。凌晨零点的时候地球诞生，地球生命诞生在38亿年前，也就是早上4点过10分，然后经过整个白天简单的原始的进化发展，到了晚上9点11分，一下子爆发式发展，这就是闻名于世的"寒武纪生命大爆发"，经历这一场大爆发，地球真正的全新的历史从这时开始。生命起源于海洋，后来整个生物界离开海洋征服大陆，被认为生物进化历史上一次极其重大的事件。首先登陆的是植物，出现在晚上9点55分，随着植物的登陆，地球的历史发展到晚上10点10分，脊椎动物离开海洋向陆地进军，这次登陆极为关键，如果没有这次登陆，就没有后来陆地动物界的繁荣，更谈不上人类的出现。晚上10点50分，恐龙家族出现了，恐龙家族统治地球长达1.6亿年，当它统治到距现在6500万年，也就是晚上11点40分的时候，恐龙家族神秘地突然走向消亡，恐龙的大灭绝给人类留下一个千古之谜。到了晚上11点59分13秒，诞生了人类，人类出现在地球上250万年，仅仅相当于全天结束前的47秒，而我们中华民族上下五千年的悠久历史仅仅相当于 0.09 秒。如果谁要是能活 100 岁，仅仅相当于六百分之一秒。这样我们至少可以看出两大关键问题：第一，人类已经成为地球的统治者，是最高等的智慧动物；第二，和大自然漫长的历史长河相比，人类太渺小了。人类必须学会和地球和平共处，保护地球，保护环境，才能够抵御各种灾害，才能去创造美好的未来。最后，生命极其短暂，非常宝贵，这一辈子确实要珍惜爱惜生命，注意身体，注意安全。

作家视野下的生态宜居文化

范小青

范小青

江苏省作协主席、党组书记，中国作协全委会委员。其文学作品以小说为主，著有长篇小说《城市表情》《女同志》《赤脚医生万泉和》等，中短篇有《城乡简史》《我在哪里丢失了你》等，电视剧代表作有《费家有女》《干部》等。作品曾荣获第四届鲁迅文学奖等。

　　所谓的宜居生态包含物质和精神两个方面，真正的宜居生态是每个人要"生有所居，心有所属"。如果你住了一个很大的房子，但你的心是空的、乱的，那你的生活并不好，即使你所居住的环境都很好。如果你心里不安静、不干净，你就无法达到"宜居生态"。

　　如果不改革开放，不发展经济，我们今天就没有任何资格谈论心态、精神等问题。但是在经济发展的过程中我们慢慢发现了一些问题，这些问题慢慢积累起来，可能今后还会越来越多。我们在发展的过程中，可能丢失了、忽视了一些东西，而这些恰恰也是发展经济以外非常重要的东西。在物质丰富的前提之下，我们追求的终极目标就是过上好日子，但是为什么现在很多人过上了好日子还是不满足？我们生态文化的背景，尤其是我们的心态、我们的精神，到底出现了一些什么问题？这是我们要思考的。

江苏省作协有一年举行了一个"绿色环保行"活动，该活动邀请了一些作家，他们沿着太湖走了一圈以后，得到一组数字，其中有一组数字是非常惊人的，这组数字表明了太湖现在的污染程度。如果要把太湖治理到 20 世纪 50 年代的水平，需要花费全国人民改革开放 20～30 年所创造的财富。所以我们在发展的过程中付出的代价也很大。首先是环境污染问题，如能源、土地的占用，现在转型期的城市化进程很快，土地越来越少，这些都是我们这代人留给后人的难题。我们现在能感受到高发展、高技术给我们带来的生活改善和舒适，但后人怎么办？我们在享受现在高科技、现代化给我们带来的便捷、舒适生活的同时，为什么我们内心还会不安？这是我们从需要文学的角度去思考面对的问题。这是一种困惑，是一种迷惘。一个作家并不一定能给社会开出良药，如果这个社会有一天生病了，作家也不是医生，但是他可以提出问题，让大家共同关注、共同探讨、共同重视。这就是从文学的角度关注我们的生态。

文化生态不理想

过去，我们买房子都是越大越好，但是现在专家开始提出来，人和房子面积有一定比例，如果一个人住在过大的房子里，超出这个比例，这个人就会有不安全感、不舒适感。中国文化有一个特别不好的现象，就是"比"。这个"比"也不是很恶的东西，是一个心态问题，但是西方人就不是很喜欢"比"，他们每个人都是很自由的个体。为什么房价会炒得那么高，一个当然是大家想投资，还有一个就是"比"的心理。比如你本来有一套房子住得很好，但发现同事又买了一套，你就也要去买一套，否则就跟不上形势，就被时代扔下来了。整个社会裹挟着你一定要往前走，这是我们的文化和其他文化不同的地方。所以我们要尽量调整自己的心态，这就涉及价值观和财富观的问题。

我们的财富观有问题，尤其是近30年来，对财富的认同太单一。人们只认钱，有钱就是老大，有钱就牛，有钱就是成功人士，有钱就有一切。但是有很多国外的人不这么想，我看过一个报道，英国有一个人经常买彩票，有一次中了几百万英镑，但他不去领奖，他把彩票装在一个镜框里挂在自家的墙上，他不要这个钱，他不是富翁，但他觉得中奖本身就是一个意义。现在中国不管哪个阶层的普通老百姓绝对不会有这样的想法，他们都希望拿钱去买好车、买好房，过上奢华的生活，这就是财富观念有问题。这就是我们的现代社会，一方面快速前进，物质高度丰富；一方面我们又觉得心里老不踏实，永远不能满足，永远不能停下来，这种心态让我们很焦虑。

现在是一个信息爆炸的时代，很多东西塞满了我们的脑子。为什么现在很多人年纪轻轻就说自己有健忘症、老年痴呆症等。我认识一个30多岁的女同志，她做房地产生意，事业做得很好。有一天，我们聊天，她说很奇怪，我前几天看了电影《风声》，觉得非常好看，但是两天以后就彻底忘记了，脑子里一片空白，所以她很恐惧。我认为，她之所以如此，有一个原因是信息太多，因为她的工作压力很大，虽然看起来很潇洒，也许她的大脑自动把一些与她的生活、工作不相关的东西就删除了。就像我们写作的人对生活很敏感，但是生活中的很多东西不是都能记下来的，我的记性也不好，但是凡是能触动我的事情我经常会把它写成文学作品，但是不能写成文学作品的事情我就把它忘了，大脑会有自动的排除功能。我们小时候看一本书会记一辈子，唱一首歌到现在也不会忘，现在人们看一本书还没看完，前面就忘记了，这也是现代社会带来的负面影响。可能你读了很多的书，但是你记住的东西不多，可能看了很多电影，但是你真正记住的可能也不是太多。

关注人的内心

科技的发展让以前不可想象的事物都产生了。在这个前提下，我们怎么面对社会产生的一些问题？从生态文化的角度，我更关注的是人的内心。文学就是"人学"，"人学"就是要关注人的内心世界，只有你内心真正有所属，真正安定了，你的生态环境才是好的。物质的环境当然重要，我们要有蓝天白云，要有青山绿水，要有豪宅，但是更重要的是我们的心要有所"属"。"属"在什么地方？这个"属"是不是很动乱？是不是很烦躁？很不安定？这是我们更需要加以关心的。

我们现代社会要关心各种不同人群的想法、需求、困惑、焦虑。我比较关注社会底层的人物，也写过不少农民工题材的作品。有一次我和一个公司的老总聊天，我问他，你们公司外来打工者多不多？他说："很多，我告诉你一个现象，我们所有的保安有好几十人，都是新生代的农民工，很年轻，他们住在公司提供的集体宿舍里，每个月的上半个月，宿舍区都会空空荡荡，因为月初发的工资，他们到了晚上就出去消费，下馆子、上网吧、唱卡拉 OK 等，这样一来，到下半个月，整个晚上又都窝在宿舍里，因为一个月的工资花完了。"这就是他们的现状。这与他们的父辈农民工完全不同。20年前，因为他们的父辈农民工种田挣不了多少钱，所以就到城市打工，赚点钱寄回家去，家里从三间草房翻成三间瓦房，供孩子上学或者给孩子娶媳妇，就这样辛辛苦苦，晚上就蜗居在棚里，也没有什么消费，省下的钱都寄回家去。有朝一日，他们年纪大了，家里房子也盖起来了，儿子也长大了娶了媳妇，他们就回去了，这是老一辈的农民工。但是现在新生代的农民工，一旦进了城就要融入城市，他们想在城市里永远生活下去，但是现在一个月的工资半个月就花完了，也没计划性，没有人给他们理财。既然要融入城市，精神需求跟文化需求都要与城市人一样，今后怎么能够在这个城市里安家立业？这是一个非常难的问题。我也在想，这后半个月，他们窝在宿舍里不难受吗？这就是社会的一个新群体，这些人的生态环境、生态文化怎么样？他们的内心到底在想什么？这是我们社会、文学特别需要关注的。虽然我们跟他们多少也有接触，但是要走到他们的内心是非常难的。

但关注这些人，走进他们的内心，关心他们的精神生活，这是文学义不容辞的责任。所以谈到生态环境，在城市化进程中，可能有些人更关注形势，哪个地方又建了高楼，哪个地方又建了高铁，等等。我们现在建设的基础设施有很多世界第一，其实这都是物化、看得见的东西。在发展过程中，还有很多看不到的东西，它对人的影响非常大。比如，我们这个年纪的人经常会谈起过去，不是我们喜欢过去（没有人愿意回去，那个时候太穷苦了），但很多人还是愿意回忆过去，这是一个很奇怪的现象。我的作品《赤脚医生万泉和》写的就是 20 世纪 60、70 年代农村的医生。当时的农村医生就叫赤脚医生，给农民看病没有工资，是给记工分的。我写的这个主人翁生过脑膜炎，有后遗症，弱智。一个韩国作家就问我，你是一个生活在城市的作家，怎么会去写过去农村的题材？你为什么写一个傻瓜去当医生？我当时就回答他，现在我们的城市化进程特别快，农田越来越少，城市之间的距离很近，恰恰就在这个过程中，我们经常会想起过去在农村的生活，这促使我去写这段时期的生活。这本书有一个插图，这个插图是我请一个朋友依据我当年下放时生活过的院子画的，在我的记忆当中，我的青少年时代就在那个地方，我家的隔壁就是大队的合作医疗站，那里就有很多赤脚医生给人看病。当年我在农村做知青，每天早上都起来和农民一起劳动。当时条件确实很艰苦，很忙，但是心里一点都不乱，该忙就忙，该干活就干活，干完活回来吃饭，吃完饭睡觉，睡完觉第二天再干活，没有其他的想法，没有更多的欲望。为什么现在会想起那些事情？因为那时有一种安静、不混乱的心态。为什么我写一个傻瓜医生？因为我们现在的人都很聪明，同时现在的人又很有情怀，但是更多的都是感觉自己，可能恰恰是有点弱智的人才可能把自己的情怀、把自己的一切献给别人。因为农村的医疗条件非常差，有的医生来过几天就走了，始终没有人固定在那里给人看病，也只有这么一个出生在农村又不太聪明的人才愿意一辈子在那儿给人看病。

为什么现在很多地方都在提"幸福指数"？甚至每个城市都在比谁的幸福指数高？但是幸福在哪里？人类终极的理想是什么？

在物质生活丰富的基础上，我们有时候找不到幸福在哪里。再大的好事到了你面前，也是一瞬间就过去了，很快你又开始烦恼、开始焦虑。我们生活中都会有好的事情，但是幸福太短暂，而且幸福在哪儿不知道。在经济高速发展的过程中，我们把一些重要的、看不见的东西给丢失了。如何把我们的精神引向一个健康的地方？幸福感其实很简单，但是为什么大家都找不着，就是在这个过程中丢失了。

海派清口周立波曾说过一个段子，美国一个餐馆发生了集体食物中毒事件，这个餐馆所有的客人和所有的员工全部倒下，被送到医院里抢救，唯一一个打工的中国留学生一点事都没有。他们就问她怎么一点事都没有，这个女学生说，我怕什么？苏丹红、三聚氰胺、敌敌畏、洗虾粉这些我都经历过了，还怕食物中毒吗？这个社会怎么会变成这样？所以在改革发展中我们得到了很多，但也失去了很多。失去的怎么找回来？这也是生态文化的重要内容。比如，我们的道路很堵，但是又要发展汽车工业，这就是两难。修路赶不上汽车的生产，但是汽车不生产的话，GDP怎么办？税收怎么办？但是我们要知道哪个重要，哪个次要，哪些东西应该在这个过程中去协调好。我们过去可能是偏重了一个方面，令人欣慰的是，现在慢慢发现了许多矛盾的产生，开始有很多人关注，并试图改变这些矛盾。

内心的物化

财富可以让人舒服，让人过好日子，让人宜居。但是如果为财富而让自己变得焦虑，弄垮身体，这是本末倒置，我们为财富付出的代价太大了。在这个快节奏的社会，你的心怎么可能慢呢？现在写城市题材的作家写得不好，写得也不多，很多作家都是从农村出来的，写农村写得好。第七届茅盾奖获奖作品中绝大多数都是农村题材，很少有城市题材。当然也有作家在写城市题材，但写得比较浮躁，比较肤浅，没有根。为什么没有根？我们所谓的根是在农村和大地上，我们是一个农业国家，现在我们的大地都铺上了水泥，浇上了柏油，竖起了高楼，建了各种建筑，我们的根就没办法扎深了。江苏作家赵本夫写了一部小说《无土时代》，这个时代没有土了，他描写一个有点神经质的人，经常在城市的水泥地上挖洞，想在那里种各种各样的植物，这也是没有根的一种象征。

因此，能不能在发展经济的同时而不过多、过快、过大地破坏生态？这也是值得我们探讨的。当然，写作者没有这个能力，作家只是看社会，而不能医治社会。医治需要依靠全体民众的力量，依靠我们的体制。但是作为作家，应该有责任感去观察社会，并把观察到的描述出来。

在经济快速发展的过程中，我们精神受到的污染怎么治理？这是更难的难题。人的精神受到的污染没有数字可以解释。我们的理想、信念到哪儿去了？又如何把它找寻回来？如何纠正它？这是作家需要关注的话题，否则我们会丢失更多。

我的一则短篇小说，描述了一个这样的故事：男主人公和他女朋友的感情非常好，但后来女朋友出国了，出国之前留给他一个玉佩作为信物。分开以后，他身边的人都劝他重新考虑自己的感情，但是男主人公还是始终坚信女朋友对他的感情。过了几年，女朋友果然要回来跟他结婚了，但是就在回来前出了车祸去世了。这时候，男主人公就开始把女朋友送的玉佩挂在身上，但他以前从来没挂过。后来男主人公成家了，他老婆发现他身上始终挂着这个玉佩，她的第六感认定这玉佩一定是他前女友的，所以始终对这个玉佩耿耿于怀，总想把玉佩变现，但是她丈夫始终不摘下来。过了一些年以后，有一次因为天气热，男主人公的玉被同事发现并被硬摘下来，并拿给了专家鉴定，专家说这块玉非常好。自从专家说这玉佩值多少钱之后，他就总觉得挂着不舒服，尤其是晚上，挂在身上就做梦，所以他就晚上摘下来，白天再挂上去，这样坚持了一阵子以后，玉就不见了。玉丢失以后他就去寻找，后来终于找到了，但他始终觉得不是他原来的那块玉，所以他就再也不挂了。后来他太太把这个玉变了现，再贴上自己的私房钱，买了一辆小车。但是有一天他太太正常行驶的时候，突然在路边一个女孩子冲出来撞在车上，撞死了。他太太因为受到过度惊吓，精神错乱，再也不敢开车了，这个车就停在小区的车位上，时间一长，风吹雨打以后就面目全非了，变成了废铜烂铁。

小说想表达的是人的精神物化，有价化。为什么现在很多人玩玉呢？当然有本身真正喜欢玉的原因，但是很多人是为了玉的保值升值。

文学和其他艺术门类相比不一样。比如，书法家的书法练到一定水平以后，加入了全国书法家协会，他的字就值钱了，一个字甚至值几千上万，为什么呢？市场经济和官场经济催成的。第一，许多人想投资没有方向，就投资艺术品，艺术品一经投资价就上去了。第二，官场行贿，许多人要行贿不敢送钱，就想其他办法，如送书画等。比如，江苏宜兴的紫砂壶很出名，它现在有四个等级：工艺大师级、高级工艺师级、工艺师级和助理工艺师级。只要是工艺大师做的任何一把壶就值十万元以上，如果是高级工艺师做的壶都在万元以上，当这些工艺品有价以后就可以被当作礼品送人。

所以有些书法家总是说，你们写作的人真是亏了，没有谁会拿一本小说或者一首诗去送领导。这就是现代社会的一种物化现象。什么东西都可以让它变得有价，但是唯有文学无价，我们是不是应该觉得很悲哀呢？不悲哀。文学就是无价，没有办法衡量它，而且现在文学比较边缘，从事文学创作的人都比较艰辛。比如，我在30年前发表第一篇短篇小说，稿费是50元，相当于一个月的工资。现在一篇短篇小说的稿费涨了十倍，但工资涨了150倍以上，物价在涨，涨得最慢的就是作家的稿酬。但是这是公平的，因为我们的标准是市场经济，一切以市场为标准。现在看小说的人太少了，如果比较小说和电视剧，为什么写小说的人那么艰辛，电视编剧的收入相当高？一集电视剧一万五到两万字。如果两三年时间写20、30万字的长篇小说，如果印两万册已经相当不错了，两万册拿版税也就三四万块钱，还要扣掉很多税。当然，这里并不包括极少数或者顶尖畅销书作家，就指通常的文学作家。但是写一集电视剧，两万字最多只要一两个星期，再加上修改，反复推敲也不超过一个月，但稿酬却高得多。为什么相差这么大呢？因为受众不同，电视剧播得好，有几千万甚至上亿的观众，电视台有大量的广告收入，当然会给编剧很高的稿酬。但一部小说印了两万册，充其量只有两万个人在看，你的稿酬肯定要低，因为受众范围太小了。所以如果仅仅按照市场经济的标准来衡量，这是绝对公平的。你认定要写，就要甘于清贫。

尊重自己内心的召唤

恰恰有很多作家，很多制片方拿钱请他们写电视剧，他们都不写。钱送上门也不要。这并不存在写小说高雅，写电视剧就是低俗的问题。因为小说也有很低俗的，电视剧也有非常棒、文学性很强的佳作。我也写过电视剧。但是为什么我们不去挣那个钱？因为写电视剧要遵循一定的规律，它让我受到束缚。比如，我写小说的时候我非常自由，爱怎么写就怎么写，而且没有规律，所以写作者是老大。但是电视剧编剧是最弱的，写作者之上有很多老大可以管他，老板、制片人、导演、演员都可以来指导他，如果指导他的人的艺术追求与自己的艺术追求相吻合，那很难得，他可以按照他人的要求进行修改，但是往往每个人的艺术追求和艺术观念都差别太大。比如，我写一个片段，自己认为很精彩，非常得意，但老板一看觉得不好，然后就教我怎么写，但我认为他的点子很烂，所以我就不写了。创作电视剧经常会发生这样的矛盾，如果一个人长期处于这种痛苦之中，即使有再多的钱也是不舒适的，所以创作者有时候宁可坚守自己内心的东西。我们为什么写作？我们当然也希望有名、有利、有收入，但是更主要的是内心的一种呼唤。所以，与其痛苦地去写，还不如让我自由、快乐地去写这些收入少的作品。

在当前社会，文学作家们面临两难选择，虽然是两难，但是每个作家都有自己的选择，都会确定自己的最后走向。这是我们的物化社会给我们带来的巨大的考验和挑战。

物化社会给文学还带来很多影响，如受众问题。艺术作品是不是单纯地以受众多少来衡量其艺术高低？是不是看的人多就是好作品？不能这么说，但是也不能倒过来说。受众问题是很复杂的问题，因为受众的"众"是不同的。文学是为大众服务的，大众有不同的群体，那一个作品到底为哪个群体服务？所以雅俗共赏是相当难的，因为大学生有大学生的口味，老年人有老年人的口味，家庭妇女有家庭妇女的口味。如果一味去迎合观众和读者，最后创作很可能就做不好。

所以作家应该尊重自己内心的召唤。这种内心的召唤不是违心的。在这个时代坚守这种信念是很有必要的。文学可能是每个人心里的一盏灯，在这个社会，这盏灯很微弱，在社会很亮堂的时候，社会不需要这盏灯，但是每个人心里都有这么一盏灯，社会就会不一样。

现在，如果说文学能够改变社会，改变历史，那是不可能的。我们过去对文学的功能强调得比较大。我们在大学读书的时候，为了说明文学的功能，老师讲了一个故事：有一次苏联一个小偷在火车上偷了一个包，包里有一本书《钢铁是怎么炼成的》，这个小偷就回去看了这本书，很感动；从此以后洗心革面，再也不做小偷了，而且给作者写了一封信，忏悔自己的偷窃行为，说这本书教育了我，我从此要做个好人。当然，这只是一个个案。

文学多少有一些功能，从我自己的体会说，比如我忙了一天，晚上什么也干不动了，或者看电视或者看书，但是有时候电视看完以后感觉更疲劳了。这时候如果我看一篇散文或者一篇短篇小说，看完以后心就静下来了。有时候我甚至会因为书中的一句话，心弦被拨动了一下，可能是很轻的叮咚一下，但是这叮咚一下对人是有帮助的。如果很多人的心弦都被拨动了，它就可以形成一股能量，这个能量对社会多少也是有些影响的。虽然这种影响不是立竿见影的，但它确实存在。

我们有时候觉得生活被事情塞得很满，但是有时候又觉得很空虚，这就是一种不太健康的心态。所以在这个物化的社会、快节奏的社会，要想生态环境好，首先要把自己的心态调整好。

生态建设与心态建设

毛丹平

毛丹平

深圳君融财富管理研究院院长、中山大学理财规划课程首席讲师、国家理财规划师职业委员会委员。中国财富管理指数设计者，理财规划建议书系统设计者，财富管理师职业课程设计者。主要作品：《理财规划理论与实践》《理财方程式》等。

生态与心态的关系

"生态"反映的是人与自然的关系，而"心态"反映的是人与人的关系。虽然从主流、舆论来看，中国近代史上也没有像我们当今这样关注"生态"和"心态"的关系。但是事实上"生态"和"心态"是一个非常古老的命题，古人在这个方面对它最高境界的诠释就是"天人合一"。我们也没有办法回避。虽然"天人合一"是一个非常高的境界，但是我们从远古洪荒时代到现代的文明，我们始终存在两个非常主要的矛盾，一个是人与自然的矛盾——生态关系，一个是人与人之间的矛盾——心态关系。

从社会层面来看，我们可以把它看成三个平衡。一个是人与自然的和谐——生态平衡；一个是人与人的和谐——社会平衡；还有一个，人和自身之间认识的和谐——心态平衡。所以广义的心态指的是人和社会以及人与人之间的关系。狭义的心态就是自己怎样认识自己的过程。

古代庄子说，"天地者，万物之父母也"。所以天人合一的思想自古以来就有了。但是事实上它成了一个新的命题，因为在生产力发展、技术不断革新的过程当中，改变了生产关系与上层建筑。所以，在一次次的变革中，人们必须重新去寻求人与自然的平衡，心态与生态的平衡。当我们的蒸汽机被发明出来，当我们的电被发明出来的时候，当我们只能够欢呼第一次工业革命带来人的生存和人的进步的时候，我们那个时候没有办法想象，它其实也对生态造成破坏。所以在生产力的不断发展中，我们也会不断去寻求新的生态和心态的平衡。

我们让我们的田园变成了工业园。然后我们不种庄稼了，因为我们的工业品换来的钱可以用来购买粮食。我们还可以买楼、买车、买电脑；我们用开车代替了散步，我们用一家人看电视代替了叙家常；我们用上网这种无拘无束的遨游，让青春活泼的孩子变成了宅女、宅男。然后我们如此地怀念田园，又要跟老板请假，向大山深处去寻求层林尽染的自然风光。我们缴税，然后使得我们的政府能够成立一个园林部门，他们用园林设计专业的大学生，然后再聘请失去了田园的农民帮我们在城市里面建造这样的场景，再用人工来制造，寻求"天人合一"。

有一次在西藏地区，看到有一个民居在宽广的原野上，后面是雪山，还有蓝天，非常漂亮。因为它是两层楼，我们知道在西藏一楼都是住牲畜，二楼住人。他们是住在一起的，所以有一个两层楼。那一家人还不错，房子非常阔气，房顶上绘了很多漂亮的图案，房檐非常漂亮，翘上天空。这么好的民居，这么原始，而且是有气魄的藏民的民居，可是有一个水塔从翘起来的房檐当中冒出来，当时我想这个水塔是这个家庭为了收藏天露。我们本来认为藏民一生只洗两次澡，但是他们建个水塔可能是渴望像我们一样天天洗澡。

关 于 幸 福

"心态"的英文解释是一个人或者一群人，他们思考事情的方式有鲜明的特征。所以是用心去感悟，会形成一定的价值观，就是看待事物的心态和方法。心态实际上是由你的感官看和用心感受，然后就形成了你的态度，就是一种思想和方法。

心态是由什么决定的？心态是由智慧决定的，那么什么是智慧？智慧就是对事物能够迅速灵活、正确理解和解决问题的能力。所以古希腊人荷马说智慧的标志就是：审时度势之后，再择机行事。所以有一首诗说"智慧就是指路明灯"。真正的智慧不仅在于明察眼前，而且能预测未来。其实心态既是一种感受，也是一种价值观和态度。

我们经常说一个人心态好，是一个褒义词。心态好是指他乐观、积极、从容。如果想拥有从容、快乐的心态，支持他的是什么呢？第一，有财富。第二，有智慧。有足够的智慧来处理生活与财富的关系。所以财富和幸福之间有一个关系。

一个人的心态由两样东西决定，就是支持他的财富水平和智慧水平。心态由智慧支持，心态就是一种价值观，就是一种看待事物的智慧。那么幸福的智慧是什么？我们先看什么是幸福，幸福也是一种心态，是一种感受，是一种情感，它是一种欲望得到满足的情感，是一种瞬间的愉悦和一种持续的平和。不能说一天到晚都幸福，幸福得晕掉了。

"今天因为我火车正点，所以我很幸福"，所以它是一种平和心态。那么"幸福"这个词，拆开"幸"字，上面是一个"土"，下面是一个"钱"，所以"幸"就是代表土地和钱。一家人有田、有衣就是"福"。所以"幸福"这个词简单看就是一家人在一起有一个温馨、和睦的家，有吃、有穿、有住，还有田可以耕种。

幸福的智慧是什么？如果你想要幸福，当然需要有一种智慧去认识它。幸福就是"明察眼前预见未来"。幸福首先要能够确切地描绘心中的渴望与梦想，它是一种感受梦想实现的能力，是一种体会美妙与愉悦的能力，同时还应该有展示和分享的能力。能体会，而且也能展示，也能分享，就有幸福和智慧了。

什么给幸福力量？我的观点是财富和爱，爱是一种情感体验，爱是一种付出带来的愉悦。财富是支持你能够得到这样一种体验的基础。幸福的力量是来自于财富。著名的经济学家萨缪尔森有一个非常著名的幸福公式。他说："幸福等于效用除以欲望。"效用就是人们的感觉，满意程度，而欲望就是人们的梦想。可是为什么我们人类的梦想、我们想象的这些事情会变成幸福的反义词？按照这个公式，欲望越大，越不幸福。为什么？贪婪。是什么原因造成的？我记得有一首诗说："我们可以没有草原，但是我们不能没有骏马。我们可以没有骏马，但是我们不能没有奔驰的思想。"我们不能没有欲望。可是资源是有限的。这个公式代表的是一个基本的概念。所以幸福、智慧，在资源有限的情况下，能够帮助我们提高效率。

财富的智慧

财富能够帮助我们明察眼前、预见未来、规划人生。如果在这一生当中，我们自己能够创造财富，当然有人创造得很多，有人创造得很好，这需要财富智慧。我们通过一些管理的方法，利用财富智慧，使我们获得与自然更和谐的一种关系、更好的一种心态。

为什么我们需要拥有财富？《国富论》当时跟自由宣言一样，成为美国的两大精神支柱，《国富论》说国家富强、人民富裕是社会发展的动力，也变成我们现在中国一个非常重要的治国思想。《晏子春秋》中说："义厚则敌寡，利多则民欢。"所以财富多的地方，这一个区域的人会快乐、幸福。

那么个人、家庭为什么需要财富呢？个人为什么需要财富？当然第一是满足当下日益丰富的物质和文化生活需要。

在20世纪30年代有人提出一个绝对收入的假说，当下的收入要满足当下的开支。有一些人说不仅要满足当下开支，还要满足未来的消费，这就变成了持久收入假说，就是今天的收入还要满足未来的需要。还有人说，我要为一生及家庭储蓄财富，今天我的收入不仅要满足我个人的需要，还要满足未来的需要，而且可能有老婆和孩子，还要赚钱满足他们的需要。所以是一个家庭所需要消耗的财富。最后就是为不确定的未来储蓄财富，叫"预防性储蓄财富"，我们不知道未来会怎么样。最早的佛祖们都是苦行僧，他们每天化缘，化到了就吃，化不到就不吃，练内功，他们是不储备财富的。但是我们当今的寺庙有没有财富？有。为什么要储备财富？他们在想，是不是应该有更多的财富，才可以去帮助别人。这从经济学上说是"预防性储蓄"。

还有一种人是为了展示自己的才华而储蓄财富。比如说比尔·盖茨，他是一个基督徒，他认为赚钱是为了荣耀上帝，说明"上帝你看，我是你的子民，我多能干"。还有一些人是为了权利和志向而储备财富。有些人有大志，那怎么实施？还有一些人确实为慈善而储备财富，就是尽其所能获得，尽其所有给予。

还有一种纯粹是为了贪婪和炫耀而储备财富。关于"炫耀"有一个经济学家把它叫"奢侈病"。《奢侈病》这本书说，人们买奢侈品，就是为了炫耀。什么叫炫耀性消费？就是你买这个东西是为了让别人知道你买了这个东西，而不是因为它的实用性。

我们储备财富，有很多的原因。那么有钱人是什么样的人？有钱人应该具备什么样的智慧？我记得有一首歌说，我赚钱了，赚钱了，不知道怎么花，我左手一个诺基亚，右手一个摩托罗拉，我厕所墙上挂国画，倍儿像艺术家。这个像不像有钱人？不像。有钱人应该是什么样的人？我的定义：第一是拥有资产的人，第二是拥有创造力的人，第三是拥有从容惬意的人生心态的人，否则不知道是你花钱，还是钱花你。

人生的资产负债表

资产应该怎样来分类？有一个比较常见的分类，就是金融资产和实物资产。金融资产就是股票、保单、银行存款。实物资产就是房子、车子、家具。还有一种划分是动产和不动产，不动产就是指土地和土地的复种；动产如汽车，包括我们的金融资产。

资产还可以分为生息资产和自用资产。我经常举一个顺德人和上海人的例子，他们同样有 150 万，同样买一套 100 平方米的房子，户型都是一模一样，一个在上海，一个在顺德。在上海郊外卖 14500 元／平方米，在顺德卖 4500 元／平方米。在我们来看他们都有 150 万，自用资产是 100 平方米的房子。那么顺德人用掉了 45 万，他有 105 万生息资产。而上海人买房子用掉了 145 万，他还有 5 万。那顺德人有钱还是上海人有钱？其实他们拥有的资产是一样的，但是顺德人拥有的生息资产、可投资资产要比上海人多。可投资资产就可以带来理财收入。我们自己住的房子，再高的价值都不会通过理财带来收入，我们叫消耗性资产，是自己消费的资产。所以，有钱人是指生息资产高，也不完全是指自用财产。

有钱人应该是创造力比较强的人。因为一个人年轻的时候，可能没有太多的自用资产，也没有太多的生息资产。但是我们有创造力，可以用未来创造财富的能力折现算为今天的资本，这个就叫"人力资本"。举一个例子，有一个人他自己现在拥有生息资产 50 万、自用资产 200 万，如果年收入 15 万，在未来 30 年假设他把钱存在银行只有 2% 的收益，那么他的人力资产就有 608 万，他的人力资本的资产高过了他的现有资产。所以有钱人还要看有没有创造力。佛陀在

《善生经》中为善生童子开取生存之道说，"先当学技艺，尔后有财富"。

现在有一些人，他们是有财富无记忆，这种就是恶性的财富循环。如果你有一些钱，可以投资，也可以学习技能，你有了新的收入、支出，每个月有结余再进行投资，一部分投到金融，一部分投到学习，这样就是一个良性的循环。恶性的循环就是这个人有金融资产，可是他每个月的收入都小于支出。现在生活当中，有很多每个月花的钱比他挣的多的人，我们把他们叫做"月光族"，还有"啃老族"和"富二代"。所以，无论你是富人还是穷人，都"先当学技艺，尔后求财富"。

我们不断地讨论，"我们可不可以拥有财富密码和智慧，让我们安享惬意、从容的人生？"我们可以选择一个温暖的下午，拥有一本书、一杯咖啡，看看窗外的风景，想一想远方的人，打个盹后醒来，用模模糊糊的思绪，去享受幸福的生活。有一首英文诗，说有一个小女孩在想，"今天在下雨，我就想远方的人，我爸爸去哪儿了，我哥哥去哪儿了"，这就是一种悠闲的生活。华尔街有一个漫画，山上坐着一个智者，有一个人在爬山，爬得很辛苦，就喊："智者请你告诉我，我怎么样才能获得幸福？"智者跟他说，很简单，只要你每天不看股票。

其实它教我们要理解财富和生活之间的关系，所以我们要通过学习，让我们从一个自主型的投资者变成一个知识型的投资者，学习财富智慧和幸福人生的关系。当然，我们首先要知道投资和理财的区别。我有一个同学，他有特别多的股票，几年前在深圳有一个女朋友，准备结婚的时候，女孩子的妈妈提了一个要求，把房子买了再结婚。那个时候大概是 5 年前，在深圳买房划算。可是我同学很生气，他说："你妈妈太过分了，这不是要挟我吗？到底是爱房子还是爱我？"问出了一个极不具备智慧的问题。当然最后他们分手了。其实妈妈是有智慧的，我的同学可以付首期，可是他所有的钱都在股市里。他不是不懂得投资，而是不懂得财富和生活的关系。他不应该问"你是爱我还是爱房子"，他问的应该是"我自己应该投资买房还是投资买股"。

　　什么是理财规划？就是通过对家庭财务资源的管理来理解你的生活目标。所以我要讲投资和理财有非常大的区别，它使我们的人生产生很多不确定性的东西。理财作为一种战略，需要对人生的短期目标、中长期目标、弹性目标、刚性目标来作出一个分类，作出一些资源上的配置，减少因为资本市场的波动带来的痛苦。

理财方程式

　　未来的财富 = 现在的财富及理财收益 + 未来存钱的能力及理财收益。

　　如果有两个女婿供你们选择，你们愿意把女儿嫁给谁？一个是现在的财富"W0"较多，还有一个是"W0"比较少，但他赚钱的能力"Et"比较高。大部分选择后者。

　　"W0"分为金融资产和实物资产。金融资产的风险管理就是分散投资，实物资产的风险管理就是财产保险、减少折旧。我们的Et就是我们创造收入的能力，是人力资本，我们要对它进行人寿保险，这样我们又能够创造财富"K"。有能力进行风险管理，我们就可以拥有从容惬意的人生。这是我们应该具备的基本财务智慧。

　　总之，我们有两种财富，一种是我们过去已经赚回来的，一种是我们未来创造财富的能力。我们有很多的人生梦想、目标，通过它们来实现。投资和理财有非常大的区别。

　　我有一个学生是潮州人，他有一个亲戚在20世纪80年代非常有钱，有很多奔驰车，家里的几个儿子都娶了当地的美女做太太。后来几个兄弟联手炒惠州的房地产，在20世纪90年代初期全军覆没，家道就败落了，所有的东西都拿去抵押给银行。美女太太们就抱怨先生们说："你们为什么把所有的钱投资到房地产里面？"先生们也很生气，就抱怨太太们说："你们几个当家的为什么在我们有钱的时候，不多留一点私房钱？"女人的私房钱是干什么用的？其实就是子女教育、退休养老和保险所应该准备下来的钱。

你希望孩子成为耐用消费品，还是耐用生产品？什么是消费品？就是"啃老族"。"生产品"就是很早就会赚钱。子女教育应该提早规划，因为教育程度高，机会多，而且他是一个阶段性的高开支。实际上培养孩子是非常贵的。据我们调查，你要是生了一个孩子，恭喜你负债100万。如果你的孩子还需要出国留学，至少要256万，在香港养一个孩子的成本是400万港币，费用非常高，需要规划，而且学费的增长率非常高。无论是海外留学，还是我们国内的学费增长率都远远高于通胀率，所以要提前准备。还有一个就是它没有时间弹性、没有费用弹性，没有讨价还价的余地。

还有养老，一个巴西最富有的富翁，继承了一大笔遗产，但是他一生极尽奢侈，身边美女如云，成天在游艇上面度日，他竟然将他的巨额财富花光了，然后住进了社会养老院。有人采访他："这么有钱都能花光，你后悔吗？"他说，我不后悔，我就计划将我所有的钱花光，只后悔一件事情，算错了我活的时间。长寿的风险就是在去世之前花光了资产，并且有可能储蓄不够，或者遭遇重大的投资失败。如果我们想要有好的退休生活，需要提前作出相应的安排。子女教育和养老都要求我们构建一个长期、稳定的投资，并且配合保险、有指定受益人这样一种投资组合。

请问购买保险能不能降低风险发生的概率？不能。买保险不能降低风险发生的概率，为什么要买？保险其实是一种风险管理的手段，是一种期权。今天的保险发生了一些变化，除了风险管理以外，也通过强制储蓄、资产配置，把人生高收入阶段的钱配置在低风险保障的账户当中，延迟消费，并且通过指定受益人，然后起到传承的作用。

生命周期图

人生跟树一样，会绿、会青，然后会黄。我们的财富也有一个生命周期，就是创造它、管理它、消耗它、传承它。在创造财富的时候，条件越陡越好还是越缓越好？积累财富要快，管理财富要缓，因为越陡其实风险也越大，所以我们管理的时候要稍微平缓一点，到了消耗财富的阶段，我们要的特征是什么？

不同的生命周期，我们对资产配置有不同的要求。因为我们需要通过财富管理来享受幸福的生活。我记得一次在西安一个叫小资的咖啡馆里，我透过纱窗和阳光（因为我的家人去延安了），我看见街上的行人，行色匆匆，就想每一个人对幸福生活的定义是不一样的。我们需要一杯咖啡，一点时间，讨论自己的生活目标和梦想以及财务资源，了解它们之间的关系。这样会有更好的心情去抵御投资的波动。可能需要做一个更好的配置，而不是在这种不断的投资当中消耗你的时间。

投资和理财不一样。理财是要把你的财务资源，就是你今天拥有和未来拥有的资产进行规划。什么叫拥有财富智慧？

我有一个朋友，她和她的先生就非常具备财富智慧。他们以前是经营企业，因为政府要求企业转型，迁到其他地方去，对他们来说非常痛苦。因为她学习了财富的管理知识，就算了一笔账，她跟她先生说，如果我们今天将资产变现，只要资产投资回报有 8%，我们还可以每个月花令人羡慕的一笔钱。然后他们就把企业卖了，卖了一个很好的价钱。她先生说："原来可以这样，理财规划告诉我们不用做工厂。"他们后来学习，培训自己成为理财师、心理咨询师、企业管理师，甚至鉴赏师、拍卖师，现在开始了新的事业，非常从容的一种生活方式，这是一种智慧。

有一个朋友提出了一个非常有智慧的问题，她说："毛老师我听了你的课，我想你帮我一下，我是两个孩子的单亲妈妈，我们现在有 300 万的现金，然后每个月有 15000 块钱的租金收入，我的问题是：我如何确保我两个孩子在英国留学的情况下，我退休了，不工作了，我每个月应该花多少钱？"她问的是一个规划财富的问题，第一是孩子要留学，第二是我要退休，我有这么多的财富，我每个月花多少钱合适？如果我能帮她，她就可以拥有更加从容幸福的人生。

所以，财富智慧是应该怎样去配置我们的财富，让我们拥有更加幸福、从容的生活。我们的人生就是以时间为横轴，财富为纵轴，我们创造财富、管理财富、消耗财富、传承财富，需要具备更多的智慧。在资源有限的情况下，我们不需要把所有的时间都放在赚钱上面，我们需要通过理解财富增长的规律来拥有更加幸福的人生。

理解投资理财的规律，并且让它服务于生活，这就是我今天要提出的一个问题，也是我想要跟大家分享的知识。在这个过程当中，我们可以通过创业、资本投资来完成财富创造，可以通过股票基金、投连险、寿险、房地产、企业、银行理财产品来完成管理财富和消耗财富，可以通过遗嘱、保险、信托来完成财富传承。我们如果能够配置好自己的财富，了解自己的未来，明确知道自己的现在，那么我们就拥有了财富智慧，你就一改匆忙飘浮的步履，拥有从容惬意的人生。

最后讲一个黄大户的故事来结束我们的题目，黄大户 1994 ~ 1999 年花了六年的时间，通过投资证券市场，从 6 万变成了 1500 万的资产，其中 1000 万做股票，他买了别墅，有 500 万的自用资产。从 1999 年到 2004 年，六年来，全家人都不工作，每个月的开支是 25000 块钱，主要是打高尔夫球费、交通通信费、孩子教育费、太太娱乐交际费，一年刚性支出为 30 万。从 1999 年到 2004 年，经济下滑的时候，黄大户的证券投资资产从 1000 万一路下跌到 400 万。某一天夜深人静的时候，他突然想，如果我的股票明年跌到 200 万，如果我们家一年仍开支 30 万，我还可以用多少年？这样想的时候，他就来寻求我的帮助。他的问题是家庭固定收入与固定支出严重不平衡，资产配置非常集中，家庭没有为子女教育、养老和保险作出任何安排。他把所有的才华、时间、精力都花在股票和创造财富上。他还有 400 万的生息资产，解决问题很简单，第一，增加固定收入，减少支出。解决方案也很好，他没有去买国债，也没有买商铺，而是买了一个企业的股权，然后他做管理人员，可以拿工资，也可以分红，每年至少 25 万。当他工作以后，他们家的开支也减少了，因为由打高尔夫球变成了陪客户了。同时他还拿了 100 万去投资企业、100 万做规划，也作了一些子女教育规划、养老规划、保险规划，配置分散了，资产承受风险的能力反而提高了。原来是职业股民，现在，他更多是利用自己创造财富的能力，工作成为他财富增长的另外一个来源，现在他成了一个快乐生活、享受生活的人。财富管理其实和投资不一样，财富管理可以有足够的知识和智慧帮助我们去拥有更加从容的人生。

也许我们生活中的幸福并不是来自金钱，但是财务的窘迫、投资的失败，还有生活中不可知的意外事件，一定会深深伤害我们的独立、自由、尊严，对财务理性的心态就能帮助我们用智慧来协调家庭关系、爱情和友情，理解新经济的游戏规则，解读令人眼花心乱的投资市场和投资工具。因为我们拥有了跟财富打交道的智慧，所以我们会有更多的时间、心情去感受幸福，恣意地享受生活，付出我们的能力和爱。

我们发现现在经济增长的顺序也变了，以前是出口—投资—消费，现在是消费—投资—出口。转型非常好。今天我们可以通过消费——一种正确消耗财富的方式，推动经济增长，也能推动产业的发展。当然，我们可能今天的消费，更多是用于学习，教育费用在我们个人消费支出中的比例可能会提高。学习是一种生活方式，把它作为一种生活方式，教育可能成为我们非常大的产业。很多文化性的消费，如歌剧、旅游，促进了一个新的产业发展。特别要说明一下，我们有一个非常重要的指标，其实这个指标是一个叫青木昌彦的日本经济学家在美国提出来的，我们看到"十二五"规划当中 GDP 已经没有写进去。青木昌彦提出，应该用国民幸福指数（GNC，Gross National Happiness Index）来替代 GDP，来衡量一个国家整个经济发展是不是非常和谐，而且是朝着更人文的方面来发展。为什么提出这个幸福指数？虽然日本的经济长达 20 年没有高增长，但是日本的经济总量并没有下跌，还是牢牢占据着世界经济第二位。当然中国现在是此起彼伏地增长，为什么日本 20 年经济发展没有跌？但是它的产业结构发生了变化。过去日本的主要产业是机电、电梯、车，但是现在出口最大的是动漫。青木昌彦就是基于此提出，用国民幸福指数来替代 GDP。当时引起了很多的关注，我们在消耗财富，我们创造财富不是为了让钱不断地增长，而是让我们的生活幸福。这是我们要去思考的，创造财富的前提是不影响幸福的生活，幸福的生活是生态与心态合一的生活，需要理解人与自然和谐发展的关系，并且拥有财富与生活智慧相统一的一种生活，那样我们就拥有一种更加从容惬意的生活。

节能减排与国家竞争力

贾 峰

贾 峰

国家环境保护部宣传教育司副司长、《世界环境》总编辑。作为项目主任或国家协调员参与了一系列的国际环境教育合作项目，主要包括：UNDP 中国环境意识项目、GLOBE 计划、中加气候变化项目等，并策划导演了多部环保电视节目，包括《美国环保之窗》《日本环保之窗》《中国环保之路》等。

过去改革开放 30 多年中国取得了瞩目的成就。然而当我们回顾过去走过的道路的时候，我们不得不清醒地看到，中国 30 多年的经济发展在很大程度上是以牺牲环境、消耗更多的资源作为代价换来的。子曰：人无远虑，必有近忧。我们应该认识到问题的严重性。

昨　天

在人类社会的早期，因为人们的能力有限，那时人们畏惧自然。随着人类科技的进步，工业文明的到来，人们开始有了一种"人定胜天"的观念。在这种情况下，发生了很多公害事件。

从地球诞生到现在已经有40多亿年，如果我们把地球的40多亿年压缩到100年，那么在地球这100年的最后一天，我们人类来到了地球。一个100年的世界，我们来了1天，而在人类到来以前地球已经成了一个姹紫嫣红、丰富多彩的世界。我们人类是地球这个大家园最年轻的来客。然而作为一个最年轻的来客，却极大甚至彻底地改变了地球的面貌。尤其是工业文明以来，人类改变自然的力量不断增强，在这方面发生了更大的变化。按照地球百年的比喻来判定，其实是发生在5分钟内，短短的5分钟世界全变了。下面我们举一个例子。

发表在20世纪70年代初美国《新闻周刊》的一张照片反映的是日本水俣病的惨状，照片上的母亲抱着自己14岁的女儿，在给她洗澡。孩子那无神的目光，畸形的手，骨瘦如柴的身体和弯曲的脚，那是被含有甲基贡的废水污染所致。为什么含汞的废水会导致孩子得病呢？在我们人类的生产生活中，比如说燃煤电厂发电的过程中会排放很多的烟尘，而在煤炭中就有汞的污染物，在矿山的开采中，有一些含汞的废物也会流失。城市的污水处理厂以及农业生产中，都会产生些含有汞的物质，它们都会随着地表径流最终到达水体，它会停留在水体的底部。汞作为重金属的一种，很难被自然所分解，或者说分解需要很长的时间，长期积累的结果最终会导致在水体中生产、生活的微生物和鱼类、贝类被污染。而鱼也是我们蛋白质的很重要的来源，我们钓鱼、捕鱼，把这些鱼烹调熟了以后，端到了我们的餐桌上。我们曾经排放出来的污染物，通过一个生态系统的链条，最终又回到了我们自己的体内。

20 世纪 30 年代，在日本水俣这个小小的村庄建了一个氮肥厂，用甲基汞作为氮肥生产的催化剂，虽然能提高化肥的生产量，但是含有汞的废水未经任何处理就排放到了当地的海湾里。经过 20 年的迁移转化，最终当地的老百姓开始患病了。据不完全统计，有将近 3000 名当地市民被甲基汞毒害而死。有数万人成为水俣病的患者。照片中的小女孩，还在妈妈肚子里没有生产下来的时候，就受了汞的污染，导致她一生下来就成了这种先天性的水俣病患者。

从某种意义上来说，我们人类过去工业化过程中发生的八大公害事件几乎都是按照这样的情节发展的。为什么出现这样的情况？第一，我们人类对于环境的认知非常有限，不知道有一个生态系统，不知道有一个污染转嫁的过程。第二，公众的无知，当然也就无法维护自己的权利。公众的这种意识直接决定了立法者的意识。所以在工业化时代，在 20 世纪 70 年代以前，所有的国家，包括发达国家都没有环境保护的法律法规。向环境中排放污染物既没有法律的约束，也没有知识的判断。因此发生这样那样的污染，这种触目惊心的污染事件，从某种程度来说，已经在所难免。然而从 20 世纪 70 年代以后，各个国家，甚至包括当时还没有改革开放的中国开始重视环境保护，制定了很多法律法规。在这种情况下，发生在西方发达国家的污染事件逐渐减少。从某种意义上来说，发达国家的企业，为了遵守环境保护的法律，要增加环境投入，成本增加了很多。在这样的背景下，它们开始把生产基地转移到发展中国家。

下面我们就看看发生在印度的悲惨的污染事件。1984 年 12 月 2 号凌晨到 3 号清晨。在印度博帕尔这个地方有一个大的化工厂，是美国联合碳化物公司投资建设的一个化工厂。化工厂里面生产很多的化工产品，但是有一种燃料含有剧毒成分。那天晚上储存这种燃料的压力罐发生了泄漏，6 个相关的警报装置全部失灵，或者没有投入使用。在当天夜里，有 40 吨的剧毒物质泄漏，污染了当地大概有 40 万平方公里的一片土地，在周边的土地上大概住了 50 万老百姓。在污染事件发生后的三天之内有 8000 人死亡，到 2009 年大概有 2 万人因污染事件而直接死亡，有 50 万人受到了污染的影响。1984 年 12 月 3 号上午，很多没有死亡的当地居民，他们的眼睛全部瞎了，他们坐在工厂的门口，向企业、公司讨一个说法。污染对人类的损害真是到了无以复加、令人发指的地步。随着人类的进步，关于环境的技术、控制污染的技术有了很大的发展。比如说，为了让天空更蓝，我们应该把煤炭燃烧产生的烟雾控制在地面上，不应该排放在大气中，类似这样的技术得到了很大的发展，减少了酸雨的频次和程度。像水，我们都希望我们身边的小河、湖泊甚至江河、大海都是清澈的。但是我们每天的生产和生活都会排放大量的污染物去污染我们周边的水体，在这种情况下，很多城市都建立了污水处理厂。污水处理厂的建设是基于政府或者企业的投资，污水处理厂技术设备的设计来自工程师手，而工程师在设计一个污水处理厂的时候，对于控制什么样的污染物质是源于我们对污染物质的认识和科学的判断。如果我们对一个问题污染物缺乏判断，在一个污水处理厂里面，你可能会发现有一些污染物质不能被污水处理厂处理而再次回到大自然中。

2004 年，英国政府环保部门发布了一个研究报告，这个研究报告历时 20 年，选择了 50 个地点，一共对 1500 条鱼进行了跟踪调查。经过 20 年的研究，得出这么一个结论。在 1500 条鱼里面，其中有 1/3 的雄性鱼出现了雌性鱼的特征，换句话说，有很多鱼已经开始变性了。因为雌性激素导致鱼类的变性。这些雌性的污染物质并不是直接来自于工厂和农药的使用，而是来自于污水处理厂含有雌性荷尔蒙物质的一些污染物。我们想一想第二个问题，既然雌性荷尔蒙物质来自于污水处理厂，它的来源是哪里？从互联网的新闻报道来看，主要是成年女性生理周期的排放物，以及使用避孕药所产生的残留。

通过这个例子能得到什么样的启示？我们人类去解决环境污染问题，很多是基于我们对环境科学的认知。如果我们没有科学的认识和判断，我们意识不到问题的严重性和污染问题的实质、本质所在，我们的工程师不可能设计出具体的方案来解决环境问题。当然政府也很难通过立法和制定标准的方式对污染行为进行控制，来推动社会的可持续发展。这个故事给我们的另外一个启示就是，我们人类对于环境的认识充其量是大海上漂浮的冰山露出水面的一个很小部分。我们面对大自然应该多一份敬重，而不是盲目和大自然进行抗争。

回顾工业文明的发展，我们发现到 20 世纪 70 年代以后，人类的发展开始出现了很多的障碍和瓶颈。在这样的背景下，1972 年有一个叫罗马俱乐部的组织，发表了一个报告《增长的极限》。这个报告从人口的增长、地球上到底能够养活多少人、环境的承载力、资源的供应能力等方面作了分析。得出的一个基本结论是，我们现在的这种生产和生活方式，将会面临一个增长的极限。这个报告发表以后，很多人不苟同他们的观点，甚至觉得他们有点儿杞人忧天。甚至有一些科学家说，《增长的极限》里面所提出的某某极限现在已经到了，为什么人类还在发展？以此来反对或者否定《增长的极限》对我们人类发展的意义。其实我们大家稍微回顾一下，《增长的极限》这个报告的目的是什么？是在我们一般人的视野范围不能及的未来，给我们作了一个预测。假如我们这样做下去，将会面临什么样的问题。而它的建议是，我们必须要改变，之所以我们今天没有出现《增长的极限》里面谈到的极限，不是因为当时的预测是错误的。在过去的 30 年中，我们人类吸取了其中的一些建议，《增长的极限》发表到现在将近 40 年了，我们回顾相关的一些问题，我们发现我们面临的一些新的挑战，而在《增长的极限》中并没有谈到。

今　天

2005 年联合国发表了一个报告——《千年生态系统评估》。下面就是千年生态系统评估报告里的一些基本结论。

第一，地球母亲为我们提供洁净的空气、淡水、森林、土地，其他的物种包括富含蛋白质的鱼类，提供生态系统的服务功能。它值 15 万亿英镑。我们每一个错误的行为，每降低生态服务功能某一个部分的功能，都必须花钱重新恢复。第二，人类从根本上、很大程度上不可逆转地改变了地球的生物多样性。第三，人类的活动加剧了物种灭绝的速度，达到了没有人为因素干扰时的 1000 倍。有 10% 到 30% 的哺乳动物、鸟和两栖哺乳动物正面临着灭绝的危险。而且随着人口的增长和我们生活水平的提高，我们需要更多的牛奶、更多的毛衣、更多的肉类，而且到 2050 年必须增加更多的农用耕地。新的耕地就是把现有的草场、森林转变为农用耕地。而草原、森林都是生态系统最丰富的地区，把它们转变为农业耕地意味着地球的生物多样性进一步减少。

总体的判断，地球生态系统的服务功能有 60% 已经退化，或者被我们人类以不可持续的方式所使用。所以，我们应该让地球休养生息，但是地球会得到这样的机会休息吗？从以下理论看，我们的答案是否定的。1994 年，德国科学家舒密特曾经发表 10 倍因子理论。按照他的理论，人口到 2050 年将会在 1990 年的基础上翻一番，增加一倍的人口吃饭和消费。人类全球的人均 GDP 要增加 3~6 倍。在我们现有的生产、生活方式下，人均 GDP 增加就意味着电力消费的增长、能源消费的增长和其他一些相应空间的增加，总之，伴随着我们对资源和环境压力的增加。按照他的理论，到 2050 年我们人类对地球资源和环境的负荷会增加 10 倍。

当地球有 60% 的功能已经退化，或者被我们以不可持续的方式使用的时候，我们不仅没有让地球休养生息，反而让它增加了 10 倍的工作量。地球将会面临一个什么样的明天，我们可想而知。我们每天的生活离不开资源和能源，尤其是电力，能源供应是现代文明的一个重要基础，然而我们的能源正在面临短缺和供应的危机。

2008 年世界著名的能源组织"国际能源机构"发表了世界能源展望报告。在报告中它作了一个预测，根据我们已经探明的资源储量，考虑到我们现今的消费速度，可以计算出一些重要战略能源能够维持人类再用多少年。比如，地球已经探明的石油资源按我们现在的消费速度来推算，最多能够满足我们再用 40 年。

那么人类的生产、生活和地球的生态承载力之间到底是一个什么样的量化概念？世界能源基金会联合另外两家环保组织，在最近每两年都会发表一个地球生命力报告。这个报告使用了两个重要的概念。一个概念是承载力，即地球的生态承载力。另一个概念是人类的生态足迹。承载力就是地球的资源，按照我们全世界 60 多亿人口平均算下来，每个人能够获得支撑的能力。而生态足迹是我们真正的生产与生活给地球造成的影响大小。二者都用一个面积来量化比较。2008 年的报告指出，世界人均的承载力面积是 2.1 公顷，而当年的生态足迹人均为 2.7 公顷。这意味着我们对于地球造成的影响超过了地球能够提供的资源支撑能力。

按照地球生命力报告，我们人类每一年对地球资源的消耗，需要地球这个生态系统用 4/3 的时间才能够恢复平衡。既然没有另外一个多余的 1/3 年，就意味着地球的支撑能力在逐步下降。如果按照我们现有的生产方式和生活方式，报告指出，大概到 2035 年，我们人类需要两个地球。在 25 年的时间内，我们人类能找到一个像地球这样的家园吗？

有人说美国是世界最先进的国家，很多地方都值得大家去学习，是人类实现梦想的所在。然而美国是我们工业化时代的一个典型，是一个最黑色的典型，是一个负面的榜样。因为我们如果按照美国人的轨迹去发展，那么世界将会加速毁灭。我们中国呢？我们有世界第一的人口，我们国土上有很多地区还不适合于人类居住，我们的人均资源达不到世界人均水平。我们中国人均石油的占有量达不到世界人均水平的 6%。我们人均的煤炭还达不到世界人均煤炭的占有量。中国的人均生态承载力只有 0.9 亿公顷，而我们的生态足迹是 2.1 公顷。如果我们用刚才这种评价方法来预测的话，意味着我们每活一年，我们整个 960 万平方公里的土地上所提供的生态服务功能，要恢复到正常的健康状态，需要 2.3 年的时间。所以我们的生态服务功能真的面临着巨大的压力。

世界能源组织同时对中国的资源储备进行了预测。按它的预测，中国已经探明的石油储量按今天的消耗速度来计算，假设我们不购买国外的石油，只能供我们用 13 年。13 年对于我们人类来说，不是很长，但也不短。从这个角度来说，我们的资源压力超过了世界任何一个国家。从环境的角度来看，我们的环境负荷压力也非常大。以二氧化硫为例，二氧化硫是引起酸雨和酸污染的一种重要来源，据科学家计算，在我们国家要确保大气的空气质量达到一个健康的标准，我们每年向大气中排放二氧化硫的总量不能超过 1400 吨，但 2000 年我们每年向大气中排放的二氧化硫已经达到了 1998 万吨，污染已经非常严重，到 2006 年甚至达到了 2588 万吨。2006 年通过对全国 559 个重点城市进行空气检测，其中有三分之一的城市空气质量不达标。空气质量不达标，对市民的身体健康会带来特别不利的影响，同时也会对建筑物、对农作物和其他的物种造成危害。

循 环 经 济

按照循环经济的理念，从某种意义上说，不会对环境造成污染。比如发电厂的燃料是煤炭，产品是电力。为了满足生产需要，必须购买原材料——煤炭，通过提供电力产品来获取价值和回报。当销售电力的收入超过购买原料的支出，这个企业就是一个成功的企业。但是除此之外，发电厂在发电过程中会产生大量高温度的废水，它们直接排向发电厂外面的水体。鱼和其他的水生生物，它们都需要在一个适宜的温度中生活，突然水温发生了很大的变化，对于水的生态世界会带来特别不好的影响。发电厂在提供电力的同时，烟囱中会产生很多的灰尘，而灰尘中含有污染物质——二氧化硫，当这样的物质飘散在空中，和雨雪相结合可能会形成酸雨，对我们造成损害。如果没有雨，它会随着地球的引力，慢慢降落到地面，也会对我们的健康、对农作物的生产造成损害。

这种污染到底应该怎么解决？有些科学家把循环经济的概念引入工业生产的过程中。以发电厂为例，发电厂产生的高温废水可以用于温室温度的保持，可以通过一个管道把高温的水直接送到市政部门用于冬天取暖。二氧化硫可以用脱硫装置通过物理、化学的方法留在地面，然后变成石膏，石膏可以送给建材厂，用来生产天花板。建材厂过去要到山上去采石，经过加工产生石灰，然后再制造石膏。而如果发电厂产生的石膏被利用，就不需要开采山上的石材。这样就形成了一个封闭的循环经济体系。

丰田汽车回收工厂采用了特别的技术，设计了一条回收流水线，把报废汽车里所有的东西分类回收。如果不分类，报废汽车就作为一堆铁熔化了。但是从某种意义来说，垃圾分类越细，资源回收的效率就越高，价值越大。经过循环回收的过程，丰田公司现在每辆车的回收利用率已经超过了92%。它意味着在日本的本土，每生产100辆丰田汽车，只需要8辆车全新的原材料。而另外92辆车的原材料来自于旧汽车的再利用。

在传统的生态模式下，我们为了生产新的生态产品，如生产手表，需要钢材，因此需要铁矿石，需要钢铁厂，需要其他的电路板，等等。最终这些零配件组装成一个手表，就进入消费领域。任何一个产品都有寿命，这个产品的寿命完了我们就丢弃了，然后就变成了垃圾。在这样的一个过程中，我们的生产、生活有三个特征。第一，大量的生产满足了我们的需要。第二，大量的消费。第三，大量的丢弃。因此我们需要两个支撑，一个支撑是需要不断有新的原材料供应。第二个支撑，我们有足够大的地方能够堆放垃圾，而且在生产的过程中，产生的污染物有足够的环境容量能够消纳。原材料的供应现在越来越短缺了。另外，我们今天已经是垃圾围城，我们虽然每天每个人都产生垃圾，但是过了一两天发现垃圾悄无声息地离开了我们。其实它离开我们不太远，可能经过环卫工人的辛勤劳动，把城市的垃圾最终送到了郊外，挖一个坑，做好了各种各样的工程准备填埋了。用不了多长时间，这些垃圾坑填满了，还需要新的这种场所。在这种情况下，填埋垃圾的地方也越来越少了。

循环经济的概念就是通过物质的循环，尽量少地使用原材料，尽可能少地排放新的废弃物。第一，要控制污染的产生，这需要我们市民的配合。比如，过去经常挂在嘴边的"新三年、旧三年，缝缝补补又三年"，从某种意义上说是最好的控制污染物产生的原则。第二，我们这些东西完成了一个使命，还可以再次利用。比如，布底的鞋子，穿着很舒服，透气，很柔软。我们的衣服可能穿的时间长了，不能穿了，但是并不是说就可以扔掉成为垃圾。我们给他剪下来做布片，一层一层地拿糨糊涂上，晾干了以后就是纳鞋底的原料。虽然不是一件衣服，但是有了新的功能，这就是再利用。再生循环是什么概念？鞋底用完了，最后鞋底还可以进行循环。作为棉纤维处理，可以生产新的棉织品。

低 碳 经 济

刚刚结束的党的十七届五中全会，也谈到用低碳理念来建设中国的未来。在2009年9月22号联合国气候峰会上，胡锦涛总书记提出倡议，要大力发展绿色经济，积极发展低碳经济、循环经济，研发和推广气候友好技术。这是为了应对气候变化和改善我们的环境状况提出的。

低碳经济主要有三个方面的目标。第一，低能耗。节约能耗和提高能源利用效率。第二，可再生能源，也称新能源或者低碳能源，或者替代能源，如地热发电，不以化石能源为基础的能源，能够实现低碳排放。第三，碳的低排放，如燃煤电厂在发电过程中会产生二氧化硫，为了减少它对我们的影响，要安装脱硫的装置。从经济领域来看，包括低碳的产业、低碳的交通、低碳的建筑、低碳的社区、低碳的城市以及低碳的生活与消费。

2007年我们国家颁布了一个到2020年可再生能源的中长期计划。有趣的是，2007年颁布这个规划的时候，规划到2010年中国的风力发电装机量大概达到500万千瓦，然而2007年底我们的装机容量已经达到了604万千瓦，超过了2010年的目标。2010年，按照能源专家的预测，我们中国的风力发电装机容量大概超过4000万千瓦，这个数值比我们规划到 2020 年的目标还要高。从这个意义上来说，我们中国提前 10 年就超过了目标。

发展低碳产业是 21 世纪最具附加值和高科技、环境友好、气候友好的产业，是最大的动员和表现我们人类创造力的产业。当然，这个产业的发展与一个城市、一个国家的竞争力是紧密联系在一起的。从发达国家的角度，按照国际公约的要求必须减少二氧化碳的排放。中国虽然在未来的若干年内，不会具体减少二氧化碳的排放总量，但是也许再过 10 年，当我们经济发展到一个层次的时候，我们国家要承诺减少二氧化碳的排放量。在我们下一个五年计划里面，减少单位 GDP 二氧化碳排放的强度，将会作为一个重要的目标。而这个目标其实在我们国务院的文件中已经明确地提出来了。总目标是到 2020 年中国单位 GDP 二氧化碳的排放强度要在 2005 年的水平上减少 40% 到 45%。而实现这个目标，减少单位 GDP 二氧化碳的排放量，除了提高能效以外，很重要的措施就是要发展低碳的发电系统。

可再生能源中的一个重要方面，就是太阳能光伏发电。有科学家指出：地球每一个小时接受的太阳能源，能够满足我们地球上一年的生产与生活需要。关键是我们如何把来自于太阳的能源储存起来，为我们持续使用。深圳现在已经走在了整个国家的前列。薄膜电池是太阳能光伏发电的第二代产品，相对于太阳能之类的硅金板有了技术上的明显进步。

发展低碳产业，看上去是企业家的事，其实不尽然。发展低碳产业不仅和企业有关系，和政府、老百姓也有非常重要的关系。比如，同样性能的汽车，电动汽车卖价要比普通汽车贵 6 万到 8 万元，那没有消费者愿意买。所以国家，包括地方政府要通过财政资金给消费者以补偿。而且，政府、企业包括房地产公司需要共同努力来打造电动汽车使用的舒适环境，这方面深圳做得非常好。据估计，到 2012 年深圳要建立 12000 多个充电站，这样就为使用充电汽车的消费者提供了极大的便利。所以在当今社会，为了锻造一个新的产业，不仅用传统意义上的招商引资办法和工具，而且还会动员更多的资源来满足这样的需求。以充电站的建设为例，它不仅仅是为电动汽车提供方便，而且打造了另外一个 21 世纪最先进的平台——智能电网的建设。过去的电网就是电线，电压的变化会导致掉闸或者电网的崩溃。而现今的电网，尤其是光伏发电、风力发电的波动很大，因此电网要经得住这样"风值"电压的变化。另外，过去的电线是单向的，我们用电直接插上就能够下载电力使用。而现在的智能电网是双向的。如果有发电机可以把电送到网上去，可以卖电。而且电网所谓的电线还可以传输互联网的消息，可以传输电视信号，可以满足我们信息化世界的需求。它非常先进，具有巨大的增长空间。如果没有电动汽车的使用，不建立充电站，不做这样规模化的尝试，那么智能电网只是纸上的图画而已。所以建设低碳城市，发展低碳交通，消费低碳能源都是建设低碳社会的重要条件。

全民参与环保

从 2005 年开始的"十一五"规划，从 2007 年开始，经济继续保持高速增长，但是污染物排放明显下降。从某种程度来说它为中国环境质量的改善提供了一种可能。如果这个趋势能够延续，那么再用 30 年左右的时间，我们中国的生态环境会得到一个极大的改善。保护环境，我们的老百姓是不是也要承担一份责任？也许有人说我们做得太少，只是杯水车薪，但是我们每个人的小小努力汇集起来，就是很大的贡献。

靠众人的力量，聚沙可以成塔。我们每个人都有一份责任，保护环境，政府具有不可推卸的责任，企业可以成为节能减排的主力军，但是我们市民也能够在其中发挥重要的作用。比如，我们可以每年作出一定的节能努力，可以少消耗资源和减少污染物的排放。就像有人所说的："泰山不拒细壤，故能成其高；江海不择细流，故能就其深。"因此，每个人的努力也许是有限的，但是当我们全社会共同努力的时候，那么它就成为一种巨大的社会行为，为国家的环境改善作贡献。

从何处入手可以节约能源、减少污染物的排放？我们可以制订一个节能小计划，经过一系列的实施，我们就会形成绿色的家庭、绿色的宿舍、绿色的校园和绿色的社会。当然也许我们会遇到困难，如不知从何时开始，其实我们就可以从今天、从现在开始。比如，我们觉得缺乏毅力，怕自己坚持不下去，那你可以找一些伙伴，组成一个社团。比如，我们觉得缺乏一种监督和指标体系来评价，就可以通过消耗的电表和账单来检查自己的进展。总之，我们可以通过很多的方法来实现节能减排的目标。

家庭中我们如何做到节能环保呢？比如，洗衣服的时候，不要只洗一两件，攒到一定的量再去洗，减少使用洗衣机的次数。假如你生活在一个实行峰谷电价的城市或者小区，那你洗衣服的时候，尽量晚上洗，因为晚上洗同样的衣服用电少。以北京市为例，晚上只是白天用电的 1/2。当然，从某种角度来说，实行峰谷电价其实对平衡电网是有好处的，不用建设这么多新的电站。比如，在使用洗衣机的时候，尽量少用洗衣粉，因为洗衣服产生的废水是污染水体环境非常大的污染源。在厨房里面，我们要注意节约用水。在选购冰箱等家用电器的时候，我们应该选用低能耗厨房的电器。在家居生活中，少用一次性的纸杯，包括瓶装水，尽量用自己的杯子。在家庭用能方面，尽量使用节能灯，提高用水的效率，养成随手关灯的好习惯。睡前或者不用电器的时候，要把家里的电器电源拔下来；出行的时候尽量乘坐公共交通。如果一定使用小汽车，就购买小排量的汽车，或者混合动力、纯电动的新能源汽车，减少汽车使用过程中的尾气排放。同时每去一个地方，要优化出行线路，减少汽车行驶的里程，减少能源的消耗和污染物的排放；而且可以搭车，拼车。在办公室，尽量使用双面来打印和复印，减少使用包装；离开办公室的时候，或者中午休息的时候，要关闭电灯和电脑以及其他的电器；要多使用电子设备，发E-mail，少用纸张；在夏天的时候，空调不要低于 26 度，冬天设置不要高于 22 度；少乘电梯，多走楼梯，不仅保护环境还有益于身体健康。

总之，衣、食、住、行、办公各个方面我们都有可能为节能减排作贡献。在谈到我们传统文化的时候，我们应该向我们的先人学习。中华文明之所以能延续五千年，是因为它有很多人与自然和谐相处的准则和要求。

世界、中国和我们自己

白岩松

白岩松 ✎

中央电视台新闻评论部主持人。曾主持香港回归、国庆五十周年庆典、澳门回归、第 27 届奥运会等大型现场直播节目。曾荣获"中国十大杰出青年"称号、"长江韬奋奖"、"中国播音与主持金话筒奖"。

世界眼里，中国有多张面孔

我曾经在我主持的直播节目《新闻 1 + 1》中说过，60 年前的 1949 年，毛主席说"中国人民从此站起来了"，60 年前中国结束了被动挨打的时代。经过 32 年的改革发展，中国结束了挨饿的时代。现在，中国正式进入一个挨骂的时代。现在我们与世界的关系微妙而奇怪，夸张的表扬与夸张的批评迎面而来，最高的礼遇和最恶毒的打击迎面而来。萨科齐曾经对中国非常不理智、不礼貌，差点葬送了中法之间那么多年建立的友谊，但是这一次胡锦涛去法国访问，萨科齐到机场迎接，然后全程陪同，这在过去是没有过的。一个国家领导人全程陪同，这几乎是最高的礼仪，全世界很多的媒体也在分析为什么。因此，你会思考世界看中国的哪一张面孔是真的。我们不要只关注一张面孔，如此错综复杂的面孔就是中国与世界的关系。未来10年，甚至很长的一段时间，中国都将面临这样的世界环境。

前几天诺贝尔奖评委会的秘书长在回答演讲提问时也谈到他对中国不是很了解。那既然不是很了解，怎么就这么轻率地作出了一个诺贝尔奖的政治决定呢？他也承认这是一个政治决定。不要认为很多人对我们非常了解，更何况相当多的国外朋友还把中国这个社会主义国家想象成苏联和朝鲜。我曾经不止一次在国际论坛和国际媒体的交流中告诉他们，不要再拿苏联和前中国（"文化大革命"，中国改革开放之前）以及现在的朝鲜去衡量中国、衡量社会主义国家。不能不懂中国人的智慧，什么叫中国特色的社会主义？什么叫社会主义初级阶段？这就是与过去已经划清界限了。但是相当多的人不知道。所以我总结归纳，世界上有一部分人喜欢中国，接下来又扩大比例，会有更多的人喜欢中国的人民，但是所有的人都喜欢中国人民币。这就是这个面孔现在如此复杂的最根本原因。喜欢中国的人相对少，喜欢中国人民的人增多了，但是都喜欢中国人民币。因此，在不同的利益、不同的事情面前，就展现出了不同的面孔。

邓小平曾经给中国与世界的关系定了一个基调，叫"韬光养晦，不当头"。几十年的时间里，中国的对外政策基本上是在"韬光养晦，不当头"这样一个立场上延续下来。但是，当一个国家的GDP成为世界第二，当你拥有越来越多的话语权和其他的权力时，想"韬光养晦"都很难。一个人绝不是说你想低调就能低调的，"树欲静而风不止"。因此，这是最难的时候，难就难在欲韬光养晦都不能，有些事情要承担责任，但又不能承担太多的责任。

中国与世界之间除了我们面对的这种不同面孔之外，还有错综复杂的国际形势。大家要相信一点，在外交上没有永远的朋友，也没有永远的敌人。任何一个国家首先是建立在对本国利益高度保护和捍卫的基础上发展与其他国家的关系。还觉得国际上有雷锋？不可能。所以在这种前提下，中国就要更智慧。还有一个挑战，这两三年里中国在很多国际场合面临着相当多的挑战，就是权利与义务之间的平衡问题，你希望拥有越来越多的权利，但是别人希望你承担越来越多的义务。中国一直强调我是一个发展中国家的代表，国际上相当多的国家是让你承担发达国家的义务。比如说2009年的哥本哈根气候峰会上，相当重要的分歧就出在中国希望自己作为发展中国家承担发展中国家该承担的义务，但是谈判方就希望你作为发达国家来承担这个义务，那中国觉得自己扛不起。所以现在世界上还有相当大的博弈，就是中国的权利与义务该以什么样的身份和资格面对。

另外，中国现在提出了关于"软实力"的问题。中国面临一个国际形象的问题。首先这要取决于你拥有了多大的实力，一般情况下成正比，少数国家不成正比。比如，希腊对全世界的影响与它的经济实力就不太成正比，因为它依靠强大的文化遗存、文化历史，让世界对它有更大的认同。像希腊这种国家是很少见的，但大部分国家它的实力跟它的影响力是成正比的，比如说美国制造、日本制造走遍全球，美国的宣传工作做得更猛，尤其体现在以好莱坞为代表的美国价值观的传递上。美国好莱坞的电影让你以买票的方式接受它的价值观。麦当劳、肯德基里全是美国文化，这就是它"软实力"的输出。

这几十年咱们对人类和对世界的贡献不多。即使中日之间这几十年关系起伏，中国一代又一代的孩子都是在《阿童木》《多啦A梦》的影响下长大的，你有没有听说过几代日本孩子是在咱们的什么形象影响下长大的？除非说孙悟空，那是在他们爷爷辈那儿，所以我们要脸红。除了脸红之外我们要做点什么？"中国制造"的产品已经大规模地走向了世界，为你获得夸张的表扬和夸张的骂提供了机会。

我们看待世界要有一种更长远的眼光，除了要有经济指标的自豪之外，也要给人类的发展提供更多的价值贡献、理念贡献和务实的推动力量。是世界改变了我们，还是我们改变了世界？二者都有。龙永图在1994年曾经教过我一句话，他说："小白，知道什么叫谈判吗？""不知道。""谈判就是双方妥协的艺术。任何指望谈判是单方面获胜的人，那不叫谈判，那叫征服，甚至叫欺凌。"这句话深深地影响了我。我不会再像我年少的时候那么天真地永远只希望单方面获胜。因为我们与人生在谈判，与时间在谈判，与国家在谈判，与世界在谈判。不管与谁谈判，你不都要明白得双方妥协吗？哪能只有别人让步你不让步呢？

个体如此，中国也同样如此，恐怕中国在与世界交往的过程中，也是一种谈判。就像中国提出的"和谐世界"观，核心思想来自中国的古文化"君子和而不同"，君子之间，能够和睦相处，保持着各自的不同，所以这是中国和谐世界观的根基。反过来，"小人同而不和"，小人之间相交往，表面上都一样，其实暗地里互相拆台，绝不和睦。所以中国提出了"和谐世界"观，希望世界能够像君子之交一样"和而不同"，这是大根基。

在动态中追求平衡

我们作为中国的公民（我现在愿意而且也应该用"公民"这个词，咱们从"寡民"——从13亿中的一个数，到"老百姓""市民"，我觉得一定要走向"公民"，并不仅仅是天下为公，每一个人天然就是"公民"），你说你能在这个社会上独善其身吗？你的幸福、你的快乐，你所有的事情都与周围有千丝万缕的联系。有一天我预约一个轮椅（受伤最严重的时候），已经交了很多钱（在北京的首都机场预约一个轮椅，那么近的路，用一次400块钱，我说这是抢钱。但是你受了伤，没办法，再贵也得用），飞机给你停在不是廊桥的地方，你最后一个离开机场，看着所有的乘客走完了，把服务员叫过来："我怎么下去？""我搀着您吧。""您要能搀的话，我还用坐轮椅？"他不会考虑你任何尊严。

拿它举例是想说明，中国自身的问题要比面对世界的问题复杂得多。刚才讲世界已经让大家一脑门子的汗了，但是要讲我们自己的问题，出八脑门子的汗都讲不完这些问题。现场有很多老人，你们这一代老人比我们幸福多了。我都不能想象我们这一代老了的时候生活是什么样。那天我见天津的一个老人有 4 个孩子，在他养老的问题上，有 2 个女儿被迫退休伺候他，生活很艰难。可是我做节目的时候，我首先看到的不是艰难，而是羡慕，因为这个老人有 4 个孩子为他解决养老问题，我们将来是不可能的。我们这一代人，包括比我们小的一代人，几乎没有想过是被孩子养老，想的都是在福利院里度过。老年人的问题将是非常大的挑战，中国现在超过 60 岁的人口占总人口的比例是 13% 到 14%，而日本 65 岁以上的老人占总人口的比例接近 25%。首要的问题是人口结构发生了重要的变化，消费能力开始减弱。日本的首席经济学者在一个小范围的谈话上，首先讲到的就是人口问题，尤其是老龄化的问题，所以中国的老龄化问题一定会到来。

这些仅仅还是细节。而中国现在面临着一个相当大的挑战就是从前 30 年的效率优先开始逐步转向关注效率、关注公平，如何使效率和公平的平衡达到一个新的高度。不幸的是，富士康又出现了一起坠楼身亡事件。毫无疑问，富士康这种代工模式是追求效率的代表，达到了极致，但是之所以从 2010 年开始全国甚至全世界的媒体高度关注富士康跳楼事件，就在于我们现在对效率已经不像过去那么看重，而看重公平，包含人权、民主、自由等因素。富士康也没少做工作，但是现在并没有彻底根治问题，想彻底根治很难。因为现在的年轻人，80 后、90 后这批打工者，与他们的父辈 50 后、60 后的打工者是不一样的。50 后、60 后是第一批、第二批来到深圳的打工者，做好了吃一切苦的准备，他们的所有目标是为了家庭生活的改善，不是为他们自己，因此他们能忍一切不能忍之忍。所以，很少会出现这样的问题。而且那个时候城乡之间的反差更大一点，因此他们有的时候感受反而还不错。但是现在 80 后、90 后的这批外出打工者，不再是为了改变家庭的命运，而是为了改变自己的命运，他们的出发点是为了改变自己的命运。同时他们大部分又是初中毕业，还有相当多的是高中毕业，文化素养稍高，他们的心理需求与他们的父辈是不一样的，对公平的渴望更强。他们看到不公平，就会反馈给自己，形成一种很大的压力和刺激。

中国现在面临的相当大的挑战就是效率和公平重新的博弈。中国最早的时候提出，经济发展要快，后来改成了"又快又好"，再后来变成了"又好又快"。可别小瞧这一倒腾，什么叫"又好又快"？"快"集中代表的是对效率的追求，"好"集中代表的是追求效率的时候要适当向公平倾斜。我们现在所有的博弈都在这儿。比如强拆，10年之前没有人议论强拆的问题，不仅仅是因为没有《物权法》，还在于那时候的效率低，城市要快速发展，人们的生活要快速改善，基础设施要快速增加，因此强拆司空见惯。现在不行，公权力与私权利之间的博弈，不能因为他仅仅是一个人，公权力就可以覆盖他。包括贫富差距不也是隐藏在效率和公平中吗？

十七大报告中有两个"民"，第一个"民"被媒体玩命地放大——"民生"，第二个"民"——"民主"，媒体躲了，一是没看着，二是不懂，三是不敢。十七大的闭幕式，我有一个小时的时间与党校的副校长在谈民主。很多人觉得：岩松你胆够大的，你在这时候居然敢大谈民主。我说：不是我谈民主，十七大报告里有一半是谈民主。十七大报告里明确谈到了"人民民主是社会主义的生命"，而且公民要有序参与，包括最后一章里关于党建的部分，很多程序、时间表、做法都谈得很明确。比如，"领导干部是由上级党委和群众推荐相结合"这句话，过去的领导就是上级任命，将来是上级党委推荐和群众推荐相结合，包括实行票决制，当然这还不是最关键的，首先大的根基是两个"民"。

老百姓有知情权、参与权、表达权、监督权，很多人觉得这是2008年才提出来的，其实2007年十七大报告中就有。十七大报告里有一个司空见惯的词叫"统筹兼顾"，统筹兼顾就是让你走平衡木，光"快"还不行，光"效率"不行，要公平，一切都要有分寸和平衡感，这是这个时代中国的特质。很多事情是过犹不及，这是一个需要平衡的时代。也许再过几年我们要开始玩命地谈公平，对效率不是那么在意了。此时此刻还不能仅为公平而牺牲效率，但是也不能再为了追求效率而不顾公平。

我曾经举了一个例子，说中国现在必须寻找一种平衡，中国就像一辆自行车，只要骑着它就不倒，一停下来就倒。所以中国现在所有的问题必须掌握一种动态平衡，在向前走的过程中解决。骑自行车不意味着不晃悠，但是只要在骑的时候，怎么晃悠都能找到平衡，因为你随时在进行调整。目前有无数的问题困扰着我们，贫富差距、政治体制改革、民主、公民社会等等。比如互联网，它已经开始熏陶中国人的民主味就很值得一提，互联网当然有"天使"和"魔鬼"两面。比如在互联网上我就"被自杀"过，"被挂职"过，但是我不能因为这一面而抹杀它"天使"的一面，而要放大"天使"这一面。你要接受那些你不喜欢的声音和你喜欢的声音同时存在。每件事情都会有各种各样的声音，包括有道理的和没道理的。一个健康的社会不仅能接受那些放之四海而皆准的真理，也要接受那些看似没有道理的声音。只有没有道理的声音也能存在的社会，那些真理才能够真正存在。任何一个社会妄图扼杀所有没有道理的声音，最后的结果一定是真理被扼杀了。所以，互联网就在给我们提供这样的一种氛围，非常有价值。让我们学会民主的一个很重要的根基是，我不同意你说话的内容，但是我维护你说话的权利。

捍卫常识、建设理性、寻找信仰

世界很大，中国也不小，最后发现我们离世界很近，离中国期待的目标还有距离，但是现在的中国人离自己是最远的，比我们离世界还远。我发现中国人一个很重要的特质——"我要"，然后你问他到底要什么，"我还真不知道"。现在很多年轻人、中年人恐怕不如老年人更有幸福感。人生的幸福指数是一个"V"字型，最惨的时候在中年。

中国让外国人印象最深的是什么？曾经有外国人这样评价，"红绿灯一点用都没有"，但接下来他是发自内心地夸你，"但是我反而因此更佩服中国人，从来不出事"。中国是一个乱中有大智的民族，咱们擅长在混乱当中建立一种安全，不比那些遵守秩序的国家出事率高，这是中国人的本事。比如我在北京开车，开在三环的最里道，然后就见旁边有一辆车跟疯狂的老鼠似的，来回钻，一会儿一个急刹车，弄得周围的车感觉非常不安全，10多公里以后，发现它还在我身边。大家都见过这样的景象，这样的情形多了之后我们要思考，中国人怎么了？穷怕了，人太多得抢，先抢到手里再说，这就是一种苦难的惯性。过去10个人当中只有3个馒头，中国人最能干的事就是先把馒头抢到手里，然后再决定我饿还是不饿。所以当这个苦难已经成为过去，已经消逝了很久的时候，这种惯性依然还在。

中国改革开放30年，所有追求的都是那些可以用数字衡量的目标，GDP翻两番、实现小康社会等，所有的东西都可以用数字衡量。我们接下来要追求的是那些无法用数字衡量的东西。比如2010年温家宝把"尊严"二字写进了政府工作报告，请问尊严该用百分之几来衡量？尊严是什么？我做《新闻1+1》节目的时候就说，有尊严这个目标比成为世界第一还难，还有幸福、民主、自由等，没法用数字衡量。现在还不能放弃对可衡量目标的追求，如果没有GDP的增长，中国这么一个复杂的国度，如果"自行车"不能保持一定的速度，停下立即就倒了。所以在这种情况下，我们逐渐向那些无法用数字衡量的目标靠近。但是我们反过来问，个体到底要什么？有时候我看到身边的人每天玩命地赚钱，我怎么从来没见过他十几年有过花钱的时间？这时候我很困惑，钱挣下来了，从来没花过，那钱根本不是你的，只有花出去的钱才是你的。

还有很多的人声名显赫，可是你感觉到他已经非常可怜，因为他已经不是为自己工作，他在为别人打工，说得好听点是为社会打工。

就像我看过的一篇文章，写温州的王均瑶，大富豪生命最后的几年有一半的饭是吃方便面，当然这是非常值得尊敬的。可是另一方面你也会想，我们一定有哪些地方出问题了，我们该要什么？就像前几天做减肥药的节目时，我看到美国的一个学者和医学专家说：减肥，追求的是要"活得健康"，可别忘了"活"在"健康"的前面。就像"温饱"，"温"在"饱"的前面。深圳人体会不到，在北方，每年一到冬天，保持在一定的温度之内，可比让人吃饱还重要。现在很多真正玩命减肥的人都是那些真正不需要减肥的人，真正需要减肥的人玩命减肥的很少，这就是肥胖作为一种疾病已经被女性给时尚化了，一时尚化了之后就会把原本作为一个处方药的减肥药给当成保健品吃，所以哪里有需求，哪里就有陷阱，哪里有热潮，哪里就有危险。

2009 年有杂志约我写一篇文章叫《底线》，当时我在文章中就写了这样一句话——"捍卫底线"，我们已经没有底线了，谈何捍卫？改革开放 30 年的历程就是中国人逐渐丧失底线的历程。我们的奶粉里可以有三聚氰胺，我们的宝马车可以把一个孩子来回轧四回，我们没有畏惧，所以底线就不断地被突破了。我为什么 40 岁的时候给自己 12 个字——"捍卫常识、建设理性、寻找信仰"。为什么叫捍卫常识呢？因为常识就在这儿，需要你捍卫，$1+1=2$，我们的栏目就叫《新闻 1+1》。$1+1=2$，很简单，但稍微有一定的利益变化，你只要说 $1+1=3$ 就会得到什么，就会有相当多的人脸不红、心不快跳地说 $1+1$ 就是等于 3。

现在我们为了利益，满大街的伪常识。就说健康领域，台湾来的某人讲"无毒一身轻"，说中国人吃的东西都不能吃，只能吃他的红薯。我说这事一看就不靠谱，赶紧让专家出来以正视听，这是常识。后来他们也找了，但是找了专家之后，我发现常识经常在一段时间之内干不过伪常识，伪常识会包装、会宣传，依然畅通无阻，后来没隔多久，台湾的司法机构把这哥们儿抓回去判了。当然我们自身也有责任，不要指望天上掉馅饼，天上掉的一定是铁饼，从秦始皇开始就寻找长寿仙丹，谁找到过？凭什么你认为你喝一点红茶菌，你就找到了秦始皇都没有找到的东西？还是回到常识，管住你的嘴、多动腿，心情舒畅，睡觉是最好的补药。要捍卫常识很难，因为现在利益决定了伪常识满天飞。

为什么要建设理性？因为理性有了一部分，还需要逐步地建设。但是为什么要寻找信仰？因为信仰都没有。大家有时候一谈信仰就谈宗教，不对，中国人过去跟宗教的关系叫临时抱佛脚，有求了许愿，所以中国人发明了一个词——还愿。所以许纪霖教授前不久在上海的《解放日报》上谈到，中国人与宗教的关系是互惠互利。北京每到四五月份的时候，卧佛寺的香火都火透了，大学生都到卧佛寺去烧香，为什么？卧佛寺的发音跟 office 差不多，希望能找一个去公司的工作。中国人的宗教观就是临时抱佛脚，所以中国人才绝，道观里各路神仙分得非常细，财神爷的地方在这里烧香，这一块是药王殿，你有求什么都有各自的地方，就相当于财政局、审计署等。

所以不要认为中国是有一个长久宗教信仰的国度，中国的信仰长久以来是儒释道的一种杂糅，是唐诗宋词，是爷爷奶奶讲给你的故事，是别人约束你的眼光所形成的约定俗成的东西，如什么都不能太过分、适可而止，尊重自然、尊老爱幼。但是从五四运动到"文化大革命"全都毁掉了，毁完以后一片空白，接下来是改革开放，欲望扑面而来，奔腾在没有信仰的中国人中，最后底线层层下降，最后你不幸福，我不幸福，大家都不幸福，什么都有，除了幸福之外。我们要重新寻找信仰。

为什么信仰重要？信仰中有敬畏。"敬"就是意味着你知道什么是好的，你要按照标准来做事，"畏"是你知道什么是坏的，会有一个底线，这时候人生和社会的允许幅度就在一定的限定范围内。我们到底要什么？我们出发的时候就是为了去人民币里找信仰吗？去权力里找信仰吗？不是，我们是为了幸福出发的，我们是为了让自己开心，为了让自己的人生有价值，为了让自己的人生获得那些没法用数字衡量的东西，包括尊严等而出发的。但是，为什么走着走着就走偏了呢？我觉得现在的中国人异化了，我们原本是一路奔幸福而去的，结果现在为 GDP 而去了，所以现在这个时代即将面临一个折返点，有些东西继续向前，而有些东西继续向回转。

我的家乡在内蒙古的呼伦贝尔草原，在我年少的时候，到北京来上学，然后就天天感慨北京的楼之高、道之宽、车之好，总是非常不好意思和很自卑地回望自己的家乡小城。但是当我年过 40 的时候，每当我在家乡的时候都怜悯地看着北京。曾经有人问我：家乡是什么？我说家乡就是那个年少的时候天天想离开而现在天天想回去的地方，因为那儿才能安抚你的内心。30 多年的改革，中国人已经没有故乡跟故居了。中国一个又一个的父亲会领着孩子走到广场上说：这是你爸曾经住过的地方。后来你才明白中国为什么叫 "China"，30 多年就是 "拆了"，把我们的故乡和故居都拆掉了，这还不算完，最重要的是拆掉了你内心的安宁之乡，所以一定会回来，我们就在这个折返点上。

后　记

　　2010 年，"深圳市民文化大讲堂"坚持以"鉴赏·品位"为主题，以"弘扬人文精神，发展学术文化，提高市民文化素质，提升城市文化品位"为宗旨，以增强城市文化软实力为主线，邀请了白岩松、白燕升、孙葆丽、陆天明、马鼎盛、钱为家、王博、陈可石、马蔚华、王石、陈一筠、张国勇等 80 位名家大师，举办了历史文化、民生文化、民俗文化、纪念深圳特区成立 30 周年、励志教育、文学艺术、生态文化等专题讲座共 83 场，获得了广大市民的热烈欢迎，得到了广大观众的充分肯定和赞誉，取得了良好的社会影响。2010 年，"深圳市民文化大讲堂"被列为文化部"中国十大文化创新工程"之一。

　　市民文化大讲堂自创办以来就肩负着"促进实现公民文化权利"的使命，旨在搭建一个零门槛的公共文化服务平台，更好地融合精英文化和大众文化。为此，大讲堂不断推陈出新，继续引导高雅文化走进市民生活，促进先进文化全民共享。2010 年，大讲堂在运作方式上体现出了新的特点。

　　首先，在讲座内容上大胆探索，坚持以知识型、智慧型话题为主，在沿用以往主题系列化形式的同时，在主题设置上作了许多探索，新增了纪念深圳经济特区成立 30 周年系列讲座。

其次，在演讲形式上不断创新，力求做到生动活泼、深入浅出。例如，"玉树地震与慈善行动"这场讲座，不仅尝试了两人同台对话的讲座形式，还第一次将演播车请到了讲座现场；又如王博教授主讲的"中国式心灵"主题，深受广大市民喜爱，于是我们再次邀请王博教授来深主讲"中国式心灵"主题的内容，这是大讲堂采取"一人连续多讲"讲座形式的有益尝试。

最后，在信息传播上有了新的突破。2010 年，深圳市民文化大讲堂整合新旧媒体，充分利用新媒体，打造报纸、电视、网络、移动电视、手机短信、户外广告、衍生产品、会员组织等多位一体的立体多元传播网。值得一提的是，2010 年《中国文化报》开辟了《文化大讲堂》专栏，全年共 12 期，每期一个整版，专栏对大讲堂进行了全面、深入的报道。

为了让更多的朋友感受"深圳市民文化大讲堂"的魅力，更好地为市民朋友提供公共文化服务，我们编辑了《深圳市民文化大讲堂 2010 年讲座精选》，以飨读者。本书由 83 场讲座文稿中精选的 62 篇文章集结而成。本书的选编出版工作还得到了各位主讲嘉宾的大力支持，在此向他们表示深深的谢意！

深圳市民文化大讲堂组委会

2010 年 12 月 30 日

图书在版编目（CIP）数据

深圳市民文化大讲堂. 2010年讲座精选：全2册/吴忠主编.
—北京：社会科学文献出版社，2013.7
ISBN 978 - 7 - 5097 - 4517 - 5

Ⅰ.①深…　Ⅱ.①吴…　Ⅲ.①社会科学 - 文集　Ⅳ.①C53

中国版本图书馆CIP数据核字（2013）第072434号

深圳市民文化大讲堂（上、下册）
——2010年讲座精选

主　　编／吴　忠

出 版 人／谢寿光
出 版 者／社会科学文献出版社
地　　址／北京市西城区北三环中路甲29号院3号楼华龙大厦
邮政编码／100029

责任部门／社会政法分社　（010）59367156　　责任编辑／周永霞　曹长香
电子信箱／shekebu@ ssap. cn　　　　　　　　　责任校对／王洪强　徐兵臣
项目统筹／王　绯　　　　　　　　　　　　　　责任印制／岳　阳
经　　销／社会科学文献出版社市场营销中心　（010）59367081　59367089
读者服务／读者服务中心　（010）59367028

印　　装／三河市尚艺印装有限公司
开　　本／787mm×1092mm　1/16　　　　　印　　张／50.25
版　　次／2013年7月第1版　　　　　　　　字　　数／715千字
印　　次／2013年7月第1次印刷
书　　号／ISBN 978 - 7 - 5097 - 4517 - 5
定　　价／139.00元（上、下册）